Tom Kuntz (Hrsg.)

TITANIC PROTOKOLLE

Die Berichte der Überlebenden

HEEL

62d Congress }   SENATE   { Document
2d Session }   { No. 726

"TITANIC" DISASTER

HEARINGS

BEFORE A

SUBCOMMITTEE OF THE
COMMITTEE ON COMMERCE
UNITED STATES SENATE

SIXTY-SECOND CONGRESS
SECOND SESSION

PURSUANT TO

S. RES. 283

DIRECTING THE COMMITTEE ON COMMERCE TO INVES-
TIGATE THE CAUSES LEADING TO THE WRECK
OF THE WHITE STAR LINER "TITANIC"

WASHINGTON
GOVERNMENT PRINTING OFFICE
1912

Titelseite der offiziellen Aufzeichnungen der Senats-
Untersuchungen von 1912, anläßlich des Titanic-Unglücks.

Tom Kuntz (Hrsg.)
Mit einem Vorwort von James Cameron

TITANIC
PROTOKOLLE
Die Berichte der Überlebenden

HEEL

IMPRESSUM

HEEL Verlag GmbH
Gut Pottscheidt
53639 Königswinter
Tel.: 0 22 23/92 30-0
Fax: 0 22 23/92 30-26

Deutsche Ausgabe:
© 1998 HEEL AG, Schindellegi, Schweiz
Amerikanische Originalausgabe:
© 1998 by Pocket Books, a division
of Simon & Schuster Inc.
1230 Avenue of the Americas
New York, NY 10020, USA
Originaltitel: The Titanic Disaster Hearings

Deutsche Übersetzung:
Walther Wuttke, Bad Honnef
Satz: Artcom, Königswinter
Titelbild: © AKG Berlin
Umschlaggestaltung:
ArtWork Schumacher, Königswinter
Druck: Ebner, Ulm
- Alle Rechte vorbehalten -

ISBN 3-89365-723-1

Printed and bound in Germay

Aus den Höhen der Eleganz in die Tiefen menschlicher Tragödie

Major Arthur Peuchen, Passagier der Ersten Klasse: Am Sonntagabend dinierte ich mit meinen Freunden, Markelham Molson, Herrn und Frau Allison. Ihre Tochter kam für kurze Zeit an unseren Tisch. Das Dinner war von außerordentlicher Qualität. Die Speisekarte machte einen wesentlich besseren Eindruck als sonst, obwohl sie stets hervorragend aussah. Nach dem Essen gingen meine Freunde und ich in den Salon und nahmen dort einen Kaffee. . . Von dort begab ich mich in den Rauchersalon, wo ich die Herren Beatty, McCaffery und einen weiteren Herrn aus England traf, der unterwegs nach Kanada war. Wir rauchten und unterhielten uns bis ungefähr zwanzig Minuten nach elf Uhr. Es kann auch etwas später gewesen sein. Ich zog mich dann zurück. . . Ich hatte gerade meine Kabine erreicht und begonnen, mich zur Nacht umzuziehen, als ich den Eindruck hatte, unser Schiff sei von einer schweren Welle getroffen worden. . . Weil ich wußte, daß die See ruhig war und daß ein solches Ereignis ziemlich ungewöhnlich gewesen wäre, zog ich sofort meinen Mantel an und ging an Deck. Als ich mich der großen Freitreppe näherte, traf ich einen Freund, der meinte, „So, nun sind wir mit einem Eisberg kollidiert. . .“

Obwohl ich über keinerlei Erfahrungen oder Wissen in nautischen Dingen verfüge, meine ich dennoch, daß nur wenige wichtige Fakten unserer Sorgfalt entgangen sind.

Senator William Alden Smith,
Vorsitzender des Senat-Unterausschusses,
der den Titanic-Untergang untersuchte.
12. Mai 1912

Inhalt

EINLEITUNG

Die Titanic dampft weiter durch die Gemüter der Menschen, nicht zuletzt dank James Camerons Oscar-gekrönten Films. Jahrzehnte nach ihrem Untergang 1912 hat das Wrack des versunkenen White-Star-Liners nichts von seiner Anziehungskraft verloren, was auch daran lag, daß die Überreste ungestört in zwei Meilen Tiefe auf dem Boden des Atlantiks ruhten. Mit der Entdeckung des Wracks im Jahre 1985 durch Dr. Robert Ballard wurde ein Zweifel abschließend geklärt. Das Schiff war tatsächlich in zwei Teile zerbrochen. Aber zugleich wuchs auch die das Schiff umgebende Mystik, nachdem Miniunterseeboote Teile der einstmals eleganten Welt an Bord an die Wasseroberfläche brachten. Nachdem die öffentliche Faszination so wieder entfacht worden war, folgten Dokumentationen, Bücher, sogar ein Broadway-Musical und - als Höhepunkt Camerons Film, der teuerste und erfolgreichste Streifen aller Zeiten.

Trotz allem, die Geschichte der Titanic bleibt unverändert. Die meisten Schlüsseldetails, Themen, Charaktere und Rätsel kamen in der Untersuchung des US-Senats ans Tageslicht. Die Untersuchung begann einen Tag, nachdem die Überlebenden den Hafen von New York erreicht hatten. Über die Anhörungen berichteten die Zeitungen in reißerischer Aufmachung, wobei die Aufzeichnungen seit langem eine unverzichtbare Quelle der Titanic-Historiker geworden sind. Die Londoner Presse ärgerte sich über den antibritischen Ton, doch die Senat-Untersuchungen bereiteten den Boden (und stellten die Tagesordnung) für die wesentlich formellere und abgehobenere königlich-britische Untersuchung, die, obwohl sie mehr Zeit in Anspruch nahm, den gleichen Themenbereich in den Mittelpunkt stellte und auch zu den gleichen Ergebnissen kam. Ohne jeden Zweifel ist das Porträt des Disaster, wie in den Anhörungen des Senats im Jahre 1912 gezeichnet, die Grundlage für alle folgenden Erzählungen und Dramatisierungen von Walter Lords Klassiker „A Night to Remember" bis zum aktuellen Cameron-Film.

Doch bei Recherchen für eine Kolumne über die Sitzungen des Senats in „The New York Times Week in Review", die dieses Buch zur Folge hatten, fand ich heraus, daß die Aufzeichnungen der Anhörungen selbst für die Öffentlichkeit ziemlich unzugänglich sind. Man kann sie nur im Archiv des Senats und einigen anderen Bibliotheken zumeist auf Mikrofiche nachlesen. Hier liegt nun zum ersten Mal eine Zusammenfassung der 1100 Seiten umfassenden Aufzeichnungen einschließlich der Senat-Empfehlungen vor. Mittels der Lektüre der bohrenden Fragen und den Antworten der Überlebenden läßt sich eines der größten Unglücke auf See begreifen, das sich im Frühling des Jahres 1912 abspielte.

In diesen Sitzungen erzählte Ausguck Frederick Fleet zum ersten Mal von seinem Alarm „Eisberg direkt voraus" und offenbarte die Tatsache, daß es im Ausguck keine Ferngläser gab. Ebenfalls zum ersten Mal wurde die Geschichte von Ida und Isidor Straus erzählt, die lieber gemeinsam sterben wollten, als durch den Befehl „Frauen und Kinder zuerst" getrennt zu werden. Der Fünfte Offizier Harold Lowe berichtete vor dem Ausschuß zum ersten Mal, daß er in die Luft schoß, um Männer davon abzuhalten, in sein Rettungsboot zu springen. In diesen Sitzungen beschrieb Passagier Archibald Gracie, wie Passagiere die hinteren Decks der Titanic stürmten, als sich das Schiff immer mehr in die Tiefe neigte. Der Zwischendeckpassagier Olaus Abelseth schilderte, wie er in der letzten Minute vom Heck ins Wasser gesprungen war. In dieser Untersuchung erzählte der Matrose Edward Buley, wie er im eiskalten Nordatlantik nach Überlebenden suchte und nur Opfer in Schwimmwesten fand, die nicht ertrunken, sondern „allesamt erfroren" waren. Diese Aufzeichnungen sind von einer Ursprünglichkeit und Direktheit, aus denen Legenden gezimmert wurden.

Der Hintergrund: In der Nacht vom 14. auf den 15. April 1912 kollidierte die R.M.S. Titanic, ein riesiger britischer Luxus-Liner - drei Fußballfelder lang und elf Stockwerke hoch - auf der Jungfernfahrt von Southampton nach New York mit einem Eisberg und sank. Mehr als zwei Drittel der 2200 Menschen an Bord - Adelige und Auswanderer - kamen ums Leben. Die Menschen auf beiden Seiten des Atlantiks verlangten nach Antworten. Wie konnte das größte und angeblich sicherste Schiff der Welt untergehen? Was geschah mit den Eiswarnungen, die dem Kapitän zweifellos zur Verfügung gestanden hatten? Schließlich war die Eisgefahr zu jener Jahreszeit bekannt. Warum gab es eine nicht annähernd ausreichende Zahl von Rettungsbooten an Bord, und warum wurden die vorhandenen nicht komplett beladen? Warum hatte J. Bruce Ismay, Chef der Titanic-Muttergesellschaft und offensichtlich die Zielscheibe der Antitrust-Bewegung der damaligen Zeit, das Schiff vor seinen Offizieren verlassen? Warum gab es so viele sich widersprechende und zum Teil auch vollkommen falsche Berichte über das Schicksal des Schiffs? Was war eigentlich so vollkommen falsch gelaufen?

Senator William Alden Smith, ein weißhaariger, populistischer Republikaner und Anwalt aus Michigan, machte sich auf die Suche nach Antworten. Am 17. April, einem Mittwoch, zwei Tage nach dem Untergang, als das ganze Ausmaß der Katastrophe bekannt war, schlug er im Senat eine Sonderuntersuchung im Rahmen des Senate Commerce Committee, dem er angehörte, vor. Sein einstimmig angenommener Antrag autorisierte ein Gremium, „um die Gründe für den Untergang des White Star Liners Titanic zu untersuchen, dessen Opfer die zivilisierte Welt so sehr geschockt hat". Das Gremium wurde mit der Vollmacht ausgestattet, „Zeugen vorzuladen, nach Personen und Papieren zu suchen, Eide abzunehmen und Zeugenaussagen zu veranlassen, die Verantwortlichkeiten erkennen lassen." Die Resolution betonte die Notwendigkeit festzustellen, ob das Schiff über genügend Rettungsboote verfügte und ausreichende Inspektionen absolviert hatte. Das Gremium war zugleich beauftragt festzustellen, ob neue Gesetze oder ein internationaler Vertrag notwendig seien, um eine Wiederholung der Katastrophe zu verhindern. Smith wurde zum Vorsitzenden ernannt.

Es galt, wenig Zeit zu verlieren. Das Rettungsschiff Carpathia, ein Cunard-Liner, sollte mit den mehr als 700 Überlebenden der Titanic am nächsten Tag in New York eintreffen. Wyn Craig schreibt in seinem Buch „The Titanic: End of a Dream" (Pengiun 1986), daß die Navy den Senator am Ankunftstag des Schiffs über einen ärgerlichen Funkspruch informiert hatte. Ein Funker hatte einen Funkspruch von Ismay abgefangen, nach dem der Brite versuchte, zusammen mit anderen überlebenden Besatzungsmitgliedern, ohne amerikanischen Boden zu betreten, auf ein anderes White-Star-Schiff zu wechseln. Smith wollte aber sichergehen, daß kein an der Katastrophe Beteiligter der amerikanischen Rechtsprechung entkommen konnte.

Daher, berichtet Wade, begab sich der Senator ins Weiße Haus und sicherte sich Präsident William Howard Tafts Genehmigung, mit einem Zollkutter die Carpathia vor dem Anlegen aufzuhalten, um so Ismays Versuch, sich der amerikanischen Untersuchung zu entziehen, zu vereiteln. (Taft trauerte selbst über den Verlust seines Beraters und Freunds Major Archibald Butt.)

Senator Smith hastete von dort zu Washingtons Union Station und nahm mit einer kleinen Begleitung den Nachmittagszug nach Norden. Er traf abends in New York ein, als die Carpathia gerade am Cunard-Pier festmachte. Ein Taxi brachte ihn zu dem Schiff, vor dem Massen von Reportern, Neugierige, Freunde und Verwandte auf die Überlebenden warteten. Er bahnte sich einen Weg durch die Menschenmasse auf das Schiff, wo er mit einem erschöpften Ismay in der Kabine des Arztes sprach. Vor den Journalisten berichtete Smith, daß er in allen Belangen mit der Kooperation von Ismay und dessen Angestellten rechnete. Am darauffolgenden Morgen sollten die Anhörungen beginnen.

Die Untersuchung, die von Smith als Vorsitzendem dominiert wurde, begann im Waldorf-Astoria, einem Symbol des Goldenen Zeitalters, dessen Ende mit dem Untergang der Titanic anscheinend eingeläutet worden war. In der folgenden Woche wechselte man nach Washington, wo der neue Untersuchungsraum im Russell Senate Office Building eingeweiht wurde, in dem seitdem alle im Fernsehen übertragenen Anhörungen stattgefunden haben. Spätere Sitzungen - insgesamt gab es 17 - wurden dort veranstaltet, wo man es für vernünftig hielt. Einige fanden sogar wieder in New York statt, wobei Smith und die anderen Senatoren auch alleine Aussagen entgegennahmen. Nachdem es damals noch keine Geräte zum Aufzeichnen gab, wurden die Aussagen von Stenographen festgehalten. Die meiste Zeit war es William McKinstry, ein junger Gehilfe von Senator Smith. In seinem Bericht über die Senat-Anhörungen warnt Wade, daß McKinstry mitunter den britischen Akzent mißverstand und mitunter zum Beispiel „14" statt „40" aufschrieb. Durchaus möglich, daß derartige Fehler hier wiedergegeben werden.

Davon abgesehen, lesen sich die folgenden Auszüge faszinierend, alleine schon wegen ihrer unvorhergesehenen Dramatik. Die Zeugenaussage des Funkers Harold Bride zum Beispiel gehört zu den spannendsten Seegeschichten, die jemals erzählt wurden. Die Niederschriften gestatten auch einen Einblick in eine Welt vor dem allgemeinen Wahlrecht und das damalige Rollenverständnis erscheint uns (und vielfach auch den Menschen damals) auf eine tragische Weise als absurd. Senator Smith stellte einmal fest, daß er nicht mehr weibliche Zeugen vorgeladen hatte, weil diese erst kurze Zeit um ihre verstorbenen Ehemänner trauerten.

Niemand im Gremium - und ganz gewiß nicht der aus dem Mittleren Westen stammende Senator Smith - war ein Experte in maritimen Dingen. Smith hatte allerdings einmal mit dem Kapitän der Titanic auf einem anderen Schiff diniert. Seine abgehackte Art zu fragen, bei der er oftmals von einem Thema zum anderen sprang, gab der ganzen Prozedur vor allem zu Beginn etwas Improvisiertes, Kinetisches. Diese Fragemethode mag die anfängliche Unvertrautheit mit dem Thema widerspiegeln, doch gegen Ende beweist der Senator, daß er durchaus in der Lage ist, große Mengen an Informationen aufzunehmen und zu verarbeiten.

Das tut er, wenn die Untersuchung sich komplexer oder untergeordneter Aspekte des Disaster annimmt, die sich nicht für die öffentliche Dramatisierung eignen. Dazu gehört der Skandal um den Frachter Californian, der, obwohl in der Nähe der Titanic liegend, nicht zur Hilfe kam und für die heldenhaften und riskanten Handlungen des Kapitäns der Carpathia, der die Überlebenden rettete oder die Rolle der Marconi-Telegraphie, die damals die gleichen Fragen an die neuen Medien und die Verantwortung bei der Verarbeitung von Informationen aufwarf wie

heute. Die Aufzeichnungen zeigen aber auch, wie die Presse die Katastrophe behandelte einschließlich des von der „New York Times" praktizierten Scheckbuch-Journalismus. Die „Times" war allen Mitbewerbern teilweise deshalb voraus, weil man sich an den Exzessen der damaligen Zeit beteiligte.

Am Ende konnten die Senatoren keine juristischen Ermittlungen empfehlen, weil die Gesetze der Schiffahrt und der Sicherheit so lax waren, daß niemand schuldig gefunden wurde. Und außerdem war die Titanic in Großbritannien registriert, so daß sich ihre Besitzer vor den britischen Autoritäten verantworten mußten. Doch auch dort waren die Gesetze eher nachlässig. Der größte Verdienst der Untersuchung bestand darin, daß korrigierende Gesetze empfohlen wurden und daß eine erste, packende Fassung für die Geschichte geschaffen war. Jene Geschichte von Reichtum, Armut, Hochmut und Verlust am Beginn eines Jahrhunderts des Fortschritts. Dieses unerfüllte Versprechen hat sich am Ende zu einem Mythos der modernen Zeit entwickelt.

Tom Kuntz,
Word for Word Editor,
„The New York Times Week in Review"

Eine Bemerkung zu den Rettungsbooten. Die Aufzeichnungen beziehen sich oft auf die einzelnen Nummern der 16 Hauptrettungsboote, die die Lage der Boote vor dem Absenken bezeichnen. Boote mit geraden Nummern befanden sich auf der Backbordseite mit der Spitze nach vorne. Boote mit ungeraden Nummern befanden sich auf der Steuerbordseite. Rettungsboote eins bis acht befanden sich weiter vorne, wobei eins und zwei dem Bug am nächsten waren. Den beiden folgten drei und vier und so weiter. Die Rettungsboote neun bis 16 befanden sich in der Nähe des Hecks, wobei 15 und 16 am weitesten hinten lagen. Es gab außerdem vier kleinere Rettungsboote an Bord, von denen eines im Wasser umkippte und in den Berichten der überlebenden eine bedeutende Rolle spielt.

T.K.

VORWORT

Geschichte hatte schon immer die Kraft, mich vollkommen in ihren Bann zu ziehen. Doch erst mit meinem Film Titanic habe ich mich eines geschichtlichen Themas angenommen. Während meiner Recherche für das Drehbuch lernte ich viel darüber, daß selbst die angesehensten Geschichtsschilderungen eines Ereignisses höchstens eine Annäherung darstellten. Nachdem ich so viele Berichte über das berühmte Unglück gelesen hatte und dabei sehr viele Unterschiede und Widersprüche sowie ungeklärte Rätsel entdeckte, entschloß ich mich, tiefer zu bohren. Die Aufzeichnungen des Senats erwiesen sich dabei als eine unter vielen Aspekten reichhaltige Quelle.

Zuerst erfahren wir diese unvergeßliche Tragödie, wie sie von den überlebenden Augenzeugen erlebt worden ist und in ihren Worten geschildert wird. Und auf diese Weise erhalten wir eine ungeheure Unmittelbarkeit. Die Senatsaufzeichnungen enthalten zum Beispiel die genauen Worte, die auf der Brücke in den Momenten vor dem Unglück gesprochen wurden, so wie sie den wenigen Überlebenden der Mannschaft im Gedächtnis haften blieben. Diese Szenen in meinem Film wurden genau nach den Schilderungen der Zeugen wie dem Ausguck Frederick Fleet oder dem Mann am Steuerrad, Quartermeister Hitchens, gedreht. Zusätzlich bieten die Aufzeichnungen einen faszinierenden Einblick in die Art und Weise, wie die verschiedenen Geretteten die Katastrophe erlebten. Von den in den Booten zusammengekauerten Frauen bis zu denen, die im eiskalten Wasser ums Überleben kämpften. Aus den verschiedenen Aussagen läßt sich ein unglaublich detailliertes Mosaik des vermutlich dramatischsten Unglücks dieses Jahrhunderts entwickeln. Aber die größte Faszination übte auf mich die Art und Weise aus, wie einige Aussagen mit den historischen Tatsachen kollidieren. Der Zweite Offizier Lightoller erklärt ausdrücklich, daß sein Schiff nicht auseinanderbrach, als es versank, daß es nur minimale Anzeichen von Panik gab, und daß auch keine Pistolenschüsse abgegeben wurden. J. Bruce Ismay, der Chef der White Star Line (der eigentliche Eigner der Titanic), erscheint bei den Ermittlungen äußerst kooperativ und gibt bei einigen Schlüsselstellen doch nur vage Antworten. Zum Beispiel: seine Unterhaltungen mit Kapitän Smith vor und nach der Kollision oder seine Gründe, in ein teilweise gefülltes Rettungsboot zu steigen - mit dem sicheren Wissen, daß Tausend oder noch mehr seiner Passagiere, darunter viele Frauen und Kinder, sich noch an Bord befanden.

Beim Lesen kann man fast schon den salbungsvollen Tonfall hören, mit dem der Zweite Offizier Lightoller, der ranghöchste überlebende Offizier, ohne jede Scham alles reinwäscht: die White Star Line, sein eigenes Benehmen und das der anderen Offiziere sowie die strukturelle Integrität des Schiffs. Sehr viele Überlebende beschreiben, daß das Schiff geteilt unterging und dennoch war es, nicht zuletzt wegen Lightollers Aussage, eine geschichtliche Tatsache, daß die Titanic in einem Stück versank. Und daher lassen alle Filme bis zur Entdeckung des Wracks im Jahre 1985 (einschließlich des ausgezeichneten Films „A Night to Remember"das Schiff in einem Teil in die Tiefe rauschen.

Bruce Ismay hatte während und direkt nach der Krise einen psychischen Zusammenbruch. Er saß in der Kabine des Arztes an Bord der Carpathia und starrte stumm und regungslos in den Raum. Er hatte sich für die Senatuntersuchung genug zusammengerissen, um einigermaßen normal zu agieren, und so ist seine Aussage eine Studie einer gleichzeitig schuldvollen Verneinung und gerissener geschäftlicher Unbestimmtheit, die weiter durch die scheinbare Kooperationsbereitschaft eines Geschäftsmannes vernebelt wird. Er dementiert, mit Kapitän Smith über die Geschwindigkeit während der Überfahrt gesprochen zu haben, obwohl Frau Elizabeth Lines tatsächlich gehört hatte, wie er in der Empfangshalle auf dem D-Deck nach dem Mittagessen mit dem Kapitän gesprochen hatte und ihn dabei ermahnte, die Höchstgeschwindigkeit beizubehalten. Alle seine Antworten müssen durch den Filter seines persönlichen Geisteszustands und dem wahrscheinlichen Schuldbewußtsein gesehen werden. Beim Lesen der Aufzeichnungen kann der Zynismus der Zeit der Nachsechziger nicht schaden. Man wird gewahr, daß die menschliche Natur im

Jahre 1912 sich nicht von der Watergate-Affäre unterscheidet. Obwohl damals eher der Eindruck einer gewissen Größe erweckt wurde. Vertuschen, Lügen, das geschäftliche Verneinen von Schuld oder Verantwortung, sind keine neuen Konzepte.

Doch man darf nicht vergessen, das Schuld über die Geschäftsführung und die Offiziere hinausgeht. Hunderte von Passagieren trieben in halbvollen Rettungsbooten und hörten den Schreien und dem Stöhnen von 1500 in der Nähe im eiskalten Wasser sterbenden Menschen zu. Die Schreie dauerten eine Stunde, doch die Schuld sollte ein Leben lang andauern. Man sollte daher die Aussagen der Überlebenden durch diese „Schamlinse" lesen.

Man muß sich auch darüber im Klaren sein, daß Zeugen eines traumatischen Erlebnisses eine Fülle von Eindrücken zu einer Geschichte zusammenfügen. Sie versuchen, die Daten der Theorie anzupassen, um ihnen eine Gliederung und Bedeutung zu geben. Als die Schiffshülle wie ein Karton unter dem Gewicht des angehobenen Hecks zerbrach, verloschen die bis dahin erleuchteten Lichter von einem Moment zum anderen. Was danach geschah, konnte von den Augen der Zeugen, die sich der Dunkelheit anpaßten, sekunden- oder minutenlang nur gehört werden. Daher wurden aus dem Donnern des Auseinanderbrechens für viele das Losreißen der Maschinen und Kessel innerhalb des steil nach oben ragenden Schiffs oder aber man dachte an explodierende Kessel. Beides geschah nicht.

Nachdem sich ihre Augen der Dunkelheit angepaßt hatten, sahen sie das Heck der Titanic wie einen schwarzen Turm vor den Sternen. Das Heck war zurückgefallen und lag nun fast plan auf dem Wasser und stand dann wieder fast senkrecht. Daher beschreiben es einige Zeugen als „wieder ausgerichtet". Die meisten sahen die gewaltigen Drehungen des sterbenden Schiffs nicht zwischen dem Verlöschen der Lichter und dem letzten stabilen Moment, bevor es seine Reise in die Ewigkeit antrat.

Nun versetze man sich an diesen Platz. Man fühle die Dunkelheit und die Kälte. Man fühle das Herzklopfen, den schieren Schrecken der Ereignisse, das Heranrasen der eigenen Sterblichkeit, die Selbstanklagen in den dunklen Stunden vor Tagesanbruch, wenn man sich fragt, warum man selbst überlebt hat und die anderen nicht.

Dann frage man sich beim Lesen, ob die sprechende Person mißverstanden sein könnte, ob sie sich in einer Position befand, wo sie sehen konnte, was sie sah, oder ob sie einen Grund haben könnte, zu lügen oder die Wahrheit zu vertuschen.

Jeder, der die vielen Titanic-Geschichten studiert, kommt zwangsläufig zu seinen eigenen Schlüssen. Bei allem Respekt vor der Arbeit der guten und gründlichen Historiker, die uns vorangegangen sind, muß jeder von uns als sein eigener Historiker fungieren und dabei bei allem skeptisch bleiben. In diesem Lichte sind die Senatsaufzeichnungen zugleich äußerst informativ und gleichbleibend verlockend, weil die flüchtige Wahrheit sich zwischen den Zeilen und nicht innerhalb von ihnen befindet.

James Cameron
24. Februar 1998.

ERSTER TAG

Freitag, 19. April 1912

Waldorf-Astoria Hotel, New York

Die erste Sitzung wurde von Senator William Alden Smith um 10:30 Uhr morgens unter den Kristalleuchtern des East Room eröffnet. Es war ein perfektes Symbol des Goldenen Zeitalters, in dem sich nun die Menschen drängelten und kaum Platz zum Sitzen hatten. Unter den neugierigen Zuhörern befanden sich viele Vertreter der oberen Klasse New Yorks.

Direkt neben Senator Smith am Konferenztisch saß Senator Francis G. Newlands, ein Demokrat aus Nevada und stellvertretender Vorsitzender des Unterausschusses. Mit am Tisch saß George Uhler, Generalinspektor des Dampfboot-Untersuchungsdienst Handelsministerium.

Ihnen gegenüber saß der erste Zeuge, J. Bruce Ismay, Chef der White Star Line, unter deren Flagge die Titanic fuhr, und Präsident der International Mercantile Marine Co., die amerikanische Muttergesellschaft von White Star, die von J. P. Morgan finanziert wurde, der seine Teilnahme an der Jungfernfahrt abgesagt hatte. Neben Ismay saßen sein amerikanische Vizepräsident, Philip A. S. Franklin; der überlebende Zweite Offizier der Titanic, Charles Lightoller; Anwälte der Reederei und Leibwächter, die Ismay beschützen sollten. In den vier Tagen nach der Katastrophe war er in der amerikanischen Presse zum Schurken stilisiert worden, der in seinem Schiff hätte bleiben sollen.

Zeuge: J. Bruce Ismay, 49

Vorstandsvorsitzender der White Star Line und Passagier der Ersten Klasse aus Liverpool, England.

Kern der Aussage: Ismay, der später noch einmal vor das Gremium zitiert wurde, erntete mit seinem ersten Auftritt große Zweifel mit ausweichenden Antworten wie: „Mehr kann ich nicht sagen". Er verneinte, daß die Titanic auf Höchstgeschwindigkeit gebracht worden war. Senator Smith kam später jedoch zu dem Schluß, daß Ismays Anwesenheit an Bord für Kapitän Edward J. Smith ein wichtiger Faktor gewesen war, die Geschwindigkeit zu erhöhen. Befragt, wie er es geschafft hatte, einen Platz in einem Rettungsboot zu bekommen, während es vielen Passagieren einschließlich Frauen und Kindern nicht gelungen war, sagte Ismay, daß in dem Boot, bei dessen Beladung er geholfen hatte, noch Platz gewesen sei und sich weder Frauen noch Kinder in der Umgebung aufgehalten hätten. Den Untergang der Titanic, so Ismay, habe er nicht gesehen, weil er ihr beim Rudern den Rücken zugewendet hatte. „Ich wollte sie nicht untergehen sehen." Warum er beim Rudern nicht auf das Schiff geblickt habe, erklärte er damit, daß man in seinem Rettungsboot die Ruder habe drücken müssen.

Senator Smith: Würden Sie dem Ausschuß bitte die Umstände Ihrer Reise erzählen und zwar so genau wie möglich beginnend mit Ihrem Einschiffen in Liverpool, ihrem Platz an Bord während der Reise und allen Dingen, die uns bei dieser Untersuchung helfen könnten?

Ismay: Zuerst möchte ich meine tiefe Trauer angesichts dieser beklagenswerten Katastrophe ausdrücken. So viel ich weiß, sind Sie vom Senat ernannt worden, um die genauen Umstände zu ermitteln. So weit wir betroffen sind, begrüßen wir dies. Wir unterstützen die vollständige Untersuchung. Wir haben nichts zu verbergen. Das Schiff wurde in Belfast gebaut. Sie stellte den letzten Standard der Schiffbaukunst dar. Bei ihrer Konstruktion wurde an absolut gar nichts gespart. Sie war nicht einem Vertrag entsprechend gebaut worden. Sie wurde in Kommission gebaut. Sie verließ Belfast, so weit ich mich erinnere - über das genaue Datum bin ich mir nicht genau im klaren - am ersten April. Sie absolvierte dann ihre Testfahrten, die absolut befriedigend verliefen. Danach lief sie Southampton an, wo sie am Mittwoch festmachte.

Senator Smith: Beschreiben Sie bitte die Testfahrten.

Ismay: Ich war nicht dabei. Sie traf in Southampton am Mittwoch, den dritten, glaube ich, ein und lief am Mittwoch, den zehnten wieder aus. Sie verließ Southampton um zwölf Uhr mittags. Am Abend traf sie in Cherbourg ein, nachdem sie bei der Überfahrt 68 Umdrehungen (der Schraube pro Minute) gemacht hatte. Wir verließen Cherbourg und fuhren nach Queenstown. Wir trafen dort gegen Mittag am Donnerstag ein. Von Cherbourg nach Queenstown waren wir mit 70 Umdrehungen unterwegs. Nachdem Post und Passagiere an Bord waren, fuhren wir mit 70 Umdrehungen weiter. Ich bin mir nicht absolut sicher, wie weit wir am ersten Tag kamen, ob es 464 oder 484 Meilen waren. Am zweiten Tag wurden die Umdrehungen gesteigert. Ich glaube, die Zahl der Umdrehungen am zweiten Tag waren ungefähr 72. Ich glaube, wir erreichten am zweiten Tag 519 Meilen. Am dritten Tag wurden die Umdrehungen auf 75 erhöht, und ich glaube wir erreichten 546 oder 549 Meilen. Das Wetter während dieser Zeit war hervorragend, mit der Ausnahme von einem zehnminütigen Nebel an einem Abend. Das Unglück ereignete sich Sonntagnacht. Die exakte Zeit weiß ich nicht. Ich schlief in meinem Bett, als der Unfall geschah. Das Schiff, so wurde mit gesagt, sank um 2:20 Uhr. Das ist alles, was ich Ihnen sagen kann. So viel ich weiß, hat man behauptet, das Schiff sei mit Höchstgeschwindigkeit unterwegs gewesen. Das Schiff ist zu keinem Zeitpunkt Höchstgeschwindigkeit gelaufen. Die Höchstgeschwindigkeit liegt bei 78 Umdrehungen. Sie kann bis 80 gehen. So viel ich weiß, hat sie nie mehr als 75 Umdrehungen erreicht. Nicht alle Boiler standen unter Dampf. Kein einziger der Einzelboiler stand unter Dampf. Wir hatten vor, bei gutem Wetter am Montagnachmittag oder Dienstag das Schiff mit Volldampf zu fahren. Das geschah wegen der unglücklichen Katastrophe jedoch nie.

Senator Smith: Beschreiben Sie, was Sie nach dem Aufprall oder Kollision unternahmen.

Ismay: Ich glaube, ich bin von dem Aufprall geweckt worden. Für einen Moment oder zwei lag ich im Bett, wobei ich wahrscheinlich gar nicht begriff, was geschehen war. Nach einer kurzen Zeit stand ich auf, traf auf dem Gang einen Steward, den ich fragte: „Was ist passiert?" Er antwortete: „Ich weiß nicht, mein Herr." Ich kehrte dann in meine Kabine zurück, zog meinen Mantel an und begab mich auf die Brücke, wo ich Kapitän Smith traf. Ich fragte ihn, was passiert war, und er antwortete: „Wir hatten Eisberührung." Ich sagte: „Glauben Sie, daß das Schiff ernsthaft beschädigt ist?" Er antwortete: „Ich fürchte, es ist so." Ich

ging dann wieder nach unten, wo ich, glaube ich, Herrn Bell, den Chefingenieur, im Niedergang traf. Ich fragte ihn, ob er glaube, daß das Schiff ernsthaft beschädigt sei, und er sagte, daß er das annehme, glaubte aber, daß die Pumpen das Schiff über Wasser halten würden. Danach, glaube ich, ging wieder zurück auf die Brücke. Ich hörte den Befehl, die Boote klarzumachen. Ich begab mich auf die Steuerbordseite, wo ich einen Offizier traf, dem ich sagte, die Boote vorzubereiten. . .

Senator Smith: Welcher Offizier?

Ismay: Daran kann ich mich nicht erinnern. Ich half so gut ich konnte bei den Booten, so viele Frauen und Kinder in die Boote zu verladen. Ich blieb auf diesem Deck, bis ich das Schiff in dem Faltboot auf der Steuerbordseite verließ. Das war, so viel ich weiß, das letzte Boot, welches das Schiff verließ. Mehr weiß ich nicht.

Senator Smith: Blieb der Kapitän auf der Brücke?

Ismay: Das kann ich nicht sagen.

Senator Smith: Als Sie gingen, blieb er da auf der Brücke?

Ismay: Ja.

Senator Smith: Seine erste Bemerkung Ihnen gegenüber war, daß das Schiff ernsthaft beschädigt war?

Ismay: Ja.

Senator Smith: Und der Chefingenieur meinte was?

Ismay: Das Gleiche.

Senator Smith: Das Gleiche?

Ismay: Ja.

Senator Smith: Aber er hoffte, die Pumpen könnten es über Wasser halten?

Ismay: Ja.

Senator Smith: Haben Sie sich außer mit dem Kapitän, dem Chefingenieur oder dem Steward unterhalten?

Ismay: Nicht, daß ich mich erinnern könnte.

Senator Smith: Machten die Offiziere den Eindruck, daß sie von der Ernsthaftigkeit der Kollision wußten?

Ismay: Das kann ich nicht sagen, weil ich mich nicht mit ihnen unterhalten habe.

Senator Smith: Hat Ihnen irgendein Offizier gesagt, das ganze sei nicht so ernst?

Ismay: Nein.

Senator Smith: Hatten alle Offiziere, mit denen

Sie sprachen, die gleiche Angst und meinten, es sei eine ernste Angelegenheit?

Ismay: Ich habe mich mit keinem unterhalten.

Senator Smith: Außer mit dem Kapitän?

Ismay: Außer mit dem Kapitän und dem Chefingenieur. Ich habe bereits gesagt, daß ich mit ihnen gesprochen hatte, aber, so wie ich mich erinnere, mit keinem anderen Offizier.

Senator Smith: Gingen Sie, nachdem Sie in Ihre Kabine zurückgekehrt waren, sofort auf die Brücke?

Ismay: Nachdem ich meinen Mantel angezogen hatte, begab ich mich auf die Brücke.

Senator Smith: Und dort trafen Sie den Kapitän?

Ismay: Der Kapitän war dort.

Senator Smith: In welchem Teil des Schiffs befand sich Ihre Kabine?

Ismay: Meine Kabine befand sich auf dem B-Deck hinter dem Hauptdurchgang.

Senator Smith: Könnten Sie uns bitte genau beschreiben, wo das ist.

Ismay: Das Sonnendeck ist das höchste aller Decks. Dann haben wir das sogenannte A-Deck als nächstes und dann das B-Deck.

Uhler: Das zweite Deck für die Passagiere?

Ismay: Wir haben auf dem A-Deck nur wenige Passagiere. Ich glaube wir haben hier eine Zeichnung, die Ihnen einen Überblick über die Decks gibt. Hier ist es und dort liegt meine Kabine. (Zeigt auf die Zeichnung.)

Senator Smith: Welche Nummer hat diese Kabine?

Ismay: B-52 war meine Kabine.

Senator Smith: Sie hatten die Suite?

Ismay: Ich hatte die Suite. Tatsächlich (zeigt auf die Zeichnung) schlief ich in diesem Raum.

Senator Smith: Wissen Sie, ob sich noch andere Passagiere an Deck befanden?

Ismay: Ich habe keine Ahnung.

Senator Smith: Sie waren aus eigenem Willen an Bord?

Ismay: Genau.

Senator Smith: Sie wollten das Schiff in Aktion sehen, oder hatten Sie geschäftliche Termine in New York?

Ismay: Ich hatte keine geschäftlichen Gründe, nach New York zu fahren. Ich wollte einfach sehen, wie dieses neue Schiff funktioniert, und wie wir das nächste Schiff, das wir bauen wollen, verbessern können.

Senator Smith: Waren noch andere Mitglieder Geschäftsleitung an Bord?

Ismay: Nein.

Senator Smith: War ein Inspektor der Werft an Bord?

Ismay: Ein Repräsentant der Werft war an Bord.

Senator Smith: Wer war das?

Ismay: Thomas Andrews.

Senator Smith: Und was war seine Aufgabe?

Ismay: Ich kann Ihnen nicht folgen.

Senator Smith: Warum war er bei dieser Versuchsfahrt an Bord?

Ismay: Als Repräsentant der Werft wollte er sicherstellen, daß alles zufriedenstellend funktionierte, und was man beim nächsten Schiff verbessern könnte.

Senator Smith: Hatte er viel Erfahrung?

Ismay: Ja.

Senator Smith: War er selbst an der Konstruktion des Schiffs beteiligt?

Ismay: Ja.

Senator Smith: Befindet er sich unter den Überlebenden?

Ismay: Leider nicht.

Senator Smith: Wie alt war er?

Ismay: Es ist schwierig, das Alter eines Mannes zu schätzen, aber ich glaube, er wird 42 oder 43 Jahre alt gewesen sein. Vielleicht auch weniger. Ich kann es nicht sagen.

Senator Smith: Sie waren also neben den Schiffsofizieren der einzige Repräsentant Ihres Unternehmens an Bord?

Ismay: Ja.

Senator Smith: Hatten Sie Gelegenheit, mit dem Kapitän über die Geschwindigkeit des Schiffs zu beraten?

Ismay: Niemals.

Senator Smith: Fragte er Sie um Rat?

Ismay: Niemals. Doch vielleicht sage ich etwas Falsches. Ich möchte folgendes bemerken: Ich weiß nicht, ob es notwendig war, daß er mich oder ich ihn um Rat fragte, aber wir waren uns einig, daß wir das Feuerschiff New York am Mittwochmorgen nicht vor fünf Uhr passieren wollten.

Senator Smith: Das war die gemeinsame Meinung?

Ismay: Ja, aber darauf hatten wir uns schon geeinigt, bevor wir Queenstown verließen.

Senator Smith: Darf man annehmen, daß Sie New York zu diesem Zeitpunkt erreichen konnten, ohne die Höchstgeschwindigkeit des Schiffs zu nutzen?

Ismay: Ja, sicher. Wir hätten nichts mit einer früheren Ankunft in New York gewonnen.

Senator Smith: Sie sprachen von Umdrehungen im ersten Teil der Reise.

Ismay: Ja.

Senator Smith: Die wurden mit wachsender Entfernung erhöht?

Ismay: Weil es sich bei der Titanic um ein neues Schiff handelte, steigerten wir langsam die Belastung. Bei einem neuen Schiff fährt man nicht direkt Höchstgeschwindigkeit, sondern erst dann, wenn unten alles zufriedenstellend arbeitet.

Senator Smith: Verstehe ich richtig, daß sie 70 Umdrehungen übertraf?

Ismay: Ja sie lief am Dienstag mit 75 Umdrehungen.

Senator Smith: Am Dienstag?

Ismay: Nein, ich irre mich - am Samstag. Ich bin, was die Tage angeht, sehr verwirrt.

Senator Smith: Am Tag vor dem Unglück?

Ismay: Am Tag vor dem Unglück. Das war natürlich noch nicht nahe an ihrer Höchstgeschwindigkeit.

Senator Smith: Wußten Sie während der Überfahrt von Eisbergen in der Nähe?

Ismay: Ob ich wußte, daß wir uns in der Nähe von Eisbergen befanden?

Senator Smith: Ja.

Ismay: Nein, ich wußte, daß es Berichte über Eis gab.

Senator Smith: Es gab Berichte über Eis?

Ismay: Ja.

Senator Smith: Sahen Sie persönlich Eisberge oder anderes Eis?

Ismay: Nein, erst nach dem Unglück.

Senator Smith: Erst nach dem Untergang?

Ismay: Ich hatte in meinem Leben noch nie einen Eisberg gesehen.

Senator Smith: Sie hatte vorher keinen gesehen?

Ismay: Nein.

Senator Smith: Hatten Sie diese sogenannte Nordroute schon mal befahren?

Ismay: Wir befanden uns auf der südlichen Route.

Senator Smith: Bei dieser Neufundland-Route?

Ismay: Wir befanden uns auf der langen südlichen Route, nicht auf der nördlichen Route.

Senator Smith: Sie befanden sich nicht auf der extremen nördlichen Route?

Ismay. Wir befanden uns auf der extremen südlichen Route für Richtung Westen laufende Schiffe.

Senator Smith: Wie waren die Längen- und Breitengrade? Kennen Sie die Daten?

Ismay. Das kann ich Ihnen nicht sagen. Ich bin kein Seemann.

Senator Smith: Waren Sie sich der Nähe zu Eisbergen am Samstag überhaupt bewußt?

Ismay: Am Samstag? Nein.

Senator Smith: Wissen Sie irgend etwas von den Funksprüchen des (deutschen) Linienschiffs Amerika an die Titanic. . .

Ismay: Nein.

Senator Smith: . . .In denen die Amerika berichtet, man habe auf dieser Breite Eis angetroffen?

Ismay: Nein.

Senator Smith: Waren Sie sich der Nähe zu Eisbergen am Sonntag bewußt?

Ismay: Am Sonntag? Nein, ich wußte nichts davon am Sonntag. Ich wußte, daß wir irgendwann in der Nacht die Eisregion erreichen würden.

Senator Smith: Daß Sie erreichen würden oder werden?

Ismay: Daß wir Sonntagnacht die Eisregion erreichen würden.

Senator Smith: Haben Sie darüber mit dem Kapitän gesprochen?

Ismay: Nein.

Senator Smith: Oder mit irgendeinem anderen Schiffsoffizier?

Ismay: Mit keinem anderen Offizier. Das war absolut außerhalb meines Zuständigkeitsbereichs. Ich bin kein Navigator. Ich war ein einfacher Passagier an Bord dieses Schiffs.

Senator Smith: Wußten Sie irgend etwas über die Arbeitsweise des Funkdienstes an Bord?

Ismay: In welcher Weise? Wir hatten Funk an Bord.

Senator Smith: Hatten Sie irgendwelche ungewöhnliche Vorsorge getroffen, um zusätzliche Energie für den Funk bereitzustellen?

Ismay: Ich glaube, das gab es, aber ich besitze darüber kein Wissen.

Senator Smith: Wissen Sie, wie lange der Funk nach der Kollision noch arbeitete?

Ismay: Nein, das weiß ich nicht.

Senator Smith: Haben Sie zu irgendeinem Zeitpunkt den Funker gesehen?

Ismay: Habe ich nicht.

Senator Smith: Haben Sie selbst versucht, einige Botschaften abzuschicken?

Ismay: Habe ich nicht.

Senator Smith: Waren Sie auf dem Deck oder auf irgendeinem anderen Deck, als der Befehl erging, die Rettungsboote herunterzulassen?

Ismay: Ich war auf der Brücke, als Kapitän Smith den Befehl gab.

Senator Smith: Sie hörten, wie der Kapitän den Befehl gab?

Ismay: Ja.

Senator Smith: Sagen Sie uns bitte, was er sagte.

Ismay: Ich habe Schwierigkeiten, mich genau daran zu erinnern, was er sagte.

Senator Smith: So weit Sie können.

Ismay: Ich weiß, daß ich hörte, wie er den Befehl gab, die Boote zu Wasser zu lassen. Ich glaube, das war alles, was er sagte. Ich glaube, er drehte sich einfach um und gab den Befehl.

Senator Smith: Wurde noch mehr über die Besatzung gesagt, oder wer hinein sollte?

Ismay: Nein, davon habe ich nichts gehört. Nachdem ich den Befehl gehört hatte, die Boote zu Wasser zu bringen, habe ich die Brücke verlassen.

Senator Smith: Sie verließen die Brücke?

Ismay: Ja.

Senator Smith: Sahen Sie, wie die Boote zu Wasser gelassen wurden?

Ismay: Ja.

Senator Smith: Wie viele?

Ismay: Mit Sicherheit drei.

Senator Smith: Können Sie uns berichten, wie sie zu Wasser gelassen wurden?

Ismay: Sie schwangen nach außen, Menschen stiegen von Decks aus ein und dann wurden sie zu Wasser gelassen.

Senator Smith: Gab es Rettungsboote auf den verschiedenen Decks?

Ismay: Sie waren alle auf einem Deck.

Senator Smith: Auf welchem Deck?

Ismay: Auf dem Sonnendeck. Das Deck über diesem (zeigt auf die Zeichnung). Ich glaube, es befindet sich nicht auf diesem Plan.

Senator Smith: Das zweite Deck über Ihrem?

Ismay: Dieses Deck hier auf dem großen Plan (zeigt).

Senator Smith: Auf dem Sonnendeck?

Ismay: Ja, wir nennen es Sonnen- oder Bootsdeck.

Senator Smith: Befanden Sie sich auf dem Bootsdeck, dem höchsten Deck von allen?

Ismay: Ja, auf dem höchsten Deck.

Senator Smith: Beaufsichtigten die Offiziere in irgendeiner Weise das Beladen der Boote?

Ismay: Ja.

Senator Smith: Bitte berichten Sie uns, wie das aussah.

Ismay: Das kann ich nicht sagen. Ich kann nur das berichten, was ich selbst gesehen habe.

Senator Smith: Nichts anderes erwarte ich.

Ismay: Die Boote, die dort aufs Wasser gelassen wurden, wo ich mich befand, wurden von einem Offizier beladen.

Senator Smith: Man besetzte die Boote zuerst mit Männern, um sie zu handhaben?

Ismay: Wir setzten einige Männer der Besatzung hinein.

Senator Smith: Einige Männer der Besatzung?

Ismay: Ja.

Senator Smith: Wieviele?

Ismay: Das kann ich nicht sagen.

Senator Smith: Wieviele ungefähr?

Ismay: Das kann ich nicht sagen.

Senator Smith: Drei oder vier?

Ismay: Der dort anwesende Offizier kann Ihnen die Frage beantworten. Meine Antwort wäre nur geraten. Seiner Aussage könnte man vertrauen.

Senator Smith: Wieviele Männer befanden sich in dem Boot, mit dem Sie das Schiff verließen?

Ismay: Vier.

Senator Smith: Außer Ihnen?

Ismay: Ich dachte, Sie meinten die Besatzung.

Senator Smith: Ich meinte die Besatzung.

Ismay: Es handelte sich um vier Besatzungsmitglieder.

Senator Smith: Welche Positionen nahmen die Männer ein?

Ismay: Ich weiß nicht.

Senator Smith: Waren Offiziere darunter?

Ismay: Nein.

Senator Smith: Oder Matrosen?

Ismay: Ich glaube, einer war Quartermeister.

Senator Smith: Einer war Quartermeister?

Ismay: Ich glaube, aber ich weiß es nicht genau.

Senator Smith: Sie sahen selbst, wie drei der Boote zu Wasser gelassen wurden?

Ismay: Ja.

Senator Smith: Und alle drei waren beladen?

Ismay: Ja.

Senator Smith: Bei der Beladung - gab es da Befehle, wie sie beladen werden sollten?

Ismay: Nein.

Senator Smith: Wie kam es dann, daß die Frauen zuerst auf diese Rettungsboote gebracht wurden?

Ismay: Die übliche Abfolge besagt Kinder und Frauen zuerst.

Senator Smith: Das war die Anordnung?

Ismay: Oh ja.

Senator Smith: Und das wurde befolgt?

Ismay: So weit es praktikabel war.

Senator Smith: So weit Sie es beobachteten?

Ismay: So weit ich es beobachtete.

Senator Smith: Und kamen alle Frauen und Kinder in diesen Rettungsbooten unter?

Ismay: Das kann ich nicht sagen.

Senator Smith: Wie viele Passagiere befanden sich in dem Rettungsboot, mit dem Sie von Bord gingen?

Ismay: Ich glaube um die 45.

Senator Smith: 45?

Ismay: So weit ich mich erinnere.

Senator Smith: Das war die Kapazität?

Ismay: Praktisch ja.

Senator Smith: Was war mit den anderen Booten?

Ismay: Die anderen drei waren, glaube ich, ziemlich ausgelastet.

Senator Smith: Die drei anderen , außer dem, in dem Sie sich befanden?

Ismay: Ja.

Senator Smith: Sie waren ziemlich ausgelastet?

Ismay: Ja.

Senator Smith: Gab es irgendwelche Drängeleien oder Kämpfe?

Ismay: Ich habe keine gesehen.

Senator Smith: Oder Versuche von Männern, in die Boote zu gelangen?

Ismay: Ich habe keine gesehen.

Senator Smith: Wurden die weiblichen Passagiere vor dem Einsteigen ausgewählt?

Ismay: Nein.

Senator Smith: Die dem Boot am nächsten standen, bekamen einen Platz?

Ismay: Wir sammelten die Frauen und setzten sie so schnell wir konnten in das Boot.

Senator Smith: Sie holten Sie aus der Menschenmenge?

Ismay: Wir holten die ersten, die dort standen und setzten sie in die Boote. Ich selbst setzte eine Menge von ihnen hinein.

Senator Smith: Sie halfen selbst dabei?

Ismay: Ich half einer ganzen Menge.

Senator Smith: Wurde den Kindern die gleiche Rücksicht entgegengebracht?

Ismay: Absolut.

Senator Smith: Haben Sie ein Rettungsboot ohne Ruderer gesehen?

Ismay: Habe ich nicht.

Senator Smith: Haben Sie gesehen, wie das erste Boot zu Wasser gelassen wurde?

Ismay: Darauf kann ich nicht antworten. Ich sah, wie das erste Boot auf der Steuerbordseite zu Wasser gelassen wurde. Was auf der Backbordseite geschah weiß ich nicht.

Senator Smith: Es gibt Andeutungen, daß beim ersten zu Wasser gelassenen Boot nicht genügend Besatzungsmitglieder an Bord waren.

Ismay: Davon weiß ich nichts.

Senator Smith: Und das Frauen das Boot rudern mußten.

Hughes: Das betrifft das zweite Rettungsboot, Senator.

Senator Smith: Das zweite Rettungsboot. Die Frauen mußten also von 10:30 Uhr in der Nacht bis 7.30 Uhr am nächsten Morgen rudern.

Ismay: Das Unglück ereignete sich erst um elf. . .

Senator Smith: Also, von 11.30 Uhr in der Nacht bis zwischen sechs und sieben Uhr am nächsten Morgen.

Ismay: Davon weiß ich nichts.

Senator Smith: Bis die Carpathia sie entdeckte. Davon wissen Sie nichts?

Ismay: Absolut nichts.

Senator Smith: Würden Sie angesichts Ihrer Beobachtungen sagen, daß dies nicht zutrifft?

Ismay: Ich kann weder ja oder nein sagen. Ich habe es nicht gesehen.

Senator Smith: Als Sie zuerst an Deck kamen, waren Sie nur teilweise bekleidet?

Ismay: So ist es.

Senator Smith: Und, wenn ich es recht verstehe, trafen Sie einen Steward oder Offizier?

Ismay: Ja.

Senator Smith: Und danach kehrten Sie zurück?

Ismay: Das ist korrekt.

Senator Smith: Wie lange blieben Sie nach der Kollision an Bord?

Ismay: Das ist schwer zu beantworten. Praktisch bis zu dem Zeitpunkt - fast bis sie unterging.

Senator Smith: Wie lange dauert es, ein Rettungsboot zu beladen und zu Wasser zu lassen?

Ismay: Darauf kann ich nicht antworten.

Senator Smith: Können Sie es schätzen?

Ismay: Ich kann die Zeit nicht einschätzen. Ich kann darauf nicht antworten.

Senator Smith: Waren Sie noch eine Stunde nach der Kollision an Bord der Titanic?

Ismay: Oh ja.

Senator Smith: Wieviel länger?

Ismay: Ich glaube ungefähr eine Stunde und eine Viertelstunde.

Senator Smith: Eine Stunde und eine Viertelstunde?

Ismay: Ich glaube ungefähr. Vielleicht länger.

Senator Smith: Haben Sie während dieser Zeit Passagiere gesehen, die Sie kannten?

Ismay: Ich kann mich wirklich nicht erinnern. Ich sah viele Passagiere, aber ich habe, glaube ich, nicht darauf geachtet, wer sie waren. Ich erinnere mich nicht, irgend jemand erkannt zu haben.

Senator Smith: Kannten Sie (den kanadischen Eisenbahnmagnaten) Charles M. Hayes?

Ismay: Ja.

Senator Smith: Wußten Sie von der Anwesenheit anderer prominenter Amerikaner oder Kanadier an Bord?

Ismay: Nein. Ich wußte, daß Herr Hayes an Bord war.

Senator Smith: Sie wußten, daß er an Bord war?

Ismay: Ja. Ich kannte ihn seit einigen Jahren.

Senator Smith: Sie haben ihn nach dem Unglück aber nicht mehr gesehen?

Ismay: Danach habe ich ihn nicht mehr gesehen. Nein.

Senator Smith: Und er ist vermißt?

Ismay: Ja.

Senator Smith: Er gehörte nicht zu den Überlebenden?

Ismay: Nein.

Senator Smith: Unter welchen Umständen haben Sie das Schiff verlassen?

Ismay: Auf welche Art und Weise?

Senator Smith: Verließ das letzte Boot, auf dem Sie waren, das Schiff von einem Punkt in ihrer Nähe?

Ismay: Ich stand direkt vor dem Boot, als es ablegte.

Senator Smith: Direkt gegenüber?

Ismay: Ja.

Senator Smith: Unter welchen Umständen haben Sie das Schiff verlassen? Ich frage nur. . .

Ismay: Das Boot war da. In ihm waren einige Männer und der Offizier rief fragend, ob sich noch einige Frauen in der Nähe befanden. Niemand antwortete, und es gab auch keine anderen Passagiere auf dem Deck.

Senator Smith: Keine Passagier an Deck?

Ismay: Nein, und als das Boot gerade zu Wasser gelassen wurde, stieg ich ein.

Senator Smith: Zu dieser Zeit sank die Titanic?

Ismay: Sie sank.

Senator Smith: Wo war das Schiff getroffen worden? War es ein seitlicher Schlag?

Ismay: Ich weiß es selbst nicht. Ich kann nur wiedergeben, was man mir gesagt hat, daß sie den Eisberg irgendwo zwischen dem Wellenbrecher und der Brücke traf.

Senator Smith: Wiederholen Sie das.

Ismay: Zwischen Wellenbrecher und Brücke.

Senator Smith: Auf der Steuerbordseite?

Ismay: Ja.

Senator Smith: Sahen Sie an Bord männliche Passagiere mit Schwimmwesten?

Ismay: Fast alle Passagiere trugen Schwimmwesten.

Senator Smith: Alle, die Sie sahen?

Ismay: Alle, die ich sah, trugen Schwimmwesten.

Senator Smith: Alle, die Sie sahen?

Ismay: Ja, so weit ich mich erinnern kann.

Senator Smith: Natürlich. Sie würden sich erinnern, wenn Sie es gesehen hätten. Als sie das Rettungsboot bestiegen, gab es keine Passagiere mehr in diesem Teil des Schiffs?

Ismay: Keine.

Senator Smith: Haben Sie zu irgendeinem Zeitpunkt gesehen, wie Männer darum kämpften, in eines dieser Boote zu gelangen?

Ismay: Nein.

Senator Smith: Gab es Versuche von Passagieren, als dieses Boot die anderen Decks passierte, in dieses Boot zu steigen?

Ismay: Keinen. Es gab dort keine Passagiere, die hätten mitgenommen werden können.

Senator Smith: Bevor Sie das Boot bestiegen, haben Sie da gesehen, wie Passagiere ins Wasser gesprungen sind?

Ismay: Habe ich nicht.

Senator Smith: Nachdem Sie im Rettungsboot waren, haben Sie da Passagiere oder Besatzungsmitglieder mit Schwimmwesten im Wasser gesehen?

Ismay: Nein.

Senator Smith: Welchen Kurs steuerte das Boot, in dem Sie sich befanden, nachdem es vom Schiff abgelegt hatte?

Ismay: Wir sahen ein Licht in der Entfernung, von dem wir dachten, daß es sich um ein Schiff handelte und das wir ansteuerten.

Senator Smith: Können Sie uns die Richtung angeben?

Ismay: Das kann ich nicht.

Senator Smith: Aber Sie sahen das Licht.

Ismay: Ja.

Senator Smith: Und sie versuchten, mit dem Boot dorthin zu rudern?

Ismay: Ja.

Senator Smith: Wie lange waren Sie mit diesem Boot in der offenen See?

Ismay: Ich glaube ungefähr vier Stunden.

Senator Smith: Gab es andere Rettungsboote in der Nähe?

Ismay: Ja.

Senator Smith: Wie viele?

Ismay: Das kann ich nicht sagen. Ich weiß von einem, weil wir es grüßten. Es hatte ein Licht und wir grüßten es, bekamen aber keine Antwort.

Senator Smith: Sie bekamen keine Antwort?

Ismay: Nein.

Senator Smith: Haben Sie irgendwelche Flöße auf der offenen See gesehen?

Ismay: Nein. Keines.

Senator Smith: Gab es irgendwelche Flöße an Bord der Titanic, die man hätte benutzen können?

Ismay: Ich glaube nicht.

Senator Smith: Entsprachen alle Rettungsboote einem Typ?

Ismay: Nein, es gab vier sogenannte Faltboote.

Senator Smith: Und was waren die anderen?

Ismay: Gewöhnliche Holzboote.

Senator Smith: Wie viele gab es?

Ismay: Ich glaube alle zusammen - 20.

Senator Smith: Von beiden Bauarten?

Ismay: Ja. 16 Holzboote und vier Faltboote. Glaube ich, aber ich bin nicht absolut sicher.

Senator Smith: Als Sie die Carpathia erreichten, wurde da ihr Boot an Bord genommen?

Ismay: Das weiß ich nicht.

Senator Smith: Haben Sie gesehen, wie andere Boote an Bord der Carpathia genommen wurden?

Ismay: Habe ich nicht.

Senator Smith: Wie sind Sie an Bord der Carpathia gelangt?

Ismay: Wir kletterten die Jakobsleiter hinauf.

Senator Smith: Wie war die See zu dieser Zeit?

Ismay: Es gab ein paar Wellen, nichts mehr.

Senator Smith: Wissen Sie ob alle Boote, die die Titanic verließen, ihr Ziel erreichten?

Ismay: Ich glaube ja. Aber ich weiß es nicht mit Bestimmtheit.

Senator Smith: Ich glaube, es gibt Berichte, daß zwei von ihnen überflutet wurden.

Ismay: Davon weiß ich nichts.

Senator Smith: Wenn das zutreffen würde, wüßten Sie davon, oder nicht?

Ismay: Seit dem Unglück habe ich mit niemandem außer mit einem Offizier gesprochen.

Senator Smith: Und wer war das?

Ismay: Herr Lightoller. Ich habe mit keinem Mitglied der Besatzung oder sonst jemand über das Unglück gesprochen.

Senator Smith: Welche Position bekleidete Herr Lightoller?

Ismay: Er war der Zweite Offizier der Titanic.

Senator Smith: Wieviele Offiziere des Schiffs wurden gerettet?

Ismay: Man hat mir von vier berichtet.

Senator Smith: Können Sie uns die Namen geben?

Ismay: Kann ich nicht.

Senator Smith: Oder ihre Beschäftigungen?

Ismay: Könnte ich nicht. Der einzige, den ich kenne, ist Herr Lightoller, der Zweiter Offizier war.

Senator Smith: So viel ich weiß, befinden sie sich hier.

Ismay: Ich glaube schon. Ich weiß es nicht.

Senator Smith: Herr Ismay, was können Sie über den Untergang und das Verschwinden des Schiffs berichten? Können Sie die Art und Weise beschreiben, wie es unterging?

Ismay: Ich habe nicht gesehen, wie es unterging.

Senator Smith: Sie haben nicht gesehen, wie es unterging?

Ismay: Nein.

Senator Smith: Wie weit waren Sie vom Schiff entfernt?

Ismay: Ich weiß nicht, wie weit wir entfernt waren. Ich saß mit dem Rücken zum Schiff. Während der ganzen Zeit ruderte ich das Boot. Wir entfernten uns.

Senator Smith: Sie ruderten?

Ismay: Ja. Ich wollte nicht sehen, wie sie unterging.

Senator Smith: Sie wollten nicht sehen, wie sie unterging?

Ismay: Nein, und ich bin glücklich, daß ich es nicht tat.

Senator Smith: Als Sie sie zuletzt sahen, gab es da Anzeichen, daß sie in zwei Teile gebrochen war?

Ismay: Nein.

Senator Smith: Wann sahen Sie sie zum letzten Mal?

Ismay: Ich kann es wirklich nicht sagen. Es kann zehn Minuten, nachdem wir sie verlassen hatten, gewesen sein. Es ist unmöglich, irgendeine Einschätzung der Zeit zu geben. Ich könnte es nicht.

Senator Smith: Gab es viel Durcheinander an Bord, als Sie sie zuletzt sahen?

Ismay: Ich habe nicht hinüber gesehen. Ich hatte ihr den Rücken zugewendet. Ich habe mich nur einmal umgedreht, und dabei ihr rotes oder besser ihr grünes Licht gesehen.

Senator Smith: Nachdem Sie die Brücke verlassen hatten, haben Sie den Kapitän nicht mehr wiedergesehen?

Ismay: Nein.

Senator Smith: Wissen Sie irgend etwas von ihm?

Ismay: Nichts.

Senator Smith: Wissen Sie, wieviele Funker an Bord waren?

Ismay: Nein, aber ich glaube es waren zwei. Einer hatte immer Dienst.

Senator Smith: Wissen Sie, ob sie überlebten?

Ismay: Man hat mir gesagt, einer habe überlebt, aber ich weiß nicht, ob das zutrifft oder nicht. Ich habe nicht nachgefragt.

Senator Smith: Haben Mitglieder der Besatzung in der englischen Marine gedient?

Ismay: Ich weiß nicht. Die Schiffsunterlagen können das belegen.

Senator Smith: Können Sie uns irgend etwas über die Inspektion und das Zertifikat sagen, das vor der Überfahrt ausgestellt wurde?

Ismay: Das Schiff bekommt ein Zertifikat der Handelskammer für die Passagierbeförderung. Andernfalls dürfte es keine Passagiere befördern.

Senator Smith: Wissen Sie, ob das geschehen ist?

Ismay: Ohne das könnte man das Schiff nicht betreiben. Man dürfte gar nicht auslaufen.

Senator Smith: Wissen Sie, ob das Schiff mit einem vollständigen Satz Rettungsboote ausgerüstet war?

Ismay: Wäre das nicht der Fall gewesen, hätte es nicht auslaufen können. Es hätte auch kein Passagierzertifikat bekommen. Daher muß es vollständig ausgerüstet gewesen sein.

Senator Smith: Wissen Sie, ob es sich bei den Rettungsbooten um die für die Titanic geplanten Boote handelte?

Ismay: Ich verstehe nicht ganz, was Sie meinen. Ich glaube nicht, daß Rettungsboote für das Schiff gebaut werden. Sie werden gebaut, um eine bestimmte Kapazität zu haben.

Senator Smith: Das verstehe ich. Ich meine, ob diese Boote parallel zur Fertigstellung des Schiffs gebaut wurden oder ob die Rettungsboote oder einige von ihnen von anderen Schiffen der White Star Line ausgeliehen wurden?

Ismay: Sie waren gewiß nicht von anderen Schiffen geliehen worden.

Senator Smith: Können Sie sich daran erinnern, ob das Rettungsboot, in dem Sie sich befanden, den Namen Titanic an der Seite oder auf den Rudern trug?

Ismay: Ich habe keine Ahnung. Ich nehme an, die Ruder wären markiert gewesen. Ich weiß nicht, ob das Boot selbst einen Namen trug. Es handelte sich um ein Faltboot.

Senator Smith: Können Sie sich daran erinnern, ob das so war?

Ismay: Ich habe nicht darauf geachtet, ob die Ruder markiert waren. Wäre das eine natürliche Vorsichtsmaßnahme?

Senator Smith: Herr Ismay, kennen Sie die Kesselkonstruktion der Titanic?

Ismay: Nein, tue ich nicht. Meine Herren, wenn Sie Informationen über die Konstruktion des Schiffs bekommen wollen, würde ich vorschlagen, die Mitarbeiter von Harlan & Wolf hierhin zu holen. Ich würde mich freuen, ein Treffen zu arrangieren, damit Sie alle Informationen, die sie für nötig erachten, bekommen können.

Senator Smith: Wir stehen in Ihrer Schuld. Es gibt Berichte von Passagieren, die das Schiff in Rettungsbooten verlassen haben, daß es nach der Kollision eine Explosion gegeben hat. Wissen Sie davon?

Ismay: Nein.

Senator Smith: Glauben Sie, daß Sie davon wüßten, wenn das geschehen wäre?

Ismay: Ich glaube schon. Meinen Sie bevor das Schiff unterging?

Senator Smith: Ja.

Ismay: Absolut.

Senator Smith: Herr Ismay, wissen Sie irgend etwas über die Turbine mittschiffs; die Zahl der Umdrehungen?

Ismay: Nein.

Uhler: Die Kolbendampfmaschinen, sagen Sie, erreichten zu einem Zeitpunkt 75 oder 72 Umdrehungen?

Ismay: Ja.

Uhler: Wissen Sie, wieviele Umdrehungen die Turbine mittschiffs leistete?

Ismay: Nein. All dies sind technische Fragen, die von anderen beantwortet werden können, wenn Sie es wünschen.

Senator Newlands: Was für eine Geschwindigkeit würden 75 Umdrehungen entsprechen?

Ismay: 21 Knoten würde ich sagen.

Senator Newlands: Wieviel ist das in Meilen?

Ismay: Das ist ein Verhältnis von elf zu 13; ungefähr 26 Meilen, glaube ich.

Senator Newlands: Herr Ismay, hatten Sie in irgendeiner Weise etwas mit der Auswahl der Männer zu tun, die Sie im letzten Boot begleiteten?

Ismay: Nein.

Senator Newlands: Wie wurden sie ausgewählt?

Ismay: Ich nehme an, von dem Offizier, der für dieses Boot verantwortlich war.

Senator Newlands: Wer war das?

Ismay: Herr Weyl (Chief Officer Weyl).

Senator Newlands: Und was für ein Offizier war er?

Ismay: Chief Officer.

Senator Newlands: Wurde dies mittels Losen oder Auswahl gemacht?

Ismay: Ich glaube, diesen Männern wurden bestimmte Plätze zugewiesen.

Senator Newlands: Ohne Unterscheidung?

Ismay: Nein, ich glaube, sie hatten, was sie die Besatzungsliste nannten. Alles war wohl von vornherein arrangiert.

Senator Smith: Können Sie jene Flöße beschreiben?

Ismay: Es gab keine an Bord.

Senator Smith: Sahen Sie irgendwelche Flöße?

Ismay: Nein.

Senator Smith: Verfügen White Star Liner im allgemeinen über Flöße?

Ismay: Ich glaube in den alten Zeiten hatten wir Flöße.

Senator Smith: Aber nun wird das nicht mehr gemacht?

Ismay: Nicht auf den neuen Schiffen.

Senator Smith: Warum?

Ismay: Ich glaube, weil sie nicht als geeignet angesehen werden.

Senator Smith: Kennen Sie die Wasseraufnahmefähigkeit des Schiffs?

Ismay: Kenne ich nicht.

Senator Smith: Ich meine nach der Kollision, wieviele Schotts konnten mit Sicherheit überflutet werden?

Ismay: Entschuldigung. Ich habe Ihre Frage mißverstanden. Das Schiff war so konstruiert worden, daß es mit zwei gefluteten Schotts auf dem Wasser bleiben konnte.

Senator Smith: Es konnte mit zwei gefluteten Schotts über Wasser bleiben?

Ismay: Das Schiff war speziell so gebaut worden,

daß es mit zwei gefluteten Schotts auf dem Wasser bleiben konnte. Ich glaube, daß ich zurecht sagen kann, daß es nur wenige Schiffe - vielleicht sollte ich nicht weiter fortfahren, aber ich mache einfach weiter, wo ich schon mal angefangen habe - gibt, von den man dasselbe sagen kann.

Als wir die Titanic bauten, hatten wir genau das im Sinn. Hätte das Schiff den Eisberg frontal getroffen, wäre es aller Wahrscheinlichkeit nach hier.

Senator Smith: Wenn es den Eisberg frontal getroffen hätte, wäre es heute hier?

Ismay: Aller Wahrscheinlichkeit nach wäre es hier auf dem Wasser.

Senator Newlands: Wie traf das Schiff den Eisberg?

Ismay: Nach den Informationen, über die ich verfüge, kollidierte sie mit dem Eisberg in einem Bogen zwischen dem Vorderdeck und der Brücke kurz hinter dem Vordermast.

Senator Smith: Vor einer kurzen Weile sagten Sie, sie hätten mit dem Rücken zum Schiff gerudert. Wenn Sie sich rudernd vom Schiff entfernten, müßten Sie doch auf das Schiff blicken, oder nicht?

Ismay: Nein. In diesen Booten gab es einige Ruder, die zum Bug zeigten und andere zum Heck. Ich saß vor dem Mann, der steuerte, und daher mit dem Rücken zum Schiff.

Senator Smith: Sie haben berichtet, das Schiff sei so konstruiert worden, daß es mit zwei gefluteten Schotts auf dem Wasser bleiben konnte.

Ismay: Ja.

Senator Smith: Sind dann Ihrer Meinung nach keine zwei Schotts intakt geblieben?

Ismay: Das kann ich nicht beantworten. Ich bin überzeugt, daß mehr als zwei Schotts gefüllt waren. Wie ich versucht habe, Ihnen in der letzten Nacht zu erklären, glaube ich, daß die Bilge aufgerissen worden ist.

Senator Newlands: Das Schiff hatte 16 Schotts?

Ismay: Das kann ich nicht beantworten.

Senator Newlands: Ungefähr?

Ismay: Ungefähr. Diese Information steht Ihnen frei. Unser Schiffsbauer wird es Ihnen genau sagen.

Senator Newlands: Und es war so konstruiert worden, daß es auch mit zwei vollgelaufenen

Schotts auf dem Wasser bleiben konnte?

Ismay: Ja, wenn zwei der größten Schotts vollgelaufen wäre, wäre es auf dem Wasser geblieben.

Senator Smith: Herr Ismay, zu welcher Zeit dinierten Sie am Sonntagabend?

Ismay: Um 7:30 Uhr.

Senator Smith: Mit wem?

Ismay: Mit dem Arzt.

Senator Smith: Dinierte der Kapitän mit Ihnen?

Ismay: Das tat er nicht.

Senator Smith: Als Sie nach der Kollision auf die Brücke gingen, lag da Eis auf dem Deck?

Ismay: Ich sah weder Eis noch Eisberge bis zum Tagesanbruch am Montagmorgen.

Senator Smith: Wissen Sie, ob Menschen von dem auf Deck gestürzten Eis verletzt oder getötet wurden?

Ismay: Ich weiß es nicht. Ich habe gehört, das Eis an Bord gefunden wurde.

Senator Smith: Ich glaube, ich habe Sie das schon gefragt, aber für den Fall, daß es nicht so ist, frage ich Sie noch einmal: Sind alle Frauen und Kinder gerettet worden?

Ismay: Leider nicht.

Senator Smith: Welcher Anteil konnte gerettet werden?

Ismay: Ich habe keine Ahnung. Ich habe nicht gefragt. Seit dem Unglück habe ich nur wenige Erkundigungen eingezogen.

Senator Smith: Ist Ihrem Wissen nach eines der Faltboote gesunken, nachdem es das Schiff verlassen hat?

Ismay: Nein.

Senator Newlands: Wie groß war die vollständige Ausrüstung mit Rettungsbooten bei einem Schiff dieser Größe?

Ismay: Das kann ich Ihnen nicht sagen. Das wird von der Regulierungsbehörde vorgeschrieben. Es hat möglicherweise sogar die Vorschriften übertroffen, so viel ich weiß. Ich könnte diese Frage nicht beantworten. Auf jeden Fall hatte es genügend Boote, um das Passagierzertifikat zu bekommen und daher muß es den britischen Vorschriften entsprechend genügend Boote besessen haben. Diese gelten auch in diesem Land. Stimmt das, General?

Uhler: Ja.

Senator Smith: Herr Ismay, haben Sie auf irgendeine Art und Weise versucht, den Funkverkehr zwischen der Carpathia und anderen Stationen zu beeinflussen?

Ismay: Nein. Ich glaube der Kapitän der Carpathia ist anwesend, und er wird Ihnen wahrscheinlich bestätigen, daß ich meine Kabine von dem Zeitpunkt, als ich an Bord der Carpathia gekommen bin bis gestern abend, als das Schiff hier anlegte, nicht verlassen habe. Ich habe den Raum nie verlassen.

Senator Smith: Wie waren Sie bekleidet? Waren Sie vollständig angezogen, als Sie das Rettungsboot bestiegen?

Ismay: Ich trug einen Pyjama, Slipper, einen Anzug und einen Mantel.

Senator Smith: Wieviele Männer, Offiziere und Besatzungsmitglieder befanden sich an Bord des Bootes?

Ismay: Es gab keine Offiziere.

Senator Smith: Ich meine die Schiffsoffiziere.

Ismay: Wieviele Offiziere an Bord des Schiffs waren?

Senator Smith: Ja, und wieviele Besatzungsmitglieder?

Ismay: Ich glaube, es gab sieben Offiziere an Bord.

Senator Smith: Und wieviele Besatzungsmitglieder?

Ismay: Ich kenne nicht die genaue Zahl der Besatzungsmitglieder. Es gab sieben Offiziere - oder neun Offiziere. Drei Offiziere teilen sich immer die Wache.

Senator Smith: Wieviele Männer waren in Ihrem Rettungsboot?

Ismay: Oh, das kann ich nicht sagen. Ich glaube neun oder zehn.

Senator Smith: Wissen Sie, wer sie waren?

Ismay: Nein, weiß ich nicht. Herr (William) Carter, ein Passagier (ein reicher Mann aus Philadelphia) gehörte dazu. Ich weiß nicht, wer die anderen waren. Ich glaube, Passagiere der Dritten Klasse. Ich glaube tatsächlich waren die Menschen an Bord alle Passagiere aus der Dritten Klasse.

Senator Smith: Haben alle überlebt und kamen an Bord der Carpathia?

Ismay: Sie haben alle überlebt, ja.

Zeuge: Arthur Henry Rostron

Kapitän des Cunard-Liner Carpathia, das einzige Schiff, das den Überlebenden der Titanic zur Hilfe kam.

Kern der Aussage: Der Held der Katastrophe sagte direkt nach dem Sündenbock (Ismay) aus. Rostron beschrieb die aufwendigen Maßnahmen, die er für die Rettung und die Behandlung der Überlebenden anordnete. Er sagte, daß sich die in Richtung Gibraltar fahrende Carpathia seit dreieinhalb Tagen auf See befunden hatte und 58 Meilen von der Titanic entfernt war, als das Notsignal empfangen wurde. (Der Funker der Carpathia wollte gerade zu Bett gehen, trug aber noch die Kopfhörer.) Rostron antwortete auf allgemeine Fragen von Senator Smith über die Autorität eines Kapitäns, was den Verdacht des Senators, Ismay hätte den Kapitän der Titanic auf unzulässige Weise beeinflußt, widerspiegelt.

Rostron: Um 12:35 A. M. am Montag wurde ich über das Notsignal der Titanic informiert.

Senator Smith: Von wem?

Rostron: Von meinem Funker, aber auch vom Ersten Offizier. Der Funker hatte den Funkspruch genommen und war mit ihm auf die Brücke gelaufen und hatte ihn dem wachhabenden Ersten Offizier gegeben, der dort mit dem Junioroffizier Dienst tat. Beide rannten dann zu meiner Tür und riefen mich. Ich hatte mich gerade zurückgezogen. Es war ein dringendes Notsignal der Titanic, die sofortige Hilfe verlangte und mir ihre Position mitteilte. Die Position der Titanic zu diesem Zeitpunkt war 41Grad 46' Nord, 50 Grad 14 West. Ich kann Ihnen nicht unsere genaue Position gegen, aber wir waren dann. . .

Senator Smith: Und die Uhrzeit?

Rostron: Ja. Unsere Zeit war 12:35 Uhr. Ich kann Ihnen auch die New Yorker Zeit geben, wenn sie wollen.

Senator Smith: Ja, bitte tun Sie das.

Rostron: Die New Yorker Zeit um 12:35 Uhr war 10:45 P. M. Samstagnacht. Sofort nachdem ich den Funkspruch bekommen hatte, gab ich Befehl, das Schiff zu wenden. Und direkt nachdem ich diesen Befehl gegeben hatte, fragte ich den Funker, ob er absolut sicher sei, daß es sich um ein Notsignal von der Titanic handelte. Ich fragte ihn zweimal.

Senator Smith: Was war das für ein Funkspruch?

Rostron: Das habe ich ihn nicht gefragt. Er hat mir nur gesagt, daß er ein Notsignal von der Titanic erhalten habe, die sofortige Hilfe benötigte. Er gab mir ihre Position. Und er versicherte mir, daß er sich bei dem Signal absolut sicher sei. In der Zwischenzeit zog ich mich an, holte mir unsere Position von der Karte und setzte einen Kurs, um die Titanic zu erreichen. Der Kurs war Nord 52 Grad West, 58 Meilen von meiner Position. Ich ließ dann den Chefingenieur holen. In der Zwischenzeit zog ich mich weiter an und sah, daß das Schiff auf Kurs gebracht wurde. Der Chefingenieur kam. Ich erklärte ihm, daß er eine zusätzliche Wache von Heizern einsetzen sollte und die denkbar höchste Geschwindigkeit möglich machen sollte, um die Titanic zu erreichen, die sich in Schwierigkeiten befand. Danach gab ich dem Ersten Offizier, der die Brücke befehligte, den Befehl, die Männer von allen Arbeiten, mit denen sie gerade beschäftigt waren, zu befreien, die Wache auf Deck zu stellen und die Rettungsboote vorzubereiten. Außerdem sollten die Reservegerätschaften vorbereitet werden. Nachdem ich das erledigt hatte, ließ ich die Männer, die für die verschiedenen Abteilungen verantwortlich waren, zu mir kommen: den englischen Arzt, den Purser und den Chefsteward. Sie kamen in meine Kabine und dort gab ich meine Befehle. Ich weiß nicht, ob es sie interessiert, die genauen Befehle zu hören.

Senator Smith: Wir würden sie sehr gerne hören.

Rostron: Ich habe sie alle schriftlich zusammengefaßt. Wir hatten einen englischen, italienischen und einen ungarischen Arzt. Meine Befehle sahen wie folgt aus: Englischer Arzt mit Assistenten im Speiseraum der Ersten Klasse. Italienischer Arzt mit Assistenten im Speiseraum der Zweiten Klasse.

Ungarischer Arzt mit Assistenten im Speiseraum der Dritten Klasse. Jeder Arzt mußte über einen ausreichenden Vorrat von Stärkungsmitteln, Stimulanzien und allen Mitteln für die Erstversorgung der Verwundeten oder Kranken verfügen. Purser, Purser-Assistent und Chefsteward waren eingeteilt, die Überleben-

den an den verschiedenen Gangways in Empfang zu nehmen. Dabei sollten unsere Stewards kontrolliert werden, die den Titanic-Passagieren in die Speiseräume halfen. Gleichzeitig sollten die Namen der Überlebenden festgehalten werden, damit sie per Funk weitergegeben werden konnten. Inspektor, Zwischendeck-Stewards und Schiffsprofos sollten unsere Zwischendeckpassagiere kontrollieren und sie vom Speiseraum der Dritten Klasse und dem Deck fernhalten, um so Durcheinander zu vermeiden.

Chefsteward: Sollte dafür sorgen, daß alle Hilfen Kaffee für unsere Mannschaft kochten. Kaffee, Tee, Suppe und so weiter in jedem Salon genauso wie Decken in den Gängen und den Booten. Um alle Geretteten sollte sich sofort gekümmert werden und außerdem sollten alle ihre Bedürfnisse auf der Stelle erfüllt werden. Meine Kabine und die der Offizieren wurden aufgeben. Rauchsalons, Bibliothek und so weiter, Speiseräume standen den Überlebenden zur Verfügung. Alle Reservebetten im Zwischendeck wurden für die Titanic-Passagiere bereitgestellt und die Zwischendeckpassagiere aufgefordert, zusammenzurücken. Stewards wurden in allen Gängen postiert, um unsere Passagiere zu beruhigen, sollten sie wegen des Lärms beim Ausschwenken unserer Boote oder der Maschine fragen. Bei allem betonte ich die absolute Notwendigkeit der Ordnung, Disziplin und Ruhe, um jedes Durcheinander zu vermeiden. Chief und Erster Offizier: Alle Männer rufen; Kaffee und so weiter. Boote vorbereiten und ausschwenken. Alle Gangtüren öffnen. Tauwerk in jeder Gangway befestigen. Eine Hosenboje an jeder Gangway, um Kranke oder Verletzte an Bord zu holen. Bootsmanns-Stuhl, Lotsenleitern und Seetuchsäcke an jede Gangway. Die Seetuchsäcke für die Kinder. Ich kann hier sagen, daß die Seetuchsäcke uns sehr bei der Rettung von Kindern geholfen haben. Beide Enden der Frachtarme klar, Buline an den Enden. Taubuchten an den Seiten für Schiffstaue oder, um Menschen an Bord zu helfen. Leinen verteilen, um Menschen in Hosenbojen an Bord zu hieven. Vordere Deckkräne vorbereitet mit Dampf auf den Winden. Offiziere auf die verschiedenen Stationen geschickt für die verschiedenen Eventualitäten. Befehl Raketen von 2:45 A.M. an abzuschießen. Danach alle Viertelstunde, um die Titanic zu beruhigen. Das ist eine Kopie von dem, was ich meiner Gesellschaft schicken werde.

Senator Smith: Es wäre schön, wenn Sie eine Kopie davon beim Komitee hinterlegen könnten.

Rostron: Ja Sir. Ich werde es mit Vergnügen tun. Noch eine Sache: Nachdem jeder Verantwortliche sah, daß alles vorbereitet war, berichtete er mir persönlich auf der Brücke, daß meine Befehle ausgeführt worden waren, wiederholte sie und daß alles vorbereitet sei. Das war um 3:45 Uhr der Fall. Das war eine Viertelstunde, bevor wie die Stelle des Desasters erreichten. Die einzelnen Arbeiten hatte ich den verschiedenen Verantwortlichen überlassen, und ich bin glücklich, sagen zu können, daß sie äußerst effektiv ausgeführt worden waren.

Senator Smith: Ich schließe aus dem, was Sie sagen, daß Sie 19 Knoten machten, nachdem Sie das Notsignal der Titanic empfangen hatten, bis sie den Punkt des Untergangs erreicht hatten?

Rostron: Nein, es waren 58 Meilen, und wir brauchten dreieinhalb Stunden.

Uhler: Von 12:35 bis 3:45 Uhr?

Rostron: Nein. Um 3:45 Uhr berichteten mir meine Männer. Ich habe noch nicht den Zeitpunkt des Eintreffens am Ort des Geschehens erreicht.

Senator Smith: Dann fahren Sie weiter fort. Auf Ihre Weise.

Rostron: Nachdem ich die einzelnen Abteilungschefs befragt hatte, ging ich auf die Brücke und blieb dort. Während ich dort war, erkundigte ich mich, ob meine Anordnungen alle ausgeführt wurden und daß alles mögliche gemacht wurde.
Um 2:40 Uhr sah ich ein Flackern ungefähr einen Punkt neben dem Backbordbug, und ich ging sofort davon aus, daß es sich um die Titanic handeln mußte und bemerkte, daß sie also noch immer auf dem Wasser lag, weil wir noch so weit entfernt waren, und es so hoch war. Jedoch bald nachdem ich das Flackern bemerkt hatte, machte ich einen Eisberg aus ungefähr einen Punkt neben dem Backbordbug, den ich umfahren mußte. Weil ich wußte, daß die Tita-

nic Kontakt mit Eise gehabt hatte, mußte ich besonders aufpassen, um allem auszuweichen, was wie Eis aussehen konnte. Zwischen 2:45 und vier Uhr, als ich die Maschinen stoppen ließ, passierten wir auf beiden Seiten Eisberge, so daß wir immer wieder den Kurs ändern mußten, um ihnen auszuweichen. Um vier Uhr stoppte ich.
Um 4:10 Uhr kam das erste Boot an die Seite. Doch bevor das erste Boot anlegen konnte, sah ich einen Eisberg nahe auf der rechten Seite und ich mußte Richtung Steuerbord ausweichen. Ich hatte ihn auf der Wetterseite des Schiffs. Ich mußte aus dem Eis heraus.
Ich bin jetzt am Ort des Geschehens. Es ist 4:10 Uhr mit dem ersten Boot an der Seite.

Senator Smith: Und diese Leute holen Sie nun an Bord.

Rostron: Ja.

Senator Smith: Beschreiben Sie das bitte mit ihren Worten.

Rostron: Wir nahmen das erste Boot auf, das von einem Offizier befehligt wurde. Ich sah, daß er das Boot nicht voll unter Kontrolle hatte. Der Offizier teilte mir mit, daß er nur einen Matrosen im Boot hatte, so daß ich das Schiff so nahe wie möglich an das Boot manövrieren mußte. Ich wußte, daß es schwierig sein würde, es in Schlepp zu nehmen. Dennoch schafften sie es an die Seite und sie alle kamen an Bord.
Nachdem die ersten Menschen an Bord waren, setzte das Morgengrauen ein, und ich konnte die anderen Boote in einem Umkreis von ungefähr vier Meilen sehen. Ich sah auch die Eisberge um mich herum. Es waren ungefähr 20 Eisberge, die zwischen 150 und 200 Fuß hoch waren und dann noch einige andere kleinere Berge. Man konnte sie nicht Berge nennen. Sie waren ungefähr zehn bis zwölf Fuß groß und zehn bis 15 Fuß lang.
Ich manövrierte das Schiff und allmählich hatten wir alle Boote beisammen. Alle Boote kamen an die Seite und die Menschen waren gegen 8:30 Uhr an Bord.
Ich befand mich dann ziemlich nahe der Stelle, wo die Titanic untergegangen war, obwohl es dort kaum Wrackteile gab, sondern nur kleinere Dinge, aber absolut keine großen Stücke.
Gegen acht Uhr tauchte der Leyland-Frachter

Californian auf, und wir tauschten Botschaften aus. Ich teilte ihm über den optischen Telegraphen mit, daß die Titanic untergegangen war und ich alle Passagiere aus den Rettungsbooten übernommen hatte, daß wir aber nicht sicher waren, alle Boote ermittelt zu haben. Ich sagte ihnen: „Ich glaube, eines ist noch unterwegs." Er fragte mich, ob er suchen sollte, und ich sagte: „Ja, bitte." Da war es 10:50 Uhr.

Ich möchte noch einmal zurückblenden.

Um 8:30 Uhr waren die Überlebenden an Bord. Ich ließ den Purser kommen und sagte ihm, daß ich einen Gottesdienst veranstalten wollte, ein kurzes Gebet aus Dank für die Geretteten und eine kurzen Beerdigungsandacht für die Ertrunkenen. Ich beriet mich mit Herrn Ismay. Ich erzählte ihm, was ich vorhatte, und Herr Ismay beließ alles in meinen Händen. Ich sicherte mir dann einen episkopalischen Geistlichen, der zu unseren Passagieren gehörte, und fragte ihn, ob er das für mich tun wolle, was er bereitwillig tat.

Während des Gottesdienstes war ich auf der Brücke und navigierte über den Ort des Untergangs. Wir sahen nichts außer einem Körper.

Senator Smith: Im Wasser treibend?

Rostron: Im Wasser treibend.

Senator Smith: Mit einer Schwimmweste?

Rostron: Mit einer Schwimmweste. Das war der einzige Körper, den ich sah.

Senator Smith: War er männlich oder weiblich?

Rostron: Männlich. Ich glaube er gehörte zur Besatzung. Er befand sich nur ungefähr 100 Yards vom Schiff entfernt. Wir konnten ihn ziemlich genau sehen und sehen, daß er tot war. Er lag in etwa so auf der Seite (zeigt die Position). Natürlich konnte er nicht mehr am Leben sein und so im Wasser liegen. Ich nahm ihn nicht an Bord. Aus dem Grund, daß sich die Passagiere der Titanic an Bord an Deck befanden und ich keine unnötige Aufregung oder Hysterie heraufbeschwören wollte. Ich dampfte also an ihm vorbei und versuchte, daß er von den Menschen an Bord nicht bemerkt wurde.

Aus den Booten nahmen wir drei Tote an Bord. Die Männer waren erfroren.

Senator Smith: Aus den Rettungsbooten?

Rostron: Ja, aus den Rettungsbooten.

Senator Smith: Wissen Sie aus welchen Booten sie kamen?

Rostron: Nein, ich gebe Ihnen jetzt nur einen allgemeinen Überblick. Wir holten die drei toten Männer an Bord. Ein anderer Mann wurde an Bord gebracht - ich glaube er gehörte zur Besatzung, der am Morgen gegen zehn Uhr starb. Ich glaube er und die anderen drei wurden gegen vier Uhr am Nachmittag beerdigt.

Senator Smith: Auf See.

Rostron: Auf See.

Senator Smith: Hatten sie irgend etwas mit sich, um sie zu identifizieren?

Rostron: Einer meiner Offiziere und die Titanic-Offiziere identifizierten sie so weit das ging und nahmen alles an sich, das den kleinsten Hinweis geben konnte. Nichts blieb in der Kleidung. Es kam natürlich nur sehr wenig ans Tageslicht. Aber Details kann ich Ihnen nicht geben. Ich kann nicht viel mehr beitragen. Ich war zu sehr beschäftigt. . .

Senator Smith: Sahen Sie noch andere Körper auf dem Wasser treiben als den Beschriebenen?

Rostron: Nur einen. Keinen mehr, keinen anderen.

Senator Smith: Haben Sie Informationen darüber, inwieweit die Passagiere oder Besatzungsmitglieder der Titanic die Schwimmwesten benutzten?

Rostron: Ich hatte nicht viele Gelegenheiten, mich im Kreise der Passagiere aufzuhalten. . . Sie waren alle mit Schwimmwesten ausgerüstet.

Senator Smith: Ich nehme an, Sie hielten Ausschau, ob es noch andere Menschen auf dem Wasser gab?

Rostron: Genau. Ich kreuzte in der Umgebung der Unglücksstelle.

Senator Smith: Wie lange kreuzten Sie dort?

Rostron: In der Umgebung der Unglücksstelle?

Senator Smith: Ja.

Rostron: Eine halbe Stunde.

Senator Smith: Gab es in dieser Zeit einen Sog oder ungewöhnliche Verhältnisse im Wasser?

Rostron: Nein, absolut nicht. Der Wind und die See begannen aufzufrischen. Eine leichte Brise wehte zu dieser Zeit.

Senator Smith: Wissen Sie, wie tief das Wasser an diesem Punkt ist?

Rostron: Ja, ungefähr 2000 und einige Faden.

Senator Smith: 2000 und ein paar Faden?

Rostron: Ja, habe ich auf die Karte gesehen.

Senator Smith: Haben Sie daraus geschlossen, daß Sie das Schiff nicht mehr gesehen haben?

Rostron: Oh nein, wir kamen anderthalb Stunden, nachdem es untergegangen war, es noch einmal gesehen war.

Senator Smith: Würden Sie den Kurs, den die Titanic bei ihrer ersten Fahrt gefahren ist, als angemessen und sicher oder vernünftig in dieser Jahreszeit betrachten?

Rostron: Ja, gewiß.

Senator Smith: Was wäre eine sichere und vernünftige Geschwindigkeit für ein Schiff dieser Größe auf einem solchen Kurs in der Nähe von Eisbergen?

Rostron: Ich kenne das Schiff natürlich nicht. Ich kenne es absolut nicht.

Senator Smith: Wie denken Sie selbst darüber? Nehmen wir mal an, Sie wären diesen Kurs mit ihrem Schiff gefahren. Was für eine Geschwindigkeit wäre Ihrer Meinung nach vernünftig in einer solchen Situation?

Rostron: Meine Herren, ich kann Ihnen nur sagen, daß ich wußte, das dort Eis war. . .

Senator Smith: Woher wußten Sie das?

Rostron: Von der Titanic.

Senator Smith: Aus dem Funkspruch der Titanic?

Rostron: Genau. Er sagte mir, er sei auf Eis gestoßen.

Senator Smith: Haben Sie es auf eine andere Weise erfahren?

Rostron: Nein. Das war die erste Andeutung, die ich hatte, daß dort Eis war.

Senator Smith: Sie wußten es erst, nachdem Sie es gesehen hatten?

Rostron: Ich wußte, daß die Titanic mit Eis kollidiert war. Daher war ich also darauf vorbereitet, auf Eis zu treffen, wenn ich mich der Position näherte, weil sie mit einem Berg kollidiert war. Als ich mich der Position näherte, wußte ich, daß es dort Eis geben mußte. Ich lief mit voller Kraft, alles, was wir hatten. . .

Senator Smith: Sie liefen mit voller Kraft?

Rostron: Ich hatte meine Beobachtungsposten verdoppelt, nutzte alle Vorsichtsmaßnahmen und übte besondere Vorsicht aus. Jede nur denkbare Vorsicht wurde ausgeübt. Wir waren alle auf den Quivive.

Senator Smith: Sie hatten aber ein kleineres Schiff, daß schneller auf einen Befehl reagierte?

Rostron: Nein.

Senator Smith: Es würde nicht?

Rostron: Nein, es würde nicht. Ich würde das nicht für einen Moment behaupten.

Senator Smith: Wie viele Männer waren auf der Brücke, im Ausguck, während dieser Situation?

Rostron: Mit mir waren drei Offiziere: ein Quartiermeister, ein Mann im Krähennest und zwei ganz vorne im Schiff näher am Wasser als das Krähennest.

Senator Smith: War das die normale Besatzung oder hatten Sie sie dahin beordert wegen der Gefahr?

Rostron: Ich hatte vorne einen zusätzlichen Ausguck.

Senator Smith: Einen zusätzlichen Ausguck?

Rostron: Und der Offizier war zusätzlich bei mir. Ich hatte einen weiteren Offizier bei mir. Er war freiwillig gekommen.

Senator Smith: Wie war die übliche Besatzung?

Rostron: Die normale Besatzung für einen nächtlichen Ausguck - zwei Männer. Einer im Krähennest und einer ganz vorne im Schiff. . .

Senator Smith: Wieviele Rettungsboote haben Sie an Bord der Carpathia?

Rostron: Wir haben 20.

Senator Smith: Wie groß ist die Kapazität?

Rostron: Ich bin nicht vorbereitet, darauf zu antworten. Ich kann es nicht sagen. Ich habe es wirklich vergessen.

Senator Smith: Sie haben 20 Boote in Übereinstimmung mit den Bestimmungen der britischen Handelsbehörde?

Rostron: Ja, ich glaube es sind 20.

Senator Smith: Wie groß ist Ihre Tonnage?

Rostron: 13 600 Tonnen.

Senator Smith: Das ist die vollständige Kapazität ihres Schiffs, die ganze Tonnage?

Rostron: 13 600 Tonnen.

Senator Smith: Und wie sieht das mit den Passagieren aus?

Rostron: Das kann ich Ihnen nicht sagen. Ich bin hier nicht mit irgendwelchen Daten gekommen. Ich habe nichts nachgesehen und bin auf solche Fragen nicht vorbereitet. Ich war zu beschäftigt.

Senator Smith: Was sagten Sie, war die Tonnage

ihres Schiffs?

Rostron: 13 600 Tonnen.

Senator Smith: Was war die Tonnage der Titanic?

Uhler: Es waren 45 629 Tonnen.

Senator Smith: Sind die Vorschriften der britischen Handelsbehörde neu oder alt?

Rostron: Sie sind ziemlich neu.

Senator Smith: Die Tatsache, daß Sie unter diesen Vorschriften über 20 Rettungsboote verfügen müssen und die Titanic mit ihrer viel größeren Tonnage 20 Boote haben mußte, bedeutet, daß diese Vorschriften vor langer Zeit erlassen sein müssen.

Rostron (unterbrechend): Nein, das hat damit nichts zu tun. Es hat mit dem Schiff selbst zu tun.

Die Schiffe werden heute so gebaut, daß sie praktisch unsinkbar sind und jedes Schiff ist eigentlich selbst ein Rettungsboot. Die Boote sind also nur als Reserve gedacht. Die Schiffe werden als unsinkbar betrachtet, und die Architekten sagen, daß sie unter bestimmten Verhältnissen unsinkbar sind. Wie diese Bedingungen aussehen, vermag ich nicht zu sagen, ob mit vollgelaufenen Schotts oder was auch immer. Daher hat unser Schiff mehr Rettungsboote aus dem einfachen Grund, daß es anders gebaut ist als die Titanic. . .

Senator Smith: Sie sagen, daß der Kapitän eines Schiffs im allgemeinen mit absoluter Kontrolle und Herrschaft über die Bewegungen des Schiffs ausgestattet ist?

Rostron: Absolut. Ich möchte das aber eingrenzen. Vor dem Gesetz hat der Kapitän eines Schiffs absolute Kontrolle, aber angenommen, wir bekommen vom Besitzer des Schiffs einen Befehl, etwas Bestimmtes zu machen und wir führen es nicht aus, dann riskieren wir, entlassen zu werden.

Ich gebe Ihnen ein Beispiel, was ich meine in Sachen Befehle bekommen oder so. Als ich Kurs auf New York nahm, unterrichtete ich Cunard Co. darüber, daß ich nach New York unterwegs sei, es sei denn, es kämen andere Befehle. Sehen Sie, was ich damit meine? Ich sagte: „Aus vielen Gründen halte ich New York für angemessen."

Senator Smith: Und Sie änderten Ihren Kurs sofort?

Rostron: Ich kam aus New York und kehrte nach New York zurück.

Wollen Sie meine Gründe erfahren, warum ich nach New York zurückkehrte?

Senator Smith: Ja.

Rostron: Der erste und wichtigste Grund war die Tatsache, daß wir all diese Frauen an Bord hatten, und ich wußte, daß sie hysterisch waren und sich in einem schlechten Zustand befanden. Ich wußte auch, daß Sie alle Nachrichten erfahren wollten. Mir war auch klar, daß, wenn ich Kurs auf Halifax nehmen würde, wir sie dort hinbekommen würden, aber ich wußte nicht, wieviele dieser Menschen halbtot, verletzt oder wieviele ernsthaft krank waren und so weiter. Ich wußte auch, daß wir auf dem Weg nach Halifax Eis passieren würden und mir war klar, welchen Effekt das auf Menschen haben würde, die gerade diese Erfahrung gemacht hatten. Ich wußte, daß wir die ganze Zeit in der Nähe von Eis sein würden. Ich zog das alles in Betracht. Mir war auch klar, daß wenn wir Halifax anlaufen würden, die Passagiere mit der Eisenbahn weiterfahren müßten. Außerdem wußte ich nicht, welches Wetter in Halifax herrschen würde und welche Unterbringungsmöglichkeiten ich ihnen dort zur Verfügung stellen könnte. Das war eine besondere Überlegung und daher drehte ich um. . .

Senator Smith: Sie sagten, Kapitän, daß Sie unter Volldampf fuhren?

Rostron: Ja.

Senator Smith: In Richtung Titanic?

Rostron: Ja.

Senator Smith: Hätten Sie das in der Nacht gemacht?

Rostron: Es war Nacht. Ich kann soviel sagen, daß, hätte ich gewußt, daß dort soviel Eis war, ich es nicht hätte machen sollen. Aber ich hatte da Recht. Ich konnte das Eis sehen. Ich wußte, daß ich absolut klar war.

Da ist eine andere Überlegung: Obwohl ich wußte, welches Risiko ich mit meinem Schiff und meinen Passagieren einging, mußte ich auch abwägen, worum es ging.

Senator Smith: Das Leben anderer zu retten?

Rostron: Ja, ich mußte an das Leben anderer denken.

Senator Smith: Sie wurden also von Ihrem Interesse an Menschlichkeit getrieben?

Rostron: Absolut.

Senator Smith: Und Sie riskierten es.

Rostron: Es war kaum ein Risiko. Natürlich war es ein Risiko, doch ich wußte, was ich tat. Ich dachte mir, daß es mir frei stand, und daß ich vollkommen korrekt handelte.

Senator Smith: Ich glaube, Sie sind nicht dafür kritisiert worden.

Rostron: Nein.

Senator Smith: Ich glaube vielmehr, daß ich auch für meine Kollegen sagen kann, daß Sie allerhöchstes Lob verdienen.

Rostron: Danke sehr. . .

Senator Smith: Wie weit können Sie kommunizieren (mit der für kurze Entfernungen geeigneten Funkanlage der Carpathia)?

Rostron: Bei guten Verhältnissen 200 Meilen. Unter normalen Verhältnissen gehen wir von 150 Meilen aus. Bei Nebel, Dunst, Sprühregen, Schnee oder anderen ungünstigen Wetterlagen können es auch nur 90 oder 100 Meilen sein.

Senator Smith: So war es reiner Zufall, daß Sie sich innerhalb der Reichweite Ihrer Anlage befanden, als Sie die Titanic empfingen?

Rostron: Ja, wir waren nur 58 Meilen entfernt.

Senator Smith: Das war also glücklich?

Rostron: Das Ganze war eine glückliche Fügung. Ich sage Ihnen, der Funker war in seiner Kabine, hatte aber keinen Dienst mehr, sondern hörte einfach zu während er auszog. Er öffnete die Schnürriemen in jenem Moment. Er hatte den Apparat auf seinen Ohren, als die Meldung einging. Das war alles. Zehn Minuten später wäre er vielleicht im Bett gewesen und hätte die Meldung nicht empfangen.

Senator Smith: Es war ein beachtlicher Zufall.

Zeuge: Charles Herbert Lightoller, 38

Zweiter Offizier der Titanic aus Hampshire, England

Kern der Aussage: Die zerstreute Art von Lightollers Befragung, bei der Senator Smith von Thema zu Thema sprang, illustrierte die Tatsache, daß der Senator wenig Zeit hatte, sich für die Befragung vorzubereiten. Lightoller sprach mit einigem Stolz über die lebensrettenden Einrichtungen an Bord der Titanic, die über die in den britischen Vorschriften geforderte maximale Zahl von Rettungsbooten verfügte. Die Vorschriften hatten jedoch nicht Schritt gehalten mit der wachsenden Größe der Schiffe. Wie andere Offiziere belud Lightoller die wenigen Boote nicht vollständig und beurteilte das Gewicht der jeweiligen Besetzung und wieviel die Davits beim Absenken der Boote aushielten, unabhängig von der Kapazität im Wasser. Er beschrieb die Schwierigkeit, genügend Frauen und Kinder für die Boote zu finden. Und er erzählte, wie er von dem sinkenden Schiff sprang, unter Wasser gegen eine Entlüftung gezogen wurde und schließlich auf ein umgeschlagenes Boot kletterte.

Senator Smith: Wann gingen Sie an Bord der Titanic?

Lightoller: In Belfast.

Senator Smith: Wann?

Lightoller: Am 19. oder 20. März.

Senator Smith: Machten Sie die sogenannten Versuchsfahrten mit?

Lightoller: Ja.

Senator Smith: Woraus bestanden die?

Lightoller: Kreise fahren und die Kompasse justieren.

Senator Smith: In welchen Gewässern?

Lightoller: Belfast, Lough. . .

Senator Smith: Während Sie an Bord der Titanic waren, erlebten Sie irgendwann einmal rauhes Wetter?

Lightoller: Nein.

Senator Smith: Sie fuhren ständig in ruhiger See, wie man das so nennt?

Lightoller: Ja.

Senator Smith: Bis zum Zeitpunkt der Kollision?

Lightoller: Ja.

Senator Smith: Woraus bestehen diese Testfahrten?

Lightoller: Kreise fahren.

Senator Smith: Ich fände es gut, wenn Sie das etwas vollständiger beschreiben. Unter wieviel Dampf und mit welcher Geschwindigkeit bewegte sich das Schiff?

Lightoller: Verschiedene Geschwindigkeiten.

Senator Smith: Welchen Radius hatten diese Kreise?

Lightoller: Die Kreisfahrten bestanden darin zu sehen, in welchem Raum sich das Schiff unter bestimmten Ruderstellungen und verschiedenen Geschwindigkeiten dreht.

Senator Smith: Wurde das Schiff bei Höchstgeschwindigkeit getestet?

Lightoller: Das kann ich nicht sagen.

Senator Smith: Wie hoch war die maximale Geschwindigkeit des Schiffs?

Lightoller: Das kann ich nicht sagen. Es wurde meines Wissens nie mit Höchstgeschwindigkeit gefahren. . .

Senator Smith: Ich möchte sicher sein, daß ich die Ergebnisse dieser Tests korrekt habe. Ich will, daß Sie mir sagen, wie lange dieses Tests dauerten. Die Geradeaustests und die Kreisfahrten nahmen wieviel Zeit in Anspruch?

Lightoller: Ungefähr sechs oder sieben Stunden. Ich kann es nicht besser sagen. . .

Senator Smith: Waren die Rettungsausrüstungen vollständig?

Lightoller: Ja.

Senator Smith: Woraus bestanden Sie?

Lightoller: Der notwendigen Anzahl von Rettungsbooten.

Senator Smith: Ich möchte, daß Sie uns sagen, wie das bestimmt wurde, wenn Sie können.

Lightoller: Von der Anzahl der Menschen an Bord.

Senator Smith: Sie wissen aber erst, wenn Sie zum Ablegen bereit sind, wieviele Menschen sich an Bord befinden?

Lightoller: Nein.

Senator Smith: Ist es nicht aber durch die Anzahl der Plätze an Bord bestimmt und nicht durch die Zahl der Menschen, die an Bord gehen?

Lightoller: Es muß für jedermann an Bord lebensrettende Einrichtungen geben. Unabhängig von der Zahl der Unterkünfte.

Senator Smith: Ja, aber was ich wissen will, ob in allen Kabinen, auf jedem Deck, in allen Klassen, also ob es da irgendeine Regel gibt, und ob die befolgt wurde, soweit Sie wissen, daß dieses Boot mit Schwimmwesten und Rettungsgürtel und anderen notwendigen Dingen in den Räumen und Decks ausgerüstet war?

Lightoller: Es war ziemlich vollständig.

Senator Smith: Wieviele Rettungsboote gab es?

Lightoller: Sechzehn.

Senator Smith: Alle von einem Typ?

Lightoller: 14 Rettungsboote, 2 Notboote und vier Faltboote.

Senator Smith: Sagen Sie uns, ob sie neu waren.

Lightoller: Vollkommen neu.

Senator Smith: Und an den richtigen Stellen?

Lightoller: An den richtigen Stellen.

Senator Smith: Mit den notwendigen Einrichtungen zum Absenken?

Lightoller: Alles vollständig, überprüft von den Offizieren des Schiffs.

Senator Smith: Gab es einen Test der Rettungsboote, bevor Sie nach Southampton ausliefen?

Lightoller: Die ganze Ausrüstung wurde getestet.

Senator Smith: Haben Sie jemals zuvor gesehen, wie einer dieser Ozeanliner von der britischen Kontrollbehörde inspiziert wurden?

Lightoller: Oftmals.

Senator Smith: Wie gründlich ist man dabei?

Lightoller: Was Kapitän Clark angeht, so nannten wir ihn eine Plage, weil er so streng ist.

Senator Smith: Kapitän Clark?

Lightoller: Ja.

Senator Smith: Ist er der Marineoffizier?

Lightoller: Das ist der Repräsentant der Regulierungsbehörde.

Senator Smith: Und warum ist er eine Plage?

Lightoller: Weil er von uns verlangt, jede Kleinigkeit anzuschleppen.

Senator Smith: Ich nehme an, daß Sie dazu bereit waren?

Lightoller: Absolut bereit.

Senator Smith: Meinen Sie damit, daß er auf die Abwesenheit von Geräten, die für die vollständige Ausstattung des Schiffs notwendig waren, hinweisen würde?

Lightoller: Nein. Er bestand stets darauf, daß alles, absolut alles, jedesmal an Deck gebracht wurde.

Senator Smith: Was?

Lightoller: Alles, was zur Ausrüstung des Schiffs gehört.

Senator Smith: Und was gehört dazu?

Lightoller: Die komplette Sicherheitsausrüstung des Schiffs.

Senator Smith: Schwimmwesten?

Lightoller: Schwimmwesten überall im Schiff, alle Boote ausgeschwenkt und freigelegt, alle Tanks wurden untersucht, alle Breaker untersucht, Ruder gezählt, Boote ausgeschwenkt, Steuer getestet, alle Davits ausprobiert - es gab unzählige Arbeiten.

Senator Smith: Und die Boote aufs Wasser gebracht?

Lightoller: Die Boote aufs Wasser gebracht, ins Wasser gelassen, wieder zurückgeholt, und wenn er nicht zufrieden war, wurde die ganze Prozedur wiederholt.

Senator Smith: Die Taue und Ketten wurden getestet?

Lightoller: Ja.

Senator Smith: Als er Ihr Schiff untersuchte, wo konnte er diese Schwimmwesten finden?

Lightoller: Schwimmwesten in allen Räumen, in allen Räumlichkeiten, wo sich Menschen aufhielten, wo ein Mensch leben konnte. . .

Senator Smith: Könnten Sie uns bitte eine Schwimmweste beschreiben?

Lightoller: Sie besteht aus einer Reihe von Korkstücken - gestatten Sie, daß ich Ihnen das anhand der Illustration beschreibe -, in die ein Loch hier (zeigt auf die Illustration) für den Kopf geschnitten wird. So fällt sie über die Brust und den Rücken. Mit den hinteren Bändern wird vorne ein Knoten gemacht. Es ist eine neue Idee und sehr effektiv, weil niemand einen Fehler beim Anziehen machen kann.

Senator Smith: Befindet sich Kork auf beiden Seiten?

Lightoller: Auf beiden Seiten.

Senator Smith: Sind die Arme frei?

Lightoller: Absolut frei.

Senator Smith: Zieht es sich im Wasser zusammen oder dehnt es sich aus?

Lightoller: Es liegt am Körper an.

Senator Smith: Es liegt am Körper an?

Lightoller: Ja.

Senator Smith: Haben Sie jemals eine getragen?

Lightoller: Ja.

Senator Smith: Waren Sie jemals im Wasser mit einem Exemplar?

Lightoller: Ja.

Senator Smith: Wo?

Lightoller: Von der Titanic aus.

Senator Smith: Bei der Kollision vor kurzem?

Lightoller: Ja.

Senator Smith: Wie lange waren Sie mit der Schwimmweste im Wasser?

Lightoller: Zwischen einer halben und einer Stunde.

Senator Smith: Um welche Zeit verließen Sie das Schiff?

Lightoller: Ich habe es nicht verlassen.

Senator Smith: Das Schiff verließ Sie?

Lightoller: Ja.

Senator Smith: Blieben Sie, bis das Schiff verschwunden war?

Lightoller: Ja.

Senator Smith: Ich möchte, daß Sie uns erzählen, ob der vom sinkenden Schiff ausgelöste Sog ein großes Hindernis war, um sich vom Schiff zu entfernen?

Lightoller: Er war kaum bemerkbar.

Senator Smith: Von welchem Punkt aus verließen Sie es?

Lightoller: Oberhalb der Offizier-Räumlichkeiten.

Senator Smith: Und wo war waren die Räumlichkeiten der Offiziere?

Lightoller: Direkt hinter der Brücke.

Senator Smith: Direkt hinter der Brücke?

Lightoller: Hinter dem Steuerhaus.

Senator Smith: Das war so ziemlich an der höchsten Stelle des Schiffs?

Lightoller: Ja.

Senator Smith: Hatten die Passagiere das Recht, von unten auf das (Boots)deck zu kommen?

Lightoller: Jedes Recht.

Senator Smith: Es gab keine Beschränkungen an der Treppe?

Lightoller: Keine.

Senator Smith: Das galt auch für das Zwischendeck?

Lightoller: Die Zwischendeckpassagiere hatten kein Recht, nach oben zu gehen.

Senator Smith: Durften Sie es bei jener Gelegenheit?

Lightoller: Oh ja.

Senator Smith: Es gab keine Einschränkungen?

Lightoller: Absolut keine.

Senator Smith: Es muß dort ein beachtliches Durcheinander entstanden sein?

Lightoller: Ich habe keines bemerkt.

Senator Smith: Alle waren ordentlich?

Lightoller: Perfekt. . .

Senator Smith: Glaubten Sie, daß für das Schiff eineGefahr bestand (nachdem es mit dem Eisberg kollidiert war)?

Lightoller: Nein.

Senator Smith: Sie glaubten nicht, daß es sich um

ein ernstes Unglück handelte?

Lightoller: Ich glaubte nicht, daß es sich um ein ernsthaftes Unglück handelte.

Senator Smith: Wie war die Kraft des Zusammenstoßes?

Lightoller: Ein leichtes Kratzen und ein mahlendes Geräusch.

Senator Smith: Von vorne oder der Seite?

Lightoller: Also, ich denke natürlich, daß es von vorne kam, ob ich das nun sagen kann oder nicht.

Senator Smith: Sie konnten es nicht genau sagen?

Lightoller: Nein.

Senator Smith: Gab es ein Geräusch?

Lightoller: Sehr wenig.

Senator Smith: Sehr wenig?

Lightoller: Sehr wenig

Senator Smith: Gingen Sie zurück in Ihren Raum und hatten den Eindruck, daß das Boot nicht ernsthaft beschädigt war?

Lightoller: Ja.

Senator Smith: Sagten Sie das nicht Herrn Ismay in dieser Nacht?

Lightoller: Ich habe Herrn Ismay in dieser Nacht nicht gesehen.

Senator Smith: Haben Sie ihn danach gesehen?

Lightoller: Wirklich, das kann ich nicht sagen.

Senator Smith: Wo waren Sie zum Zeitpunkt des Aufpralls?

Lightoller: In meiner Koje.

Senator Smith: Schlafend?

Lightoller: Nein, ich wachte gerade auf.

Senator Smith: Sie standen auf?

Lightoller: Ja.

Senator Smith: Zogen Sie sich an?

Lightoller: Nein.

Senator Smith: Was, wenn überhaupt, zogen Sie an?

Lightoller: Nichts.

Senator Smith: Sie verließen Ihren Raum?

Lightoller: Ja.

Senator Smith: Nach vorne?

Lightoller: Aufs Deck.

Senator Smith: Aufs Deck?

Lightoller: Ich ging nach vorne.

Senator Smith: Sie gingen wie weit nach vorne?

Lightoller: Ungefähr zehn Fuß, bis ich die Brücke genau sehen konnte.

Senator Smith: Sie konnten die Brücke genau sehen. Der Kapitän war auf der Brücke?

Lightoller: Der Kapitän und der Erste Offizier.

Senator Smith: Sahen Sie zu diesem Zeitpunkt irgendeinen Offizier?

Lightoller: Ich habe sie nicht bemerkt.

Senator Smith: Gab es zu jener Zeit keinen Alarm?

Lightoller: Keinen.

Senator Smith: Wieviel Zeit verging zwischen dem Aufprall und Ihren Erscheinen an Deck?

Lightoller: Ich würde sagen, ungefähr zwei oder drei Minuten.

Senator Smith: Zwei oder drei Minuten?

Lightoller: Zwei Minuten.

Senator Smith: Dann kehrten Sie zurück? Wie lang blieben Sie an Deck?

Lightoller: Ungefähr zwei oder drei Minuten.

Senator Smith: Wer war zu jenem Zeitpunkt noch an Deck?

Lightoller: Außer der Brückenbesatzung und dem Dritten Offizier, der seine Koje kurz nach mir verlassen hatte, sah ich niemanden.

Senator Smith: Er stand dort mit Ihnen zusammen?

Lightoller: Ja.

Senator Smith: Berieten Sie darüber, was gerade passiert war?

Lightoller: Ja.

Senator Smith: Was war Ihrer Meinung nach passiert?

Lightoller: Nicht viel.

Senator Smith: Sie wußten, daß es eine Kollision gegeben hatte?

Lightoller: Nicht unbedingt eine Kollision.

Senator Smith: Sie wußten, daß etwas gerammt worden war?

Lightoller: Ja.

Senator Smith: Und was meinten Sie, konnte das gewesen sein?

Lightoller: Eis.

Senator Smith: Eis?

Lightoller: Ja.

Senator Smith: Warum?

Lightoller: Auf diesen Schluß kommt man leicht bei den Banks.

Senator Smith: Hatten Sie vorher Eis gesehen?

Lightoller: Nein.

Senator Smith: Hatte es Tests gegeben, um die Wassertemperatur zu ermitteln?

Lightoller: Das Wasser wird alle zwei Stunden vom Ablegen bis zur Rückkehr in den Hafen untersucht.

Senator Smith: Wissen Sie, ob diese Tests durchgeführt wurden?

Lightoller: Sie wurden.

Senator Smith: Führten Sie sie durch?

Lightoller: Oh nein.

Senator Smith: Wurden Sie unter Ihrer Aufsicht gemacht?

Lightoller: Nein.

Senator Smith: Woher wissen Sie, daß sie durchgeführt wurden?

Lightoller: Es ist Bordroutine.

Senator Smith: Sie nehmen an, daß sie durchgeführt wurden?

Lightoller: Ja.

Senator Smith: Aber Sie wissen nicht mit Gewißheit, daß sie durchgeführt wurden.

Lightoller: Nicht, daß ich sie gesehen hätte.

Senator Smith: Wie werden diese Tests durchgeführt?

Lightoller: Indem Wasser in einen Segeltuchsack, in dem sich ein Thermometer befindet, geschöpft wird.

Senator Smith: Wie tief wird das Wasser geschöpft? Versuchten Sie, Oberflächenwasser zu schöpfen oder gingen Sie tiefer?

Lightoller: Es ist unmöglich, etwas anderes als Oberflächenwasser zu bekommen.

Senator Smith: Sie holen also nur Oberflächenwasser?

Lightoller: Ja.

Senator Smith: Und diese Tests sind an jenem Tag gemacht worden?

Lightoller: Ja.

Senator Smith: In Intervallen von zwei Stunden?

Lightoller: Ja.

Senator Smith: Das war am Sonntag?

Lightoller: Ja.

Senator Smith: Haben Sie davon gehört, daß das Tau oder die Kette oder Draht, an denen der Testeimer hing, während der Tests nicht die Wasseroberfläche erreichte?

Lightoller: Sie reden vom Eimer?

Senator Smith: Ja.

Lightoller: Nein.

Senator Smith: Hätte Sie eine Klage dieser Art erreicht, wenn sie zugetroffen hätte?

Lightoller: Von der Person, die es gesehen hätte, würde ich annehmen.

Senator Smith: Es wäre ihre Pflicht gewesen, es an Sie zu berichten?

Lightoller: Zweifellos.

Senator Smith: Direkt an Sie?

Lightoller: Direkt an den Offizier, der zu jenem Zeitpunkt die Verantwortung für das Schiff hatte.

Senator Smith: Wer war für das Schiff am Sonntag verantwortlich?

Lightoller: Jeder Offizier hatte seine eigene Wache.

Senator Smith: Waren Sie verantwortlich?

Lightoller: Während meiner Wache.

Senator Smith: Wann hatten Sie Wache?

Lightoller: Von sechs bis zehn Uhr.

Senator Smith: In der Nacht?

Lightoller: Und am Morgen.

Senator Smith: So daß Sie von sechs Uhr am Abend des Sonntags. . .

Lightoller: Ja.

Senator Smith: Bis zehn Uhr waren Sie verantwortlich?

Lightoller: Ja.

Senator Smith: Und während dieser Zeit hätten zwei Tests durchgeführt werden sollen, um die Wassertemperatur festzustellen und so zu ermitteln, ob man sich in der Nähe von Eisbergen befand?

Lightoller: Nein.

Senator Smith: Warum wurden diese Tests denn durchgeführt?

Lightoller: Sie waren Routine. Es war üblich, Sie zu machen.

Senator Smith: Meinen Sie damit, daß dieses Tests auch gemacht werden, wenn Sie sich nicht in der Nähe der Grand Banks befinden?

Lightoller: Von dem Zeitpunkt, an dem wir den Hafen - jeden Hafen der Welt - verlassen, bis zum nächsten Hafen in jedem Teil der Welt, werden diese Tests von der White Star Line durchgeführt.

Senator Smith: Wußten Sie von dem Funkspruch der Amerika an die Titanic, in der sie vor der Nähe von Eisbergen gewarnt wurden?

Lightoller: Von der Amerika an die Titanic?

Senator Smith: Ja.

Lightoller: Ich kann nicht sagen, daß ich die

betreffende Meldung gesehen habe.

Senator Smith: Haben Sie davon gehört?

Lightoller: Kann ich nicht sagen.

Senator Smith: Hätten Sie davon gehört?

Lightoller: Sehr wahrscheinlich.

Senator Smith: Wenn das der Fall gewesen wäre?

Lightoller: Sehr wahrscheinlich ja.

Senator Smith: Tatsächlich wäre es die Pflicht der Person gewesen, die diese Botschaft empfing, sie an Sie weiterzugeben, weil Sie die Verantwortung für das Schiff trugen?

Lightoller: Unter den Anordnungen des Kommandanten.

Senator Smith: Aber Sie bekamen keine Meldung dieser Art?

Lightoller: Ich weiß nicht, ob ich die von der Amerika bekommen habe. Ich wußte, daß eine Mitteilung von irgendeinem Schiff gekommen war. Ich kann nicht sagen, ob sie von der Amerika stammte.

Senator Smith: Mit den Breiten- und Längengraden jener Eisberge?

Lightoller: Nein, keine Breitengrade.

Senator Smith: Und das sie weit verbreitet waren?

Lightoller: In Sachen Eisbergen und ihren Längengraden. . .

Senator Smith: Von wem bekamen Sie diese Informationen?

Lightoller: Vom Kapitän.

Senator Smith: In jener Nacht?

Lightoller: Ja.

Senator Smith: Wer folgte Ihnen als Offizier?

Lightoller: Der Erste Offizier Herr Murdoch.

Senator Smith: Gaben Sie ihm die Informationen des Kapitäns weiter?

Lightoller: Ich informierte ihn bei der Wachablösung.

Senator Smith: Was sagten Sie ihm?

Lightoller: Daß, was in dem Telegramm mitgeteilt wurde.

Senator Smith: Was sagte er?

Lightoller: In Ordnung. . .

Senator Smith: Welche Geschwindigkeit fuhr das Schiff zu jener Zeit?

Lightoller: Ungefähr 21 oder 22.

Senator Smith: 21 oder 22 Knoten?

Lightoller: Ja.

Senator Smith: Wie hoch war ihre Höchstgeschwindigkeit?

Lightoller: Ich weiß nicht, das kann ich nicht sagen. . .

Senator Smith: Hatten Sie von irgendeiner Seite den Befehl bekommen, die Leistung zu nutzen?

Lightoller: Keinerlei.

Senator Smith: Hatten Sie selbst den Ehrgeiz, sie zu nutzen?

Lightoller: Ich wage, ja zu sagen.

Senator Smith: Sie wollten sie auf Höchstgeschwindigkeit bringen?

Lightoller: Irgendwann ja.

Senator Smith: Sie waren aufgeregt, um das auszuprobieren?

Lightoller: Nicht unbedingt aufgeregt.

Senator Smith: Aber interessiert?

Lightoller: Interessiert, ja.

Senator Smith: War der Ausguck in dieser Nacht verstärkt worden, nachdem Sie die Wache übernahmen?

Lightoller: Nein.

Senator Smith: Wie war die vollständige Offiziersbesetzung Ihres Schiffs in jener Nacht?

Lightoller: Sie meinen an Deck?

Senator Smith: Ja.

Lightoller: Ich selbst und zwei Nachwuchskräfte.

Senator Smith: Wo taten die beiden Nachwuchskräfte Dienst?

Lightoller: Sie hatten verschiedene Pflichten zu erledigen an verschiedenen Stellen des Schiffs. Mitunter im Steuerhaus. Zu bestimmten Zeiten muß man Runden durchs Schiff machen, um zu sehen, daß alles in Ordnung ist.

Senator Smith: Als Sie Ihre Wache um sechs Uhr antraten, war der Kapitän auf der Brücke oder sahen Sie ihn?

Lightoller: Ich sah ihn nicht um sechs Uhr.

Senator Smith: Wann sahen Sie ihn als nächstes?

Lightoller: Ungefähr fünf Minuten vor neun sah ich ihn das nächste Mal.

Senator Smith: Ungefähr fünf Minuten vor neun?

Lightoller: Ja.

Senator Smith: Wer war in seiner Abwesenheit auf der Brücke?

Lightoller: Ich.

Senator Smith: Lösten Sie ihn ab?

Lightoller: Den Kapitän?

Senator Smith: Ja.

Lightoller: Nein. Den Ersten Offizier. Entschuldigung, den Chief.

Senator Smith: Sie lösten den Chief ab?

Lightoller: Ja.

Senator Smith: Und gingen auf die Brücke?

Lightoller: Ich löste den Chief ab. Die Wache des Chief ging von zwei bis sechs Uhr. Ich löste den Chief um sechs Uhr ab und begann meine Dienst bis zehn Uhr.

Senator Smith: Blieben Sie auf der Brücke.

Lightoller: Ja.

Senator Smith: Von sechs bis zehn Uhr?

Lightoller: Ja.

Senator Smith: Wer war da und wo taten sie Dienst?

Lightoller: Zwei Männer im Krähennest, ein Mann am Steuerrad und ein Mann in Reserve.

Senator Smith: Wie war das Wetter in jener Nacht?

Lightoller: Klar und ruhig.

Senator Smith: Waren Sie wegen der Nähe zu diesen Eisbergen besorgt?

Lightoller: Nein.

Senator Smith: Und daher sahen Sie auch keine Notwendigkeit, den offiziellen Ausguck zu verstärken?

Lightoller: Nein. . .

Senator Smith: War der Kapitän zwischen sechs und zehn Uhr überhaupt auf der Brücke?

Lightoller: Ja.

Senator Smith: Wann kam er?

Lightoller: Fünf Minuten vor neun.

Senator Smith: Fünf Minuten vor neun?

Lightoller: Ja.

Senator Smith: Aber er war nicht dort zwischen sechs Uhr und fünf vor neun?

Lightoller: Ich habe ihn nicht gesehen.

Senator Smith: Sie hätten ihn aber gesehen, wenn er da gewesen wäre?

Lightoller: Wenn er auf der Brücke gewesen wäre - ja, ich hätte ihn gesehen.

Senator Smith: Sie sahen ihn nicht?

Lightoller: Ich sah ihn nicht.

Senator Smith: Und sie waren dort während der ganzen Zeit?

Lightoller: Während der ganzen Zeit.

Senator Smith: Als er um fünf vor neun auf die Brücke kam, was sagte er Ihnen oder was sagten sie ihm? Wer sprach zuerst?

Lightoller: Das kann ich nicht sagen. Wahrscheinlich sagte einer von uns beiden guten

Abend.

Senator Smith: Aber Sie wissen nicht wer?

Lightoller: Nein.

Senator Smith: Wurde noch etwas anderes gesagt?

Lightoller: Ja, wir redeten über das Wetter, die Ruhe der See. Die Klarheit. Ungefähr zu dieser Zeit sollten wir in die Nähe der Eises kommen und wie wir es erkennen sollten, sollten wir es sehen. Und das wir unsere Wahrnehmung auffrischen sollten, um die ersten Anzeichen zu erkennen. Wir berieten uns ganz allgemein rund 25 Minuten lang.

Senator Smith: 20 oder 25 Minuten?

Lightoller: Ja.

Senator Smith: Wurde zu jener Zeit der Funkspruch der Amerika erwähnt?

Lightoller: Kapitän Smith bemerkte, daß wir langsamer fahren sollten, wenn auch nur der leiseste Hauch von Dunst aufkommen sollte.

Senator Smith: Verlangsamten Sie?

Lightoller: Das weiß ich nicht. . .

Senator Smith: Wissen Sie, wo sich befanden, als sie die Wache an (den Ersten Offizier) Murdoch übergaben?

Lightoller: Jetzt nicht.

Senator Smith: Damals wußten Sie es aber?

Lightoller: Ja.

Senator Smith: Können Sie uns irgendeine Vorstellung geben?

Lightoller: Als ich die Wache beendete, haben wir uns wahrscheinlich in der ungefähren Nähe des Eises befunden, von dem in dem Telegramm berichtet wurde, irgendwo gegen elf Uhr.

Senator Smith: Und das wäre in Breitengrad?

Lightoller: Längengrad.

Senator Smith: Gegen elf Uhr.

Lightoller: Irgendwo gegen elf Uhr.

Senator Smith: Sprachen Sie mit Herr Murdoch über jene Phase, als Sie Ihre Wache verließen?

Lightoller: Über was?

Senator Smith: Ich sage: Sprachen Sie mit Herr Murdoch über die Eisberg-Situation, als Sie Ihre Wache verließen?

Lightoller: Nein.

Senator Smith: Fragte er Sie danach?

Lightoller: Nein.

Senator Smith: Was wurde zwischen Ihnen geredet?

Lightoller: Wir sprachen über das Wetter, das

ruhig und klar war. Wir bemerkten die Entfernung, die wir überblicken konnten. Wir schienen in der Lage zu sein, eine große Entfernung zu überblicken. Alles war sehr klar. Wir konnten die Sterne am Horizont sehen.

Senator Smith: Es war kalt, nicht wahr.

Lightoller: Ja.

Senator Smith: Als Sie nach dem Aufprall aus Ihrem Raum kamen, sahen Sie da Eis auf den Decks?

Lightoller: Nein.

Senator Smith: Sahen Sie oder hörten Sie Schmerzensschreie?

Lightoller: Nein.

Senator Smith: Wissen Sie, ob jemand verletzt worden war?

Lightoller: Nein.

Senator Smith: Durch Eis an Deck?

Lightoller: Nein.

Senator Smith: Sagen Sie uns, so genau wie Sie können, wo genau Sie den Kapitän zuletzt vor dem Untergang seines Schiffs sahen.

Lightoller: Ich glaube, die Brücke war der letzte Platz, wo ich ihn gesehen habe. Ich bin nicht sicher, ich glaube, er überquerte die Brücke.

Senator Smith: Was meinen Sie damit?

Lightoller: Überqueren.

Senator Smith: Von einer Seite zur anderen?

Lightoller: Nein. Einfach überqueren. Ich habe ihn nur flüchtig gesehen. Ich habe eine leichte Erinnerung, daß ich ihn beim Gehen gesehen habe. Ich erinnere mich, daß ich sah, wie er die Brücke überquerte. Ich glaube, das war das letzte. . .

Senator Smith: Was waren seine letzten Anordnungen, die sie hörten?

Lightoller: Als ich ihn fragte „soll ich die Frauen und Kinder in die Boote setzten", antwortete er, „ja und aufs Wasser lassen". Das waren seine letzten Anordnungen.

Senator Smith: Wo war er zu jener Zeit?

Lightoller: Ungefähr neben dem Boot Nummer sechs.

Senator Smith: Das war wie lange vor dem Untergang des Schiffs?

Lightoller: Ungefähr irgendwo gegen viertel vor eins, würde ich sagen. Ich kann die genaue Zeit nicht sagen. Es wäre nur ein Raten.

Senator Smith: Es war nach dem Aufprall?

Lightoller: Ja.

Senator Smith: Nach der Kollision?

Lightoller: Ja.

Senator Smith: Wie lange danach? Wann kam es zur Kollision?

Lightoller: Ich weiß nicht. Ich meine - ich kann nur schätzen -, daß sie kurz vor zwölf Uhr geschah.

Senator Smith: Als Sie das hörten, sahen Sie da auf Ihre Uhr oder machten Sie sich Notizen?

Lightoller: Nein.

Senator Smith: Wie lange blieb das Schiff danach noch auf dem Wasser?

Lightoller: Das weiß ich auch nicht. Nur aus Erzählungen.

Senator Smith: Was hat man Ihnen erzählt?

Lightoller: Man hat mir gesagt, daß es um 2:20 Uhr unterging.

Senator Smith: Waren alle Boote auf der Backbordseite zu Wasser gelassen?

Lightoller: Mit der Ausnahme von einem letzten Boot, das auf den Offiziersquartieren untergebracht war, waren sie alle zu Wasser gelassen worden. Wir hatten keine Zeit gehabt, es zu öffnen oder aufs Wasser zu bringen. . .

Senator Smith: Um was für ein Bootstyp handelte es sich?

Lightoller: Faltboot.

Senator Smith: Sahen Sie es später?

Lightoller: Es war das Boot, auf das ich später ging.

Senator Smith: Es war das Boot, auf das Sie später gingen?

Lightoller: Ja, es lag kieloben.

Senator Smith: Dieses Boot, das vom Offiziersquartier stammte und das Sie schließlich erreichten, bot wie vielen Menschen Platz?

Lightoller: Als es vom Schiff weg trieb?

Senator Smith: Ja.

Lightoller: Ich kann nicht sagen wie viele.

Senator Smith: Wie viele nachdem Sie aufgestiegen waren?

Lightoller: Wir wurden einige Male heruntergeworfen. Es wurde geklärt. Es war ein flaches Faltboot. Als ich raufstieg, es lag kieloben, befand sich niemand dort.

Senator Smith: Niemand drauf?

Lightoller: Und es befand sich auf der anderen Seite des Schiffs.

Senator Smith: Was taten Sie, als Sie darauf stießen?

Lightoller: Ich hing mich dran.

Senator Smith: Sie trieben mit ihm?

Lightoller: Ja.

Senator Smith: War das der einzige Nutzen, den es hatte? War das der einzige Zweck, den das Rettungsboot hatte?

Lightoller: Nein. Nach und nach waren wir 30.

Senator Smith: Erzählen Sie uns, wie es dazukam.

Lightoller: Von Moment des Untergangs an, meinen Sie?

Senator Smith: Nein. Von dem Moment an, da Sie das kieloben treibende Boot entdeckten.

Lightoller: Ja. Sofort nachdem ich das kieloben treibende Boot entdeckt hatte und als ich daneben war, waren da noch jede Menge andere im Wasser, die raufsteigen wollten.

Senator Smith: Mit Schwimmwesten?

Lightoller: Ja. Und dann kam der vordere Schornstein runter. . .

Senator Smith: Gab es irgendwelche Menschen ohne Schwimmwesten?

Lightoller: Nein. Nicht daß ich wüßte. Der vordere Schornstein kam runter und fiel nur vier Inches vom Boot entfernt ins Wasser.

Senator Smith: Was kam runter?

Lightoller: Der vordere Schornstein.

Senator Smith: Berührte er das Boot?

Lightoller: Er verpaßte das Boot.

Senator Smith: Und dann?

Lightoller: Er fiel auf die Menschen, die sich neben dem Boot befanden, falls da jemand war.

Senator Smith: Und verletzte sie ernsthaft?

Lightoller: Das kann ich nicht sagen.

Senator Smith: Kam jemand ums Leben?

Lightoller: Das kann ich nicht sagen.

Senator Smith: Sank das Schiff zu diesem Zeitpunkt ziemlich schnell?

Lightoller: Ziemlich schnell.

Senator Smith: Kennen Sie einige der Männer, die mit Ihnen im Wasser waren, und die auf das Rettungsboot kletterten?

Lightoller: Ja.

Senator Smith: Geben Sie uns ihre Namen.

Lightoller: Herr (Jack) Thayer, ein Passagier der Ersten Klasse, der zweite Marconi-Mann - ich kann Ihnen den Namen in einer Minute sagen - Bride.

Senator Smith: Handelte es sich um das Boot, in dem Oberst (Archibald) Gracie. . .

Lightoller: Oh ja, und Oberst Gracie.

Senator Smith: Oberst Gracie von der amerikanischen Armee?

Lightoller: Ich glaube, ich habe seine Karte.

Senator Smith: Es war aber auf alle Fälle Oberst Gracie?

Lightoller: Oberst Gracie war auf dem kieloben treibenden Boot mit mir.

Senator Smith: War er auf dem kieloben treibenden Boot, bevor Sie es herumdrehten?

Lightoller: Wir haben es nicht gedreht.

Senator Smith: Sie haben es nie gedreht?

Lightoller: Nein. Wir konnten es nicht.

Senator Smith: Wer befand sich noch dort?

Lightoller: Bei dem Rest handelte es sich um Heizer, die wir aus dem Wasser geholt hatten. Das waren die einzigen Passagiere, so weit ich weiß.

Senator Smith: Keine anderen Passagiere?

Lightoller: Es gab da nur noch zwei oder drei, die starben. Ich glaube drei oder vier starben während der Nacht.

Senator Smith: An Bord bei Ihnen?

Lightoller: Ja. Ich glaube der ältere Marconi-Funker war an Bord und starb. Der jüngere Marconi-Mann erzählte mir, daß der ältere Kollege auf diesem Boot gewesen sei und gestorben war.

Senator Smith: Von der Kälte?

Lightoller: Wahrscheinlich.

Senator Smith: Nicht vom Schlag dieses. . .

Lightoller: Nicht, daß ich wüßte.

Senator Smith: Wieviele Personen insgesamt?

Lightoller: Ich würde grob schätzen: um die 30. Es war am Tag von vorne bis hinten mit Stehenden besetzt.

Senator Smith: Gab es Versuche von anderen, an Bord zu kommen?

Lightoller: Wir holten alle, die wir kriegen konnten, an Bord.

Senator Smith: Ich verstehe, aber gab es Versuche von anderen, an Bord zu kommen?

Lightoller: Habe ich nicht gesehen.

Senator Smith: Es muß doch eine große Anzahl von Menschen im Wasser gegeben haben?

Lightoller: Aber nicht in unserer Nähe. Sie waren in einiger Entfernung von uns.

Senator Smith: Wie weit?

Lightoller: Ungefähr eine halbe Meile.

Senator Smith: Handelte es sich um das einzige Floß oder Boot in Sichtweite?

Lightoller: Es war dunkel.

Senator Smith: Ja, aber handelte es sich um das einzige Ding, auf das man sich hätte retten können?

Lightoller: Mit Ausnahme der Wrackteile.

Senator Smith: Mit Ausnahme von dem, was vom Schiff trieb?

Lightoller: Ja.

Senator Smith: Als Wrackteile?

Lightoller: Ja.

Senator Smith: Als Sie das Schiff verließen, sahen Sie da noch viele Frauen oder Kinder?

Lightoller: Keine, absolut keine.

Senator Smith: Können Sie uns eine Schätzung darüber geben, wieviele Passagiere der Ersten und Zweiten Klasse noch an Bord waren, als das Schiff unterging?

Lightoller: Nein.

Senator Smith: Waren noch welche auf dem sogenannten Bootsdeck?

Lightoller: Ja.

Senator Smith: Waren es viele, Ihrer Meinung nach?

Lightoller: Viele, aber ob Sie aus der Ersten, Zweiten oder Dritten Klasse stammten, zu den Heizern oder der Besatzung gehörten, kann ich nicht sagen.

Senator Smith: Aber es waren noch viele Menschen an Bord?

Lightoller: Ja.

Senator Smith: Und waren Sie, soweit Sie es beobachten konnten, mit Schwimmwesten ausgerüstet?

Lightoller: So wie ich es sehen konnte, trugen alle Passagiere und alle Besatzungsmitglieder Schwimmwesten. Darauf habe ich besonders geachtet.

Senator Smith: Wurde den Passagieren auf diesen Decks irgendwann befohlen, von einer Seite auf die andere zu gehen?

Lightoller: Ja.

Senator Smith: Was wissen Sie davon?

Lightoller: Als das Schiff sich schwer neigte, also nicht schwer - es neigte sich zur Backbordseite, wurde angeordnet - ich glaube es war der Chief - „Alle Mann auf Steuerbord, um es auszubalancieren". Ich wiederholte die Anordnung.

Senator Smith: Wie lange bevor Sie das Schiff verließen?

Lightoller: Kann ich nicht sagen.

Senator Smith: Wie lange ungefähr?

Lightoller: Halbe, dreiviertel Stunde.

Senator Smith: Bevor Sie es verließen?

Lightoller: Ja.

Senator Smith: Wie wurden die Passagiere ausgewählt, die in die Rettungsboote durften?

Lightoller: Nach ihrem Geschlecht.

Senator Smith: Wann immer Sie eine Frau sahen?

Lightoller: Genau. . .

Senator Smith: Wieviele Rettungsboote wurden tatsächlich benutzt?

Lightoller: 19.

Senator Smith: Wieviele wurden von der Carpathia aufgenommen?

Lightoller: Alle.

Senator Smith: Eines allerdings war schwer beschädigt, so daß ein anderes Boot die Passagiere übernahm, nicht wahr?

Lightoller: Das war das kieloben treibende Boot, auf dem ich mich befand.

Senator Smith: Das war das kieloben treibende Boot, auf dem Sie sich befanden?

Lightoller: Ja.

Senator Smith: Und Sie wurden in ein anderes Boot übernommen?

Lightoller: Ja.

Senator Smith: Alle, die bei Ihnen waren?

Lightoller: Ja.

Senator Smith: War das Rettungsboot gefüllt zu jener Zeit?

Lightoller: Ich zählte außer mir und einigen auf dem Boden des Boots 65 Köpfe. Insgesamt waren wir wohl 75 in dem Boot.

Senator Smith: War das Boot mit dieser Anzahl von Menschen an Bord noch sicher?

Lightoller: Nur in ruhigem Wasser.

Senator Smith: Bei wievielen Rettungsbooten halfen Sie bei der Beladung?

Lightoller: Bei allen, bis auf eins oder zwei an der Backbordseite.

Senator Smith: Wer bestimmte die Anzahl der Menschen, die in ein Boot durften?

Lightoller: Ich.

Senator Smith: Und wie stellten Sie die Zahl der Menschen fest, die hinein durften?

Lightoller: An Hand meines Urteils über die Stärke des Tauwerks.

Senator Smith: Wieviele ließen Sie in jedes Boot?

Lightoller: In das erste Boot ließ ich 20 oder 25, 20.

Senator Smith: Wieviele Männer?

Lightoller: Keine Männer.

Senator Smith: Wieviele Matrosen?

Lightoller: Zwei.

Senator Smith: Im ersten Boot?

Lightoller: Ja.

Senator Smith: Was geschah mit jenem Boot, dem ersten beladenen?

Lightoller: Es wurde beladen und zu Wasser gelassen.

Senator Smith: Kehrte es nicht zurück, weil es nur zur Hälfte beladen war?

Lightoller: Nicht, daß ich wüßte.

Senator Smith: Tatsächlich war es nicht mehr als zur Hälfte beladen, nicht wahr?

Lightoller: Sie meinen die Kapazität im Wasser treibend?

Senator Smith: Ja.

Lightoller: Gemessen an der Kapazität im Wasser, nein.

Senator Smith: Wie konnte es geschehen, daß Sie nicht mehr Leute in jenes Boot setzten?

Lightoller: Weil ich es nicht für sicher hielt.

Senator Smith: In einem derartigen Notfall mit begrenzten Möglichkeiten hätten Sie es sich nicht leisten können, mehr Menschen in das Boot zu setzen?

Lightoller: Ich wußte da nicht, das es dringend war. Ich hatte keine Idee, daß es dringend war.

Senator Smith: Sie wußten nicht, daß es dringend war?

Lightoller: Nein, absolut nicht.

Senator Smith: Nehmen wir an, Sie hätten von der Dringlichkeit gewußt, was hätten Sie dann getan?

Lightoller: Ich hätte meiner Einschätzung folgend gehandelt.

Senator Smith: Sagen Sie mir, was Sie für klug gehalten hätten.

Lightoller: Ich wäre ein größeres Risiko eingegangen. Ich hätte es nicht für klug gehalten, mehr Menschen hineinzulassen, aber ich wäre vielleicht größere Risiken eingegangen.

Senator Smith: Sind die Rettungsboote nicht so konstruiert, daß sie 40 Menschen Platz bieten?

Lightoller: 65 im Wasser.

Senator Smith: 65 im Wasser und ungefähr 40, während sie zu Wasser gelassen werden?

Lightoller: Nein.

Senator Smith: Wie?

Lightoller: Nein. Es hängt alles von der Ausrüstung ab. Wenn es sich um ein altes Schiff handelt, würde sie es kaum wagen, 25 hineinzulassen.

Senator Smith: Aber es handelte sich doch um ein Neues?

Lightoller: Und daher wagte ich später auch mehr.

Senator Smith: Sie luden 25?

Lightoller: Im ersten.

Senator Smith: Und zwei Männer?

Lightoller: Und zwei Männer.

Senator Smith: Wie wurden diese Männer ausgesucht? Willkürlich von Ihnen?

Lightoller: Nein. Sie wurden von mir ausgesucht. Ja.

Senator Smith: Wer waren Sie?

Lightoller: Kann ich nicht sagen.

Senator Smith: Wie kam es, daß Sie diese bestimmten Männer auswählten?

Lightoller: Weil sie in der Nähe standen.

Senator Smith: Wollten sie gehen?

Lightoller: Ich habe sie nicht gefragt.

Senator Smith: Sie haben nicht nach Freiwilligen gerufen?

Lightoller: Sie folgten meiner Anordnung. . .

Senator Smith: Waren die Leute bereit zu gehen?

Lightoller: Perfekt ruhig und bereit.

Senator Smith: Irgendwelches Gedränge oder Drücken in der Menge?

Lightoller: Absolut nichts.

Senator Smith: Die Männer verzichteten alle darauf, ihre Kraft zu benutzen, um die Frauen und Kinder zur Seite zu drücken?

Lightoller: Sie hätten in der Kirche nicht ruhiger stehen können.

Senator Smith: Um wieviele Frauen kümmerten Sie sich? Wieviele befanden sich an Bord?

Lightoller: Das kann ich nicht sagen.

Senator Smith: Wissen Sie, ob man sich um alle gekümmert hat?

Lightoller: Das kann ich nicht sagen.

Senator Smith: Alle, die gehen wollten?

Lightoller: Im Falle des letzten Bootes, das zu

Wasser gelassen wurde, hatte ich die größten Schwierigkeiten, Frauen zu finden. Es war das allerletzte Boot, nachdem die anderen Boote zu Wasser gelassen worden waren, und wir holten nun die Faltboote heraus. In der Zwischenzeit war das vordere Notboot von einem der anderen Offiziere zu Wasser gelassen worden. Daher holten wir das Tauwerk, um das Faltboot zu Wasser zu lassen. Dann rief ich nach Frauen, es kam aber keine. Dann sagte jemand: „Es gibt keine Frauen". Darauf hin wollten einige Männer. . .

Senator Smith: Wer sagte das?

Lightoller: Ich weiß nicht.

Senator Smith: Auf welchem Deck war das?

Lightoller: Auf dem Bootsdeck.

Senator Smith: Sollten sich alle Frauen auf dem Bootsdeck befinden?

Lightoller: Ja sie sollten. . .

Senator Smith: Was geschah mit dem sechsten Boot?

Lightoller: Das ist das Faltboot, das Surfboot?

Senator Smith: Es handelt sich um das Faltboot. Gingen Sie damit genauso vor?

Lightoller: Das ist ein wesentlich kleineres Boot.

Senator Smith: Wieviele Menschen kamen in dieses sechste Boot?

Lightoller: 15 oder vielleicht 20. Zwischen 15 und 20.

Senator Smith: Und zwei Matrosen?

Lightoller: Ich weiß nicht, welche Matrosen. . .

Senator Smith: Oder einer?

Lightoller: Ich glaube, wahrscheinlich ein Matrosen, wenn ich einen Matrosen da hatte. Vielleicht waren es auch zwei Stewards. Ich weiß nicht.

Senator Smith: Könnten die beiden Stewards die gleiche Aufgabe erfüllen?

Lightoller: Sie hätten es gemußt.

Senator Smith: Gingen Sie bei der Auswahl der Männer genauso wie vorher vor?

Lightoller: Meinen Sie, ob ich Sie ins Boot befahl?

Senator Smith: Ja.

Lightoller: Ich befahl sie hinein.

Senator Smith: Aber Sie können sich nicht erinnern, wer sie waren?

Lightoller: Ich habe gerade nachgedacht. Nein, nicht mit irgendeiner Sicherheit.

Senator Smith: Befand sich ein Offizier unter ihnen?

Lightoller: Nein.

Senator Smith: Hatten Sie Probleme, es zu füllen?

Lightoller: Mit Frauen ja. Große Schwierigkeiten.

Senator Smith: Aber Sie füllten es bis zur Kapazitätsgrenze?

Lightoller: Ich füllte es mit 15 bis 20, die doch noch auftauchten. Bei diesem Boot dauerte die Beladung länger als bei jedem anderem Boot, obwohl sich in den anderen mehr Menschen befanden. Zweimal dachten die Männer, sie könnten in das Boot steigen, weil keine Frauen mehr kamen und fanden dann doch noch die eine oder andere und stiegen wieder aus dem Boot.

Senator Smith: Wieviel Zeit brauchten Sie, diese sechs Boote zu beladen?

Lightoller: Ich weiß nicht.

Senator Smith: Wenn es pro Boot zwischen 15 und 20 Minuten dauerte?

Lightoller: Ungefähr anderthalb Stunden. . .

Senator Smith: Die Tatsache, daß es nicht genügend Boote für die lange Passagierliste vorhanden waren, muß Ihnen schmerzhaft bewußt gewesen sein, oder nicht?

Lightoller: Ja. . .

Senator Smith: Nachdem, was Sie gesagt haben, haben Sie ganz alleine im Interesse der Passagiere ausgewählt, um die Boote zu füllen. Zuerst die Frauen und Kinder?

Lightoller: Ja.

Senator Smith: Warum taten Sie das? Wegen der Anordnung des Kapitäns oder wegen der Gesetze der See?

Lightoller: Wegen der Gesetze der menschlichen Natur.

Senator Smith: Die Gesetze der menschlichen Natur? Und es gab keine Anstrengungen, so weit Sie wissen, die Besatzung zu retten?

Lightoller: Absolut nicht.

Senator Smith: Beim Sinken, krängte das Schiff?

Lightoller: Ja.

Senator Smith: Nach vorne?

Lightoller: Ja.

Senator Smith: Wieviel?

Lightoller: Nun ungefähr so, daß das Krähennest auf Wasserhöhe war, als die Brücke unter Wasser geriet.

Senator Smith: Das Krähennest am vorderen

Punkt?

Lightoller: Das ist am Fockmast. Der Ausguck.

Senator Smith: Das Krähennest am höchsten Punkt?

Lightoller: Ja.

Senator Smith: War im Wasser?

Lightoller: War auf dem Wasser.

Senator Smith: Als die Brücke unter Wasser geriet?

Lightoller: Ja.

Senator Smith: In welchem Winkel?

Lightoller: Tut mir leid, aber ich kann Ihnen kaum den Winkel angeben. . .

Senator Smith: Ich frage Sie noch einmal. Es muß eine große Anzahl von Passagieren und Besatzungsmitgliedern noch auf dem Schiff gewesen sein, dem Teil, der noch nicht untergegangen war, wahrscheinlich am höchstmöglichen Punkt. Hatten Sie sich dort zusammengekauert?

Lightoller: Das kann ich nicht sagen. Es hatte nicht den Anschein. Ich kann es nicht sagen. Ich habe es nicht bemerkt. Es gab viele von ihnen. Ich weiß aber nichts über ihren Zustand; zusammengekauert oder nicht, das weiß ich nicht.

Senator Smith: Machten Sie sich irgendeine bemerkbar?

Lightoller: Nein.

Senator Smith: Gab es Lamentieren?

Lightoller: Nein, kein Zeichen davon.

Senator Smith: Es muß dort rund 2000 Menschen gegeben haben, in dem noch nicht versenkten Teil des Schiffs?

Lightoller: Alle Techniker, sowie andere Männer und die Heizer befanden sich unten im Schiff und kamen nie an Deck.

Senator Smith: Sie kamen nicht an Deck?

Lightoller: Nein. Sie wurden nie gesehen. Das verringert die Zahl schon sehr.

Senator Smith: Nach dem Aufprall hörten Sie irgendeine Explosion oder ähnliches?

Lightoller: Nein, nichts dergleichen.

Senator Smith: Was wäre die Wirkung, wenn Wasser von ungefähr null. . .

Lightoller: (Unterbrechend) Ungefähr am Gefrierpunkt.

Senator Smith: Was ist die Wirkung von Wasser ungefähr beim Gefrierpunkt auf die Kessel?

Lightoller: Das ist eine offene Frage. Ich habe gehört, daß sie dann explodieren, andere sagen, daß dies nicht der Fall ist.

Senator Smith: Ist Ihnen ein Fall bekannt?

Lightoller: Ein vergleichbarer Fall?

Senator Smith: Wo sie explodiert sind?

Lightoller: Ich wurde heruntergezogen und von etwas starkem wieder herausgeschleudert, als das Schiff unterging.

Senator Smith: Nachdem das Schiff unterging?

Lightoller: Ja.

Senator Smith: Beschreiben Sie das etwas genauer. Sie wurden nach unten gezogen?

Lightoller: Ich wurde zuerst gegen die Entlüftung gesaugt. Wie ich sagte, befand ich mich oberhalb der Offiziersquartiere, und es gab nichts mehr zu tun. Das Schiff tauchte nach vorne weg und ich ebenfalls.

Senator Smith: Von welcher Seite?

Lightoller: Von oben, praktisch mittschiffs. In etwa auf der Steuerbordseite, wo ich hingehen mußte. Und ich wurden gegen einen Entlüftungsschacht geschleudert. Das ist ein großes Ding in dieser Form (zeigt die Form) , das nach vorne in den Wind zeigt und das dann zum Schürloch führt. Dort gibt es aber ein Gitter und dagegen wurde ich von dem Wasser gesaugt und dort fest gehalten.

Senator Smith: War ihr Kopf über dem Wasser?

Lightoller: Nein.

Senator Smith: Sie waren unter Wasser?

Lightoller: Ja. Und dann ereignete sich diese Explosion oder was immer es auch gewesen sein mag. Ich glaube, daß die Kessel explodierten. Es gab einen sagenhaft starken Luft- und Wasserstoß, und ich wurde herausgeblasen.

Senator Smith: Wurden auch Wrackteile auf die Wasseroberfläche herausgeblasen?

Lightoller: Das kann ich nicht sagen.

Senator Smith: Wenigstens hatten Sie ihren Kopf nicht mehr unter Wasser?

Lightoller: Ich war nun auf dem Wasser, ja.

Senator Smith: Und wie weit wurden Sie von dem sinkenden Schiff geschleudert?

Lightoller: Es schleuderte mich kaum weg. Es schleuderte mich kaum weg, weil ich direkt wieder gegen das Gitter des Entlüftungsschachts über dem Schürloch geriet.

Senator Smith: Wurde zu jener Zeit noch jemand

nach unten gesaugt?

Lightoller: Oberst Gracie, glaube ich, war genauso nach unten gesaugt worden. Er wurde auf die Gitter gezogen.

Senator Smith: Es muß einen beträchtlichen Sog gegeben haben?

Lightoller: Das war das nach unten laufende Wasser, als sie sank.

Senator Smith: Das in das Schiff eindrang?

Lightoller: Genau.

Senator Smith: Wie kamen Sie da wieder los?

Lightoller: Ich weiß nicht. Ich glaube es waren wieder die Kessel, aber ich kann mich nicht genau erinnern. Ich weiß nicht.

Senator Smith: Wo fanden Sie sich als nächstes?

Lightoller: Neben diesem Floß.

Senator Smith: Wo?

Lightoller: Neben diesem kieloben treibenden Boot, das auf der anderen Seite zu Wasser gelassen worden war.

Senator Smith: Gab es irgendwelche wasserdichten Schotts in diesem Schiff?

Lightoller: Ja.

Senator Smith: Wieviele?

Lightoller: Ich kann Ihnen das nicht auf Anhieb sagen. 40 oder 50.

Senator Smith: Fast 50?

Lightoller: Ich sage 40 oder 50. Ich kann es Ihnen nicht auf Anhieb sagen.

Senator Smith: Wie waren sie konstruiert?

Lightoller: Es handelte sich um Schutzwände, wasserdichte Türen, die elektrisch oder mechanisch bedient wurden.

Senator Smith: Waren diese wasserdichten Abteile den Passagieren oder der Besatzung bekannt?

Lightoller: Sie müssen es gewesen sein.

Senator Smith: Wie haben sie es erfahren?

Lightoller: Durch die verteilten Pläne des Schiffs.

Senator Smith: Wurde ihnen jemals gesagt, daß es wasserdichte Abteile gab - wieviele?

Lightoller: 40 oder 50.

Senator Smith: Wurde ihnen also gesagt, daß es 40 oder 50 wasserdichte Abteile gab?

Lightoller: Kann ich nicht sagen.

Senator Smith: Sie haben davon nichts gehört und auch keine entsprechenden Warnungen gegeben?

Lightoller: Nein.

Senator Smith: Sind Sie in der Lage, uns zu sagen,

ob sich Besatzungsmitglieder oder Passagiere in die höher gelegenen wasserdichten Abteile zurückzogen, um dort zu sterben?

Lightoller: Dazu bin ich nicht in der Lage.

Senator Smith: Ist das überhaupt wahrscheinlich?

Lightoller: Nein, sehr unwahrscheinlich.

Senator Smith: Sie selbst zogen es vor, Ihr Glück in der offenen See zu suchen?

Lightoller: Zweifellos. . .

Zeuge: Harold Thomas Cottam, 21

Funker auf dem Rettungsschiff Carpathia

Kern der Aussage: Cottam: gönnte den Hearings, was als seltsames (wenn nicht komisches) Zusammentreffen mit der neuen und ungewöhnlichen und weitgehend unregulierten Welt des drahtlosen Funks erschien. Er erzählte, wie er den Notruf der Titanic in dem Moment empfing, als er damit begann, sich für die Nachtruhe vorzubereiten.

Senator Smith: Wie kam es, daß Sie die Meldung der Titanic empfingen?

Cottam: Ich wartete darauf, daß die Parisian eine frühere Verbindung mit der Parisian bestätigte.

Senator Smith: Sie hatten mit der Parisian zuvor in Verbindung gestanden?

Cottam: Ja.

Senator Smith: Zu welcher Zeit?

Cottam: Das kann ich nicht sagen. Irgendwann am Nachmittag.

Senator Smith: Kein Notruf?

Cottam: Oh nein.

Senator Smith: Einige kommerzielle oder geschäftliche Mitteilungen?

Cottam: Ja. . .

Senator Smith: Haben Sie den Kapitän der Carpathia heute gehört?

Cottam: Nein.

Senator Smith: Er berichtete, Sie seien im Begriff gewesen zu Bett zu gehen.

Cottam: Ja.

Senator Smith: Und Sie empfingen die Botschaft eher zufällig?

Cottam: Ja.

Senator Smith: Wie weit waren Sie in Ihren Vorbereitungen für die Nachtruhe?

Cottam: Nun ich war kurz davor, mich zurückzuziehen.

Senator Smith: Hatten Sie sich bereits entkleidet?

Cottam: Nein.

Senator Smith: Hatten Sie bereits ihre Schuhe ausgezogen?

Cottam: Nein.

Senator Smith: Hatten Sie sich bereits irgendwelcher Kleidungsstücke entledigt?

Cottam: Ich hatte meine Jacke ausgezogen.

Senator Smith: Als Sie ihre Jacke auszogen, hatten Sie da irgendein Instrument auf Ihrem Kopf?

Cottam: Ja.

Senator Smith: Was?

Cottam: Kopfhörer.

Senator Smith: Wie konnte es geschehen, daß Sie sie anließen?

Cottam: Ich wartete auf die Parisian.

Senator Smith: Wie lang hätten Sie gewartet? Lange genug, um sich auszuziehen?

Cottam: Ich hätte einige Minuten gewartet. Ich hatte gerade die Parisian gerufen und wartete auf Antwort, falls eine kommen würde. . .

Senator Smith: Daher behielten sie die Kopfhörer also auf ihren Ohren?

Cottam: Ja.

Senator Smith: Auf Ihrem Kopf?

Cottam: Ja.

Senator Smith: In der Hoffnung, daß ihr Mitteilung bestätigt werden würde, bevor Sie sich hinlegten?

Cottam: Ja.

Senator Smith: Das war es, was Sie im Kopf hatten?

Cottam: Ja.

Senator Smith: Was hörten Sie zu jener Zeit?

Cottam: Ich hörte nichts.

Senator Smith: Wie bald? Sie hörten ziemlich bald etwas, nicht wahr?

Cottam: Nein. Ich wandte mich an Cape Cod.

Senator Smith: Und ließen Ihren Apparat an?

Cottam: Ja.

Senator Smith: Schickten Sie eine Meldung an Cape Cod?

Cottam: Nein.

Senator Smith: Schickte Cape Cod Ihnen eine Botschaft?

Cottam: Nein.

Senator Smith: Dann kamen Sie also nicht auf Cape Cod zurück?

Cottam: Ja.

Senator Smith: Wie?

Cottam: Sie schickten es für die Transatlantischen Zweimann-Schiffe. Sie schickten die Nachrichten an die Senior-Schiffe.

Senator Smith: Wohin?

Cottam: Diese Schiffe, die zur Marconi-Presse beitragen. . .

Senator Smith: Sie traten in Verbindung?

Cottam: Ja.

Senator Smith: Mit einer der Marconi-Stationen?

Cottam: Ich richtete Sie nicht ein. Ich empfing die Pressemitteilungen von Cape Cod.

Senator Smith: Während Sie sich auszogen?

Cottam: Ich zog mich nicht aus.

Senator Smith: Nachdem Sie ihre Jacke ausgezogen hatten?

Cottam: Ja.

Senator Smith: Und dann setzten Sie sich an Ihr Instrument?

Cottam: Ja.

Senator Smith: Und empfingen diese Meldung?

Cottam: Ich empfing ungefähr vier.

Senator Smith: In wievielen Minuten?

Cottam: Ungefähr sieben oder acht Minuten.

Senator Smith: Sie empfingen vier innerhalb von sieben oder acht Minuten?

Cottam: Ja.

Senator Smith: Schloß das auch irgend etwas von der Parisian ein?

Cottam: Nein.

Senator Smith: Nur dieser Cape-Cod-Mitteilungsdienst?

Cottam: Ja. Funksprüche für die Titanic. Ich nahm die Funksprüche auf in der Hoffnung, sie am folgenden Morgen weiterzugeben.

Senator Smith: Erklären Sie uns das einmal. Wann haben Sie zum ersten Mal etwas von der Titanic erfahren?

Cottam: Ich stand mit ihr am Nachmittag - halb sechs oder sechs - in Verbindung.

Senator Smith: Eine zufällige Meldung oder eine an die Carpathia adressierte?

Cottam: Eine an die Carpathia adressierte.

Senator Smith: Und der Inhalt?

Cottam: Es war eine Mitteilung für einen unserer Passagiere.

Senator Smith: Von wem?

Cottam: Frau Marshal.

Senator Smith: Eine kommerzielle Mitteilung,

eine geschäftliche Mitteilung?

Cottam: Eine kommerzielle Mitteilung.

Senator Smith: Das war also der einzige Funkspruch, den Sie am Nachmittag von der Titanic empfingen. Wurde die Mitteilung beantwortet?

Cottam: Ja.

Senator Smith: Wissen Sie, wie weit Sie von ihr zu jenem Zeitpunkt entfernt waren?

Cottam: Nein.

Senator Smith: Haben Sie Mittel, es zu erfahren?

Cottam: Nein.

Senator Smith: Nachdem Sie diese alltäglichen Arbeiten erledigt hatten, was taten Sie dann?

Cottam: Ich rief die Titanic.

Senator Smith: Sie selbst riefen die Titanic?

Cottam: Ja.

Senator Smith: Wer sagte Ihnen, dies zu tun?

Cottam: Ich tat aus eigenem Antrieb.

Senator Smith: Aus eigenem Antrieb?

Cottam: Ja.

Senator Smith: Was sagten Sie ihm?

Cottam: Ich fragte Ihn, ob er sich darüber im klaren war, daß Cape Cod jede Menge Mitteilungen an ihn schickte.

Senator Smith: Und antworteten sie?

Cottam: Ja.

Senator Smith: Was sagten sie?

Cottam: „Komm sofort."

Senator Smith: Schlossen Sie daraus, daß sie Ihren Funkspruch erhalten hatten?

Cottam: Ja.

Senator Smith: Und das war die Antwort?

Cottam: Er sagte: „Komm sofort. Es ist ein Notsignal; C.Q.D."

Senator Smith: Wurden nur diese drei Worte gesendet?

Cottam: Nein, alles zusammen. Die ganze Meldung war für mich.

Senator Smith: Als Sie die Meldung empfingen, was taten Sie?

Cottam: Ich bestätigte sie, indem ich fragte, ob ich den Kapitän benachrichtigen sollte.

Senator Smith: Bevor Sie dem Kapitän berichteten, fragten Sie, ob Sie dem Kapitän berichten sollten?

Cottam: Ja.

Senator Smith: Bekamen Sie eine Antwort?

Cottam: Ja.

Senator Smith: Was besagte sie?

Cottam: „Ja".

Senator Smith: Wie bestätigten Sie?

Cottam: Indem ich ihn fragte, ob. . . .

Senator Smith (unterbrechend): Ich weiß, aber was veranlaßte Sie es zu bestätigen, bevor Sie zum Kapitän gingen?

Cottam: Weil es immer vernünftig ist, eine derartige Mitteilung zu bestätigen.

Senator Smith: Tun Sie das immer?

Cottam: Ja.

Senator Smith: Sind Sie angewiesen, das zu tun?

Cottam: Nein.

Senator Smith: Dann ist es also eine Ermessensfrage?

Cottam: Es ist eine Ermessensfrage.

Senator Smith: Sind Sie schon mal in die Irre geführt worden, so daß Sie den Funkspruch bestätigten?

Cottam: Nein.

Senator Smith: Was hätten Sie gemacht, wenn Sie keine Bestätigung erhalten hätten?

Cottam: Ich hätte den Funkverkehr berichtet.

Senator Smith: Sie hätten dem Kapitän berichtet?

Cottam: Ja.

Senator Smith: Wieviel Zeit verging zwischen dem Empfang des Notrufs und dem Bericht an den Kapitän?

Cottam: Es war eine Angelegenheit von einigen Minuten.

Senator Smith: Nur ein paar Minuten?

Cottam: Ja.

Senator Smith: Sendeten Sie danach noch Funksprüche an die Titanic?

Cottam: Ja.

Senator Smith: An wen?

Cottam: Für die Titanic.

Senator Smith: Auf Anordnung des Kapitäns?

Cottam: Ja.

Senator Smith: Was für Meldungen?

Cottam: Unsere Position.

Senator Smith: Was sagten Sie?

Cottam: Ich teilte ihm unsere Position mit.

Senator Smith: Können Sie es dem Protokollführer mitteilen?

Cottam: Ich kann mich jetzt nicht mehr an unsere Position erinnern.

Senator Smith: Sie können sich nicht erinnern?

Cottam: Nein.

Senator Smith: Aber Sie gaben die Position Ihres Schiffs, seine Längengrade, das ist zutreffend?

Cottam: Ja.

Senator Smith: Und Sie taten das auf Vorschlag des Kapitäns?

Cottam: Ja.

Senator Smith: Schrieb er Ihnen eine formelle Mitteilung?

Cottam: Nein.

Senator Smith: Er sagte Sie Ihnen?

Cottam: Ja.

Senator Smith: Und Sie sendeten sie.

Cottam: Ja. Er schrieb die Position auf ein kleines Stück Papier.

Senator Smith: Und das sendeten Sie?

Cottam: Ja.

Senator Smith: Bekamen Sie eine Antwort darauf?

Cottam: Ja.

Senator Smith: Wie lange danach?

Cottam: Sofort.

Senator Smith: Unterzeichnet von irgend jemand?

Cottam: Nein.

Senator Smith: Was war der Inhalt?

Cottam: Ein einfaches „empfangen".

Senator Smith: Das ist alles?

Cottam: Ja.

Senator Smith: Vom Funker oder irgend jemand unterzeichnet?

Cottam: Nein.

Senator Smith: Wann hörten Sie das nächste Mal von der Titanic über Funk?

Cottam: Ungefähr vier Minuten später.

Senator Smith: Kommunizierten Sie mit ihr oder sie mit Ihnen?

Cottam: Wir kommunizierten miteinander.

Senator Smith: Wer schickte die erste Mitteilung?

Cottam: Ich.

Senator Smith: Vier Minuten, nach der letzten Mitteilung, in der Sie die Position weitergaben?

Cottam: Ja.

Senator Smith: Was teilten Sie mit?

Cottam: Ich bestätigte beide Positionen, die von der Titanic und unsere.

Senator Smith: Bekamen Sie eine Antwort?

Cottam: Nein, nur eine Bestätigung.

Senator Smith: Und was besagte die?

Cottam: „In Ordnung".

Senator Smith: Wann kommunizierten Sie das

nächste Mal oder bekamen eine Mitteilung?

Cottam: Einige Minuten später.

Senator Smith: Wieviele Minuten?

Cottam: Das kann ich nicht sagen, weil da noch ein anderes Schiff die Titanic rief?

Senator Smith: Woher wußten Sie?

Cottam: Weil ich es hörte.

Senator Smith: Was hörten Sie?

Cottam: Ich hörte, wie er die Titanic rief.

Senator Smith: Ich verstehe, aber was wurde gesagt?

Cottam: Da war nichts außer dem Ruf.

Senator Smith: Ein Notruf?

Cottam: Nein.

Senator Smith: Wissen Sie, um welches Schiff es sich handelte?

Cottam: Die Frankfurt.

Senator Smith: Ein Schiff vom Norddeutschen Lloyd?

Cottam: Ich weiß nicht, ob es der Norddeutsche Lloyd ist. Es ist eine deutsche Reederei. Ich weiß nicht welche.

Senator Smith: Sie hörten diesen Ruf?

Cottam: Ja.

Senator Smith: Das deutsche Schiff rief die Titanic?

Cottam: Ja.

Senator Smith: Und brachte das Ihre Signale durcheinander?

Cottam: Nein.

Senator Smith: Nachdem dieser Ruf beendet war, was bekamen Sie dann rein, falls irgend etwas?

Cottam: Ich hörte, wie die Olympic die Titanic rief.

Senator Smith: Hörten Sie, wie die Titanic die Olympic rief?

Cottam: Nein, nicht zuerst.

Senator Smith: Aber Sie hörten, wie die Olympic die Titanic rief.

Cottam: Ja.

Senator Smith: Was sagte die Olympic?

Cottam: Er rief ihn und bot ihm eine Dienstmeldung an.

Senator Smith: Bot seine Dienste an?

Cottam: Bot eine Dienstbotschaft an.

Senator Smith: Bot eine Dienstbotschaft an?

Cottam: Ja.

Senator Smith: Und was folgte dann?

Cottam: Eine halbe Minute lang gar nichts. Alles

war ruhig.

Senator Smith: Eine halbe Minute lang nichts?

Cottam: Ja.

Senator Smith: Zu diesem Zeitpunkt waren sie aufmerksam bei der Sache, nicht wahr?

Cottam: Ich stand die ganze Zeit mit der einen oder anderen Station in Verbindung - vom Zeitpunkt des Untergangs bis New York.

Senator Smith: Sie standen mit anderen Schiffen in Verbindung?

Cottam: Ja.

Senator Smith: Die ganze Zeit?

Cottam: Ja.

Senator Smith: Die ganze Zeit?

Cottam: Ja.

Senator Smith: Und oft?

Cottam: Ja. . .

Senator Smith: Und was war nach dieser Minute?

Cottam: Ich fragte die Titanic, ob er bemerkt hatte, daß ihn die Olympic gerufen hatte?

Senator Smith: Und was war die Antwort?

Cottam: Er sagte, daß er es nicht bemerkt hatte.

Senator Smith: Er hatte es nicht bemerkt?

Cottam: Nein.

Senator Smith: Was folgte dann?

Cottam: Er sagte mir, er könne ihn nicht lesen wegen des brausenden Winds und des entweichenden Dampfes.

Senator Smith: Konnte was nicht lesen?

Cottam: Daß er ihn nicht lesen konnte, ja.

Senator Smith: Konnte was nicht lesen?

Cottam: Die Olympic.

Senator Smith: Daß er die Botschaften der Olympic wegen des Windes nicht lesen konnte?

Cottam: Ja.

Senator Smith: Und wegen des entweichenden Dampfes?

Cottam: Ja.

Senator Smith: Was hörten Sie als nächstes?

Cottam: Dann rief die Titanic die Olympic.

Senator Smith: Machte das oder alles andere mit der Titanic in Verbindung stehende einen dringenden Eindruck?

Cottam: Nein.

Senator Smith: Was taten Sie dann?

Cottam: Ich sagte der Titanic, die Baltic zu rufen.

Senator Smith: Was folgte?

Cottam: Die Nachricht war offensichtlich unbefriedigend.

Senator Smith: Sie war offensichtlich unbefriedigend?

Cottam: Ja.

Senator Smith: So, und nun erzählen Sie uns bitte, was bis zur Rettung dieser Menschen geschah.

Cottam: Ich stand in regelmäßigen Intervallen in Verbindung mit der Titanic bis zur letzten Kommunikation, die ich mit ihr hatte.

Senator Smith: Sie hörten das?

Cottam: Ja.

Senator Smith: Und war der Inhalt dieser Botschaft?

Cottam: Er sagte ihm, sofort zu kommen, daß er mit dem Kopf nach unten war. Und er schickte seine Position.

Senator Smith: Und wissen Sie, ob er irgendeine Antwort auf seine Botschaft bekam?

Cottam: Ja.

Senator Smith: Worin bestand sie?

Cottam: „Erhalten". Er sagte ihm, daß die Botschaft empfangen worden war.

Senator Smith: Ist das alles?

Cottam: Ja.

Senator Smith: Wann hörten Sie wieder irgend etwas? Was geschah als nächstes?

Cottam: Ich hörte, wie die Baltic Cape Race (Neufundland) rief.

Senator Smith: Sie standen in regelmäßiger Verbindung?

Cottam: Ja.

Senator Smith: Mit der Titanic?

Cottam: Ja.

Senator Smith: Bis die letzte Nachricht gehört wurde?

Cottam: Ja, bis die letzte Nachricht gehört wurde.

Senator Smith: Was war die letzte?

Cottam: Die letzte war „Kommt schnell, unser Maschinenraum füllt sich bis zu den Kesseln".

Senator Smith: Das war die letzte Nachricht, die Sie empfingen?

Cottam: Ja. . .

Senator Smith: Ich glaubte den Kapitän so verstanden zu haben, daß eine der letzten Meldungen an das sinkende Schiff darin bestand, daß man sich innerhalb einer bestimmten Entfernung befand und schnell unterwegs war.

Cottam: Ich habe diese Botschaft gefunkt, aber

ich bekam keine Bestätigung.

Senator Smith: Sagen Sie uns, was die Meldung war. Sie riefen ihn mit dieser Meldung?

Cottam: Ja.

Senator Smith: Wir würden gerne mehr darüber wissen. Sagen Sie uns, was sie war.

Cottam: Der Kapitän sagte mir, der Titanic zu funken, daß unsere Boote vorbereitet waren, wir so schnell wie möglich unterwegs waren mit einer doppelten Wache im Maschinenraum, daß man mit den Booten auf unser Eintreffen vorbereitet sein sollte. Ich erhielt dafür keine Bestätigung.

Senator Smith: Aber Sie schickten Sie?

Cottam: Ja.

Senator Smith: Aber ob Sie empfangen wurde oder nicht, wissen Sie nicht.

Cottam: Nein.

Senator Smith: Zu unserem Verständnis. Als Sie diesen letzten Spruch von der Titanic empfingen, daß sich der Maschinenraum mit Wasser füllte, sagen Sie, bestätigten Sie den Empfang und brachten den Spruch zum Kapitän. Bestätigten Sie den Spruch, bevor Sie zum Kapitän gingen?

Cottam: Ja.

Senator Smith: Nachdem Sie den Spruch zum Kapitän gebracht hatten, kehrten Sie zu Ihrem Gerät zurück und sendeten den Spruch, den Sie gerade beschrieben haben?

Cottam: Ja.

Senator Smith: Und darauf bekamen Sie keine Antwort?

Cottam: Nein.

Senator Smith: Und Sie bekamen danach auch nicht irgendeine andere Antwort?

Cottam: Nein.

Senator Smith: Oder irgendein anderes Wort von dem Schiff?

Cottam: Nein.

Zeuge: Alfred Crawford:, 41

Betten-Steward in der Ersten Klasse aus Southampton, England

Kern der Aussage: Crawford war der erste, der der Welt von Isidor und Ida Straus erzählte. Das alte und durch seine Kaufhäuser in New York reich gewordene Paar war das berühmteste einer ganzen Reihe von Paaren auf der Titanic, die es vorzogen, gemeinsam zu sterben.

Senator Smith: Kannten Sie Herrn und Frau Straus?

Crawford:: Ich stand an dem Boot, das sie sich weigerten zu besteigen.

Senator Smith: Bestieg Frau Straus das Boot?

Crawford: Sie versuchte zunächst einzusteigen, stieg dann aber wieder heraus. Ihr Mädchen ging ins Boot.

Senator Smith: Was meinen Sie damit, „sie versuchte" einzusteigen?

Crawford: Sie kam über das Deck zum Boot, ging dann aber wieder zurück zu ihrem Gatten.

Senator Smith: Betrat Sie das Boot?

Crawford: Sie trat auf das Dollbord und ging dann wieder zurück.

Senator Smith: Und was folgte dann?

Crawford: Sie sagte: „Wir leben seit so vielen Jahren zusammen, und wo Du hingehst, da gehe ich auch hin."

Senator Smith: Mit wem redete sie?

Crawford: Mit ihrem Gatten.

Senator Smith: War er neben ihr?

Crawford: Ja, erstand im Hintergrund, als sie vom Boot wegging.

Senator Smith: Sie erwähnten, daß es auch ein Mädchen gab?

Crawford: Ein Mädchen ging ins Boot und wurde gerettet, ja.

Senator Smith: Ging das Mädchen vor Frau Straus ins Boot?

Crawford: Frau Straus sagte dem Mädchen, es solle ins Boot gehen, sie würde folgen, doch dann änderte sie ihre Meinung und kehrte zu ihrem Mann zurück.

Senator Smith: Wieviele Matrosen oder Besatzungsmitglieder wurden in Boot 8 geladen?

Crawford: Vier. Zwei waren bereits drin, und Kapitän Smith befahl mir einzusteigen.

Senator Smith: Zwei waren drin?

Crawford: Zwei Matrosen waren zuerst im Boot.

Senator Smith: Und der Kapitän befahl Ihnen einzusteigen?

Crawford: Ja. Ich und ein Koch stiegen ein. Wir waren die letzten, die einstiegen. Es waren schon so viele Damen drin, daß kein Platz mehr war.

Senator Smith: Wieviele Passagiere waren in dem Boot?

Crawford: Ich würde sagen um, die 35.

Senator Smith: Handelte es sich um ein normales Boot oder um eins von diesen Faltbooten aus Segeltuch?

Crawford: Nein, es war ein reguläres Rettungsboot.

Senator Smith: Nachdem Sie aufs Wasser gelassen worden waren, wer übernahm die Verantwortung für das Boot?

Crawford: Der Mann im hinteren Teil des Boots, ein Matrose.

Senator Smith: Ein Matrose?

Crawford: Ja.

Senator Smith: Und was wurde gemacht?

Crawford: Wir nahmen uns jeder ein Ruder und ruderten vom Schiff weg. Eine Dame - ihren Namen weiß ich nicht - übernahm die Pinne.

Senator Smith: Eine Dame übernahm die Ruderpinne und die Männer die Ruder?

Crawford: Vier Männer nahmen die Ruder und ruderten.

Senator Smith: Kannten Sie irgendwelche Frauen oder Männer im Boot?

Crawford: Nein. Es waren nur Damen im Boot. Es gab keine Männer, außer den vier von der Besatzung.

Senator Smith: Und Herr und Frau Bishop?

Crawford: Sie waren nicht im Boot.

Senator Smith: In welchem Boot waren sie?

Crawford: Ich kann nicht sagen, in welches Boot sie kamen. Ich sah sie später auf der Carpathia.

Senator Smith: Hatten alle Boote auf der vorderen Backbordseite vier Männer?

Crawford: Ich glaube ja. Ich kann nicht sagen. Ich war draußen beim Beladen der Boote.

Senator Smith: So weit Sie beobachteten, gab es irgendwelche Kämpfe. . .

Crawford: Nein, keine absolut nicht.

Senator Smith (fortfahrend): Von Männern und Frauen, um in die Rettungsboote zu kommen?

Crawford: Nein, absolut nicht.

Senator Smith: Sank das Schiff zu diesem Zeitpunkt?

Crawford: Sie nahm schnell Wasser am Bug auf. Ja.

Senator Smith: Gab es eine bemerkbare Sogwirkung?

Crawford: Nein.

Senator Smith: Um das Boot?

Crawford: Nein, ich glaube nicht.

Senator Smith: Als sie zu sinken begann?

Crawford: Nein.

Senator Smith: Erzählen Sie uns, was Sie machten, nachdem Sie das Wasser erreicht hatten.

Crawford: Wir ruderten und versuchten ein Licht zu erreichen, dem wir uns aber scheinbar nicht nähern konnten. Wir ruderten und ruderten bis zur Morgendämmerung. Dann sahen wir die sich nähernde Carpathia, wir drehten bei und ruderten zu ihr.

Senator Smith: Um Welche Zeit setzte die Dämmerung am Montag ein?

Crawford: Gegen vier Uhr, würde ich sagen, begann es hell zu werden.

Senator Smith: Sie waren im Boot und ruderten?

Crawford: Ja bis zum Zeitpunkt, als wir aufgesammelt wurden. . .

Senator Smith: Wo waren Sie, als sich die Kollision ereignete?

Crawford: Ich war vorne im B-Deck.

Senator Smith: Wo ist das?

Crawford: Zwei Decks unterhalb des Bootdecks.

Senator Smith: Erzählen Sie uns, was Sie erlebten.

Crawford: Ich hatte meine Wache bis zwölf Uhr und wartete darauf, daß meine Ablösung auftauchte. Ich sollte um zwölf Uhr abgelöst werden. Ich hörte den Aufprall, ging auf das Außendeck und sah den Eisberg vorbeitreiben. Ich ging zurück, und dann kamen viele Passagiere nach draußen.

Senator Smith: Sie gingen aufs Außendeck?

Crawford: Ja.

Senator Smith: Auf welcher Seite?

Crawford: Auf der Steuerbordseite.

Senator Smith: Und sahen den Eisberg?

Crawford: Ich den vorbeitreibenden Eisberg.

Senator Smith: War da Eis an Deck?

Crawford: Ich ging nicht so weit nach vorne.

Senator Smith: Wurde Ihres Wissens irgend jemand verletzt?

Crawford: Nein. Ich ging in die Kabinen der Damen. Sie eilten alle nach draußen, und ich sagte ihnen, daß ich nicht glaubte, daß direkte Gefahr herrschen würde. Nachdem der Befehl zum Anlegen der Schwimmwesten ergangen war, half ich den Damen und einem alten Herrn namens Stewart, dem ich auch die Schuhe zuschnürte . . .

Senator Smith: Sahen Sie wie das Schiff unterging?

Crawford: Wir sahen es in der Entfernung, ja.

Senator Smith: In welcher Verfassung war es, als Sie es zum letzten Mal sahen?

Crawford: Es schien, als ob der Bug zuerst unterging.

Senator Smith: In welchem Winkel?

Crawford: Wir sahen, wie alle Lichter in ihrem vorderen Teil ausgingen.

Senator Smith: Und hinten brannten sie noch?

Crawford: Ja.

Senator Smith: Wieviel des hinteren Teils ragte aus dem Wasser?

Crawford: Ein großer Teil des Hecks war auf dem Wasser.

Senator Smith: Wieviele Decks?

Crawford: Ich kann nicht sagen, wieviele Decks, aber es schien von Mittschiffs bis zum Heck klar zu sein.

Senator Smith: Sahen Sie viele Menschen?

Crawford: Ich sah viele an Deck.

Senator Smith: An Deck zu jener Zeit?

Crawford: Ja.

Senator Smith: Was taten sie?

Crawford: Als wir das Schiff verließen, versuchten sie die anderen Boote zu Wasser zu lassen, die weiter hinten. . .

ZWEITER TAG
Samstag, 20. April

Waldorf Astoria Hotel, New York

Die Hearings wurden in den Myrtle Room verlegt, wo mehr Platz für die große Anzahl von Zuhörern zur Verfügung stand. Unter ihnen befand sich die Frauenrechtlerin Inez Milholland, die in der Presse wegen ihrer Schönheit gerühmt wurde. Sie war zusammen mit Guglielmo Marconi, dem Pionier des drahtlosen Funks gekommen, mit dem sie früher verlobt gewesen war. Marconis Unternehmen war eines der wichtigeren Ziele der Ermittler.

Zeuge: Harold S. Bride aus London, 22

Der einzige überlebende Marconi-Funker von der Titanic und einer der letzten, der das Schiff verließ.

Kern der Aussage: Bride ließ die Anwesenden zum einen wegen seines Auftritts in einem Rollstuhl erstarren - sein linker Fuß war bandagiert - und zum anderen durch eine der erstaunlichsten Seegeschichten, die jemals erzählt wurden. Es war zugleich eine Einführung in die noch immer unbekannte Welt der Funkverbindungen auf See (mit Aussage von Marconi in wichtigen Momenten), eine Geschichte von menschlichem Durchhaltevermögen und ein dramatischer wie realistischer Bericht aus erster Hand über das Unglück. Beim Funken der Notrufe an andere Schiffe wurde der ältere Funker der Titanic, Jack Phillips, ständig frustrierter wegen der Frankfurt, von der er annahm, daß sie der Titanic am nächsten war (sie war es nicht). Er nannte den Funker der Frankfurt einen „Narren" und riet ihm abzuhauen. So die Aussage von Bride. Nach dem Untergang der Titanic fand sich Bride unter dem kieloben treibenden Rettungsboot wieder, auf das der zweite Offizier Lightoller und andere, darunter Phillips, kletterten. Phillips starb an den Folgen der Kälte auf See. Bride beschrieb auch die letzten Momente von Kapitän E. J. Smith und malte dabei ein gespenstisches Bild einer solitären Figur, die im letzten Moment von der Brücke sprang.

Senator Smith: Taten Sie Dienst, als der Funkspruch von der Amerika empfangen wurde, in dem die Rede von Eisbergen in der Nähe, in diesen Längengraden, war?

Bride: Ich habe keine Kenntnis von einem Funkspruch der Amerika über irgendwelche Eisberge. Er mag von Herrn Phillips empfangen worden sein, aber ich habe ihn nicht gesehen.

Senator Smith: Haben Sie gehört, daß ein solcher Funkspruch eingegangen war?

Bride: Nein.

Senator Smith: Hat Herr Phillips davon erzählt, daß ein solcher Funkspruch eingegangen war?

Bride: Nein.

Senator Smith: Haben Sie jemals mit dem Kapitän über einen derartigen Funkspruch geredet?

Bride: Es gab eine Meldung, die dem Kapitän am Nachmittag, am späten Nachmittag gebracht wurde, betreffend. . .

Senator Smith: Am Sonntag?

Bride: Ja.

Senator Smith: Fahren Sie fort.

Bride: Das Eisfeld betreffend.

Senator Smith: Von wem?

Bride: Von der Californian.

Senator Smith: Zu welcher Stunde am Sonntag?

Bride: Es ist möglicherweise nicht die Californian gewesen, aber ich kann Ihnen die Kennung geben, es ist „M.W.L.". Sie können das später ermitteln.

Senator Smith: Fahren Sie fort.

Bride: Ich empfing die Meldung und brachte sie dem Kapitän. Sie hatte zum Inhalt, daß das Schiff gerade drei große Eisberge passiert hatte und die Position.

Senator Smith: Das war zu welcher Stunde des Tages?

Bride: Spät am Nachmittag, aber ich kann die Stunde nicht sagen. . .

Senator Smith: Ich würde nun gerne den genauen Inhalt der Meldung wissen.

Bride: Zuerst hatte mich die Californian mit einem Eisreport gerufen. Ich war zu diesem Zeitpunkt ziemlich beschäftigt und habe ihn nicht angenommen. Sie rief nicht wieder. Sie übermittelte den Eisreport an die Baltic, und als sie ihn an die Baltic übermittelte, schrieb ich ihn nieder. Ich brachte ihn zum Kapitän. Aber es war nicht offizielles. Weil es nachher nicht für mich gedacht war.

Senator Smith: Der Versuch galt zunächst Ihnen?

Bride: Zuerst mir, ja.

Senator Smith: Und nachdem man nicht zu Ihnen durchkam, versuchten sie, die Baltic zu erreichen?

Bride: Ungefähr eine halbe Stunde danach übermittelte man ihn an die Baltic.

Senator Smith: Warum konnte man nicht zu Ihnen durchkommen?

Bride: Ich war mit Schreibarbeiten beschäftigt.

Senator Smith: Sie meinen, Sie nahmen Meldungen auf?

Bride: Nein, ich schrieb Rechnungen.

Senator Smith: Sie schreiben Rechnungen?

Bride: Ja.

Senator Smith: Wo?

Bride: Auf dem Funktisch.

Senator Smith: Auf dem Funktisch?

Bride: Ja.

Senator Smith: Hatten Sie ihr Instrument währenddessen vom Kopf genommen?

Bride: Nein.

Senator Smith: Sie wußten, daß die Californian versuchte, Sie zu erreichen?

Bride: Ja.

Senator Smith: Sie arbeiteten weiter an Ihren Rechnungen, wenn ich Sie richtig verstehe?

Bride: Ja.

Senator Smith: Und Sie beantworteten nicht den Ruf der Californian?

Bride: Nein.

Senator Smith: 30 Minuten lang?

Bride: Ich glaube nicht, daß es volle 30 Minuten waren.

Senator Smith: Wie lange denn?

Bride: Es kann so lange gewesen sein. Ich würde sagen zwischen 20 und 30 Minuten. Ich kann es nicht definitiv sagen.

Senator Smith: Wieviel Uhr war es?

Bride: Spät am Nachmittag.

Senator Smith: Am Sonntag?

Bride: Ja. Ich würde sagen, es war gegen fünf Uhr.

Senator Smith: Ungefähr sechs Stunden, bevor das Unglück geschah?

Bride: Ja.

Senator Smith: Sie arbeiteten die 20 bis 30 Minuten weiter an den Rechnungen?

Bride: Ja.

Senator Smith: Nachdem Sie das beendet hatten,

was taten Sie dann?

Bride: Ich blieb noch bis zum Abendessen auf Wache.

Senator Smith: Gab es irgendwelche anderen Funksprüche über Eisberge in der Nähe?

Bride: Nein.

Senator Smith: Die Nachricht, die Sie von der Californian erhalten hatten, war die erste Information?

Bride: Ja.

Senator Smith: Und die bekamen Sie gegen halb sechs am Sonntagnachmittag?

Bride: Ich würde sagen, es war eher fünf Uhr.

Senator Smith: Als Sie sie angenommen haben.

Bride: Ja.

Senator Smith: Dann muß es beim ersten Funkspruch ungefähr halb fünf gewesen sein?

Bride: Ja.

Senator Smith: Das Schiff stand unter Dampf und bewegte sich die ganze Zeit?

Bride: Ja.

Senator Smith: Als Sie den Funkspruch der Californian für die Baltic empfingen, was taten Sie?

Bride: Ich wartete einfach, bis sie die Baltic informiert hatte. Es war ein Eisreport. Dann wußte ich, daß es derselbe war, den sie für mich hatte und so schrieb ich ihn nieder.

Senator Smith: Sie bestätigten ihn?

Bride: Ich bestätigte den Empfang. . .

Senator Smith: Noch mal. Würden Sie uns bitte die exakte Sprache der Nachricht mitteilen?

Bride: In ihr wurde festgestellt, daß die Californian drei große Eisberge passiert hatte und gab die Breiten- und Längengrade.

Senator Smith: Daß man drei Eisberge passiert hatte?

Bride: Ja.

Senator Smith: Und gaben Breiten- und Längengrade?

Bride: Ja, daß sie sie sehr nahe passiert hatte.

Senator Smith: Können Sie sich an die Breiten- und Längengrade erinnern?

Bride: Nein, kann ich nicht.

Senator Smith: Hielten Sie diese Nachricht fest?

Bride: Nein, ich schrieb sie auf ein Stück Papier und brachte sie auf die Brücke.

Senator Smith: Um daraus eine dauerhafte Aufzeichnung zu machen?

Bride: Nein.

Senator Smith: Sind Sie nicht verpflichtet, sie festzuhalten?

Bride: Nein.

Senator Smith: Sie machten keine Aufzeichnung, weil es nicht offiziell war?

Bride: Es war nicht offiziell. Wenn wir alle diese Nachrichten festhalten wollten, würden wir nie mit unserer Arbeit fertig werden.

Senator Smith: Wenn es offiziell gewesen wäre, hätten sie es festgehalten?

Bride: Ich hätte es festhalten sollen.

Senator Smith: Und bleibende Aufzeichnungen gemacht?

Bride: Ja. . .

Senator Smith: Brachten Sie die Nachricht dem Kapitän?

Bride: Nein, dem wachhabenden Offizier.

Senator Smith: Ich wollte wissen, ob Sie selbst es dem Kapitän mitgeteilt haben?

Bride: Nein.

Senator Smith: Sie teilten es dem wachhabenden Offizier mit, der zu diesem Zeitpunkt die Verantwortung für das Schiff hatte?

Bride: Ja.

Senator Smith: Bekamen Sie noch andere Nachrichten, Eisberge betreffend?

Bride: Nein.

Senator Smith: Von irgendeinem anderen Schiff an jenem Nachmittag oder Abend?

Bride: Nein.

Senator Smith: Empfing Herr (Jack) Phillips (der ältere Funker auf der Titanic) eine Nachricht von der Amerika?

Bride: Nicht das ich wüßte.

Senator Smith: Sie empfingen keine von der Amerika?

Bride: Nein.

Senator Smith: Sie sind sich darüber sehr sicher?

Bride: Ja.

Senator Smith: Sind Sie sich auch darüber sehr sicher, daß die einzige Nachricht über Eisberge von der Californian stammte?

Bride: Ich ja. Darüber, was Herr Phillips empfing, kann ich nichts sagen.

Senator Smith: Nein, das frage ich Sie nicht. Nun, noch einmal: Hat Ihnen Herr Phillips zu irgendeiner Zeit gesagt, daß von irgendeinem anderen Schiff eine Nachricht diese Angelegenheit betreffend eingegangen ist?

Bride: Nein.

Senator Smith: Wer hatte in der Funkstation Wachdienst zwischen sechs Uhr am Sonntagabend und der Kollision oder Aufprall?

Bride: Ich hatte Dienst für eine halbe Stunde, als Herr Phillips sein Abendessen zu sich nahm.

Senator Smith: Zu welcher Zeit?

Bride: Von sieben bis halb acht.

Senator Smith: Wo waren Sie danach bis zum Zeitpunkt der Kollision?

Bride: Ich war im Bett.

Senator Smith: Sie hatten sich zurückgezogen?

Bride: Ja.

Senator Smith: In einem Raum neben dem Apparat?

Bride: Ja.

Senator Smith: Teilten Sie sich den Raum mit Herrn Phillips?

Bride: Ja.

Senator Smith: Wie weit war er vom Funkgerät entfernt?

Bride: Er war nebenan.

Senator Smith: Mit einer Tür dazwischen?

Bride: Es war eine Tür zwischen uns, ja.

Senator Smith: Konnten Sie vom Apparat oder Funkraum direkt ins Schlafzimmer wechseln?

Bride: Ja.

Senator Smith: Wann zogen Sie sich zurück?

Bride: Das war gegen acht Uhr.

Senator Smith: Befanden Sie sich im Bett, als sich die Kollision ereignete?

Bride: Ja.

Senator Smith: Schliefen Sie?

Bride: Ja.

Senator Smith: Wurden Sie davon geweckt?

Bride: Nein.

Senator Smith: Wie wurden Sie wach?

Bride: Ich wachte von selbst auf.

Senator Smith: Niemand weckte Sie nach dem Aufprall?

Bride: Nein.

Senator Smith: Wie lange nach der Kollision lagen Sie im Bett?

Bride: Das kann ich nicht sagen.

Senator Smith: Weckte Herr Phillips Sie auf?

Bride: Nein.

Senator Smith: Oder versuchte es?

Bride: Nein.

Senator Smith: Wissen Sie, um welche Uhrzeit Sie aufstanden?

Bride: Es muß gegen viertel vor zwölf gewesen sein. Ungefähr fünf Minuten vor zwölf, Schiffszeit.

Senator Smith: Fünf Minuten vor zwölf, Schiffszeit?

Bride: Ja.

Senator Smith: Zu welcher Zeit geschah die Kollision?

Bride: Das kann ich nicht sagen.

Senator Smith: Sie blieben bis 12:05 im Bett?

Bride: Ich glaube, es war auf der anderen Seite der zwölf. Es war fünf Minuten vor zwölf.

Senator Smith: Dann müssen Sie doch ein wenig von dem Aufprall geweckt worden sein?

Bride: Nein, wissen Sie, ich hatte Herrn Phillips versprochen, ihn früher als sonst abzulösen.

Senator Smith: Früher als sonst in dieser Nacht?

Bride: Ja.

Senator Smith: Und Sie weckten sich selbst?

Bride: Ja.

Senator Smith: Standen Sie sofort auf?

Bride: Ja.

Senator Smith: Und zogen sich an?

Bride: Ich ging nach draußen. Um mit ihm zu reden, bevor ich mich anzog. Ich hatte nur einen Schlafanzug an.

Senator Smith: Bevor Sie ihre Kleidung anzogen?

Bride: Ja.

Senator Smith: Was sagten Sie ihm?

Bride: Ich fragte Ihn, wie er vorankäme.

Senator Smith: Was sagte er?

Bride: Er hatte einen ganzen Haufen an Telegrammen von Cape Race (Funkstation in Neufundland), den er gerade abgeschlossen hatte.

Senator Smith: Er erzählte Ihnen das?

Bride: Ja.

Senator Smith: Hatte er die Arbeit beendet?

Bride: Ja.

Senator Smith: Das war nach der Kollision?

Bride: Nach der Kollision.

Senator Smith: Blieben Sie im Funkraum?

Bride: Ich zog mich zuerst an.

Senator Smith: Sie kehrten in das Schlafzimmer zurück und zogen sich an?

Bride: Ja.

Senator Smith: Während dieser Zeit berichtete Ihnen Herr Phillips, daß das Schiff beschädigt worden war?

Bride: Er sagte mir, er glaube, sie sei irgendwie beschädigt worden, und daß er glaube, daß wir zurück zu Harlan & Wolff's müßten.

Senator Smith: Das ist die Werft in Belfast?

Bride: Ja.

Senator Smith: Was taten Sie dann?

Bride: Ich übernahm die Wache von ihm.

Senator Smith: Sie übernahmen die Wache von ihm?

Bride: Ja.

Senator Smith: Wohin ging er?

Bride: Er wollte sich zurückziehen.

Senator Smith: Zog er sich zurück?

Bride: Er ging in den anderen Raum, als der Kapitän hereinkam.

Senator Smith: Der Kapitän kam?

Bride: Ja.

Senator Smith: Persönlich?

Bride: Ja.

Senator Smith: In den Funkraum?

Bride: Ja.

Senator Smith: Was sagte der Kapitän?

Bride: Er sagte uns, daß wir Hilfe benötigten.

Senator Smith: Können Sie uns das in seiner Sprache sagen?

Bride: Er sagte genau folgendes: „Sie holen besser Hilfe." Als Herr Phillips ihn hörte, kam er heraus und fragte ihn, ob er wolle, daß er einen Notruf absetzte. Er sagte: „Ja, sofort."

Senator Smith: Wer funkte diesen Ruf?

Bride: Herr Phillips.

Senator Smith: Er reagierte auf den Wunsch des Kapitäns?

Bride: Ja.

Senator Smith: Und Sie drehten die Funkapparat zu ihm?

Bride: Ja.

Senator Smith: Wurde der Funkspruch auf der Stelle gesendet?

Bride: Auf der Stelle.

Senator Smith: Wissen Sie um welches Signal es sich handelte?

Bride: Ja.

Senator Smith: Sagen Sie es bitte.

Bride: C. Q. D. ungefähr ein Dutzend Mal. M. G. Y. ein halbes Dutzend Mal.

Senator Smith: Würden Sie uns bitte die Bedeutung dieser Buchstaben oder Codes erklären?

Bride: C. Q. D. ist das anerkannte Notrufsignal.

M. G. Y. ist die Kennung der Titanic.

Senator Smith: Ist C. Q. D. aus den ersten Buchstaben von drei Wörtern zusammengestellt oder nur ein Code?

Bride: Nur ein Code.

Senator Smith: Aber von den Funkern als wichtig und Notruf anerkannt?

Bride: Ja.

Senator Smith: Wie lange nach dem der Ruf zum ersten Mal gesendet wurde, kam eine Antwort?

Bride: So weit ich weiß, sofort.

Senator Smith: Innerhalb von zwei oder drei Minuten?

Bride: Sehen Sie, ich konnte lesen, was Herr Phillips funkte, aber ich konnte die Antworten nicht mitbekommen, weil er die Kopfhörer trug.

Senator Smith: Sie wußten, was er gefunkt hatte, wußten aber nicht, was er als Antwort bekam?

Bride: Nein.

Senator Smith: Ich werde an diesem Punkt Herrn Marconi bitten, uns zu erklären, was C. Q. D. wörtlich bedeutet.

Marconi: Es ist ein konventionelles Signal.

Senator Smith: Sie meinen, es steht in Übereinkunft mit der internationalen Absprache?

Marconi: Nein, ist es nicht. Es ist ein konventionelles Zeichen, das ursprünglich von meinem Unternehmen eingeführt worden ist, um zu signalisieren, daß sich das Schiff, welches es sendet, in Gefahr befindet.

Uhler: Es handelt sich um willkürliches Zeichen?

Marconi: Es ist willkürlich, aber konventionell. Jeder versteht es. „C. Q." bedeutet „alle Stationen", nicht wahr, Herr Bride?

Bride: Ja.

Marconi: C. Q. ist der Ruf an alle Stationen. Wenn ein Schiff C. Q. funkt, bedeutet das: „alle Stationen aufmerksam und bereit zu antworten." Ich persönlich habe das Signal nicht entworfen. Ich nehme an, das Ziel bestand darin, irgendwie allen Stationen die Gefahr zu vermitteln, die existierte.

Kirlin: Oder Notfall.

Marconi: Oder Notfall, ja. Ich sollte noch hinzufügen, daß das bei der Berliner Konferenz eingeführte und beschlossene Notsignal S. O. S. ist.

Senator Smith: Was bedeutet das?

Marconi: Ich weiß nicht, was es bedeutet. Es bezeichnet Gefahr oder Notfall. Ich glaube, es wurde auch von der Titanic gesendet, aber das kann Ihnen Herr Bride sagen, wenn es so gewesen sein sollte.

Senator Smith: Was ist ein stilles Signal?

Marconi: Ich persönlich weiß es nicht.

Senator Smith: In der internationalen Konvention, meine ich?

Marconi: Ich weiß es nicht.

Bride: Das ist D. D. D.

Marconi: D. D. D.

Senator Smith: Und alle Stationen müssen aufhören?

Marconi: Ja, das bedeutet: „Halt den Mund".

Senator Smith: Alle anderen Stationen müssen aufhören?

Marconi: Alle anderen Stationen müssen aufhören.

Senator Smith: Aber das Gefahrensignal C. Q. D. ist das anerkannte Signal für ein Schiff in Not?

Marconi: Ja.

Senator Smith: Sie erhielten eine Antwort innerhalb von drei oder vier Minuten, aber Sie wissen das nur von dem. . .

Bride: Herr Phillips sagte es mir.

Senator Smith: Was genau sagte er Ihnen?

Bride: Er sagte mir, ich solle zum Kapitän gehen und von der Frankfurt berichten.

Senator Smith: Was meinen Sie mit der Frankfurt?

Bride: Er stand mit der Frankfurt in Verbindung. Er hatte Ihr unsere Position übermittelt.

Senator Smith: War die Frankfurt das erste Schiff, das den Ruf C. Q. D. empfing?

Bride: Ja.

Senator Smith: Und Sie brachten diese Nachricht zum Kapitän.

Bride: Ja.

Senator Smith: Persönlich?

Bride: Ja.

Senator Smith: Wo war er zu diesem Zeitpunkt?

Bride: Er war auf dem Bootsdeck.

Senator Smith: Auf dem Bootsdeck?

Bride: Ja.

Senator Smith: Nicht auf der Brücke?

Bride: Nein.

Senator Smith: Das Bootsdeck ist das Sonnendeck oder Oberdeck?

Bride: Das Deck, wo die Boote waren.

Senator Smith: Was gab er Ihnen zur Antwort, als Sie ihm die Nachricht gaben.

Bride: Er wollte wissen, wo sie sich befand.

Senator Smith: Ihre Breitengrade?

Bride: Und Längengrade. Ich sagte ihm, wir würden das so bald wir konnten herausbekommen.

Senator Smith: Was taten Sie dann?

Bride: Ich kehrte in die Kabine zu Herrn Phillips zurück.

Senator Smith: Was sagten Sie ihm?

Bride: Ich sagte ihm, ich sei beim Kapitän gewesen.

Senator Smith: Und das der Kapitän die Position des Schiffs erfahren wollte?

Bride: Herr Phillips wartete bereits auf die Position des Schiffs.

Senator Smith: Was war die nächste von Herrn Phillips empfangene Nachricht?

Bride: Eine Antwort der Carpathia.

Senator Smith: Eine Antwort auf das C. Q. D.?

Bride: Ja.

Senator Smith: Von der Carpathia?

Bride: Ja.

Senator Smith: Gab die Carpathia ihre Position?

Bride: Ja, nachdem sie sie von der Brücke bekommen hatte.

Senator Smith: Was war der Inhalt der Nachricht von der Carpathia?

Bride: Sie gab ihre Längen- und Breitengrade und teilte mit, daß sie so schnell wie möglich kommen würde. Sie drehte um und kam mit Volldampf oder so ähnlich.

Senator Smith: Das sie gewendet hatte?

Bride: Ja.

Senator Smith: Und mit Volldampf in Richtung Titanic lief?

Bride: Ja.

Senator Smith: Was geschah mit dieser Nachricht?

Bride: Sie wurde dem Kapitän gebracht. Ich brachte sie dem Kapitän.

Senator Smith: Wo fanden Sie ihn nun?

Bride: Er war im Ruderhaus.

Senator Smith: Was?

Bride: Im Ruderhaus auf der Brücke.

Senator Smith: Beim Steuermann?

Burlingham: Das Ruderhaus.

Senator Smith: Das Ruderhaus?

Bride: Ja.

Senator Smith: Auf der Brücke?

Bride: Ja.

Senator Smith: Er konnte das Ruderhaus von der Brücke aus betreten?

Bride: Ja.

Senator Smith: Was sagte der Kapitän, als Sie ihm diese Nachricht brachten?

Bride: Er kam mit mir zurück in die Funkkabine.

Senator Smith: Er kam mit ihnen in die Kabine?

Bride: Ja.

Senator Smith: Was geschah?

Bride: Er fragte Herrn Phillips, mit welchen anderen Schiffen er Verbindung hatte.

Senator Smith: Er fragte Herrn Phillips, mit welchen anderen Schiffen er Verbindung hatte?

Bride: Ja.

Senator Smith: Und was wurde gesagt?

Bride: Er unterbrach Herrn Phillips, als Herr Phillips eine Verbindung zur Olympic aufbaute. Ihm wurde also gesagt, daß die Olympic dran sei.

Senator Smith: Und was geschah dann, Herr Bride?

Bride: Nun, wir ermittelten die Entfernung der Carpathia zu unserer Position.

Senator Smith: Wer?

Bride: Der Kapitän.

Senator Smith: Der Kapitän ermittelte die Entfernung?

Bride: Er schätzte sie grob.

Senator Smith: Ermittelte er die Entfernung zwischen der Position der Carpathia und der Olympic?

Bride: Nein zur Titanic.

Senator Smith: Zwischen der Carpathia und der Titanic?

Bride: Ja.

Senator Smith: Und was geschah dann?

Bride: Er verließ die Kabine und wir fuhren weiter fort, uns auszutauschen.

Senator Smith: Er verließ die Kabine?

Bride: Ja.

Senator Smith: Und der Funker fuhr fort, was zu tun?

Bride: Nachrichten auszutauschen.

Senator Smith: Nachrichten auszutauschen?

Bride: Ja.

Senator Smith: Was war die nächste Nachricht, so weit Sie sich erinnern können?

Bride: Nach der Olympic, bekamen wir keine Antworten, und ich bat Herrn Phillips nach draußen - also, er ging nach draußen, um zu sehen, wie weit sie da waren und ich übernahm die Kopfhörer.

Senator Smith: Ich verstehe richtig, daß als erstes Schiff die Frankfurt auf das C. Q. D. antwortete?

Bride: Ja.

Senator Smith: Welche Reederei?

Bride: Deutsche Linie, so weit ich mich erinnere.

Marconi: Norddeutscher Lloyd.

Senator Smith: Bekamen Sie noch andere Nachrichten von der Frankfurt?

Bride: Dann nicht. Wir hatten der Frankfurt unsere Position mitgeteilt, aber nichts mehr von ihr gehört.

Senator Smith: Sie funkten der Frankfurt Ihre Position auf See?

Bride: Ja.

Senator Smith: Und bekamen niemals eine Bestätigung?

Bride: Er sagte uns in Bereitstellung zu bleiben. Das heißt zu warten.

Senator Smith: Die Frankfurt sagte Ihnen, in Bereitstellung zu bleiben?

Bride: Ja.

Senator Smith: Bedeutet das: „Ich komme"?

Bride: Es bedeutet warten. Er kommt zurück.

Senator Smith: Wohin war die Frankfurt unterwegs?

Bride: Ich glaube Richtung Osten. Ich kann es nicht mit Sicherheit sagen.

Senator Smith: Hatten Sie während des Tages oder bereits früher mit der Frankfurt in Verbindung gestanden?

Bride: Das kann ich nicht sagen.

Senator Smith: Können Sie sich nicht erinnern?

Bride: Ich kann es nicht sagen. Wir hatten während des Nachmittags und Abend mit einigen Schiffen Kontakt. . .

Senator Smith: Sagte irgend jemand in ihrer Hörweite, daß die Frankfurt näher als jedes andere Schiff gewesen sei?

Bride: Ja, Herr Phillips sagte es mir.

Senator Smith: Wer sagte es?

Bride: Herr Phillips sagte mir, daß gemessen an der Stärke des Signals der beiden Schiffe, die

Frankfurt näher sei.

Senator Smith: Sagte Ihnen Herr Phillips, daß er versuchen wolle, mit der Frankfurt in Verbindung zu treten, damit das Schiff zur Hilfe eilen könne?

Bride: Nun, Herr Phillips hatte den Eindruck, daß die Frankfurt sofort nach dem Empfang unseres C. Q. D. den Kapitän informieren würde und weitere Schritte einleiten würde. Offensichtlich geschah das nicht.

Senator Smith: Erwähnte der Kapitän der Titanic diese Angelegenheit in Ihrer Gegenwart oder in Ihrer Hörweite oder Herrn Phillips gegenüber?

Bride: Nein, er fragte uns, wo die Frankfurt sei, aber wir sagten ihm, daß wir es nicht sagen konnten. . .

Senator Smith: Drückte irgendein Offizier auf der Titanic irgendwann die Hoffnung aus, daß die Frankfurt als Erste zur Hilfe kommen könnte?

Bride: Nein.

Senator Smith: Hatten Sie noch irgendeine andere Verbindung mit der Frankfurt, nachdem das Schiff auf den Notruf reagiert hatte?

Bride: Ja.

Senator Smith: Was war das?

Bride: Er rief uns nach einiger Zeit und fragte, was los sei.

Senator Smith: Wieviel später?

Bride: Ich würde sagen, daß es wesentlich mehr als 20 Minuten gewesen waren.

Senator Smith: 20 Minuten nach der Meldung, in der Sie ihre Position, die Position der Titanic. .

Bride: Und das C. Q. D.

Senator Smith (fortfahrend): und den C. Q. D.-Notruf, bekamen Sie einen Funkspruch der Frankfurt: „Was ist los?"

Bride: Ja.

Senator Smith: Sagte man noch was anderes?

Bride: Er wollte nur wissen, was los sei.

Senator Smith: Was sagten Sie zu dieser Nachricht?

Bride: Ich glaube, Herr Phillips antwortete sehr eilig.

Senator Smith: Was sagte er? Ich würde es gerne erfahren.

Bride: Nun, er sagte ihm so was in der Richtung, daß er ein Narr sei.

Senator Smith: Sagen Sie es in seiner Sprache.

Bride: Er sagte ihm, er sei ein Narr.

Senator Smith: Das ist alles?

Bride: Ja.

Senator Smith: Setzte er dem Wort etwas deutlicheres voran?

Bride: Nein.

Senator Smith: Sagte Herr Phillips ihm denn nun, was los sei?

Bride: Nein.

Senator Smith: Nahm er noch mal Verbindung mit der Frankfurt auf?

Bride: Nein, er sagte ihm, er solle sich bereit halten - Ende.

Senator Smith: In der Zwischenzeit hatten Sie Verbindung zur Carpathia aufgenommen?

Bride: Und der Olympic.

Senator Smith: Und der Olympic?

Bride: Ja.

Senator Smith: Beide versicherten, daß sie kommen würden?

Bride: Ja.

Senator Smith: Zur Hilfe?

Bride: Ja.

Senator Smith: Zu welcher Reederei gehört die Olympic?

Bride: White Star.

Senator Smith: Und die Carpathia gehört zur Cunard-Line?

Bride: Cunard, ja.

Senator Smith: Haben Sie jemals die Position der Frankfurt erfahren?

Bride: Nein.

Senator Smith: Nachdem sie zuerst auf ihren Funkspruch geantwortet hatte?

Bride: Nein.

Senator Smith: Hat Herr Phillips danach gefragt?

Bride: Ja.

Senator Smith: Wie oft?

Bride: Als sie zuerst auf unser C. Q. D. antwortete, sagte er: „Geben Sie uns Ihre Position". Die Frankfurt antwortete: „Bereit halten".

Senator Smith: Wußte die Frankfurt zu dieser Zeit Ihre Position?

Bride: Ja.

Senator Smith: Was war Ihre Interpretation des „bereit halten" in diesem Zusammenhang?

Bride: Auf die Position zu warten und darauf, was sie in dieser Angelegenheit unternehmen wollte.

Senator Smith: Bekamen Sie jemals die Position der Frankfurt?

Bride: Nein.

Senator Smith: Und Herr Phillips?

Bride: Nein.

Senator Smith: Redeten Sie und Herr Phillips darüber?

Bride: Ja.

Senator Smith: Was sagten Sie sich?

Bride: Wir tauschten unsere Meinungen über den Funker der Frankfurt aus.

Senator Smith: War es kritisch?

Bride: Ja.

Senator Smith: Und unfreundlich?

Bride: Sehr.

Senator Smith: Basierte das Urteil auf Wissen oder Verdacht, daß der Funker selbst seinen Aufgaben nicht gewachsen war?

Bride: Ja.

Senator Smith: Basierte es auf dem Verdacht, daß die Frankfurt nicht auf den Notruf so geantwortet hatte, wie man es von dem Schiff hätte erwarten können?

Bride: Ja.

Senator Smith: War es zwischen Ihnen und Herrn Phillips ein Ding großer Trauer?

Bride: Nun, es war die Zeit, als die Frankfurt uns fragte was los sei, als wir begriffen, in welcher Lage - wir begriffen, was mit dem Schiff geschehen war.

Senator Smith: Sie begriffen zu dieser Zeit, daß alle Leben auf dem Schiff davon abhingen, Hilfe von einem anderen Schiff zu erlangen?

Bride: In diesem Moment fragte uns die Frankfurt, was mit uns los sei.

Senator Smith: Nachdem Sie ihm mitgeteilt hatten, daß er Narr sei, sagten Sie ihm dann auch, daß das Schiff im Begriff war zu sinken?

Bride: Nein, wir sagten ihm er solle sich bereithalten und sich raushalten.

Senator Smith: Raushalten aus was?

Bride: Sich nicht mit seiner Anlage einzumischen. Wir standen in Verbindung mit der Carpathia und wir wußten, daß die Carpathia das Beste unternahm.

Senator Smith: Teilten Sie das dem Funker der Frankfurt mit?

Bride: Nein.

Senator Smith: Als Sie ihm mitteilten: „Halt Dich raus" konnte das als Änderung des ersten Notrufs gewertet werden?

Bride: Wir sagten ihm lediglich, sich nicht mehr in unseren Funkverkehr einzumischen.

Senator Smith: Er hatte nicht geantwortet, wie Sie meinten, daß er es hätte tun sollen?

Bride: Ja.

Senator Smith: Er hatte nicht zu verstehen gegeben, daß man kommen wollte?

Bride: Nein.

Senator Smith: Er hatte Sie mit dem Mangel an Einschätzung Ihrer Situation beeindruckt? Stoppen Sie mich, wenn ich Sie nicht korrekt interpretiere. Ich summiere nur, was Sie gesagt haben. Habe ich Recht?

Bride: Es regte mich auf - daß er scheinbar nicht begriff, in welcher Lage wir uns befanden.

Senator Smith: Und Sie sind sicher, daß Sie ihm alle notwendigen Informationen gegeben hatten?

Bride: Wir machten es ihm sehr deutlich.

Senator Smith: Sie meinen die Lage, in der Sie sich befanden, sie erwähnten das Sinken der Titanic?

Bride: Wenn man C. Q. D. und die Position sendet, dann gibt es keine Notwendigkeit für ein anderes Schiff, weiter nachzufragen, wenn es zu Hilfe kommt. Weil man nicht C. Q. D. sendet, wenn man nicht tatsächlich Hilfe benötigt.

Senator Smith: Nun, C. Q. D. ist die stärkste Sprache, die Sie unter den Funkabsprachen benutzen konnten, um jeder anderen Station mitzuteilen, daß Sie auf der Stelle Hilfe benötigten. Trifft das zu?

Bride: Jeder Funker, der ein C. Q. D. und die Position eines Schiffes hört, würde sofort und ohne weiter zu fragen zu seinem Kapitän gehen und ihn informieren. Es wäre Zeitverschwendung weiter zu fragen. Je weniger Zeit mit Reden vertan wird, desto mehr Zeit kann gewonnen werden, zum Schiff zu gelangen. . .

Senator Smith: Nachdem Sie dem Funker mitgeteilt hatten, daß er ein Narr sei und 20 Minuten vergangen waren, teilten Sie ihm dann mit, daß Ihr Schiff unterging?

Bride: Nein.

Senator Smith: Übermittelten Sie ihm zusätzliche Informationen?

Bride: Nein, er hätte sowieso keine verlangt.

Senator Smith: Nach den Informationen, die Sie ihm gaben, sind Sie bereit zu sagen, ob das Schiff reagierte oder nicht?

Bride: Es hätte keinerlei Zweifel an den Informationen geben dürfen, die wir ihm gaben. Er hätte wissen müssen, was zu tun war.

Senator Smith: Soviel Sie wissen, reagierte die Frankfurt nicht?

Bride: Nein.

Senator Smith: Würden Sie uns bitte sagen, welche Bestätigung Sie haben, daß der Funker der Frankfurt ihr C. Q. D. korrekt empfangen hatte?

Bride: Herr Phillips trug die Kopfhörer zu der Zeit. Er funkte C. Q. D. Die Frankfurt antwortete. Er gab der Frankfurt unsere Position durch. Er sagte: „Kommt sofort." Die Frankfurt antwortete: „Bereit halten." Wir warteten. Das war das letzte, das wir von der Frankfurt hörten, bis er sagte: „Was ist mit Ihnen los?" Einige Zeit später.

Senator Smith: Was wurde gefunkt, nachdem er sagte: „Was ist mit Ihnen los?"

Bride: Wir sagten ihm, daß er ein Narr sei.

Senator Smith: War daß das Letzte, was Sie ihm mitteilten?

Bride: Der Frankfurt, ja.

Senator Smith: Sie erinnern sich, daß sie ihm später mitteilten, er solle sich aus Ihrem Funkverkehr heraushalten. . .

Bride: Wir sagten ihm, er solle sich aus unserem Funkverkehr heraushalten.

Senator Smith: War das alles in einer Mitteilung?

Bride: Das war alles in einer Mitteilung.

Senator Smith: „Sie sind ein Narr. Halten Sie sich raus und mischen sich nicht in unsere Verbindung ein."

Bride: Ja.

Senator Smith: Und das war das Letzte, was Sie der Frankfurt mitteilten?

Senator Smith: Nun, haben Sie die Frankfurt in der Nähe der Untergangsstelle der Titanic gesehen, nachdem Sie an Bord der Carpathia waren?

Bride: Nein, das einzige Schiff, daß ich sah, war die Carpathia. . .

Senator Smith: Herr Bride, wissen Sie, ob der Funker der Frankfurt die englische Sprache beherrschte?

Bride: Es bestand keine Notwendigkeit für ihn, die englische Sprache zu beherrschen.

Senator Smith: Weil dieses Signal. . .

Bride: ein internationales Signal ist.

Senator Smith: Und C. Q. D. bedeutet auf Deutsch das gleiche wie in Französisch oder Englisch.

Bride: Ja.

Senator Smith: Und der internationale Notruf ist?

Bride: Ja.

Senator Smith: Nach der Berliner Konvention?

Bride: Das kann ich nicht sagen.

Senator Smith: Nach den Regeln des Marconi-Konzerns?

Bride: Es wird von allen Schiffsfunkern als Notsignal anerkannt.

Senator Smith: Herr Bride, ich möchte diesen Bericht so vollständig wie möglich haben, und daher wünsche ich zu erfahren, warum Sie nach dem Eingang der Nachricht der Frankfurt: „Was ist los" nicht geantwortet haben: „Wir sinken und die Leben unserer Passagiere und Besatzung sind in Gefahr."

Bride: Sehen Sie, es beansprucht eine gewisse Zeit, diese Information zu übermitteln. Wenn der Mann korrekt verstanden hätte, was er hätte tun sollen, dann wäre C. Q. D. ausreichend gewesen. C. Q. D. ist das ganze in einem Wort.

Senator Smith: Ja, aber es scheint ihn nicht bewegt zu haben.

Bride: Nun, er hatte keine Ahnung von seinem Job, das ist alles.

Senator Smith: Aber hätte in einem derartigen Notfall ihrer Meinung nach nicht eine detailliertere Mitteilung geschickt werden müssen? Nehmen Sie zum Beispiel die Mitteilung der Titanic an die Carpathia, daß sich die Kesselräume füllten und das Schiff sank. Hätte das nicht auch alles an ein Schiff geschickt werden müssen, daß sich in der Nähe befand?

Bride: Nein, ich glaube nicht, unter diesen Bedingungen.

Senator Smith: Wollen Sie damit sagen, daß Sie unter solchen Regeln arbeiten, daß Sie in einer derartigen Situation die Freiheit haben, eine Nachfrage mit diesem Charakter auszulassen.

Bride: Man benutzt seinen gesunden Menschenverstand.

Senator Smith (fortfahrend): Ohne ein weiteres Wort?

Bride: Man benutzt seinen gesunden Menschenverstand, den der Mann auf der Frankfurt offensichtlich nicht benutzte.

Senator Smith: Ich weiß. Sie waren so verärgert, weil Sie von der Theorie ausgingen, daß die Frankfurt das nächstgelegene Schiff war?

Bride: Die Frankfurt war die erste. Wir hatten keine Position. Wir konnten nicht sagen, daß sie näher gewesen war. Die Signale waren stärker.

Senator Smith: Nun, Herr Bride, würde ich Sie gerne fragen, ob ihre Vernachlässigung der etwas verspäteten Frankfurt auch an der Tatsache lag, daß Sie in konstanter Verbindung mit der Carpathia standen?

Bride: Nun, es hatte für Herrn Phillips und mich den Anschein, daß die Carpathia das einzige Schiff war, worauf wir zu jener Zeit hoffen konnten, als wir der Frankfurt sagten, sie solle sich heraushalten.

Senator Smith: In anderen Worten: Sie setzten lieber auf das Sichere als auf das Unsichere.

Bride: Ja.

Senator Smith: Das Ergebnis Ihrer Verbindung mit der Carpathia bestand darin, daß Sie glaubten, daß der Funker und die Offiziere des Schiffs ihre Position und die Gefahr, in der Sie schwebten, vollkommen verstanden?

Bride: Ja.

Senator Smith: Und sich Ihnen mit Höchstgeschwindigkeit näherten?

Bride: Ja.

Senator Smith: Wäre die Frankfurt in dieser Situation 20 Meilen näher bei der Titanic gewesen als die Carpathia, hätten Sie es da immer noch für sehr klug gehalten angesichts dessen, was Sie über den Zustand des Schiffs wußten, die Verbindung alleine auf die Carpathia zu beschränken?

Bride: Hätten wir die Position der Frankfurt gewußt, nachdem wir die der Carpathia bereits hatten, und wäre die Frankfurt in irgendeiner Weise näher gewesen, dann hätten wir die Frankfurt von allem informiert und jedes Wort ein gutes dutzendmal wiederholt, um sicherzugehen, daß er es mitbekommen würde.

Senator Smith: Ihre Position war aber das Objekt einiger Spekulation?

Bride: Ja.

Senator Smith: Herr Marconi, wissen Sie, wie die Frankfurt ausgerüstet ist?

Marconi: Die Frankfurt ist, glaube ich, ein Schiff des Norddeutschen Lloyds. Sie ist ausgerüstet von einem deutschen Unternehmen, genannt Debed Co. Jeder Buchstabe hat eine deutsche Bedeutung, die ich hier nicht erklären will. Ich bin der Direktor.

Senator Smith: Sie sind Direktor in der deutschen Gesellschaft?

Marconi: Ja.

Senator Smith: Und Sie kennen sich mit der drahtlosen Ausrüstung und dem Gerät aus?

Marconi: Ich kenne mich nicht mit der drahtlosen Ausrüstung dieses speziellen Schiffs aus.

Senator Smith: Daher können Sie auch keine vergleichende Aussage machen - einen Vergleich zwischen der Anlage auf der Carpathia und auf der Frankfurt.

Marconi: Ich wäre nicht in der Lage, das zu tun.

Senator Smith: Könnte die Tatsache, daß die Frankfurt mit einer Anlage deutschen Typs ausgerüstet ist, irgendwie das Interesse an Funksprüchen verringern, die über eine Marconi-Anlage ausgeführt werden?

Marconi: Nein, weil es sich um einen Marconi-Apparat handelt. Er wird in Deutschland hergestellt, wird aber unter meinen Patenten nach einem Abkommen mit deutschen Partnern hergestellt.

Senator Smith: Gestatten Sie mir eine Frage: Befinden sich die deutschen Vorschriften in Hinblick auf die Benutzung der drahtlosen Telegraphie in perfekter Übereinstimmung mit der Berliner Konvention?

Marconi: Absolut. Sie wurden in Berlin verabschiedet und von der deutschen Regierung beeinflußt.

Senator Smith: Sind diese anerkannten Funksprüche in der Berliner Konvention beschrieben?

Marconi: Der erst kürzlich eingeführte Funkspruch der Berliner Konvention ist S. O. S., aber die Marconi-Gesellschaften haben benutzt und benutzen noch immer C. Q. D. Die Frankfurt, die mit Funk ausgerüstet war, gehörte zu einer, wie ich sie nenne, Marconi-Gesellschaften, weil ich nicht der Direktor eines Unternehmens wäre, wenn es nicht mit uns verbunden wäre.

Senator Smith: Ist es nicht denkbar, daß einiges Durcheinander wegen des internationalen Zeichens und dem Marconi-Signal entstehen könnte?

Marconi: Nein, ich muß sagen, daß das internationale Signal unbekannter als das Marconi-Signal ist.

Senator Smith: Daher hätte das Signal C. Q. D. von dem Funker auf der Frankfurt in seiner vollen Bedeutung verstanden werden müssen?

Marconi: Ich habe daran keinerlei Zweifel.

Senator Smith: Und nach den Vorschriften würde das reichen?

Marconi: Das wäre ausreichend.

Senator Smith: Um Hilfe zu leisten?

Marconi: Ja.

Senator Smith: Ich möchte noch folgendes wissen, bevor ich fortfahre: Ich möchte wissen, ob die Verbindungen zwischen der Titanic und der Carpathia nicht auch innerhalb der Reichweite der Frankfurt gewesen war. Ich würde gerne wissen, ob diese Verbindungen nicht auch von der Frankfurt empfangen werden konnten?

Bride: Sicherlich hätten sie empfangen werden können.

Senator Smith: Hätte der Funker der Frankfurt mehr Aufmerksamkeit gezeigt.

Bride: Sicherlich. Er hätte jedes Wort zwischen uns hören können.

Senator Smith: Als Sie ihm sagten, er solle sich heraushalten, schützten Sie sich dagegen?

Bride: Wir schützten uns dagegen, daß er sich in andere Verbindungen, die wir aufbauen könnten und bereits aufgebaut hatten, einmischen konnte.

Senator Smith: Wie hätte er sie stören können?

Bride: Man kann nicht zwei Schiffe gleichzeitig lesen.

Senator Smith: Damit dieser Bericht die Antwort enthält, möchte ich gerne wissen, ob es mehr Zeit oder Anstrengung gekostet hätte, dieselbe Mitteilung, die Sie der Carpathia geschickt haben, auch an die Frankfurt zu schicken, als sie erkannten, daß Sie in direkter Gefahr waren. Gibt es eine Kennung für „Narr"?

Bride: Nein.

Senator Smith: Es hätte nicht mehr Zeit beansprucht, die Frankfurt über Ihre gefährliche Situation zu informieren, die nach dem C. Q.

D. ständig zunahm?

Bride: Er bestätigte nicht den Empfang unserer Meldung, daß er ein Narr sei und sich heraushalten solle.

Senator Smith: Tatsächlich hätte es nicht mehr Zeit in Anspruch genommen zu sagen: „wir sinken" als ihm zu sagen: „Du bist ein Narr".

Bride: Ich glaube, daß Herr Phillips dachte, daß, wenn er unser erstes C. Q. D., das langsam und vorsichtig gefunkt worden war, nicht verstanden hatte, daß er dann gar nichts verstehen würde.

Senator Smith: Glauben Sie, daß er die Mitteilung, daß er ein Narr sei, verstand?

Bride: Ich bezweifele es. Ich glaube, es wurde zu schnell gefunkt. . .

Senator Smith: Fuhren Sie oder Herr Phillips fort zu funken, bis Sie die Kabine verließen?

Bride: Nachdem wir mit der Frankfurt abgeschlossen hatten und die Carpathia genau über unsere Position informiert hatten, ging Herr Phillips nach draußen, um zu sehen, wie die Dinge standen. Ich versuchte, mit der Baltic in Verbindung zu kommen, aber es war nicht sehr zufriedenstellend. Aus der Stärke ihrer Signale schloß ich, daß sie zu weit entfernt war, um uns zu helfen und es den Aufwand nicht lohnte. Ich teilte ihr mit, daß wir schnell sanken und daß es keine Hoffnung gab, das Schiff zu retten.

Senator Smith: Wem sagten Sie das?

Bride: Der Baltic.

Senator Smith: Kehrte Herr Phillips vom Deck zurück?

Bride: Ja.

Senator Smith: In den Raum?

Bride: Ja.

Senator Smith: Was sagte er Ihnen?

Bride: Er sagte, daß er meinte, daß es an der Zeit sei, die Schwimmwesten anzuziehen.

Senator Smith: Folgten Sie seinem Vorschlag?

Bride: Ja.

Senator Smith: Und Sie beide zogen Schwimmwesten an?

Bride: Ja.

Senator Smith: Waren zu jenem Zeitpunkt schon alle Rettungsboote zu Wasser gelassen?

Bride: Das kann ich nicht sagen.

Senator Smith: Sie achteten nicht auf die Rettungsboote?

Bride: Herr Phillips erzählte mir, daß es draußen ziemlich seltsam aussah. Darüber hinaus wußte ich von nichts.

Senator Smith: Wie interpretierten Sie das Wort „seltsam"?

Bride: Je schneller wir da herauskamen, desto besser.

Senator Smith: Was taten Sie dann, Herr Bride?

Bride: Herr Phillips setzte sich noch mal an das Funkgerät und sendete ein allgemeines C. Q. D., aber da waren unsere Lampen, glaube ich schon, ziemlich am Ende. Wir hatten keinen Funken mehr. Wir konnten es nicht sagen, weil sich der Funken von unserem Funkgerät in einem abgeschlossenen Raum befand. Wir konnten nicht zu jeder Zeit hören, ob es funkte.

Senator Smith: Als sich Herr Phillips an dem Funkgerät niederließ, trug er da eine Schwimmweste, und zogen Sie eine an?

Bride: Ja.

Senator Smith: Und Sie zogen eine an?

Bride: Ja.

Senator Smith: Direkt?

Bride: Ja.

Senator Smith: Aber nachdem er die Schwimmweste angezogen hatte, versuchte er und hatte damit Erfolg, wenn ich Sie korrekt verstehe, eine letzte Mitteilung zu funken. Diese Mitteilung war C. Q. D. und sonst noch was?

Bride: Allgemeines C. Q. D., M. G. Y., und er wartete auf eine Antwort.

Senator Smith: Was taten Sie dann, Herr Bride?

Bride: Auf die Bitte von Herrn Phillips begann ich, sein Geld zusammenzusammeln, zog eine andere Jacke an und bereitete mich darauf vor, das Schiff zu verlassen.

Senator Smith: Wie glaubten Sie, würden Sie das Schiff verlassen?

Bride: Wir mußten zunächst so lange warten, bis uns der Kapitän die Genehmigung dafür gab.

Senator Smith: Sie mußten warten, bis Sie der Kapitän aufforderte?

Bride: Ja. Er kam kurze Zeit später und sagte, wir sollten uns nun um uns selbst kümmern.

Senator Smith: Sie warteten, bis der Kapitän Ihnen sagte, daß Sie das Schiff verlassen durften?

Bride: Ja.

Senator Smith: Das war wieviel Zeit bevor das Schiff unterging?

Bride: Ich würde sagen ungefähr eine Viertelstunde.

Senator Smith: Ungefähr 15 Minuten?

Bride: Ungefähr 15 Minuten.

Senator Smith: Und der Kapitän sagte, Ihnen, Sie sollten sich nun um sich selbst kümmern?

Bride: Ja.

Senator Smith: Sagte er, was er selbst vorhatte zu tun?

Bride: Nein.

Senator Smith: Wo war er, als er das sagte?

Bride: Er kam in unsere Kabine, um uns das mitzuteilen.

Senator Smith: Er kam in die Kabine?

Bride: Ja.

Senator Smith: War sonst noch jemand an Deck?

Bride: Oh, da waren andere Menschen an Deck.

Senator Smith: Mit Ihnen?

Bride: Sie rannten über den ganzen Platz.

Senator Smith: Wie. . .rannten herum?

Bride: Einige Menschen suchten nach Schwimmwesten und Erfrischungen.

Senator Smith: Ich möchte, daß sie die Position des Funkraums in Hinblick auf das Bootsdeck genau beschreiben. Befindet er sich am Ende des A- oder B-Decks?

Bride: Ich glaube, auf der Titanic wurde das Bootsdeck A-Deck genannt. Es gab darüber kein Deck mit Ausnahme eines kleinen Decks, das die Dächer der Häuser schützte, die sich auf dem A-Deck befanden.

Senator Smith: Die Leute, die Sie sahen und die da herumrannten, rannten die auf diesen Decks herum?

Bride: Die Quartiere der Offiziere waren zusammen mit der Marconi-Kabine untergebracht wie die Räume der Offiziere und andere Plätze. Diese Leute rannten durch diese Kabinen. Wir hatten in unserer Kabine eine Frau, die ohnmächtig wurde.

Senator Smith: In Ihrer Kabine wurde eine Frau ohnmächtig?

Bride: Ja, wir gaben ihr ein Glas Wasser und einen Stuhl. Wir setzten sie auf einen Stuhl, den sie dringend verlangte und dann nahm ihr Ehemann sie wieder mit.

Senator Smith: Sie gaben ihr ein Glas Wasser,

belebten sie wieder und ihr Ehemann nahm sie wieder mit?

Bride: Ja.

Senator Smith: Trugen sie Schwimmwesten?

Bride: Ja.

Senator Smith: Aber es gab zu jener Zeit auch einige Passagiere ohne Schwimmwesten die danach suchten?

Bride: Ja.

Senator Smith: Sie und Ihr Assistent trugen Schwimmwesten und nach der letzten Botschaft C. Q. D., M. G. Y. sahen Sie das Funkgerät zum letzten Mal?

Bride: Ja.

Senator Smith: Sahen Sie danach irgendwelche Rettungsboote?

Bride: Nein.

Senator Smith: Wissen Sie, ob es zu jener Zeit irgendwelche auf dem Schiff gab?

Bride: Zu jener Zeit gab es keine großen Rettungsboote mehr an Bord. Es gab ein Faltboot auf dem obersten Deck an der Seite des vorderen Schornsteins.

Senator Smith: Sie meinen über den Quartieren der Offiziere.

Bride: Über den Quartieren der Offiziere.

Senator Smith: Wissen Sie, was damit geschah?

Bride: Ja.

Senator Smith: Was geschah damit?

Bride: Es wurde über das Bootsdeck geschoben.

Senator Smith: Und was geschah dann damit?

Bride: Es ging über die Seite.

Senator Smith: Sie sahen es nicht mehr?

Bride: Ja. Ich ging mit über die Seite.

Senator Smith: Ich verstehe, was der Zweite Offizier darüber berichtet hat. Ich möchte wissen, ob sie es wiedersahen?

Bride: Ja. Es ging über die Seite des Schiffs. Es wurde von einer Welle heruntergespült.

Senator Smith: Es wurde von einer Welle über die Seite des Schiffs gespült?

Bride: Ja.

Senator Smith: Und fiel dann ins Wasser?

Bride: Ja.

Senator Smith: Kieloben?

Bride: Ja.

Senator Smith: Und wie weit waren sie vom Wasser entfernt, als das Boot herunterfiel?

Bride: Ich war im Boot.

Senator Smith: Sie waren im Boot?

Bride: Ja.

Senator Smith: Es fiel kieloben ins Wasser?

Bride: Ja.

Senator Smith: Und was geschah mit Ihnen?

Bride: Ich war im Boot.

Senator Smith: Sie waren unter dem Boot?

Bride: Ja.

Senator Smith: Wie lange bleiben Sie in dem Boot?

Bride: Das kann ich nicht sagen.

Senator Smith: Ungefähr wie lang?

Bride: Es erschien mir ein Leben lang, ehrlich.

Senator Smith: Ich verstehe, aber ich würde gerne wissen, falls möglich, ob Sie irgendwann auf das Boot kamen?

Bride: Schließlich kam ich auf das Boot.

Senator Smith: Schließlich?

Bride: Ja.

Senator Smith: Bevor irgend jemand sonst auf das Boot kletterte?

Bride: Nein.

Senator Smith: Wer war auf dem Boot, als Sie raufkamen?

Bride: Als ich raufkam, gab es da eine große Menge. Ich mußte da unten wegkommen.

Senator Smith: Wie lange blieben Sie unter dem Boot?

Bride: Ich würde sagen ungefähr eine Dreiviertelstunde oder eine halbe.

Senator Smith: Gab es dort unter dem Boot genügend Luft zum Atmen, als es kieloben gedreht wurde?

Bride: Ja.

Senator Smith: So daß Sie da so schnell wie möglich rauskamen?

Bride: Ja.

Senator Smith: Sie befreiten sich oder hingen Sie daran und zogen sich auf die Seite?

Bride: Ich befreite mich und entfernte mich.

Senator Smith: Wie kamen Sie dann wieder zurück?

Bride: Ich schwamm schließlich zurück.

Senator Smith: Auf welcher Seite des Boots war das, Steuerbord oder Backbord?

Bride: Auf der Backbordseite der Titanic.

Senator Smith: Haben Sie gestern den Zweiten Offizier gehört, der berichtete, daß das Boot von der Steuerbord- auf die Backbordseite gekommen sei?

Bride: Ich war gestern nicht hier.

Senator Smith: Sie können dazu nichts sagen?

Bride: Es ging direkt auf die Backbordseite.

Senator Smith: Es ging direkt auf die Backbordseite?

Bride: Es befand sich auf der Backbordseite des vorderen Schornsteins. Wir schoben es zur Backbordseite des Bootsdecks und es ging über die Backbordseite der Titanic.

Senator Smith: Geriet es zu irgendeinem Zeitpunkt auf die Steuerbordseite?

Bride: Nicht, daß ich wüßte.

Senator Smith: Sie sagten, daß sich auf dem Boot eine Anzahl von Menschen befand, auf dem Boot, das kieloben trieb, als sie es erreichten?

Bride: Ja.

Senator Smith: Kennen Sie irgendwelche davon?

Bride: Ich hörte später, daß sich der Erste Funker an Bord befand.

Senator Smith: Herr Phillips?

Bride: Herr Phillips.

Senator Smith: War an Bord?

Bride: Ja, das hörte ich später.

Senator Smith: War auf dem Boot?

Bride: Ja. Das hörte ich später.

Senator Smith: Er überlebte aber nicht?

Bride: Er überlebte nicht.

Senator Smith: Wissen Sie, ob er während der Überfahrt von der Titanic zur Carpathia starb?

Bride: Er starb während der Überfahrt. Er starb an Bord des kieloben treibenden Bootes.

Senator Smith: Was geschah mit seinem Körper?

Bride: Soviel ich weiß, wurde er an Bord der Carpathia gebracht und dort beigesetzt.

Senator Smith: Auf See beigesetzt?

Bride: Beigesetzt von der Carpathia aus.

Senator Smith: Starb sonst noch jemand an Bord des Bootes zwischen Untergang und Carpathia?

Bride: Im hinteren Teil des Bootes lag ein Mann, der angeblich tot gewesen war, als man ihn aus dem Wasser gezogen hatte.

Senator Smith: Was geschah mit seinem Körper?

Bride: Er wurde an Bord der Carpathia gebracht soviel ich weiß.

Senator Smith: Sie holten seinen Körper an Bord der Carpathia?

Bride: Ja.

Senator Smith: Wieviele Menschen befanden sich auf dem Boot?

Bride: Schätzungsweise zwischen 30 und 40.

Senator Smith: Waren Frauen auf dem Boot?

Bride: Nein.

Senator Smith: Wieviele Menschen befanden sich im oder auf dem Boot, als es vom oberen auf das untere Deck fiel?

Bride: Niemand befand sich drin. Es wurde absichtlich ins Wasser gestoßen.

Senator Smith: War es an den Davits befestigt?

Bride: Nein, es befand sich in dem dafür vorgesehenen Platz.

Senator Smith: Und wie gerieten Sie hinein?

Bride: Als es auf das A-Deck gestoßen wurde, kletterten wir alle wieder aufs A-Deck.

Senator Smith: Sie alle kletterten hinein?

Bride: Wir kletterten nicht hinein. Wir kletterten herunter auf das A-Deck und wollten es korrekt zu Wasser bringen.

Senator Smith: Und was passierte dann?

Bride: Bevor wir es zu Wasser lassen konnten, wurde es ins Wasser gespült.

Senator Smith: Das Boot wurde heruntergespült?

Bride: Ja.

Senator Smith: Und dann gingen Sie mit runter?

Bride: Ich stand zufällig am nächsten und griff zu.

Senator Smith: Sie griffen zu und gingen mit?

Bride: Ja.

Senator Smith: Griff sonst noch jemand zu?

Bride: Nein.

Senator Smith: Sie waren alleine?

Bride: Ja.

Senator Smith: Und es fiel so, daß Sie darunter gerieten?

Bride: Ja.

Senator Smith: Sie sagten, Frauen seien nicht auf diesem Boot gewesen?

Bride: Nein.

Senator Smith: Als es die Carpathia erreichte, oder zu irgendeinem anderen Zeitpunkt?

Bride: Nein.

Senator Smith: Und es waren ungefähr 35 bis 40 Menschen?

Bride: Ja.

Senator Smith: Wissen Sie, wer neben Ihnen und Herrn Phillips noch auf dem Boot war?

Bride: Ich glaube, es war ein Offizier auf dem Boot.

Senator Smith: Ein Offizier?

Bride: Und ein Passagier. Ich weiß aber nicht, ob aus der Ersten, Zweiten oder Dritten Klasse.

Senator Smith: Wie sah er aus?

Bride: Das kann ich nicht sagen.

Senator Smith: Haben Sie erfahren, um wen es sich handelte?

Bride: Nein, ich hörte damals nur, wie er sagte, er sei ein Passagier.

Senator Smith: War es Oberst Gracie?

Bride: Ich kann es nicht sagen. Er sagte nur, er sein ein Passagier.

Senator Smith: Wo kam er drauf?

Bride: Kann ich nicht sagen. Ich war der letzte, der an Bord gelassen wurde.

Senator Smith: Gab es noch andere, die kämpften raufzukommen?

Bride: Ja.

Senator Smith: Wieviele?

Bride: Dutzende.

Senator Smith: Dutzende. Im Wasser?

Bride: Ja.

Senator Smith: Mit Schwimmwesten?

Bride: Ja.

Senator Smith: War dieser Mann der einzige Passagier?

Bride: Das kann ich nicht sagen.

Senator Smith: Sagte Ihnen sonst noch jemand, er sei Passagier?

Bride: Nein. Wir hatten uns aber auch nicht viel zu sagen.

Senator Smith: Sie sprachen nicht untereinander?

Bride: Nein.

Senator Smith: Wissen Sie, ob es sich bei den anderen Menschen, um Offiziere, Matrosen oder Stewards oder Angestellte handelte?

Bride: Ich würde sagen, daß sie alle Angestellte waren. Sie waren alle Mitglieder der Schiffsbesatzung.

Senator Smith: Sie waren alle im Wasser?

Bride: Sie waren alle zu einem oder der anderen Zeitpunkt im Wasser gewesen.

Senator Smith: Sie waren alle im Wasser gewesen, bevor sie auf das kieloben treibende Boot kamen?

Bride: Ja.

Senator Smith: Wann sahen Sie den Kapitän zuletzt? Als er Ihnen sagte, sie sollten sich um sich selbst kümmern?

Bride: Das letzte, was ich vom Kapitän sah, war, als er von der Brücke aus ins Wasser ging.

Senator Smith: Sahen Sie, wie die Titanic unterging?

Bride: Ja.

Senator Smith: Und der Kapitän befand sich zu diesem Zeitpunkt auf der Brücke?

Bride: Nein.

Senator Smith: Was meinen Sie mit über Bord gehen?

Bride: Er sprang von der Brücke aus über Bord. Er sprang von der Brücke, als wir das Faltboot zu Wasser ließen.

Senator Smith: Aus dem, was Sie sagen, darf ich schließen, daß dies ungefähr drei oder fünf Minuten vor dem Untergang des Schiffs war.

Bride: Ja, es war ungefähr fünf Minuten vor dem Untergang.

Senator Smith: Ungefähr fünf Minuten?

Bride: Ja.

Senator Smith: Wissen Sie, ob der Kapitän eine Schwimmweste trug?

Bride: Als ich ihn zuletzt sah, trug er keine.

Senator Smith: Trug nicht?

Bride: Nein.

Senator Smith: Geriet die Brücke ungefähr zur gleichen Zeit unter Wasser?

Bride: Ja. Das ganze Schiff war praktisch bis zum ersten Schornstein unter Wasser, und als ich es untergehen sah, kam das Heck nach oben und sie glitt nach unten.

Senator Smith: Der Kapitän ging nicht, bis das Schiff sank?

Bride: Nein.

Senator Smith: Er ging also mit dem Schiff unter?

Bride: Praktisch, sozusagen, ja.

Senator Smith: Bevor ich es vergesse, möchte ich Sie fragen, ob es viel Sogwirkung beim Untergang gab?

Bride: Nein.

Senator Smith: Gab es nicht?

Bride: Nein.

Senator Smith: Die Tatsache, daß so wenige Passagiere, die von der Carpathia aufgenommen wurden, keine Schwimmwesten trugen, scheint darauf hinzuweisen, daß sie unter diesen Wellen weggesaugt worden sind, als das Schiff verschwand. Was meinen Sie dazu?

Bride: Ich glaube, ich befand mich 150 Fuß von der Titanic entfernt. Ich schwamm, als sie unterging, und ich fühlte so gut wie keine Sogwirkung.

DRITTER TAG
Montag, 22. April

Washington, D. C.

Nachdem die notwendigen Vorladungen in New
York verteilt worden waren, um wichtige Zeugen wie Ismay im Land zu behalten, wurden die
Hearings in Washington vor dem vollständigen
Unterausschuß des Senats fortgesetzt. Der
ursprüngliche Ort war der riesige neue Ver-
sammlungsraum im Russell Senate Office Building, in dem seitdem immer wieder amerikanische Geschichte geschrieben wurde: von dem
McCarthy-Hearings bis zu Watergate und den
Anhörungen über die Finanzierung des Clin-
ton-Wahlkampfs. Später aus akustischen und
anderen Gründen wurden die Titanic-Hearings
in andere Räume verlegt, wo die Zuhörerzahl
begrenzt war. An diesem Tag allerdings waren
die Ränge voll besetzt.

Das vollständige Titanic-Untersuchungsgremi-
um: Vorsitzender Smith und Vizevorsitzender
Newlands, die beide aus New York zurückgekehrt waren, sowie die Senatoren George C.
Perkins, Republikaner aus Kalifornien, Jona-
than Bourne Jr., Republikaner aus Oregon,
Theodore E. Burton, Republikaner aus Ohio, F.
M. Simmons, Demokrat aus North Carolina
und Duncan U. Fletcher, Demokrat aus Florida.

Zeuge: Philip A. S. Franklin, 41

Amerikanischer Vizepräsident der International
Mercantile Marine Co., Muttergesellschaft der
White Star Line.

Kern der Aussage: Franklin brachte Licht in tele-
graphische Mitteilungen, die das Unglück und
die Nachwehen verfolgt hatten und in Ismays
Verhalten und Motive. Er beschrieb die konfu-
sen Anstrengungen in New York in den Stunden und Tagen nach dem Unglück, das Schicksal der Titanic aufzuklären, kannte aber auch
nicht die Quelle eines betrügerischen Telegramms, das mit „White Star Line" unterzeichnet war und besagte, daß die Titanic nach Halifax unterwegs sei und „alle Passagiere in Sicherheit" seien. (Dies rief Spekulationen hervor, daß
irgend jemand die Titanic oder ihre Ladung ein
zweites Mal versichern wollte, bevor die Wahrheit ans Tageslicht kommen würde.) Franklin

machte einige Telegramme von Ismay, an Bord der Carpathia, öffentlich, mit denen er versuchte, die überlebenden Offiziere und Besatzungsmitglieder der Titanic auf ein anderes Linienschiff der White Star Line, die Cedric, zu bekommen. Die Telegramme ließen bei den Senatoren den Verdacht aufkommen, daß Ismay juristischen Ermittlungen in den USA aus dem Weg gehen wollte.

Senator Smith: Ich zeige Ihnen ein Telegramm, das ich vorlesen werde, damit es in den Bericht aufgenommen werden kann. Es stammt aus New York, N. Y., 15. April 1912. Es ist an „J. A. Hughes, Huntington, W. Va." Adressiert und hat folgenden Inhalt:

Titanic unterwegs nach Halifax. Passagiere werden dort vermutlich am Mittwoch eintreffen. Alle in Sicherheit.

White Star Line

Ich frage Sie, ob Sie etwas über diese Mitteilung wissen, oder von wem Sie genehmigt wurde oder von wem sie stammte?

Franklin: Ich weiß es nicht. Und seitdem dies beim Treffen am Samstag in New York erwähnt worden ist, haben wir unsere gesamte Belegschaft in der Passagierabteilung in unserem Büro am Broadway No. 9 befragt, und wir können den Absender dieser Mitteilung nicht finden. Nun wären wir dankbar, wenn Ihr Gremium die Telegrammgesellschaft bitten würde, die von der White Star Line empfangene Mitteilung auszuliefern und uns sehen lassen, wo und wann Sie sie bekommen haben und welcher Station sie geliefert hat. Ich glaube, es ist nur fair, in diesem Zusammenhang zu erklären, daß wir natürlich jede Menge Menschen in der Passagierabteilung in unserem Büro am Broadway No. 9 beschäftigt haben. Am Montagmorgen waren sehr viele Menschen in diesem Büro und viele der Nachwuchskräfte beantworteten Anfragen, so gut sie konnten über Telefon und sonstwie. Es könnte möglich sein, daß einer dieser Nachwuchskräfte dieses Telegramm abgeschickt hat, basierend auf Dingen, die er der Zeitung oder sonstwo entnommen hatte. Allerdings soweit die White Star Line oder ihre Verantwortlichen betroffen sind, autorisierten die Verantwortlichen derartiges nicht. Wir waren auch sehr zurückhaltend, indem wir

jedermann informierten, daß die einzigen authentischen Informationen, die wir über das furchtbare Unglück bekamen - wir hatten eine Mitteilung erhalten - von Kapitän Haddock auf der Olympic stammten.

Senator Smith: Zu der Zeit, als das Telegramm gesendet wurde, kannten Sie da bereits den tatsächlichen Zustand der Titanic?

Franklin: Was ist die Zeitangabe auf diesem Telegramm? Ich glaube, wir sollten die Zeitfrage klären. Es ist überschreiben mit 8:27 P.M. Um 8:27 P. M. am Montag wußte ich, daß die Titanic um 2:20 Uhr A. M. gesunken war.

Senator Smith: Montagmorgen?

Franklin: Montagmorgen.

Senator Smith: Wann bekamen Sie diese Information und von wem?

Franklin: Wollen Sie von mir einen bestmöglichen Bericht hören, wie wir davon hörten und wann wir davon hören und was wir taten?

Senator Smith: Würde ich gerne von Anfang an. Wenn Sie irgendwelche Unterlagen oder irgendwelche Telegramme haben, würde ich es begrüßen, wenn Sie sie kennzeichneten und dem Gremium übergeben würden.

Franklin: Ich möchte sie direkt in den Bericht einfließen lassen.

Senator Smith: Fangen Sie an.

Senator Smith: Gegen zwei Minuten vor zwei Uhr am Montagmorgen wurde ich von einem klingelnden Telefon geweckt. Ich ging ans Telefon, und ein Reporter - ich kann nicht sagen, von welcher Zeitung - sagte, man habe gehört, daß die Titanic sinken würde und daß sie einen Notruf abgesetzt hätte. Ich fragte ihn, wie er diese Nachricht erhalten habe, und man sagte mir, daß man sie über den Dampfer Virginian und aus Montreal bekommen habe. Ich rief sofort unser Dock an und fragte, ob man irgend etwas gehört hätte. Man sagte mir, daß einige Reporter angerufen hätten.

Senator Smith: Wo waren Sie zu dieser Zeit?

Franklin: In meinem Haus, No. 41 East Sixty-first Street. Man sagte mir, die Reporter hätten versucht, einige Informationen über die Titanic weiterzugeben. Ich sagte: „Haben Sie irgend etwas authentisches über die Titanic gehört?" er sagte mir: „Nein." Ich rief dann die Associated Press an. Man berichtete mir praktisch das-

selbe, was der Reporter mir bereits mitgeteilt hatte. Ich fragte sie dann, ob sie die Angelegenheit zurückhalten konnten und nicht so einen alarmierenden Bericht herausgeben könnten, bis man sehen könnte, ob es eine Bestätigung gab. Sie sagten: „Nein, es ist schon draußen." Ich rief dann Montreal über das Ferngespräch-Telefon an. Ich erwischte unseren Repräsentanten in Montreal am Telefon und fragte ihn, ob er nicht das Büro der Allan Line erreichen könne, um herauszufinden, ob es bestätigt werden könnte, was sie hatten und daß er mich sofort anrufen solle. Ich rief dann vier oder fünf unserer Leute an und berichtete ihnen von meinen Informationen. Ich wollte mit ihnen Verbindung aufnehmen, stellte sie in Bereitschaft. Ich erreichte Herrn Ridgway, den Chef unserer Dampferabteilung, der in Brooklyn lebte, und bat ihn, sich sofort in Bewegung zu setzen und ein Marconigram an den Kapitän der Olympic (das fast identische Schwesterschiff der Titanic) zu schicken. Ich wollte den Kapitän der Olympic nicht alarmieren. Daher fragte ich in dem Telegramm: „Können Sie die Position der Titanic ermitteln? Senden Sie uns sofort ihre Position." Ich kann Ihnen das Telegramm vorlesen. Ich bat dann alle wichtigen Menschen sofort in mein Büro. Als ich ins Büro kam, fand ich dort als erstes diese Aktennotiz vor. (Liest aus der Aktennotiz)
Titanic. Empfangen von Associated Press von Cape Race 3:05 A. M. Montagmorgen, 15. April. 10:25 P. M. E. S. T., Titanic funkt C. Q. D.; berichtet, mit einem Eisberg kollidiert zu sein und dringend Hilfe zu benötigen. Eine halbe Stunde später berichtet sie, daß sie bugwärts sinkt. Frauen werden in die Boote geladen. Wetter ruhig und klar. Gab Position 41.46 Nord, 50.14 West. Stop this Station. Allan Liner Virginian informiert, der sofort mitteilt, daß er Kurs auf den Ort des Unglücks nimmt. Stop. Virginian gab gegen Mitternacht an, daß man sich ungefähr 170 Meilen von der Titanic entfernt befand. Erwartete Ankunftszeit 10 A. M. Olympic um 4:25 A. M. G. M. T. in Breite 40.32 Nord, Länge 61.18 West stand in direkter Verbindung mit der Titanic und eilt mit aller Geschwindigkeit in Richtung Titanic. Baltic um 1:15 A. M. E. S. T. berichtete, 200

Meilen von der Titanic entfernt zu sein und nahm ebenfalls Kurs auf sie. Letzte Signale wurden von der Virginian um 12:25 A. M. E. S. T. gehört. Sie waren verschwommen und endeten plötzlich.

Dann arbeiteten wir an den Positionen. Zunächst bekam ich, bevor ich mein Haus verließ, eine Antwort aus Montreal, die besagte, daß die Allan Line den Bericht bestätigte. Wir ermittelten dann die Positionen und fanden im Rahmen unserer bestmöglichen Fähigkeiten, daß sich die Titanic 1080 Meilen vor New York befand ungefähr 600 Meilen von Halifax entfernt. Die Olympic, fanden wir unserer Meinung nach heraus, befand sich ungefähr 364 Meilen von der Titanic entfernt, und die Baltic, dachten wir, könnte sie gegen 4 P. M. erreichen. Ich weiß nicht, wie weit die Baltic entfernt war.

Senator Smith: Wie fanden Sie die Positionen der verschiedenen Schiffe heraus?

Franklin: Wir ermittelten die Olympic ungefähr in unseren Köpfen.

Senator Smith: Auf einem Maßstab?

Franklin: Wir hatten die Karte.

Senator Smith: Und auf dieser Karte ermittelten Sie sie? Hatte denn irgendeines dieser Schiffe seine genaue Position berichtet?

Franklin: Wir hatten zu dieser Zeit keine Verbindung zu irgendeinem Schiff oder irgend jemand, was in unseren Augen authentisch war. Wir hatten zahlreiche Gerüchte aus allen möglichen Quellen.

Senator Smith: Gaben sie vor, Ihnen ihre Positionen bekanntzugeben?

Franklin: Taten sie nicht. Ich lese Ihnen die erste Mitteilung an die Olympic vor, auf die ich mich einige Minuten zuvor bezogen habe. Sie wurde um 3 A. M. gefunkt: „Versuchen Sie alles, um mit Titanic in Verbindung zu treten und Position und Zeit zu übermitteln. Antwort an Ismay, New York (gemeint ist das Büro der Gesellschaft).

Senator Smith: Bitte sagen Sie, an wen das adressiert war.

Franklin: An Haddock (Kapitän Herbert Haddock), Olympic.

Senator Smith: Geben Sie uns bitte das Datum.

Franklin: 15. April, 3 A. M.

Senator Smith: Und teilen Sie uns bitte an jedem

Fall die Uhrzeit mit, und damit wir sicher sein können, daß dieses Gremium es versteht, lesen Sie das noch einmal.

Franklin: Dies war unsere erste Anstrengung, mit irgendeinem unserer Dampfer in Verbindung zu treten, und ebenfalls der erste Versuch aus der anderen Richtung. Das ist der Wortlaut unseres Telegramms, das wir am 15. April um 3 A. M. an Kapitän Haddock schickten:

„Unternehmen Sie jede Anstrengung, um mit der Titanic in Verbindung zu treten und avisieren Position und Zeit. Antwort an Ismay, New York."

Das Telegramm wurde in Brooklyn von Herrn F. W. Ridgway abgeschickt. Ich hatte ihm den Wortlaut über Telefon gegeben und ihn gebeten, es sofort abzuschicken.

Senator Smith: Fahren Sie fort.

Senator Fletcher: Wo war Kapitän Haddock, wo war die Olympic?

Franklin: Die Olympic hatte am Samstagnachmittag um drei Uhr in New York abgelegt. Richtung Osten.

Senator Smith: Wie war die Position des Schiffs?

Franklin: Ich kann Ihnen nur unsere Schätzung geben, wonach sie sich um drei Uhr 320 Meilen östlich von Sandy Hook und ungefähr 360 Meilen nach unserer Schätzung von der Titanic entfernt befand.

Senator Smith: Fahren Sie fort.

Franklin: Während des ganzen Morgens von dieser Zeit an. . .

Senator Smith: Montagmorgen?

Franklin: Montagmorgen. Wir bemühten uns um Verbindungen oder Informationen aus Montreal oder Halifax oder den verschiedenen Zeitungen zu bekommen und wir funkten an den Kapitän der Olympic:

„Halten Sie uns in Sachen Titanic vollständig auf dem Laufenden."

Das war um 6:05 A. M. Wir hatten noch überhaupt keine Antwort von ihm erhalten. Dann bekamen wir ein Telegramm der Olympic.

„Seit Mitternacht, als ihre Position 41.46 Nord, 50.14 West war, konnten wir keine Verbindung aufnehmen. Wir befinden uns nun um 9 A. M. unter Volldampf 310 Meilen von ihr entfernt. Werden Sie sofort informieren, wenn wir etwas hören."

Commander

Senator Smith: Schlossen Sie daraus, daß sie in Richtung Titanic liefen?

Franklin: Ich meinte, daß sie Kurs auf die Titanic hielten. Ohne Frage. Das war um 9 A. M.

Senator Smith: Montag?

Franklin: Montag, 310 Meilen von der Titanic entfernt.

Senator Smith: Fahren Sie fort.

Franklin: Wir ließen ein weiteres Telegramm folgen:

„Können Sie Schaden an der Titanic bestätigen?"

Senator Smith: Wann war das?

Franklin: Es handelt sich nicht um das Original. Es ist keine Uhrzeit festgehalten, aber es wurde am Morgen abgeschickt.

Senator Smith: Geschickt, von wem?

Franklin: Es wurde von mir geschickt.

Senator Smith: Hatten Sie zu dieser Zeit keine Information über den Untergang der Titanic?

Franklin: Ausdrücklich, absolut keine. Ich haben Ihnen Haddocks erstes Telegramm vorgelesen. Nun das zweite Telegramm.

Senator Smith: Geben Sie uns das Datum und die Uhrzeit.

Franklin: 15. April. Wir wissen nicht mehr die Uhrzeit, aber es war nach Mittag. Es war zwischen zwölf und ein Uhr, oder gegen ein Uhr. Das könnte man möglicherweise ermitteln - genau wann es uns zugestellt wurde.

„Parisian berichtet, daß Carpathia 20 Boote mit Passagieren aufgenommen hat. Baltic kehrt um, um Hilfe zu leisten. Keine Position angegeben."

Senator Smith: Position der Baltic nicht angegeben?

Franklin: Position der Baltic nicht angegeben. Diese Mitteilung wurde gegen ein Uhr empfangen.

Senator Smith: Von wem unterzeichnet?

Franklin: Von Haddock unterzeichnet.

Senator Smith: In Ordnung. Fahren Sie fort.

Franklin: Wir antworteten wie folgt:

15. April 1912

HADDOCK, Olympic:

„Danke für Ihre Mitteilung. Wir haben keine Nachricht von der Titanic, aber gerüchteweise läuft sie langsam nach Halifax. Wir können das aber nicht bestätigen. Wir erwarten Virginian an der Seite der Titanic. Versuchen in Verbindung zu treten."

Senator Smith: Wer unterzeichnete das?

Franklin: Ich tat es.

Senator Smith: Um welche Uhrzeit war das?

Franklin: Das war die Antwort auf die andere Mitteilung, direkt nach der wir sie erhalten hatten. Es muß so gegen zwei Uhr gewesen sein. . .

Senator Smith: Die Mitteilung von Kapitän Haddock?

Franklin: Ja, gegen zwei Uhr würde ich sagen.

Senator Smith: Erzählen Sie dem Komitee, auf welchem Gerücht Sie diese Behauptung stützten?

Franklin: Wir stützten dieses Statement auf Gerüchte, die wir aus allen möglichen Quellen hörten. Die Presse und die Telegramme aus Montreal, aber wir konnten auf nichts Authentisches die Hand legen.

Senator Smith: Hatten Sie zu dieser Zeit keine Nachrichten von der Carpathia?

Franklin: Nein, wir hatten bis zu diesem Zeitpunkt nichts von der Carpathia gehört - außer diesem Telegramm von Haddock.

Senator Smith: Lassen Sie uns wissen, worauf Sie dieses Gerücht stützten.

Franklin: Ich weiß es nicht. Ich könnte genau sagen, auf was ich mich stützte. Ich müßte diese Telegramme durchsehen.

Senator Smith: Ich würde es begrüßen, wenn Sie sie durchsehen würden und uns dann sagten, worauf sie sich stützt.

Franklin: Wir hatten alle möglichen Quellen - vor allen Dingen aus den Zeitungen.

Senator Smith: Und es war lediglich ein Gerücht?

Franklin: Absolut. Wir sagten es jedem, daß es sich um Gerüchte handelte, daß wir sie nicht bestätigen konnten und daß wir außer der Mitteilung von Kapitän Haddock nichts Authentisches hatten.

Senator Smith: Sprachen Sie während des frühen Montagmorgen persönlich mit Herrn Marconi?

Franklin: Nein, ich sprach nie mit Herrn Marconi.

Senator Smith: Wissen Sie ob es Mitteilungen aus dem Marconi-Büro oder dem Büro der White Star an die Carpathia gab, in dem Geheimhaltung auferlegt wurde, bis sie mit Ihnen in Verbindung standen?

Franklin: Wir wissen absolut nichts von einer derartigen Verbindung. Hatten absolut nichts damit zu, wenn es gesendet worden sein sollte.

Senator Smith: Wissen Sie, ob einer derartige Mitteilung gesendet wurde?

Franklin: Ich weiß absolut nichts davon.

Senator Smith: Haben Sie jemals mit Herrn Marconi darüber gesprochen?

Franklin: Ich habe es niemals erwähnt. . .

Senator Smith: Oder mit Herrn Sammis (Frederick Sammis, Marconi-Cheftechniker in den USA).

Franklin: Nein.

Senator Smith: Oder dem Funker der Carpathia?

Franklin: Nein, ich habe niemals mit einem der beiden Herren gesprochen.

Senator Smith: Weder mit dem Kapitän oder dem Funker oder einem Offizier eines anderen Schiffes?

Franklin: Niemals. Unsere ganze Anstrengung - würde ich sagen - bestand darin, die Carpathia zu veranlassen, uns die Namen der Passagiere, der Menschen an Bord der Carpathia zu geben. Das war das einzige, was wir haben wollten, und darauf drängten wir.

Senator Smith: Das betrifft, wo immer sie auch hin unterwegs war und unter welchen Umständen?

Franklin: Wir versuchten es, über die Olympic zu bekommen. Wir sagten der Olympic, in Bereitschaft zu bleiben und es an uns weiterzugeben.

Senator Smith: Fahren Sie weiter fort.

Franklin: Ich sollte besser zu den Telegrammen zurückkommen, oder? Die Mitteilung, die ich gerade gelesen habe, hat folgenden Wortlaut:

15. April 1912

HADDOCK, Olympic:

Danke für Ihre Mitteilung. Wir haben nichts von der Titanic erfahren. Es geht das Gerücht, daß sie langsam nach Halifax läuft, aber wir können das nicht bestätigen. Wir vermuten die Virginian an der Seite der Titanic. Versuchen mit ihr in Verbindung zu treten.

Senator Smith: Können Sie die Daten und Uhrzeit geben.

Franklin: Ich habe nicht die Daten (sic) für das, aber beim nächsten habe ich die Daten. Das nächste ist von 2:40 Uhr, was aufzeigt, daß jenes von vor 2:40 Uhr sein muß.

Senator Smith: Und welche Unterschrift?

Franklin: Dieses ist mit „Franklin" unterzeichnet. Nun, unser nächstes Telegramm war an Haddock gerichtet. . .

Senator Smith: Geben Sie bei jedem Fall die Uhrzeit und wer es unterzeichnet hat, ob mit Namen Kürzel oder Initial.

Franklin: Ich werde sie Ihnen in der Reihenfolge, wie sie hier liegen, geben.

15. April, 1912, 2:40 P. M.

HADDOCK, Olympic

„Bemühungen zu ermitteln, wo sich Ismay befindet. Geben Sie mir einen Rat und übermitteln Sie das tiefste Mitgefühl von uns allen."

FRANKLIN

Senator Smith: Welche Uhrzeit?

Franklin: 2:40 Uhr am Nachmittag.

Senator Smith: Adressiert an wen?

Franklin: Kapitän Haddock.

Senator Smith: Unterzeichnet von wem?

Franklin: Unterzeichnet von Franklin.

Senator Smith: Vergessen Sie nicht in jedem Fall das Datum, die Uhrzeit, den Namen und die Unterschrift anzugeben. . .

Franklin: Die Schwierigkeit besteht darin, daß sich diese nicht in der genauen Ordnung befinden.

Senator Smith: Nehmen Sie sich Zeit und sagen uns in jedem Fall Datum, Uhrzeit und Name.

Franklin: Das Problem ist, daß sie nicht alle in der Reihenfolge sind. Hier ist ein Marconigramm, datiert vom 15. April 1912.

Senator Smith: Aus New York?

Franklin: New York.

15. April 1912

HADDOCK, Olympic

Unternehmen Sie alles mögliche und berichten Sie uns vollständig über den Verbleib der Titanic-Passagiere und wo sie an Land gehen.

Senator Smith: Von wem unterzeichnet?

Franklin: „Franklin". Ich glaube die beste Methode vorzugehen, ist die Sendezeit der Telegramme festzustellen - eine Bestätigung der Marconi-Gesellschaft oder der Post - die Zeit, zu der sie dort aufgegeben worden sind, um sie alle zu bestätigen.

Senator Smith: Das ist in Ordnung, aber wir nehmen besser das, was auf den Telegrammen ver-

merkt ist, wenn sie überhaupt irgend etwas angeben.

Franklin: Das einzige Problem besteht darin, daß sie nicht die Zeit zeigen.

Senator Smith: Soweit sie die Daten und die Uhrzeiten zeigen, sagen Sie uns, was immer die Telegramme besagen.

Franklin: Nun, gegen 6:20 oder 6:30 am 15. April wurde mir das folgende Telegramm ausgehändigt:

Senator Smith: Von wem und wo waren Sie?

Franklin: Es wurde mir von Herrn Toppin in Broadway No. 9 ausgehändigt.

Senator Smith: Wer ist das?

Franklin: Assistent des Vizepräsidenten. Die Aufzeichnungen zeigen, das es um 6:16 P. M. eingegangen ist. Es ist adressiert an Ismay, New York, und hat folgenden Inhalt:

Carpathia erreichte Titanics Position in der Morgendämmerung. Fand nur Boote und Wrackteile. Titanic war gegen 2:20 A. M. in 41.16 Nord, 50.14 West untergegangen. Verbleib aller Boote gesichert. Ungefähr 675 Menschen - Besatzung und Passagiere - gerettet, unter den letztgenannten zumeist Frauen und Kinder. Leyland-Liner Californian bleibt und sucht an der Position des Unglücks. Carpathia kehrt mit Überlebenden nach New York zurück. Bitte Cunard informieren.

HADDOCK

Senator Smith: Das stammt vom Kapitän der Olympic?

Franklin: Von der Olympic.

Senator Smith: Adressiert an Imsay?

Franklin: New York. Das ist unsere Kabeladresse. Sofort nachdem ich das Telegramm in Empfang genommen hatte, standen wir so unter Schock, das es einige Minuten dauerte, bis wir uns wieder zusammengerissen hatten. Dann telefonierte ich sofort mit Zweien meiner Direktoren, Herrn Steele und Herrn Morgan Jr., und zugleich bat ich die unten wartenden Reporter zu mir. Ich begann, die Mitteilung, die ich in meinen Händen hielt, den Reportern vorzulesen. Ich hatte die ersten anderthalb Zeilen, in denen es hieß „die Titanic sank um zwei Uhr morgens", gerade gelesen, da befand sich kein Reporter mehr im Raum. Sie waren alle so aufgeregt, rauszukommen, um die Neuheiten weiterzugeben.

Senator Smith: Ich möchte, daß der Schriftführer diese Telegramme zur Identifikation markieren kann.

Franklin: Ich werde ihm gleich das ganze Bündel überreichen. (Vorlesend:)

Unausdrückliche Trauer. Laufen Kurs weiter. Carpathia informiert uns, daß es keine Hoffnung bei Suche gibt. Werden Namen der Überlebenden senden, wenn sie verfügbar sind. Yamsi auf Carpathia.

Dieses Telegramm war adressiert an „Franklin Care Ismay, New York und mit „Haddock" unterzeichnet.

Senator Smith: Der angeführte „Yamsi" ist. . .

Franklin: Herr Ismay („Yamsi" war seine britische Funk-Kennung).

Senator Smith: War das die erste Information darüber, daß er sich auf der Carpathia befand?

Franklin: Die erste Information, die wir darüber bekamen, daß er sich auf der Carpathia befand.

Burlingham: Sagen Sie Stunde des Eingangs.

Franklin: Beide wurden fast zur gleichen Zeit empfangen. Ich glaube, gegen 6:30 Uhr am Abend.

Senator Smith: Unterzeichnet von wem?

Franklin: Haddock, von der Olympic. . .

Ich möchte noch folgendes sagen: Während des gesamten Tages hielten wir das Schiff für unsinkbar, und es kam uns nie in den Sinn, daß es einen größeren Verlust an Leben gegeben haben könnte. Wir dachten höchstens daran, daß die Passagiere transferiert worden waren, aber es kam uns nie in den Sinn, daß Todesopfer gegeben haben könnte, bis wir die Mitteilung von Haddock gegen 6:30 Uhr bekamen. . .

Senator Smith: Ich möchte festhalten, ob Sie oder irgendein Verantwortlicher Ihrer Gesellschaft zu irgendeiner Zeit eine Mitteilung vor dem Anlegen der Carpathia erhielten, wonach die Cedric bis zum Einlaufen der Carpathia in New York festgehalten werden sollte?

Franklin: Ja.

Senator Smith: Von wem?

Franklin: Hier ist ein Telegramm: Dampfer Carpathia, 17. April 1912.

Senator Smith: Die Uhrzeit?

Franklin: Nach dem Stempel hier 5:35 P. M.

Es wäre außerordentlich wünschenswert, wenn die Titanic-Mannschaft an Bord der Carpathia so schnell wie möglich nach Hause zurückkehren würde. Schlage vor, Sie verschieben das Ablegen der Cedric am Freitagmorgen, es sei denn, es gibt Gründe, die dagegensprechen. Schlage vor, mit ihr zurückzukehren. Bitte schicken Sie mir eine Ausstattung von Kleidern, einschließlich Schuhe auf die Cedric. Besitze nichts. Bitte antworten.

YAMSI

Ein Wort in diesem Telegramm lautet „and", ich habe es aber als „any" verlesen, weil es zweifellos das bedeuten sollte. Es war unterstrichen, als es mir überreicht wurde, was zeigt, daß es sich um einen Fehler handelte.

Senator Smith: Um wessen Kennung oder Chiffre handelt es sich?

Franklin: Das ist Herrn Ismays Unterschrift oder Chiffre.

Senator Smith: Wurde darauf geantwortet?

Franklin: Wir schickten sie an „Ismay, Carpathia" am 17. April 1912 um 8 P. M.

Senator Smith: Welches Datum ist das?

Franklin: 17. April, Das ist in der Antwort auf dieses andere.

Senator Smith: Es war Mittwoch?

Franklin: Es war Mittwochabend. Wollen Sie, daß ich es verlese?

Senator Smith: Ja bitte.

Franklin: (lesend)

ISMAY, Carpathia

Habe Arrangements auf der Lapland gemacht. Legt am Samstag Richtung Plymouth ab. Wir alle halten, angesichts der Umstände, ein Aufhalten der Cedric für unklug.

Senator Smith: Wer schickte das?

Franklin: Es ist unterzeichnet mit „Franklin".

Senator Smith: Bekamen Sie darauf eine Antwort?

Franklin: Ich glaube, es ist am besten, die Telegramme in der Reihenfolge ihres Eintreffens zu verlesen.

Senator Smith: Das sollten Sie machen.

Franklin: Sie sind etwas durcheinander.

Senator Smith: Ich will diese Geschichte im Protokoll haben.

Franklin: Der beste Weg, das zu tun, ist alle diese Telegramm in der Reihenfolge, wie sie hier liegen, zu lesen, ohne zu sagen, bei welchem es sich um die Antwort handelt.

Senator Smith: In Ordnung. Fahren Sie fort, behalten Sie aber dabei im Kopf, daß wir das Datum wissen wollen, die Person, an die es adressiert ist und von wem es abgeschickt worden ist sowie die Unterschrift.

Franklin: Ich werde es tun.

Senator Smith: Gehen Sie bitte in der chronologischen Reihenfolge vor, wenn möglich. . .

Franklin: (verliest weitere Mitteilungen von Ismay):

Dampfer Carpathia über Siasconsetts, Mass.
ISLEFRANK; New York:
Sehr wichtig, daß Sie die Cedric bis Tagesanbruch am Freitag für Titanic-Besatzung festhalten. Antworten.
YAMSI.

Dampfer Carpathia, New York
ISLEFRANK, New York:
Sehr wichtig, daß Sie die Cedric bis Tagesanbruch am Freitag für Titanic-Besatzung festhalten. Antworten.
YAMSI.

Dampfer Carpathia über Siasconsetts, Mass.
ISLEFRANK, New York
Halte es für äußerst unklug, die Titanic-Besatzung bis Samstag festzuhalten. Bitte dringend, das Ablegen der Cedric um Mitternacht zu verschieben, wenn gewünscht.
YAMSI

Das ist der 18. April, sie alle sind vom 18. April.

Senator Smith: Das war am Donnerstag, der 18. April.

Franklin: Ja. (Fährt weiter fort vorzulesen:)

Und hier gibt es nur die beiden Zahlen „18" sonst nichts. Es hat folgenden Wortlaut:
ISLEFRANK, New York:
Falls Sie keine guten und substantiellen Gründe haben, die Cedric nicht aufzuhalten, dann bereiten sie es vor. Höchst unerwünscht, die Titanic-Besatzung so lange in New York zu haben.
Keine Unterschrift.

Senator Smith: An wen war das adressiert?

Franklin: So wie üblich: „Islefrank, New York".

Dann dieses Telegramm:
ISMAY, Carpathia
Tut mir leid, aber nach eingehender Überlegung muß die Cedric wie geplant ablegen. Werde die

Carpathia in Quarantäne treffen, können aber die Boote nicht entfernen, weil alles vorbereitet ist, den Dampfer sofort in die Docks einlaufen zu lassen.
Unterzeichnet „Franklin".
Das ist alles in dieser Angelegenheit. . .

Kirlin: Darf ich einen Vorschlag machen, Herr Senator? Ich glaube, Herr Frankllin hat eine Mitteilung von Herrn Ismay ausgelassen, in der er über den Untergang berichtet. Sie wurde erst zwei oder drei Tage später empfangen.

Franklin: Diese Mitteilung stand in keinem Zusammenhang mit der Cedric-Angelegenheit. Es war eine von Herrn Ismay empfangene Mitteilung.

Kirlin: Wann?

Franklin: Diese Mitteilung hatte als Absender „Dampfer Carpathia, 15. April" und war adressiert an „Islefrank".

Burlingham: Und wurde wann empfangen?

Franklin: Am 17. (Liest vor:)
Muß Sie leider davon in Kenntnis setzen, daß die Titanic an diesem Morgen nach Kollision mit Eisberg gesunken ist, wobei es viele Todesopfer gab. Weitere Einzelheiten später.
Bruce Ismay.
9:58 A. M.
Das stammte offensichtlich von Herrn Ismay.

Senator Smith: Von welchem Datum?

Franklin: Ich werde es Ihnen geben. Es war offensichtlich von Herrn Ismay direkt oder sehr kurze Zeit nach dem Unglück abgeschickt worden, traf bei uns aber erst um neun Uhr am 17. Mittwoch ein. . .

Senator Bourne: Sind Sie oder Ihre Kollegen nach den Erfahrungen mit dem Titanic-Unglück zu Erkenntnissen gekommen, die als Gesetze, Vereinbarungen oder Vorschriften, wenn sie internationale Gültigkeit hätten, eine Wiederholung einer solchen Katastrophe verringern könnten?

Franklin: Ich glaube, die ehrlichste Antwort auf diese Frage ist die folgende: Seit dem Unfall der Titanic sind wir derart mit leidvollen Dingen belastet gewesen und haben alles erdenklich mögliche für jedermann getan, so daß die einzige Vorsichtsmaßnahme, die wir auf Anordnung von Herrn Ismay am vergangenen Freitag eingeführt haben, in der sofortigen vollständigen Ausrüstung der I. M. M.-Boote mit Rettungsbooten und -flößen besteht, so daß jeder Passagier und jedes Besatzungsmitglied einen Platz hat. Weiteres haben wir noch nichts unternommen.

Senator Bourne: Diese neuen Anordnungen waren das Ergebnis Ihrer Überlegungen, daß es kein unsinkbares Schiff gibt, nehme ich an?

Franklin: Es ist das Ergebnis eines Unfalls, den sich niemand irgendwann in diesem Ausmaß vorstellen konnte. Es gab nichts, daß weiter von unserer Vorstellung entfernt war, als das ein derartiges Unglück geschehen könnte. Wir dachten nicht daran, bis wir Kapitän Haddocks Mitteilung erhielten, daß das Schiff untergehen könnte und daß es Verluste an Leben geben könnte. Das hatte eine vollkommen neue Lage geschaffen, mit der niemand jemals zuvor gerechnet hatte. Diese Dampfer waren als riesige Rettungsboote erdacht. Dieses Schiff war so wie nur drei weitere Schiffe konstruiert worden, die alle zur White Star Line gehören.

Senator Bourne: Sind Sie selbst zu dem Schluß gekommen, daß es ein Individuum gibt, das in irgendeiner Weise für diese Katastrophe verantwortlich gemacht werden kann?

Franklin: Ich sehe nicht, wie man irgend jemand beschuldigen könnte. Man hatte den besten Kommandeur, man hatte nur Menschen an Bord, die an dem Schiff interessiert waren. Es gibt keinen Grund anzunehmen, daß nicht jede Vorschriftsmaßnahme getroffen worden war. Es gab keine Anordnungen, das Schiff zu jagen. Es gab nichts, für das man sich hätte schämen können.

Senator Bourne: Sie sagen, die Baukosten der Titanic hätten bei anderthalb Millionen Pfund gelegen. Wie hoch war die Versicherung?

Franklin: Sie war in runden Zahlen für eine Million Pfund versichert, den Rest übernahm die I. M. M. Co. In einem eigenen Versicherungsgeschäft.

Senator Bourne: Sie sagten, Harland & Wolff baut ihre Schiffe auf Prozentbasis. Sie entwickelten Pläne, legten sie vor, und Sie würden dann entscheiden und Ihre Repräsentanten, glaube ich, würden später den Bau des Schiffes überwachen. Und sie bekamen dann zusätzliche Prozente der Kosten? Daher ist es vom Dollar-

standpunkt vorteilhaft, das Schiff so teuer wie möglich zu machen, oder?

Franklin: Korrekt. Wenn Sie sagen, daß ich etwas tue, dann meinen Sie natürlich die Gesellschaft, die etwas unternimmt. Der Besitzer des Schiffs tut dies, die besitzende Reederei.

Senator Bourne: Ja.

Franklin: Harland & Wolff hat jeden Grund, so viel wie möglich auf dem Schiff unterzubringen. Je mehr sie hineinschafften, desto mehr konnten sie einnehmen.

Senator Bourne: Wieviel Prozent ist der normale Satz für Harland & Wolf gemessen an den Kosten?

Franklin: Ich glaube, es sind fünf Prozent. Darüber gibt es einen Vertrag.

Senator Bourne: Haben Sie Kenntnis darüber, ob von den Offizieren Vorsichtsmaßnahmen ergriffen wurden, nachdem man von der Nähe von Eisbergen und Treibeis wußte?

Franklin: Ich habe keinen Zweifel daran, nachdem ich die bisherigen Aussagen gehört habe. Ich habe aber mit keinem der Offiziere und Männer über die Angelegenheit gesprochen. Ich hatte keine Unterredungen mit ihnen über die Angelegenheit.

Senator Bourne: Sind Sie oder Ihre Kollegen zu einem Schluß gekommen, welche Verbesserungen vorgenommen werden können, um die Möglichkeit solcher Katastrophen zu vermindern?

Franklin: Nein, wie ich bereits gesagt habe, hatten wir noch keine Zeit, darüber zu diskutieren.

Senator Bourne: Sie hatten noch keine Zeit?

Franklin: Wir hatten noch keine Zeit, es zu tun. Wir können nur sagen, daß alles, was wir haben, offen ist, und wir Ihnen jede erdenkliche Unterstützung geben werden. Wenn es irgendeinen Vorschlag gibt, den wir machen können, oder unsere Meinung gefragt ist, oder sonst irgend etwas, werden wir Ihnen unsere Experten zur Verfügung stellen. Wir selbst sind keine Experten. Ich bitte darum, das zu verstehen.

Senator Bourne: Den einzigen Schluß, den Sie gezogen haben, ist die Tatsache, daß es kein unsinkbares Schiff gibt?

Franklin: So sieht es heute, nach dieser Erfahrung, aus. Hätten Sie mich vor einer Woche gefragt, hätte ich nein gesagt. Ich hätte gesagt, wir haben sie. . .

Senator: haben Sie die Dinge um die Cedric-Angelegenheit aufgeklärt? Viel ist darüber gesagt worden, und ich würde es gerne aufklären, wenn Sie tiefer in die Angelegenheit gehen wollen.

Senator Smith: Jetzt direkt?

Franklin: Wenn Sie es wünschen, ja.

Senator Smith: Wir werden jetzt oder nach dem Mittagessen darüber reden.

Senator Bourne: Ich schlage vor, der Herr klärt die Angelegenheit mit seinem Statement, indem er sagt, was er für notwendig hält.

Senator Smith: Jetzt?

Senator Bourne: Lassen Sie ihn feststellen, wo das Mißverständnis vorliegt und was er nötig hält aufzuklären.

Franklin: Es hat ernsthafte Kritik an diesen Mitteilungen gegeben, in denen die Idee deutlich wurde, die Mannschaft und Herrn Ismay zurückzuschicken wegen der Informationen, die die Mannschaft geben könnte.

Ich möchte betonen, daß dies nicht Ismays Gedanken waren. Jedermann erkennt die Notwendigkeit, diese Besatzungsmitglieder so schnell wie möglich außer Landes zu bekommen. . .

Soweit Herr Ismay selbst betroffen ist, überließ er seine weiteren persönlichen Bewegungen vollständig in unseren Händen.

So weit die Mannschaft betroffen ist, so ist es die Pflicht aller, die mit dem Schiff verbunden sind, sie unter diesen Umständen so schnell wie möglich außer Landes zu bekommen. Wir haben das immer versucht. . .

Senator Smith: Ich glaube, es wäre besser, sie geben für das Protokoll ihre Motive an, warum Sie diese Männer außer Landes schaffen wollten.

Franklin: Männer, die unter diesen Umständen anlegen, ohne Heuer, sind mitunter sehr schwer zu kontrollieren, weil viele Zeitgenossen hinter ihnen her sind, Stories bekommen wollen, ihnen Geschenke machen und sie auf die Straßen holen. Sie treiben weg, sie geraten in endlose Schwierigkeiten und sind nicht so zu kontrollieren, wie Matrosen oder Heizer eines Schiffs, das im Dock liegt und von einem Offizier kommandiert wird.

Es ist die Pflicht eines jeden Eigners oder des Repräsentanten des Eigners eines Schiffes,unter ähnlichen Umständen, die Männer vor diesen Verführungen zu schützen und sie in ihre Häuser und Familien zurückzubringen, von wo aus sie sich wieder bei einem anderen Schiff melden können.

Senator Smith: Das war das einzige Motiv, um sie außer Landes zu bekommen?

Franklin: Das war das einzige Motiv, das ich hatte. Ich habe nie an irgend etwas anderes gedacht.

Senator Bourne: In einem derartigen Fall, wenn sie ein Schwersterschiff oder ein Schiff derselben Reederei haben, wird es dann als Unterkunft und Transportmittel benutzt?

Franklin: Ja, so schnell wie wir sie zurückbekommen können.

Senator Bourne: Ist das allgemein so üblich?

Franklin: Wenn wir ein Schiff haben, das aus dem Mittelmeer kommt, und wir die Mannschaft nicht mehr benötigen, dann schicken wir sie auf eine andere Gesellschaft oder schaffen sie nach Boston. Wir schaffen sie weg. Wir wollen sie nicht eine Minute länger als notwendig haben.

Senator Smith: Werden diese Männer, die Überlebenden der Titanic, Ihres Wissens nach wieder von Ihrer Gesellschaft angestellt werden?

Franklin: Wenn Sie zum Dienst erscheinen, werden wir sie gewiß wieder beschäftigen.

Senator Smith: Sind sie noch Ihre Angestellten?

Franklin: Nein, technisch gesprochen, sind sie es nicht, weil in dem Moment, da das Schiff untergeht, die Heuer endet. Aber wir werden uns natürlich um sie kümmern.

Es gibt noch etwas anderes, was ich gerne sagen möchte: Ich glaube, die Herren werden erkennen, daß unter diesen Umständen angesichts des furchtbaren Desasters kein Mann der Mannschaft eine Geschichte erzählen könnte, die uns schaden würde. Hier waren alle Passagiere und jedermann sonst, was für einen Unterschied würden die Aussagen der Mannschaft machen? Das Schlimmste, was sie sagen könnte, könnte die Angelegenheit nicht ändern, könnte der Angelegenheit nicht helfen in irgendeiner Form. . .

Zeuge; Joseph Groves Boxhall, 28
Vierter Offizier der Titanic aus Hull, England
Kern der Aussage: Zu Boxhalls Aufgaben gehörte
die Hilfe bei der Bestimmung der Schiffspositi-
on. Er sagte aus, er habe Notraketen abgeschossen und Morsesignale an ein anderes Schiff
gesendet, dessen Lichter er in der Entfernung
ausgemacht hatte. Andere vertrauenswürdige
Zeugen sollten auch von einem Licht oder von
Lichtern berichten, aber der Offizier lieferte
den ersten starken Hinweis auf einen sich ent-
wickelnden Skandal: Daß es da ein anderes
Schiff in Sichtweite der Titanic gegeben hatte,
welches nichts unternahm, um zu helfen. Das
Senat-Gremium kam zu dem Schluß, daß es
sich um die Californian handelte, die ebenfalls
zur International Mercantile Marine gehörte.
Boxhall gab auch eine Beschreibung des Eisbergs, die sich von anderen Aussagen unterschied, aber auch die waren kaum einheitlich.
Er begab sich nach der Kollision ins G-Deck
und sah dort im Wasser treibende Postsäcke.

Senator Smith: Hat Ihnen der Kapitän mitgeteilt,
daß die Californian der Titanic über Funk die
Nähe von Eisbergen gemeldet hatte?
Boxhall: Nein. Der Kapitän gab mir einige Funksprüche, die wir bereits hat-
ten, in Southampton, glaube ich, bevor wir abgelegt hatten. Diese Positionen sollte ich in die Karte eintragen.
Senator Smith: Wußten Sie, ob ein Funkspruch
von der Amerika eingegangen war, in dem mitgeteilt wurde, daß sich die Titanic in der Nähe
von Eisbergen befand?
Boxhall: Nein, könnte ich nicht sagen.
Senator Smith: Wollen Sie uns damit zu verstehen
geben, daß Sie keinerlei Kenntnisse davon hat-
ten, daß sich das Schiff in der Nähe von Eisber-
gen befand, unmittelbar vor. . .
Boxhall: Ich hatte keine Kenntnis davon.
Senator Smith: Einen Moment. (Fortfahrend)
unmittelbar vor der Kollision oder während der
Stunden Ihrer Wache von acht Uhr bis zu dem
Zeitpunkt der Kollision?
Boxhall: Ich habe nicht bemerkt, daß sich das
Schiff dem Eisfeld so nahe befand.
Senator Smith: Sie wußten, daß Sie sich in der
Nähe der Grand Banks befanden?
Boxhall: Ich wußte, daß wir uns in der Nähe der

Grand Banks befanden.
Senator Smith: Wie war das Wetter zu jener Zeit?
Boxhall: Sehr gut und klar.
Senator Smith: Kalt?
Boxhall: Sehr kalt, ja.
Senator Smith: Wann haben Sie den Kapitän zum
letzten Mal gesehen?
Boxhall: Als er mir sagte, in das Boot zu steigen.
Senator Smith: Wie lange war das nach der Kolli-
sion?
Boxhall: Ich weiß nicht zu welcher Zeit ich das
Schiff verließ. Ich habe versucht, die Zeit her-
auszubekommen oder versucht sie zu berech-
nen, aber ich weiß nicht, um welche Zeit das
war.
Senator Smith: Wo waren Sie, als sich die Kollisi-
on ereignete?
Boxhall: Ich näherte mich gerade der Brücke.
Senator Smith: Von der Steuerbord- oder Back-
bordseite?
Boxhall: Steuerbordseite.
Senator Smith: Ereignete sich die Kollision an der
Steuerbord- oder Backbordseite?
Boxhall: Auf der Steuerbordseite.
Senator Smith: Und Sie befanden sich in jenem
Moment an Bord?
Boxhall: An Deck, ja.
Senator Smith: Und näherten sich der Brücke?
Boxhall: Ich näherte mich gerade der Brücke.
Senator Smith: Konnten Sie sehen, was geschehen
war?
Boxhall: Nein, ich konnte nicht sehen, was
geschehen war.
Senator Smith: Wußten Sie, was geschehen war?
Boxhall: Nein, überhaupt nicht. Ich hörte, wie
der Sechste Offizier sagte, was es gewesen sei.
Senator Smith: Was sagte er?
Boxhall: Er sagte, daß wir einen Eisberg gerammt
hatten.
Senator Smith: Gab es Ihres Wissens nach der
Kollision irgendwo Eis auf den Decks?
Boxhall: Ein wenig auf dem unteren Deck. Auf
dem offenen Deck sah ich ein bißchen, aber
nicht viel.
Senator Smith: Wissen Sie, ob irgend jemand bei
diesem Vorfall verletzt wurde?
Boxhall: Nein, ich weiß nicht, ich habe nie davon
gehört.
Senator Smith: Setzten Sie ihren Gang zur Brücke

nach dem Aufprall weiter fort?

Boxhall: Ja.

Senator Smith: Wie weit gingen Sie?

Boxhall: Zum Zeitpunkt des Aufpralls befand ich mich auf dem Deck fast dem Kapitänsquartier gegenüber, als ich drei Glockenschläge hörte.

Senator Smith: Was für Glockenschläge? Beschreiben Sie.

Boxhall: Sie kamen vom Ausguck.

Senator Smith: Was wurde gesagt?

Boxhall: Drei Glockenschläge.

Senator Smith: Drei Glockenschläge?

Boxhall: Das bedeutet, daß voraus etwas gesehen worden ist. Fast zur gleichen Zeit hörte ich den ersten Offizier befehlen: „Hart Steuerbord." Zur gleichen Zeit klingelte der Maschinentelegraph.

Senator Smith: Was bedeutete dieser Befehl?

Boxhall: Das Drehen des Schiffsbug nach backbord.

Senator Smith: Sahen Sie zu jenem Zeitpunkt den Eisberg?

Boxhall: Nein, nicht zu jener Zeit.

Senator Smith: Ragte er über das Deck, auf dem Sie sich befanden?

Boxhall: Oh nein, er überragte es nicht.

Senator Smith: Ein wenig tiefer?

Boxhall: Ja.

Senator Smith: Wissen Sie, ob er den Bug voll traf?

Boxhall: Es erschien mir, als ob er die Breitseite des Bugs getroffen hätte.

Senator Smith: Beschreiben Sie das näher.

Boxhall: Die Vorderseite des Schiffs, aber fast an der Seite.

Senator Smith: Auf welcher Seite?

Boxhall: Da, wo das Schiff beginnt, breiter zu werden, auf der Steuerbordseite.

Senator Smith: Wie weit wäre das von der Front des Schiffs entfernt?

Boxhall: Ich weiß nicht.

Senator Smith: Wie weit ungefähr?

Boxhall: Ich vermag es nicht in Fuß zu sagen.

Senator Smith: Wie weit von den Klüsen?

Boxhall: Ich weiß nicht, ich vermag es nicht zu sagen.

Senator Smith: Sie könnten das nicht beschreiben?

Boxhall: Nein, aber man könnte es auf dem Plan nachmessen.

Senator Smith: Ungefähr wie weit?

Boxhall: Ich vermag nicht zu sagen wieviele Fuß. Ich habe keine Ahnung, wieviel Fuß.

Senator Smith: Aber es war kein voller Treffer auf den Bug des Schiffs?

Boxhall: Nein.

Senator Smith: Umgangssprachlich wäre es ein flüchtiger Schlag?

Boxhall: Ein flüchtiger Schlag.

Senator Smith: Wurde der Schlag sofort gefühlt?

Boxhall: Ein leichter Aufprall.

Senator Smith: Wie leicht?

Boxhall: Er machte keinen ernsthaften Eindruck. Ich nahm es nicht ernst.

Senator Smith: Genug, um Ihren Weg zur Brücke zu unterbrechen?

Boxhall: Oh nein, nein, nein.

Senator Smith: Schwer genug, um Sie zu stoppen, meine ich?

Boxhall: Nein.

Senator Smith: So leicht, daß sie ihn nicht als ernst ansahen.

Boxhall: Ich dachte nicht, daß es sich um etwas ernsthaftes handelte.

Senator Smith: Sie gingen weiter zur Brücke?

Boxhall: Ja.

Senator Smith: Wen fanden Sie dort vor?

Boxhall: Ich traf auf den Sechsten Offizier, den Ersten Offizier und den Kapitän.

Senator Smith: Den sechsten Offizier, den ersten Offizier und den Kapitän?

Boxhall: Ja.

Senator Smith: Was, wenn überhaupt irgendwas, sagte der Kapitän?

Boxhall: Ja. Der Kapitän sagte: „Was haben wir gerammt?" Herr Murdoch, der erste Offizier sagte: „Wir haben einen Eisberg gerammt."

Senator Smith: Was wurde dann gesagt?

Boxhall: Er sagte daraufhin - Herr Murdoch sagte daraufhin: „Ich legte sie hart Steuerbord und ließ die Maschinen volle Kraft zurück laufen, aber es war zu eng. Sie rammte ihn."

Senator Fletcher: Das war vor dem Aufprall?

Boxhall: Nein, danach.

Senator Smith: Das war nachdem sie den Berg gerammt hatte?

Boxhall: Ja.

Senator Smith: Er sagte, er hätte sie hart Steuerbord gesteuert?

Boxhall: Ja.

Senator Smith: Aber es war zu spät?

Boxhall: Ja.

Senator Smith: Und sie rammte ihn?

Boxhall: Ja.

Senator Smith: Was sagte der Kapitän?

Boxhall: Herr Murdoch sagte auch: „Ich wollte backbords vorbeilaufen."

Senator Smith: „Ich wollte backbords vorbeifahren?"

Boxhall: „Aber sie rammte, bevor ich mehr tun konnte."

Senator Smith: Sagte er noch mehr?

Boxhall: „Die wasserdichten Türen sind geschlossen, Sir."

Senator Smith: Was sagte der Kapitän?

Boxhall: Herr Murdoch fuhr fort: „Die wasserdichten Türen sind geschlossen."

Senator Smith: Herr Murdoch fuhr fort: „Sind sie geschlossen"?

Boxhall: Nein: „Sie sind geschlossen."

Senator Smith: „Die wasserdichten Türen sind geschlossen?"

Boxhall: „Sind geschlossen."

Senator Smith: Verstehen Sie darunter, daß er. . .

Boxhall (unterbrechend): Ich sah, wie er sie schloß.

Senator Smith: Er hatte die elektrische Vorrichtung betätigt?

Boxhall: Ja.

Senator Smith: Und damit hatte er die wasserdichten Türen geschlossen?

Boxhall: Ja, und der Kapitän fragte ihn, ob er die Alarmglocke betätigt hätte.

Senator Smith: Was sagte er?

Boxhall: Er sagte: „Ja, Sir."

Senator Smith: Was ist die Alarmglocke?

Boxhall: Es ist eine kleine elektrische Klingel, die bei jeder wasserdichten Tür klingelt.

Senator Smith: Und er sagte, daß dieses geschehen war.

Boxhall: Ja.

Senator Smith: Was sagte er noch?

Boxhall: Wir gingen alle zur Ecke der Brücke, um den Eisberg zu betrachten.

Senator Smith: Der Kapitän?

Boxhall: Der Kapitän, der Erste Offizier und ich.

Senator Smith: Sahen Sie ihn?

Boxhall: Ich war mir nicht ganz sicher. Es erschi-

en mir als eine kleine schwarze Masse, die nicht weit aus dem Wasser ragte, gerade ein bißchen bis zu einem Viertel der Steuerbordseite.

Senator Smith: Wie weit aus dem Wasser würden sie sagen?

Boxhall: Ich kann die Größe nicht einschätzen, aber es wirkte auf mich, als würde er sehr tief liegen.

Senator Smith: Reichte er bis zum B-Deck?

Boxhall: Oh nein, das Schiff war da schon weiter. Er schien sehr tief im Wasser zu liegen.

Senator Fletcher: Geben Sie uns eine Idee, lassen Sie uns nicht allein.

Senator Smith: Wie weit, glauben Sie war er oberhalb der Wasserlinie?

Boxhall: Es ist schwer zu sagen. Meiner Meinung nach glaube ich nicht, daß das Ding über die Reling des Schiffs ragte.

Senator Smith: Über die Reling?

Boxhall: Nein.

Senator Smith: Und wie weit war die Reling über der Wasserlinie?

Boxhall: Ungefähr 30 Fuß.

Senator Smith: Ungefähr 30 Fuß?

Boxhall: Nein, knapp 30 Fuß.

Senator Smith: Wie weit ist die Entfernung von der Wasserlinie bis zum Bootsdeck?

Boxhall: Ich könnte das Maß dem Plan entnehmen.

Senator Smith: Ungefähr 70 Fuß, oder?

Boxhall: Vom Bootsdeck bis zur Wasserlinie waren es ungefähr 70 Fuß. Das Bootsdeck ist ein Deck über A. Die Reling, die ich meine, befindet sich auf dem C-Deck.

Senator Smith: Sie sagten, es sah aus wie ein schwarzes Objekt?

Boxhall: Ja.

Senator Smith: Schienen die Sterne in jener Nacht?

Boxhall: Die Sterne schienen.

Senator Smith: Und der Mond?

Boxhall: Kein Mond.

Senator Smith: Kein Mond?

Boxhall: Nein.

Senator Smith: War es klar?

Boxhall: Klar.

Senator Smith: Und dennoch wollen Sie so verstanden werden, daß Sie am Bug des Schiffs stehend, so weit vorne, wie Sie konnten, direkt auf dieses Hindernis blickend, dabei unfähig sind, festzustellen, um was es sich handelte?

Boxhall: Ich stand nicht am Bug des Schiffs, Sir. Ich stand auf der Brücke.

Senator Smith: Auf der Brücke?

Boxhall: Ja.

Senator Smith: Aber Sie konnten das Objekt sehen, oder?

Boxhall: Ich bin nicht sicher, ob ich es gesehen habe. Das heißt, ich würde nicht beschwören, es gesehen zu haben. Aber ich glaubte, einen länglichen kleinen Eisberg gesehen zu haben.

Senator Smith: Und er sah schwarz aus?

Boxhall: Ja.

Senator Smith: Schien der Kapitän zu wissen, was man gerammt hatte?

Boxhall: Nein.

Senator Smith: Und Herr Murdoch?

Boxhall: Herr Murdoch sah es, als wir es gerammt hatten.

Senator Smith: Sagte er, um was es sich gehandelt hatte?

Boxhall: Er sagte, es war ein Eisberg.

Senator Smith: Nachdem diese Signale eingeschaltet worden waren, was geschah dann?

Boxhall: Ich weiß nicht, was geschah, weil ich dann die Brücke verließ.

Senator Smith: Wo gingen Sie hin?

Boxhall: Ich ging ganz nach unten in das unterste Zwischendeck, soweit ich kam, ohne in die Frachtabteilung zu geraten, und inspizierte beim Hochgehen alle Decks in der Nähe der Stelle, wo ich dachte, daß sie getroffen worden war.

Senator Smith: Und was fanden Sie?

Boxhall: Ich fand keinen Schaden. Ich fand kein Anzeichen, daß das Schiff beschädigt worden war.

Senator Smith: Im Inneren?

Boxhall: Im Inneren.

Senator Smith: Sie sagten, Sie gingen in die Zwischendecks?

Boxhall: Ich ging in die Zwischendecks.

Senator Smith: Aber fanden kein Zeichen von Beschädigung dort?

Boxhall: Nein.

Senator Smith: Dann gingen Sie wohin?

Boxhall: Danach ging ich auf die Brücke und berichtete dem Kapitän, daß ich keine Schäden sehen könne.

Senator Smith: Ein Moment. Sahen Sie weiter hinter die Zwischendecks?

Boxhall: Ich sah mir alle Decks an. Ich arbeitete mich auf das Topdeck.

Senator Smith: Alle im vorderen Teil?

Boxhall: Im vorderen Teil des Schiffs, also gegenüber den Schotts 2 und 3.

Senator Smith: Was taten Sie dann?

Boxhall: Ich ging direkt auf die Brücke und berichtete, daß ich keine Schäden entdeckt hatte.

Senator Smith: Was sagte der Kapitän?

Boxhall: Er sagte: „Gehen Sie nach unten und finden Sie den Zimmermann, damit er das Schiff ausbessern kann."

Senator Smith: Taten Sie das?

Boxhall: Ich war auf dem Weg nach unten, als ich den Zimmermann traf.

Senator Smith: Was sagten Sie ihm?

Boxhall: Ich sagte: „Der Kapitän verlangt, daß Sie das Schiff ausbessern."

Er sagte: „Das Schiff nimmt Wasser auf." Er ging auf die Brücke zum Kapitän, und ich dachte, ich solle wieder nach vorne gehen, um dort nachzusehen. Ich traf dann einen Postbeamten, einen Mann namens Smith, der mich fragte, wo sich der Kapitän aufhalte. Ich sagte: „Er ist auf der Brücke." Er sagte: „Das Postlager ist voll" oder „Läuft schnell voll". Ich sagte: „Nun gehen Sie schnell zum Kapitän und berichten, und ich werde nach unten gehen und nachsehen." Ich ging direkt in den Postraum.

Senator Smith: Und was fanden Sie dort vor?

Boxhall: Ich ging nach unten bis in das Deck, wo sich die Verteilung befand und fand dort Postbeamten bei der Arbeit vor.

Senator Smith: Was taten sie?

Boxhall: Sie nahmen, so schien es mir, Briefe aus den Regalen.

Senator Smith: Nahmen die Briefe aus den Regalen und steckten sie in Postsäcke?

Boxhall: Ich konnte nicht sehen, wo sie sie hineinsteckten.

Senator Smith: Sie konnten nicht sehen, was damit geschah?

Boxhall: Ich blickte durch eine geöffnete Tür und sah diese Männer an den Regalen arbeiten und direkt unter mir befand sich das Postlager, und das Wasser schien zwei Fuß von dem Deck entfernt zu sein, auf dem wir standen.

Senator Smith: Was taten Sie in dieser Situation?

Boxhall (fortfahrend): Und Postsäcke trieben herum. Ich ging zur Brücke zurück und berichtete dem Kapitän, was ich gesehen hatte.

Senator Smith: Was sagte er?

Boxhall: Er sagte „In Ordnung" und gab dann den Befehl, die Boote klar zu machen.

Senator Smith: Sie meinen, er gab Befehl, die Boote zu beladen und zu Wasser zu lassen?

Boxhall: Die Rettungsboote vorzubereiten. . .

Senator Smith: Als der Befehl erging, die Boote vorzubereiten, was taten Sie da?

Boxhall: Ich ging auf die einzelnen Decks und bereitete die Boote vor, half, die Abdeckungen abzunehmen.

Senator Smith: Abdeckungen runter?

Boxhall: Abdeckungen runter und allgemeines Vorbereiten.

Senator Smith: Waren sie alle bedeckt?

Boxhall: Ja, mit Ausnahme der Seeboote. Ich half auch ganz allgemein auf Deck. Danach ging ich in den Kartenraum und berechnete die Position des Schiffs. Ich half bei den Booten und ging dann hinein, um die Position zu berechnen.

Senator Smith: Berichteten Sie die Position?

Boxhall: Ich gab die Position an den Kapitän weiter.

Senator Smith: Was sagte er?

Boxhall: Er sagte: „Bringen Sie sie in den Marconiraum."

Senator Smith: Taten Sie das?

Boxhall: Ja.

Senator Smith: Fanden Sie den verantwortlichen Funker?

Boxhall: Ich traf die beiden Funker an.

Senator Smith: Wen?

Boxhall: Phillips und Bride.

Senator Smith: Was taten Sie mit Ihrer Information?

Boxhall: Der Lärm des entweichenden Dampfes war so laut, daß ich die Position aufschrieb und bei ihnen hinterließ.

Senator Smith: Sie schrieben die Position einfach auf?

Boxhall: Ja.

Senator Smith: Und gaben sie dem Funker?

Boxhall: Ich ließ sie auf dem Tisch liegen. Er sah sie. Er hatte gerade einen Ruf, hörte zu, und ich

wollte ihn nicht unterbrechen.

Senator Smith: Blieben Sie, um zu sehen, was damit geschah?

Boxhall: Nein.

Senator Smith: Behielten Sie eine Kopie oder wissen Sie genau den Inhalt?

Boxhall: Jene Position?

Senator Smith: Ja.

Boxhall: Ja, ich habe die Position.

Senator Smith: Haben Sie ein Protokoll davon?

Boxhall: Nein, ich habe sie in meinem Kopf.

Senator Smith: Sagen Sie sie dem Protokollführer.

Boxhall: Einundvierzig, sechsundvierzig; fünfzig, vierzehn.

Senator Burton: Noch mal, bitte.

Boxhall: Einundvierzig, sechsundvierzig, Nord; Fünfzig, vierzehn, West.

Senator Smith: Wann war die Position zum letzten Mal ermittelt worden?

Boxhall: Das ist die Position, die ich berechnet hatte.

Senator Smith: Wann war das Ihres Wissens das letzte Mal gewesen?

Boxhall: Ja, das war die Position zum Zeitpunkt des Zusammenstoßes.

Senator Smith: War das der Punkt, an dem sie unterging?

Boxhall: Ich weiß nicht. Sie ist wahrscheinlich noch etwas weiter getrieben. Vielleicht eine halbe Meile oder so.

Senator Smith: Was taten Sie, nachdem Sie den Funkraum verlassen hatten?

Boxhall: Ging an Deck, half die Decks zu klaren und schickte Notraketen in den Himmel.

Senator Smith: Was meinen Sie mit die „Decks klaren"?

Boxhall: Die Boote vorbereiten, sollte ich sagen.

Senator Smith: Befanden sich zu dieser Zeit Passagiere an Deck?

Boxhall: Ja.

Senator Smith: Männer und Frauen?

Boxhall: Ja, Männer und Frauen kamen.

Senator Smith: Was taten sie?

Boxhall: Ich war zu beschäftigt, um das festzustellen.

Senator Smith: Trugen sie Schwimmwesten oder -gürtel?

Boxhall: Ja, ich glaube, alle trugen Schwimmwesten.

Senator Smith: Könnten Sie uns bitte sagen, daß soweit Sie beobachten konnten. . .

Boxhall: So weit ich es beobachten konnten, trugen sie sie alle.

Senator Smith: Männer wie Frauen?

Boxhall: Ja.

Senator Smith: Kinder?

Boxhall: Ich war die meiste Zeit auf der Brücke.

Senator Smith: Ich möchte Ihre bestmögliche Information bekommen.

Boxhall: Ich war die meiste Zeit auf der Brücke und schoß Notraketen ab und versuchte mit einem vor uns liegenden Schiff in Kontakt zu treten.

Senator Smith: Nahmen Sie die Signale vom Kapitän?

Boxhall: Nein.

Senator Smith: Brachten Sie sie selbst zu den Funkern?

Boxhall: Nein. Notsignale - Raketen.

Senator Smith: Auf dem Schiff?

Boxhall: Ja.

Senator Smith: Kehrten Sie noch mal in den Funkraum zurück?

Boxhall: Nein.

Senator Smith: Sie sagten, die Passagiere hielten sich auf dem ganzen Deck auf?

Boxhall: Ich verließ das Bootsdeck nicht mehr danach.

Senator Smith: Sie blieben auf dem Oberdeck?

Boxhall: Auf dem Oberdeck.

Senator Smith: Wo sich die Rettungsboote befanden?

Boxhall: Wo sich die Rettungsboote befanden.

Senator Smith: Und waren Sie an den Vorbereitungen beteiligt?

Boxhall: Allgemeine Hilfe.

Senator Smith: Halfen, als die Boote zu Wasser gelassen wurden?

Boxhall: Nicht beim zu Wasserlassen.

Senator Smith: Beim Beladen?

Boxhall: Ja, beim Beladen. Aber mein Hauptaugenmerk bis zum Verlassen des Schiffs bestand darin, die Notraketen abzufeuern und dem anderen Schiff vor uns zu signalisieren.

Senator Smith: Wie weit von Ihnen entfernt?

Boxhall: Schwierig zu sagen. Ich sah seine Mastbeleuchtung und sein Seitenlicht.

Senator Smith: In welcher Richtung?

Boxhall: Fast direkt vor uns.

Senator Smith: Offensichtlich auf demselben Kurs?

Boxhall: Oh nein, nein.

Senator Smith: Derselbe allgemeine Kurs?

Boxhall: Also, so wie er unterwegs war, schien er uns zu treffen.

Senator Smith: Er kam auf Sie zu?

Boxhall: Kam auf uns zu.

Senator Smith: Wissen Sie irgend etwas über das Schiff?

Boxhall: Nein.

Senator Smith: Haben Sie seitdem etwas darüber erfahren?

Boxhall: Nein, nichts.

Senator Smith: Sie sagten, Sie schossen diese Raketen ab und versuchten noch auf andere Weise, mit ihm Kontakt aufzunehmen?

Boxhall: Ja, es war, so dachte ich, nahe genug, um unsere elektrischen Morsesignale lesen zu können, und daher signalisierte ich so. Ich teilte ihm mit, daß es sofort kommen sollte, wir sinken. Der Kapitän stand. . .

Senator Smith: Das war das Signal?

Boxhall: Ja.

Senator Smith: Fahren Sie fort.

Boxhall: Ich erzählte dem Kapitän von diesem Schiff, und er stand neben mir die meiste Zeit während ich morste.

Senator Smith: Sah er es auch?

Boxhall: Ja.

Senator Smith: Sagte er Ihnen irgend etwas, wie Sie dessen Aufmerksamkeit erregen könnten?

Boxhall: Ich ging hinüber und begann mit dem Morsen. Er sagte mir: „Sagen Sie ihm, sofort zu kommen, wir sinken."

Senator Smith: Sie sanken da bereits?

Boxhall: Ja.

Senator Smith: „Komm sofort, wir sinken"?

Boxhall: Ja.

Senator Smith: Was war das für eine Art Signal?

Boxhall: Es wurde im Morsealphabet gesendet, dem Morsecode.

Senator Smith: Und das taten Sie?

Boxhall: Ja.

Senator Smith: Und bekamen Sie eine Antwort?

Boxhall: Ich vermag es nicht zu sagen. Einige Leute meinen, es hätte auf unsere Raketen und Zeichen geantwortet, ich habe es aber nicht gesehen.

Senator Smith: Wurde versucht, Funkkontakt aufzunehmen, nachdem Sie dieses Boot gesehen haben - was Sie für ein Boot hielten?

Boxhall: Ich weiß nicht, was in den Funkraum drang.

Senator Smith: Diese Signale, die Sie verwendeten, waren Morsesignale?

Boxhall: Ja.

Senator Smith: Sind Sie als Standard auf See anerkannt?

Boxhall: Oh ja.

Senator Smith: Sind sie Teil der britischen Vorschriften?

Boxhall: Ja.

Senator Smith: Sahen Sie überhaupt irgendein Zeichen von diesem Schiff?

Boxhall: Nein, ich kann nicht sagen, daß ich irgendwelche Zeichen sah, außer den normalen Lichtern. Einige Leute sagen, sie sahen Signale, aber ich nicht.

Senator Smith: Wenn Sie von „einigen Leuten" sprechen, wen meinen Sie damit?

Boxhall: Leute, die auf der Brücke waren.

Senator Smith: Passagiere?

Boxhall: Nein, ich sollte nicht Passagiere sagen.

Senator Smith: Offiziere?

Boxhall: Ich glaube, es waren Stewards.

Senator Smith: Stewards, Mannschaft?

Boxhall: Und Leute, die auf die Boote oder sonst was warteten.

Senator Smith: Sie sahen einige dieser Signale?

Boxhall: Einige Männer meinten, Signale gesehen zu haben.

Senator Smith: So weit Sie sehen konnten, wie weit glauben Sie, war das Schiff von der Titanic entfernt?

Boxhall: Ich würde sagen, das Schiff war ungefähr fünf Meilen entfernt.

Senator Smith: Welche Lichter sahen Sie?

Boxhall: Die beiden Mastlichter und das rote Licht.

Senator Smith: Waren die beiden Mastlichter die ersten Lichter, die sie sehen konnten?

Boxhall: Die ersten Lichter.

Senator Smith: Und welche anderen Lichter?

Boxhall: Und dann, als es näher kam, zeigte es das Seitenlicht, das rote Licht.

Senator Smith: Sie waren also sicher, daß es sich in Ihre Richtung bewegte?

Boxhall: Ziemlich sicher.

Senator Smith: Wie lange war das vor dem Untergang des Schiffs?

Boxhall: Das ist schwer zu sagen. Ich hatte damals keine Idee von der Zeit. Ich weiß nicht, wieviel Uhr es damals war.

Senator Smith: Können Sie sich erinnern, wieviel Zeit nach der Kollision vergangen war?

Boxhall: Nein.

Senator Smith: Wurde diese Information den Funkern mitgeteilt?

Boxhall: Welche Mitteilung?

Senator Smith: Wurde diese Information den Funkern mitgeteilt?

Boxhall: Meines Wissens nicht.

Senator Smith: Wußten Sie, daß sie einen Notruf abgesetzt hatten?

Boxhall: Oh ja.

Senator Smith: Und nahmen Sie an, daß dieses Schiff, falls es eine Funkanlage an Bord hätte, ihn empfangen hätte?

Boxhall: Wenn es eine Funkanlage gehabt hätte.

Senator Smith: Sie waren mit dem Morsen beschäftigt?

Boxhall: Ja.

Senator Smith: Bis Sie beim Vorbereiten der Boote assistierten?

Boxhall: Ich morste, schickte eine Rakete, ging zurück, sah nach dem Schiff, bis ich schließlich weggeschickt wurde.

Senator Smith: Nehmen wir an, Sie hätten auf dem Bug einen Suchscheinwerfer gehabt und hätten seinen Schein auf dieses Objekt, das sie scheinbar sahen, lenken können, glauben Sie, daß Sie das Schiff auf Ihre Nähe und der Notlage hätten aufmerksam machen können?

Boxhall: Zweifellos hätte es ein Suchscheinwerfer aufmerksam gemacht.

Senator Smith: Dieses Schiff war aber nicht mit einem Suchscheinwerfer ausgerüstet?

Boxhall: Die Titanic war nicht, nein.

Senator Smith: Waren Sie jemals auf einem Schiff, das damit ausgerüstet war?

Boxhall: Nicht in der Handelsmarine.

Senator Smith: Nicht in der Handelsmarine?

Boxhall: Nein.

Senator Smith: Woanders?

Boxhall: Bei der Kriegsmarine.

Senator Smith: Gehört das zur Ausrüstung der britischen Marine?

Boxhall: Ja, alle Schiffe, die ich gesehen habe, hatten einen Suchscheinwerfer.

Senator Smith: Aber nicht in der Handelsmarine?

Boxhall: Nicht in der Handelsmarine . . .

Senator Smith: Wie werden die Raketen zur Explosion gebracht?

Boxhall: Die Raketen werden mittels einer Zündschnur zur Explosion gebracht.

Senator Smith: Und schütten sich dann aus?

Boxhall: Sie gehen in die Luft und werfen Sterne.

Senator Smith: Wie stark sind die Raketen auf diesen Booten? Wie stark ist die Ladung, wissen Sie das?

Boxhall: Ich weiß es nicht. Das ist Sache der Aufsichtsbehörde.

Senator Smith: Funktionierten sie zufriedenstellend?

Boxhall: Oh ja.

Senator Smith: So, was diese Raketen anging. . .

Boxhall: Sie waren zufriedenstellend.

Senator Smith: Das Scheitern, die Aufmerksamkeit dieses anderen Schiffs zu erregen, lag also nicht an irgendwelchen fehlerhaften Signalen?

Boxhall: In keinster Weise.

Senator Smith: Sie sagten, Sie schossen die Raketen ab und morsten?

Boxhall: Ja.

Senator Smith: Und kehrten auf die Seite des Schiffs zurück?

Boxhall: Ja.

Senator Smith: Und halfen bei den Rettungsbooten?

Boxhall: Ja.

Senator Smith: Alles zur gleichen Zeit?

Boxhall: Ja. . .

Senator Smith: Wohin gingen Sie? Auf welche Seite?

Boxhall: Ich ging auf die Backbordseite.

Senator Smith: Mittschiffs, hinten oder vorne?

Boxhall: Ungefähr vorne.

Senator Smith: Gab es vorne irgendwelche Rettungsboote?

Boxhall: Oh ja.

Senator Smith: Auf jeder Seite?

Boxhall: Ja.

Senator Smith: Wieviele?

Boxhall: Als ich das Schiff verließ?

Senator Smith: Als das Schiff Southampton verließ, wenn Sie es sagen können? Ich möchte die Rettungsboote lokalisieren.

Boxhall: Sie waren auf dem Bootsdeck zu gleichen Teilen verteilt; Bootsdeck, Backbord- und Steuerbordseite.

Senator Smith: Vorne und hinten?

Boxhall: Vorne und hinten.

Senator Smith: Wieviele vorne?

Boxhall: Es gab 14 Rettungsboote. Also sieben auf jeder Seite.

Senator Smith: Befanden sich diese Boote alle entlang der Seite?

Boxhall: Ja.

Senator Smith: Ohne Unterbrechung? Es gab keine Teilung zwischen denen mittschiffs und vorne?

Boxhall: Nein.

Senator Smith: Sie sagten, es gab wieviele auf jeder Seite?

Boxhall: Sieben auf jeder Seite. Ich habe sie nie gezählt, aber ich glaube, es waren sieben. Es gab 14 Rettungsboote und zwei Notboote, sie waren gleich verteilt.

Senator Smith: Sahen Sie, wie irgendeines dieser Boote auf der Steuerbordseite zu Wasser gelassen wurde; vorne oder hinten?

Boxhall: Ich sah, wie jemand das Notboot auf der Steuerbordseite füllte, als ich ging und die Raketen abschoß. Ich schoß sie knapp am Bug des Notbootes vorbei ab.

Senator Smith: Es gab nur zwei Notboote?

Boxhall: Das ist alles. Ich bemerkte es, weil diese Raketen gefährlich sind, wenn sie explodieren, und ich die Leute in Entfernung halten mußte, während ich sie abschoß.

Senator Smith: Auf der Backbordseite hätten sie nur eins sehen können? Es gab je Seite nur ein Exemplar?

Boxhall: Ja.

Senator Smith: Sie hätten nur eins sehen können, und das befand sich auf dem Bootsdeck. Wurde es zu Wasser gelassen?

Boxhall: Ich sah es kurz bevor es zu Wasser gelassen wurde, und dann schoß ich eine Rakete ab, kurz nachdem es zu Wasser gelassen worden war. . .

Senator Smith: Sahen Sie die anderen Boote dieses Typs, wie sie zu Wasser gelassen wurden?

Boxhall: Ich war in ihm, als es zu Wasser gelassen wurde.

Senator Smith: Sie waren in ihm. Wann wurde es zu Wasser gelassen?

Boxhall: Ich kenne nicht die Uhrzeit.

Senator Smith: Können Sie die Reihenfolge sagen, ob es das Zweite, Dritte oder Vierte war?

Boxhall: Unser Boot war das Vorletzte auf der Backbordseite, das zu Wasser gelassen wurde. Einige Minuten nach mir wurde noch ein Boot zu Wasser gelassen, und danach hingen keine Boote mehr in den Davits auf der Backbordseite. . .

Senator Smith: Alle Rettungsboote waren bereits im Wasser, als Ihr Boot aufs Wasser kam?

Boxhall: Alle, bis auf eins.

Senator Smith: Wo war dieses eine?

Boxhall: Das war das nächste Boot hinter mir.

Senator Smith: Rettungs- oder Faltboot?

Boxhall: Rettungsboot.

Senator Smith: Waren Sie am Beladen der Boote beteiligt?

Boxhall: Ich assistierte, Menschen zu den Booten zu geleiten, aber ich stand nicht daneben und hob sie hinein.

Senator Smith: Was können Sie über die Angst der Leute sagen, die in die Boote gingen? Gab es viel Angst?

Boxhall: Nein, ich kann nicht sagen, daß ich dergleichen sah.

Senator Smith: Können Sie denn sagen, ob sie beim Einsteigen zurückhaltend waren?

Boxhall: Das habe ich ebenfalls nicht bemerkt.

Senator Smith: Waren viele Menschen auf dem Bootsdeck, als Sie in das Boot einstiegen?

Boxhall: Nein.

Senator Smith: Befanden sich dort überhaupt Menschen?

Boxhall: Einige standen bei dem anderen Boot. . .

Senator Smith: Wo war der Kapitän?

Boxhall: Der Kapitän stand neben dem Notboot.

Senator Smith: Das, in welches Sie einstiegen?

Boxhall: Ja.

Senator Smith: Wie weit entfernt?

Boxhall: Er stand neben der Tür zum Ruderhaus, direkt vor dem Boot.

Senator Smith: Neben der Tür zum Ruderhaus, direkt vor dem Boot?

Boxhall: Ja.

Senator Smith: Was tat er?

Boxhall: Überwachte das Beladen der Boote, glaube ich.

Senator Smith: Beladen?

Boxhall: Überwachte, wie Passagiere in die Boote gesetzt wurden.

Senator Smith: Bat er Sie einzusteigen?

Boxhall: Ja.

Senator Smith: Was sagte er?

Boxhall: Er sagte mir, ich solle in das Boot steigen und ablegen.

Senator Smith: Ging noch ein anderer Offizier in das Boot?

Boxhall: Nein.

Senator Smith: Irgendein anderes Besatzungsmitglied?

Boxhall: Ein Mann war drin.

Senator Smith: Wer war das?

Boxhall: Ich weiß seinen Namen nicht mehr. Ich habe ihn vergessen.

Senator Smith: Was war seine Beschäftigung?

Boxhall: Matrose.

Senator Smith: Aber Sie wissen nicht, um wen es sich handelte?

Boxhall: Es handelte sich um einen Matrosen, einen Steward und einen Koch, das war alles.

Senator Smith: Es gab vier Männer in diesem Boot?

Boxhall: Und einen Passagier.

Senator Smith: Einen Matrosen, einen Steward, einen Koch, Sie und einen männlichen Passagier?

Boxhall: Einen männlichen Passagier.

Senator Smith: Wer war jener Passagier?`

Boxhall: Er war ein Salonpassagier, der nicht Englisch sprach. Er hatte einen schwarzen Bart.

Senator Smith: Wie alt ungefähr?

Boxhall: Ein Mann mittleren Alters.

Senator Smith: Hatte er Familie an Bord?

Boxhall: Ich glaube seine Frau und einige Kinder.

Senator Smith: Kam sie herein?

Boxhall: Das Boot war bereits voll. Ich sah keine Passagiere mehr hineinkommen.

Senator Smith: Das Boot war voll?

Boxhall: Ja, es machte auf mich einen ziemlich vollen Eindruck. Es kam der Befehl, es zu Wasser zu lassen, als ich zu ihm geschickt wurde.

Senator Smith: Wie lange war das vor dem Untergang?

Boxhall: So weit ich das beurteilen kann, scheint es mir 20 Minuten bis eine halbe Stunde gewesen zu sein.

Senator Smith: Bevor das Schiff unterging?

Boxhall: Ja.

Senator Smith: Sahen Sie den Kapitän danach?

Boxhall: Nein.

Senator Smith: Überhaupt nicht?

Boxhall: Nein.

Senator Smith: Wie weit waren Sie vom Schiff entfernt, als es sank?

Boxhall: Ich nehme an, ich war eine halbe Meile entfernt.

Senator Smith: In welche Richtung sich entfernend?

Boxhall: An den Rudern ruhend.

Senator Smith: Saßen alle Männer in dem Boot an den Rudern?

Boxhall: Ja.

Senator Smith: Saßen Frauen an den Rudern?

Boxhall: Ich hatte ein Ruder und eine Dame half mir dabei, was aber niemand verlangt hatte. Niemand hatte Sie gebeten.

Senator Smith: Wissen Sie, wer sie war?

Boxhall: Nein.

Senator Smith: Haben Sie später herausgefunden, wer sie war?

Boxhall: Nein, ich habe es nicht herausgefunden.

Senator Smith: Sie haben Sie nicht darum gebeten, sagen Sie?

Boxhall: Nein.

Senator Smith: Es war eine freiwillige Hilfe?

Boxhall: Freiwillige Hilfe.

Senator Smith: Als Sie von der Bordwand ablegten, gab es da andere, die versuchten, ins Boot zu klettern?

Boxhall: Nein.

Senator Smith: Männer oder Frauen?

Boxhall: Nein.

Senator Smith: Als Sie sich vom Schiff entfernten, sahen Sie da irgend jemand im Wasser?

Boxhall: Nein, auf keinen Fall.

Senator Smith: Trafen Sie auf irgend jemand im Wasser, als Sie in das Boot stiegen?

Boxhall: Nein.

Senator Smith: Kehrten Sie jemals zur Titanic zurück, nachdem Sie abgelegt hatten?

Boxhall: Ich umrundete das Heck des Schiffs und wollte versuchen, wieder anlegen.

Senator Smith: Warum?

Boxhall: Ich dachte, ich könnte noch drei Menschen mit Sicherheit aufnehmen.

Senator Smith: Wer schlug Ihnen das vor?

Boxhall: Niemand.

Senator Smith: Kam dieser Vorschlag von einem weiblichen Passagier oder taten Sie es aus sich selbst heraus?

Boxhall: Ich tat es aus mir selbst heraus. Ich war für das Boot verantwortlich.

Senator Smith: Und sie kamen um sie herum - wie nahe waren sie der Bordwand?

Boxhall: Ich hielt einen kleinen Abstand zum Schiff.

Senator Smith: Wie weit entfernt?

Boxhall: Ungefähr 100 Yards oder so.

Senator Smith: Versuchte jemand, in das Boot zu steigen?

Boxhall: Oh nein. Es gab keinen Ansturm.

Senator Smith: Und riefen Sie nach jemandem?

Boxhall: Nein, ich hoffte, wieder am Schiff anlegen zu können.

Senator Smith: Warum kamen Sie nicht näher?

Boxhall: Weil ich es für klug hielt, nicht näher zu kommen, und ich überließ es den Menschen . . .

Senator Smith: Klüger für was?

Boxhall: Es gab an Bord nur einen Mann, der meine Befehle verstand, wie das Boot zu steuern war.

Senator Smith: Hatten Sie das Gefühl, der Sog könne gefährlich werden?

Boxhall: Ja.

Senator Smith: Gab es einen Sog?

Boxhall: Ja, ich glaube es gab ein wenig Sogwirkung.

Senator Smith: Wieviel?

Boxhall: Das Boot schien näher an das Schiff gezogen zu werden. Ich selbst hatte angenommen, daß es mehr Sog geben würde. Das war kurz nachdem wir zu Wasser gelassen worden waren. Ich glaube, es gab mehr Sog, als sie dann tatsächlich versank, weil ich da schon etwas entfernt war.

Senator Smith: Sie waren nicht nahe genug, um genau zu wissen, wie stark der Sog war, als sie tatsächlich sank?

Boxhall: Nein.

Senator Smith: In der Tat gab es nicht viel Sogwirkung, nicht wahr?

Boxhall: Nein. Ich glaube nicht, daß es soviel Sogwirkung gab, wie die Leute dachten. Ich selbst war sehr überrascht.

Senator Smith: Sie waren ziemlich überrascht, und alle Offiziere waren ziemlich überrascht, nicht wahr, daß es sowenig Sogwirkung gab?

Boxhall: Vom Hörensagen war es scheinbar eine allgemeine Überraschung für alle, daß es so wenig Sogwirkung gab.

Senator Smith: Wissen Sie, wer der Passagier war, der mit im Boot war - der Mann?

Boxhall: Nein.

Senator Smith: Haben Sie Ihn seitdem wiedergesehen?

Boxhall: Nein, habe ich nicht.

Senator Smith: Sie haben ihn nicht an Bord der Carpathia gesehen?

Boxhall: Nein. Ich bat eine Dame, das Boot meinen Anordnungen entsprechend zu steuern. Ich bat sie, die Ruderpinne hin und her zu bewegen.

Senator Smith: War das Frau (Mahala) Douglas?

Boxhall: Frau Douglas, und sie assistierte mir großartig dabei.

Senator Smith: Dann waren Sie also im Boot von Frau Douglas?

Boxhall: Ja.

Senator Smith: Haben Sie sie danach gesehen?

Boxhall: Ja, an Bord der Carpathia.

Senator Smith: Und Sie haben mir ihr geredet?

Boxhall: Ja, wir haben uns unterhalten.

Senator Smith: Haben Sie sie seitdem gesehen?

Boxhall: Nein.

Senator Smith: Ihr Ehemann hat nicht überlebt?

Boxhall: Nein, hat er nicht.

Senator Smith: Sie nahm die Ruderpinne des Rettungsboots und steuerte es?

Boxhall: Ja.

Senator Smith: Und Sie ruderten?

Boxhall: Ja.

Senator Smith: Wissen Sie im Zusammenhang mit den anderen Booten, wann Ihres die Carpathia erreichte?

Boxhall: Ja, es war das Erste.

Senator Smith: Wer war die erste Person, die aus Ihrem Boot stieg?

Boxhall: Daran kann ich mich nicht erinnern.

Senator Smith: Können Sie sich daran erinnern, ob es Frau Douglas oder Sie selbst waren. . .

Boxhall: Ich war es nicht, weil ich allen half, bevor ich selbst ausstieg.

Senator Smith: Stiegen Sie auf eine kleine Brücke an der Seite der Carpathia?

Boxhall: Nein.

Senator Smith: Auf einige Stufen, die nach oben führten?

Boxhall: Es gab eine Trittleiter an der Seite.

Senator Smith: Eine direkte Leiter?

Boxhall: Ja, eine direkte Leiter.

Senator Smith: Und Sie halfen den Passagieren zu der Leiter?

Boxhall: Ja, ich stülpte das Tau über ihre Köpfe, steckte ihre Arme durch ein Seil und half ihnen dann so nach oben.

Senator Smith: Brachten Sie alle Passagiere Ihres Bootes durch?

Boxhall: Ja, alle.

Senator Smith: An Bord der Carpathia?

Boxhall: Ja.

Senator Smith: Wissen Sie die Uhrzeit, wann Sie anlegten?

Boxhall: Nein. Man sagte mir später auf der Carpathia, daß es ungefähr zehn Minuten nach vier gewesen sei. Ungefähr.

Senator Smith: Sind Sie gerudert, oder haben Sie auf den Riemen gelegen von der Zeit des Verlassens der Titanic bis. . .

Boxhall: Nein. Ich habe die meiste Zeit grüne Lichter gezeigt. Ich hatte pyrotechnische Lichter auf dem Boot gezeigt.

Senator Smith: Ihr Boot war mit Lichtern ausgerüstet?

Boxhall: Ja.

Senator Smith: Waren einige der anderen Boote auch so ausgerüstet, oder sahen Sie Lichter dieser Art auf den anderen Booten?

Boxhall: Nicht von dieser Art.

Senator Smith: Zwischen der Zeit, als Sie die Titanic verließen und dem Eintreffen bei der Carpathia, meine ich.

Boxhall: Nein. . .

Senator Smith: Sahen Sie, wie die Titanic unterging?

Boxhall: Nein. Ich kann nicht sagen, daß ich sah, wie sie unterging. Ich sah, wie die Lichter erloschen und ich guckte noch zwei oder drei Minuten lang. Es war 25 Minuten nach zwei, und daraus schloß ich, daß sie gegen 2:20 Uhr untergegangen sein muß.

Senator Smith: Wie weit waren Sie von ihr entfernt?

Boxhall: Ich würde sagen, wir waren eine dreiviertel Meile entfernt.

Senator Smith: Sie sind also nicht in der Lage, zu erzählen, welche Szenen sich an Bord der Titanic abspielten.

Boxhall: Ja.

Senator Smith: Haben Sie sich in jener Nacht mit Herrn Ismay unterhalten?

Boxhall: Ja.

Senator Smith: Wo?

Boxhall: An Bord des Schiffs.

Senator Smith: Zu welcher Zeit?

Boxhall: Auf der Brücke, ungefähr zehn Minuten oder eine Viertelstunde, bevor ich mit dem Boot ablegte.

Senator Smith: Auf der Brücke, ungefähr zehn Minuten oder eine Viertelstunde, bevor Sie mit dem Rettungsboot ablegten?

Boxhall: Ja.

Senator Smith: Woher kannten Sie ihn?

Boxhall: Ich kannte ihn schon seit ungefähr drei Jahren vom Sehen. Er war auf anderen Schiffen, auf denen ich angestellt war.

Senator Smith: Was sagte er zu Ihnen?

Boxhall: Er fragte mich, warum ich nicht die Leute in das Boot bitten und ablegen würde?

Senator Smith: Was sagten Sie ihm?

Boxhall: Ich sagte ihm, daß die Besatzung fertig sei, und daß Boote bereit zum Ablegen sei, wenn der Befehl vom Kapitän ergehen würde.

Senator Smith: Und der Befehl war noch nicht ergangen?

Boxhall: Nein.

Senator Smith: War das alles, was gesagt wurde?

Boxhall: Das ist alles.

Senator Smith: Sagte er irgend etwas über sich selbst?

Boxhall: Nein, er ging weiter, dann. . .

Senator Smith: Sie sagen, Sie haben Herrn Ismay nicht wiedergesehen, nachdem sie ihn auf der Brücke getroffen hatten und bevor der Befehl zum Ablegen der Rettungsboote gegeben worden war?

Boxhall: Ich sah ihn nicht, nein.

Senator Smith: Wann sahen Sie ihn das nächste Mal?

Boxhall: Als er mit dem Faltboot an die Seite der

Carpathia kam.

Senator Smith: Wissen Sie um welches Boot es sich handelte?

Boxhall: Ich kenne keine Nummer, es war das Faltboot.

Senator Smith: Wann nachdem Sie dort eingetroffen waren, tauchte es an der Seite der Carpathia auf?

Boxhall: Es war eines der letzten Boote. . .

Senator Smith: Wissen Sie, wer sich in ihm befand?

Boxhall: Herr Carter war drin, ich sah Herrn Carter. . .

Senator Smith: Waren noch andere Männer in jenem Boot?

Boxhall: Ja, ich sah einige Männer, die wie Philippiner aussahen.

Senator Smith: Ausländer?

Boxhall: Ja.

Senator Smith: Wieviele?

Boxhall: Ich weiß nicht, ob es drei oder vier von ihnen waren.

Senator Smith: Waren Frauen oder Kinder in diesem Boot?

Boxhall: Ja, es war gefüllt mit ihnen.

Senator Smith: Wieviele waren in dem Boot?

Boxhall: Ich will nicht sagen, daß es mit Frauen und Kindern besetzt war. Jetzt, wo ich darüber nachdenke, war da noch ein Zwischendeckpassagier, der nicht Englisch sprechen konnte.

Senator Smith: Wieviele Philippiner?

Boxhall: Drei oder vier.

Senator Smith: Und Herr Ismay, Herr Carter und dieser Ausländer, der kein Englisch sprechen konnte?

Boxhall: Ja.

Senator Smith: Waren außer denen auf Ihrem Boot noch andere Lichter auf den anderen Booten sichtbar?

Boxhall: Ich sah einige Rettungsbootlichter, aber die normalen Lichter für Rettungsboote, sehr düster, kleine Lampen.

Senator Smith: Wenn alle Rettungsboote beleuchtet gewesen wären, hätte es Eindruck auf Sie gemacht, nicht wahr?

Boxhall: Gleich beleuchtet. . .

Senator Smith: So wie ihr Boot?

Boxhall: Aber es handelte sich dabei um eine Schachtel mit grünen Leuchten, die in das Boot geworfen worden waren.

Senator Smith: Zufällig?

Boxhall: Nein, nicht zufällig.

Senator Smith: Absichtlich?

Boxhall: Ja, weil ich dem Mann gesagt hatte, sie hineinzulegen.

Senator Smith: Gehörte es zur Ausrüstung des Bootes?

Boxhall: Nein, es gehörte nicht zur Ausrüstung. Ich hatte ihm nur gesagt, sie hineinzulegen, damit sie von irgendjemanden gefunden werden konnten.

Senator Smith: Ich verstehe. Und nachdem das Boot zu Wasser gelassen worden war, entzündeten Sie sie?

Boxhall: Ja.

Senator Smith: Sorgten Sie für ein strahlendes Licht?

Boxhall: Ja, ein sehr strahlendes Licht.

Senator Smith: Glauben Sie, daß die Carpathia diesen Lichtern entgegen lief?

Boxhall: Sie taten es.

Senator Smith: Und Sie meinen, das ist der Grund, warum Sie als Erste entdeckt wurden?

Boxhall: Ja.

Senator Smith: Nun, Herr Boxhall, haben Sie auf dem Boot die Bekanntschaft mit amerikanischen Passagieren gemacht?

Boxhall: Auf welchem Boot?

Senator Smith: Auf der Titanic.

Boxhall: Nein, erst nach dem Unfall. Nachdem wir an Bord der Carpathia waren, traf ich den einen oder anderen.

Senator Smith: Aber zwischen dem Ablegen in Southampton und dem Ort des Unfalls waren Sie sich der Tatsache bewußt, daß sich eine große Anzahl von Amerikanern an Bord befand?

Boxhall: Ja.

Senator Smith: Haben Sie irgendwann mal erfahren, um wen es sich handelte?

Boxhall: Ja, beim Blick in die Passagierliste.

Senator Smith: Können Sie irgendwelche Namen nennen, an die Sie sich besonders erinnern?

Boxhall: Ja, ich erinnere mich, daß Col. Astor und seine Frau an Bord waren.

Senator Smith: Sie erinnern sich, daß Sie Col. Astors Namen auf der Liste sahen?

Boxhall: Ja.

Senator Smith: Haben Sie ihn oder seine Frau persönlich gesehen?

Boxhall: Ich habe ihn auf dem Topdeck promenieren gesehen.

Senator Smith: Wußten Sie, wer er war?

Boxhall: Einer der Offiziere, ich glaube es war einer der Offiziere, sagte mir. . .

Senator Smith: Haben Sie Col. Astor nach der Kollision gesehen?

Boxhall: Nein.

Senator Smith: Oder seine Frau?

Boxhall: Ich habe seine Frau niemals gesehen.

Senator Smith: Nachdem Sie an Bord der Carpathia waren an diesem frühen Morgen, Montagmorgen oder nachdem Sie von der Titanic abgelegt hatten, haben Sie da Eisberge gesehen?

Boxhall: Nicht bevor ich zwei oder drei Schiffslängen von der Carpathia entfernt war, als ihre Maschinen stoppten, sah ich Eisberge. Der Tag dämmerte gerade.

Senator Smith: Wo waren sie?

Boxhall: Nahe bei der Carpathia.

Senator Smith: Wie nahe?

Senator Smith: Er schien ungefähr eine halbe oder eine Viertelmeile von einem Berg entfernt gestoppt zu haben.

Senator Smith: Wieviele Berge konnten Sie sehen?

Boxhall: Zahlreiche Berge. Bei Tagesanbruch sah ich sie.

Senator Smith: Ungefähr wieviele?

Boxhall: Würde ich lieber nicht sagen.

Senator Smith: Mehr als zwei?

Boxhall: Sicherlich mehr als zwei. Einige Berge.

Senator Smith: Also vier oder fünf oder sechs?

Boxhall: Ein Eisfeld. Soweit ich blicken konnte.

Senator Smith: Können Sie uns die Theorie des Navigators erklären, woher Eisberge, Schollen und Feldeis stammen?

Boxhall: Soweit ich verstehe, stammen sie aus der arktischen Region.

Senator Smith: Woraus bestehen Sie, wissen Sie das?

Boxhall: Einige Leute, die ihnen sehr nahegekommen sind, erzählen mir, daß sie Sand und Kiesel und Felsen und ähnliche Dinge gesehen haben.

Senator Smith: Felsen und andere Substanzen?

Boxhall: Und Erde. Ich bin nie nahe genug

gekommen, um das sehen zu können.

Senator Smith: Ich nehme an, Sie meinen Eisberge, wenn Sie das sagen?

Boxhall: Die Eisberge, ja.

Senator Smith: Und diese Eisberge stammen aus den arktischen Regionen?

Boxhall: Ja, glaube ich.

Senator Smith: Und treiben in die offene See?

Boxhall: Ja.

Senator Smith: Wie weit östlich haben Sie sie schon gesehen?

Boxhall: Ich weiß nicht, wie weit östlich ich sie gesehen habe. Es ist viele Jahre her, daß ich welche gesehen habe.

Senator Smith: Ist es Allgemeingut unter Seeleuten und den Navigatoren, daß sie in den Breiten der Grand Banks häufiger vorkommen?

Boxhall: Um 50 West; 71 bis 50 West, soweit ich mich erinnern kann.

Senator Smith: Zwischen 47 bis 50 West ist ihre Existenz bekannt?

Boxhall: Ja.

Senator Smith: Und es ist üblich, dort besonders vorsichtig zu sein?

Boxhall: Oh ja.

Senator Smith: Wie kann es dann geschehen, daß es in dieser Gegend nicht für notwendig erachtet wurde, den Ausguck zu verstärken?

Boxhall: Ich weiß nicht. Der Ausguck ist vielleicht verstärkt worden. Ich kann es nicht sagen. Ich war die meiste Zeit meiner Wache im Kartenraum mit Berechnungen beschäftigt.

Senator Smith: So viel Sie wissen, war es nicht der Fall?

Boxhall: Ich habe nicht davon gehört, daß zusätzliche Beobachtungsposten eingesetzt worden waren.

Senator Smith: Sie sahen in jener Nacht keine zusätzlichen Offiziere vorne auf dem Brückendeck?

Boxhall: Nein

Senator Smith: Wissen Sie welche Vorsichtsmaßnahmen der Kapitän der Carpathia ergriff, als es sich im Eis vorfand?

Boxhall: Nein.

Senator Smith: Wissen Sie, ob er die Beobachtungsposten verdoppelte?

Boxhall: Ich weiß es nicht.

Senator Smith: Wie lange nachdem die Rettungsboote an Bord gebracht worden waren, setzte er die Fahrt nach New York fort?

Boxhall: Es war bereits ziemlich weit fortgeschrittener Vormittag, würde ich sagen, als er den Kurs New York einschlug.

Senator Smith: Zwischen neun und zehn Uhr?

Boxhall: Nein, ich glaube es war wesentlich später. Wir fuhren noch einige Zeit über die Unglücksstelle. Ich habe mir die Zeit nicht gemerkt, aber es muß ziemlich spät am Vormittag gewesen sein.

Senator Smith: Herumfahren. . .

Boxhall: Über den Ort des Unglücks fahren.

Senator Smith: Wo waren Sie, als man herumfuhr?

Boxhall: Ich war einige Minuten, kurz nachdem wir die Boote an Bord hatten, auf der Brücke.

Senator Smith: Wie lange?

Boxhall: Ungefähr eine Viertelstunde, glaube ich.

Senator Smith: Und blieben dort auf der Brücke der Carpathia, bis alle Boote an Bord waren?

Boxhall: Ja.

Senator Smith: Sahen Sie im Wasser treibende Körper?

Boxhall: Ich blieb auf der Brücke, bis er Kurs auf New York nahm. Ich weiß nicht zu welcher Uhrzeit das war.

Senator Smith: Sahen Sie im Wasser treibende Körper?

Boxhall: Ich sah einen Körper.

Senator Smith: Ein Mann oder einer Frau?

Boxhall: Einen Mann.

Senator Smith: Sahen Sie das Gesicht genau?

Boxhall: Nein, da war eine Schwimmweste darüber.

Senator Smith: Tot?

Boxhall: Oh ja. Ziemlich tot.

Senator Smith: Woher wußten Sie das?

Boxhall: Wir konnten es daran erkennen, wie der Körper im Wasser lag.

Senator Smith: Wie ist die übliche Stellung eines toten Körpers im Wasser mit Schwimmweste?

Boxhall: Dieser Körper sah aus, als ob der Mann liegen würde, als ob er schlafen würde mit seinem Kopf auf dem Arm.

Senator Smith: Auf seiner Seite?

Boxhall: Auf seiner Seite.

Senator Smith: Waren Sie nahe genug, um ihn beschreiben zu können?

Boxhall: Ganz und gar nicht.

Senator Smith: Ist das der einzige Körper, den Sie gesehen haben?

Boxhall: Das ist der einzige Körper, den ich gesehen habe.

Senator Smith: Der einzige Körper, tot oder lebend?

Boxhall: Ja, tot oder lebend.

Senator Smith: Es muß Hunderte von Körpern in der Nähe der Titanic gegeben haben.

Boxhall: Niemand hat sie jemals alle gesehen.

Senator Smith: Sie sagen, sie wären alle mit Schwimmwesten ausgerüstet gewesen?

Boxhall: Ich kann mich nicht erinnern, jemand ohne gesehen zu haben.

Senator Smith: Hat irgendeine Person sich geweigert, in die Rettungsboote zu gehen?

Boxhall: Ich habe auf der Carpathia erfahren, daß sich einige von ihnen geweigert haben.

Senator Smith: Nun, die auf der Carpathia haben sich nicht geweigert. Sie hörten, daß sich andere geweigert hatten?

Boxhall: Ich hörte, daß sich andere geweigert hatten.

Senator Smith: Sahen Sie irgendeine Person - Mann, Frau oder Kind -, die sich weigerten, in ein Rettungsboot zu steigen?

Boxhall: Nein.

Senator Smith: Sahen Sie, wie irgendeinem Mann, Frau oder Kind der Zutritt zu einem Rettungsboot verweigert wurde?

Boxhall: Nein.

Senator Smith: Sahen Sie, wie irgendein Mann, eine Frau oder ein Kind aus einem Boot herausgeworfen wurden?

Boxhall: Nein.

Senator Smith: Sahen Sie wie ein Mann oder eine Frau versuchten, in ein Rettungsboot zu gelangen, als sie an Bord oder bereits mit ihrem Boot auf dem Wasser waren?

Boxhall: Sie meinen drängend oder eher in Ruhe?

Senator Smith: Kämpfe, um hereinzukommen?

Boxhall: Nein, habe ich nicht bemerkt.

Senator Smith: Versuche hineinzukommen?

Boxhall: Ich sah einige einsteigen, aber alle, die ich sah, wie sie es versuchten, kamen hinein.

Senator Smith: Sahen Sie jemand im Wasser einsteigen?

Boxhall: Nein.

Senator Smith: Sahen Sie jemand, der versuchte, vom Wasser aus hineinzuklettern?

Boxhall: Ich sah niemanden im Wasser. Es war dunkel.

Senator Smith: Sie konnten also niemanden sehen?

Boxhall: Ich konnte niemanden im Wasser erkennen. Ich blickte mich um, hatte meine Augen offen, konnte aber niemanden sehen.

Senator Smith: Wenn Sie jemanden im Wasser gesehen hätten, was hätten Sie getan?

Boxhall: Ich hätte sie ins Boot geholt.

Senator Smith: Sie hätten sie nicht sich selbst überlassen.

Boxhall: Nein.

Senator Smith: Wenn Sie einen kämpfenden Mann oder eine Frau im Wasser gesehen hätten.

Boxhall: Hätte ich sie aufgenommen, soweit es die Sicherheit zugelassen hätte. Aber ich habe niemanden gesehen. . .

VIERTER TAG
Dienstag, 23. April
Washington D. C.

Zeuge: Herbert John Pitman, 34
Dritter Offizier der Titanic aus Somerset, England.

Kern der Aussage: Pitman behauptete, er wollte mit dem von ihm befehligten Rettungsboot Nummer fünf an den Ort des Untergangs zurückrudern, doch die Passagiere waren dagegen. Daher ruhten seine Männer auf den Riemen, während im Wasser schreiende Schiffbrüchige erfroren.

Senator Smith: Wo waren sie am Sonntagabend direkt vor der Kollision?

Pitman: In meiner Koje, im Bett.

Senator Smith: Welche Wachstunden hatten Sie in jener Nacht?

Pitman: Ich war auf der Brücke von sechs bis acht Uhr abends.

Senator Smith: Wen sahen Sie, wenn überhaupt jemand, in jener Nacht zwischen sechs und acht Uhr?

Pitman: Den Kommandeur und den Zweiten Offizier.

Senator Smith: Den Kapitän?

Pitman: Ja.

Senator Smith: Sie nennen ihn in diesem Fall Kommandeur?

Pitman: Einige tun das.

Senator Smith: Ich möchte sicher gehen, daß Sie den Kapitän meinen. Zu welcher Zeit war er auf der Brücke? Während Ihrer gesamten Wache?

Pitman: Das kann ich nicht sagen, weil ich im Inneren war und Beobachtungen auswertete.

Senator Smith: Wann immer Sie zwischen sechs und acht Uhr auf die Brücke gingen, erinnern Sie sich, den Kapitän gesehen zu haben?

Pitman: Ich habe ihn einmal gesehen.

Senator Smith: Erinnern Sie sich an die Uhrzeit?

Pitman: Vor sieben Uhr.

Senator Smith: Sie haben ihn nach sieben Uhr nicht mehr aus der Brücke gesehen?

Pitman: Habe ich nicht, weil ich selbst nicht auf die Brücke ging.

Senator Smith: Wer war auf der Brücke?

Pitman: Der Zweite Offizier.

Senator Smith: Herr Lightoller?

Pitman: Herr Lightoller.

Senator Smith: Redeten Sie in jener Nacht zwischen sechs und acht Uhr mit Herrn Lightoller?

Pitman: Habe ich nicht getan.

Senator Smith: Erfuhren Sie von ihm, daß die Californian die Titanic vor Eisbergen in der Nähe gewarnt hatte?

Pitman: Nein, wir haben uns in keinster Weise unterhalten.

Senator Smith: Haben Sie etwas von dem Funkspruch der Californian über die Eisberge erfahren?

Pitman: Nein, habe ich nicht.

Senator Smith: Niemand erwähnte das Ihnen gegenüber?

Pitman: Nein.

Senator Smith: Haben Sie sich mit dem Kapitän am Sonntag unterhalten?

Pitman: Nein, ganz und gar nicht. Ich hatte nie eine Unterhaltung.

Senator Smith: Sie haben nicht mit ihm gesprochen?

Pitman: Ich habe nicht mit ihm gesprochen.

Senator Smith: Sagte er etwas zu Ihnen?

Pitman: Nicht am Sonntag.

Senator Smith: Aber Sie haben zuvor während der Überfahrt mit ihm gesprochen?

Pitman: Oh ja, die Arbeit betreffend.

Senator Smith: Aber nicht am Sonntag.

Pitman: Nein.

Senator Smith: Wenn ich mich recht daran erinnere, was Sie gesagt haben, dann sahen Sie die Eisberge oder Eis während Ihrer Wache zwischen sechs und acht Uhr am Sonntagabend.

Pitman: Ich sah absolut nichts, bis ich im Boot war, und das war gegen halb vier Uhr am Montagmorgen. Das war das erste Eis, das ich sah.

Senator Smith: Sie hielten danach Ausschau?

Pitman: Wir hatten einen speziellen Beobachtungsposten für Eis.

Senator Smith: Wer war das?

Pitman: Der Wachoffizier von zehn Uhr an.

Senator Smith: Wer war der Wachoffizier von zehn Uhr an?

Pitman: Herr Murdoch (Erster Offizier William Murdoch).

Senator Smith: Woher wissen Sie, daß er einen besonderen Beobachtungsposten hatte?

Pitman: Weil er gewarnt worden war.

Senator Smith: Wer warnte ihn?

Pitman: Nun, ich weiß, daß Herr Lightoller ihm die Warnung überbrachte.

Senator Smith: Woher wissen Sie das? Ich möchte nur eine Tatsache festmachen. Ich setze Sie nicht wegen eines unwichtigen Details unter Druck.

Pitman: Ich habe gehört, wie es jemand erwähnte.

Senator Smith: Erwähnt vor oder nach der Kollision oder seitdem?

Pitman: Oh, seitdem.

Senator Smith: Was genau taten Sie, nachdem Sie die Wache um acht Uhr am Sonntagabend verlassen hatten?

Pitman: Ich ging zu Bett.

Senator Smith: Sofort?

Pitman: Innerhalb weniger Minuten.

Senator Smith: Wann haben Sie an jenem Abend zu Abend gegessen?

Pitman: Um sechs Uhr.

Senator Smith: Kurz bevor Sie die Wache antraten?

Pitman: Ja, nun, nein, kurz nachdem ich auf die Brücke gegangen war und die Brücke wieder verlassen hatte, nahm ich mein Abendessen ein.

Senator Smith: Wo nahmen Sie es ein?

Pitman: Auf dem Bootsdeck.

Senator Smith: Gibt es da einen Speiseraum oder so was ähnliches?

Pitman: Ja.

Senator Smith: Für die Offiziere?

Pitman: Unsere eigene Messe.

Senator Smith: Nach acht Uhr zogen Sie sich zurück?

Pitman: Genau.

Senator Smith: Und wann tauchten Sie außerhalb Ihrer Koje wieder auf?

Pitman: Ungefähr zehn Minuten oder eine Viertelstunde vor Zwölf.

Senator Smith: Aus welchem Grund sind Sie um diese Uhrzeit aufgestanden?

Pitman: Die Kollision weckte mich.

Senator Smith: Gab es einen besonderen Aufprall, der sie weckte?

Pitman: Nein, es war ein Geräusch, das klang als ob das Schiff vor Anker gehen würde - die Ankerkette durch das Ankerspill laufen würde.

Senator Smith: Erschütterte der Aufprall das Schiff?

Pitman: Nein, es gab nur eine kleine Vibration. Ich war halb wach und halb schlafend. Es hat mich nicht geweckt.

Senator Smith: Standen Sie von selbst auf?

Pitman: Ja, nachdem ich darüber nachgedacht hatte, wo wir ankerten.

Senator Smith: Sie lagen eine Weile nach dem Aufprall im Bett?

Pitman: Oh ja.

Senator Smith: Wie lange?

Pitman: Drei oder vier Minuten.

Senator Smith: Dann standen Sie auf und zogen sich an?

Pitman: Nein, ich ging an Deck, ohne mich anzuziehen.

Senator Smith: Wie weit auf Deck?

Pitman: Ich ging vor unser Quartier, sah mich um, konnte aber niemanden sehen.

Senator Smith: Wo war Ihr Quartier, auf welchem Deck?

Pitman: Auf dem Bootsdeck nahe bei der Brücke.

Senator Smith: In der Nähe der Brücke?

Pitman: In der Nähe der Brücke.

Senator Smith: Vorne?

Pitman: Vorne, ja.

Senator Smith: Wie weit gingen Sie?

Pitman: Nur vor die Tür. Ich würde sagen, drei oder vier Schritte über das Deck.

Senator Smith: Was taten Sie, als Sie nach draußen gingen? Sich umsehen?

Pitman: Ich kann Ihnen beschreiben, was ich tat.

Senator Smith: Dann tun Sie das bitte.

Pitman: Ich blickte mich um und nachdem ich nichts sehen und kein Geräusch hören konnte, ging ich in meinen Raum zurück und steckte mir eine Pfeife an. Ich dachte, daß nichts geschehen sei, daß ich vielleicht geträumt hätte oder so ähnlich. Ein paar Minuten später dachte ich mir, es sei besser mich anzuziehen, weil sich meine Wachzeit näherte, und als ich teilweise angezogen war, kam Herr Boxhall (der vierte Offizier Joseph Boxhall) herein und sagte, daß der Postraum, daß das Wasser im Postraum war. Ich fragte: „Was ist passiert?" Er antworte: „Wir haben einen Eisberg gerammt." Daher zog ich einen Mantel an und ging ans

Deck, wo ich die Männer sah, wie sie die Boote freimachten und vorbereiteten. Ich ging zum hinteren Ende des Bootsdeck und traf dort Herrn (James) Moody, den Sechsten Offizier. Ich fragte ihn, ob er den Eisberg gesehen hätte. Er sagte nein, aber er sagte: „Es gibt etwas Eis auf dem Vorderdeck." Um meine Neugier zu befriedigen, ging ich selbst dorthin.

Senator Smith: Wie weit nach unten?

Pitman: Auf das Deck. Ich fand dort ein wenig Eis. Ich ging dann weiter zum Schutzdeck zwischen Bug und der ersten Ladeluke, um nachzusehen, ob es dort eine Beschädigung gab. Ich konnte absolut keine sehen. Auf meinem Weg zurück vom Vorderdeck sah ich eine Menge Heizer, die mit ihren Taschen an Deck kamen. „Was ist los", fragte ich. Sie sagten: „Wasser dringt bei uns ein." Ich sagte: „Das ist lustig." Ich sah in die Luke Nummer eins hinunter und sah Wasser hineinströmen. Ich begab mich dann sofort wieder auf das Bootsdeck und half dabei, Boote klarzumachen und für das Hinunterlassen vorzubereiten. Ich stand bei Boot Nummer fünf. Man erlaubte den Matrosen nicht, irgend etwas zu holen, weil man glaubte, man wäre am Morgen wieder zurück. Beim Aufdecken des Boots sagte mir ein Mann im Abendanzug und Slipper sehr hastig: „Es gibt keine Zeit zu verlieren." Ich dachte, er wisse nicht Bescheid. Und daher machten wir unsere Arbeit wie immer.

Senator Smith: Wissen Sie um wen es sich handelte?

Pitman: Damals nicht.

Senator Smith: Wissen Sie es jetzt?

Pitman: Ich weiß es.

Senator Smith: Wer war es?

Pitman: Herr Ismay. Ich wußte damals nicht, wer es war. Ich hatte den Mann noch nie in meinem Leben gesehen. Daher machte ich weiter, deckte das Boot auf und schwang es nach draußen. Als es so leicht hinausschwang war ich begeistert von der Leichtigkeit, mit der die neuen Davits im Vergleich zu den alten funktionierten. Ich hatte ungefähr fünf oder sechs Mann, und das Boot war innerhalb von zwei Minuten draußen.

Senator Smith: Sie reden von Boot Nummer fünf?

Pitman: Boot Nummer fünf.

Senator Smith: Das Boot an ihrer Station?

Pitman: Bei meiner Station ja. Das Boot war innerhalb von zwei oder drei Minuten draußen. Ich dachte noch, was für eine tolle, feine Idee sie doch waren, weil man bei den altmodischen Davits ein Dutzend Männer benötigte, um sie anzuheben. Ein Dutzend an jeder Seite. Ich brachte das Boot außenbords und ließ es auf die Höhe der Reling hinunter.

Senator Smith: Sie brachten es auf die Höhe der Reling auf dem Bootsdeck?

Pitman: Auf dem Bootsdeck. Ja. Dann kam der Mann im Abendanzug und sagte, wir sollten es mit Frauen und Kindern beladen. Ich sagte: „Ich warte auf die Anordnungen des Kommandeurs", worauf er antwortete: „Sehr gut" oder etwas ähnliches. Dann dämmerte es mir, daß er Herr Ismay sein könnte, gemessen an der Beschreibung, die ich hatte. Daher ging ich auf die Brücke und traf Kapitän Smith, dem ich sagte, daß ich dachte, daß Herr Ismay wünschte, das Boot mit Kindern und Frauen zu beladen und zu Wasser zu lassen. Er sagte: „Fangen Sie an. Machen Sie das." Ich ging zu meinem Boot und sagte: „Kommen Sie, meine Damen." Es war eine große Menschenmenge. Herr Ismay half ihnen aufs Boot, half in jeder Hinsicht. Wir bekamen das Boot fast gefüllt, und ich rief nach weiteren Damen.

Senator Smith: Sie brüllten?

Pitman: Ich brüllte. Keine waren mehr zu sehen. Daher erlaubte ich einigen Männern ins Boot zu kommen. Dann sprang ich wieder auf das Schiff. Da sagte mir Murdoch: „Sie haben die Verantwortung für das Boot."

Senator Smith: Murdoch sagte das zu Ihnen?

Pitman: Ja, er sagte: „Sie fahren mit diesem Boot, alter Junge und halten sich in der Nähe der hinteren Gangway." Ich mochte nicht die Idee, wegzufahren, weil ich mich auf dem Schiff besser aufgehoben fühlte.

Senator Smith: Dachten die Passagiere so, oder dachten Sie so?

Pitman: Ich dachte so.

Senator Smith: Sie dachten, Sie wären auf dem Schiff besser aufgehoben?

Pitman: Dachte ich.

Senator Smith: Daß Sie auf dem Schiff besser aufgehoben waren?

Pitman: Sicher

Senator Smith: Stiegen die Passagiere widerstrebend in das Boot?

Pitman: Oh nein. Ich füllte mein Boot sehr leicht.

Senator Smith: Wieviele? Direkt heraus.

Pitman: Ungefähr 40.

Senator Smith: Ungefähr 40?

Pitman: Ja.

Senator Smith: Wieviele Männer und wieviele Frauen? Sagen Sie es uns auf Ihre Weise.

Pitman: Ich würde sagen ungefähr ein halbes Dutzend Männer. Es hätte nicht so viele Männer gegeben, wären da mehr Frauen gewesen, aber es waren keine. Daher sagte mir Murdoch. Er sagte: „Sie nehmen das Boot und halten sich in der Nähe der Gangway." Er schüttelte meine Hand und sagte: „Auf Wiedersehen, viel Glück", und ich sagte: „Zu Wasser lassen."

Senator Smith: Murdoch tat es?

Pitman: Murdoch schüttelte die Hand und sagte: „Ihnen viel Glück".

Senator Smith: Haben Sie Ihn danach wiedergesehen?

Pitman: Niemals. Wir machten dann das Boot los und ruderten auf eine sichere Entfernung. Erst nach einer Stunde begriff ich, daß sie untergehen würde. Eine Stunde nachdem wir zu Wasser gelassen worden waren. Ich dachte da, wir würden bei Tagesanbruch zum Schiff zurückkehren. Ich dachte noch, daß wir bei aufkommenden Wind vom Schiff weg treiben würden und ein hartes Stück Arbeit haben würden, wieder zurückzukommen.

Senator Smith: Dieses Boot war das erste Rettungsboot, das zu Wasser gelassen wurde.

Pitman: Oh nein. Es war das Zweite. Das Zweite auf der Steuerbordseite.

Senator Smith: Sie sahen, wie das Erste zu Wasser gelassen wurde?

Pitman: Ich sah es, ja.

Senator Smith: War es vom Bootsdeck aus beladen worden?

Pitman: So viel ich weiß, ist jedes Boot vom Bootsdeck beladen worden.

Senator Smith: Ist das normal?

Pitman: Bis zu einer bestimmten Menge ja.

Senator Smith: Gibt das den Passagieren auf dem Bootsdeck nicht einen entscheidenden Vorteil bei der Flucht vor Gefahr?

Pitman: Ich hatte einige Salonpassagiere aus der zweiten Klasse.

Senator Smith: Was bedeutet das?

Pitman: Ich glaube es nicht.

Senator Smith: Ich wollte einfach nur Ihr Urteil. Wer waren die Männer in Boot Nummer fünf neben Ihnen?

Pitman: Was meinen Sie. Von der Besatzung?

Senator Smith: Ja. Die Männer. Wer sie auch gewesen sein mögen, Besatzung oder Passagiere.

Pitman: Fünf Besatzungsmitglieder, und dann können da noch fünf oder sechs Passagiere gewesen sein. Männliche Passagiere.

Senator Smith: Und der Rest waren. . .

Pitman: Frauen und Kinder. . .

Senator Smith: Konnten Sie irgendwie steuern, wieviele Menschen und wer in das Boot durfte?

Pitman: Nun nicht mehr gegen Ende, weil da Herr Murdoch da war. Er war der diensthöhere Offizier. Es war an ihm zu entscheiden.

Senator Smith: Herr Lightoller, der auf der Backbordseite die Boote belud, hat gesagt, er hätte nur zwei Besatzungsmitglieder in die von ihm beladenen Boote gelassen. Wie kam es, daß Sie so viele Besatzungsmitglieder hatten?

Pitman: Ich dachte zu diesem Zeitpunkt, ich hätte vier.

Senator Smith: Sie dachten, Sie hätten vier.

Pitman: Vier.

Senator Smith: Aber Sie entdeckten, daß es mehr waren?

Pitman: Ich entdeckte es nicht. Ich hatte fünf bis zu dem Zeitpunkt auf der Carpathia. Während der Fahrt zur Carpathia.

Senator Smith: Fünf mit Ihnen?

Pitman: Nein, sechs.

Senator Smith: Sechs mit Ihnen. Es waren also tatsächlich sechs Besatzungsmitglieder, Offiziere und Mannschaf,t in Boot Nummer fünf?

Pitman: Im Boot Nummer fünf, ja.

Senator Smith: Können Sie uns den Namen der anderen sechs geben?

Pitman: Jetzt nicht. Aber ich kann sie Ihnen beschaffen.

Senator Smith: Überlebten alle bis zum Eintreffen auf der Carpathia?

Pitman: Oh ja.

Senator Smith: Daneben hatten Sie noch ungefähr

30 Passagiere.

Pitman: Ich hatte ungefähr 40 Passagiere.

Senator Smith: Neben der Mannschaft?

Pitman: Ja.

Senator Smith: Es war ein großes Rettungsboot, nicht wahr?

Pitman: Ja.

Senator Smith: War das Rettungsboot mit Nahrungsmitteln ausgerüstet?

Pitman: Ja, wir hatten Kekse und Wasser.

Senator Smith: Hatten Sie Gelegenheit, das eine oder das andere zu benutzen?

Pitman: Nein.

Senator Smith: Woher wußten Sie, daß es da war? Haben sie es gesehen?

Pitman: Sie wurden in Southampton an Bord gebracht und wir gingen auf der Carpathia durch alle Boote.

Senator Smith: Und Sie fanden, daß dies der Fall war?

Pitman: Sie waren gefüllt. Die Boote hatten Brot und Wasser.

Senator Smith: Hatten Sie irgendein Licht an Boot Nummer fünf?

Pitman: Ich hatte kein Licht, nein.

Senator Smith: Wissen Sie von Booten, die Licht hatten?

Pitman: Ja, es gab einige, die es hatten.

Senator Smith: Aber sie hatten nicht alle Lichter?

Pitman: Nein.

Senator Smith: Schreiben die britischen Aufsichtsbehörden Lichter vor?

Pitman: Ja.

Senator Smith: Sie sagten, Sie stiegen in das Boot, es wurde zu Wasser gelassen, und Sie sollten dann wegrudern?

Pitman: An der Gangway in Bereitschaft bleiben.

Senator Smith: Taten Sie das?

Pitman: Ich tat es so nahe wie möglich. Ich blieb in einer sicheren Entfernung vom Schiff, für den Fall, daß etwas geschehen würde.

Senator Smith: Sie bleiben weit genug entfernt, damit, sollte etwas geschehen, Sie nicht darin verwickelt würden. Ist das die Idee?

Pitman: Genau.

Senator Smith: Was erwarteten Sie?

Pitman: Ich dachte, sie hätte noch drei Schotts und würde auf dem Wasser bleiben.

Senator Smith: Und falls sie nicht auf dem Wasser bleiben würde und unterginge, erwarteten Sie eine Sogwirkung, die die Rettungsboote nach unten ziehen könnte?

Pitman: Ja, ich dachte wir könnten ganz schön in die Strömung geraten.

Senator Smith: Und das wollten sie vermeiden?

Pitman: Ich wollte es vermeiden.

Senator Smith: Versuchten irgendwelche Personen, Männer, Frauen oder Kinder aus dem Wasser in Ihr Rettungsboot zu klettern?

Pitman: Nein.

Senator Smith: Versuchte jemand herauszuklettern?

Pitman: Nein, ganz und gar nicht. Ich hatte absolut keine Probleme mit meinem Boot. Die Frauen benahmen sich alle bewundernswert.

Senator Smith: Zogen einige Frauen an den Riemen oder betätigten die Ruderpinne?

Pitman: Nein, obwohl es einige wollten.

Senator Smith: Rudern?

Pitman: Ja, um sich warm zu halten.

Senator Smith: Es war sehr kalt an jenem Morgen?

Pitman: Es war eisig, ja.

Senator Smith: Am Gefrierpunkt?

Pitman: Oh nein.

Senator Smith: Wie kalt war es denn?

Pitman: Möglicherweise zwischen 40 und 35 bis 40.

Senator Smith: Kehrten Sie jemals an die Seite der Titanic zurück?

Pitman: Nein, taten wir nicht.

Senator Smith: Sahen Sie, wie die Titanic unterging?

Pitman: Ja.

Senator Smith: Beschreiben Sie bitte, wenn Sie können, wie sie unterging.

Pitman: Von dem, was ich aus der Entfernung sehen konnte, ging sie allmählich unter, bis das Vordeck bis zur Brücke unter Wasser war. Dann stellte sie sich auf und ging senkrecht nach unten.

Senator Smith: In welchem Winkel ungefähr

Pitman: Sie ging senkrecht unter.

Senator Smith: Regelrecht senkrecht nach unten?

Pitman: Absolut. Das war das Letzte, das ich von ihr gesehen habe.

Senator Smith: Erschien sie in zwei Teile zerbrochen zu sein?

Pitman: Oh nein.

Senator Smith: Oder war sie vollkommen intakt?

Hörten Sie irgendwelche Explosionen?

Pitman: Ja, vier Knaller.

Senator Smith: Was für Knaller?

Pitman: Sie hörten sich wie der Donner einer großen Kanone in der Entfernung an.

Senator Smith: Um was, glaubten Sie, handelte es sich?

Pitman: Ich dachte, es seien die Schotts gewesen.

Senator Smith: Haben Sie so etwas wie Kesselexplosionen gehört?

Pitman: Ja. Ich habe eine Menge Leute gehört, die das gesagt haben. Aber ich habe meine Zweifel. Ich sehe nicht, warum die Kessel hätten explodieren sollen, weil sie nicht unter Dampf standen. Sie sollten seit ungefähr zweieinhalb Stunden gestoppt worden sein. Die Feuer brannten nicht, so daß es nur sehr wenig Dampf gab.

Senator Smith: Sollen wir das also so verstehen, daß Sie nicht daran glauben, daß die Kessel explodierten?

Pitman: Ich glaube es nicht.

Senator Smith: Und aus der Entfernung, in der Sie sich befanden, hätten Sie es bemerkt, wenn es geschehen wäre?

Pitman: Ich denke schon.

Senator Smith: Als das Schiff unterging, was sahen Sie da auf den hinteren Decks?

Pitman: Ich konnte das nicht sehen.

Senator Smith: Sie konnten die Leute nicht sehen?

Pitman: Oh nein.

Senator Smith: Die Leute, die Sie auf dem Schiff sahen, als Sie auf dem Wasser waren und als Sie um das Heck ruderten, trugen die alle Schwimmwesten?

Pitman: Jeder, den ich sah, bevor ich das Schiff verließ, trug eine Schwimmweste.

Senator Smith: Sahen Sie jemand ohne Schwimmweste?

Pitman: Es mag einige Männer von der Besatzung ohne Schwimmeste gegeben haben.

Senator Smith: Aber das war eine seltene Sache?

Pitman: Ja. Ich selbst trug keine. Ich wollte sie nicht.

Senator Smith: Gab es, bevor sie unterging, Explosionen oder Geräusche?

Pitman: Nicht bis sie unter Wasser war.

Senator Smith: Nicht bevor sie vollständig unter Wasser war?

Pitman: Ja.

Senator Smith: Der hintere Teil so wie der vordere Teil?

Pitman: Ja, alles.

Senator Smith: Sie war untergegangen, bevor sich diese Explosionen ereigneten?

Pitman: Ja.

Senator Smith: Und Sie sind sich ganz sicher, daß diese Explosionen, die Sie hörten, vom Schiff stammten?

Pitman: Oh ja. Ganz sicher.

Senator Smith: Wann haben Sie den Kapitän zum letzten Mal gesehen?

Pitman: Als ich auf die Brücke kam und ihn fragte, ob ich Nummer fünf mit Frauen und Kindern beladen und zu Wasser lassen sollte.

Senator Smith: Und was sagte er Ihnen?

Pitman: „Machen Sie weiter" oder ähnliche Worte.

Senator Smith: Haben Sie ihn jemals wider gesehen?

Pitman: Nein.

Senator Smith: War er sichtbar, als das Schiff unterging?

Pitman: Ich war nicht bis zuletzt da.

Senator Smith: Sie konnten das aus Ihrer Position nicht sehen?

Pitman: Ja.

Senator Smith: Als Sie die Hand von Herrn Murdoch schüttelten und sich verabschiedeten, erwarteten Sie da, ihn jemals wiederzusehen?

Pitman: Sicherlich, ja.

Senator Smith: Glauben Sie angesichts seiner Art, daß er damit rechnete, Sie jemals wiederzusehen?

Pitman: Offensichtlich nicht. Ich rechnete damit, vielleicht zwei oder drei Stunden später wieder auf das Schiff zu kommen.

Senator Smith: Er selbst rechnete aber nicht damit?

Pitman: Offensichtlich nicht.

Senator Smith: Verabschiedeten Sie sich von einem anderen Offizier auf eine ähnliche Weise?

Pitman: Nein, tat ich nicht.

Senator Smith: Als Sie von der Titanic zur Carpathia übersetzten, sahen Sie da Personen im Wasser, Männer, Frauen oder Kinder?

Pitman: Niemand.

Senator Smith: Als Sie um den hinteren Teil des Schiffs fuhren?

Pitman: Hinteren Teil? Ich fuhr nicht ums Heck.

Senator Smith: Sie fuhren nicht nach hinten?

Pitman: Nein.

Senator Smith: Warum sagte Ihnen Murdoch, Sie sollten dorthin fahren? Wissen Sie es?

Pitman: Um mich bereit zu halten, glaube ich.

Senator Smith: Bereit zu sein, aufzunehmen?

Pitman: Wieder heraufzukommen. Das Boot wieder nach oben zu holen.

Senator Smith: Und Sie sahen keine Menschen im Wasser?

Pitman: Niemanden.

Senator Smith: Hörten Sie Hilferufe?

Pitman: Oh ja.

Senator Smith: Was waren sie, Rufe nach Hilfe?

Pitman: Weinen, schreien, klagen.

Senator Smith: Vom Schiff oder aus dem Wasser?

Pitman: Aus dem Wasser, nachdem das Schiff verschwunden war. Keine Geräusche vorher.

Senator Smith: Es gab keine Geräusche von der Besatzung, Offizieren oder Passagieren, kurz vor dem Untergang?

Pitman: Nein.

Senator Smith: Aber wie ich Sie verstehe, befanden sie sich nicht in unmittelbarer Nähe zu denen, die diese Schreie von sich gaben?

Pitman: Ich war ungefähr drei- oder vierhundert Yards entfernt. Vier- oder fünfhundert.

Senator Smith: Versuchten Sie sich ihnen zu nähern?

Pitman: Direkt nachdem sie verschwunden war, sagte ich: „Jetzt, Männer, werden wir zur Unglücksstelle rudern." Alle in meinem Boot sagten, es sei eine verrückte Idee, weil es sicherer hier im Boot sei als an der Stelle des Untergangs, wo uns die Massen, die dort waren, zum Sinken bringen würden.

Senator Smith: In der Tat wußten Sie nicht, daß Ihr Boot noch weiteren 20 bis 25 Menschen Platz geboten hätte?

Pitman: In meinem Boot wäre noch für einige wenige Platz gewesen, sicherlich.

Senator Smith: Nach den Aussagen Ihrer Mitoffiziere. . .

Pitman: Mein Boot hatte noch Platz.

Senator Smith: Hätte Ihr Boot Platz für 60 bis 65 Menschen gehabt.

Pitman: Ungefähr 60.

Senator Smith: Erzählen Sie uns über Ihre Passagiere in jenem Boot. Sie sagten, sie entmutig-

ten Sie, in die Richtung der Schreie zu rudern?

Pitman: Das taten Sie. Ich sagte meinen Männern, Ihre Riemen in die Hand zu nehmen und zur Unglücksstelle zu rudern.

Senator Smith: Ja.

Pitman: Ich sagte: „Wir können vermutlich noch einige mehr aufnehmen."

Senator Smith: Wer hatte Bedenken?

Pitman: Die ganze Masse in meinem Boot. Sehr viele.

Senator Smith: Frauen?

Pitman: Ich kann da keinen Unterschied zwischen Frauen und Männern machen. Sie sagten, es sei eine ziemlich verrückte Idee.

Senator Smith: Ich frage Sie, ob irgendwelche Frauen in Ihrem Boot Sie baten, in die Richtung zu rudern, aus der die Schreie kamen.

Pitman: Keine.

Senator Smith: Sie sagten, daß keine Frau Sie bat, zurückzukehren?

Pitman: Keine.

Burlingham (Charles Burlingham, Anwalt der White Star): Es wäre gekentert, Senator.

Senator Smith: Entschuldigung. Ich ziehe keine unfairen Schlüsse daraus. Einer der Offiziere hat uns berichtet, daß ihn eine Frau in seinem Boot gebeten hat, zur Seite des Schiffs zurückzukehren. Ich möchte ganz sicher sein, daß dieser Offizier keine Frau hörte, die ihn dasselbe bat. (Zum Zeugen) Wer, an den Sie sich besonders erinnern können, hatte Bedenken?

Pitman: Ich könnte keinen im Besonderen benennen.

Senator Smith: Die Männer an den Riemen?

Pitman: Nein, sie nicht. Sie begannen, meiner Anordnung zu folgen.

Senator Smith: Sie hatten das Kommando. Sie sollten Ihren Anordnungen Folge leisten?

Pitman: Das taten sie.

Senator Smith: Sie taten es nicht, falls Sie Ihnen sagten, zum Schiff zu rudern.

Pitman: Sie begannen, zum Schiff zu rudern, und die Passagiere in meinem Schiff sagten, es wäre eine verrückte Idee, zum Schiff zu rudern, weil uns die Menschenmasse dort zum Sinken bringen würde. So würden 40 weitere auf der Liste der Ertrunkenen erscheinen, und ich entschloß mich, nicht zurückzurudern.

Senator Smith: Herr Offizier. Sie hatten das Boot

Nummer fünf in die Richtung gedreht, aus die diese Schreie kamen?

Pitman: Hatte ich.

Senator Smith: Und Sie wurden von Ihrer Besatzung von Ihrem Vorhaben abgebracht...

Pitman: Nicht die Mannschaft, Passagiere. . .

Senator Smith: Ein Moment. Von der Mannschaft und den Passagieren in Ihrem Boot?

Pitman: Sicherlich.

Senator Smith: Und dann drehten Sie Ihr Boot wieder in die See?

Pitman: Nein, wir zogen die Riemen ein und lagen da.

Senator Smith: Sie meinen, Sie trieben.

Pitman: Wir können ein wenig getrieben sein.

Senator Smith: Trieben auf den Riemen?

Pitman: Wir können ein wenig getrieben sein. Wir lagen da einfach und taten nichts.

Senator Smith: Wieviele dieser Schreie waren da? War es ein Chor, oder war es. . .

Pitman: Ich würde es begrüßen, wenn Sie nicht darüber sprechen würden.

Senator Smith: Ich würde gerne wissen, ob Sie dadurch beeindruckt waren?

Pitman: Nun, ich kann es nicht sehr gut beschreiben. Ich würde es begrüßen, wenn Sie nicht darüber sprechen würden.

Senator Smith: Ich weiß, daß es kein angenehmes Thema ist, und dennoch würde ich gerne wissen, ob diese Schreie gemeinsam oder als Chor oder wirr und vereinzelt waren.

Pitman: Das Stöhnen dauerte ungefähr eine Stunde.

Senator Smith: Und Sie lagen ungefähr eine Stunde lang in der Nähe dieser Szene?

Pitman: Oh ja. Wir waren die ganze Zeit in der Nähe des Untergangsstelle.

Senator Smith: Und trieben oder lagen auf den Riemen?

Pitman: Wir trieben ins Tageslicht, als eine kleine Brise aufkam.

Senator Smith: Starb dieser Schmerz oder diese Schreie langsam ab?

Pitman: Ja, es starb langsam ab.

Senator Smith: Dauerten sie den größten Teil der Stunde an?

Pitman: Oh Ja. Ich glaube schon. Es kann auch ein kürzerer Zeitraum gewesen sein. Ich habe nicht alle fünf Minuten. . . .

Senator Smith: Das verstehe ich und ich versuche Sie nicht, über fünf Minuten auszufragen. Ist das alles, was Sie sagen wollen?

Pitman: Ich hätte es begrüßt, wenn Sie das ganz weggelassen hätten.

Senator Smith: Ich weiß, daß Sie das begrüßt hätten, aber ich muß wissen, welche Anstrengungen Sie unternahmen, um das Leben der Passagiere und der Besatzungsmitglieder in Ihrer Verantwortung zu retten. Wenn das der Versuch war, dann sagen Sie es. . .

Pitman: Das ist alles.

Senator Smith (fortfahrend): Und ich werde diesen Teil meiner Ermittlungen beenden.

Pitman: Das ist alles. Das ist der ganze Versuch, den ich gemacht habe. . .

Senator Smith: Sahen Sie die Lichter der Carpathia, oder wußten Sie, daß sie sich näherte?

Pitman: Wir sahen die Lichter gegen halb vier, so weit ich mich erinnern kann.

Senator Smith: Ruderten Sie dem Licht entgegen?

Pitman: Nun, wir warteten, bis wir sicher waren, daß es sich um ein Schiff handelte, und ruderten dann dahin.

Senator Smith: In welcher Entfernung sahen Sie sie Ihrer Meinung nach?

Pitman: Wir konnten ihr Masttopplicht in einer klaren Nacht über fünf Meilen sehen.

Senator Smith: Als die Carpathia fünf Meilen entfernt war, ruderte Sie ihr entgegen?

Pitman: Nein. Ich wollte sicher sein, daß es sich um ein Schiff handelte, bis ich beide Masttopplichter sehen konnte.

Senator Smith: Sie wußten, daß es sich um ein Objekt handelte?

Pitman: Ja, aber ich wußte nicht, was es war. Es hätte ein Stern sein können.

Senator Smith: Könnte ein Stern sein. Hätten Sie es für einen Stern halten können?

Pitman: Möglicherweise, ja.

Senator Smith: Aber als Sie sich wegen der Zahl der Lichter sicher waren, daß sich um ein Schiff handelte. . .

Pitman: Ruderten wir in die Richtung.

Senator Smith: Sie ruderten dorthin. Waren zu jenem Zeitpunkt Menschen im Wasser?

Pitman: Es gab keine Geräusche, keinen Ton.

Senator Smith: Das Stöhnen und die Hilferufe waren verstummt?

Pitman: Ja, das muß gegen vier Uhr gewesen sein.

Senator Smith: Tagesanbruch?

Pitman: Der Tag dämmerte gerade, ja.

Senator Smith: Als Sie mit Ihrem Boot zur Carpathia ruderten, da, wenn ich Sie richtig verstehe, sahen Sie Eisberge?

Pitman: Ja.

Senator Smith: Einige. Sahen Sie Körper im Wasser treibend?

Pitman: Keinen.

Senator Smith: Danach?

Pitman: Keinen, zu keiner Zeit. . .

Zeuge: Frederick Fleet, 24

Vollmatrose und Beobachtungsposten auf der Titanic aus

Southampton, England

Kern der Aussage: In seinem Cockney-Akzent beschrieb er, wie er den Eisberg-Alarm gab, der zu spät kam. Er löste erstauntes Gemurmel aus, als er zugab, keine Entfernungen einschätzen zu können. Und er enthüllte die Tatsache, daß die Beobachtungsposten in der Titanic bei der Atlantiküberquerung keine Ferngläser hatten, die es erlaubt hätten, den Eisberg rechtzeitig zu sehen.

Senator Smith: Ich möchte den Platz, an dem Sie Ihren Dienst erfüllten, genau im Protokoll festhalten.

Fleet: Ich war im Ausguck.

Senator Smith: Im Ausguck?

Fleet: Zum Zeitpunkt der Kollision.

Senator Smith: Im Krähennest?

Fleet: Ja.

Senator Smith: Zum Zeitpunkt der Kollision?

Fleet: Ja.

Senator Smith: Können Sie sagen, in welcher Höhe über dem Bootsdeck das ist?

Fleet: Ich habe keine Ahnung.

Senator Smith: Können Sie sagen, in welcher Höhe sich der Masttopp über dem Krähennest befindet?

Fleet: Nein.

Senator Smith: Wissen Sie, in welcher Höhe Sie sich über der Brücke befanden?

Fleet: Ich bin nicht gut im Raten.

Senator Smith: Ich möchte nicht, daß Sie raten, aber wenn Sie es wissen, sollten Sie es uns sagen.

Fleet: Ich habe keine Ahnung.

Senator Fletcher (Duncan Fletcher, Demokrat aus Florida): Sie können das kaum ernst meinen, daß Sie keine Ahnung haben?

Fleet: Nein, habe ich nicht.

Senator Fletcher: Sie wissen, ob es sich um tausend oder 200 Fuß handelt?

Senator Smith: Gab es einen Offizier oder einen anderen Angestellten, der auf einem höheren Punkt der Titanic als dem Ihren stationiert war?

Fleet: Nein.

Senator Smith: Sie waren der Beobachtungsposten?

Fleet: Ja.

Senator Smith: Wo sind die Klüsen des Schiffs?

Fleet: Die Klüsen des Schiffs?

Senator Smith: Die Klüsen des Schiffs?

Fleet: Vorne.

Senator Smith: Am Ende des Bugs?

Fleet: Ja.

Senator Smith: Auf gleicher Höhe wie das Bootsdeck oder darunter?

Fleet: Darunter.

Senator Smith: Wie weit darunter?

Fleet: Das weiß ich nicht.

Senator Smith: Herr Fleet, können Sie uns sagen, wer sich im vorderen Teil der Titanic befand, als Sie Ihre Position im Krähennest einnahmen?

Fleet: Da war niemand.

Senator Smith: Niemand?

Fleet: Niemand.

Senator Smith: Wer befand sich auf der Brücke?

Fleet: Als ich nach oben ging, um die anderen abzulösen?

Senator Smith: Ja.

Fleet: Herr Murdoch.

Senator Smith: Offizier Murdoch?

Fleet: Der erste Offizier.

Senator Smith: Wer noch?

Fleet: Ich glaube noch der Dritte Offizier.

Senator Smith: Sein Name?

Fleet: Der Mann, der hier war, Pitman.

Senator Smith: Herr Pitman, der Mann, der gerade den Zeugenstand verlassen hat?

Fleet: Ich kenne die Offiziere auf der Brücke nicht.

Senator Smith: Erinnern Sie sich an weitere?

Fleet: Ich weiß nicht, ob er da war oder nicht.

Senator Smith: Ich will keine Verwirrung auslösen. Ich möchte nur etwas klarstellen: War der Kapitän auf der Brücke?

Fleet: Ich weiß nicht.

Senator Smith: Sie haben ihn nicht gesehen?

Fleet: Nein.

Senator Smith: Zu welcher Zeit traten Sie Ihre Wache Sonntagnacht an?

Fleet: Zehn Uhr.

Senator Newlands: Wen lösten Sie ab?

Fleet: (George) Symons und (Archie) Jewell.

Senator Smith: Wer hatte mit Ihnen Wache?

Fleet: (Reginald) Lee.

Senator Smith: Was, wenn überhaupt, sagten Ihnen Symons und Jewell, als Sie sie ablösten?

Fleet: Sie sagten uns, daß wir verschärft auf kleines Eis achten sollten.

Senator Smith: Was sagten Sie ihnen?

Fleet: Ich sagte: „In Ordnung."

Senator Smith: Was sagte Lee?

Fleet: Er sagte dasselbe.

Senator Smith: Und Sie nahmen Ihre Positionen im Krähennest ein?

Fleet: Ja.

Senator Smith: Achteten Sie besonders auf Eis?

Fleet: Ja.

Senator Smith: Sagen Sie uns, was Sie taten.

Fleet: Nun, ich meldete einen Eisberg direkt voraus, eine schwarze Masse.

Senator Smith: Wann meldeten Sie das?

Fleet: Ich kann die Zeit nicht sagen.

Senator Smith: Ungefähr, um wieviel Uhr?

Fleet: Kurz nach sieben Glasen.

Senator Smith: Wie lange waren Sie da in Ihrem Platz im Krähennest?

Fleet: Die Wache war fast vorbei. Ich hatte den größten Teil meiner Wache im Nest hinter mir.

Senator Smith: Wie lange dauerte Ihre Wache?

Fleet: Zwei Stunden, aber die Zeit wurde zurückgestellt - bei dieser Wache.

Senator Smith: Die Zeit wurde zurückgestellt?

Fleet: Ja.

Senator Smith: Veränderte das Ihre Zeit?

Fleet: Wir hatten ungefähr zwei Stunden und 20 Minuten.

Senator Smith: Wieviel Zeit vor der Kollision oder Unglück meldeten Sie das Eis?

Fleet: Ich habe keine Ahnung.

Senator Smith: Ungefähr wie lange?

Fleet: Könnte ich nicht sagen bei der Geschwindigkeit, die sie lief.

Senator Smith: Wie schnell war sie?

Fleet: Ich habe keine Ahnung.

Senator Smith: Wären Sie bereit zu sagen, daß Sie den Eisberg eine Stunde vor der Kollision gemeldet haben?

Fleet: Nein.

Senator Smith: Fünfundvierzig Minuten?

Fleet: Nein.

Senator Smith: Eine halbe Stunde?

Fleet: Nein.

Senator Smith: Fünfzehn Minuten vorher?

Fleet: Nein.

Senator Smith: Zehn Minuten vorher?

Fleet: Nein.

Senator Smith: Wie weit war diese schwarze Masse entfernt, als Sie sie zum ersten Mal sahen?

Fleet: Ich habe keine Ahnung.

Senator Smith: Können Sie uns nicht eine Vorstellung vermitteln? Beeindruckte er Sie ernstlich?

Fleet: Ich meldete ihn, so bald ich ihn sehen konnte.

Senator Smith: Ich möchte ein komplettes Protokoll darüber, wissen Sie. Sagen Sie mir so genau wie Sie können, wie weit entfernt er war, als Sie ihn sahen. Sie sind daran gewöhnt, Entfernungen zu schätzen, nicht wahr aus dem Krähennest? Sie sind da oben, um nach vorne zu blicken, oder?

Fleet: Wir sind nur da oben, um alles, was wir sehen, zu melden.

Senator Smith: Aber man erwartet von Ihnen, zu sehen und zu melden, was sich im Weg des Schiffs befindet?

Fleet: Alles, was wir sehen - ein Schiff oder sonstwas.

Senator Smith: Alles, was sie sehen?

Fleet: Ja. Alles, was wir sehen.

Senator Smith: Ob es ein Eisfeld ist, eine Scholle oder ein Eisberg oder irgendwas anderes.

Fleet: Ja.

Senator Smith: Haben Sie sich trainiert, damit Sie Objekte, denen Sie sich nähern, mit großer Genauigkeit erkennen?

Fleet: Ich weiß nicht, was Sie meinen.

Senator Smith: Wenn es da vor diesem Schiff ein schwarzes oder weißes Objekt gegeben hätte, eine oder fünf Meilen entfernt, 50 oder 150 Fuß über dem Wasser, wären Sie als erfahrener Matrose in der Lage gewesen, das zu sehen?

Fleet: Ja.

Senator Smith: Wenn Sie diese Dinge im Weg des Schiffs sehen, melden Sie sie dann?

Fleet: Ja.

Senator Smith: Was meldeten Sie, als Sie diese schwarze Masse am Sonntag sahen?

Fleet: Ich meldete einen Eisberg direkt voraus.

Senator Smith: Wem meldeten Sie das?

Fleet: Ich läutete die Glocke zuerst dreimal. Dann ging ich sofort ans Telefon und klingelte die Brücke an.

Senator Smith: Sie schlugen die Glocke dreimal und gingen dann ans Telefon, um die Brücke anzuklingeln?

Fleet: Ja.

Senator Smith: Bekamen Sie jemanden auf der Brücke?

Fleet: Ich hatte sofort eine Antwort - was ich sehe oder „Was haben Sie gesehen?"

Senator Smith: Sagte Ihnen die Person, mit der Sie redeten, wer sie war?

Fleet: Nein, er fragte mich nur, was ich gesehen hatte. Ich sagte ihm, einen Eisberg, direkt voraus.

Senator Smith: Was sagte er dann?

Fleet: Er sagte: „Danke sehr."

Senator Smith: Wissen Sie, mit wem Sie redeten?

Fleet: Nein, ich weiß nicht, wer es war.

Senator Smith: Was bedeutet dreimaliges Läuten der Glocke?

Fleet: Das bedeutet Eisberg direkt voraus.

Senator Smith: Bedeutet es Gefahr?

Fleet: Nein, es bedeutet für die Brücke, daß da etwas ist.

Senator Smith: Sie ergriffen beide Vorsichtsmaßnahmen. Sie läuteten dreimal und dann telefonierten Sie noch mit der Brücke?

Fleet: Ja.

Senator Smith: Wo mußten Sie zum Telefon gehen?

Fleet: Das Telefon befindet sich im Nest.

Senator Smith: Das Telefon befindet sich direkt im Krähennest?

Fleet: Ja.

Senator Smith: Sie drehten sich um und sprachen mit der Brücke vom Nest aus?

Fleet: Ja.

Senator Smith: Bekamen Sie eine direkte Antwort?

Fleet: So war es.

Senator Smith: Und Sie machten das Statement, das Sie gerade angaben?

Fleet: Ja.

Senator Smith: Was taten Sie dann?

Fleet: Nachdem ich sie angerufen hatte?

Senator Smith: Ja.

Fleet: Ich starrte wieder nach vorne.

Senator Smith: Sie blieben im Krähennest?

Fleet: Ich blieb im Krähennest, bis ich abgelöst wurde.

Senator Smith: Und Lee blieb auch im Nest?

Fleet: Ja.

Senator Smith: Wie lange blieben Sie dort?

Fleet: Eine Viertelstunde bis 20 Minuten danach.

Senator Smith: Nach was?

Fleet: Nach dem Unglück.

Senator Smith: Und dann verließen Sie den Ort?

Fleet: Wir wurden von den anderen beiden Männern abgelöst.

Senator Smith: Die beiden anderen Männer kamen?

Fleet: Ja.

Senator Smith: Kamen Sie nach oben?

Fleet: Sie kamen nach oben ins Nest.

Senator Smith: Und Sie gingen nach unten?

Fleet: Wir gingen nach unten, ja.

Senator Smith: Können Sie nicht irgendwie die Zeit angeben, die verging zwischen ihrer telefonischen Meldung und dem Glockensignal an die Brücke und dem Zusammenstoß des Schiffs mit dem Eisberg?

Fleet: Ich kann es nicht sagen.

Senator Smith: Sie können es nicht sagen?

Fleet: Nein.

Senator Smith: Sie können nicht sagen, ob es fünf Minuten waren oder ein Stunde?

Fleet: Ich kann es nicht sagen.

Senator Smith: Ich möchte, daß Sie dem Gremium sagen, ob Sie Gefahr verspürten, als Sie diese Signale gaben und telefonierten. Ob Sie dachten, daß es dort Gefahr gab.

Fleet: Nein, nein. Das ist alles, was wir im Nest zu tun haben. Die Glocke läuten und wenn es Gefahr gibt, sie mit dem Telefon anzurufen.

Senator Smith: Die Tatsache, daß Sie sie mit dem

Telefon anriefen, zeigt, daß Sie dachten, daß es gefährlich war?

Fleet: Ja.

Senator Smith: Sie dachten an Gefahr?

Fleet: Nun, er war so nahe. Daher rief ich sie an.

Senator Smith: Wie groß war das Objekt, als Sie es zum ersten Mal sahen?

Fleet: Es war nicht sehr groß, als ich es zum ersten Mal sah.

Senator Smith: Wie groß war es?

Fleet: Ich habe keine Ahnung von Entfernungen oder Größen.

Senator Smith: Hatte es die Größe eines normalen Hauses? War es so groß wie dieser Raum erscheint?

Fleet: Nein, nein. Es machte keinen sehr großen Eindruck.

Senator Smith: War es so groß wie der Tisch, an dem ich sitze?

Fleet: Es war so groß wie diesen beiden Tische zusammen, als ich es das erste Mal sah.

Senator Smith: Als Sie es das erste Mal sahen, war es so groß wie diese beiden Tische zusammen?

Fleet: Ja.

Senator Smith: Schien es größer zu werden, nachdem Sie es zum ersten Mal gesehen hatten.

Fleet: Ja. Je näher wir kamen, desto größer wurde es.

Senator Smith: Als es auf Sie zukam und Sie auf es zufuhren?

Fleet: Ja.

Senator Smith: Wie groß war es dann, als es das Schiff schließlich rammte?

Fleet: Als wir daneben waren, etwas größer als das Vorderdeck.

Senator Smith: Wie hoch ragt das Voderdeck aus dem Wasser?

Fleet: 50 Fuß würde ich sagen.

Senator Smith: Ungefähr 50 Fuß?

Fleet: Ja.

Senator Smith: So ragte also diese schwarze Masse, als sie schließlich das Schiff rammte, ungefähr 50 Fuß über das Wasser?

Fleet: Ungefähr 50 bis 60.

Senator Smith: Fünfzig oder sechzig Fuß über dem Wasser?

Fleet: Ja.

Senator Smith: Und als Sie es zum ersten Mal sahen, war es nicht größer als diese beiden

Tische?

Fleet: Nein.

Senator Smith: Wissen Sie, ob das Schiff gestoppt wurde, nachdem Sie das Telefonsignal gegeben hatten?

Fleet: Nein, nein. Sie stoppte überhaupt nicht. Sie stoppte erst nachdem sie den Eisberg passiert hatte.

Senator Smith: Sie stoppte nicht, bis sie den Eisberg passiert hatte?

Fleet: Nein.

Senator Smith: Wissen Sie, ob ihre Maschinen auf rückwärts gestellt wurden?

Fleet: Nun, sie begann nach Backbord zu drehen, als ich am Telefon war.

Senator Smith: Sie begann nach Backbord zu drehen?

Fleet: Ja das Steuerrad wurde nach Steuerbord gedreht.

Senator Smith: Woher wissen Sie das?

Fleet: Mein Kumpel sah es und sagte es mir. Er sagte mir, er könne sehen, wie der Bug rum kam.

Senator Smith: Sie schwangen den Schiffsbug weg von jenem Objekt?

Fleet: Ja, weil wir direkt darauf zuhielten.

Senator Smith: Aber Sie sahen, wie der Kurs geändert wurde. Und an welchem Punkt rammte der Eisberg das Schiff?

Fleet: Am Bug, Steuerbords, kurz vor dem Fockmast.

Senator Smith: Wie weit ist das vom Bug entfernt?

Fleet: Vom Vordersteven?

Senator Smith: Vom Vordersteven.

Fleet: Ungefähr 20 Fuß.

Senator Smith: Ungefähr 20 Fuß hinter dem Vordersteven?

Fleet: Vom Vordersteven bis zu der Stelle, wo sie getroffen wurde.

Senator Smith: Als es dieses Hindernis oder diese schwarze Masse rammte, wurde das Schiff da stark erschüttert?

Fleet: Nein.

Senator Smith: Gab es irgendwelche Erschütterungen?

Fleet: Nur ein leichtes mahlendes, Geräusch.

Senator Smith: Nicht genug, um Sie in Ihrer Position im Krähennest zu stören?

Fleet: Nein.

Senator Smith: Waren Sie ernsthaft alarmiert, als sie es rammte?

Fleet: Nein. Ich dachte, es wäre eine knappe Rasur gewesen.

Senator Smith: Sie dachten, es wäre eine knappe Rasur gewesen?

Fleet: Ja.

Senator Smith: Fiel Eis aufs Deck?

Fleet: Ja, etwas auf das Vorderdeck und auf das Wetterdeck.

Senator Smith: Wieviel?

Fleet: Nicht viel, nur da, wo sie entlang gerieben worden war.

Senator Smith: Redeten Lee und Sie über dieses schwarze Objekt, das Sie gesehen hatten?

Fleet: Nur oben im Nest.

Senator Smith: Was sagten Sie darüber? Was sagte er zu Ihnen darüber oder was sagten Sie zu ihm?

Fleet: Bevor ich Meldung machte, sagte ich: „Da vorne ist Eis." Dann griff ich zur Glocke, läutete dreimal und ging dann zum Telefon.

Senator Smith: Was sagte er?

Fleet: Er sagte nicht viel. Er begann nur zu sehen. Er blickte nach vorne, während ich am Telefon war, und er sah, wie sich das Schiff nach backbord bewegte.

Senator Smith: Hat Lee den Untergang überlebt oder ist ertrunken?

Fleet: Er ist einer, der überlebt hat.

Senator Smith: Sie können sich nicht erinnern, was er zu Ihnen sagte, als sie kollidierte?

Fleet: Nein.

Senator Smith: Oder als Sie die schwarze Masse das erste Mal gesehen hatten?

Fleet: Nein.

Senator Smith: Wer sah die schwarze Masse zuerst. Sie oder Lee?

Fleet: Ich tat es. Ich sage, daß ich es war, aber ich glaube, er tat es zur gleichen Zeit wie ich.

Senator Smith: Sahen Sie beide nach vorne?

Fleet: Wir blickten überall hin.

Senator Smith: Überall über die See?

Fleet: Ja.

Senator Smith: Waren Sie angewiesen worden, besonders aufmerksam zu beobachten?

Fleet: Ja.

Senator Smith: Von wem?

Fleet: Von den Kumpeln, die wir ablösten. Von den beiden anderen Beobachtungsposten.

Senator Smith: Wurden Sie so von Offizier Murdoch angewiesen?

Fleet: Nein. Wir bekamen unsere Anordnungen von Herrn Lightoller und gaben sie an die ablösenden Beobachtungsposten weiter.

Senator Smith: Herr Lightoller gab Ihren Kollegen Anordnungen?

Fleet: Und die gaben sie an uns weiter.

Senator Smith: Ist das üblich?

Fleet: Ja, wenn wir abgelöst werden, geben wir sie an die anderen Männer weiter.

Senator Smith: Wenn irgendwelche anderen Anordnungen in der Zwischenzeit gegeben werden, geben sie die weiter?

Fleet: An die beiden nächsten Beobachtungsposten.

Senator Smith: Wissen Sie wieviel Uhr es war, als Sie den Eisberg sahen?

Fleet: Ich habe keine Ahnung.

Senator Smith: Tragen Sie eine Uhr?

Fleet: Nein.

Senator Smith: Sie hielten das nicht irgendwie fest?

Fleet: Nein.

Senator Smith: Sie gingen um zehn Uhr in den Ausguck?

Fleet: Ja.

Senator Smith: Wen lösten Sie ab?

Fleet: Symons und Jewell.

Senator Smith: Sagten sie Ihnen, daß sie Eisberge gesehen hätten?

Fleet: Nein. Sie gaben uns nur die Anordnung, Ausschau nach ihnen zu halten.

Senator Smith: Aber sie sagten nicht, sie hätten welche gesehen?

Fleet: Nein.

Senator Smith: Nahmen Sie vier diese Position alleine auf diesem Schiff ein?

Fleet: Es gab sechs.

Senator Smith: Wer waren die beiden anderen?

Fleet: (Ausguck George) Hogg und Evans.

Senator Smith: ‹berlebten sie den Untergang?

Fleet: Ja.

Senator Smith: Alle Beobachtungsposten überlebten?

Fleet: Ja.

Senator Smith: Wo leben diese beiden zuletzt

genannten Männer? Wissen Sie das?

Fleet: Nein, einer ist hier.

Senator Smith: Welcher?

Fleet: Hogg und Symons sind hier außer mir. Die anderen drei sind nach Hause gefahren.

Senator Smith: Lee?

Fleet: Ich weiß nicht, wo Lee ist. Er wurde in New York festgesetzt.

Senator Smith: Was ist die Wache? Ist es zwei Stunden Dienst und. . .

Fleet: Und vier Stunden Freizeit.

Senator Smith: Wer hatte die Wache zwischen acht und zehn in jener Nacht im Krähennest oder Ausguck.

Fleet: Symons und Jewell.

Senator Smith: Wer hatte die Wache von sechs bis acht?

Fleet: Hogg und Evans.

Senator Smith: Hat irgendeiner dieser Maate etwas von Eisbergen am Sonntag oder Sonntagabend erwähnt?

Fleet: Nein.

Senator Smith: Ihre letzte Wache vor zehn Uhr war von vier bis sechs, nicht wahr?

Fleet: Von vier bis sechs, ja.

Senator Smith: Und zwischen vier und sechs Uhr, sahen Sie irgendwelche Eisberge?

Fleet: Nein.

Senator Smith: Da oben im Krähennest - gibt es da irgendwelche Hinweise auf Eisberge vor den Grand Banks von Neufundland?

Fleet: Nein.

Senator Smith: ändert sich das Wetter auf den Neunfundland-Bänken?

Fleet: Nein. Es ist alles offen im Nest.

Senator Smith: War es eine kalte Nacht - Sonntag?

Fleet: Ja.

Senator Smith: Was für einen Schutz gegen das Wetter haben Sie im Krähennest?

Fleet: Wir haben nichts vor uns, nur ein zwei kleine Schutzschilder hinter uns.

Senator Smith: Segeltuch?

Fleet: Ja.

Senator Smith: Und nichts vorne?

Fleet: Nichts vorne.

Senator Smith: Ihr Ausblick ist also ungestört?

Fleet: Ja.

Senator Smith: Hat man Ihnen irgendwelche Gläser gegeben?

Fleet: Wir hatten dieses Mal keine. Wir hatten nichts, nur unsere Augen, um Ausschau zu halten.

Senator Smith: Auf der Oceanic hatten Sie Gläser, oder?

Fleet: Ja.

Senator Smith: Jeder von Ihnen?

Fleet: Es ist ein Paar im Nest.

Senator Smith: Ein Paar Gläser?

Fleet: Ja.

Senator Smith: Was für Gläser? Starke, leistungsfähige Gläser?

Fleet: Nicht immer.

Senator Smith: Wie waren sie auf der Oceanic?

Fleet: Sehr schlecht. Man konnte von hier bis zu diesem Spiegel damit sehen (zeigt die Distanz).

Senator Smith: Baten Sie um Gläser auf der Titanic?

Fleet: Wir fragten nach ihnen in Southampton und sie sagten uns, daß es keine für uns geben würde.

Senator Smith: Wen fragten Sie?

Fleet: Sie sagten uns, für uns wären keine vorgesehen.

Senator Smith: Wen fragten Sie?

Fleet: Wir fragten Herrn Lightoller, den zweiten Offizier.

Senator Smith: Fragten Sie selbst?

Fleet: Nein, Hogg und Evans.

Senator Smith: Woher wissen Sie, daß Sie es taten?

Fleet: Weil sie es uns sagten.

Senator Smith: Wo sagten Sie es Ihnen? Nach dem Auslaufen aus Southampton?

Fleet: In Southampton und danach.

Senator Smith: Sie erwarteten Gläser?

Fleet: Wir hatten ein Paar von Belfast nach Southampton.

Senator Smith: Sie hatten ein Paar Gläser von Belfast nach Southampton?

Fleet: Ja, aber keine von Southampton nach New York.

Senator Smith: Wohin verschwanden jene, die Sie von Belfast nach Southampton hatten?

Fleet: Das wissen wir nicht. Wir wissen nur, daß wir nie ein Paar bekommen haben.

Senator Smith: Und Sie hatten keines von Southampton bis zur Unglücksstelle?

Fleet: Nein.

Senator Smith: Nehmen wir mal an, Sie hätten solche Gläser wie auf der Oceanic oder wie zwischen Belfast und Southampton gehabt. Hätten Sie dieses schwarze Objekt in einer größeren Entfernung erkennen können?

Fleet: Wir hätten es etwas früher sehen können.

Senator Smith: Wieviel früher?

Fleet: Nun, früh genug, um ausweichen zu können. . .

Senator Smith: Erzählen Sie dem Gremium, was Sie taten, nachdem sie in jener Nacht das Krähennest verlassen hatten.

Fleet: Ich ging nach unten und fand dort niemanden vor. Dann kam der Quartermeister und sagte, daß wir alle auf der Brücke verlangt wurden.

Senator Smith: Gingen Sie auf die Brücke?

Fleet: Ich ging aufs Bootsdeck.

Senator Smith: Was sagte man Ihnen dort?

Fleet: Ich sah niemanden dort. Ich sah sie alle an den Booten, wie sie sie vorbereiteten und nach draußen holten.

Senator Smith: Die Rettungsboote?

Fleet: Ja.

Senator Smith: Was taten Sie?

Fleet: Ich half beim Backbordboot.

Senator Smith: Dem Vierten?

Fleet: Ja.

Senator Smith: Was taten Sie?

Fleet: Ich half, das Boot nach draußen zu kriegen.

Senator Smith: Das Vierte?

Fleet: Das Bockbord-Rettungsboot. Ich kriegte Boot Nummer sechs raus.

Senator Smith: Bei wievielen dieser Boote halfen Sie, sie aufs Wasser zu lassen?

Fleet: Ich ließ Boot Nummer sechs an der Kette runter.

Senator Smith: Wieviele Matrosen oder Besatzungsmitglieder wurden in Boot Nummer sechs gesetzt?

Fleet: Ich und ein Quartermeister.

Senator Smith: Sie und ein Quartermeister?

Fleet: Ja.

Senator Smith: Waren das alle Offiziere oder Besatzungsmitglieder, die sich in diesem Boot befanden?

Fleet: Das ist alles. Keine Offiziere. Nur wir beide.

Senator Smith: Sie und der Quartermeister?

Fleet: Ich und Quartiermeister (Robert) Hitchens.

Senator Smith: Hat er überlebt?

Fleet: Ja, er ist in New York.

Senator Smith: Nachdem das Boot aufs Bootsdeck abgesenkt worden war, ging er als Erster hinein, oder Sie?

Fleet: Herr Lightoller befahl mich ins Boot, um den Frauen zu helfen.

Senator Smith: Sie gingen auf Anordnung des zweiten Offiziers hinein?

Fleet: Ja.

Senator Smith: Und halfen den Frauen beim Einsteigen?

Fleet: Ja.

Senator Smith: Wieviel Männer waren in dem Boot?

Fleet: Fünf.

Senator Smith: Wer waren sie?

Fleet: Drei Passagier und zwei Besatzungsmitglieder.

Senator Smith: Wer waren die Passagiere?

Fleet: Ich weiß nicht. Einer aus dem Zwischendeck und zwei aus der Ersten Klasse.

Senator Smith: Sie wissen nicht, wer sie waren?

Fleet: Nein.

Senator Smith: Haben Sie sie seitdem gesehen?

Fleet: Nein.

Senator Smith: Wieviele Frauen und Kinder waren in diesem Boot?

Fleet: Keine Kinder. Es waren alles Frauen. Ich kann nicht sagen wieviele, weil ich sie nicht gezählt habe.

Senator Smith: War das Boot voll?

Fleet: Es war voll, aber es hätten noch einige vorne reingepaßt, wo ich war.

Senator Smith: Wieviele waren alles zusammen im Boot?

Fleet: Ungefähr 30.

Senator Smith: War es ein normales Rettungsboot der größeren Sorte?

Fleet: Eines der hölzernen Boote.

Senator Smith: Sie waren zu 30 und dann wurde es aufs Wasser gelassen?

Fleet: Ja.

Senator Smith: Und was taten Sie dann.

Fleet: Wir nahmen die Riemen und ruderten in Richtung eines Lichtes auf Backbord.

Senator Smith: Sahen Sie s?

Fleet: Ja.

Senator Smith: Was geschah da?

Fleet: Wir konnten es nicht erreichen.

Senator Smith: Warum nicht?

Fleet: Wir waren nur zu zweit am Ruder.

Senator Smith: Sie kamen nicht näher?

Fleet: Nein.

Senator Smith: Wie nahe kamen Sie?

Fleet: Es entfernte sich.

Senator Smith: Waren zu jenem Zeitpunkt Menschen im Wasser?

Fleet: Nein.

Senator Smith: Hörten Sie Hilferufe?

Fleet: Nein.

Senator Smith: Als Sie erkannten, daß Sie nicht dahin kamen, was taten Sie dann?

Fleet: Wir ruderten weiter. Das ist alles.

Senator Smith: In diese Richtung, weg vom Schiff.

Fleet: Weg vom Schiff.

Senator Smith: Weg von der Titanic?

Fleet: Ja.

Senator Smith: Und Sie ruderten immer weiter?

Fleet: Wir machten weiter.

Senator Smith: Und stoppten nicht?

Fleet: Nein.

Senator Smith: Wohin ruderten Sie?

Fleet: Wir dachten, wir könnten dieses Licht erreichen, aber wir schafften es nicht. Es schien sich immer wieder zu entfernen.

Senator Smith: Was für ein Licht war das?

Fleet: Es war ein Licht auf dem Backbordbug. Es schien gegenüber von uns zu sein.

Senator Smith: Reden Sie jetzt von der Titanic?

Fleet: Gegenüber der Titanic.

Senator Smith: Nachdem Sie von der Titanic wegruderten, versuchte da jemand, in Ihr Boot zu kommen?

Fleet: Nein.

Senator Smith: Versuchte jemand herauszuklettern?

Fleet: Nein.

Senator Smith: Stieg jemand, Mann oder Frau, in Ihr Boot und dann wieder heraus?

Fleet: Nein. Es gab nur einen Passagier, der in das Boot kam, als wir zu Wasser gelassen wurden.

Senator Smith: Wer war das?

Fleet: Einer der Passagiere.

Senator Smith: Als Sie aufs Wasser gelassen wur-

den.

Fleet: Ja.

Senator Smith: Wie weit waren Sie da unterhalb des Bootsdecks?

Fleet: Nicht sehr weit. Vielleicht die Tischlänge. Er schwang sich an dem Rettungstau und ließ sich ins Boot fallen.

Senator Smith: Sie nahmen danach keine anderen Personen mehr auf?

Fleet: Nein.

Senator Smith: Und erreichten alle Insassen die Seite der Carpathia?

Fleet: Ja.

Senator Smith: Während Sie auf die Carpathia warteten, ruderten Sie oder lagen Sie auf Ihren Riemen?

Fleet: Wir ruderten, bis wir vor der Sogwirkung der Titanic sicher waren.

Senator Smith: Ruderten von der Titanic weg?

Fleet: Ja.

Senator Smith: Weil Sie annahmen, daß es beim Untergang eine Sogwirkung geben würde?

Fleet: Ja.

Senator Smith: Gab es eine?

Fleet: Nein, wir waren zu weit entfernt.

Senator Smith: Sahen Sie, wie sie unterging?

Fleet: Nein.

Senator Smith: Warum nicht?

Fleet: Die Lichter waren erloschen und wir waren zu weit entfernt.

Senator Smith: Sie konnten nicht sehen, wie sie verschwand?

Fleet: Nein.

Senator Smith: Wo wurden Sie von der Carpathia aufgenommen, in der Nähe der Titanic?

Fleet: Als wir die Lichter der Carpathia erblickten, ruderten wir in ihre Richtung.

Senator Smith: Und wurden von ihr aufgenommen?

Fleet: Ja, an der Seite.

Senator Smith: Nachdem Sie an der Bordwand der Carpathia festgemacht hatten, kehrten Sie nicht mit dem Rettungsboot zur Unglücksstelle zurück?

Fleet: Nein.

Senator Smith: Sie gingen an Bord der Carpathia?

Fleet: Ja. . .

Senator Smith: Sahen Sie, wie Raketen vom Deck der Titanic abgeschossen wurden?

Fleet: Ja, als wir im Boot waren und auch vorher, als wir an Deck waren, bevor ich ins Boot stieg.

Senator Smith: Aber Sie sahen keine Lichter vorne, die auf die Gegenwart eines anderes Schiffes schließen ließen?

Fleet: Nein.

Senator Smith: Oder als Sie im Krähennest waren?

Fleet: Nein.

Senator Smith: Oder irgendein anderes Objekt, außer dem von Ihnen beschriebenen.

Fleet: Nein.

Senator Smith: Sahen Sie irgendwelche anderen Eisberge, Eisfelder oder Schollen während Sie am Sonntag oder Sonntagnacht im Krähennest waren?

Fleet: Nur den einen, den ich direkt voraus gemeldet habe.

Senator Smith: Nur den einen?

Fleet: Das ist alles.

Senator Smith: Ich glaube, das ist alles für jetzt. Wenn ich Sie wieder haben will, werde ich Ihnen eine Mitteilung schicken. Würden Sie sich bitte dem Komitee zur Verfügung halten?

Fleet: Ja. . .

Zeuge: Maj. Arthut G. Peuchen, 53
Passagier der ersten Klasse, Chemiefabrikant und Mitglied der Canadian Militia, aus Toronto
Kern der Aussage: Der Sportsegler, der auf Boot Nummer sechs als Ruderer eingesetzt wurde, sagte, daß Frauen auf diesem Boot zurückkehren wollten, um Überlebende aufzunehmen. Aber der verantwortliche Mann, der Steuermann der Titanic, Robert Hitchens, steuerte statt dessen ein Licht an, das er in der Entfernung ausgemacht hatte.

Senator Smith: Würden Sie bitte dem Komitee. . . so gut Sie können, auf Ihre Weise erzählen, was während der Fahrt mit der Titanic geschah. Sie können auf Ihre Art vorgehen und sich Zeit lassen. Sie werden bis zum Ende nicht unterbrochen werden.

Maj. Peuchen: Das Wetter bis zu jenem Zeitpunkt am Sonntag war angenehm. Es gab nur wenig Wind. Es war ziemlich ruhig. Alles schien reibungslos zu verlaufen, und es gab keine Vorkommnisse auf dem Dampfer, und in kein-

ster Weise wurde ein Feuer erwähnt. Tatsächlich war es eine sehr angenehme Reise bis Sonntagabend. Wir waren alle angetan, wie der neue Dampfer unterwegs war und hofften alle, früh am Mittwochmorgen in New York einzutreffen. Soll ich weitermachen?

Senator Smith: Fahren Sie weiter fort. Ich wünsche, daß Sie ihr Statement in Ihrer Weise fortführen, bis Sie an Bord der Carpathia gehen.

Maj. Peuchen: Das wird eine ziemlich lange Geschichte.

Senator Smith: Nun, ich möchte sie im Protokoll haben, Major.

Maj. Peuchen: Sonntagabend aß ich mit meinen Freunden, Markleham Molson, Herrn Allison und Frau Allison. Ihre Tochter war da für eine kurze Zeit. Das Dinner war außergewöhnlich gut. Es schien eine wesentlich bessere Speisekarte als sonst gewesen zu sein, obwohl sie alle gut waren. Nach dem Dinner gingen meine Freunde und ich in den Salon und hatten dort einen Kaffee. Gegen neun Uhr oder etwas später verließ ich meine Freunde, mit denen ich gespeist hatte und ging in den Rauchsalon, wo ich die Herren Beatty und McCaffery und einen anderen englischen Herrn traf, der nach Kanada unterwegs war. Wir saßen zusammen, unterhielten uns und rauchten bis ungefähr 20 Minuten nach elf oder etwas später. Ich verabschiedete mich und ging zu meinem Zimmer. Ich habe unterwegs vielleicht mal angehalten. Als ich mein Zimmer erreicht und damit begonnen hatte, mich auszuziehen, fühlte ich etwas, als ob das Schiff von einer schweren Welle getroffen worden war. Es bebte irgendwie. Wären wir in rauher See gewesen, hätte ich gedacht, das Boot wäre von einer ungewöhnlichen Welle getroffen worden. Nachdem ich aber wußte, daß es eine ruhige Nacht war und daß so etwas in einer ruhigen Nacht ungewöhnlich war, zog ich sofort meinen Mantel an und ging an Deck. Als ich vor der großen Freitreppe war, traf ich einen Freund der sagte: „Wir haben einen Eisberg gerammt."

Senator Smith: Geben Sie uns seinen Namen, wenn Sie können.

Maj. Peuchen: Ich kann mich an seinen Namen nicht erinnern. Er war eine beiläufige Bekanntschaft, die ich gemacht hatte. Er sagte: „Wenn

Sie aufs obere Deck gehen" oder: „Wenn Sie aufs A-Deck gehen, werden Sie dort Eis auf dem vorderen Teil des Schiffs finden." Das tat ich. Ich ging dorthin. Ich nehme an, das Eis war innerhalb der Reling gefallen, ungefähr vier bis viereinhalb Fuß. Es war weiches Eis. Aber man konnte es sehr gut auf dem Bug des Bootes sehen. Ich stand einige Minuten an Deck und unterhielt mich mit anderen Freunden. Ich ging dann zu meinem Freund Herrn Hugo Rosse, um ihm zu sagen, daß es nichts Ernstes sei. Wir hatten nur einen Eisberg gerammt. Ich rief auch Herrn Molson in seinem Raum an, doch er war nicht dort. Später sah ich Herrn Molson an Deck und wir unterhielten uns über die Angelegenheit. Ich glaube, 15 Minuten später traf ich seinen Schwiegersohn, Herrn Hays, zu dem ich sagte: „Herr Hays, haben Sie das Eis gesehen?" er sagte: „Nein." Und Iich sagte: „Wenn Sie es sehen wollen, kann ich Sie mit an Deck nehmen, und es ihnen zeigen." So gingen wir von, ich nehme an, dem C-Deck zum A-Deck und weiter nach vorne, wo ich Herrn (Charles) Hays das Eis zeigte. Ich blickte hin und bemerkte, daß das Schiff ungefähr eine halbe Stunde nach meinem ersten Besuch Schlagseite bekam. Ich sagte zu Herrn Hays: „Sie bekommt Schlagseite. Das sollte sie nicht tun. Das Wetter ist absolut ruhig und das Schiff ist gestoppt." Ich fühlte, daß es ernst aussah. Er sagte: „Oh, ich weiß nicht. Man kann dieses Schiff nicht versenken." Er hatte viel Vertrauen. Er sagte: „Gleichgültig, was wir gerammt haben. Sie ist gut für acht bis zehn Stunden."

Ich war gerade zur großen Freitreppe zurückgekehrt - ich hatte vielleicht zehn weitere Minuten gewartet - als ich die Damen und Herren sehr ernst vom Deck herunterkommen sah. Ich erreichte Herrn Beatty und sagte: „Was ist los?" Er sagte: „Es ist Anordnung ergangen für Schwimmwesten und Rettungsboote." Ich konnte es zuerst nicht glauben, es kam so plötzlich. Ich sagte: „Werden Sie es Herrn Ross sagen?"

Er sagte: „Ja, ich werde Herrn Ross aufsuchen." Ich ging danach in mein Zimmer und wechselte so schnell ich konnte aus meinem Abendanzug in schwere Kleidung. Sobald ich meinen

Mantel angezogen hatte, nahm ich meine Schwimmweste und ging aus meiner Kabine. Auf dem Gang traf ich sehr viele Menschen, Damen und Herren in ihren Schwimmwesten. Die Damen weinten, die meisten wenigstens. Es war ein sehr ernster Anblick, und ich begann zu realisieren, wie ernst die Situation war. Ich begab mich dann aufs Bootsdeck und sah, wie sie aufgedeckt hatten. . .

Senator Smith (unterbrechend): Entschuldigen Sie einen Moment. Waren Sie noch immer auf dem C-Deck?

Maj. Peuchen: Ich war auf dem C-Deck, als ich nach draußen kam und all die Leute sah, die in der Nähe der großen Freitreppe standen. Ich ging dann weiter nach oben auf das Bootsdeck, welches das Deck oberhalb von A ist.

Ich sah, daß die Boote bereit zum Einsatz waren. Die Abdeckungen waren abgenommen, die Taue klar, fertig zum Herunterlassen. Das war auf der Backbordseite. Ich stand neben dem zweiten Offizier, und der Kapitän stand dort ebenfalls zu jener Zeit. Der Kapitän sagte - ich weiß nicht, ob der Kapitän oder der zweite Offizier es sagte - „Wir müssen diese Maste aus den Booten holen und auch das Segel." Er sagte: „Sie könnten uns dabei helfen", und ich sprang in das Boot, wir holten ein Messer und schnitten die Haltetaue des Mastes, bei dem es sich um einen sehr schweren Mast handelte, durch. Zusammen mit dem Segel holten wir ihn aus dem Boot, weil er nicht benötigt wurde. Sobald diese Arbeit erledigt war, gab es einen Schrei, daß die Frauen einsteigen sollten. Die Frauen kamen daraufhin, eine nach der anderen, nach vorne. Viele Frauen kamen zusammen mit ihren Männern. . . Man erlaubte aber nur Frauen hinein, die Männer mußten zurückbleiben.

Senator Smith: Gab es einen Befehl dafür?

Maj. Peuchen: Das war der Befehl. Der Zweite Offizier stand dort und führte ihn bis zum Letzten aus. Er gestattete keinem Mann außer den Matrosen den Zutritt. Soviel ich gesehen habe, gab es keinen Passagier im Boot.

Senator Smith: Wieviele Matrosen?

Maj. Peuchen: Ich bin nicht sicher, aber ich glaube, es waren ungefähr vier. Soweit ich mich erinnern kann, waren es vier. Ich war damit beschäftigt zu helfen und die Damen ins Boot zu bekommen. Nachdem eine angemessene Zahl von Damen im Boot waren, wurde es heruntergelassen. Ich sah keinen einzigen Passagier in diesem ersten Boot.

Senator Fletcher: Sie meinen männliche Passagiere.

Maj. Peuchen: Ja, männliche Passagiere.

Senator Smith: Sahen Sie irgendeinen Versuch hineinzukommen?

Maj. Peuchen: Nein. Ich sah keinen. Es war eine perfekte Ordnung. Die Disziplin war hervorragend. Die Offiziere taten ihre Pflicht, und ich glaube, die Passagiere benahmen sich glänzend. Ich sah keine einzige feige Handlung eines Mannes.

Senator Smith: Wurde das Boot sicher zu Wasser gelassen?

Maj. Peuchen: Das Boot war beladen, aber ich glaube, sie hätten mehr in dieses Boot aufnehmen können. Sie nahmen aber alle Damen, die in das Boot wollten, mit.

Senator Smith: Wurde das Boot sicher zu Wasser gelassen?

Maj. Peuchen: Oh, ja. Das Boot wurde sicher zu Wasser gelassen.

Senator Smith: Wer war darin, den Sie kannten?

Maj. Peuchen: Ich würde sagen - also ich weiß es nicht - ich glaube 26 oder 27. Es gab noch Platz.

Dann, als das Boot heruntergelassen war, kümmerten wir uns um das nächste.

Ich muß sagen, ich war sehr überrascht, daß sich die Matrosen nicht an ihren Einsatzorten befanden, wie ich es bei den Feuerübungen auf anderen Schiffen gesehen habe, wo sie alle in Bereitschaft am Bug und Heck dieser Rettungsboote standen. Man hatte den Eindruck, daß es bei diesen Rettungsbooten, die von diesem Punkt aus heruntergelassen wurden, einen Mangel an Matrosen gab. Ich weiß nicht, was sich in den anderen Teilen des Schiffs abspielte. Da gab es eine Tat, die ich etwas vorab in meiner Geschichte erwähnen muß. Als ich zum ersten Mal an Deck kam, erschienen dort auf einmal ungefähr 100 Heizer mit ihren Seesäcken und bevölkerten das Deck vor den Booten. Einer der Offiziere - ich weiß nicht welcher, aber ein sehr Mächtiger - kam und trieb diese Männer direkt wieder vom Deck. Es war

eine glänzende Tat.

Senator Smith: Vom Bootsdeck?

Maj. Peuchen: Vom Bootsdeck. Er trieb sie, jeden Mann wie eine Schafherde von Deck.

Senator Smith: Wohin gingen sie?

Maj. Peuchen: Das weiß ich nicht. Er trieb sie vor sich her und sie verschwanden. Ich weiß nicht, wohin sie gingen, aber es war eine glänzende Tat. Sie leisteten keinen Widerstand. Ich bewunderte ihn dafür.

Ich hatte das Herunterlassen des ersten Bootes auf der Backbordseite beendet. Wir gingen dann zu Boot Nummer 2 oder Nummer 4 oder Nummer 6. Ich weiß nicht, wie sie genannt wurden.

Senator Smith: Sie waren ins Boot gestiegen, um bei Herunterlassen zu helfen?

Maj. Peuchen: Ja, und dann bin ich wieder ausgestiegen.

Senator Smith: Und stiegen wieder aus?

Maj. Peuchen: Ich stieg nur ins Boot, um dabei zu helfen, den Mast und das Segel herauszuholen.

Senator Smith: Ich verstehe. Danach stiegen Sie wieder aus?

Maj. Peuchen: Danach stieg ich wieder aus und half den Damen ins Boot. Wir gingen dann zum nächsten Boot und taten dasselbe. Holten den Mast und das Segel heraus. Es gab da einen Quartermeister in dem Boot und einen Matrosen, und wir begannen die Damen ins Boot zu geleiten. Nachdem das Boot eine volle Auslastung mit Damen hatte, gab es keine mehr, die hinein wollten, wenigstens auf der Backbordseite. Einige wollten ihre Männer nicht verlassen.

Senator Smith: Wissen Sie, um wen es sich handelte?

Maj. Peuchen: Ich sah eine oder zwei, die nicht hinein wollten. Ob sie sich danach trennten, kann ich nicht sagen, aber ich sah eine oder zwei Frauen aus diesem Grund nicht einsteigen.

Senator Smith: Sahen Sie, wie eine Frau erst hineinging und dann wieder ausstieg, weil ihr Mann nicht bei ihr war?

Maj. Peuchen: Nein, ich glaube nicht. Ich sah eine Dame, die sie fast schon von ihrem Mann wegreißen mußten. Er bestand darauf, daß sie in das Boot gehen sollte, und sie wollte nicht.

Dieses Boot wurde dann heruntergelassen und als

es. . .

Senator Smith (unterbrechend): Entschuldigen Sie einen Moment. Wieviele befanden sich in diesem Boot?

Maj. Peuchen: Das wußte ich zu dieser Zeit beim Herunterlassen nicht. Aber nachdem ich dann später plötzlich ein Passagier wurde, wurden sie gezählt, und es waren genau 20 Frauen, ein Quartermeister, ein Matrose und ein blinder Passagier, der sich erst nach einer Stunde auf dem Wasser zeigte.

Senator Smith: Alle zusammen 23?

Maj. Peuchen: Alle zusammen 23, bevor ich zum Passagier wurde.

Nachdem das Boot bereits um einiges herunter-gelassen war, ungefähr auf die Höhe des C-Decks, rief der Quartermeister plötzlich dem Offizier zu: „Ich kann dieses Boot nicht mit nur einem Matrosen führen."

Senator Smith: Woher kam dieser Ruf?

Maj. Peuchen: Als das Boot heruntergelassen wur-de, ich würde sagen, auf Höhe des dritten Decks. Er bat also um eine Verstärkung, der Offizier lehnte sich vor und sah, daß er mit sei-ner Behauptung Recht hatte, daß er nur einen Mann im Boot hatte. Daher sagte man: „Wir müssen hier doch noch mehr Matrosen haben." Ich dachte nicht, daß sie zur Verfügung stan-den, sonst hätten sie ja das nächste Boot vorbe-reitet. Ich stand jedoch direkt neben dem Offizier und sagte: „Kann ich helfen? Ich bin Segler und kann ein Boot mit einem durch-schnittlichen Mann führen." Er sagte: „Also ja. Ich befehle Sie anstelle eines Matrosen in das Boot."

Senator Smith: Entschuldigen Sie bitte. Wer war dieser Mann im Boot?

Maj. Peuchen: Er war einer der Quartermeister. Der Kapitän stand noch in seiner Nähe, und ich glaube, obwohl mich der Offizier in das Boot befohlen hatte, sagte der Kapitän: „Sie gehen besser nach unten und zerschlagen ein Fenster und gehen durch das Fenster in dieses Boot."

Senator Smith: Der Kapitän sagte das?

Maj. Peuchen: Ja, das war sein Vorschlag. Ich sagte, daß ich das nicht für machbar hielt und sagte, daß ich mit einem Tau ins Boot kommen könn-te. Wir bekamen ein Tau, das von den Davits hing, zu fassen und damit schwang ich mich

vom Schiff und ließ mich in das Boot herunter.

Senator Smith: Wie weit mußten Sie schwingen?

Maj. Peuchen: Die Gefahr bestand darin, vom Boot zu springen. Erst nachdem ich eine gera-de Linie hatte, war es leicht, sich herunterzu-lassen. Aber ich meine, es befand sich gegenü-ber dem C-Deck zu der Zeit. Nachdem ich im Boot gelandet war, ging ich nach hinten und sagte zu dem Quartermeister: „Was soll ich tun?" Er sagte: „Bücken Sie sich und stecken den Zapfen hinein." Ich tauchte also nach dem Zapfen. Die Damen saßen alle sehr ruhig. Ich konnte nichts sehen. Es war dunkel da unten. Ich tastete mit meinen Händen und sagte ihm, daß es besser wäre, er würde es tun und ich würde mich um seine Arbeit kümmern. „Nun, Sie gehen nach unten und stecken den Zapfen hinein und ich werde die Schäkel öffnen." Das bedeutet die Blöcke wegnehmen. So ließ er also die Blöcke los, ging nach unten und kam eiligst wieder hoch, um mir zu assistieren. „Beeilen Sie sich", sagte er. „Dieses Boot wird untergeh-en." Ich dachte, er hätte Schwierigkeiten, den Zapfen zu finden, oder er hätte ihn nicht ver-nünftig hineinbekommen. Aber er meinte, das große Schiff würde untergehen und wir sollten uns beeilen, um uns davon zu entfernen. So bekamen wir also die Ruder an Ort und Stelle und er sagte mir, nach vorne zu gehen und einen Riemen zu nehmen. Ich ging nach vorne, bekam einen Riemen auf der Backbordseite des Rettungsbootes. Der Matrose war auf meiner linken Seite, der Steuerbordseite.

Senator Smith: Wer war der Matrose?

Maj. Peuchen: Es war der Mann, der gerade vor mir ausgesagt hat.

Senator Smith: Herr Fleet aus dem Ausguck.

Maj. Peuchen: Aus dem Ausguck ja, neben mir zu meiner Linken sitzend. Er sagte uns, so hart wie möglich von der Sogwirkung weg zu rudern. Gerade als wir einen Teil des Weges rudernd zurückgelegt hatten, dieser blinde Passagier, ein Italiener. . .

Senator Smith: Entschuldigung. Sagte der Offi-zier wegzurudern, um sich von der Sogwirkung zu entfernen.

Maj. Peuchen: Der Quartermeister, der für unser Boot verantwortlich war, sagte uns, so hart wie möglich zu rudern, damit wir von der Sogwir-

kung wegkommen konnten. Und als wir gerade eine kurze Distanz geschafft hatten, tauchte
dieser blinde Passagier auf. Er war ein Italiener
von Geburt, würde ich sagen, mit einem gebrochenen Handgelenk oder Arm und konnte uns
nicht beim Rudern helfen. Er hatte einen Riemen, aber er konnte nicht viel tun, so daß wir
ihn veranlaßten, das Ruder wieder einzuholen.

Senator Smith: Von wo aus tauchte er auf?

Maj. Peuchen: Von unten. Ich glaube er war
irgendwo unten verstaut. Ich könnte mir vorstellen, daß wenn es irgendeinen Platz gab,
dann muß er unter dem Bug gewesen sein. Ich
glaube, daß er daher kam. Er war nicht sichtbar, als wir in das Boot geblickt hatten. Es gab
nur zwei Männer, als es heruntergelassen wurde.

Senator Smith: Würden Sie ihn erkennen, wenn
Sie ihn sehen würden?

Maj. Peuchen: Nein, es war dunkel. Im Tageslicht, am Morgen, ruderte ich sehr hart. Als wir
von der Titanic wegruderten, gab es plötzlich
ein Zeichen eines Offiziers. Wir stoppten.

Senator Smith: Eine Pfeife?

Maj. Peuchen: Eine Art Pfeife. Auf jeden Fall sagte uns der Quartermeister, wir sollten aufhören
zu rudern, damit wir hören konnten. Es war ein
Ruf, wieder zum Schiff zurückzukehren. Daher
dachten wir alle, wir sollten zum Schiff
zurückrudern. Es war ein Ruf. Doch der Quartiermeister sagte: „Nein, wir kehren nicht zum
Schiff zurück. Es sind unsere Leben, nicht ihre."
Und er bestand darauf, daß wir weiter weg
ruderten.

Senator Smith: Wer rebellierte dagegen?

Maj. Peuchen: Ich glaube, die Rebellion wurde
von einigen der verheirateten Frauen gemacht,
die ihre Ehemänner zurückgelassen hatten.

Senator Smith: Und unterstützten Sie sie?

Maj. Peuchen: Ich sagte gar nichts. Ich wußte,
daß ich machtlos war. Er saß am Ruder. Er war
ein sehr geschwätziger Mann. Er hatte die
ganze Zeit geflucht und war widerlich. Ich hatte einen Zusammenstoß mit ihm. Ich bat ihn,
zu uns zu kommen, um uns beim Rudern zu
helfen und einer der Frauen das Ruder zu überlassen. Schließlich war es eine absolut ruhige
Nacht. Man benötigte nicht viel Geschick zum
Steuern. Die Sterne schienen. Er lehnte ab und

sagte mir, er habe die Befehlsgewalt über das
Boot und beschied mir zu rudern.

Senator Smith: Blieb er an der Pinne?

Maj. Peuchen: Er blieb an der Pinne, und wenn
wir hätten zurückkehren wollen, während der
an der Pinne saß, glaube ich nicht, daß wir das
geschafft hätten. Die Frauen saßen zwischen
dem Quartermeister und mir und dem anderen
Matrosen. Die Nacht war kalt, und wir ruderten weiter. Dann bildete er sich ein, ein Licht
gesehen zu haben. Ich bin in meinem Leben
viel gesegelt, habe selbst sechs Jahre lang eine
Yacht besessen, war draußen auf den Seen, und
ich konnte diese Lichter nicht sehen. Ich sah
eine Spiegelung. Er glaubte, es sei ein Boot
oder etwas ähnliches. Er dachte wahrscheinlich,
es handele sich um eine Boje da draußen, und er
rief zum nächsten Boot, das in Hörweite war,
ob da draußen eine Boje sein könne. Dies
erschien mir als absolut absurd und zeigte, daß
der Mann keine Ahnung von Navigation hatte,
wenn er mitten auf dem Atlantik eine Boje
erwartete. Dennoch bestand er darauf, daß wir
weiter ruderten. Wir ruderten weiter zu diesem
eingebildeten Licht und nach einer Weile,
nachdem wir eine große Entfernung zurückgelegt hatten - ich bin meiner Geschichte voraus,
hörten wir Geräusche, wie das Schiff zerbrach.

Senator Smith: Von der Titanic?

Maj. Peuchen: Von der Titanic. Zuerst richtete
ich meine Augen solange wie möglich auf die
Lichter.

Senator Smith: Befanden Sie sich von Ihrer Position im Boot aus ihr gegenüber?

Maj. Peuchen: Zu jenem Zeitpunkt befand ich
mich ihr gegenüber. Ich ruderte so (demonstriert es) und wechselte danach auf die andere
Seite. Wir hörten nach der Pfeife, die ich vor
einigen Minuten beschrieben habe, eine Art
Hilferuf. Das war der Offizier, der uns
zurückrief. Wir hörten eine Art grollendes
Geräusch, wobei der Lichter auch während des
Grollens noch leuchteten. So weit ich mich
erinnere. Dann gab es eine Art Explosion und
dann noch eine. . . Es schien ein, zwei oder drei
dieser grollenden Geräusche zu geben, und
dann gingen die Lichter aus. Dann die furchtbaren Rufe und Schreie.

Senator Smith: Nach Hilfe?

Maj. Peuchen: Wir konnten nicht genau zwischen Hilferufen, Klagen und Schluchzen unterscheiden. Angsterregend. Es machte alle Frauen an Bord in unseren Boot betroffen, deren Männer unter denen waren. Dies ging so eine Zeitlang weiter, wurde nach und nach leiser und leiser. Es war anfangs furchtbar es anzuhören.

Senator Smith: Wie weit entfernt war es?

Maj. Peuchen: Ich glaube, es muß so fünf Achtel einer Meile gewesen sei, als sich das zutrug. Die Entfernung war sehr schwer zu raten. Wir waren nur zu zweit, dieses schwere Boot mit einigen Menschen zu rudern, und ich glaube nicht, daß wir sehr viel geschafft hatten.

Senator Smith: Während diese Schreie zu hören waren, gab es jemanden an Bord, der den Quartermeister bat zurückzukehren?

Maj. Peuchen: Ja, einige Frauen taten das. Aber wie ich schon zuvor sagte, hatte ich einen Streit mit ihm und sagte den Frauen: „Es hat keinen Zweck, daß sie sich mit dem Mann streiten. Es ist am besten, nicht mit ihm zu streiten." Er sagte, es habe keinen Sinn, dorthin zurückzukehren, weil es dort nur einige Steife geben würde, was zu diesem Zeitpunkt sehr unfreundlich war, und was die Frauen sehr übelnahmen.

Senator Smith: Sind Sie denn nun tatsächlich zum Schiff zurückgekehrt?

Maj. Peuchen: Wir kehrten nicht zum Schiff zurück.

Senator Smith: Nachdem Sie abgelegt hatten?

Maj. Peuchen: Nein.

Senator Smith: Als das Schiff unterging, haben Sie da hingesehen?

Maj. Peuchen: Ich habe zum Schiff geblickt, ja.

Senator Smith: Sahen Sie es?

Maj. Peuchen: Ich sah, wie die Lichter ausgingen. Danach konnte man nicht mehr viel erkennen.

Senator Smith: Sie waren nicht nahe genug, um irgendjemanden an Bord zu erkennen?

Maj. Peuchen: Oh nein.

Senator Smith: Konnten Sie die Silhouetten der Menschen an Deck erkennen?

Maj. Peuchen: Nein. Konnte man nicht. Ich konnte nur die Silhouette des Schiffs erkennen, könnte man sagen.

Senator Smith: Wissen Sie, wie sie untergingen?

Maj. Peuchen: Solange die Lichter leuchteten, sah ich ihren Bug nach unten zeigen und das Heck nach oben. Nicht senkrecht, aber beachtlich.

Senator Smith: In was für einem Winkel?

Maj. Peuchen: Ich würde sagen, ein Winkel von nicht ganz 45 Grad.

Senator Smith: Von dem was Sie sahen, war das Schiff intakt oder in zwei Teile zerbrochen?

Maj. Peuchen: Zu diesem Zeitpunkt war es intakt. Ich meine aber sicher zu sein, daß sich im Schiff eine Explosion ereignet haben muß. Am nächsten Morgen nämlich, als wir über die Untergangsstelle fuhren - das fällt mir gerade ein und könnte für diese Untersuchung vielleicht hilfreich sein - stand ich vorne und hielt nach toten Körpern Ausschau, vielleicht auch meinen Freunden nach. Zu meiner Überraschung sah ich das Geschäftszeichen des Friseurs herumtreiben. Der Friseur hatte meiner Erinnerung nach seinen Laden auf dem C-Deck. Es muß sich also um eine gewaltiger Explosion gehandelt haben, wenn sich dieses losreißen konnte und mit dem Holz treiben konnte.

Senator Smith: Haben Sie die Explosionen gehört?

Maj. Peuchen: Ja, ich habe die Explosionen gehört.

Senator Smith: Wie laut waren sie?

Maj. Peuchen: Eine Art grollendes Geräusch. Es war kein scharfes Geräusch. Mehr ein Grollen, aber zur gleichen Zeit auch scharf. Es war nicht so laut wie ein Donner oder so was ähnliches oder eine Kesselexplosion.

Senator Smith: Kamen diese Explosionen deutlich von unter der Wasseroberfläche?

Maj. Peuchen: Ich glaube oberhalb. Ich stellte mir vor, daß die Decks unter dem Druck explodiert waren und das Schiff mit dem Bug zuerst in die Tiefe gerissen haben. Dieses schwere Gewicht und die Luft zwischen den Decks. Das ist meine Theorie für die Explosion. Ich weiß nicht, ob sie zutrifft, aber ich glaube nicht, daß es die Kessel waren. Ich glaube, es war der Druck, das schwere Gewicht, daß es nach unten gedrückt hat, das eindringende Wasser und die zwischen die Decks kommende Luft. Irgendwas mußte gehen.

Senator Smith: Wieviele Explosionen haben Sie gehört?

Maj. Peuchen: Ich bin da nicht absolut sicher,

weil es während der ganzen Zeit viel Aufregung gab. Aber ich glaube, es waren drei, eine der anderen sehr schnell folgend.

Senator Smith: Haben Sie den Kapitän noch einmal gesehen, nachdem er Ihnen gesagt hatte, nach unten zu gehen, um durch ein eingeschlagenes Fenster in das Rettungsboot zu klettern?

Maj. Peuchen: Nein, ich habe ihn danach nicht mehr gesehen.

Senator Smith: So wie Sie den Kapitän erlebten, war er wachsam und aufmerksam?

Maj. Peuchen: Er tat alles, das in seiner Macht stand, um die Frauen in die Boote zu bekommen und daß sie anständig heruntergelassen wurden. Ich denke, er tat seine Pflicht in Sachen Rettungsboote.

Senator Smith: Sahen Sie den Wachoffizier jener Nacht?

Maj. Peuchen: Wen meinen Sie? Ich weiß nicht ganz, was Sie meinen.

Senator Smith: Wer war der Offizier an Ihrer Seite beim Boot?

Maj. Peuchen: Der Zweite Offizier.

Senator Smith: Herr Lightoller?

Maj. Peuchen: Ja.

Senator Smith: Hatten Sie den Kapitän vor jener Nacht schon mal gesehen?

Maj. Peuchen: Ich traf ihn in einem der Verbindungsgänge, so um die Dinner-Zeit.

Senator Smith: Welche Uhrzeit?

Maj. Peuchen: Ich bin mir der Stunde nicht sicher. Gegen sieben Uhr, glaube ich. Ich aß kurz nach sieben Uhr. Ich glaube ein Viertel danach.

Senator Smith: Im Hauptspeisesaal?

Maj. Peuchen: Im Hauptspeisesaal, ja.

Senator Smith: Aß der Kapitän auch in diesem Raum?

Maj. Peuchen: Ich glaube nicht. Ich glaube, er aß in dem anderen Restaurant.

Senator Smith: Aber Sie sahen ihn nicht?

Maj. Peuchen: Ich sah nicht, wie er aß.

Senator Smith: Könnten Sie uns bitte sagen, ob diese Rettungsboote mit Nahrungsmitteln, Wasser und Lichtern ausgerüstete waren oder nicht.

Maj. Peuchen: Soweit ich das sagen kann, war unser Boot mit all diesen Dingen ausgestattet. Ich hörte, wie jemand auf der Carpathia sagte,

daß es in einigen Booten keine anständige Nahrung gegeben habe, und daher habe ich in ein oder zwei Booten nachgeschaut und fand den Fraß in dieser versiegelten Kiste.

Senator Smith: In beiden?

Maj. Peuchen: Im Boot. Ich habe nicht die ganze Flotte kontrolliert.

Senator Smith: Sie sagten, Sie hätten in ein oder zwei gesehen?

Maj. Peuchen: Eins oder zwei.

Senator Smith: Fanden Sie Nahrungsmittel und Wasser in beiden?

Maj. Peuchen: Ich habe die Fässer nicht untersucht, aber mir wurde von Matrosen versichert, daß sich Wasser darin befand.

Senator Smith: Sahen Sie Lichter in ihnen?

Maj. Peuchen: Wir hatten Lichter in unserem Boot, aber einige der anderen Boote hatten keines. Ich weiß, daß sich ein Boot in unserer Nähe befand, das keine Lichter hatte. Ob es daran lag, daß sie nicht in der Lage waren, die Lichter zu entzünden, weiß ich nicht.

Senator Smith: Sie sagten, in Ihrem Boot befanden sich 36 oder 37 Menschen?

Maj. Peuchen: Nein.

Senator Smith: Im ersten Boot, das zu Wasser gelassen wurde?

Maj. Peuchen: Nein, ich sagte, ich schätzte 26 oder 27.

Senator Smith: Im ersten?

Maj. Peuchen: Ja, ich denke so.

Senator Smith: Und 23 im zweiten Boot, bevor Sie hineinkamen?

Maj. Peuchen: Einschließlich des blinden Passagiers waren es 23. Ich war der 24.

Senator Smith: Zwanzig Frauen?

Maj. Peuchen: Zwanzig Frauen, ja, der Quartermeister, ein Matrose, der blinde Passagier und nachdem ich drin war, waren es 24.

Senator Smith: Kinder?

Maj. Peuchen: Nein. Ich glaube nicht, daß wir Kinder an Bord hatten. Später machten wir an einem anderen Boot fest, so gegen Morgen, für eine kurze Zeit. Ich glaube so um die 15 Minuten.

Senator Smith: Welches Boot war das?

Maj. Peuchen: Ich weiß nicht. Unser Quartermeister wußte nicht die Nummer unseres Bootes. Ich weiß nicht die andere. Ich weiß, sie riefen hinüber und fragten nach der Nummer unseres Bootes, und unser Quartermeister wußte sie nicht.

Senator Smith: Haben Sie die Zeugenaussage des Dritten Offiziers an diesem Morgen gehört?

Maj. Peuchen: Ich hörte einen Teil. Ich war draußen in der Halle, als er aussagte.

Senator Smith: Haben Sie gehört, wie er sagte, daß sein Rettungsboot eine Zeitlang mit einem anderen Boot vertäut war?

Maj. Peuchen: Ja, aber lassen Sie mich überlegen, sagte er nicht, daß er einige Menschen von diesem Boot übernommen hatte?

Senator Smith: Darauf wollte ich zu sprechen kommen.

Maj. Peuchen: Nein, das war nicht unser Boot.

Senator Smith: Er sagte, er hätte drei Leute aus diesem Rettungsboot übernommen.

Maj. Peuchen: Und setzte sie in das andere Boot.

Senator Fletcher: Auf der Steuerbordseite von Nummer 7.

Senator Smith: Das geschah nicht in Ihrem Boot?

Maj. Peuchen: Nein. Das einzige, was in dem Boot geschah, an dem wir festgemacht hatten war, daß wir fragten, wieviele Männer sie in ihrem Boot hätten, und dieser Quartermeister sagte, daß er ungefähr sieben hätte, oder so was. Sechs oder sieben. Darauf sagten wir: „Dann können Sie uns sicherlich einen Mann überlassen, wenn Sie so viele haben." Da bekamen wir einen Heizer.

Senator Smith: Sie bekamen einen Heizer?

Maj. Peuchen: Noch einen Mann aus diesem Boot.

Senator Smith: Sie überließen Ihnen noch einen weiteren Mann?

Maj. Peuchen: Ja, einen weiteren Mann.

Senator Smith: Was tat er?

Maj. Peuchen: Er half beim Rudern auf der Steuerbordseite des Rettungsbootes, und ich ruderte auf der Backbordseite.

Senator Smith: Hat irgendeine Frau bei den Riemen geholfen?

Maj. Peuchen: Ja, taten sie und auch sehr forsch. Wir hatten die Riemen. Bevor das geschah, ruderten zwei Frauen hinten auf der Steuerbordseite unseres Boots und mir halfen zwei Frauen auf unserer Seite. Doch die Frau bei mir wurden bei der schweren Arbeit krank und sie mußte aufgeben. Doch ich glaube, die anderen ruderten eine beachtliche Zeitlang forsch weiter.

Senator Smith: Wissen Sie, wer die Frauen an den Riemen waren?

Maj. Peuchen: Ich kenne eine von ihnen.

Senator Smith: Geben Sie uns den Namen.

Maj. Peuchen: Entschuldigen Sie bitte, aber ich muß nachsehen. (Nimmt Bezug auf sein Memorandum) Miss M. E. A. Norton, Apaley Villa, Horn Lane, Acton, London.

Senator Smith: Ist das die einzige Frau, die an den Riemen saß, und deren Namen Sie kennen?

Maj. Peuchen: Nein, ich glaube, da gibt es noch eine andere.

Senator Smith: Die beiden anderen Frauen an den Riemen kennen Sie nicht?

Maj. Peuchen: Ich kenne ihre Namen nicht. . .

Senator Smith: Major, hat zu irgendeinem Zeitpunkt zwischen dem Ablegen von der Titanic und dem Erreichen der Carpathia Mrs. Douglas (Mahala Douglas, Passagierin der ersten Klasse) die Pinne gehalten?

Maj. Peuchen: In unserem Rettungsboot?

Senator Smith: Ja.

Maj. Peuchen: Ich glaube, der Quartermeister saß die ganze Zeit, mit Ausnahme von vielleicht einigen Minuten, an der Pinne. Ich weiß, er bat die Damen um Brandy und auch um eine ihrer Decken, die er bekam.

Senator Smith: Der Offizier?

Maj. Peuchen: Der Quartermeister, nicht der Offizier . . .

Senator Smith: Sie sagen, beim Aufprall habe das Schiff geschaukelt?

Maj. Peuchen: Um den Aufprall zu beschreiben, würde ich sagen, es war wie eine Welle, eine sehr schwere Welle.

Senator Smith: Wie bald danach begann das Boot Schlagseite zu zeigen?

Maj. Peuchen: Ich würde sagen, 25 Minuten später.

Senator Smith: Soweit Sie es beobachten konnten, trugen die Passagiere Schwimmwesten?

Maj. Peuchen: Sie trugen .. .

Senator Smith: Ich glaube, Sie verfügen über beachtliche Erfahrungen als Segler?

Maj. Peuchen: Ja.

Senator Smith: Können Sie sagen, ob die Titanic Schlagseite zur Steuerbord- oder Backbordseite hatte?

Maj. Peuchen: Sie hatte eine Schlagseite zur Steuerbordseite, da wo sie getroffen worden war.

Senator Smith: Ging sie bugvoran oder kopfvoran unter?

Maj. Peuchen: Später, meinen Sie?

Senator Smith: Ja.

Maj. Peuchen: Sie ging mit dem Bug voran nach unten. Sie meinen den Kopf mit Bug, nicht wahr?

Senator Smith: Exakt.

Maj. Peuchen: Es ist dasselbe.

Senator Smith: Nein, es ist nicht dasselbe. Wo war der Aufprall auf dem Bug des Schiffs?

Maj. Peuchen: Es war ungefähr 40 Fuß hinter dem Bug. Ich würde sagen auf der Steuerbordseite ungefähr 40 bis 50 Fuß, von wo das Eis vom Eisberg herunter kam.

Senator Smith: Sie sagen, Sie sahen Eis auf dem Deck?

Maj. Peuchen: Ja.

Senator Smith: Wissen Sie, ob jemand von dem Eis auf dem Deck verletzt wurde?

Maj. Peuchen: Nein. Aber ich weiß, daß sehr viele von dem an ihren Bullaugen vorbeitreibenden Eisberg geängstigt wurden. Das Schiff schob sich an diesem Eis vorbei und viele, die zu jener Zeit wach waren, erzählten mir später, daß sie es nicht begreifen konnten, wie dieses Ding sich an ihnen vorbei bewegte. Tatsächlich hinterließ es an einigen Bullaugen Eis, erzählten sie mir.

Senator Smith: So weit Sie wissen, gab es nach dem Aufprall einen Alarm, um die Passagiere in ihren Räumen zu wecken?

Maj. Peuchen: Es gab keinen Alarm. Tatsächlich erzählten mir zwei junge Damen, daß sie ganz knapp davongekommen waren. Sie sagten, ihre Kabine habe sich direkt neben der Suite der Astors befunden, und sie seien nicht geweckt worden.

Senator Smith: Sie waren nicht geweckt worden?

Maj. Peuchen: Sie verschliefen diesen Zusammenstoß und wurden von Frau Astor geweckt. Sie war in einem ziemlich aufgeregten Zustand, und weil die Tür zu den Astors offenstand, glauben sie, daß sie gerettet worden sind.

Senator Smith: Auf welchem Deck waren sie?

Maj. Peuchen: Ich weiß nicht. Es war eine Unterhaltung auf der Carpathia.

Senator Smith: Ich glaube, Sie sagten, daß nach Ihrer Beurteilung und nach Ihren Beobachtungen kein Alarm geläutet wurde?

Maj. Peuchen: Nein, ich habe keinen gehört. Ich war die ganze Zeit auf dem Schiff. . .

Senator Fletcher: Major, glauben Sie, daß als die Rettungsboote Nummer 4 und Nummer 6 auf der Backbordseite beladen und zu Wasser gelassen wurden, jeder Frau in Sichtweite eine Chance gegeben wurde?

Maj. Peuchen: Jeder Frau auf der Backbordseite wurde eine Möglichkeit gegeben. Tatsächlich hatten wir nicht genügend Frauen für die Boote. Wir suchten nach ihnen. Ich kann nicht verstehen, warum wir nicht einige Männer genommen haben. Die Boote hätten mehr vertragen.

Senator Fletcher: Wenn es dort mehr Frauen gegeben hätte, hätten sie Platz in jenen Booten gefunden?

Maj. Peuchen: Viel Platz. . .

Senator Fletcher: Sind Sie der Meinung, daß das Wasser so kalt war, daß eine Person nur eine kurze Zeit überleben konnte?

Maj. Peuchen: Ich bin mir ziemlich sicher, daß eine Person in diesem Wasser nicht lange überleben konnte. Diejenigen, die im Wasser waren, hatten erfrorene Füße. Das betrifft jene, die auf einem Boot im Wasser standen. Zufällig teilte ich die Kabine mit dreien, die gerettet worden waren, und sie erzählten, daß sie überlebt hätten, weil sie sich während der zwei oder drei Stunden, die sie stehend verbrachten, gegenseitig geboxt hätten. Wenn einer müde wurde und sich aufs Wasser setzte, trieb er eine Minute oder wenigstens sehr kurz danach vom Floß weg. Tot, glaube ich.

Senator Fletcher: Wissen Sie, wie die Temperatur des Wassers war?

Maj. Peuchen: Ich weiß nicht.

Senator Fletcher: Sie sagten Menschen erfroren?

Maj. Peuchen: Ihre Füße waren erfroren, ja.

Senator Fletcher: War das wegen der Kälte, nachdem sie aus dem Wasser aufs Boot gekommen waren?

Maj. Peuchen: Ja. Einige von ihnen schwammen. Ich weiß von mindestens drei Fällen, die vom großen Schiff ins Wasser gesprungen sind und zu einem Floß schwammen, das teilweise getaucht im Wasser trieb. Sie standen auf dem

Floß, und das sind auch jene, deren Füße
schlimm geschwollen oder erfroren waren.

Senator Fletcher: Und daraus schließen Sie, daß
das Wasser sehr kalt gewesen war?

Maj. Peuchen: Ich bin mir sicher.

Senator Fletcher: War es unter dem Gefrierpunkt?

Maj. Peuchen: Es muß sehr nahe an dem Gefrierpunkt gewesen sein. Es hatte nicht ganz den
Gefrierpunkt erreicht. Doch nachdem es sich
um Salzwasser handelt, friert es ja auch nicht
sehr schnell.

Senator Fletcher: Gab es neben diesem Eisberg
noch Treibeis?

Maj. Peuchen: Oh ja. Nachdem wir weiterdampf-
ten, kamen wir an viel Treibeis vorbei. Einige
Meilen lang, glaube ich.

Senator Fletcher: Sie meinen, die Carpathia
dampfte durchs Eis?

Maj. Peuchen: Ja.

Senator Fletcher: Hatten Sie Kontakt zu Treibeis,
während Sie sich im Rettungsboot befanden?

Maj. Peuchen: Nein, hatten wir nicht.

Senator Fletcher: Haben Sie eine Vorstellung, wie
lange ein Mensch in solchem Wasser überleben
könnte?

Maj. Peuchen: Das hängt von seiner Verfassung
ab. Aber ich kann mir vorstellen, daß wenn
jemand in solchem Wasser eine halbe Stunde
schaffte, er sehr gut sein muß.

Senator Smith: Würden nicht die Schwimmbewe-
gungen und die Übung einige Stunden lang
verhindern, daß man erstarrt?

Maj. Peuchen: Ja, bis zu einem bestimmten
Punkt. Aber ich glaube nicht, daß ein Mann
eine Stunde in diesem Wasser leben könnte. . .

FÜNFTER TAG
Mittwoch, 24. April

Washington D. C.

Zeuge: Harold Godfrey Lowe, 28
Fünfter Offizier der Titanic aus North Wales, England.

Kern der Aussage: Er verneinte temperamentvoll eine Behauptung, daß er getrunken habe. Er berichtete, daß Ismay beim Beladen von Boot Nummer 5 im Weg gestanden habe und Lowe ihm gesagt habe, er solle „verdammt noch mal abhauen", woraufhin Ismay zu einem anderen Rettungsboot ging. (Ismay war während der Aussage anwesend.) Lowe erzählte, daß er mit seiner Pistole geschossen hätte, um Männer, hauptsächlich „Italiener", davon abzuhalten auf sein Boot zu springen.

Senator Smith: Sind Sie Abstinenzler?
Lowe: Bin ich. Ich habe es niemals in meinem Leben angerührt. Ich bin Abstinenzler.
Senator Smith: Ich bin sehr glücklich, daß Sie das gesagt haben.
Lowe: Ich sage es ohne Angst des Widerspruchs.
Senator Smith: Ich widerspreche Ihnen nicht, ich gratuliere Ihnen dazu. Aber es gibt so viele Geschichten. Dazu gehört eine, die mir von einem vertrauenswürdigen Mann zugetragen worden ist, die besagt, daß Sie an jenem Abend getrunken haben.
Lowe: Ich?
Senator Smith: Daher stelle ich diese Frage.
Lowe: Nein, das hier (zeigt auf ein Glas Wasser) ist das stärkste, was ich überhaupt trinke.
Senator Smith: Damit darüber keine Mißverständnisse entstehen. Sie zogen sich in jener Nacht um acht Uhr zurück?
Lowe: Ich wollte mich zurückziehen.
Senator Smith: Sie hatten Ihren Dienst beendet?
Lowe: Ich wurde um acht Uhr abgelöst. . . .
Senator Smith: Um wieviel Uhr gingen Sie in jener Sonntagnacht zu Bett?
Lowe: Ich ging zwischen 8:15 und 8:30 Uhr zu Bett.
Senator Smith: Um welche Zeit wurden Sie geweckt?

Lowe: Ich weiß nicht. Ich wurde von Stimmen geweckt, und ich fand das sehr seltsam. Irgendwie weckten sie mich, und ich begriff, daß etwas geschehen sein mußte. Ich sah nach draußen und sah dort viele Menschen. Ich sprang also aus dem Bett, zog mich an und ging an Deck.
Senator Smith: Was fanden Sie an Deck vor?
Lowe: Ich sah, daß alle Passagiere Schwimmwesten trugen.
Senator Smith: Schwimmwesten?
Lowe: Ja. Ich sah auch, daß man damit beschäftigt war, die Boote klarzumachen, um sie aufs Wasser zu lassen.
Senator Smith: Was taten Sie?
Lowe: Ich traf jemand und man sagte mir, daß sie einen Eisberg gerammt hätte, und ich konnte mit meinen Füßen fühlen, daß etwas nicht stimmte.
Senator Smith: Was - eine Schlagseite?
Lowe: Nein, ich hörte diesen Begriff gestern, und er ist falsch. Nicht Schlagseite, Kippen.
Senator Smith: Ich glaube, er meinte Kippen, als er Schlagseite sagte, aber kippte sie?
Lowe: Das ist seitlich (macht es vor).
Senator Smith: Konnten Sie fühlen, wie sie zur Seite kippte?
Lowe: Nein, es war keine Schlagseite. Schlagseite ist die seitliche Bewegung, und Kippen ist die Endbewegung. Sie war am Bug. Sie war sehr am Bug. Sie hatte ein Gefälle nach unten, ungefähr so (zeigt ihn).
Senator Smith: Der Bug sagen Sie, zeigte nach unten?
Lowe: Nach unten und das Heck nach oben.
Senator Smith: Können Sie den Winkel zu jenem Zeitpunkt sagen.
Lowe: Wollen Sie den senkrechten oder den horizontalen Winkel?
Senator Smith: Den horizontalen Winkel.
Lowe: Ich würde sagen, sie hatte ungefähr 12 bis 15 Grad an der Spitze.
Senator Smith: Wie lange nach dem Aufprall war das?
Lowe: Ich weiß nicht.
Senator Smith: Sie fühlten nicht den Aufprall?
Lowe: Ich habe nie etwas gefühlt.
Senator Smith: Sie wissen nicht wie lange her das war?

Lowe: Ich habe nicht die geringste Idee über die Uhrzeit, weil ich selbst Greenwich Time hatte und nicht auf meine Uhr blickte.

Senator Smith: Sie wurden nicht von irgend jemand aus Ihrem Schlummer geholt?

Lowe: Nein. Herr Boxhall, der vierte Offizier, sagte mir, er habe mir gesagt, daß wir einen Eisberg gerammt hätten, aber ich erinnere mich nicht daran.

Senator Smith: Sie erinnern sich nicht, daß er es Ihnen gesagt hat?

Lowe: Ich erinnere mich nicht daran, daß er es mir gesagt hat.

Senator Smith: Das ist, während Sie. . .

Lowe: Es muß während meines Schlafs geschehen sein. Sie müssen sich darüber klar sein, daß wir nicht viel Zeit zum Schlafen haben, und daher sterben wir, wenn wir schlafen.

Senator Smith: Nun, was taten Sie nachdem Sie an Deck gekommen waren, die Lage des Schiffs im Wasser begriffen und sahen, was geschehen war?

Lowe: Ich ging zuerst zurück und holte meinen Revolver.

Senator Smith: Aus welchem Grund?

Lowe: Nun, man kann nie wissen, wann man ihn brauchen kann.

Senator Smith: In Ordnung, machen Sie weiter.

Lowe: Dann ging ich und half allen. Lassen Sie mal sehen: Ich ging rüber zur Steuerbordseite. Das erste Boot, bei dem ich half, war die Nummer 5, Steuerbord. Ich ließ das Boot herunter.

Senator Smith: Sie ließen Nummer 5 aufs Wasser?

Lowe: Ja, das heißt unter den Anordnungen von Herrn Murdoch.

Senator Smith: Herr Murdoch half Ihnen?

Lowe: Nein, er war der leitende Offizier. Ich war der Junior.

Senator Smith: Auf jener Seite des Schiffs.

Lowe: Ja.

Senator Smith: Er hatte die Aufsicht?

Lowe: Er hatte die Aufsicht über dieses Deck.

Senator Smith: Dem Beladen.

Lowe: Er war dort für alles verantwortlich.

Senator Smith: Das Beladen und das Herunterlassen der Rettungsboote.

Lowe: Ja.

Senator Smith: Wieviele Offiziere oder Männer waren dort, um Ihnen bei Rettungsboot Nummer 5 zu helfen?

Lowe: Ich kann das nicht gut beantworten. Aber ich würde sagen, daß da ungefähr sechs gewesen sind. Nein. Mehr als sechs. Es müssen mehr als sechs gewesen sein. Es waren ungefähr zehn, würde ich sagen.

Senator Smith: Alle um den Posten?

Lowe: Man braucht zwei an jeder Winde. Dann gab es zwei, die in jedes Boot sprangen. Einige an den Tauen und so kann man leicht zehn Mann schätzen.

Senator Smith: Wer ging ins Boot, wissen Sie das?

Lowe: Wie meinen Sie das?

Senator Smith: Sei sagten zwei stiegen ins Boot? Wer waren die beiden?

Lowe: Oh, das weiß ich nicht.

Senator Smith: Kennen Sie irgendwelche der Männer, die Ihnen halfen, das Boot herunterzulassen?

Lowe: Nein, nicht mir Namen. Aber es gibt hier einen Mann, und wäre er nicht hier, dann hätte ich nie erfahren, daß ich Herrn Ismay von dem Boot wegbefohlen habe.

Senator Smith: Befahlen Sie Herrn Ismay, sich vom Boot zu entfernen?

Lowe: Habe ich getan.

Senator Smith: Was sagten Sie ihm?

Lowe: Es war auf der Steuerbordseite. Ich kenne seinen Namen nicht, aber ich kenne ihn vom Sehen. Er ist Steward. Er sprach mich an Bord der Carpathia an. Er fragte mich, ob ich wüßte, was ich Herrn Ismay gesagt hatte. Ich sagte: „Ich kenne Herrn Ismay nicht." Er sagte: „Nun Du hattest für ihn eine ganz schöne starke Sprache." Ich sagte: „Habe ich?" Und er sagte: „Ja, hast Du getan." Er wiederholte die Wörter. Wenn Sie wollen, daß ich sie hier wiederhole, werde ich es tun, wenn nicht, dann werde ich es nicht tun.

Senator Smith: Ich möchte Sie zunächst folgendes fragen: Was war der Grund, Herrn Ismay mit einer so starken Sprache zu bedenken.

Lowe: Der Grund für diese Sprache lag in der Tatsache, daß Herr Ismay überängstlich war und recht aufgeregt wurde. Er sagte: „Herunterlassen, herunterlassen, herunterlassen, herunterlassen!" ich sagte. . . nun, laß es sein. . .

Ismay: Sagen Sie uns, was Sie sagten.

Lowe: Der Vorsitzende verhört mich.

Senator Smith: Herr Ismay, Sie bitten den Zeugen, die Wörter zu wiederholen?

Ismay: Ich habe keine Einwände. Es war nicht sehr vermittelnd.

Senator Smith: Wenn die Sprache unangemessen ist.

Lowe: Da ist nur ein Wort, daß man so einordnen könnte.

Ismay: Darf ich vorschlagen, daß es zunächst auf Papier festgehalten wird, Ihnen, Herr Vorsitzender, gegeben wird, und sie dann entscheiden.

Senator Smith: In Ordnung schreiben Sie es auf. (Der Zeuge, Herr Lowe, schrieb etwas auf ein Stück Papier und überreichte es dem Vorsitzenden.)

Senator Smith: Sie können das ins Protokoll aufnehmen. Sie sagten. . .

Lowe: Sie wollen, daß ich es wiederhole?

Senator Smith: Sie sagten dies zu Herrn Ismay?

Lowe: Ja, aber es war in der Hitze des Augenblicks.

Senator Smith: Was war der Grund? Seine Aufregung oder seine Ängstlichkeit?

Lowe: Weil er sich irgendwie in meine Pflichten einmischte, und natürlich tat er das, weil er ängstlich war, die Leute wegzubekommen und mir helfen wollte.

Senator Smith: Sagten Sie das zu ihm?

Lowe: Wollen Sie, daß ich meinen Ausspruch wiederhole?

Senator Smith: Ja.

Lowe: Ich sagte ihm: „Hauen Sie verdammt noch mal ab, damit ich hier was machen kann."

Senator Smith: Was antwortete er?

Lowe: Er gab keine Antwort. Ich sagte: „Soll ich sie schneller herunterlassen? Dann habe ich sie alle ertränkt." Ich selbst ließ sie herunter.

Senator Smith: Sie waren auf dem Bootsdeck, standen auf dem Deck des Boots, dem oberen Deck. Wo stand er?

Lowe: Er war auf der Schiffsseite, so ungefähr (zeigt). Das ist das Schiff - er hing so an den Davits (zeigt es). Er sagte: „Herunterlassen, herunterlassen, herunterlassen", und ich entspannte mich ungefähr hier (zeigt) zu seinen Füßen.

Senator Smith: Das Boot wurde heruntergelassen?

Lowe: Ich ließ das Boot persönlich herunter.

Senator Smith: Sagen Sie uns bitte, was er tat, nachdem sie das zu ihm gesagt hatten.

Lowe: Er ging weg, und begab sich dann zu Boot Nummer drei.

Senator Smith: Längsseits Ihrem?

Lowe: Das nächste Boot vor meinem. Auf derselben Seite. Ich glaube, er ging aus eigenem Antrieb, um die Dinge dort im Rahmen seiner Fähigkeiten fertig zu machen.

Senator Smith: Von dem was Sie sahen, wurde das Boot in jener Nacht vorsichtig und bis zur Kapazitätsgrenze beladen?

Lowe: Das Herunterlassen dieses Boots war nicht meine Aufgabe.

Senator Smith: Das frage ich nicht. Ich habe Sie das überhaupt nicht gefragt. Lesen Sie die Fragen. Wenn Sie meine Fragen beantworten, werden wir wesentlich besseren Fortschritt machen.

(Der Protokollführer wiederholt die Frage wie folgt: Von dem was Sie sahen, wurde das Boot in jener Nacht vorsichtig und bis zur Kapazitätsgrenze beladen?)

Lowe: Sie weisen mich zurecht, weil ich Dinge erkläre. Daher sehe ich nicht, wie ich es deutlich machen kann, wenn Sie mich zurechtweisen.

Senator Smith: Ich weise nicht zurecht.

Lowe: Ich sage, es ist eine Meinungssache, ob ein Boot anständig gefüllt ist oder nicht.

Senator Smith: Ich will Ihre Meinung.

Lowe: Und es hängt auch von dem für das betreffende Boot verantwortlichen Mann ab.

Senator Smith: Lassen Sie mich Ihnen das eine sagen, Herr Lowe. Niemand ist hier angeklagt. Das ist kein Gericht, es ist eine Untersuchung. Sie standen da und halfen, das Boot zu beladen, und der verantwortliche Mann hat nicht überlebt. Daher frage ich Sie, ob Rettungsboot Nummer fünf anständig bis zur Kapazitätsgrenze in Sachen Sicherheit angesichts der Wetterbedingungen und der See beladen war? Sie können sicherlich darauf antworten.

Lowe: Ja war es, das Herunterlassen betreffend.

Senator Smith: Wie groß ist die Kapazität eines derartigen Rettungsbootes nach den britischen Vorschriften?

Lowe: Fünfundsechzigkommafünf.

Senator Smith: Was meinen Sie mit „kommafünf"? Meinen Sie ein bißchen mehr?

Lowe: Ein Junge oder sowas ähnliches.

Senator Smith: Ein bißchen unter 65 oder ein bißchen mehr?

Lowe: Mehr als 65; 65,5

Senator Smith: Zum Verständnis. Wollen Sie, daß das Komitee zu dem Schluß kommt, daß ein Rettungsboot, dessen Kapazität unter britischen Vorschriften 65 beträgt, nicht mit mehr als 50 Leuten sicher zu Wasser gelassen werden kann, wenn die gesamte Ausrüstung neu ist?

Lowe: Die Gefahr liegt darin, daß wenn man das Boot mit zu vielen Menschen belädt, daß es sich so an den beiden Enden verziehen kann (demonstriert), weil es an beiden Enden befestigt ist, und es keine Befestigung in der Mitte gibt.

Senator Smith: Die Rettungsboote waren alle auf dem Oberdeck?

Lowe: Ja.

Senator Smith: Ist es gefährlich, ein den britischen Vorschriften entsprechendes, bis zur Kapazitätsgrenze beladenes Boot vom Oberdeck herunterzulassen. . .

Lowe: Ja. Das ist die Kapazität im Wasser.

Senator Smith: Fünfundsechzig plus ist die Kapazität im Wasser?

Lowe: Ja, das ist die Kapazität im Wasser. Also im Wasser und nicht, wenn es in der Luft ist.

Senator Smith: Darauf komme ich noch. Dann wäre 50, ihrem Urteil nach, die Kapazität beim Herunterlassen?

Lowe: Ja, ich würde nicht gerne mehr als 50 hineinlassen. . .

Senator Smith: Sahen Sie, wie Familien getrennt wurden?

Lowe: Ich sah es.

Senator Smith: Wissen Sie, um wen es sich dabei handelte?

Lowe: Ja.

Senator Smith: Gab es dabei besondere Vorkommnisse?

Lowe: Nun, das geschah, als ich in mein Boot stieg - die Nummer 14 - wollen Sie, daß ich fortfahre und darüber berichte?

Senator Smith: Nein, ich rede über drei und fünf, als sie beladen und Familien getrennt wurden.

Lowe: Ich habe das nicht an diesen Booten gesehen, nein.

Senator Smith: Gab es einen Aufruhr?

Lowe: Nein.

Senator Smith: Alles war ruhig?

Lowe: Alles war ruhig und ordentlich.

Senator Smith: Gab es Tränen und Klagen?

Lowe: Ich habe nichts davon gehört.

Senator Smith: In dieser Ruhe und Ordnung: Wer suchte die Personen für die Boote aus?

Lowe: Lassen Sie mich überlegen. Herr Murdoch war bei Nummer fünf und Nummer drei. Dann nahm ich eins. . .

Senator Smith: Nein gehen Sie nicht weg von diesen beiden. Ich werde später zu dem anderen zurückkehren. Gehörte es zu ihren Aufgaben, die Menschen auszusuchen, die in Rettungsboot Nummer drei und fünf durften?

Lowe: Ja, ich half Herrn Murdoch, aber. . .

Senator Smith: Was taten Sie selbst? Suchten Sie willkürlich an Deck aus?

Lowe: Sie sagen „aussuchen". Es gab keine Auswahl. Es war einfach Frauen zuerst, gleich ob aus der Ersten, Zweiten, Dritten oder Siebenundsechzigsten Klasse. Sie waren alle gleich. Frauen und Kinder kamen zuerst.

Senator Smith: Sie meinen, daß es da eine Prozession von Frauen gab. . .

Lowe: Die erste Frau war zuerst im Boot und die zweite Frau kam als Zweite ins Boot, gleichgültig, ob sie eine Passagierin aus der Ersten Klasse oder irgendeiner anderen Klasse war.

Senator Smith: Es gab also eine Prozession. . .

Lowe: Eine Prozession an beiden Enden des Bootes.

Senator Smith: Zu den Rettungsbooten?

Lowe: Ja.

Senator Smith: Ging das über das Oberdeck hinaus?

Lowe: Nein, nein. Es gab nur kleine Ansammlungen auf dem Deck.

Senator Smith: Nun, als sie auf Sie zukamen, ließen Sie eine nach der anderen aufs Boot. Welche Befehle hatten Sie? Kinder und Frauen vorbeizulassen?

Lowe: Ich brüllte einfach: „Frauen und Kinder zuerst. Männer bleiben zurück."

Senator Smith: Wissen Sie, wieviele Frauen auf dem Schiff waren?

Lowe: Ich weiß es nicht.

Senator Smith: Sie nahmen Sie auf, wie sie kamen, die Erste wurde als Erste bedient?

Lowe: Die Erste zuerst, die Zweite danach.

Senator Smith: Unabhängig von der Klasse?

Lowe: Unabhängig von der Klasse, Nationalität oder Herkunft.

Senator Smith: Wenn zufällig eine Stewardeß. . .

Lowe: Genauso, wenn sie eine Frau war.

Senator Smith: Oder irgendeine andere weibliche Angestellte?

Lowe: Jede Frau.

Senator Smith: Oder Passagierin. Sie machten keinen Unterschied, ließen sie ins Rettungsboot.

Lowe: Überhaupt keinen Unterschied. Selbst, wenn wir eine Unterscheidung oder eine Auswahl, wie sie sagten, hätten treffen wollen, hätten wir nicht wissen können, wer die Stewardeß war und wer nicht.

Senator Smith: Ich habe Sie nicht gefragt, so ins Detail zu gehen. Ich glaube, Sie haben es sehr deutlich gemacht, daß sie die erste Frau, die erschien hineinließen und keine Fragen stellten. Nun, beim Beladen von Rettungsboot Nummer fünf, zögerten die Frauen oder murrten sie oder wollten sie unbedingt hinein?

Lowe: Ich kann mich nicht an jenes spezielle Boot erinnern. Aber im Laufe des Abends kann ich mich daran erinnern, daß ich sagte: „Eine zusätzliche Frau", oder „zwei zusätzliche Frauen" oder „drei weiter Frauen", und sie kamen nach vorne, und ich half ihnen ins Boot.

Senator Smith: Riefen Sie nicht jemals nach weiblichen Passagieren, und bekamen keine?

Lowe: Herr Murdoch sagte: „Das ist genug", und es wurde gestoppt. Dann: „Herunterlassen."

Senator Smith: Aber Sie fühlten sich ziemlich zuversichtlich, daß es 50 Leute im Rettungsboot Nummer. . .

Lowe (unterbrechend): Tue ich nicht. Ich möchte, daß Sie verstehen, daß ich nicht mit einer gewissen Genauigkeit sagen kann, wieviele Menschen sich darin befanden.

Senator Smith: Dann lassen wir es dabei. Wir werden nicht darüber reden. Wir werden es einfach dabei belassen.

Lowe: Das war einfach so nahe, wie ich schätzen kann.

Senator Smith: Beim Beladen von Boot Nummer drei, gingen Sie da genauso vor?

Lowe: Ja, dieselbe Prozedur.

Senator Smith: War Offizier Murdoch für dieses Boot verantwortlich?

Lowe: Ja, er war dort bis zum Abschluß von Nummer drei.

Senator Smith: Half Herr Ismay beim Beladen des Bootes?

Lowe: Ja, er half auch dort.

Senator Smith: Sie fanden ihn dort vor, als Sie von Nummer fünf zu Nummer drei gingen?

Lowe: Er war dort, und ich erinnere mich genau, ihn neben mir gesehen zu haben, als die erste Signalkapsel hoch ging. Ich will Ihnen sagen, warum ich mich daran so genau erinnere. Es war, weil der Blitz der Signalkapsel das Dunkel so erhellte. Ich wußte nicht, wer Herr Ismay war. Ich erfuhr erst später, wer er war. Er stand neben mir.

Senator Smith: Sagten Sie etwas zu ihm?

Lowe: Ich tat es nicht. . .

Senator Smith: Ich möchte die Zahl der Frauen erfahren, wenn Sie sie sagen können, die auf das Boot Nummer drei kamen.

Lowe: Das kann ich nicht sagen. Ich weiß es nicht.

Senator Smith: Oder die Anzahl der Männer.

Lowe: Das weiß ich nicht Das kann ich nicht sagen.

Senator Smith: Oder die Anzahl der Matrosen?

Lowe: Ich weiß, daß der Anteil von Frauen und Männern in Boot Nummer drei ziemlich gleich gewesen sein muß.

Senator Smith: Woher wissen Sie das?

Lowe: Weil es dort nicht viele Frauen gab.

Senator Smith: Nicht viele Frauen, die antworteten?

Lowe: Nein.

Senator Smith: Und daher nahmen Sie die Männer?

Lowe: Ja, damit die Boote heruntergelassen werden konnte.

Senator Smith: Und Sie wissen nicht, welche Männer sich in Nummer drei befanden?

Lowe: Nein.

Senator Smith: Waren Offiziere darin?

Lowe: Nein. Wie ich Ihnen schon zuvor gesagt habe, befand sich Herr Pitman entweder in Nummer drei oder fünf. In welchem weiß ich nicht.

Senator Smith: Aber es waren keine anderen Offiziere in Rettungsboot Nummer drei?

Lowe: Nein.

Senator Smith: Es war ziemlich gleich mit Frauen und Männern gefüllt, sagen Sie?

Lowe: Würde ich sagen.

Senator Smith: Und Kinder in Rettungsboot Nummer drei.

Lowe: Ich weiß nicht. Ich erinnere mich nicht.

Senator Smith: Wissen Sie, ob diese Männer in Rettungsboot Nummer drei Besatzungsmitglieder oder Passagiere waren?

Lowe: Kann ich nicht sagen.

Senator Smith: Wie ist Ihre Beurteilung in dieser Sache?

Lowe: Soviel ich weiß - ich bevorzugte natürlich die männlichen Passagiere - würde ich sagen eher Passagiere als Besatzung. Verstehen Sie mich?

Senator Smith: Wieviele waren in Rettungsboot Nummer drei, Ihrer Meinung nach?

Lowe: Ich weiß es nicht.

Senator Smith: War es beladen?

Lowe: es war nicht sehr schwer beladen. Ich würde sagen vielleicht 40 bis 45. Sagen wir 40.

Senator Smith: Dieselbe Größe wie Boot Nummer fünf?

Lowe: Dieselbe Größe, ja.

Senator Smith: Hatten Sie irgendwelche Schwierigkeiten, es herunterzulassen?

Lowe: Nein, überhaupt keine.

Senator Smith: Hatten Sie Schwierigkeiten, sie zu besetzen?

Lowe: Nein, keine.

Senator Smith: Wie konnte es geschehen, daß Sie in Rettungsboot Nummer drei nicht mehr als 45 Menschen luden?

Lowe: Es schien keine Menschen mehr zu geben.

Senator Smith: Sie fanden niemanden, der gehen wollte?

Lowe: Diejenigen, die da waren, schienen nicht gehen zu wollen. Ich brüllte: „Wer ist der Nächste für dieses Boot?", aber es gab keine Antwort. . .

Senator Smith: Wohin gingen Sie danach?

Lowe: Als nächstes ging ich über das Deck.

Senator Smith: Auf die andere Seite?

Lowe: Auf die andere Seite, die Backbordseite. Dort traf ich den Sechsten Offizier (James) Moody, und ich fragte Moody: „Was tust Du hier?" Er sagte: „Ich lasse diese Boote herunter". So füllten wir also 14 und 16 mit Frauen und Kindern.

Senator Smith: Welches füllten Sie zuerst?

Lowe: Nummer 14. Ich füllte nicht 16. Moody füllte 16.

Senator Smith: Sie füllten 14.

Lowe: Ja.

Senator Smith: War Herr Lightoller, der zweite Offizier, dort?

Lowe: Er war zeitweise dort und ging dann woanders hin. Er muß zum zweiten Boot vorne gegangen sein.

Senator Smith: Wer war für das Beladen von Rettungsboot Nummer 14 verantwortlich?

Lowe: Ich.

Senator Smith: Und wieviele Menschen setzten Sie hinein?

Lowe: Achtundfünfzig.

Senator Smith: Wieviele Frauen, wissen Sie das?

Lowe: Es waren nur Frauen und Kinder, außer einem männlichen Passagier, einem Italiener, der sich als Frau verkleidet eingeschlichen hatte.

Senator Smith: Trug Frauenkleidung?

Lowe: Er hatte ein Tuch über seinem Kopf und alles sonst. Ich fand es erst im letzten Moment heraus. Und dann gab es noch einen anderen Passagier, den ich zum Rudern mitgenommen hatte.

Senator Smith: Wer war das?

Lowe:. Es war ein Kerl namens C. Williams. . .

Senator Smith: Wieviele Menschen sagten Sie, waren in Ihrem Boot?

Lowe: Achtundfünfzig.

Senator Smith: Und damit hingen Sie in den Davits?

Lowe: Das war als ich die Davits verließ.

Senator Smith: Wieviele Menschen kletterten in Ihr Boot, nachdem es das Wasser erreicht hatte oder vorher von einem anderen Deck?

Lowe: Niemand. Sehen Sie. Ich jagte alle meine Passagiere aus meinem Boot und setzte sie in die vier anderen Boote, die ich hatte. Ich trieb fünf Boote zusammen.

Senator Smith: Ja, welche waren es?

Lowe: Ich war in Nummer 14. Dann hatte ich die zehn. Ich hatte die zwölf, und ich hatte noch ein Faltboot und ein anderes Boot, dessen Nummer ich nicht weiß. Ich trieb sie zusammen und vertäute sie miteinander. Natürlich mußte ich warten, bis die Schreie nachgelassen hatten. Dann hielt ich es für sicher, an die Unglücksstelle zurückzukehren. Ich teilte also meine Passagiere - ungefähr 53 Passagiere - gleichmäßig auf meine anderen vier Boote auf. Dann bat ich um Freiwillige, um mit mir zur Unglücksstelle zu fahren, und zu jenem Zeitpunkt entdeckte ich den Italiener. Er war hinten, hatte ein Tuch über den Kopf und trug, glaube ich, Kleider. Auf jeden Fall riß ich das Tuch von seinem Gesicht und sah, daß er ein Mann war. Er beeilte sich in das andere Boot zu kommen und als ich seiner habhaft wurde, warf ich ihn hinein.

Senator Smith: Sie warfen ihn hinein?

Lowe: Ja, weil er es nicht verdiente, besser behandelt zu werden.

Senator Smith: Sie warfen ihn zwischen die Frauen?

Lowe: Nein, in den vorderen Teil des Rettungsbootes, in dem ich meine Passagiere untergebracht hatte.

Senator Smith: Benutzten Sie eine besonders deutliche Sprache, als Sie das taten?

Lowe: Nein. Ich sagte kein Wort zu ihm.

Senator Smith: Sie nahmen ihn einfach und warfen ihn in dieses andere Boot?

Lowe: Ja. Dann wendeten wir und ruderten zum Unglücksort und nahmen vier Menschen auf.

Senator Smith: Tot oder lebendig?

Lowe: Vier lebend.

Senator Smith: Wer waren sie?

Lowe: Ich weiß es nicht.

Senator Smith: Haben Sie das seitdem herausgefunden?

Lowe: Ich weiß nicht, wer diese drei lebenden Personen waren, weil sie danach nicht zu mir gekommen sind, um es zu sagen. Aber eine starb, und das war ein gewisser Herr Hoyt aus New York. Es bedurfte der ganzen Mannschaft, diesen Herrn ins Boot zu holen, weil er ein gewaltiger Mann war, und ich glaube er war sehr stark mit Wasser vollgesogen. Als wir ihn herauszogen, blutete er aus dem Mund und der Nase. Wir holten ihn also an Bord und stützten ihn am Heck, nahmen seinen Kragen ab, öffneten sein Hemd, um ihm jede Chance zum Atmen zu geben, doch unglücklicherweise starb er. Ich glaube er war schon zu weit, als wir

ihn an Bord holten. Aber die anderen drei überlebten. Ich verließ dann die Unglücksstelle. Ich fuhr herum und seltsamerweise entdeckte ich keinen einzigen weiblichen Körper. Nicht einen beim Unglücksort.

Senator Smith: Hatten Sie ein Licht im Boot?

Lowe: Nein. Ich ließ meine Boote irgendwo, ich würde sagen zwischen halb vier und vier am Morgen und nachdem ich herumgefahren war, brach der Tag heran, und ich war zufrieden, daß ich einen guten Ausblick hatte, und daß nichts übriggeblieben war.

Senator Smith: Nun, ich möchte Sie hier für einen Moment anhalten. Können Sie sagen, was Sie dann taten?

Lowe: Dann was?

Senator Smith: Nachdem Sie herumgeblickt hatten, was taten Sie dann?

Lowe: Ich dachte dann - nun, der Gedanke flog durch meinen Kopf: „Vielleicht hat uns das Schiff in der Dämmerung nicht gesehen."

Senator Smith: Die Carpathia?

Lowe: Ja. Ich konnte sie sehen, wie sie kam, und ich dachte, „ich bin der schnellste der Gruppe", weil ich segelte und ziemlich sauber durchs Wasser ging. Ich glaube vier, fünf oder sechs Knoten vielleicht. Vielleicht ein bißchen mehr. Es hätten auch sechs sein können. Jedenfalls war ich ganz gut unterwegs.

Senator Smith: In Richtung auf die Carpathia?

Lowe: In Richtung auf die Carpathia. Und ich dachte: „Ich bin das schnellste Boot, und ich denke, falls ich zu ihr fahre, an die Angst, daß sie uns unserem Untergang überläßt." Davor hatte ich Angst, und das werden Sie verstehen. Der Tag dämmerte mehr und mehr, je mehr die Zeit verging.

Senator Smith: Ich nehme an, daß dies so ist.

Lowe: Und nach und nach bemerkte ich ein Faltboot, das ziemlich bedauernswert aussah, und ich dachte: „Wir werden zu ihr fahren, sie in Schlepp nehmen und sichern." Daher drehte ich bei und nahm es in Schlepp. . .

Senator Smith: Ich möchte einen Moment zurückgehen. Bevor Sie die 53 Menschen, einschließlich dieses Italieners in Frauenkleidern, aus Ihren Rettungsboot Nummer 14 in die anderen Rettungsboote verteilten, lagen sie still. Wo, wie weit von der Titanic entfernt?

Lowe: Ich lag, nach meiner Schätzung, ungefähr 150 Yards entfernt, weil ich nahe genug sein wollte, um irgendjemanden aufnehmen zu können.

Senator Smith: Ich verstehe. Aber Sie sagten, Sie lagen da, um zu warten, bis es sich beruhigte.

Lowe: Ja.

Senator Smith: Bis was sich beruhigte?

Lowe: Bis die ertrinkenden Menschen sich verringert hatten.

Senator Smith: Sie lagen da, bis die ertrinkenden Menschen ruhig geworden waren?

Lowe: Ja.

Senator Smith: Und dann fuhren Sie zur Unglücksstelle?

Lowe: Ja.

Senator Smith: Hatten die Schreie abgenommen, bevor Sie starteten?

Lowe: Ja. Sie hatten ziemlich abgenommen. Es wäre nicht vernünftig gewesen, vorher dorthin zu fahren, weil uns die Menge nach unten gezogen hätte und niemand gerettet worden wäre.

Senator Smith: Aber Ihr Boot hatte nach Ihren eigenen Angaben, eine Kapazität im Wasser von 65 Menschen?

Lowe: Ja, aber was tun Sie mit einem Boot für 65, wenn 1600 ertrinken?

Senator Smith: Sie hätten 15 retten können.

Lowe: Hätte man nicht.

Senator Smith: Aber Sie machten auch keinen Versuch, dies zu tun?

Lowe: Ich machte den Versuch, so früh wie irgend jemand es hätte tun können, und ich habe keine Angst das zu sagen. Ich blieb nicht zurück oder sonst was.

Senator Smith: Ich sage nicht, daß Sie zurückblieben. Ich sage nur, daß Sie liegen blieben, bis alles ruhig war.

Lowe: Man mußte das machen. Es war absolut nicht sicher. Man hätte nichts anderes machen können, weil man Hunderte von Menschen um das Boot gehabt hätte und das Boot wäre wie nichts (zeigt) gesunken.

Senator Smith: Wie lange lagen Sie da?

Lowe: Ich würde sagen anderthalb Stunden, weniger als zwei Stunden.

Senator Smith: Auf Ihren Riemen?

Lowe: Nein, wir hatten die Riemen eingeholt, und ich band die fünf Boote fest zusammen. So

lagen wir.

Senator Smith: Sahen Sie, wie die Titanic unterging?

Lowe: Ich sah es.

Senator Smith: Wie lange nachdem Sie sie in Ihrem Rettungsboot verlassen hatten, sank sie?

Lowe: Ich nehme an eine halbe Stunde. Nein. Doch. Ungefähr eine halbe Stunde.

Senator Smith: Dann lagen Sie eine Stunde nachdem sie gesunken war?

Lowe: Eine Stunde nachdem sie sank.

Senator Smith: Bevor Sie sich dem Unglücksort näherten?

Lowe: Bevor wir uns dem Unglücksort näherten.

Senator Smith: Sie waren ungefähr 150 Yards entfernt?

Lowe: Ich war gerade am Rand. Wenn sich irgend jemand aus der Masse nach vorne gekämpft hätte, war ich da, um ihn aufzunehmen. Aber es war zwecklos für mich, mich in die Masse zu begeben.

Senator Smith: Sie meinen für alle.

Lowe: Es wäre Selbstmord gewesen.

Senator Smith: . . . Als Sie an der Carpathia anlegten, wieviele Menschen befanden sich da in Ihrem Boot?

Lowe: Es waren ungefähr 45.

Senator Smith: Wo kamen die her?

Lowe: Ich holte sie aus dem sinkenden Faltboot.

Senator Smith: Ein kieloben treibendes Faltboot?

Lowe: Nein, es war ein Faltboot, daß an einem Wrackteil leckgeschlagen war. Ich war gerade da angelangt, als Sie mich stoppten.

Senator Smith: Sie sollten jetzt dazu kommen.

Lowe: Ich hatte dieses erste Faltboot in Schlepp genommen, als ich bemerkte, daß es da noch ein anderes Faltboot gab, daß sich in einem wesentlich schlechteren Zustand befand als das, welches ich in Schlepp hatte. Ich überlegte, ob es besser sei, dieses Boot sich selbst zu überlassen und dem Sinkenden zu Hilfe zu eilen, doch ich dachte: „Nein, ich kann es schaffen", und eilte dorthin. Ich schaffte es gerade zur rechten Zeit und nahm, glaube ich ungefähr 20 Männer und eine Dame von dem sinkenden Faltboot auf.

Senator Smith: Ließen sie Körper zurück?

Lowe: Ich ließ drei Körper zurück.

Senator Smith: Welche Nummer hatte das Boot?

Lowe: Ich weiß nicht. Es war eines der Faltboote.

Senator Smith: Aber Sie nahmen 20 Männer auf?

Lowe: Ungefähr 20 Männer.

Senator Smith: Und drei Frauen?

Lowe: Eine Frau.

Senator Smith: Und ließen wieviele an Bord zurück?

Lowe: Drei männliche Körper.

Senator Smith: So daß sich in diesem beschädigten Faltboot insgesamt 24 Menschen befanden?

Lowe: Einundzwanzig und drei ergeben zusammen vierundzwanzig. Ja.

Senator Smith: Was wurde aus den anderen dreien, die Sie dort ließen?

Lowe: Was die drei Menschen angeht, die ich zurückließ. Natürlich mag es hartherzig klingen, ich kann es nicht sagen. Aber ich dachte bei mir: „Ich bin nicht hier um mich um Leichen zu kümmern. Ich bin hier wegen Lebenden, um Leben zu retten, und nicht wegen Leichen." Und so ließ ich sie zurück.

Senator Smith: Waren sie tot, als Sie sie zurückließen?

Lowe: Sie waren tot. Ja. Die Leute auf dem Floß sagten mir, daß sie bereits seit einiger Zeit tot waren. Ich fragte sie: „Sind Sie sicher, daß sie tot sind?" Sie sagten: „Absolut sicher." Ich versicherte mich, daß sie tot waren und befragte sie einem nach den anderen, bevor ich dieses Faltboot verließ.

Senator Smith: Versuchten Sie nach Dingen zu suchen, mit denen man sie hätte identifizieren können?

Lowe: Nein, tat ich nicht.

Senator Smith: Wissen Sie, ob es jemand anderes tat?

Lowe: Nein, niemand, Sie standen mit ihren Füßen im Wasser, als ich sie herunterholte. Noch drei Minuten, und sie wären untergegangen.

Senator Smith: Nachdem was Sie von diesen Personen gesehen haben, waren sie jung oder alt?

Lowe: Nein. Ich kann da nichts zu sagen. Alles, was ich sagen kann ist, daß sie männlich waren.

Senator Smith: Sie waren Männer?

Lowe: Ja.

Senator Smith: Waren es Passagiere oder Besatzungsmitglieder?

Lowe: Das kann ich nicht sagen.

Senator Smith: Sie können es nicht sagen?

Lowe: Nein.

Senator Smith: Trugen sie Schwimmwesten oder nicht?

Lowe: Ich denke, sie trugen Schwimmwesten.

Senator Smith: Haben Sie seit dieser Nacht erfahren, um wen es sich gehandelt hat?

Lowe: Nein.

Senator Smith: Herr Lowe, nachdem Sie diese Passagiere von dem beschädigten Faltboot übernommen hatten, fuhren Sie dann direkt zur Carpathia?

Lowe: Ja, ich nahm Kurs auf die Carpathia.

Senator Smith: Brachten Sie sie an Bord?

Lowe: Ich brachte alle an Bord.

Senator Smith: Alle?

Lowe: Einschließlich der Leiche.

Senator Smith: Einschließlich der Leiche des Mannes, der auf Ihrem Boot gestorben war?

Lowe: Ja.

Senator Smith: Was, falls überhaupt etwas, taten Sie danach?

Lowe: Es gab nichts zu tun. Was gab es zu tun?

Senator Smith: Ich sagte nicht, daß es etwas gab. Ich frage nur, was Sie taten.

Lowe: Nein, es gab nichts zu tun. . .

Senator Smith: . . . Noch eine Frage und dann entlasse ich Sie. Hörten Sie Pistolenschüsse?

Lowe: Ja.

Senator Smith: Und von wem wurden sie Sonntagnacht abgefeuert?

Lowe: Ich habe sie gehört und abgefeuert.

Senator Smith: Wo?

Lowe: Als ich an den Decks herunterkam, als ich zu Wasser gelassen wurde.

Senator Smith: Im Rettungsboot. . .

Lowe: In Rettungsboot Nummer 14.

Senator Smith: Was taten Sie?

Lowe: Als ich an den Decks runter ging, wußte ich oder erwartete, daß mein Boot jeden Moment unter meinen Füßen zusammenbrechen würde. Ich hatte davor ziemliche Angst, obwohl ich diese Sache natürlich niemandem sonst mitteilte. Ich hatte es überbelegt, aber ich wußte, daß ich ein gewisses Risiko eingehen mußte. Daher dachte ich mir: „Nun, ich muß sehen, daß niemand mehr in das Boot kommt, weil das sonst eintreten wird."

Senator Smith: Das geschah, als es heruntergelassen wurde?

Lowe: Ja, ich dachte, daß wenn ein zusätzlicher Körper in dieses Boot fallen würde, daß der kleinste Ruck des zusätzlichen Gewichts die Haken sprengen könnte oder Auswirkungen haben könnte, die niemand kannte. Es gab 101 Dinge zu bedenken. Dann dachte ich mir, ich werde ein Auge offen halten. Als wir an den offenen Decks vorbeikamen, sah ich viele Italiener, lateinische Leute an der Reling des Schiffs - es war offen - und sie starrten mehr oder weniger wie wilde Tiere, bereit zu springen. Daher brüllte ich, um aufzupassen und, peng, schoß an der Seite des Schiffs.

Senator Smith: Wie weit waren Sie in Ihren Rettungsboot von der Seitenwand des Schiffs entfernt?

Lowe: Ich weiß nicht. Ich würde sagen, drei oder vier Fuß. . .

Senator Smith: Und als Sie heruntergingen, feuerten Sie diese Schüsse?

Lowe: Auf dem Weg nach unten feuerte ich diese Schüsse, ohne Absicht, jemanden zu verletzten und im Wissen, daß ich niemanden verletzte.

Senator Smith: Darüber sind Sie positiv?

Lowe: Absolut positiv.

Senator Smith: Woher wissen Sie das?

Lowe: Woher ich es weiß? Weil ich dahin blickte, wo ich hin schoß.

Senator Smith: Es war eine dunkle Nacht, nicht wahr?

Lowe: Oh, ich konnte sehen, wohin ich schoß. Ein Mann wird nicht hierhin schießen und dorthin blicken (zeigt es) oder dorthin schießen und hierhin gucken (zeigt es). Er guckt, wohin er schießt. Ich schoß zwischen dem Boot und dem Schiff, so daß diese Leute den Schuß hören und sehen konnten.

Senator Smith: Sie schossen mit diesem Revolver in dem drei Fuß großen Raum?

Lowe: Ja, ich schoß dreimal. Es gab drei Decks.

Senator Smith: Und Sie sind positiv, daß Sie niemanden getroffen haben?

Lowe: Ich bin absolut positiv, daß ich niemanden getroffen hatte. . .

Zeuge: Charles Lightoller
Zweiter Offizier der Titanic

Kern der Aussage: Bei seinem zweiten Auftritt vor dem Gremium verteidigte er Ismay, seinen Chef, der seine Karriere beeinflußt hatte. Nach dem Untergang hatte der White-Star-Direktor per Funk von dem Rettungsschiff Carpathia versucht, den White-Star-Liner Cedric in New York festzuhalten, damit er und die Überlebenden der Mannschaft ihn erreichen und eilig nach England zurückkehren konnten. Das ließ den Verdacht entstehen, daß Ismay den amerikanischen Ermittlern ausweichen wollte. Lightoller berichtete den skeptischen Senatoren, daß die überlebenden Besatzungsmitglieder nach Hause zurückkehren mußten, um ihren Lebensunterhalt zu sichern. Er fügte hinzu, daß Ismay voller Verzweiflung darüber war, daß er überlebt hatte, während es einige weibliche Passagiere nicht geschafft hatten. Und er sagte, daß Ismay tatsächlich vom Chief-Offizier der Titanic, der nicht überlebte, in ein Rettungsboot befohlen worden war.

Senator Burton (Theodore E. Burton, Republikaner aus Ohio): So viel ich weiß, haben Sie Informationen über die Mitteilungen an die Cedric und über Unterhaltungen mit Herrn Ismay. Bitte berichten Sie über beide.

Lightoller: Bevor ich Unterredungen mit Herrn Ismay über Telegramme an unser Büro in New York hatte, in denen es um das Festhalten der Cedric ging, hatten die anderen Offiziere und ich zwanglos darüber gesprochen, daß die Cedric im Hafen lag, und wir dachten, daß es eine tolle Idee wäre, wenn wir mit ihr nach Hause fahren könnten, sollten wir rechtzeitig eintreffen. Die durch den Nebel verursachte Verspätung enttäuschte uns sehr, und wir sagten die ganze Zeit: „Es ist schade, wenn wir die Cedric verpassen sollten. Wenn wir nur rechtzeitig eintreffen würden, um alle an Bord der Cedric zu bekommen, dann wären wir in der Lage, so viele Männer wie möglich zusammenzuhalten." Sonst, verstehen Sie, wenn die Männer einmal in New York sind, dann werden die Männer nicht in New York oder woanders zusammenbleiben. Sie wollen so schnell wie möglich auf See, um Geld für ihre Frauen und Familien zu verdienen, sie würden anheuern.

Sie werden keinen Seemann finden, der nicht bei der ersten Gelegenheit anheuern würde. Sie haken es einfach als Verlust oder als eine verlorene Schuld ab und versuchen woanders wieder anzuheuern. Und bei einem Fall wie diesen, wo die Männer eine gewisse Prominenz erreichen, werden Ihnen oftmals sofort neue Stellungen angeboten. Einigen der Zwischendeckpassagiere wurden Stellungen bei den Salonpassagieren angeboten. Ihnen wurden Stellungen als Diener oder andere Positionen angeboten.

Unsere Mannschaft hätte zweifellos dasselbe getan, und wir hätten einige von ihnen, wahrscheinlich einige wichtige Zeugen verloren. Sie hätten wahrscheinlich auf irgendeiner Yacht angeheuert, was sie oft machen. Viele von ihnen, vor allen Dingen Quartermeister, weil sie selbst wissen, daß sie durchaus fähige Männer sind. Man kann kaum bessere Männer finden, und es herrscht eine rege Nachfrage für sie. Was wir bedauern, weil wir sie verlieren.

Als ich mit Herrn Ismay sprach, erwähnte er auch die Cedric und fragte mich nach meiner Meinung. Ich sagte ihm ganz offen, daß es das Beste wäre, wenn wir die Cedric erreichen könnten.

Später bemerkte er, daß es wegen der Wetterbedingungen zweifelhaft sein könnte, ob wir die Cedric erreichen könnten. Ich sagte: „Ja, es ist zweifelhaft. Es wäre sehr schade, wenn sie ohne uns auslaufen würde." „Glauben Sie, es wäre ratsam, sie aufzuhalten?" Ich sagte: „Zweifellos das Beste, wenn man sie aufhalten würde."

Ein Telegramm mit der Bitte, die Cedric aufzuhalten, wurde aufgegeben. Wir erhielten darauf die Antwort, daß es nicht ratsam sei, die Cedric aufzuhalten. Er fragte mich, was ich davon hielt. Ich sagte: „Ich glaube, wir sollten sie aufhalten und Sie sollten telegrafieren und darauf bestehen, daß aufgehalten wird und sich unsere Mannschaft nicht in New York herumtreibt." Wir diskutierten die Pros und Contras und hielten es für ratsam, die Mannschaft, so gut wir konnten zusammenzuhalten. Dann wären wir in der Lage, die wichtigen Zeugen auszuwählen und den Rest auf See gehen zu lassen, damit sie Geld verdienen konnten. Daher wurde, glaube ich, das andere Telegramm geschickt.

Ich möchte sagen, daß Herr Ismay nicht in der mentalen Verfassung zu sein schien, um irgend etwas abschließend zu entscheiden. Ich versuchte mein Bestes, um Herrn Ismay zu ermuntern, weil er von der Idee besessen war, die er ständig wiederholte, daß er mit dem Schiff hätte untergehen sollen, weil Frauen untergegangen waren. Ich sagte ihm, daß es keinen Grund gab. Ich redete viel mit ihm. Ich versuchte diese Idee aus seinem Kopf zu bekommen, aber er war besessen davon. Ich weiß, daß der Arzt es ebenfalls versuchte, aber wir hatten Schwierigkeiten, Herrn Ismay aufzumuntern. Frauen waren untergegangen und er nicht.

Sie können den Arzt der Carpathia rufen, und er wird diese Aussage bestätigen. . .

Senator Smith: So wie ich Ihre Aussage von New York verstehe, endete Ihre Wache um zehn Uhr Sonntagnacht?

Lightoller: So ist es.

Senator Smith: Wenn ich mich recht erinnere, waren Sie für das Beladen der Rettungsboote verantwortlich?

Lightoller: Auf der Backbordseite.

Senator Smith: Auf der Backbordseite?

Lightoller: Der Chief-Offizier belud auch einige der Boote auf der Backbordseite. Ich möchte auch in der Herrn Ismay betreffenden Aussage sagen - obwohl ich die Quelle nicht genau benennen kann, der ich aber absolut vertrauen kann. . .

Senator Smith: Vor oder seit den Vorkommnissen?

Lightoller: Seitdem.

Senator Smith: Wann?

Lightoller: Auf der Carpathia.

Senator Smith: Auf dem Weg nach New York?

Lightoller: Ja.

Senator Smith: Vor oder nach ihrem Eintreffen?

Lightoller: Bevor sie in New York eintraf.

Senator Smith: Geben Sie die Information weiter.

Lightoller: Chief-Offizier (Henry) Wilde war bei dem Faltboot auf der Steuerbordseite, in dem Herr Ismay sich befand. Herrn Ismay wurde gesagt: „Es gibt keine Frauen mehr an Bord." Wilde war ein ziemlich großer, kräftiger Kerl, und mit diesem Mann würde man nicht lange streiten. Herr Ismay war genau da. Natürlich war er sehr nahe beim Boot, weil er bei den Booten und auch bei den Faltboot gearbeitet hatte. Deshalb war er dort, und Herr Wilde, der sich neben ihm befand, packte ihn einfach in das Boot.

Senator Smith: Das haben Sie vorher nicht gesagt?

Lightoller: Nein, aber ich glaube, daß es wahr ist. Ich vergesse die Quelle. Es tut mir leid, daß ich sie vergessen habe.

Senator Smith: Hat Herr Wilde überlebt?

Lightoller: Er hat nicht.

Senator Smith: Wer löste Sie in jener Nacht nach Ihrer Wache um zehn Uhr ab?

Lightoller: Der erste Offizier, Herr (William) Murdoch.

Senator Smith: Hat er überlebt?

Lightoller: Er hat nicht.

Senator Smith: Wer erzählte Ihnen, daß dieser kräftige Offizier, Herr Wilde, Herrn Ismay anwies, ins Boot zu steigen?

Lightoller: Ich weiß es nicht.

Senator Smith: So wie ich Ihre Aussage erinnere - und ich habe sie hier vor mir - sagten Sie, daß Sie nicht mit Herrn Ismay verwandt sind.

Lightoller: Ich kenne Herrn Ismay seit 14 Jahren, seitdem ich ihn zum ersten mal getroffen habe.

Senator Smith: Sie sprachen nicht mit ihm in jener Nacht?

Lightoller: Ich tat es.

Senator Smith: Sie sagten mir, sie hätten sich angesehen und nichts gesagt.

Lightoller: Ich habe möglicherweise nicht gesprochen, und ich habe möglicherweise „guten Abend" gesagt.

Senator Smith: Ich meine nach der Kollision. . .

Lightoller: Nach der Kollision; nein.

Senator Smith: Einen Moment. Nach der Kollision, sagten Sie, Sie hätten Herrn Ismay auf dem Deck gesehen?

Lightoller: Ja.

Senator Smith: Auf die See blickend?

Lightoller: Ich weiß nicht, wohin er geblickt hat.

Senator Smith: Sie standen auf Deck, ungefähr 20 Fuß von ihm entfernt?

Lightoller: Nein.

Senator Smith: Sie sagen jetzt, daß Sie das nicht gesagt haben?

Lightoller: Nein.

Senator Smith: Wäre das nicht wahr?

Lightoller: Ich glaube nicht. Ich ging auf dieser Seite des Decks.

Senator Smith: Wie weit von Herrn Ismay entfernt?

Lightoller: Ich ging ein paar Fuß entfernt an ihm vorbei.

Senator Smith: Und er sagte nichts zu Ihnen, und Sie sagten nichts zu ihm?

Lightoller: Ich habe möglicherweise „guten Abend" gesagt. Darüber hinaus habe ich nichts gesagt. Ich hatte viel Arbeit vor mir. Etwas anders zu tun.

Senator Smith: Sagte er irgendwas zu Ihnen?

Lightoller: Nichts, das ich wüßte. Er hat möglicherweise „guten Abend" gesagt. Vielleicht sagte ich das und vielleicht nicht. Ich erinnere mich nicht.

Senator Smith: In einer derartigen Gefahrensituation, passierten Sie den Direktor der Gesellschaft, der das Schiff gehörte, und sagten „guten Abend"?

Lightoller: Hätte ich, wie zu jedem Passagier, den ich kannte.

Senator Smith: Und er ging an Ihnen vorbei und sagte „guten Abend".

Lightoller: Er stand still.

Senator Smith: Und er sagte „guten Abend"?

Lightoller: Ich könnte das nicht sagen. Ich sage, ich könnte „guten Abend" gesagt haben oder nicht, und kann es gesagt haben, oder nicht.

Senator Smith: Ich will nur wissen, soweit Sie sich erinnern können.

Lightoller: Ich kann es nicht sicher sagen.

Senator Smith: Meine Erinnerung an die Aussage ist die, daß Sie nicht mit ihm redeten.

Lightoller: Ich bin nicht sicher. Wenn ich sprach, dann nur um einen „guten Abend" zu wünschen. Nicht mehr und nicht weniger. Ich sprach mit Herrn. . .

Senator Smith: Wie lange nach der Kollision war das?

Lightoller: Ich glaube, Sie finden das in der Aussage.

Senator Smith: Ich weiß, daß ich es dort finde, aber ich will es noch einmal. Ihre Erinnerung ist heute ein bißchen besser als damals, und ich möchte sie ein bißchen testen.

Lightoller: Mein Verstand war damals frischer als heute.

(Die Frage wurde vom Stenografen wie folgt verlesen: Wie lange war das nach der Kollision?)

Lightoller: Oh, vielleicht eine halbe Stunde. . .

Senator Smith: Vor einigen Minuten machten Sie eine Aussage über Herrn Ismay, die offensichtlich freiwilliger Natur war. Warum haben Sie diese Aussage nicht in New York gemacht?

Lightoller: Weil die Kontroverse um das Telegramm dort nicht aufgebracht wurde. Ich meine dieses ganze Zeitungsgerede dreht sich um das Telegramm.

Senator Smith: Gab es Zeitungsgerede über das Telegramm?

Lightoller: Zweifellos gab es das.

Senator Smith: Und das ist der Grund, der Sie veranlaßte, diese Enthüllung zu liefern?

Lightoller: Weil ich glaube, dafür verantwortlich zu sein, daß es geschickt wurde.

Senator Smith: Sie schickten es?

Lightoller: Ich tat es nicht.

Senator Smith: Sie brachten es dem Funker?

Lightoller: Ich tat es nicht.

Senator Smith: Wer tat es?

Lightoller: Ich weiß nicht.

Senator Smith: Schrieben Sie es auf?

Lightoller: Ich tat es nicht.

Senator Smith: Redeten Sie mit dem Funker darüber?

Lightoller: Ich tat es nicht.

Senator Smith: Haben Sie seitdem darüber gesprochen?

Lightoller: Habe ich nicht.

Senator Smith: Aber Sie wünschen, wenn ich Sie recht verstehe, so verstanden zu werden, daß Sie Herrn Ismay veranlaßten es zu schicken?

Lightoller: Ich tat es.

Senator Smith: Wissen Sie, ob es abgeschickt wurde oder nicht?

Lightoller: Ich weiß, daß es abgeschickt wurde.

Senator Smith: Woher wissen Sie das?

Lightoller: Weil Herr Ismay es mir sagte und mir die Antwort zeigte. . .

Zeuge: Robert Hitchens, 30

Steuermann der Titanic, am Steuerrad, als ddie Titanic den Eisberg rammte.

Kern der Aussage: Er widersprach dem Passagier Peuchen darin, was in dem Rettungsboot Nummer 6 geschehen war, das unter seinem Kommando stand. Er verneinte, daß ihn Frauen angefleht hatten, zurück zum Schiff zu rudern.

Senator Smith: Würden Sie bitte in ihrer eigenen Art erzählen, was in jener Nacht geschah von dem Zeitpunkt, da Sie Ihre Wache antraten bis zum Zeitpunkt der Kollision.

Hitchens: Ich trat meine Wache um acht Uhr an. Die Offiziere der Wache waren der Zweite Offizier, Herr Lightoller, Leitender im Kommando, der Vierte Offizier, Herr Boxhall und der Sechste Offizier, Herr Moody. Als ich auf die Brücke kam, erhielt ich meinen ersten Befehl, nach unten zum Zimmermann zu gehen und ihn darüber zu informieren, daß er nach dem Frischwasser sieht, das kurz vor dem Gefrieren stand. Das tat ich. Nach meiner Rückkehr auf die Brücke, ich war einige Minuten auf der Brücke, kam der Zimmermann und berichtete, daß er die Anordnung ausgeführt habe. Während ich als Quartermeister in Bereitschaft für eine andere Mitteilung blieb - es ist die Pflicht der Quartermeister die Glocke jede halbe Stunde zu läuten - hörte ich, wie der Zweite Offizier gegenüber dem Sechsten Offizier, Herrn Moody wiederholte, über das Telefon die Männer im Ausguck darauf hinzuweisen, daß sie besonders auf kleines Eis bis zum Tagesanbruch achten sollten. Die nächste Anordnung, die ich vom Zweiten Offizier bekam, bestand darin, den Decktechniker zu finden, um ihn mit einem Schlüssel nach oben zu bringen, um die Heizungen in den Korridoren der Offiziersquartiere zu öffnen. Das galt auch für das Ruderhaus und den Kartenraum wegen der großen Kälte. Um viertel vor zehn rief ich den Ersten Offizier, Herrn Murdoch, und ließ ihn wissen, daß es ein Glasen war, wie es unsere Pflicht war. Ich nahm auch das Thermometer und das Barometer, die Wassertemperatur und das Log. Um zehn Uhr ging ich zum Steuerrad. Herr Murdoch löste Herrn Lightoller ab. Der Kurs war mir von dem anderen Quartermeister gegeben worden: Nord 71° West, den ich wiederholte. Er ging und berichtete ihn dem Ersten oder Zweiten Offizier. Alles ging sehr gut weiter bis 20 Minuten vor zwölf, als drei Glockenschläge aus dem Ausguck kamen und sofort danach der Bericht über Telefon erfolgte: „Eisberg direkt voraus." Der Chefoffizier kam vom Flügel auf die Brücke, denke ich wenigstens. Ich bin schließlich im Ruderhaus und kann nichts sehen, nur meinen Kompaß. Er rannte zu den Maschinen. Ich hörte wie die Telegraph-Klingel läutete. Gab auch den Befehl: „Hart Steuerbord." Der Sechste Offizier stand neben mir, um zu sehen, daß die Anordnung ausgeführt wurde. Wiederholte den Befehl „Hart Steuerbord. Das Ruder ist hart über, Sir."

Senator Smith: Wer gab den ersten Befehl?

Hitchens: Herr Murdoch, der Erste Offizier. Der verantwortliche Offizier. Der Sechste Offizier wiederholte den Befehl: „Das Ruder ist hart Steuerbord, Sir". Aber während dieser Zeit zermalmte sie das Eis oder wir konnten das mahlende Geräusch im unteren Teil des Schiffes hören. Ich hörte den Telegraphen klingeln. Der Skipper rannte aus seinem Raum und Kapitän Smith fragte: „Was ist das?" Herr Murdoch sagte: „Ein Eisberg." Er sagte: „Die Nottüren schließen".

Senator Smith: Wer sagte das, der Kapitän?

Hitchens: Kapitän Smith zu Herrn Murdoch: „Die Nottüren schließen!" Herr Murdoch antwortete: „Die Türen sind bereits geschlossen." Der Kapitän schickte nach dem Zimmermann, um das Schiff zu untersuchen. Er kam zurück ins Ruderhaus und blickte auf den Kommutator vor dem Kompaß. Das ist ein kleines Instrument wie eine Uhr, daß den Neigungswinkel des Schiffs mißt. Das Schiff hatte eine Schlagseite von fünf Grad Steuerbord.

Senator Smith: Wie lange nach dem Aufprall oder der Kollision?

Hitchens: Kann ich kaum sagen. Grob geschätzt vielleicht fünf Minuten, ungefähr fünf bis zehn Minuten. Ich blieb am Steuer bis 23 Minuten nach zwölf. Ich weiß nicht, ob sie die Uhr zurückgestellt hatten oder nicht. Die Uhr sollte in dieser Nacht 47 Minuten zurückgehen. 23 Minuten in der einen und 24 Minuten in der

anderen Wache.

Senator Smith: War die Uhr bis zu dem Zeitpunkt, da Sie die Wache verließen, zurückgestellt worden?

Hitchens: Ich weiß nicht. Ich habe es nicht bemerkt.

Senator Smith: Wann, sagten Sie, verließen Sie das Steuer - um 20 Minuten nach zwölf?

Hitchens: Ich verließ das Steuer um 23 Minuten nach zwölf. Ich wurde von Quartermeister Perkins abgelöst. Er löste mich um 23 Minuten nach zwölf ab. Ich glaube der Erste Offizier oder einer der Offiziere sagte: „Das ist genug mit dem Steuer, holt die Boote raus." Ich ging zu den Booten auf der Backbordseite. Ich glaube, ich kletterte in das Boot Nummer sechs. Der Zweite Offizier, Herr Lightoller, setzte mich ein. Wir ließen es zu Wasser und wurden angewiesen: „Rudern Sie zu diesem Licht." Das taten wir. Ich hatte 38 Frauen im Boot, einen Matrosen und mich selbst. Zwei männliche Passagiere, einen italienischen Jungen und einen kanadischen Major, der gestern hier ausgesagt hat.

Senator Smith: Waren Sie für das Boot verantwortlich?

Hitchens: Ja, war ich. Jeder an Bord befand sich in einem sehr schlechten Zustand. Jeder war ziemlich außer sich, und ich sagte Ihnen, daß irgend jemand rudern mußte. Es machte keinen Sinn an der Seite des Schiffs zu bleiben. Das Schiff sank langsam mit dem Bug voraus. Wir befanden uns an einem gefährlichen Ort. Daher sagte ich Ihnen, die Riemen zu bedienen, Damen und alle. „Alle von Ihnen geben Ihr Bestes." Wir erreichten, ungefähr eine Meile vom Schiff hinter diesem Licht her, von dem wir annahmen, daß es sich um einen Kabeljaufischer handelte, einen Schoner, der aus den Banks gekommen war.

Senator Smith: Ein Fischer?

Hitchens: Ja, das erwarteten wir. Aber wir kamen dem Licht nicht näher. Es gab zu jenem Zeitpunkt einige andere Boote um uns, und ein Boot, das kein Licht hatte, kam in unsere Nähe. Er hatte vier oder sechs Mann in seinem Boot und ich lieh mir einen Heizer, der in meinem Boot rudern konnte. Wir kamen dem Licht scheinbar nicht näher, und daher unterhielten wir uns und vertäuten unsere Boote Seite an Seite. Wir blieben dort, bis die Carpathia am Tagesanbruch in Sicht kam. Der Wind hatte bis dahin zugelegt und es wurde ein wenig kabbelig. Ich löste eine junge Dame am Ruder ab und bat sie, die Pinne zu übernehmen. Sie ließ das Boot sofort quer kommen, und die Damen im Boot wurden sehr nervös. Daher übernahm ich die Pinne wieder und sagte ihnen, so gut sie konnten weiterzumachen.

Senator Smith: Wissen Sie wer die Frau war?

Hitchens: Nein, weiß ich nicht. Sie waren alle Fremde für mich. Aber die Dame, die ich erwähnte, Frau Mayer, war im Boot ziemlich verärgert über mich, und sie beschuldigte mich, ich hätte mich in die Decken im Boot gewickelt, geflucht und den ganzen Whisky getrunken, was ich verneine. Ich stand, dem Wetter ausgesetzt und steuerte das Boot die ganze Nacht lang, was eine ziemlich kalte Angelegenheit ist. Ich hätte das Boot lieber gerudert als gesteuert. Aber ich sah niemand, der hätte steuern können und weil ich für das Boot verantwortlich war, hielt ich es für das Beste, selbst zu steuern. Besonders nachdem ich gesehen hatte, wie nervös die Damen nach dem lästigen Schaukler waren. Wir legten an der Carpathia an, und ich half jedem aus dem Boot und sorgte dafür, daß sie vorsichtig an Bord der Carpathia gehievt wurden, und ich war der letzte Mann, der das Boot verließ. Das ist alles, was ich Ihnen erzählen kann.

Senator Smith: Ich möchte Ihnen einige Fragen stellen. Ich würde gerne fragen, ob Sie mit dem Oberst zwischen der Titanic und der Carpathia irgendeinen Ärger hatten?

Hitchens: Ich hatte keinen Ärger mit ihm, nur einmal. Er war nicht mal zehn Minuten im Boot, als er die Verantwortung für das Boot übernehmen wollte.

Senator Smith: Was sagten Sie zu ihm?

Hitchens: Ich sagte ihm: „Ich bin hier verantwortlich für das Boot. Sie tun, was man Ihnen sagt zu tun."

Senator Smith: Sagte er daraufhin noch etwas zu Ihnen?

Hitchens: Er antwortete nicht, setzte sich aber. Er ging dann nach vorne auf die Steuerbordseite, neben Matrose Fleet, der sehr hart arbeitete. Er machte den größten Teil der Arbeit. Fleet machte die meiste Arbeit.

Senator Smith: Das war der Mann, der im Krähennest, war, als das Schiff aufprallte?

Hitchens: Ja.

Senator Smith: Er war im Rettungsboot?

Hitchens: Ja.

Senator Smith: Lagen Sie irgendwann auf den Riemen neben der Titanic, bevor die Titanic unterging?

Hitchens: Ja.

Senator Smith: Wie lange?

Hitchens: Wir hatten keine Uhr. Ich kann es Ihnen kaum sagen.

Senator Smith: Ungefähr wie lange?

Hitchens: Das kann ich Ihnen kaum sagen, weil wir in unseren Köpfen an andere Dinge dachten. Ich weiß, daß wir es getan haben.

Senator Smith: Wie weit waren Sie von der Titanic entfernt, als sie unterging?

Hitchens: Als wir die Carpathia erblickten, waren wir ungefähr eine Meile entfernt.

Senator Smith: Nein, als sie auf Ihren Riemen lagen?

Hitchens: Ungefähr eine Meile.

Senator Smith: Ungefähr eine Meile von der Titanic?

Hitchens: Ja.

Senator Smith: Konnten Sie die Titanic sehen?

Hitchens: Ich konnte sie nicht sehen. Nicht nachdem die Lichter ausgegangen waren.

Senator Smith: Sie konnten die Lichter sehen?

Hitchens: Wir konnten sehen, wie die Lichter ausgingen, ja .

Senator Smith: Und sie kannten die Position des Schiffs?

Hitchens: Wir hörten ungefähr zwei oder drei Minuten lang die Schreie.

Senator Smith: Als das Schiff verschwand?

Hitchens: Als das Schiff verschwand, ja.

Senator Smith: Der Major, der sich in Ihrem Boot befand, berichtete gestern, daß sie auf Ihren Riemen liegend, sich treiben ließen und man bevor die Titanic unterging Hilferufe hörte. Trifft das zu?

Hitchens: Ich hörte keine Hilferufe. Wir hörten Heulen und Schreien. An einem Zeitpunkt machten wir an einem anderen Boot fest. Wir lagen überhaupt nicht auf unseren Riemen.

Senator Smith: Sie machten an einem anderen Boot fest. Welches Boot?

Hitchens: Das Boot, in dem sich der Schiffsprofos befand. Ich glaube, es war Boot Nummer acht. Er verließ das Schiff zum gleichen Zeitpunkt wie wir.

Senator Smith: Sie hatten 38 Frauen in Ihrem Boot?

Hitchens: Ja, ich zählte sie.

Senator Smith: Und wieviele Männer?

Hitchens: Ich hatte (Ausguck Frederick) Fleet, mich. . .

Senator Smith: Fleet, der Major und Sie?

Hitchens: Und einen italienischen Jungen.

Senator Smith: Das macht vier Männer?

Hitchens: Ja, aber der italienische Junge hatte einen gebrochenen Arm.

Senator Smith: War das derjenige, der sich versteckt hatte?

Hitchens: Ich weiß nicht, wie er es geschafft hatte, an Bord zu kommen. Ich weiß es nicht.

Senator Smith: Hatte er sich in weibliche Kleidung gehüllt?

Hitchens: Nein, ich glaube nicht.

Senator Smith: Während Sie auf Ihren Riemen lagen, und bevor die Titanic unterging, wurden Sie da von den Frauen aufgefordert, zur Titanic zu rudern?

Hitchens: Nicht daß ich mich daran erinnern könnte. Ich bin mir dessen nicht bewußt.

Senator Smith: Veranlaßten sie Sie, nicht zur Titanic zurückzurudern?

Hitchens: Nicht, daß ich mir dessen bewußt bin.

Senator Smith: Soweit Sie sich erinnern können, sagten die Frauen weder in die eine noch in die andere Richtung etwas darüber?

Hitchens: Nein, nicht, daß ich mich erinnere. Tatsächlich hätte ich bei den Bedingungen - nur ein Matrose im Boot neben mir, eine Meile von der Titanic entfernt, ohne Kurs und Kompaß - es für unmöglich gehalten.

Senator Smith: Der Major sagte gestern, daß Sie gebeten wurden, an die Stelle, von der die Notrufe kamen, zurückzukehren.

Hitchens: Ich las es in den Zeitungen, aber das ist durchgehend falsch.

Senator Smith: Daß Sie sagten: „Wir kümmern uns um uns selbst und achten nicht auf jene Steifen."

Hitchens: Ich habe dieses Wort nie benutzt, niemals seitdem ich auf der Welt bin, weil ich andere Wörter dafür benutze.

Senator Smith: Haben Sie irgend etwas darüber gesagt?

Hitchens: Nicht das ich mir darüber bewußt wäre.

Senator Smith: Und Sie wollen dem Komitee klarmachen, daß Sie es nicht ablehnten, den Menschen im Wasser zur Hilfe zu kommen, vor oder nachdem die Titanic verschwand?

Hitchens: Ich konnte nicht. Ich war zu weit entfernt, und ich hatte keinen Kompaß, um zurückzugehen und herauszufinden, woher die Schreie kamen. Die Schreie, die ich hörte, dauerten ungefähr zwei Minuten, und einige sagten: „Ein Boot hilft dem anderen." Neben mir war ein anderes Boot, das, in dem sich der Schiffsprofos befand.

Senator Smith: Wie lange nachdem Sie auf den Riemen lagen, ging die Titanic unter?

Hitchens: Ich kann das kaum sagen.

Senator Smith: Wiesen Sie die Männer in Ihrem Boot an von der Titanic wegzurudern, nachdem sie unterging?

Hitchens: Habe ich getan.

Senator Smith: Warum ruderten Sie nicht zum Ort des Untergangs?

Hitchens: Die Sogwirkung würde das Boot samt seiner Insassen unter Wasser ziehen, dachte ich.

Senator Smith: Ist das der einzige Grund, warum Sie nicht zur Titanic fuhren?

Hitchens: Ich wußte nicht, welchen Weg man zur Titanic nehmen sollte. Ich sah zu den anderen Booten. Ich befand mich unter anderen Booten.

Senator Smith: Welche anderen Boote, die Rettungsboote?

Hitchens: Wir waren alle zusammen, ja.

Senator Smith: Warum sahen Sie zu den Rettungsbooten?

Hitchens: Wir blickten zu den Lichtern des anderen.

Senator Smith: Hatten Sie ein Licht?

Hitchens: Ich hatte eins. Wir alle hatten Lichter und zeigten sie uns gegenseitig.

Senator Smith: Die Rettungsboote hatten alle Lichter?

Hitchens: Die meisten von uns. Wir zeigten die Lichter hin und wieder, damit man wußte, wo wir uns befanden.

Senator Smith: Sie wollen mir also sagen, daß Sie sich gegenseitig die Lichter zeigten, aber nicht zur Titanic fuhren?

Hitchens: Ja, aber bevor die Titanic sank, ruderten wir alle zu dem Licht, von dem wir dachten, daß es ein Kabeljaufischer war. Wir alle fuhren zu diesem Licht.

Senator Smith: Sie begriffen dann aber, daß es nicht das Boot war, für das Sie es hielten? Sie dachten, es war ein Fischerboot?

Hitchens: Wir alle dachten das und ruderten zu diesem Licht.

Senator Smith: Sie ruderten zu diesem Licht und entdeckten schließlich, daß Sie keinen Fortschritt machten?

Hitchens: Ja.

Senator Smith: Und Sie hielten an?

Hitchens: Ja, wir hielten an.

Senator Smith: Und zu jenem Zeitpunkt waren Sie eine Meile von der Titanic entfernt?

Hitchens: Ja, eine Meile oder mehr.

Hitchens: War die Titanic da noch auf dem Wasser?

Senator Smith: Die Titanic war noch auf dem Wasser, und ihre Lichter brannten.

Senator Smith: Wie lange danach sahen Sie sie untergehen?

Hitchens: Ich kann das kaum sagen. Wahrscheinlich zehn Minuten nachdem die Lichter erloschen, aber ich sah nicht, wie sie unterging.

Senator Smith: Sie selbst sahen nicht, wie sie unterging?

Hitchens: Nein.

Senator Smith: Saßen Sie mit dem Rücken zu ihr?

Hitchens: Wir alle konnten sie nicht sehen. Alles, was ich sehen konnte war, wie die Lichter erloschen. Das war alles, was ich sehen konnte, weil es sehr dunkel war.

Senator Smith: Sie saßen am Ruder?

Hitchens: Ich stand am Ruder.

Senator Smith: Mit dem Rücken zum Schiff?

Hitchens: Ja.

Senator Smith: Und Sie sahen nicht, wie sie unterging?

Hitchens: Nein.

Senator Smith: Nachdem die Lichter verschwanden und erloschen, hörten Sie dann Hilferufe?

Hitchens: Wir hörten Hilferufe oder was man

dafür hielt, aber nur für zwei, drei Minuten. Einige der Männer im Boot sagten, es seien Begrüßungsrufe der einzelnen Boote. Ich nehme an, sie taten das, um die Frauen - die Damen im Boot - nicht zu alarmieren.

Senator Smith: Sagte der Italiener das?

Hitchens: Der Italiener konnte nicht sprechen. Ich rede nicht von unserem Boot, sondern dem nebenan.

Senator Smith: Ein anderes Boot?

Hitchens: Ja, wir unterhielten uns mit ihnen und dem Schiffsprofos.

Senator Smith: Sie wollen dem Komitee vermitteln, daß Sie eine sichere Distanz zur Titanic einhielten, nachdem Sie in das Rettungsboot gestiegen waren. Sie machten an dem anderen Rettungsboot fest. Sie entfernten sich von der Titanic ungefähr eine Meile und lagen dort auf ihren Riemen. Sie sahen, wie die Titanic unterging, oder wie die Lichter erloschen, und Sie gingen nicht in diese Richtung?

Hitchens: Wir wußten nicht, in welche Richtung zu gehen.

Senator Smith: Ruderten Sie, nachdem die Lichter erloschen waren, in die Richtung, aus der die Lichter kamen?

Hitchens: Nachdem die Lichter erloschen waren, ruderten wir noch immer diesem Fischerboot hinterher. Alle von uns.

Senator Smith: Das Fischerboot, das von der Position der Titanic entfernt war?

Hitchens: Ja, ein ganzes Stück.

Senator Smith: Sie wollten dahin?

Hitchens: Ja.

Senator Smith: Als Sie die Titanic im Rettungsboote verließen, hat Ihnen da jemand gesagt, die Ladung abzugeben und wieder zurückzukehren?

Hitchens: Ja.

Senator Smith: Wer sagte Ihnen das?

Hitchens: Ich glaube, es war der Erste oder Zweite Offizier. Ich bin mir nicht sicher, welcher Offizier es war.

Senator Smith: Herr Murdoch oder Herr Lightoller?

Hitchens: Einer von den beiden. Ich bin mir nicht sicher, welcher.

Senator Smith: Was sagten Sie?

Hitchens: In Ordnung. Wir waren bereit, zu diesem Licht zu rudern, doch als wir heruntergelassen wurden, sagten wir ihm, daß wir noch einem Mann im Boot benötigten.

Senator Smith: Sie wollten einen anderen Mann?

Hitchens: Wir wollten zwei oder drei Männer, wenn wir sie hätten kriegen können.

Senator Smith: Aber Sie bekamen sie nicht?

Hitchens: Nein, nur diesen Major. Er kam runter. Er kam rein, und das ist alles.

Senator Smith: Er schwang sich nach draußen und kam rein, nicht wahr?

Hitchens: Ja.

Senator Burton: Kam dieser Ruf zurückzukommen, bevor der Major ins Boot kam oder als Sie vom Schiff entfernt waren und wegruderten?

Hitchens: Als wir zu Wasser gelassen wurden hatten wir nur einen Mann, einen Matrosen neben mir, im Boot.

Senator Burton: Dann sagten Sie, war es der Erste oder Zweite Offizier, der Ihnen zurief, zurückzukommen?

Hitchens: Er sagte uns, wegzurudern und dieses Licht zu erreichen. Wir hatten diese Anordnung, bevor wir heruntergelassen wurden. Wir hatten keine Anordnungen, als wir auf dem Wasser waren. Wir konnten sie nicht hören.

Senator Smith: Die Anordnungen an Sie waren, daß Boot aufs Wasser zu bringen?

Hitchens: Zu diesem Licht.

Senator Smith: Zu dem Licht und zurückkehren?

Hitchens: Ja, das stimmt.

Senator Smith: Und diese Anordnung war Ihnen vom Ersten oder Zweiten Offizier gegeben worden?

Hitchens: Ja.

Senator Smith: Wurde Ihr Rettungsboot an der Backbord- oder Steuerbordseite heruntergelassen?

Hitchens: Backbord.

Senator Smith: Sie führten die Anordnung nicht aus?

Hitchens: Ja, ich tat es.

Senator Smith: Was taten Sie?

Hitchens: Ich ruderte zu diesem Licht - dieses eingebildete Licht. Wir ruderten die ganze Zeit in diese Richtung.

Senator Smith: Sie ruderten zu diesem eingebildeten Licht?

Hitchens: Ja.

Senator Smith: Und kehrten niemals an die Außenwand der Titanic zurück?

Hitchens: Wir konnten nicht zurückkehren.

Senator Smith: Ich glaube, ich verstehe Sie. . .

SECHSTER TAG

Donnerstag, 25. April
Washington D. C.

Zeuge: Guglielmo Marconi, Ende 30

Funkpionier und Chef eines internationalen Kommunikationsmonopols

Kern der Aussage: Der Erfinder, der während der ersten beiden Tage der Hearings bereits über seinen Schiffsfunkbetrieb ausgesagt hatte, wurde noch einmal vorgeladen und von Senator Smith mit seiner Rolle im Scheckbuch-Journalismus konfrontiert, daß er zustimmte, daß seine schlecht bezahlten Funker Exklusivgeschichten an die New York Times verkauften, als sie im Hafen an Bord der Carpathia eintrafen.

Senator Smith: Wieviel verdient ein Funker im allgemeinen in diesem Land?

Marconi: Ich kenne nicht den genauen Lohn in diesem Land.

Senator Smith: Wie viel ist es in England?

Marconi: In England, würde ich sagen, beginnt es bei vier Dollar die Woche bis zehn oder zwölf die Woche, einschließlich Kost und Logis. Sie haben mich das zwar nicht gefragt, aber ich möchte sagen, daß es zu diesen Bedingungen ziemlich leicht ist, Funker in England zu bekommen, weil dieses Gehalt wesentlich höher ist als das, was sie an Land bekommen. Und die Tatsache, auf See fahren zu können, macht es für viele junge Männer attraktiv.

Senator Smith: Die Gefahr scheint sie nicht von dieser Aufgabe abzuschrecken?

Marconi: Nein, tut es nicht. . .

Senator Smith: War Herr (Harold) Bride, der das Titanic-Desaster überlebt hat, in England oder Amerika angestellt?

Marconi: Er war in England angestellt.

Senator Smith: Und gilt dasselbe auch für Herrn (Jack) Phillips, der ertrank?

Marconi: Das gilt auch für Herrn Phillips.

Senator Smith: Wo waren Sie zuletzt am Sonntag, 14. April?

Marconi: Ich war in New York. . .

Senator Smith: Wo waren Sie, als die Carpathia im Cunard-Dock mit den Überlebenden der Titanic anlegte?

Marconi: Ich hatte ein Abendessen mit Herrn (John) Bottomley (Marconis amerikanischer Manager). . . Ich wollte an Bord gehen, sobald die Carpathia im Dock lag, aber sie traf früher ein, als wir es erwarteten, und ich verließ daher das Haus, in dem ich aß, fuhr ins Dock und wir gingen an Bord.

Senator Smith: Wieviel Uhr?

Marconi: Gegen halb zehn, gerade als die Überlebenden das Schiff verließen.

Senator Smith: Sie gingen an Bord?

Marconi: Ich ging an Bord.

Senator Smith: Was taten Sie, als Sie an Bord waren?

Marconi: Ich ging in den Funkraum.

Senator Smith: Trafen Sie dort den Funker an?

Marconi: Ich traf den Funker an.

Senator Smith: Was sagten Sie zu ihm?

Marconi: Ich sagte ihm, daß ich froh war, ihn anzutreffen und gratulierte ihm für das, was er geleistet hatte. Ich fragte ihn nach seinem leitenden Funker Phillips.

Senator Smith: Sie fragten Bride also nach seinem leitenden Funker Phillips?

Marconi: Nach Phillips. Der Funker der Carpathia, Cottam, war nicht anwesend.

Senator Smith: Wo war er?

Marconi:. Er war direkt, nachdem das Schiff angelegt hatte, an Land gegangen. . .

Senator Smith: Schickten Sie einen Funkspruch an den Funker der Carpathia und baten ihn, sich mit ihnen und (Frederick) Sammis (Marconis Cheftechniker in den USA) im Strand Hotel, 502 West Fourteenth Street zu treffen und wiesen ihn an: „Halten Sie Ihren Mund.“?

Marconi: Nein, habe ich nicht getan.

Senator Smith: Wenn irgendein derartiger Funkspruch in Ihrem Namen geschickt wurde, so sendeten Sie ihn nicht?

Marconi: Ich habe sie nicht geschickt.

Senator Smith: Und Sie wissen nichts davon?

Marconi: Ich weiß nichts davon, außer einigen Statements und Gerüchten, die ich darüber in der Presse gehört habe.

Senator Smith: Kennen Sie das Marineschiff Florida?

Marconi: Ja, ich habe davon gehört.

Senator Smith: Ist es mit einer Funkanlage ausgerüstet?

Marconi: Ja, ich glaube. Ich glaube, sie sind es alle.

Senator Smith: Ich werde Ihnen nun folgendes vorlesen und frage Sie, ob Sie irgendeine Tatsache oder Umstand darüber wissen.

Dies stammt vom kommandierenden Offizier der Florida an den Marineminister vom 22. April:

Am Abend des Eintreffens des Dampfers Carpathia in New York wurden die folgenden Radiogramme vom Cheftechniker und Chefelektriker der amerikanische Marine, J. R. Simpson, abgefangen. Sie erscheinen mir wichtig genug, um dem Ministerium bekanntgemacht zu werden:

Seagate an Carpathia - 8:12 P. M.

Sag, alter Mann, Marconi Co. kümmert sich um Dich. Halte Deinen Mund und behalte Deine Geschichte. Es ist für Dich bestimmt, daher bekommst Du großes Geld. Jetzt tu Dein Bestes, um zu klaren.

Das war um 8:12 P. M. Dem folgte dieses:

8:30 P. M.

An Marconi-Funker, Carpathia und Titanic:

Arrangierte für Sie Exklusivgeschichte gegen Dollars in vierstelligem Bereich. Herr Marconi einverstanden. Nichts sagen bis Sie mich sehen. Wo sind Sie jetzt?

J. M. Sammis, Opr. C.

9 P. M.

Von Seagate an Carpathia-Funker. Gehen Sie ins Strand Hotel, 502 West Fourteenth Street. Treffen mit Herrn Marconi.

C.

9:33 P. M.

Von Seagate an Carapthia: Eine persönliche Botschaft an Funker Carpathia. Treffen mit Herren Marconi und Sammis in Strand Hotel, 502 West Fourteenth Street. Halten Sie Ihren Mund.

Mr. Marconi.

Was können Sie darüber sagen, Herr Marconi?

Marconi: Ich weiß absolut nichts über irgendeine dieser Meldungen. Sie sind nicht in der Wortwahl abgefaßt, die ich gebilligt hätte. Ich sollte aber sagen, daß ich Herrn Sammis oder Herrn Bottomley - ich kann mich nicht erinnern wem - gesagt habe, daß ich als Verantwortlicher des Unternehmens es nicht verbieten oder verhindern würde, wenn diese Funker irgend etwas mit dem Verkauf ihrer Geschichte über den Untergang machen würden. Ich war darauf bedacht, daß sie, wenn möglich, eine kleine Summe Geld für die Informationen, die sie besaßen, bekommen würden.

Senator Smith: Sind das die Gepflogenheiten Ihres Unternehmens?

Marconi: Es ist keine Gepflogenheit. Es ist ein Ding, das getan wird . . .

Senator Smith: Es ist eine Angewohnheit?

Marconi: Nein, es ist keine Angewohnheit, es wird bei ganz besonderen Gelegenheiten gemacht. . .

Senator Smith: Herr Marconi, wollen Sie dem Komitee sagen, daß Sie dieser Methode zustimmen?

Marconi: Ich habe sie mit Wohlwollen betrachtet, oder war einverstanden oder stimmte zu, daß er etwas für seine Geschichte bekam.

Senator Smith: Ich weiß, aber lassen Sie mich folgendes fragen: Darf ein Funker Ihres Unternehmens gegen eine Entschädigung für eine Exklusivgeschichte, in der die Details des Schrecken, des größten Seeunglücks berichtet werden, verhindern, daß die Allgemeinheit von diesem Unfall erfährt. . .

Marconi (unterbrechend): Nein.

Senator Smith: Warten Sie einen Moment (fortfahrend). Es sei denn, man erfährt von diesem Unfall nur durch die exklusive Bereitstellung der Tatsachen durch einen Funker, der sie kennt?

Marconi: Ich sage absolut nicht. Ich gab keine Anweisungen, wegen einer Exklusivgeschichte Informationen zurückzuhalten. Das einzige, was ich sagte oder autorisierte war, daß er, falls man ihm Geld für eine Geschichte über das Unglück bot, er dieses, soweit es die englische Gesellschaft betraf, nehmen durfte. . .

Senator Smith: Sie haben die Gerüchte in dieser Angelegenheit in den Zeitungen gesehen?

Marconi: Ja.

Senator Smith: Ich habe diese Gerüchte nicht gesehen, haben Sie danach mit Sammis über die Angelegenheit geredet?

Marconi: Ich sah Herrn Sammis vor kurzem einige Augenblicke lang und sagte ihm: „Sie wissen, daß ich diese Mitteilung nicht autorisiert habe."

Senator Smith: Wann sagten Sie ihm das?

Marconi: Ich sagte ihm, das nachdem die Überlebenden an Land gegangen waren. Ich erinnere mich nicht an den genauen Tag.

Senator Smith: Zu welcher Zeit?

Marconi: Vor drei oder vier Tagen, würde ich sagen.

Senator Smith: Haben Sie mit ihm seitdem geredet?

Marconi: Nein, ich sollte in dieser Angelegenheit auch erklären. . .

Senator Smith: Bitte tun Sie das. Ich hätte es gerne, wenn Sie das auf Ihre Weise tun würden. Ich versuche nicht, Sie in Verlegenheit zu bringen. Ich betrachte es nur als meine Pflicht, die Informationen zu bekommen, nach denen ich gefragt habe.

Marconi: Was ich meinte und wollte, war, daß ich dem Funker erklärte, er könne etwas für die Geschichte oder den Bericht über das Unglück oder über sich selbst nehmen, an dem die Zeitungen und Reporter so interessiert waren. Schließlich hatte sich Bride derart mutig und ritterlich benommen, daß sie bereit waren, ihm Geld zu geben für eine Geschichte oder Beschreibung, die er ihnen geben konnte.

Senator Smith: Sind Sie fertig?

Marconi: Ja.

Senator Smith: Herr Marconi, erwarteten Sie, daß der Funker seine Informationen über ein Syndikat verkaufen oder sie exklusiv an eine Zeitung geben würde?

Marconi: Ich erwartete nicht, daß er sie exklusiv verkaufen würde.

Senator Smith: Erwarteten Sie, daß er die Geschichte dem am meisten Bietenden verkaufen würde?

Marconi: Nein. . .

Senator Smith: Ich habe Sie korrekt verstanden, daß Sie den Funker nicht in der Hinsicht kontrollierten, was und zu wem er was sagen würde?

Marconi: Nein, tat ich nicht.

Senator Smith: Wissen Sie, was die Wörter: „arrangierte für Sie Exklusivgeschichte im vierstelligen Bereich. Herr Marconi einverstanden. Sagen Sie nichts, bis Sie mich sehen. J. M. Sammis" bedeuten könnten? Was meinte er mit „vierstellig"?

Marconi: Ich nehme an, daß es ein Betrag über eintausend Dollar war, aber würden Sie gestatten noch mal zu wiederholen. . .

Senator Smith: Bitte tun Sie es. Ich möchte, daß Sie alles, was Sie über diese Mitteilungen wissen, sagen.

Marconi (fortfahrend): Zum vierten oder fünften oder sechsten Mal sage ich, daß ich nichts über diese Mitteilungen weiß.

Senator Smith: Und verstehen Sie, daß ich das nicht zu Ihnen sage.

Marconi: Danke sehr.

Senator Smith: Ich ermittle nur. Wissen Sie, ob (Harold) Cottam (der Funker der Carpathia) oder Bride ihre Geschichte verkauften?

Marconi: Ich nehme an, Sie erhielten eine Entschädigung dafür und das kann man, glaube ich, verkauft nennen. Ich meine, daß sie dafür bezahlt worden sind.

Senator Smith: Wissen Sie, wieviel sie dafür bekamen?

Marconi: Ich weiß nicht, wieviel Cottam bekam.

Senator Smith: Wissen Sie, wieviel Bride bekam?

Marconi: Man hat mir erzählt, daß Bride 500 Dollar bekommen hat.

Senator Smith: Von wem?

Marconi: Von der New York Times.

Senator Smith: Wer hat Ihnen das erzählt?

Marconi: Ich glaube, es war Herr Bottomley.

Senator Smith: Der Geschäftsführer Ihres Unternehmens?

Marconi: Ja. Ich sollte auch noch sagen, ich glaube, einer der Chefredakteure der New York Times, entweder Herr (Adolph S.) Ochs (der Herausgeber) oder (Carr) Van Ander (der geschäftsführende Redakteur). . .

Senator Smith: Hat irgendein Verantwortlicher der Marconi Co. Anteile an der New York Times?

Marconi: Ich weiß nicht. Ich glaube nicht, weil, wenn das so wäre, hätte ich es irgendwie erfahren.

Senator Smith: Hat irgendeiner Ihrer Direktoren Anteile an der New York Times?

Marconi: Nein.

Senator Smith: Haben Sie aus irgendeiner Quelle erfahren, wieviel Cottam für seine Geschichte bekommen hat?

Marconi: Nein, habe ich nicht.

Senator Smith: Haben Sie seine Geschichte gesehen?

Marconi: Ich sah die Überschriften seiner

Geschichte, aber ich las sie nicht.

Senator Smith: In der New York Times?

Marconi: In der Times. . .

Um am sechsten Tag schneller voranzukommen, trennten sich die Senatoren und befragten viele Besatzungsmitglieder in Einzelgesprächen.

Zeuge: Frank Osman, 38
Matrose
Kern der Aussage: Er sah ebenfalls das Licht eines Schiffs in der Entfernung. Die Frauen in seinem Rettungsboot „waren alle nervös und wir ruderten so schnell wir konnten von ihr weg, damit die Frauen nichts sahen und in Panik gerieten." Die Titanic „explodierte, brach in zwei Teile alle Maschinen und alles, was sich im hinteren Teil befand, rutschte in den vorderen Teil, und dann kam der hintere Teile wieder nach oben."

Senator Burton: Wo waren Sie, als sich die Kollision ereignete?

Osman: Draußen vor der Messe der Matrosen.

Senator Burton: Erzählen Sie, was passierte.

Osman: Ich wartete auf die Glocke, welche sie eine Viertelstunde vor der Stunde schlagen, vor den vier Stunden, wenn man einen Ruf zur Ablösung bekommt. Ich hörte drei Glockenschläge, und ich dachte, da wäre ein Schiff voraus. Direkt danach hörte ich die Kollision, und ich ging nach draußen direkt vor die Matrosenmesse. Auf dem Deck davor sah ich Eis liegen. Ich ging dorthin und bemerkte, daß das Schiff ein bißchen Schlagseite bekam. Dann kam der Befehl, daß alle Matrosen nach oben kommen sollten, um die Rettungsboote klar zu machen. Alle von uns gingen hoch und deckten die Boote auf. Danach beluden wir alle Boote, und ich ging im Boot Nummer zwei, dem Viertletzten, welches das Schiff verließ.

Senator Burton: Wurde Ihres als Erstes, Zweites, Drittes oder Viertes aufs Wasser gelassen?

Osman: Das Viertletzte, ungefähr das 16. Boot.

Senator Burton: Wer war für das Boot verantwortlich?

Osman: Der Vierte Offizier, Herr Boxhall.

Senator Burton: Wieviele waren in dem Boot? Zuerst die Matrosen, dann die Passagiere.

Osman: Ein Vollmatrose, ein Koch, ein Steward und ein Offizier. Das waren alle Männer der Besatzung in diesem Boot. Dann war da noch ein Mann, ein Passagier der Dritten Klasse, und der Rest waren Frauen und Kinder.

Senator Burton: Sie waren der Vollmatrose?

Osman: Ja.

Senator Burton: Wieviele Frauen waren in dem Boot?

Osman: Ich kann es nicht exakt sagen, wieviele da waren, aber alle zusammen waren es zwischen 25 und 30.

Senator Burton: Einschließlich der Seeleute?

Osman: Einschließlich der Mannschaft. Es war eines der Notboote.

Senator Burton: Hatten Sie Probleme, das Boot herunterzulassen?

Osman: Nein, das Boot ging sehr leicht herunter.

Senator Burton: War es voll?

Osman: Ja. Voll.

Senator Burton: Kamen Sie gut aus, oder gab es Leiden?

Osman: Da war nur eine Dame, eine Passagierin der Ersten Klasse - ich kenne nicht ihren Namen - die sich Sorgen machte. Das war das einzige, was gesagt wurde.

Senator Burton: In welcher Reihenfolge wurden Sie auf die Carpathia genommen?

Osman: Ich war das erste Boot. Nachdem ich in das Boot kam, entdeckte der Offizier ein Bündel Raketen, die dort versehentlich anstelle der Kekse hereingekommen waren. Nachdem wir sie an Bord hatten, feuerten wir einige ab, und die Carpathia kam zu uns zuerst und holte uns eine halbe Stunde vor den anderen aus dem Wasser.

Senator Burton: Steuerten Sie ein Licht an?

Osman: Nein. Wir sahen ein Licht, aber die anderen Boote ruderten dorthin, und der Offizier war sich nicht sicher, ob es sich um ein Licht handelte oder nicht. Und nachdem er die Raketen hatte, konnten es ja auf die Signale antworten.

Senator Burton: Sahen Sie das Licht?

Osman: Ja.

Senator Burton: Was dachten Sie, was es war?

Osman: Ich dachte, es wäre ein Segelschiff.

Senator Burton: Wann sahen Sie das Licht zuletzt?

Osman: Ungefähr eine Stunde später.

Senator Burton: Was glauben Sie? Segelte es weg?

Osman: Ja, es segelte einfach weg.

Senator Burton: Sie sind sicher, daß Sie das Licht gesehen haben?

Osman: Ja, ganz sicher.

Senator Burton: Was war es, eine Heckleuchte?

Osman: Nein, ein Masttopplicht.

Senator Burton: Hat ein Segelschiff ein weißes Licht am Masttopp?

Osman: Ja.

Senator Burton: Sie sind sicher, daß es kein Stern war?

Osman: Ich bin sicher, daß es kein Stern war.

Senator Burton: Was geschah, nachdem Sie sich auf dem Boot befanden? Sahen Sie diesen Eisberg?

Osman: Nein, erst am Morgen.

Senator Burton: Sind Sie sicher, daß es dieser eine war?

Osman: Ja, man konnte sehen, daß es der eine war.

Senator Burton: Wie hoch war er?

Osman: Grob geschätzt, ragte er 100 Fuß aus dem Wasser.

Senator Burton: Welche Form hatte er?

Osman: Er war rund und hatte einen großen Punkt auf der einen Seite.

Senator Burton: Wie war seine Farbe?

Osman: Er sehr dunkel, wie schmutziges Eis.

Senator Burton: Wie weit entfernt war er, als Sie ihn sahen?

Osman: Ungefähr 100 Yards.

Senator Burton: Wie wußten Sie, daß es derjenige war, den sie gerammt hatten?

Osman: Wir konnten sehen, daß es der größte Berg dort war, und daß die anderen nicht soviel Schaden angerichtet hätten, glaube ich.

Senator Burton: Gab es irgendein Zeichen an der Seite, als ob er mit etwas kollidiert war?

Osman: Es sah aus, als ob ein Stück nach dem Zusammenprall abgebrochen war und das Eis an Bord gefallen war. Ich ging dahin und nahm ein Stück Eis und brachte es nach unten in meinen Schlafraum.

Senator Burton: Sie hatten genug Zeit, daß sie noch unten waren, nicht wahr?

Osman: Ja, nicht mehr als zehn Minuten.

Senator Burton: Nicht mehr als zehn Minuten?

Osman: Nicht mehr als zehn Minuten.

Senator Burton: Ich sehe nicht ganz, wie Sie die ganze Zeit nach der Kollision bis zum Besteigen des Boots verbrachten.

Osman: Es ist so als ob man durch die Tür geht.

Senator Burton: Wann wurde das Boot, in dem Sie sich befanden, zu Wasser gelassen?

Osman: Die genaue Zeit kann ich nicht sagen.

Senator Burton: Wie lange ungefähr nach der Kollision?

Osman: Ungefähr eine Stunde, glaube ich - anderthalb Stunden.

Senator Burton: Sie sagten, das Schiff zeigte Schlagseite. Zur Backbord- oder Steuerbordseite?

Osman: Steuerbord.

Senator Burton: Wieviel?

Osman: Ich würde sagen dieser Winkel (zeigt ihn). Eine allmähliche Schlagseite. Vier oder fünf Grad.

Senator Burton: Waren Sie am Beladen eines der Boote beteiligt?

Osman: Ich half beim Beladen von vier Booten auf der Steuerbordseite.

Senator Burton: Gab es Panik?

Osman: Nein, es gab überhaupt keine Panik. Ich half Frauen und Kindern ins Boot, und die Mannschaft ließ Boote herunter.

Senator Burton: Gab es Panik?

Osman: Ich habe dort keine Panik gesehen.

Senator Burton: Als Sie unten auf dem tiefer gelegenen Deck waren, sahen Sie dort Menschen?

Osman: Nein, da war niemand, weil Herr Murdoch rief: „Gibt es noch mehr Frauen und Kinder für mein Boot?"

Senator Burton: Ich meine, bevor Sie nach oben gingen, um die Boote zu beladen, gab es da Menschen auf dem unteren Deck?

Osman: Oh nein, da gab es niemanden.

Senator Burton: Wie weit waren Sie vom Schiff entfernt, als es sank?

Osman: 60 bis 100 Yards.

Senator Burton: Gab es viel Sog?

Osman: Es gab überhaupt keinen Sog. Als wir in dem Boot waren, stießen wir uns vom Schiff ab, und ich sagte zu dem Offizier: „Wir sollten an der Seite bleiben, um zu sehen, daß wir noch ein paar reinbekommen." Nachdem ich das gesagt hatte, wurden die Frauen nervös, und der Offizier sagte: „In Ordnung." Die Frauen waren nicht einverstanden. Wir ruderten herum in Richtung Steuerbordseite des Schiffs und merkten, daß wir nicht zur Steuerbordseite kommen konnten, weil es zu starke Schlagseite hatte. Wir kehrten wieder zum Heck zurück, und nachdem wir am Heck waren, lagen wir auf unseren Riemen und sahen, wie das Schiff unterging. Nachdem sie einen bestimmten Winkel erreicht hatte, explodierte sie und brach in zwei Teile. Es hatte auf mich den Anschein als ob die Maschinen und alles, das sich im hinteren Teil befand, in den vorderen Teil rutschte, und der hintere Teil kam noch mal nach oben und sobald er oben war, verschwand er wieder.

Senator Burton: Was für Explosionen waren das, glauben Sie?

Osman: Die platzenden Kessel.

Senator Burton: Warum glauben Sie das?

Osman: Das kalte Wasser kam unter die heißen Kessel und verursachte die Explosionen.

Senator Burton: Zu diesem Schluß sind Sie gekommen?

Osman: Ja, aber man konnte die Explosionen auch an dem Rauch, der aus den Schornsteinen kam, sehen.

Senator Burton: Sahen Sie Rauch und Dampf?

Osman: Ja.

Senator Burton: Sahen Sie irgendwelche Funken?

Osman: Es war alles schwarz. Sah aus, als ob es Kohlenklumpen und all sowas waren.

Senator Burton: Die kamen durch den Schornstein?

Osman: Durch den Schornstein.

Senator Burton: Da kam also viel schwarzer Rauch durch die Schornsteine nach der Explosion?

Osman: Direkt nach der Explosion.

Senator Burton: Und Kohleklumpen und ähnliches Zeug kamen hoch?

Osman: Ja, ziemlich große Klumpen. Ich weiß nicht, was es war.

Senator Burton: Kam Wasser hoch?

Osman: Ich habe kein Wasser gesehen. Nur Dampf und schwarzer Qualm.

Senator Burton: Warum sind Sie nicht an die Stelle des Untergangs zurückgerudert, nachdem das Schiff untergegangen war?

Osman: Die Frauen waren alle nervös, und wir ruderten herum. So weit wir konnten, damit die Frauen nichts sahen und keine Panik ausbrechen würde. Wir kamen so nahe, wie wir es bei den Frauen wagen konnten. Wir hätten niemanden mehr aufnehmen können. Es war unmöglich. Wir hätten vielleicht einen reinbekommen. Das ist alles darüber. Die Zwischendeckpassagiere waren alle unten, und nachdem wir eine gewisse Entfernung hatten, schien es mir, daß alle Passagiere an ihr hochkletterten.

Senator Burton: Zwischendeckpassagier auch?

Osman: Alle Passagier, die da waren.

Senator Burton: Die an Bord geblieben waren?

Osman: Ja.

Senator Burton: Sahen Sie welche, wie sie hochkletterten?

Osman: Es sah schwärzer aus. Sie war hier (zeigt es) weiß und es sah wie eine große Menschenmenge aus.

Senator Burton: Dann glauben Sie, daß die Passagiere aus der Ersten, Zweiten und Dritten Klasse aufs Topdeck gingen?

Osman: Auf das Topdeck, ja.

Senator Burton: Glauben Sie, daß sich noch Passagiere im Inneren befanden, als sie unterging (zeigt auf ein Diagramm)?

Osman: Ich glaube nicht. Ich kann dazu nichts sagen.

Senator Burton: Gab es Panik bei den Zwischendeckpassagieren, als sie in die Boote einstiegen?

Osman: Nein, ich sah einige Menschen daherkommen und direkt aufs Bootsdeck gehen. Das ist eine Sache, die ich sah. Die Männer blieben zurück, als die Frauen und Kinder in die Boote gingen.

Senator Burton: Zwischendeckpassagiere und andere?

Osman: Ein Zwischendeckpassagier, ein Mann und seine Frau und seine beiden Kinder, war in meinem Boot. Sie gehörte zu der einen Familie.

Senator Burton: Sie nahmen den Mann?

Osman: Ja, das war der einzige männliche Passagier, den wir in unserem Boot hatten.

Senator Burton: Was glaubten Sie? Glaubten Sie, das Schiff würde auf dem Wasser bleiben?

Osman: Ich selbst dachte das. Ich dachte, es würde Wasser aufnehmen, aber, daß es über Wasser bleiben würde.

Senator Burton: Haben Sie Unterhaltungen der

Passagiere darüber gehört, ob es untergehen würde oder nicht?

Osman: Ich hörte von den Passagieren nie etwas darüber, daß es sinken könnte. Das einzige, was ich hörte, war, wie ein Passagier sagte, er würde ins Boot gehen, um neben dem Schiff zu warten.

Senator Burton: Sie hörten, wie ein Passagier das sagte?

Osman: Ja.

Senator Burton: Wären Sie lieber ins Boot gegangen oder auf dem Schiff geblieben?

Osman: Ich wurde ins Boot gesetzt.

Senator Burton: Was hätten Sie lieber getan?

Osman: Wissen Sie, es war ziemlich gefährlich, an Bord zu bleiben.

Senator Burton: Die Titanic war gefährlich?

Osman: Ja.

Senator Burton: Nach Ihrem Urteil war es also sicherer, auf das Rettungsboot zu gehen als auf der Titanic zu bleiben?

Osman: Oh ja.

Senator Burton: Das war, als Sie gingen?

Osman: Ja.

Senator Burton: Was dachten Sie, als das erste Boot zu Wasser gelassen wurde?

Osman: Ich dachte da nicht, daß sie untergehen würde. . .

Zeuge: George A, Hogg

Ausguck aus Hull, in der Nähe von Yorkshire, England

Kern der Aussage: Die Frauen bedienten die Riemen bewundernswert. Er sagte aus: „Ich meine, alle Frauen sollten eine Goldmedaille an ihrer Brust haben."

Senator Perkins: Waren Sie als Ausguck auf diesem Schiff angestellt?

Hogg: Ja.

Senator Perkins: Für welche Wache waren Sie eingeteilt?

Hogg: Meine Wache ging von 12 bis 2.

Senator Perkins: Befanden Sie sich im Krähennest, als sie den Eisberg rammte?

Hogg: Nein.

Senator Perkins: Wann rammte sie den Eisberg?

Hogg: Ich wachte gegen 20 Minuten vor zwölf auf.

Senator Perkins: Sie befanden sich zu der Zeit in Ihrer Koje?

Hogg: Ja.

Senator Perkins: Standen Sie auf?

Hogg: Ich stand auf mit dem Durcheinander auf dem Vordeck.

Senator Perkins: Welchem Boot waren Sie zugeteilt?

Hogg: Nummer sechs war mein Boot.

Senator Perkins: Nebenbei, ich frage Sie das zuerst: Nachdem Sie Southampton verlassen hatten, wurden Sie in die Wachen eingeteilt, und dann wurden Sie zum Ausguck, nicht wahr?

Hogg: Ich heuerte als Ausguck auf diesem Schiff an.

Senator Perkins: Das taten Sie?

Hogg: Ja.

Senator Perkins: Sie bekamen fünf Pfund im Monat und zusätzlich zehn Shillings?

Hogg: Fünf Pfund im Monat und fünf Shillings zusätzlich.

Hogg: Und fünf Shillings zusätzlich für einen Ausguck?

Hogg: Ja.

Senator Perkins: Erzählen Sie uns auf Ihre Art, was nach der Kollision geschah.

Hogg: Ich wachte 20 Minuten vor zwölf auf mit dem Durcheinander auf dem Vordeck. Ich rannte an Deck und sah, daß es nicht viel Durcheinander an Deck gab und ging mit einigen meiner Kumpel wieder nach unten. Ich fragte meinen Kumpel Evans nach der Zeit, und er sagte: „Es ist viertel vor zwölf. Wir sollten uns anziehen und uns für den Ausguck vorbereiten."

Senator Perkins: Fahren Sie fort und erzählen uns auf Ihre Art, was geschah.

Hogg: Sehr gut. Ich habe gerade begonnen. Ich zog mich an, und wir lösten den Ausguck um zwölf Uhr ab. Ich und mein Kumpel Evans. Wir blieben ungefähr 20 Minuten und hoben dann den hinteren Wetterschutz des Ausgucks an und sahen Menschen in Schwimmwesten herumlaufen.

Als ich das sah, ging ich zum Telefon und versuchte die Brücke anzurufen, um zu fragen, ob wir im Nest bleiben sollten. Ich bekam keine Antwort. Auch mein Kumpel. . .

Senator Perkins: Wer war Ihr Kollege?

Hogg: Mein Kumpel war ein Mann mit dem

WHITE STAR LINE
ROYAL & STEAMERS
UNITED STATES MAIL

FIRST SAILING OF THE LATEST ADDITION TO THE WHITE STAR FLEET

The Queen of the Ocean

TITANIC

LENGTH 882 FT.   OVER 45,000 TONS   BEAM 92 FT.
TRIPLE-SCREWS

This, the Latest, Largest and Finest Steamer Afloat, will sail from

WHITE STAR LINE, PIER 59 North River, NEW YORK

Saturday, April 20th At 12 Noon

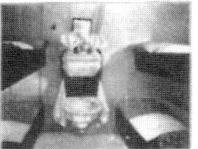

THIRD CLASS FOUR BERTH ROOM

Spacious Dining Saloons
Smoking Room
Ladies' Reading Room
Covered Promenade

All passengers berthed in closed rooms
containing 2, 4, or 6 berths, a large num-
ber equipped with washstands, etc.

THIRD CLASS DINING SALOON

Reservations of Berths may be made direct with the Office or through any of our accredited Agents

THIRD CLASS RATES ARE:	
To PLYMOUTH, SOUTHAMPTON, LONDON, LIVERPOOL and GLASGOW.	$36.25
To GOTHENBURG, MALMO, CHRISTIANIA, COPENHAGEN, ESBJERG, Etc	41.50
To STOCKHOLM, ABO, HANGO, HELSINGFORS,	44.50
To HAMBURG, BREMEN, ANTWERP, AMSTERDAM, ROTTERDAM, HAVRE, CHERBOURG	45.00

TURIN, $48.   NAPLES, $52.50.   PIRAEUS, $55.   BEYROUTH, $61, Etc., Etc.

DO NOT DELAY: Secure your tickets through the local Agents or direct from

WHITE STAR LINE, 9 Broadway, New York

TICKETS FOR SALE HERE

Werbung der White Star für die Titanic (Archive Photos)

Die Titanic in der Werft in Belfast.
(UPI/Corbis-Bettmann)

Die Titanic im Dock von
Southampton vor ihrer un-
glücklichen Jungfernfahrt.
(Popperfoto/Archive
Photos)

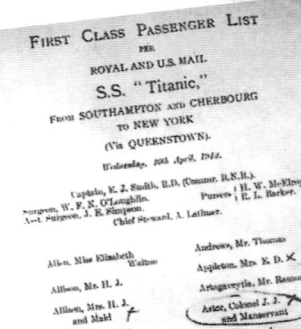

Seite aus der Passagierliste
der Ersten Klasse. (Tony
Stone Images)

Ein grausam prophetisches Foto
der Brücke der Titanic und eines
ihrer Rettungsboote. Das Foto
machte Rev. F. M. Browne, der in
Queenstown, einige Tage vor der
Katastrophe von Bord ging.
(UPI/Corbes-Bettmann)

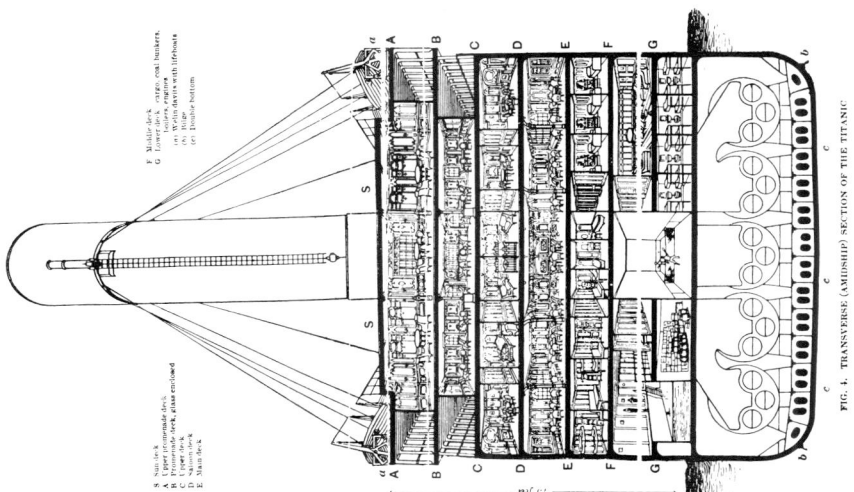

Transversaler Schnitt durch die Titanic.

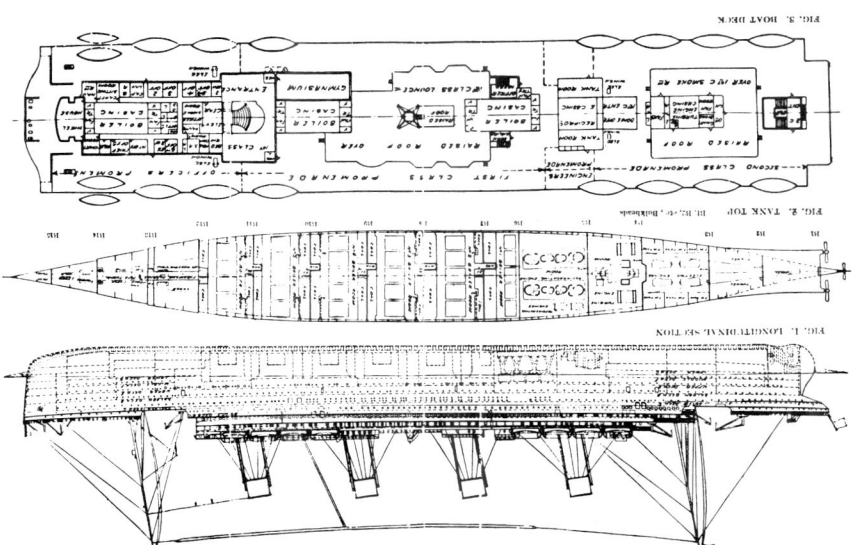

Längsschnitt durch die Titanic.

Die große Freitreppe.
(Popperfoto)

Schlagzeilen
der Los
Angeles
Times vom
16. April
1912.

Ein Speisesaal der Titanic.
(Express News/Archive Photos)

J. Bruce Ismay
(in die Kamera
blickend) bei seiner
Aussage im Waldorf
Astoria. Der Chef der
Reederei überlebte,
während viele seiner
Passagiere, darunter
Frauen und Kinder,
ums Leben kamen.
(UPI/Corbis Bettmann)

Die Titanic-Anhörungen in New York. Hinter
dem Tisch von links: Senator George C.
Perkins (Kalifornien), Senator William A.
Smith (Michigan), Vorsitzender des Komitees;
Senator Francis G. Newland (Demokrat,
Nevada), der stellvertretende Vorsitzende;
Senator Duncan U. Fletcher (Florida). (Stock
Montage, Inc.)

Kapitän Arthur Henry Rostron von der Carpathia bei seiner Aussage in New York. Sein Schiff war das einzige, das der Titanic zur Hilfe eilte. (Underwood & Underwood/Corbis-Bettmann)

Harold Bride, der verletzte Funker der Titanic sagt am 20. April 1912 im Waldorf-Astoria-Hotel aus. (Underwood & Underwood/Corbis-Bettmann)

Herbert John Pitman, der Dritte Offizier der Titanic, der seine Männer auf den Rudern ruhen ließ, anstatt sie zur Rettung von um Hilfe rufenden Opfern zu schicken. (Corbis)

Guiglielmo Marconi, Funkpionier, wurde wegen des Umgangs seiner Funker mit Informationen angegriffen. (Archive Photos)

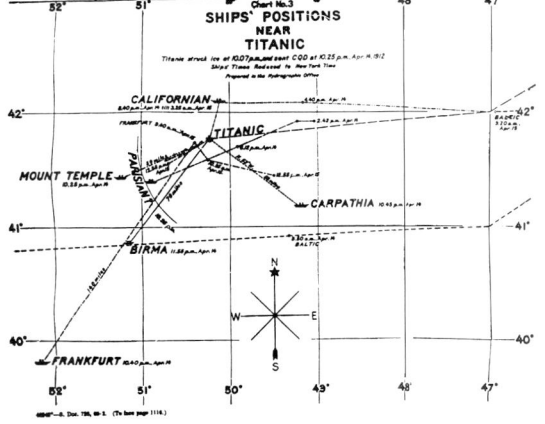

Die Positionen der anderen Schiffe in der Nähe der Titanic.

Der Purser des Schiffs und Kapitän Edward J. Smith auf der Titanic zwischen Southampton und Queenstown, fotografiert von Rev. Browne. (UPI/Corbis-Bettmann)

Isidor und Ida Straus (oben). Sie wollte nicht ohne ihren Mann in ein Rettungsboot steigen und starb mit ihm. (Corbis)

Einige der Offiziere der Titanic auf der Brücke vor der Jungfernfahrt. Alle kamen ums Leben. (Archive Photos)

Oberst John Jacob Astor, der bei dem Unglück ums Leben kam. (Archive Photos)

Seine Witwe Madeleine Astor, die überlebte und einem Sohn kurz nach ihrer Rettung das Leben schenkte. (Tony Stone Images)

Oberst Archibald Gracie, der das Unglück überlebte, indem er sich an ein umgekipptes Rettungsboot klammerte. (Corbis)

Eine der letzen Meldungen der Titanic. (Archive Photos/Express Newspapers)

Überlebende in einem Rettungsboot, von der Carpathia aus fotografiert. (Underwood & Underwood/Corbis-Bettmann)

Ein Rettungsboot der Titanic (links) wird auf die Carpathia gehoben. (Archive Photos/APA)

Eine große Menschenmasse versammelte sich vor dem Büro der White Star Line in New York, um die letzten Nachrichten über die Überlebenden der Titanic zu erhalten. (AP/Wide World)

Herr und Frau George A. Harder, ein Paar auf Hochzeitsreise aus Brooklyn, das gerettet wurde. Ihnen gegenüber mit dem Kopf in den Händen sitzt Frau Charles M. Hays, deren Ehemann Präsident der Grand Trunk Railroad war und mit dem Schiff unterging. (Underwood & Underwood/Corbis-Bettmann)

Überlebende der Mannschaft: (erste Reihe von Links nach rechts):
Archer, Fleet, Perkis, Symons, Clench; (zweite Reihe, links nach
rechts): Bright, Hogg, Moore, Osman, Etches. (Stock Montage,
Inc.)

Der Fünfte Offizier Harold
Lowe, der aussagte, er habe
seine Pistole abgefeuert, als sein
Rettungsboot zu Wasser gelassen wurde, um zu verhindern,
daß Männer hineinsprangen.
(Corbis)

Charles Lightoller, rechts, der Zweite Offizier der Titanic,
der Ismay bei den Senatsanhörungen verteidigte, nach
seiner Ankunft in Liverpool. (Tony Stone Images)

Namen Evans. Er ist nach Hause zurückge-kehrt.

Senator Perkins: Fahren Sie fort. Erzählen Sie Ihre Geschichte. In welches Boot Sie stiegen und was geschah.

Hogg: Ja. Ich ging direkt auf das Bootsdeck. Ich half beim Aufdecken der Boote. Dann wurde ich geschickt, eine Jakobsleiter zu holen.

Senator Perkins: Sie haben nicht gesagt, bei wel-chem Boot Sie eingesetzt waren?

Hogg: Nummer sechs war mein Boot, wo ich ein-geteilt war.

Senator Perkins: Nun zu dieser Jakobsleiter. War-fen Sie sie über die Seitenwand und gingen dar-an runter?

Hogg: Nein.

Senator Perkins: Wer schickte Sie die Jakobsleiter holen?

Hogg: Der Bootsmann. Ich sollte sie herunter-werfen. Als ich an der Nummer sieben auf der Steuerbordseite vorbeikam, sagte Herr Mur-doch, der Erste Offizier: „Sehen Sie, daß diese Bolzen an Bord sind." Ich setzte die Bolzen ein und sagte: „Alle Bolzen sitzen korrekt", und sprang wieder aus dem Boot.

Senator Perkins: Wer ließ es zu Wasser?

Hogg: Ich sprang heraus, um dabei zu helfen, und er sagte: „Sie steigen in das Boot." Ich sagte: „Sehr gut, Sir." Herr Murdoch arbeitete an dem einen Ende, und ich denke über den Namen des anderen Mannes nach. Evans ließ es an der anderen Seite herunter.

Senator Perkins: Wieviele Menschen befanden sich in dem anderen Boot, als es in den Davits hing?

Hogg: Sobald ich es ausgeklinkt hatte, musterte ich die Menschen, um zu sehen wieviele ich hatte. Es müssen 42 gewesen sein.

Senator Perkins: Als es in den Davits hing?

Hogg: Nein, als ich ablegte.

Senator Perkins: Als Sie von der Bordwand ableg-ten?

Hogg: Ja.

Senator Perkins: Das war auf der Backbordseite?

Hogg: Auf der Steuerbordseite. Ich fragte eine Dame, ob sie steuern konnte, und sie sagte, daß sie es tun könnte. Ich sagte: „Sie können hier sitzen und es für mich tun und ich werde das Schlagruder übernehmen."

Ich ruderte ein wenig vom Schiff weg, ungefähr eine Viertelmeile, würde ich schätzen. Ich ging an die Seite eines anderen Bootes. Ich kann mich nicht an die Nummer des Bootes erin-nern. Sie setzten einige Passagiere in mein Boot.

Senator Perkins: Dann hatten Sie wieviele alle zusammen?

Hogg: Ich glaube, ich übernahm vier Damen und ein Baby und einen Herrn - ich glaube das war's - ich wollte einen zusätzlichen Herrn fürs Rudern.

Senator Perkins: Das machte nun insgesamt wie-viele?

Hogg: Ungefähr 47, und die Ladys waren dage-gen, die Männer zu nehmen.

Senator Perkins: Dies war eines der Rettungs-boote?

Hogg: Es war eines der großen, ja.

Senator Perkins: Es ist für 65 Menschen ausge-legt, nicht wahr?

Hogg: Ich kann das nicht beantworten. Ich wuß-te zu der Zeit nicht, wieviele sie aufnehmen konnten.

Senator Perkins: Es machte sich gut im Wasser? Die See war sehr ruhig?

Hogg: Es war sehr ruhig. Die See war sehr ruhig.

Senator Perkins: Nach Ihrem Urteil als Seemann, hätten Sie mehr Menschen in das Boot gelassen, wenn sie neben Ihnen gewesen wären?

Hogg: Ja.

Senator Perkins: Ihnen wurde befohlen, vom Schiff abzulegen?

Hogg: Ja. Mir wurde befohlen aus Sicherheits-gründen, eine Zeitlang vom Schiff abzulegen. Eine Dame sagte, ich sollte nicht mehr an Bord nehmen. Ich sagte: „Ich werde alle nehmen, die ich kriegen kann."

Senator Perkins: Fahren Sie mit Ihrer Geschichte fort. Erzählen Sie den Rest.

Hogg: Ich stoppte neben den beiden. Sobald sie untergegangen war, half ich ihnen dabei, Men-schen aufzunehmen.

Auf meinem Weg traf ich ein anderes Boot und man sagte, wir sollten wegrudern. Sie sagten: „Wir haben alles in unserer Macht Stehende getan, und wir können nichts mehr tun." Ich kann mich nicht an die Nummer des Bootes oder den Mann, der zu mir sprach, erinnern. Ich pausierte dann, bis ich die Lichter der Carpathia sah.

Senator Perkins: Aber Sie ruderten herum, um andere Menschen zu suchen?

Hogg: Ich ruderte herum, um andere Menschen zu finden, bevor ich zur Unglücksstelle rudern konnte. Ein Mann sagte: „Wir haben unser Bestes getan. Es gibt hier keine Menschen mehr. Wir sind überall herumgerudert." Ich sagte: „Sehr gut, wir werden nun abhauen."

Senator Perkins: Sie befanden sich eine halbe Meile von der Titanic entfernt?

Hogg: Ungefähr.

Senator Perkins: Aus welcher Richtung kam der Wind zu diesem Zeitpunkt?

Hogg: Ich habe nicht darauf geachtet.

Senator Perkins: War es kalt?

Hogg: Es war bitterkalt.

Senator Perkins: Das Meer kräuselete sich sehr?

Hogg: Nein, kein Kräuseln, das Meer war glatt wie eine Glasscheibe.

Senator Perkins: Was taten Sie danach?

Hogg: Ich sah die Lichter der Carpathia. Ich sagte: „Es ist in Ordnung, meine Damen. Keine Trauer. Wir werden aufgenommen. Nun, meine Herren, tun Sie was Sie können, und rudern zu diesem Licht." Es war bereits Tageslicht. Dann konnten die Passagiere selbst sehen, daß es dort ein Schiff gab. Ich ruderte dahin, und legte an der Seite an und half dabei den Damen eine Bulin anzulegen, um sie an Bord zu holen. Nachdem wir alle an Bord geschafft hatten, gingen mein Freund und ich an Bord, ich legte einige Decken um mich und legte mich schlafen.

Senator Perkins: Nachdem dieses Unglück geschehen war, ruderten Sie weg und taten alles, was Sie konnten, um Leben zu retten?

Hogg: Ich dachte zuerst an den Sog. . .

Senator Perkins: Hätte mehr getan werden können, um mehr Leben zu retten?

Hogg: Nein. Das einzige, was ich sagen kann betrifft die Ferngläser. Wenn wir Ferngläser gehabt hätten, hätten wir den Berg früher gesehen. . .

Senator Perkins: Kann man im allgemeinen nicht mit den Augen besser sehen als mit künstlichen Gläsern?

Hogg: Aber die Idee hinter den Gläsern ist die, daß man, wenn man etwas am Horizont sieht, schneller weiß, daß es sich um ein Schiff handelt zum Beispiel.

Senator Perkins: Sobald Sie etwas sehen, geben Sie dem Offizier auf der Brücke ein Signal, nicht wahr?

Hogg: Ja. Man läutet die Glocke. Aber, wenn man ein Glas hat, kann man sichergehen, daß es sich um ein Schiff handelt und nicht um eine Wolke am Horizont.

In einer sehr schönen Nacht mit leuchtenden Sternen denkt man manchmal, daß es sich um ein Schiff handelt, wenn es tatsächlich ein Stern am Horizont ist. Wenn man ein Fernglas hat, kann man leicht erkennen, ob es ein Schiff ist oder nicht.

Senator Perkins: Sobald Sie aber etwas Ungewöhnliches sehen, benachrichtigen Sie den Offizier auf der Brücke, nicht wahr?

Hogg: Genau.

Senator Perkins: Und er hat natürlich ein Fernglas?

Hogg: Er hat ein Fernglas, ja. . .

Senator Perkins: Falls Sie nicht noch etwas zu sagen haben, das Licht in diese Angelegenheit bringt, ist das alles. Wir danken Ihnen, für das, was Sie gesagt haben.

Hogg: Das ist alles, was ich zu sagen, mit Ausnahme des Folgenden: Ich glaube, daß alle Frauen eine Goldmedaille auf ihrer Brust tragen sollten. Gott segne sie. Ich werde nach dem, was ich gesehen habe, immer meinen Hut vor einer Frau ziehen.

Senator Perkins: Aus welchem Land kamen die Frauen?

Hogg: An die ich denke, waren alles amerikanische Frauen.

Senator Perkins: Saßen Sie an den Rudern? Nahmen Sie die Ruder und ruderten?

Hogg: Ja. Ich saß die ganze Zeit am Ruder, und eine Dame steuerte. Dann übernahm eine andere Dame das Steuer, und sie half mir am Ruder, um sich selbst warm zu halten. . .

Zeuge: Edward John Buley

Vollmatrose und Veteran der britischen Marine, aus Itchen, England

Kern der Aussage: Er sagte, er habe ein Schiff drei Meilen vor dem Bug der Titanic vorbeifahren sehen. Besatzungsmitglieder, so Buley, erzählten den Menschen an Bord, daß es „ein Schiff gibt, das uns zur Hilfe kommt." Das mag einige davon überzeugt haben, an Bord zu bleiben, um auf Rettung zu warten und nicht zu riskieren, in die Boote zu gehen. Er beschrieb, wie er Körper mit Schwimmwesten im Wasser fand, die nicht ertrunken, sondern „einfach erfroren" waren.

Senator Fletcher: Haben Sie bis zu diesem Unglück an Bord irgend etwas Ungewöhnliches bemerkt?

Buley: Nein. Ich saß in der Messe und las, als sie kollidierte.

Senator Fletcher: Waren Sie im Dienst?

Buley: Ich hatte die Deckwache auf der Steuerbordseite. Um zwölf Uhr lösten wir die andere Wache ab.

Senator Fletcher: Sie waren auf Ihrer Wache?

Buley: Ja.

Senator Fletcher: Wo saßen Sie und lasen?

Buley: Auf dem Messedeck. Sonntagnacht hatten wir nie viel zu tun. In gewöhnlichen Nächten mußten wir die Decks schrubben.

Senator Fletcher: Wie erkannten Sie zuerst die Kollision?

Buley: An dem leichten Kratzen. Es war, als ob etwas an ihr vorbei rieb. Ich hatte meinen Mantel an, ging an Deck und dort sagte man mir, sie habe einen Eisberg gerammt.

Senator Fletcher: Wer sagte das?

Buley: Ich glaube, es waren ein paar Heizer. Sie kamen nach unten. Einer unserer Kerle ging und holte eine Handvoll Eis und brachte es nach unten. Dann gingen sie wieder in die Kojen. Die nächste Anordnung vom leitenden Offizier Murdoch bestand darin, daß alle Matrosen zusammenkommen sollten, um die Rettungsboote aufzudecken und so schnell wie möglich auszuschwenken, obwohl nichts passiert war. Sie schwenkten sie schnell innerhalb von 20 Minuten aus. . .

Senator Fletcher: Ließen Sie die Boote herunter?

Buley: Ich half bei allen an der Steuerbordseite.

Senator Fletcher: Das bedeutet, sie auf die Höhe des Bootsdecks herunterzulassen, damit die Dollbords in eine Linie kamen?

Buley: Ja.

Senator Fletcher: Das ist das Deck, auf dem sich die Boote befanden?

Buley: Ja.

Senator Fletcher: Nicht auf ein tiefer gelegenes Deck?

Buley: Nein, nicht auf das tiefere Deck. Wir ließen alle Steuerbord-Boote herunter und gingen dann hinüber und taten dasselbe mit den Backbordbooten. Beim Boot Nummer zehn befand sich niemand, und der leitende Offizier fragte mich, wer ich sei. Ich sagte es ihm und der sagte: „Springen Sie hinein und suchen Sie sich noch einen anderen Matrosen, der Ihnen helfen kann." Ich fand Evans und wir beide gingen in das Boot. Offizier Murdoch und Baker waren auch dort. Ich glaube, wir waren das letzte Boot, das aufs Wasser gelassen wurde. Wir legten vom Schiff ab.

Senator Fletcher: Wieviele Menschen befanden sich in dem Boot?

Buley: Zwischen 60 und 70.

Senator Fletcher: Die meisten Frauen?

Buley: Frauen und Kinder.

Senator Fletcher: Gab es noch Frauen auf dem Deck, als Sie ablegten?

Buley: Nein. Wir waren das letzte Boot da oben, und sie gingen über das Deck, um nach ihnen zu suchen, und wenn sie welche fanden, warfen sie sie ins Boot, weil sie von der Idee, ins Boot zu steigen, nicht begeistert waren.

Senator Fletcher: Drückten sie hinein?

Buley: Hineingeworfen. Eine junge Dame stolperte und sie wurde am Fuß ein Deck tiefer aufgefangen, kam wieder hoch und sprang ins Boot.
Wir legten vom Schiff ab, und eine Stunde später kam Offizier Lowe an die Seite und füllte sein Schiff auf, verteilte sie auf die anderen Boote. Er sagte zu allen Matrosen im Boot, in sein Boot zu springen, damit man zur Untergangsstelle rudern könne, um dort nach ‹Überlebenden zu suchen.

Senator Fletcher: Stiegen Sie in das letzte Boot?

Buley: Ja.

Senator Fletcher: Wer war für das Boot verantwortlich, in dem Sie sich befanden?

Buley: Ich war dafür verantwortlich.

Senator Fletcher: Aber nachdem Sie ausgestiegen waren?

Buley: Ich stieg aus und ich glaube, er setzte einige Stewards in das Boot, um auf die Frauen aufzupassen. Alle Boote waren miteinander vertäut.

Senator Fletcher: Sie befanden ich nun mit Lowe in einem Boot und kehrten zur Untergangsstelle der Titanic zurück.

Buley: Ja, und übernahmen die verbliebenen lebenden Körper.

Senator Fletcher: Wieviele holten Sie heraus?

Buley: Es gab nicht viele dort. Wir fanden vier. Alle anderen waren tot.

Senator Fletcher: Gab es dort viele Tote?

Buley: Ja, eine ganze Menge Tote. Natürlich konnten wir sie wegen der vielen Wrackteile nicht genau ausmachen, aber wir drehten einige um , um zu sehen, ob sie vielleicht noch lebten. Es sah so aus, als wäre keiner von ihnen ertrunken. Es sah so aus, als ob sie erfroren wären. Ihre Schwimmwesten waren so weit (zeigt es) aus dem Wasser, mit ihren Gesichtern im Wasser, einige von ihnen. Ihre Hände ragten so nach oben (zeigt es).

Senator Fletcher: Ihre Hände und Schultern ragten aus dem Wasser?

Buley: Ja.

Senator Fletcher: Mit den Köpfen nach hinten?

Buley: Ja.

Senator Fletcher: Und das Gesicht außerhalb des Wassers?

Buley: Ja.

Senator Fletcher: Sie waren augenscheinlich nicht ertrunken?

Buley: Es sah aus, als wären sie allesamt erfroren. Am Morgen, nachdem wir alle Überlebenden aufgefischt hatten, sahen wir ein Faltboot mit vielen Menschen darauf, das überspült war. Sie standen bis zu den Knien im Wasser. Wir setzten Segel, fuhren zu ihnen und innerhalb kurzer Zeit nahmen wir noch eins auf.

Senator Fletcher: Ein anderes Boot?

Buley: Ein anderes Boot voll mit Frauen und Kindern, aber ohne jemanden an den Riemen. Daher nahmen wir sie in Schlepp. Wir fuhren dann zu dem anderen und retteten alle darauf. Eine Frau befand sich auf diesem Boot. Danach sahen wir die Carpathia und wir segelten zu ihr. Ich glaube, wir waren das siebte oder achte Boot. Während der ganzen Zeit starben zwei, die wir gerettet hatten.

Senator Fletcher: Wie weit waren Sie von der Titanic entfernt, als sie unterging?

Buley: Ungefähr 250 Yards.

Senator Fletcher: Konnten Sie Menschen an Deck vor dem Untergang sehen?

Buley: Nein, alle Lichter waren aus.

Senator Fletcher: Konnten Sie die Menschen hören?

Buley: Ja, wir konnten sie hören.

Senator Fletcher: Rufe?

Buley: Ja.

Senator Fletcher: Bevor sie unterging?

Buley: Ja. Und wir lagen still. Nicht weil wir keine Hilfe geben konnten, aber weil das Boot, in dem ich mich befand, voll war, und wir niemanden hatten, der rudern konnte. Es gab nur drei, die rudern konnten, und einer konnte überhaupt nicht rudern. Er war ein Heizer. Da waren es nur noch zwei, die rudern könnten, und daher befahl ich dem Steward, das Boot zu führen.

Senator Fletcher: Bevor sie unterging, konnten Sie da Menschen hören, die um Hilfe riefen?

Buley: Ja.

Senator Fletcher: Viele davon?

Buley: Ja, schreckliche Schreie.

Senator Fletcher: Die meisten Zeugen haben ausgesagt, daß sie Hilfeschreie erst gehört haben, nachdem das Schiff untergegangen war.

Buley: Das war nachdem das Schiff untergegangen war, daß wir sie hörten.

Senator Fletcher: Ich habe Sie gefragt, ob Sie die Rufe hörten, bevor das Schiff unterging.

Buley: Nein, es gab keine derartigen Zeichen vor dem Ganzen.

Senator Fletcher: Bevor das Schiff unterging, hörten Sie keine Rufe um Hilfe?

Buley: Absolut keine Schreie. Ihr Backbordlicht war unter Wasser, als wir heruntergelassen wurden.

Senator Fletcher: Wie lange nachdem Sie heruntergelassen worden waren und sich auf dem Wasser befanden, ging sie unter?

Buley: Ich würde sagen 25 Minuten bis eine halbe Stunde.

Senator Fletcher: Ihres war das letzte Boot?

Buley: Meines war das letzte Rettungsboot, Nummer zehn.

Senator Fletcher: Wurden die Faltboote danach zu Wasser gelassen?

Buley: Die Faltboote wurden vom Deck gespült, glaube ich. Das eine, das wir aufnahmen, war überspült. Ich glaube, sie schmissen es ins Wasser und brachen dabei die Stützen, und daher konnten sie es nicht öffnen.

Senator Fletcher: Waren Leute in diesem Faltboot?

Buley: Es war voll. Es war das, welches wir am Morgen retteten.

Senator Fletcher: Wie lange nachdem die Titanic untergegangen war, kehrten Sie mit Lowe zurück, um Überlebende zu retten?

Buley: Ungefähr eine bis anderthalb Stunden.

Senator Fletcher: Und Sie glauben, die Menschen waren erfroren?

Buley: Ja, erfroren.

Senator Fletcher: In der Zwischenzeit erfroren?

Buley: Wäre das Wasser warm gewesen, glaube ich nicht, daß jemand ertrunken wäre.

Senator Fletcher: Dann holten Sie einige Menschen aus dem Wasser, und einige von denen starben, nachdem sie gerettet worden waren, nicht wahr?

Buley: Ja.

Senator Fletcher: Waren Sie in irgendeiner Weise verletzt?

Buley: Nein. Es war die Kälte und der Schock.

Senator Fletcher: Wegen der Kälte?

Buley: Ja. Wir hatten keine Stimulanzien im Boot, um sie wiederzubeleben.

Senator Fletcher: Sie waren sehr kalt, als Sie sie aus dem Wasser holten?

Buley: Ja und hilflos.

Senator Fletcher: Erstarrt?

Buley: Ja. Es gab einige in dem kaputten Boot, die nicht laufen konnten. Ihre Füße und Beine waren verkrampft. Sie mußten im kalten Wasser auf diesem Boot stehen.

Senator Fletcher: Wissen Sie von Banketten und Trinkgelagen auf dem Schiff in jener Nacht?

Buley: Nein.

Senator Fletcher: Soweit Sie wissen war die Besatzung also nüchtern.

Buley: Die Mannschaft hatte geschlafen.

Senator FLetcher: Wissen Sie, das Wasser anfangs in das Schiff eindrang?

Buley: Ja, kurz nachdem sie kollidiert war. Man könnte es hören.

Senator Fletcher: Direkt?

Buley: Man konnte es direkt hören. Da unten, wo wir uns befanden, gab es eine Luke und darüber befand sich eine Persenning mit einer Latte aus Eisen. Man konnte hören, wie das Wasser eindrang, und der Luftdruck darunter war so stark, daß man sehen konnte, wie es sich bog. Am Ende, hat man mir erzählt, explodierte es.

Senator Fletcher: In welchem Teil des Schiffs war das?

Buley: Vorne am Vordeck.

Senator Fletcher: Wie weit war das vom Bug entfernt?

Buley: Ungefähr 20 Yards würde ich sagen.

Senator Fletcher: Diese Situation hätte nicht eintreten können, wenn die Eisenplatten an der Seite nicht abgerissen worden wären?

Buley: Am Boden des Schiffs. Es war ziemlich weit unter der Wasserlinie.

Senator Fletcher: Die Platten müssen vom Eisberg zerrissen worden sein?

Buley: Ja.

Senator Fletcher: Es gab keine Möglichkeit, das zu schließen, damit man das Wasser vom Eindringen hätte hindern können?

Buley: Es war bereits geschlossen. Der Zimmermann ging nach unten und überprüfte die Pumpen und fand heraus, daß sie Wasser machten. Dann kam der Befehl, die Boote so gut wie möglich herauszuschwenken und die Schwimmwesten anzulegen.

Senator Fletcher: Konnte das Schiff nicht große Mengen Wasser aufnehmen und trotzdem schwimmen?

Buley: Es sollte dazu in der Lage sein.

Senator Fletcher: Es gab keine Möglichkeit, ein Abteil vollständig zu fluten, ohne die anderen zu beeinflussen?

Buley: Ich glaube, wenn es sich um ein kleines Loch gehandelt hätte, so zwölf mal zwölf Fuß, bei einer Kollision oder sowas, dann hätte es funktioniert. Aber ich glaube nicht, daß man Kollisionsmatten hatte.

Senator Fletcher: Was ist eine Kollisionsmatte?

Buley: Es ist eine Matte, die man über das Loch schiebt, um zu verhindern, daß Wasser eindringt.

Senator Fletcher: Sie glauben nicht, daß es Kollisionsmatten gab?

Buley: Ich glaube nicht. Ich habe nie welche gesehen.

Senator Fletcher: Haben Sie in der Handelsmarine jemals Kollisionsmatten gesehen?

Buley: Ich war noch nie auf einem Handelsschiff. Ich habe sie häufig bei der Kriegsmarine gesehen.

Senator Fletcher: Glauben Sie, daß sie mit Kollisionsmatten gerettet worden wäre?

Buley: Das hätte ihr nicht weiter geholfen, weil sie auf der ganzen Seite aufgeschlitzt worden war.

Senator Fletcher: Welche Länge?

Buley: Ich würde sagen auf die halbe Länge, wenn man davon ausgeht, wo das Wasser war. Ich würde sagen, der Boden muß ganz aufgerissen worden sein.

Senator Fletcher: Der Stahlboden?

Buley: Ja.

Senator Fletcher: So hätte eine Anzahl von Matten nicht helfen können.

Buley: In diesem Fall hätte es nicht geholfen. Hätte das Schiff einen Zusammenstoß oder sowas gehabt, dann hätten sie vielleicht helfen können.

Senator Fletcher: Sie haben den Eisberg nicht gesehen?

Buley: Nein. Ich habe erst am Morgen Eis gesehen. Wir dachten, es sei ein voll aufgetakeltes Schiff. Wir waren mitten über der Untergangsstelle und wir dachten, es wäre ein Segelschiff, bis das Licht kam, und wir sahen, daß es ein Eisberg war.

Senator Fletcher: Waren Sie weit von der Untergangsstelle entfernt, als die Carpathia in Sicht kam?

Buley: Nein. Als die Carpathia auftauchte und uns aufnahm, befanden wir uns noch über der Untergangsstelle und suchten nach Körpern.

Senator Fletcher: Zu der Zeit waren aber keine Lebenden mehr auf dem Wasser, die Sie sehen konnten?

Buley: Nein, es gab keine Überlebenden mehr.

Senator Fletcher: Waren Passagiere über Bord gesprungen?

Buley: Ich habe niemanden über Bord springen sehen.

Senator Fletcher: Sahen Sie Passagiere auf Deck, als Sie das Boot verließen?

Buley: Nur Männer.

Senator Fletcher: Viele von ihnen?

Buley: Ja, es gab viele von ihnen. Hätte sie genügend Boote gehabt, dann wären, glaube ich, alle gerettet worden.

Senator Fletcher: Diese Männer, die Sie an Bord sahen, wollten die in die Boote steigen?

Buley: Nein.

Senator Fletcher: Oder dachten sie, das Schiff würde weiter schwimmen?

Buley: Ich glaube, die Mehrheit dachte, daß das Schiff schwimmen würde. Sie glaubten, es würde ins Wasser eintauchen und dann weiter schwimmen.

Senator Fletcher: Nachdem Sie das Schiff verlassen hatten, sank der Bug kontinuierlich?

Buley: Ja nach unten. Sie ging unter bis zum hinteren Schornstein, dann gab es ein Röhren, als ob die Maschinen nach vorne gerutscht waren, und sie zerbrach in zwei Teile. Der Bugteil ging unter, und der Heckteil kam wieder nach oben und blieb dort fünf Minuten, bevor er unterging.

Senator Fletcher: Senkrecht?

Buley: Es war zunächst horizontal und ging dann unter.

Senator Fletcher: Was meinen Sie damit, Sie brach in zwei Teile?

Buley: Sie brach entzwei.

Senator Fletcher: Woher wissen Sie das?

Buley: Weil wir den hinteren Teil auf dem Wasser sehen konnten, und es keinen vorderen Teil gab. Sie muß an der Stelle der Kohlenbunker zerbrochen sein. Sie muß beim letzten auseinandergebrochen sein, weil ihr hinterer Teil horizontal auf dem Wasser war und der andere Teil unterging. Zuerst konnte man die Schrauben und alles sehen. Ihr Ruder war klar aus dem Wasser. Man konnte hören, wie die Maschinen nach vorne rutschten, sie zerbrach in zwei Teile und der hintere Teil kam wieder nach oben. Wir dachten der hintere Teil würde schwimmen.

Senator Fletcher: Der hintere Teil richtete sich sozusagen horizontal auf?

Buley: Sie richtete sich für fünf Minuten auf und neigte sich dann nach vorne und verschwand.

Senator Fletcher: Ging es auf die Seite?

Buley: Nein es sank mit dem Bug zuerst.

Senator Fletcher: Daher glauben Sie, daß das

Schiff in zwei Teile zerbrach?

Buley: Ja, man konnte sehen, daß sie in zwei Teilen unterging, weil wir ziemlich in der Nähe lagen und sie sehr deutlich sehen konnten.

Senator Fletcher: Sie waren nahe und konnten sie deutlich sehen.

Buley: Ja.

Senator Fletcher: Sahen Sie Menschen auf ihr?

Buley: Ich habe niemals eine Seele gesehen.

Senator Fletcher: Sie waren möglicherweise zu weit entfernt, um das zu sehen?

Buley: Es war dunkel.

Senator Fletcher: Gab es Lichter auf dem halben Teil?

Buley: Die Lichter waren alle aus. Die Lichter gingen allmählich aus, bevor sie verschwand.

Senator Fletcher: Trotz der Dunkelheit konnten Sie die Umrisse des Schiffs erkennen?

Buley: Ja, wir konnten die Umrisse des Schiffs erkennen.

Senator Fletcher: Sie konnten den Schornstein sehen?

Buley: Ziemlich deutlich.

Senator Fletcher: Konnten Sie Asche oder Funken aus diesem Schonstein kommen sehen?

Buley: Nein. Wir lagen da. Die Leute im Boot hatten Angst, daß es eine Sogwirkung geben würde. Hätte es eine Sogwirkung gegeben, wären wir verloren gewesen. Wir konnten nicht schnell genug weiter weg. Es gab niemanden fürs Rudern.

Senator Fletcher: Wie weit waren Sie entfernt, als sie unterging?

Buley: Wir waren ungefähr 200 Yards entfernt.

Senator Fletcher: Ihrer Meinung nach hätten alle Menschen gerettet werden können, wenn es genügend Boot gegeben hätte?

Buley: Ja, sie hätten alle gerettet werden können. Es gab ein Schiff da draußen, als sie kollidierte, daß direkt an uns vorbeifuhr. Wir dachten, es würde zu uns kommen, und wenn es gekommen wäre, hätten alle an Bord gehen können. Man konnte sehen, daß es sich um einen Dampfer handelte. Die Dampferbeleuchtung brannte. Sie war vor unserem Bug als wir zusammenstießen, und wir starteten in diese Richtung. Das hielt die Boote zusammen.

Senator Fletcher: Aber sie hörten nie mehr von diesem Schiff?

Buley: Nein, wir konnten am Morgen bei Tageslicht nichts von ihm entdecken. Es war die ganze Nacht lang stationär. Ich bin mir sicher, daß es drei Stunden da lag und sich dann davon machte.

Senator Fletcher: Wie weit entfernt war es?

Buley: Ich würde schätzen drei Meilen.

Senator Fletcher: Wie konnte es Ihre Raketen nicht sehen?

Buley: Es muß sie gesehen haben. Es war nahe genug, um unsere Lichter und das Schiff selbst zu sehen. Es muß sie gesehen haben.

Senator Fletcher: Sie sind ganz sicher, daß es sich um ein Schiff handelte?

Buley: Ja, es war ein Schiff.

Senator Fletcher: Wieviele Lichter sahen Sie?

Buley: Ich sah zwei Masttopplichter.

Senator Fletcher: Keine Heckleuchten?

Buley: Man konnte die Heckleuchten nicht sehen. Man konnte die Buglichter nicht sehen. Wir waren zu jener Zeit im Boot.

Senator Fletcher: Sahen Sie das Schiff, bevor Sie sich im Wasser befanden?

Buley: Ja, ich sah es vom Schiff aus. Das sagten wir auch den Passagieren. Wir sagten: „Da kommt uns ein Dampfer zur Hilfe." Das hielt sie ruhig, glaube ich.

Senator Fletcher: Kam es mit dem Bug auf Sie zu?

Buley: Ja, mit dem Bug zuerst. Dann stoppte es, und die Lichter schienen uns zu passieren.

Senator Fletcher: Wenn es an Ihnen vorbeigefahren wäre, wäre es am Bug gewesen?

Buley: Es lag da ungefähr drei Stunden lang. Ich glaube auf unserer Backbordseite, und als wir in den Booten waren, ruderten wir in die Richtung, doch es fuhr an uns vorbei. Die Nordlichter sind wie ein Suchlicht, doch es verschwand. Das war in der Bugseite, wo das Schiff unterging.

Senator Fletcher: Es gab kein Signal?

Buley: Nein kein Signal. Ich kann nicht sagen, ob es ein Signal von der Brücke gab. Man konnte das aus unserer Position nicht sehen.

Senator Fletcher: Glauben Sie, daß es im Eis festlag?

Buley: Ich kann nicht sagen, was damit los war.

Senator Fletcher: Es muß doch gewußt haben, daß sich die Titanic in einer Notlage befand?

Buley: Es muß es gewußt haben. Sie konnten die

Raketen sehen und müssen gewußt haben, daß es da eine Notsituation gab.

Senator Fletcher: Hatte die Titanic Sirenen?

Buley: Ja, aber sie wurden nie benutzt.

Senator Fletcher: Man nutzte nicht die Sirene oder eine Pfeife?

Buley: Nein.

Senator Fletcher: Aber der entweichende Dampf macht gehörigen Krach?

Buley: Ja. Man konnte sein eigenes Wort nicht verstehen. Das wurde aber leiser. Die Heizer gingen nach unten und löschten fast alle Feuer.

Senator Fletcher: Als sie unterging, brannte kein Feuer mehr?

Buley: Vielleicht etwas, aber nicht viel.

Senator Fletcher: Wann sahen Sie das Schiff am Bug zum ersten Mal? Wie lange, bevor Sie aufs Wasser kamen?

Buley: Als wir damit begannen, die Boote herauszuschwenken. Das war ungefähr zehn Minuten nachdem sie kollidierte.

Senator Fletcher: Schien das Boot sich zu entfernen?

Buley: Nein, es schien, näher zu kommen.

Senator Fletcher: Sie verfügen über ziemlich gute Augen?

Buley: Ich kann 21 Meilen weit sehen.

Senator Fletcher: Es war eine klare Nacht ohne Nebel?

Buley: Eine klare Nacht, kein Nebel.

Senator Fletcher: Eine ruhige See?

Buley: Ja.

Senator Fletcher: Sie sind sich sicher, daß es sich bei dem anderen Boot nicht um eine Sinnestäuschung handelte?

Buley: Es muß ein Boot gewesen sein. Es lag zu tief im Wasser, als das es ein Stern hätte sein können. Später waren wir überzeugt, als es an uns vorbeifuhr, als wir in den Booten waren. Wir dachten, es käme zu uns, um uns aufzunehmen.

Senator Fletcher: Wie weit entfernt war es?

Buley: Drei Meilen, würde ich sagen.

Zeuge: George Frederick Crowe, 30
Steward aus Southampton, England

Kern der Aussage: Crowe berichtete, daß sich die Stewards nach dem Unglück „darüber ziemlich lustig" machten. Er sagte, daß sein Rettungs-boot beim Herunterlassen hängen blieb. Die Taue mußten durchgeschnitten werden, und es fiel ins Wasser. Die Leute in seinem, von Offizier Lowe befehligten Boot fischten einige aus dem Wasser, aber einer starb später. Die Titanic „zerbrach glatt in zwei Teile", bevor sie unterging.

Senator Bourne: Was waren Ihre Pflichten als Steward auf der Titanic?

Crowe: Allgemeine Dinge und an den Tischen zu bedienen.

Senator Bourne: Unter welchem Schiffsoffizier taten Sie Dienst, und wem waren Sie verantwortlich?

Crowe: Dem Chefsteward.

Senator Bourne: Würden Sie bitte auf Ihre Art berichten, welche Erkenntnisse Sie das Unglück betreffend besitzen?

Crowe: Ich war bis ungefähr bis 10:30 Uhr in der Nacht des Unglücks im Dienst, und ich legte mich gegen elf Uhr hin. Es kann auch etwas später gewesen sein. Gegen 11:40 Uhr gab es eine Art Schütteln und ein kleiner Aufprall, wobei ich dachte, daß eine Schraube abgefallen sei.

Senator Bourne: Sie waren zu diesem Zeitpunkt in Ihrer Koje?

Crowe: Ja, ich war in meiner Koje.

Senator Bourne: Und waren schlafen gegangen?

Crowe: Ich döste.

Senator Bourne: Schüttelte es Sie aus dem Bett?

Crowe: Nein.

Senator Bourne: Wie stark war die Erschütterung?

Crowe: Nun, hätte ich geschlafen, glaube ich nicht, daß er mich geweckt hätte. Also wenn ich im Tiefschlaf gewesen wäre.

Senator Bourne: Auf welchem Deck schliefen Sie?

Crowe: Auf dem E-Deck.

Senator Bourne: Wie weit vom Schiffsbug entfernt; mittschiffs?

Crowe: Ungefähr mittschiffs. Ja. Wahrscheinlich 50 Fuß vorne am Mittschiff.

Senator Bourne: Nun, würden Sie bitte fortfahren?

Crowe: Ich stieg aus dem Bett. Ich ging auf den Gang und sah ziemlich viele Stewards und Zwischendeckpassagiere, die ihr Gepäck von vorne nach hinten schleppten. Ich fragte, was los sei. Man sagte mir, es sei nichts, und so legte ich mich wieder ins Bett.

Senator Bourne: Wer sagte Ihnen das, die Zwischendeckpassagiere?

Crowe: Nein, irgend jemand von den Jungs. Die Stewards machten sich ziemlich lustig darüber. Sie begriffen die Ernsthaftigkeit des Ganzen nicht. Ich ging in meine Koje zurück, und wenig später kam ein Salonsteward und sagte mir auf das Oberdeck zu kommen und soviel warme Kleidung anzuziehen wie möglich. Ich ging aufs Bootsdeck und als ich aus dem Niedergang kam, sah ich sie an Boot Nummer eins arbeiten. Danach ging ich zum Boot Nummer 14, für das ich im Fall eines Feuers oder Übung eingeteilt worden war. Ich half den Frauen und Kindern in das Boot, Ich wurde dann gefragt, ob ich ein Ruder bedienen könnte. Ich sagte „Ja" und darauf wurde mir gesagt, ich solle ins Boot steigen.

Senator Bourne: Wer sagte Ihnen, ins Boot zu steigen?

Crowe: Der leitende Offizier. Ich bin nicht sicher, ob es der Erste oder der Chef-Offizier gewesen ist, aber ich glaube der Name des Mannes war Murdoch.

Senator Bourne: War das sein Boot?

Crowe: Ich glaube nicht, nein.

Senator Bourne: Wer war bei den Übungen für das Boot Nummer 14 verantwortlich? Welcher Offizier?

Crowe: Der Fünfte Offizier, Herr Lowe.

Senator Bourne: Das war sein Boot?

Crowe: Das war sein Boot. Nachdem wir die Frauen und Kinder drinhatten, ließen wir es bis auf vier oder fünf Fuß über Wasser herunter. Dann fanden wir heraus, daß der Block und das Tauwerk durcheinander geraten war. Daher mußten wir die Taue durchschneiden, damit das Boot aufs Wasser kam.

Senator Bourne: Wer sagte Ihnen, das zu tun?

Crowe: Der Fünfte Offizier.

Senator Bourne: Er war bei Ihnen im Boot?

Crowe: Ja, er stand beim Hebel. Der Hebel befreit die Blocks von den Haken im Boot. Er sagte mir, ich solle warten abzufahren und das Seil durchzuschneiden, um den Hebel anzuheben, womit die Haken sich öffneten und das Boot so ins Wasser fallen würde. Nachdem wir im Wasser waren, fuhren wir zu den anderen Booten. Der Fünfte Offizier Lowe schlug vor, uns bereitzuhalten, falls wir gebraucht würden.

Senator Bourne: Wieviele Menschen befanden sich in Boot Nummer 14?

Crowe: Siebenundfünfzig Frauen und Kinder sowie ungefähr sechs Männer einschließlich eines Offiziers, und mit mir können es sieben gewesen sein. Ich bin mir darüber nicht so sicher.

Senator Bourne: Woher wissen Sie, daß es 57 Frauen und Kinder waren?

Crowe: Als wir eine gewisse Entfernung zurückgelegt hatten, fragte mich der Offizier, wieviele Menschen an Bord waren, weil er dachte, die anderen Boote seien nicht voll, und er hatte die Idee, unsere Leute in die anderen Boote zu setzen und zurückzukehren.

Senator Bourne: Meinte er, man wäre übersetzt?

Crowe: Nein, er hatte die Idee, sich für einen Notfall bereitzuhalten, falls jemand über die Seiten kommen sollte, um ihn aufzunehmen. Ich muß noch sagen, daß sich in der Zwischenzeit im Boot ein Leck entwickelt und Wasser aufgenommen hatte - ungefähr acht inches. Das geschah nachdem das Boot befreit worden und nach unten gefallen war. Ich glaube da muß es leckgeschlagen sein.

Senator Bourne: Wie lange nachdem das Boots ins Wasser gefallen war, entdeckten Sie, daß sich ungefähr acht Zoll Wasser im Boot befanden?

Crowe: Nun, wir sahen nicht auf die Uhr oder so, aber ich glaube wir entdeckten das Leck, als wir unsere Leute verteilten, weil kurz davor eine Dame meinte, bevor sie in das andere Boot kletterte, daß etwas Wasser über ihren Fuß lief. Zwei Männer und diese Dame halfen dann dabei, Wasser zu schöpfen.

Senator Bourne: Erklären Sie, was Sie meinen, wenn Sie Ihre Leute verteilten.

Crowe: Der Offizier auf einem der Boote, das in der Nähe lag, meinte, sie sollten sich bereit halten, und er bekam, glaube ich, vier oder fünf Boote zusammen. Wir verteilten viele Leute von einem Boot zu den anderen Booten. Wir verteilten von hier nach da.

Senator Bourne: Der Grund für dieses Verteilen waren die acht inches Wasser?

Crowe: Nein, er entschied sich, an die Unglücksstelle zurückzukehren, um festzustellen, ob er noch jemanden aufnehmen könnte.

Senator Bourne: Sie hatten 57 Frauen und Kinder

und noch sieben Männer in Ihrem Boot. Sie waren ziemlich gut beladen, nicht wahr?

Crowe: Der Offizier meinte, wir könnten insgesamt 80 Menschen aufnehmen, doch die Damen protestierten dagegen, mit allen Leuten an die Unglücksstelle zurückzurudern.

Senator Bourne: Wäre es nicht einfacher gewesen, mit einem anderen, nicht so voll beladenen Boot wie dem Ihren an der Unglücksstelle in Bereitschaft zu stehen, um Menschen aufzunehmen?

Crowe: Nein, weil die Boote keinen Offizier hatten. Wir waren das einzige Boot mit einem Offizier an Bord.

Senator Bourne: Dann war es die Disziplin?

Crowe: Nur eine Frage der Disziplin.

Senator Bourne: Nun fahren Sie mit Ihrer Geschichte weiter fort.

Crowe: Nachdem wir an die Unglücksstelle zurückgekehrt waren, hörten wir verschiedene Rufe und wagten uns in die Nähe. Wir hatten Erfolg und nahmen einen im Wasser treibenden Körper an Bord. Als wir ihn ins Boot gehievt hatten, was nicht einfach war, weil er so ein schwerer Mann war, starb er kurze Zeit später. Als wir weiterfuhren, entdeckten wir einen Steward oder einen von der Besatzung, den wir an Bord holten. Er war sehr kalt, und seine Hände waren steif, aber wir holten ihn rein, und er erholte sich, bis wir auf die Carpathia gingen.

Senator Bourne: Überlebte er?

Crowe: Ja, auch ein japanischer oder chinesischer Bursche, den wir von einigen Wrackteilen herunterholten. Es kann ein Schrank oder ein Tisch gewesen sein, was da rumtrieb. Wir stoppten bis Tagesanbruch, und dann sahen wir in der Entfernung ein Floß oder ein Faltboot im Wasser mit Männern drauf. Wir fuhren hin und fanden 20 oder vielleicht auch 25 Männer und eine Frau sowie drei Tote, die wir dort ließen. Auf dem Rückweg unter Segeln - wir hatten in der Nacht den Mast aufgestellt - nahmen wir noch ein Faltboot mit 60 Leuten - Frauen, Kinder und Männer - in Schlepp.

Senator Bourne: Wieviel Wasser stand zu diesem Zeitpunkt im Boot? Waren es immer noch acht inches oder hatten Sie überhaupt Wasser im Boot zu jener Zeit?

Crowe: Nachdem wir einige Leute ausgeladen hatten und zum Unglücksort zurückgekehrt waren, hatten wir nicht mehr viel Wasser aufgenommen, weil wir einiges geschöpft hatten und scheinbar nichts mehr hineinströmte.

Senator Bourne: Dann sagen Sie damit, daß sich das Leck weiter oben, in der Nähe des Dollbords befand?

Crowe: Ja, ich glaube, weil das Boot neu war hatte sich das Holz genügend verzogen, um nicht zu verhindern, daß Wasser eindrang. Dann kehrten wir an die Seite der Carpathia zurück und brachten unsere Passagiere an Bord. Das ist die ganze Geschichte.

Senator Bourne: Sie waren in Boot Nummer 14, als es herabgelassen wurde?

Crowe: Ja.

Senator Bourne: Gab es beim Herunterlassen irgendeine Schießerei?

Crowe: Ja.

Senator Bourne: Erklären Sie dem Komitee, welche Kenntnisse Sie darüber haben.

Crowe: Es gab da einige männliche Passagiere, vermutlich italienischer oder einer anderen fremden Nationalität als englisch oder amerikanisch, die versuchten das Boot zu stürmen. Die Offiziere drohten, jeden Mann, der seinen Fuß in das Boot setzen würde, zu erschießen. Er schoß mit seinem Revolver, aber entweder nach oben oder nach unten, nicht auf die Passagiere. Er verletzte niemanden. Er feuerte ganz deutlich nach oben oder nach unten.

Senator Bourne: Das stoppte den Ansturm?

Crowe: Ja.

Senator Bourne: Es gab danach kein Durcheinander?

Crowe: Kein Durcheinander. Nun, eine Frau weinte, aber das war alles. Keine Panik oder sowas im Boot.

Senator Bourne: Kehrten Sie mit Boot Nummer 14 und den Männern, die das Boot leiteten, direkt nachdem Sie die Passagiere umgeladen hatten an die Unglücksstelle zurück?

Crowe: Ja, fast sofort. Es mag eine Verzögerung von fünf oder zehn Minuten gegeben haben.

Senator Bourne: Welche Ursache gab es für die Verzögerung? Weil Sie Ihre Passagiere in das andere Boot umluden, damit Sie zum Unglücksort zurückkehren konnten?

Crowe: Weil wir bei dem Versuch, die anderen Boote miteinander zu verbinden, jedesmal einen Kreis fuhren und so die Orientierung verloren. Wir wußten nicht, in welche Richtung wir uns wenden sollten.

Senator Bourne: Wissen Sie von Wasser auf dem E-Deck?

Crowe: Nur vom Hörensagen.

Senator Bourne: Würden Sie sagen, was Sie in Bezug auf Wasser im E-Deck gehört haben.

Crowe: Eine Stewardeß, deren Namen ich vergessen habe, sagte, daß dort Wasser sei, als sie aus ihrer Kabine kam.

Senator Bourne: Konnten Sie sehen, wie es kam?

Crowe: Ja.

Senator Bourne: Auf dem E-Deck?

Crowe: Auf dem E-Deck.

Senator Bourne: Und das war alles?

Crowe: Das war alles, ja.

Senator Bourne: Sahen Sie, wie das Schiff unterging?

Crowe: Ich sah es.

Senator Bourne: Würden Sie auf Ihre Weise erzählen, wie es Ihnen erschien?

Crowe: Als wir das Schiff verließen, war der Bug bereits einige Fuß im Wasser. Ich könnte weder die Tiefe noch den Winkel sagen.

Senator Bourne: Und Sie verließen das Schiff wieviele Minuten oder Stunden, nachdem es kollidiert war?

Crowe: Es könnte eine Stunde gewesen sein. Es könnte auch mehr gewesen sein. Nachdem wir abgelegt hatten, brannten die Lichter noch sehr hell, aber als wir wegruderten schien es tiefer und tiefer zu sinken. Schließlich stand es fast senkrecht, die Lichter wurden schwächer, und dann zerbrach es in zwei Teile. Ungefähr nach zwei Dritteln der Längsseite.

Senator Bourne: Zwei Drittel im Wasser, ein Drittel des hinteren Teils mit Schornstein oben?

Crowe: Zwei Drittel im Wasser, ein Drittel des hinteren Teils mit Schornstein oben.

Senator Bourne: Wie lange blieb dieses Drittel auf dem Wasser?

Crowe: Nachdem es wieder aufgetrieben worden war.

Senator Bourne: Es trieb wieder auf?

Crowe: Sie zerbrach, und der hintere Teil kam wieder nach oben.

Senator Bourne: Und der Bugteil, zwei Drittel des Schiffs versanken?

Crowe: Ja, und dann gab es eine Explosion, und der hintere Teil drehte sich und ging unter.

Senator Bourne: Dann führen Sie das Sinken auf die Explosion zurück. Glauben Sie es wäre auf der Wasseroberfläche geblieben, wenn es die Explosion nicht gegeben hätte?

Crowe: Das kann ich nicht sagen.

Senator Bourne: Gab der Offizier, der für Ihr Boot verantwortlich war, seiner Meinung darüber Ausdruck?

Crowe: Er sagte, es sei besser, zum Unglücksort zurückzukehren und zu sehen, ob wir noch Leben retten könnten. Zu jener Zeit hatten wir die Menschen noch nicht in die anderen Boote verteilt.

Senator Bourne: Wie lange nachdem Sie das Schiff verlassen hatten, brach es auseinander, gab es die Explosionen und sank der hintere Teil? Was würden Sie sagen?

Crowe: Es sank nach den Angaben eines Mannes, der angeblich vom Heck ins Wasser gesprungen war, ungefähr um halb drei. Er trug seine Uhr und seine Uhr blieb um 20 Minuten nach zwei stehen. Er sagte, das Boot sei im Sinken begriffen, und das Heck stand nach oben. Ein Mann namens Burnett, ein Vorratsverwalter an Bord.

Senator Bourne: Hörten Sie selbst die Explosion?

Crowe: Ja.

Senator Bourne: Gab es eine oder mehrere?

Crowe: Es gab mehrere Explosionen.

Senator Bourne: Waren sie laut wie eine Kanone?

Crowe: Nicht so laut.

Senator Bourne: Gedämpft?

Crowe: Eine Art gedämpfte Explosion. Es erschien wie eine Explosion in großer Entfernung, obwohl wir nicht sehr weit entfernt waren.

Senator Bourne: Wie weit würden Sie schätzen? Ungefähr eine Viertelmeile?

Crowe: Ungefähr eine Meile.

Senator Bourne: Sie waren ungefähr eine Meile entfernt?

Crowe: Ja.

Senator Bourne: Offizier Lowe, sagen Sie, war für Ihr Boot verantwortlich?

Crowe: Ja, da bin ich mir sicher.

Senator Bourne: Der Fünfte Offizier?

Crowe: Der Fünfte Offizier, Herr Lowe.

Senator Bourne: Verlangte der Offizier nach Freiwilligen, um an die Unglücksstelle zurückzukehren?

Crowe: Nein, er beeindruckte uns damit, daß wir zum Unglücksort zurückkehren mußten.

Senator Bourne: Gab es Protest?

Crowe: Überhaupt keinen. Ein Passagier der zweiten Klasse namens (C.) Williams, der Tennis-Meisterspieler aus England, kehrte mit uns zurück.

Senator Bourne: Er bot seine Dienste freiwillig an?

Crowe: Ja.

Senator Bourne: Er wurde nicht von Offizier Lowe angefordert?

Crowe: Absolut nicht.

Senator Bourne: Er tat es aus eigenem Willen?

Crowe: Ja.

Senator Bourne: Fanden Sie Eis auf dem Schiff, bevor sie es verließen?

Crowe: Ich selbst fand kein Eis. Ein anderer Mann brachte Eis vom vorderen Teil des Schiffs.

Senator Bourne: Auf welchem Deck?

Crowe: Auf dem E-Deck.

Zeuge: John Collins, 17
Kochgehilfe in der Galley der Ersten Klasse aus Belfast, Irland

Kern der Aussage: Er hatte ein Kind in seinem Arm, aber als das Schiff zerbrach „spülte uns eine Welle vom Deck - einfach runter - und das Kinde wurde aus meinen Armen gespült."

Senator Bourne: Ich möchte, daß Sie dem Komitee in Ihrer Sprache erzählen, was Sie unmittelbar vor der Katastrophe, die sich auf der Titanic abspielte, und danach taten.

Collins: Ich beendete Sonntagnacht meine Arbeit gegen neun Uhr. Ich lief noch den Gang auf und ab und legte mich dann in meine Koje und schlief ein. Das war gegen zehn Uhr - ungefähr viertel vor zehn Uhr. Ich schlief tief und fest, und genau um viertel nach elf wurde ich geweckt. Ich hatte eine Uhr bei mir, neben meinem Bett, die fünf Minuten vor ging. Es war genau viertel nach elf, als das Schiff den Eisberg rammte und ich davon wach wurde. Ich zog meine Hosen an, da ließen sie auch schon Dampf ab. Ich fragte, was los sei, und offen-

sichtlich hatten wir einen Eisberg gerammt. Im Gang hieß es, daß es keinen Schaden gebe, und wir kehrten in unsere Kojen zurück.

Senator Bourne: Wie lange nach dem Zusammenstoß war das, was nach Ihrer Uhr um...

Collins: Ungefähr zehn oder 15 Minuten.

Senator Bourne: Sie sind sich anhand der Zeit, die Sie auf Ihrer Uhr sahen, daß sich das Unglück um genau 30 Minuten nach elf ereignete, die fünf Minuten, um die Ihre Uhr nachging, eingeschlossen?

Collins: Nein, die Uhr ging vor.

Senator Bourne: Ich dachte, Sie hätten gesagt die Uhr hätte 11:15 gezeigt und das Unglück hätte sich um 11:20 ereignet?

Collins: Nein, die Uhr zeigte 20 Minuten nach elf, und das Unglück ereignete sich viertel nach elf, wenn meine Uhr gestimmt hat. Ich könnte das nicht genau sagen. Ich zog meine Hosen an und ging an Deck nach vorne, und ich sah das Deck auf der Steuerbordseite mit Eis beladen.

Senator Bourne: Welches Deck war das?

Collins: Ich kann nicht sagen, welches Deck das war. Es war auf dem Deck, auf dem wir schliefen. Wenn man von den Schornsteinen kommt, wäre es C-Deck, denke ich. Ich bin nicht ganz sicher. Ich kannte mich in den Decks nicht so gut aus.

Senator Bourne: Sie sagen, das Deck war voller Eis?

Collins: Ja, auf der Steuerbordseite.

Senator Bourne: Wie weit hinter dem Bug?

Collins: Nun, es war - ich kann nicht genau sagen wie weit, aber das Deck kam so hoch (zeigt es) und kam dann wieder runter (zeigt es) zum Gang Nummer eins. Es war ganz voll. Ich könnte nicht genau erklären, wie weit es von hinten war.

Senator Bourne: Nun fahren Sie mit Ihrer Beschreibung weiter fort.

Collins: Ich ging in den Schlafraum zurück, und mir wurde gesagt, wieder zu schlafen. Dann stand ich wieder auf. Ich hatte meine Kleider nicht abgelegt. Ich ging wieder auf den Gang und sah die Stewards in ihren weißen Jackets. Die Passagier rannten nach vorne, die Stewards lenkten sie und machten einen Spaß daraus. Wir hauten uns hin, bis der Befehl kam, aus den Betten zu kommen, die Schwimmwesten anzuziehen und aufs Oberdeck zu gehen.

Senator Bourne: Zu welcher Zeit kam der Befehl? Wie lange nach der Kollision?

Collins: Nun es war genau - ich bin sicher - eine halbe Stunde, eine gute halbe Stunde.

Senator Bourne: Fahren Sie fort.

Collins: Nach dem Befehl gingen wir an Bord. Dann traf ich einen meiner Kumpel , einen Steward, den ich fragte, welche Nummer mein Boot hatte. Er sagte, es sei die Nummer 16. Ich ging also zum Boot Nummer 16 und sah dort Matrosen mit ihren Taschen bereit für Nummer 16. Ich sagte zu mir: „Da gibt es keine Chance." Ich rannte zusammen mit einem anderen Steward und einer Frau mit zwei Kindern zurück auf die Backbordseite des Salondecks. Der Steward hatte eines der Kinder in den Armen, und die Frau weinte. Ich nahm der Frau das Kind ab und rannte zu einem der Boote. Dann machte das Wort die Runde, daß auf der Steuerbordseite ein Faltboot zu Wasser gelassen werden sollte und daß sich dort alle Frauen und Kinder einfinden sollten. Also rannten ich und der andere Steward mit den beiden Kindern und die Frau zu jener Seite. Als wir dort ankamen, sahen wir, daß es sich vorne befand. Wir sahen, wie das Faltboot vom Salondeck genommen wurde, und die Matrosen und die Heizer vorne sahen, wie der Bug des Schiffs unter Wasser ging und riefen uns zu, wir sollten nach hinten rennen, und angeblich wurde dort gerade ein Boot aufs Wasser gelassen. Wir wollten also gerade nach hinten gehen, als uns eine Welle vom Deck spülte - einfach herunterspülte - und das Kind wurde aus meinen Armen gespült. Die Wrackteile und die Menschen um mich herum drückten mich mindestens zwei oder drei Minuten unter Wasser.

Senator Bourne: Zwei oder drei Minuten?

Collins: Ja, ich bin sicher.

Senator Bourne: Waren Sie ohnmächtig?

Collins: Nein, ganz und gar nicht. Es machte mir nicht viel aus, das Salzwasser.

Senator Bourne: Aber Sie waren unter Wasser. Sie können nicht zwei oder drei Minuten unter Wasser bleiben, oder?

Collins: Es erschien mir so. Ich könnte nicht genau sagen wie lange, aber es erschien mir so. Als ich auf die Oberfläche kam, sah ich jenes

Boot wieder. Ich sah einen Mann darauf. Sie hatten auf dem Salondeck daran gearbeitet, es aufs Wasser zu lassen, als die Wellen es vom Deck gespült hatten. Sie hielten sich am Boot fest. Als ich wieder auf die Oberfläche kam, schwamm ich hin.

Senator Bourne: Trugen Sie eine Schwimmweste?

Collins: Ja. Ich war nur ungefähr vier oder fünf Yards entfernt. Ich schwamm hinüber und kletterte drauf.

Senator Bourne: Wieviele befanden sich auf dem Faltboot?

Collins: Nun, das kann ich nicht genau sagen, aber ich bin sicher, daß es mehr als 15 oder 16 waren.

Senator Bourne: Halfen Sie Ihnen?

Collins: Nein, sie beobachteten alle das Schiff. Ich hatte nicht viel zu tun. Alles, was ich tun mußte, war draufzuspringen. Wir trieben ungefähr zwei Stunden auf dem Wasser.

Senator Bourne: Als Sie das Kind im Arm hatten und zu diesem Faltboot gingen, das im Begriff stand aufs Wasser gelassen zu werden, warum kletterten Sie da nicht hinein?

Collins: Sir, wir hatten nicht die Zeit. Sie hatten es noch nicht vom Deck, als wir runtergespült wurden.

Senator Bourne: Sahen Sie nach der Kollision und bevor die Boote aufs Wasser gelassen wurden, irgendein Licht auf dem Wasser?

Collins: Nein.

Senator Bourne: Nachdem die Boote auf dem Wasser waren, sahen Sie da Lichter, von denen Sie glaubten, daß sie von einem Schiff stammten?

Collins: Ja, drei Boote wurden aufs Wasser gelassen.

Senator Bourne: Ich meine nicht Ihre eigenen Boote, ich meine Lichter von diesen Booten entfernt. Sahen Sie irgendein Licht in der Entfernung?

Collins: Ich hatte das Kind im Arm und ich sah in Richtung Heck, und ich sah ein grünes Licht.

Senator Bourne: Was glauben Sie, was es war? Eines Ihrer eigenen Boote?

Collins: Nein. Ich dachte nicht weiter darüber nach, bis die Heizer und Matrosen kamen und sagten, daß es ein Boot sei.

Senator Bourne: Ein Schiff?

Collins: Ja.

Senator Bourne: Was wurde daraus?

Collins: Es verschwand.

Senator Bourne: Wie lange war es sichtbar?

Collins: Ungefähr 20 Minuten oder eine halbe Stunde. Ich bin sicher, daß es da war.

Senator Bourne: Wie weit, würden Sie sagen, von der Titanic entfernt?

Collins: Ich schätze, es könnten vier Meilen sein. Ich bin sicher drei oder vier Meilen.

Senator Bourne: Sie sagten, Sie seien von einer Welle vom Deck der Titanic gespült worden?

Collins: Ja.

Senator Bourne: Wie lange nach dem sich der Unfall ereignet hatte, würden Sie sagen, sind Sie von Deck gespült worden?

Collins: Nun, ich kann es nicht sagen. Ich bin sicher, es war kurz vor ein Uhr.

Senator Bourne: Ging das Schiff unter, als sie heruntergespült wurden?

Collins: Ja, es sank.

Senator Bourne: Als Sie aus dem Wasser auf dieses Faltboot kamen, sahen Sie da irgendeinen Beleg dafür, daß das Schiff unterging?

Collins: Tat ich, ich sah das Heck.

Senator Bourne: Wo waren Sie auf dem Boot, als Sie vom Schiff gespült wurden?

Collins: Mittschiffs.

Senator Bourne: Sie sahen das Heck, nachdem Sie auf das Faltboot geklettert waren?

Collins: Ja.

Senator Bourne: Sahen Sie den Bug?

Collins: Nein.

Senator Bourne: Wie weit, Ihrer Schätzung nach, waren Sie vom Heck entfernt, als Sie auftauchten und auf das Faltboot kletterten?

Collins: Wir waren ungefähr - ich kann nicht sagen wie weit ich von der Titanic entfernt war, als ich auftauchte. Ich war nicht weit weg, weil ihre Lichter da ausgingen. Ihre Lichter gingen aus, als das Wasser ungefähr mittschiffs stand.

Senator Bourne: Wenn ich recht verstehe, befanden Sie sich mittschiffs am Bug als das Schiff unterging?

Collins: Ja.

Senator Bourne: Sie wurden von einer Welle heruntergespült. Sie waren, wie Sie selbst denken, zwei bis drei Minuten unter Wasser und schwammen dann die fünf bis sechs Yards zu

dem Faltboot und kletterten darauf. Das Heck des Schiffs war noch auf dem Wasser?

Collins: Das Heck des Schiffs war noch auf dem Wasser.

Senator Bourne: Die Lichter brannten?

Collins: Ich tauchte auf und sah mich um und sah die Lichter und nichts mehr. Und dann blickte ich vor mich, sah das Faltboot und schwamm dorthin.

Senator Bourne: Nachdem Sie im Boot waren, sahen Sie da Lichter auf der Titanic?

Collins: Nein.

Senator Bourne: Als Sie im Wasser waren, nach Ihrem Auftauchen, da sahen Sie Lichter auf der Titanic?

Collins: Als ich auftauchte. Ihr Bug war im Wasser. Sie war nicht explodiert. Ihr Bug war im Wasser, ich sah mich um und sah die Lichter.

Senator Bourne: War sie in zwei Teile zerbrochen?

Collins: Ihr Bug war im Wasser, und ihr Heck war oben.

Senator Bourne: Aber Sie sahen nicht, wie sie zerbrach? Sie dachten nicht, daß sie in zwei Teile zerbrochen war?

Collins: Ihr Bug war im Wasser. Sie explodierte im Wasser. Sie explodierte einmal im Wasser, und ihr Heck war auf dem Wasser. Und mit der Explosion kam das Heck nach oben.

Senator Bourne: Sie sahen es, während es oben war?

Collins: Ja, ihr Heck war auf dem Wasser.

Senator Bourne: Wie lange?

Collins: Ich bin sicher, es trieb für mindestens eine Minute.

Senator Bourne: Brannten die Lichter noch?

Collins: Nein, die Lichter waren aus.

Senator Bourne: Wie konnten Sie es sehen?

Collins: Ich war zu jenem Zeitpunkt auf dem Faltboot.

Senator Bourne: Wenn es dunkel war, wie konnten Sie sehen?

Collins: Wir waren nicht zu weit entfernt. Ich sah das Weiße am Schornstein. Dann drehte sie sich wieder und versank.

Senator Bourne: Es gab nicht viele Wellen zur Zeit des Unglücks?

Collins: Es war so ruhig wie jenes Regal.

Senator Bourne: Wo kam Ihrer Meinung nach die Welle her, die Sie über Bord wusch?

Collins: Von dem Sog, der entstand, als der Bug unter Wasser ging.

Senator Bourne: Und die Wellen brachen über das Heck und spülten Sie herunter?

Collins: Spülten die Decks leer.

Senator Bourne: Wieviele waren da bei Ihnen und wurden heruntergespült?

Collins: Es waren Hunderte auf der Steuerbordseite.

Senator Bourne: Und Sie glauben, jeder von den Hunderten wurde ins Wasser gespült?

Collins: Ja, sie wurden ins Wasser gespült.

Senator Bourne: Es gab den Befehl, daß jeder Passagier und jedes Besatzungsmitglied eine Schwimmweste tragen mußte?

Collins: Ja.

Senator Bourne: Was geschah mit den Hunderten, die zur gleichen Zeit wie Sie heruntergespült wurden?

Collins: Ich schaffte es auf das Floß. Ich konnte sehen, als ich auf das Floß kletterte. Ich sah das Heck des Schiffs, und ich sah eine Menge Menschen, Wrackteile, und ich hörte Schreie.

Senator Bourne: Im Wasser?

Collins: Im Wasser.

Senator Bourne: Wieviele wurden neben Ihnen aus dem Wasser gerettet und kamen auf das Boot, in dem Sie sich befanden? Das war die Nummer 16?

Senator Bourne: Nein, das Boot, auf dem ich mich befand, war nicht die Nummer 16.

Senator Bourne: Welche Nummer hatte es?

Collins: Es war ein Faltboot.

Senator Bourne: Nicht numeriert?

Collins: Nein, nicht das ich wüßte.

Senator Bourne: Die Faltboote waren nicht numeriert?

Collins: Nein.

Senator Bourne: Wieviele von denen, die mit Ihnen zusammen vom Schiff gespült wurden, schafften es mit Ihnen auf das Boot?

Collins: Nun, das Boot stammte vom Salondeck, und die Welle spülte es herunter und drehte es um. Es trieb kopfüber, und wir standen.

Senator Bourne: Sie standen auf dem Boden des Boots?

Collins: Ja.

Senator Bourne: Weil das Boot gedreht worden war?

Collins: Ja.

Senator Bourne: Wieviele schafften es mit Ihnen auf den Boden?

Collins: Wir halfen vier Leuten.

Senator Bourne: Also fünf. Vier neben Ihnen?

Collins: Oh, es waren mehr.

Senator Bourne: Ungefähr 15, als Sie draufkletterten?

Collins: Exakt.

Senator Bourne: Was taten Sie dann?

Collins: Wir trieben herum. Wir trieben, ich bin sicher, anderthalb Meilen von der Titanic weg, also wo sie unterging. Es gab da ein Rettungsboot, daß ein grünes Licht hatte, und wir dachten, es wäre ein Schiff, nachdem die Titanic gesunken war. Wir dachten das grüne Licht wäre ein Schiff, und wir begannen zu rufen. Alles, was wir sahen, war das grüne Licht. Wir trieben ungefähr zwei Stunden, als wir die Lichter der Carpathia sahen. Wir sahen die Toppmastlichter. Dann kam Tageslicht, und wir sahen unsere Rettungsboote, und wie nahe wir ihnen waren. Wir waren ungefähr von diesem Fenster hier bis dahin, fast gegenüber. Aber im Dunkeln konnten wir sie nicht sehen. Als es hell wurde, riefen wir, und ein Boot kam und übernahm die ganze Ladung von dem Faltboot. Dann kam die Carpathia in Sicht. Wir sahen die Masttopplichter zuerst und dann die Lichter an Steuer- und Backbord. Als sie in unsere Nähe kam, sahen wir sie und wußten nicht welches Schiff es war. Dann war da eines unserer Boote mit einem Segel, und wir setzten Segel. Der Kerl, der das Boot führte, setzte das Segel. Als er das Segel setzte, sagte er uns, er würde wiederkommen und uns in Schlepp nehmen. Er tat, was er sagte. Aber wir ruderten zur Carpathia, und wann immer wir in Wrackteile gerieten, ruderten wir weiter. Der Wind nahm zu, die Wellen kamen und wir ruderten mit allem, was wir hatten. Dann ertönte das Horn der Carpathia, und wir alle sahen die Carpathia. Sie stoppte an dem einen Platz. Wir waren ungefähr eine Meile von ihr entfernt, und sie machte keine Anstalten, zu uns zu kommen. Sie stoppte an dem einen Platz und ließ, glaube ich, ein oder zwei eigene Boote zu Wasser, als eines unserer Boote, das Segelboot, an der Seite festmachte.

Senator Bourne: Warum ließ die Carpathia Boote zu Wasser, wo doch keines Ihrer Boote in Not war?

Collins: Um einige der Körper aufzunehmen, die an ihre Seite gespült worden waren. . .

Senator Bourne: Weigerten sich die Männer auf dem Faltboot, andere Leute an Bord kommen zu lassen?

Collins: Nur einmal. Wenn noch ein Herr hinaufgekommen wäre, wären wir alle ins Wasser gefallen. Wir waren alle auf dem Boot. Einer rannte immer von einer Seite zur anderen, um es im Gleichgewicht zu halten. Hätte dieser eine Mann es nach oben geschafft, hätte er uns alle heruntergeworfen.

Senator Bourne: Wer hielt ihn ab?

Collins: Wir alle sagten ihm, er solle nicht an Bord kommen. Er sagte: „In Ordnung, Jungs, bleibt ruhig." Er sagte: „Gott segne Euch." Er verabschiedete sich und schwamm noch ungefähr zwei Minuten. Wir sahen ihn, aber er bewegte sich nicht. Wir sahen seinen Kopf, aber nicht, wie er die Hände bewegte. Dann wurden wir auf eine andere Straße gebracht.

Senator Bourne: Es gab nur diesen einen Moment, als einer heraufwollte?

Collins: Es gab andere, die versuchten heraufzukommen, aber wir ließen sie nicht. Ein großer Ausländer kam, ich glaube, er war Holländer. Er kam ans Heck und hing die ganze Zeit an mir.

Senator Bourne: Wurde er gerettet?

Collins: Er wurde.

Senator Bourne: Dann kamen alle, die versuchten hinaufzukommen, auch hinauf, bis auf diesen einen Fall?

Collins: Nur einer.

Senator Bourne: Das war, als Sie alle auf dem Boot hatten, die es tragen konnte?

Collins: Ja.

Senator Bourne: Er wurde nicht heruntergestoßen, sondern gebeten nicht zu versuchen hinaufzukommen?

Collins: Ja.

Senator Bourne: Und er nahm es hin?

Collins: Ja.

Senator Bourne: Sie wissen nicht, ob er gerettet wurde oder nicht?

Collins: Nein, ich glaube nicht, daß er es geschafft hat.

Senator Bourne: Sie sagen, daß war Ihre erste Überfahrt?

Collins: War es.

Senator Bourne: Überhaupt?

Collins: Überhaupt.

Zeuge: Frederick Clench
Vollmatrose aus Southampton, England

Kern der Aussage: Der Fünfte Offizier Lowe feuerte Warnschüsse ab, um die Massen an den Rettungsbooten zu kontrollieren. Sein Rettungsboot half dem kopfüber treibenden Boot, auf dem sich der Zweite Offizier Lightoller und der Funker Bride befanden..

Senator Bourne: Könnten Sie bitte auf Ihre Art erklären, was vor und nach der Katastrophe geschah?

Clench: Ich schlief in meiner Koje, als der Unfall geschah und wurde von dem knirschenden und kratzenden Geräusch geweckt. So als ob es gegen etwas schlagen würde.

Senator Bourne: Sie schliefen fest?

Clench: Ich schlief fest.

Senator Bourne: Haben Sie einen festen Schlaf?

Clench: Nein, es braucht nicht viel, um mich zu wecken. Ich habe einen leichten Schlaf. Wenn mich irgend jemand berührt, springe ich hoch. Natürlich zog ich meine Hosen an und ging an der Steuerbordseite auf das Schutzdeck zwischen Bug und der ersten Ladeluke. Dort sah ich viel Eis.

Senator Bourne: Auf dem Deck selbst?

Clench: Auf dem Deck selbst.

Senator Bourne: Welches Deck war das?

Clench: Das Schutzdeck zwischen Bug und der ersten Ladeluke, dem Welldeck. Danach ging ich wieder in den Gang unter dem Vordeck, um meine Schuhe anzuziehen. Jemand sagte zu mir: „Hörst Du das Rauschen des Wassers?" Ich sagte, „nein". Sie sagten: „Sieh mal unter die Luke." Ich sah hinein und sah die Persenning gewölbt, als ob es viel Wind darunter geben würde. Und ich hörte das Rauschen des Wassers.

Senator Bourne: Sie hörten es?

Clench: Ja.

Senator Bourne: Wann nach dem Aufprall? Wieviele Minuten würden Sie sagen?

Clench: Ich würde sagen zehn Minuten.

Senator Bourne: Nachdem Sie aufgewacht waren?

Clench: Nachdem ich wach war. Ich ging nach unten und zog meinen Guernsey, meinen runden Hut an und dann rauchte ich erst mal.

Senator Bourne: Unten im Vordeck?

Clench: Unten im Vordeck.

Senator Bourne: Obwohl Sie das hereinströmende Wasser gesehen haben?

Clench: Ich hatte das Wasser gesehen, aber gedacht, daß es in Ordnung sei.

Senator Bourne: Sie glaubten nicht, daß sie sinken würde, Herr Clench?

Clench: Ich dachte dann nicht, daß sie sinken würde. Dann, nachdem ich meine Pfeife angemacht hatte, hörte ich die Pfeife des Bootsmann mit dem Befehl alle Mann an Deck. Wir gingen nach oben, und er befahl alle Hände auf das Bootsdeck. Wir gingen auf das Bootsdeck, und als wir dort eintrafen, befahl er uns auf Steuerbord, um dort alle Rettungsboote aufzudecken. Ich ging zu Boot Nummer elf löste die Abdeckung, und gerade als ich damit begann, tauchte ein Offizier auf.

Senator Bourne: Sie waren für Nummer elf eingeteilt?

Clench: Nein, Nummer vier war mein Boot. Wir waren dahingeschickt worden, um das Boot aufzudecken, als ein Offizier vorbeikam und mich auf der Backbordseite einsetzte.

Senator Bourne: Welche Nummer hatte denn nun das Boot, in dem Sie sich befanden?

Clench: Nummer zwölf.

Senator Bourne: Wieviele Passagiere befanden sich darin?

Clench: Zwischen 14 und 15 in unserem.

Senator Bourne: Und nur zwei Matrosen?

Clench: Zwei Matrosen.

Senator Bourne: Keine anderen Besatzungsmitglieder?

Clench: Keine Besatzungsmitglieder, es gab nur einen männlichen Passagier in unserem Boot, einen Franzosen, der hereingesprungen war, und den wir nicht finden konnten.

Senator Bourne: Wo war er?

Clench: Unter der Ruderbank, bei den Frauen. Natürlich konnten wir ihn nicht suchen, als wir aufs Wasser gelassen wurden.

Senator Bourne: Er kam ins Boot, bevor Sie es herunterließen?

Clench: Bevor ich es herunterließ.

Senator Bourne: Ohne Ihr Wissen?

Clench: Ohne unser Wissen.

Senator Bourne: Wie, glauben Sie hat er es geschafft?

Clench: Das kann ich nicht sagen. Wir achteten natürlich auf die Taue und sahen zu, daß es glatt aufs Wasser kam.

Senator Bourne: Der Rest der Passagiere waren Frauen und Kinder?

Clench: Frauen und Kinder.

Senator Bourne: Sie ruderten ungefähr eine Viertelmeile vom Schiff weg?

Clench: Ungefähr eine Viertelmeile.

Senator Bourne: Dann ruhten Sie auf den Riemen?

Clench: Dann ruhten wir auf den Riemen.

Senator Bourne: Den Anordnungen entsprechend?

Clench: Den Anordnungen entsprechend.

Senator Bourne: Was geschah dann? Wie lange ruhten Sie und was taten Sie, nachdem Sie wieder ruderten?

Clench: Wir ruderten, und dann tauchte dieser Offizier auf, nachdem das Schiff untergegangen war. Er verteilte einige seiner Leute in unsere beiden Boote. Ich kann die Nummer des anderen Bootes nicht sagen, aber er verteilte seine Leute in unsere, damit er ein leeres Boot hatte, um nach im Wasser treibenden Leuten zu suchen.

Senator Bourne: Konnten Sie von Ihrem Boot aus irgend jemand im Wasser treiben sehen?

Clench: Habe niemals jemanden gesehen.

Senator Bourne: Sahen Sie, wie das Schiff unterging?

Clench: Ja.

Senator Bourne: Ungefähr eine Viertelmeile entfernt?

Clench: Ungefähr eine Viertelmeile entfernt.

Senator Bourne: Sank es mit dem Bug zuerst?

Clench: Mit dem Bug zuerst, ja.

Senator Bourne: Zerbrach es in zwei Teile?

Clench: Das kann ich nicht sagen.

Senator Bourne: War die Entfernung zu groß für Sie, um zu sehen, ob sich Passagiere auf dem Heck befanden?

Clench: Man konnte keine kleinen Objekte ausmachen. Die Lichter waren alle aus.

Senator Bourne: Hörten Sie Schreie von Menschen im Wasser?

Clench: Ja, es gab furchtbare Schreie und Rufen

und Brüllen und all das. Natürlich sagte ich den Frauen in den Booten, ruhig zu bleiben und tröstete sie ein wenig. Ich sagte ihnen, es wären die Männer in den Booten, die sich etwas zuriefen, damit sie sich nicht zu weit voneinander entfernten.

Senator Bourne: Sie sahen sich nicht um?

Clench: Ich sah niemanden im Wasser, weder tot noch lebendig.

Senator Bourne: Sie sahen keine Wrackteile in Ihrer Nähe?

Clench: Nein, wir sahen nie Wrackteile in unserer Nähe.

Senator Bourne: Wie lange blieben Sie eine Viertelmeile vom Schiff entfernt? Blieben Sie da länger oder ruderten Sie weiter?

Clench: Nein, wir blieben da bis, ich würde sagen, vier Uhr.

Senator Bourne: Also anderthalb Stunden?

Clench: Ja, es war kurz nachdem wir die Frauen von Herrn Lowes Boot übernommen hatten und er sagte, er wolle zur Unglücksstelle rudern, um zu sehen, ob er noch jemanden finden könne.

Senator Bourne: Wieviele Leute befanden sich in Ihrem Boot, nachdem Sie einige der Leute aus Herrn Lowes Boot übernommen hatten?

Clench: Ich würde sagen, wir hatten dann ungefähr knapp 60.

Senator Bourne: Gefüllt?

Clench: Ja, wir waren ziemlich gut gefüllt.

Senator Bourne: Welche Richtung gab Ihnen Herr Lowe auf?

Clench: Er sagte uns, wir sollten auf unseren Riemen liegen und zusammenbleiben, bis er zurückkehrte.

Senator Bourne: In der Zwischenzeit machte er sich auf, um zu sehen, ob er noch jemanden retten konnte?

Clench: Ja, und während Herr Lowe unterwegs war, hörte ich Rufe. Ich blickte herum und sah ein Boot, das wie ein Schornstein aussah. Wir begannen, uns zurückzuziehen. Wir dachten, es sei der obere Teil eines Schornsteins. Ich blickte über das Dollbord und blickte auf die Wasseroberfläche und sah einige Männer auf einem Floß. Dann hörte ich zwei Pfeifen. Ich sang „Aye, Aye, ich komme rüber." Wir ruderten hinüber und fanden heraus, daß es sich um ein

Floß handelte - nicht genau um ein Floß, sondern um ein kopfüber treibendes Boot, auf dem sich Herr Lightoller befand. Ich glaube, ich weiß nicht, ob ich Recht habe oder nicht, er war dort auch der Funker. Wir nahmen sie an Bord und teilten den Platz, den wir hatten.

Senator Bourne: Wieviele befanden sich auf jenem Boot?

Clench: Ich würde sagen um die 20.

Senator Bourne: So daß Sie ungefähr 60 hatten, als Sie sie retteten und dann noch zehn übernahmen?

Clench: Ja, das machte dann ungefähr 70 in meinem Boot.

Senator Bourne: Die 60 waren alles Frauen und Kinder, außer einem Mann und ihre Kollegen?

Clench: Ich und mein Kumpel - als wir vom Schiff ablegten, aber bei der Verteilung übernahmen wir einige von Herrn Lowes Boot. Es waren alles Männer, die wir von dem Floß oder dem umgedrehten Boot übernahmen. Es war eigentlich ein Floß - mehr als alles andere.

Senator Bourne: War das eines der Faltboote, das umgekippt war?

Clench: Einige nennen sie Faltboote und andere Brandungsboote.

Senator Bourne: Aber es war kopfüber?

Clench: Kopfüber.

Senator Bourne: Sie standen alle auf dem Boden?

Clench: Auf dem Boden des Bootes. Herr Lightoller kam bei uns an Bord. Sie waren alle durchnäßt. Offensichtlich waren sie im Wasser gewesen.

Senator Bourne: Was taten Sie dann?

Clench: Herr Lightoller übernahm uns und sah die Lichter der Carpathia. Wir ruderten dann in diese Richtung. Wir mußten eine ganz schöne Entfernung zur Carpathia rudern, weil da noch Boote vor uns waren, und wir ein Boot in Schlepp hatten und dann noch die ganzen Leute an Bord. . .

Senator Bourne: Hörten Sie Schüsse?

Clench: Ja, Her Lowe war in Boot Nummer 14 und er sang: „Jeder, der versucht, in diese Boote zu kommen, während wir sie herunterlassen, wird von mir erschossen." Und dann schoß er dreimal.

Senator Bourne: Schoß er auf jemanden?

Clench: Er schoß ins Wasser.

Senator Bourne: Er schoß auf niemanden?

Clench: Nein, er schoß nur, um die Leute zu ängstigen.

Senator Bourne: Gab es nach den Schüssen irgendwelche Versuche, an Bord zu kommen?

Clench: Nein.

Senator Bourne: Es gab keine Verwirrung?

Clench: Absolut keine Verwirrung. Alles lief, als wäre es eine Übung in Southampton.

Senator Bourne: Gab es Kritik von den Männern, daß die Offiziere inkompetent waren oder daß es Trinkereien gegeben hätte oder daß man irgend jemand für das Desaster verantwortlich machen könnte?

Clench: Nein, ich kann nichts dergleichen sagen.

Senator Bourne: Sie haben davon nichts gehört?

Clench: Ich habe nichts davon gehört. Und was Trunksucht angeht, so hat man selten so was auf einem solchen Boot gesehen. Ich meine, man kann nichts zu trinken bekommen, also muß man Abstinenzler werden. . .

Zeuge: Samuel S. Hemming, 43

Matrose aus Southampton, England

Kern der Aussage: Nach der Kollision verbreitete ein Kollege die Nachricht, daß Thomas Andrews, der Konstrukteur der Titanic, der später ertrank, ihm anvertraut habe, das Schiff sei dem Untergang geweiht. Hemming erzählte, wie er ohne Schwimmweste 200 Yards durch die eiskalte See zu einem Rettungsboot geschwommen sei.

Senator Smith: Wo waren Sie in der Nacht des Unglücks?

Hemming: In meiner Koje.

Senator Smith: Schliefen Sie?

Hemming: Ja.

Senator Smith: Wurden Sie von jemanden geweckt?

Hemming: Ich wurde von dem Aufprall geweckt.

Senator Smith: Was taten Sie, nachdem Sie geweckt worden waren?

Hemming: Ich stand auf und steckte meinen Kopf durch das Bullauge, um zu sehen, was wir gerammt hatten. Ich machte zum Lagerverwalter die Bemerkung: „Es muß Eis gewesen sein. Ich sehe nichts."

Senator Smith: Warum dachten Sie, daß es Eis gewesen sein muß?

Hemming: Weil ich nichts sehen konnte.

Senator Smith: Sie meinen, Sie sahen nach den Lichtern eines anderen Schiffs, und nachdem Sie nichts gesehen hatten, dachten Sie es wäre Eis gewesen?

Hemming: Ja.

Senator Smith: Hatten Sie in diesem Teil des Ozeans jemals Eis gesehen?

Hemming: Nein.

Senator Smith: Hatten Sie diesen Teil bereits vorher befahren?

Hemming: Ja.

Senator Smith: Was taten Sie dann?

Hemming: Ich ging unter das Vordeck, um zu sehen, woher das zischende Geräusch kam.

Senator Smith: Was fanden Sie?

Hemming: Nichts.

Senator Smith: Fahren Sie fort und erzählen uns, was Sie taten.

Hemming: Ich sah nichts. Ich öffnete den vorderen Lagerraum, und der Vorratsverwalter und ich stiegen hinunter bis zu den Tanks und fanden alles trocken vor. Ich kam nach oben und fand heraus, woher das zischende Geräusch herkam. Es war Luft, die aus der Tankentlüftung entwich.

Zu dieser Zeit kam der Chef-Offizier, Herr Wilde, ans Klüsenrohr und fragte mich, was es sei. Ich sagte: „Die Luft entweicht aus dem vorderen Tank. Sie nimmt Wasser im vorderen Tank auf, aber der Lagerraum ist trocken." Er sagte: „In Ordnung", und ging weiter.

Senator Smith: Was taten Sie dann?

Hemming: Ich ging zurück und legte mich hin.

Senator Smith: Wollen Sie damit sagen, daß Sie in Ihre Koje gingen und Schlafen gingen?

Hemming: Der Vorratsverwalter und ich gingen in unsere Kojen.

Senator Smith: Wie lange blieben Sie in Ihren Kojen?

Hemming: Wir waren nur ein paar Minuten in unseren Kojen. Dann kam ein Tischler und sagte: „An Eurer Stelle würde ich aufstehen. Sie nimmt Wasser auf eins, zwei, drei, und der Squashplatz läuft bereits voll."

Als er ging, kam der Bootsmann und sagte: „Steht auf, Jungs. Ihr habt noch eine halbe Stunde zu leben." Er sagte: „Das kommt von Herrn (Thomas) Andrews." Er sagte: „Behaltet das für Euch und laßt es niemanden wissen."

Senator Smith: Herr Andrews gehörte zur Firma Harland & Wolff, die das Schiff gebaut hatte?

Hemming: Ja.

Senator Smith: Wie lange, nachdem das Schiff das Eis gerammt hatte, war das?

Hemming: Ungefähr eine Viertelstunde, nachdem Sie das Eis gerammt hatte.

Senator Smith: Was taten Sie dann?

Hemming: Ich ging an Deck, half, die Boote herauszuschwenken.

Senator Smith: Auf welcher Seite des Decks?

Hemming: Auf der Backbordseite.

Senator Smith: Zu welchem Boot gingen Sie? Wo waren Sie eingeteilt?

Hemming: Mein Einsatzort war Boot Nummer 16 auf der Bootsliste.

Senator Smith: Zu welchem Boot gingen Sie?

Hemming: Ich ging und half sie herauszuschwenken. Begann mit dem vordersten Boot und arbeitete mich dann nach hinten.

Senator Smith: Halfen Sie, die Boote herauszuschwenken?

Hemming: Ja . . . ich ging aufs Bootsdeck. Sie schwenkten die Boote heraus. Als ich aufs Deck kam, ging ich dahin, wo die wenigsten Männer waren und half, die Boote herauszuschwenken. Dann ging ich zu den Booten auf der Backbordseite, um das gleiche zu tun, bis mir Herr Lightoller zurief: „Komm mit mir. Hol einen anderen guten Mann." Ich sagte: „Foley ist hier irgendwo." Er sagte: „Ich habe keine Zeit wegen Foley zu stoppen." Daher rief er einen anderen Mann und sagte: „Folgt mir."

Senator Smith: Einen Passagier?

Hemming: Nein, einen Matrosen. Er sagte: „Folgt mir." Wir folgten ihm also und er sagte: „Haltet Euch bereit, dieses Boot herunterzulassen." Es war das Boot Nummer vier. Wir ließen das Boot zum A-Deck herunter, als ich den Befehl vom Kapitän erhielt, zu kontrollieren, ob alle Boote mit Lichtern ausgestattet waren.

Senator Smith: Was taten Sie dann danach?

Hemming: Nachdem ich mit den Leuchten fertig war, nach meinem letzten Rundgang, begannen sie damit, die Faltboote aufs Wasser zu bringen. Ich ging und half Herrn Lightoller dabei. Nachdem das Boot auf dem Wasser war, ging ich aufs Dach der Offizier-Unterkunft und half,

das Backbordfaltboot freizumachen. Danach ging ich auf die Steuerbordseite. Das Steuerbord-Faltboot war gerade heruntergelassen worden.

Senator Smith: Meinen Sie herunterlassen oder herunterdrücken?

Hemming: Heruntergelassen. Es hatte vom Schiff abgelegt.

Senator Smith: Dann was?

Hemming: . . . Ich ging zur Brücke und sah, wie das Wasser zur Brücke hochkletterte. Ich ging und blickte auf die Steuerbordseite, und alles war schwarz. Ich ging auf die Backbordseite und sah ein Boot backbords. Ich ging die Backbordseite entlang zu den Davits, ließ mich an einem Tau herunter, schwamm zu dem Boot und kam hinein.

Senator Smith: Wenn Sie sagen, daß alles schwarz aussah, dann meinen Sie, daß keine Boote in Sicht waren?

Hemming: Auf der Steuerbordseite war alles schwarz. Ich konnte keine Boote sehen.

Senator Smith: Sie schwammen zu dem Boot, das Sie sahen?

Hemming: Ja.

Senator Smith: Wie weit war es von der Titanic entfernt?

Hemming: Ungefähr 200 Yards.

Senator Smith: Schwammen Sie die 200 Yards?

Hemming: Ja.

Senator Smith: Trugen Sie eine Schwimmweste?

Hemming: Nein.

Senator Smith: Als Sie das Boot erreicht hatten, was fanden Sie da vor?

Hemming: Ich versuchte, die Halteleine am Bug zu erreichen, die war aber zu hoch für mich. Ich schwamm also herum und bekam die Halteleine in der Mitte des Boots zu fassen.

Senator Smith: Was taten Sie dann?

Hemming: Ich steckte meinen Kopf über das Dollbord und sagte: „Hilf mir mal, Jack." Foley war im Boot. Ich sah, wie er im Boot stand. Er sagte: „Bist Du das, Sam?" Ich sagte: „Ja" und er und die Frauen und die Kinder zogen mich ins Boot.

Senator Smith: Wer war für das Boot verantwortlich?

Hemming: Perkis, Quartiermeister.

Senator Smith: Und sie zogen Sie hinein?

Hemming: Ja.

Senator Smith: Was fanden Sie in dem Boot vor?

Hemming: Es war voller Frauen.

Senator Smith: Wieviele?

Hemming: Ungefähr 40.

Senator Smith: Wieviele Männer waren da?

Hemming: Es gab vier Männer.

Senator Smith: Wer waren sie?

Hemming: Quartiermeister Perkis, und dann gab es noch Foley, den Vorratsverwalter und McCarthy.

Senator Smith: Ein Seemann?

Hemming: Ein Seemann und dann noch einen Heizer.

Senator Smith: Wie hieß er?

Hemming: Ich kenne seinen Namen nicht, Senator.

Senator Smith: Waren Kinder an Bord?

Hemming: Ja, es waren Kinder an Bord.

Senator Smith: Wieviele?

Hemming: Zwei junge Damen und ein kleines Mädchen.

Senator Smith: Alles zusammen befanden sich dort also 40 Frauen und Männer und zwei oder drei Kinder?

Hemming: Ich sah die Babys erst, als wir auf der Carpathia waren. Ich sah die Babys überhaupt nicht, als ich in das Boot kam.

Senator Smith: Aber sie befanden sich im Boot?

Hemming: Ja.

Senator Smith: Und wieviele Kinder waren da nun?

Hemming: Drei, ich glaube, es waren drei. Ich bin mir nicht sicher, aber ich denke, es waren drei.

Senator Smith: Dann würde ich sagen, befanden sich 47 Menschen auf diesem Boot?

Hemming: Nein, keine 47.

Senator Smith: Wieviele?

Hemming: Alle zusammen um die 40, würde ich sagen.

Senator Smith: Was geschah, nachdem Sie ins Boot gekommen waren?

Hemming: Sie waren dabei, aus der Zone zu kommen, in der das Schiff sinken würde.

Senator Smith: Sie kehrten nicht an die Seite des Schiffs zurück?

Hemming: Nein.

Senator Smith: Überhaupt nicht?

Hemming: Nein.

Senator Smith: Oder zu der Stelle, an der das Schiff sank?

Hemming: Nachdem das Schiff untergegangen war, ruderten wir zurück und nahmen sieben auf.

Senator Smith: Wer waren sie?

Hemming: Das kann ich nicht sagen.

Senator Smith: Wer sonst?

Hemming: Stewards, Heizer, Matrosen und ein oder zwei Männer, Passagiere. Ich könnte nicht genau sagen, wer sie waren. Auf jeden Fall weiß ich, es waren zusammen sieben.

Senator Smith: Nennen Sie, soweit Sie es können, Namen.

Hemming: Ein Matrose hieß Lyons und dann noch ein oder zwei Passagiere und ein oder zwei Heizer. Dillon, ein Heizer, war einer von ihnen.

Senator Smith: Die anderen von der Mannschaft können Sie sich erinnern, einen von ihnen aus dem Wasser geholt zu haben?

Hemming: Den Vorratsverwalter.

Senator Smith: Seinen Namen?

Hemming: Es war der Vorratsverwalter der Stewards.

Senator Smith: Erinnern Sie sich an seinen Namen?

Hemming: Nein, ich erinnere mich nicht an seinen Namen.

Senator Smith: Wer sonst noch?

Hemming: Das sind alle, die ich weiß.

Senator Smith: Sie sagten, zwei männliche Passagiere waren auf Ihrem Boot?

Hemming: Ich sagte, einer oder zwei. Ich könnte es nicht genau sagen. Ich denke, es waren zusammen sieben Männer. Das ist alles, was ich weiß.

Senator Smith: Wissen Sie, wer diese Passagiere waren?

Hemming: Ich weiß, daß einer ein Passagier der Dritten Klasse war.

Senator Smith: Wie war sein Name?

Hemming: Ich weiß nicht.

Senator Smith: Woher war er?

Hemming: Das kann ich Ihnen nicht sagen.

Senator Smith: War er Engländer oder Amerikaner?

Hemming: Ich sprach zu ihm, aber ich glaube nicht, daß er Engländer war.

Senator Smith: Denken Sie, daß er ein Amerikaner war?

Hemming: Er sprach sehr gutes Englisch, aber ich meine, er war irgendein Ausländer.

Senator Smith: Sie holten diese sieben Männer aus dem Wasser?

Hemming: Ja.

Senator Smith: Schwammen sie zu dem Boot, oder kam das Boot zu den Männern?

Hemming: Beides. Sie schwammen zum Boot und wir ruderten in ihre Richtung.

Senator Smith: Nachdem Sie diese sieben Männer aufgenommen hatten, was taten Sie dann?

Hemming: Wir blieben da noch ein bißchen.

Senator Smith: Sahen Sie noch andere Männer?

Hemming: Nein.

Senator Smith: Hörten Sie noch mehr Schreie?

Hemming: Wir hörten die Schreie, ja.

Senator Smith: Wo? In welcher Richtung? In Richtung Titanic?

Hemming: Wir bewegten uns die ganze Zeit. Mitunter zeigte das Heck in Richtung Titanic und manchmal war der Bug des Bootes in Richtung Titanic. In dem einen Moment lagen wir in die eine Richtung und einige Minuten später in eine andere. Zuerst das Heck und dann der Bug.

Senator Smith: Warum blieben Sie noch da?

Hemming: Wir wußten nicht, was wir tun sollten.

Senator Smith: Holten Sie noch mehr Menschen aus dem Wasser?

Hemming: Nicht aus dem Wasser, nein Sir.

Senator Smith: Lebten diese Menschen, die Sie lebend aufgenommen hatten, noch beim Eintreffen auf der Carpathia?

Hemming: Nein.

Senator Smith: Wieviele starben?

Hemming: Zwei.

Senator Smith: Welche beiden?

Hemming: Lyons - und ich weiß nicht, ob er Heizer oder Steward war - ein weiterer Mann außer Lyons.

Senator Smith: Der Rest lebte?

Hemming: Ja.

Senator Smith: Wie lange nachdem Sie die Leute aus dem Wasser geholt hatten, lagen Sie dort?

Hemming: Nicht lange. Wir ruderten zu einem Licht.

Senator Smith: Sie sahen ein Licht?

Hemming: Ja, eines der Bootslichter.

Senator Smith: Sie meinen von den Rettungsbooten?

Hemming: Ja.

Senator Smith: Fahren Sie fort.

Hemming: Wir ruderten zu ihnen hinüber und blieben zusammen. Dann taten wir uns noch mit einem dritten Boot zusammen. Dann brach der Tag an und wir sahen zwei weitere Boote.

Senator Smith: Rettungsboote?

Hemming: Ja. Wir ruderten zu ihnen und machten alle mit den Fangleinen fest.

Senator Smith: Wie lange blieben Sie so?

Hemming: Dann hörten wir Rufe und sahen Männer die auf etwas standen, von dem wir dachten, daß es Eis sei.

Senator Smith: Wie weit entfernt?

Hemming: Eine halbe Meile, würde ich schätzen.

Senator Smith: Wieviele Männer?

Hemming: Da standen scheinbar schon ziemlich viele.

Senator Smith: Sagen Sie mir, wieviele ungefähr.

Hemming: Zwanzig, würde ich denken.

Senator Smith: Sie standen auf Treibeis?

Hemming: Nein, sie standen auf etwas, von dem wir dachten, es sei Eis.

Senator Smith: Was taten Sie dann?

Hemming: Zwei Boote machten sich los - unseres und ein anderes machten sich los - und ruderten zu ihnen und nahmen sie in unsere Boote.

Senator Smith: Wo fanden Sie sie?

Hemming: Auf dem Boden dieses umgekippten Bootes.

Senator Smith: Nahmen Sie alle Menschen, die sich auf diesem umgekippten Boot befanden, in Ihr Boot?

Hemming: Nein, in die beiden Boote.

Senator Smith: Sie nahmen Sie in den beiden Booten auf?

Hemming: Ja.

Senator Smith: Wieviele waren es, alle zusammen?

Hemming: Ich könnte das nicht sagen. Ich schätze ungefähr 20 standen auf diesem Boot.

Senator Smith: Standen sie oder saßen sie?

Hemming: Sie standen.

Senator Smith: Was taten Sie? Nahmen Sie einen Teil in Ihr Boot und den anderen Teil in andere?

Hemming: Ja.

Senator Smith: Wer war der verantwortliche Offizier in dem Boot, das Ihnen dabei half?

Hemming: Es gab keinen Offizier, einen Matrosen.

Senator Smith: Wie lautet sein Name?

Hemming: Ich glaube, es war Pointdexter. Ich bin mir nicht sicher, aber ich glaube, er war es.

Senator Smith: Wissen Sie welche Nummer das Boot hatte?

Hemming: Das kann ich nicht sagen.

Senator Smith: Sahen Sie einen Offizier in diesem Boot?

Hemming: Herr Lightoller war in dem umgekippten Boot.

Senator Smith: Der Zweite Offizier Lightoller war auf dem umgekippten Boot?

Hemming: Ja.

Senator Smith: Was taten Sie dann?

Hemming: Wir ruderten weg. Wir entfernten uns ein wenig. Dann ruderten wir, bis wir die Carpathia sahen, und dann ruderten wir zur Carpathia.

Senator Smith: Da war es schon Tag?

Hemming: Ja.

Senator Smith: Ruderten Sie zur Carpathia?

Hemming: Ja.

Senator Smith: Lebten dann alle Menschen in Ihrem Boot, bis sie die Carpathia erreichten?

Hemming: Ja.

Senator Smith: Sie wollen mir sagen, daß Sie die 200 oder 300 Yards von der Titanic geschwommen sind?

Hemming: Zweihundert Yards.

Senator Smith: 200 Yards ohne Schwimmweste?

Hemming: Ja.

Senator Smith: War das Wasser kalt?

Hemming: Ja, es war kalt.

Senator Smith: Litten Sie unter der Kälte?

Hemming: Es machte meine Füße und Hände wund.

Senator Smith: Warum trugen Sie keine Schwimmweste?

Hemming: Nachdem ich mein Zimmer verlassen hatte, kehrte ich nicht mehr dahin zurück.

Zeuge: Frank Oliver Evans, 27
Vollmatrose aus Southampton, England
Kern der Aussage: Evans erzählte, wie er im Boot des Fünften Offiziers Lowe ‹berlebende aus dem Wasser holte. In der Dämmerung unter Segeln in Richtung Carpathia unterwegs,

reichte eine Frau eine Taschenflasche mit Whisky herum.

Senator Smith: Ich möchte, daß Sie uns erzählen was Ihrer Kenntnis nach zwischen der Abreise in Southampton auf der Titanic bis zum Unglück und Ihrer Rettung durch die Carpathia geschah. Berichten Sie in Ihren Worten und geben Sie mir einen zusammenhängenden Bericht.

Evans: Sonntagnacht hatte ich Deckwache. Ich saß am Tisch und las in einem Buch, als ich plötzlich ein leichtes Kratzen fühlte. Ich nahm davon einige Minuten lang keine Notiz, bis einer der anderen Vollmatrosen von der anderen Seite kam und einen Klumpen Eis in seinen Händen hielt. Er sagte: „Sieh mal, was ich vorne auf dem Welldeck gefunden habe." Er schmiß es auf das Deck. Ich stieg auf die Leiter und traf einen Offizier.

Senator Smith: Welchen Offizier?

Evans: Den Fünften Offizier, glaube ich.

Senator Smith: Den Fünften Offizier? War es Lowe oder Moody?

Evans: Ich glaube, es war der Fünfte Offizier. Der Fünfte oder Sechste Offizier. Er sagte mir, ich solle nach unten gehen, den Zimmermann finden und die vorderen Schächte untersuchen, und dann auf die Brücke kommen. Ich ging runter in den Gang der Techniker, wo ich auf den Bootsmann traf. „Wen suchen Sie, Evans", fragte er mich und ich sagte: „Den Zimmermann." Er sagte: „Er ist nach oben gegangen." Und: „Was ist los?" Ich sagte: „Ich weiß nicht, ich glaube, wir haben einen Eisberg gerammt." Der Bootsmann ging dann nach oben. Wir gingen nach oben und blickten in die vordere Luke, wo sich die Persenning vom Wind aufblähte. Ich sah dann den Bootsmann wieder, der mir sagte, ich solle nach unten gehen und den Matrosen sagen, sie sollten nach oben kommen, um die Rettungsboote aufzudecken und für das Herunterlassen vorzubereiten. Ich ging mit dem Rest der Mannschaft nach oben und deckte alle Backbordboote auf. Ich ging dann zur Steuerbordseite und ließ dort mit der Unterstützung des Bootsmannes die Boote herunter.

Senator Smith: Was war die Nummer ihres Bootes?

Evans: Nummer zwölf war eigentlich mein Boot

auf der Backbordseite.

Senator Smith: Wurde Nummer zwölf mit Frauen und Kindern gefüllt.

Evans: Ja.

Senator Smith: Wieviele wurden eingeladen?

Evans: Ich würde sagen in einem groben Durchschnitt um die 50. Ein Matrose stand am Bug.

Senator Smith: Gab es andere Männer im Boot?

Evans: Nein, ich habe keine andere Männer im Boot bemerkt. Es wurde in den Davits herausgeschwenkt.

Senator Smith: Das Boot wurde heruntergelassen. Gab es irgendeinen männlichen Passagier oder irgendein männliches Mitglied der Mannschaft?

Evans: Ich habe keinen bemerkt. Nachdem wir sie im Boot hatten, fragte ich den Matrosen: „Wieviele hast Du im Boot?" Ich sagte: „Mann, wieviele hast Du in dem Boot?" Er sagte: „Hier gibt es nur mich." Ich ließ das Boot herunter, und es legte vom Schiff ab. Ich ging dann zu Nummer zehn, wo der Chefoffizier Herr Murdoch stand. Ich ließ das Boot mit der Unterstützung eines Stewards herunter. Der Chefoffizier fragte mich: „Was bist Du, Evans?" Ich sagte: „Ein Matrose, Sir." Er sagte: „In Ordnung, steig mit den anderen Matrosen in das Boot." Ich stieg also in das Boot, und ein junger Schiffsbäcker nahm die Kinder und warf sie in das Boot. Die Frauen sprangen. Herr Murdoch ließ sie springen.

Senator Smith: Wie weit?

Evans: Ungefähr zweieinhalb Fuß. Er ließ die Frauen darüber springen, und die Kinder warf er herüber, zusammen mit diesem Bäcker. Er warf sie unter die Frauen. Er fing die Kinder an den Kleidern und warf sie hinein.

Senator Smith: Wurden Kinder oder Frauen über Bord geworfen?

Evans: Eine Frau stolperte und fiel hin. Ihre Hacke muß sich in einem Tau verfangen haben, und sie fiel hin. Irgend jemand unter dem Deck fing sie auf. Ihre Hacke hatte sich im Tau verfangen, als sie sprang und sie zogen sie auf das nächste Deck. Es war eine Frau in einem schwarzen Kleid.

Senator Smith: Wissen Sie, wer sie war? Haben Sie sie danach gesehen?

Evans: Ja, sie kam wieder auf das Deck, sprang noch mal und erreichte dieses Mal das Boot.

Senator Smith: In Ihr Boot?

Evans: Ja, ins Boot Nummer zehn.

Senator Smith: Wer war sie?

Evans: Ich konnte sie in diesem Boot nicht erkennen, und ich bemerkte sie danach nicht mehr.

Senator Smith: Wir reden über das Boot Nummer zehn, in dem Sie waren.

Evans: Ja.

Senator Smith: Wieviele Leute kamen zusammen mit Ihnen hinein?

Evans: Ungefähr 60 Personen, Frauen und Kinder.

Senator Smith: Wieviele Frauen?

Evans: Ich würde sagen ungefähr 57. Es gab nur noch mich, einen anderen Matrosen und einen Steward und dann noch zwei Männer.

Senator Smith: Und wieviele Kinder?

Evans: Sieben oder acht Kinder.

Senator Smith: Wieviele Männer außer Ihnen?

Evans: Ich glaube, es waren einer oder zwei. Es gab mich und einen anderen Matrosen und einen Steward und zwei Männer.

Senator Smith: Wer waren diese Männer?

Evans: Ich weiß nicht. Einer war ein Ausländer.

Senator Smith: Ein Passagier?

Evans: Ja, ein Passagier. Der Chef-Offizier Murdoch hatte alle Frauen und Kinder von diesem Teil des Schiffs verteilt und fragte, ob es noch mehr gab. Als keine Antwort kam und das Boot gut beladen und heruntergelassen war, muß dieser Ausländer vom A-Deck hineingesprungen sein.

Senator Smith: Fing er etwas und warf sich dann in das Boot?

Evans: Nein, er sprang einfach in das Boot.

Senator Smith: Und rettete sich?

Evans: Ja.

Senator Smith: Was geschah dann? Wurde es heruntergelassen?

Evans: Es wurde heruntergelassen.

Senator Smith: Auf das Wasser?

Evans: Ja, auf das Wasser.

Senator Smith: Wenn ich Sie richtig verstehe, dann belud Herr Murdoch, der Chefoffizier war, die Boote, indem er die Frauen vom Deck in die Rettungsboote springen ließ?

Evans: Ja.

Senator Smith: Über welche Distanz?

Evans: Ungefähr zweieinhalb bis drei Fuß.

Senator Smith: Um sie hineinzubekommen?

Evans: Ja.

Senator Smith: Zögerten die Frauen einzusteigen?

Evans: Die eine oder andere Frau tat es, aber er brachte sie dazu zu springen. Er sagte ihnen, daß sie es müßten. Und schließlich taten sie es.

Senator Smith: Wissen Sie an welchem Rettungsboot Sie festmachten?

Evans: Das war Nummer zwölf.

Senator Smith: Ihr Boot?

Evans: Ich befand mich dann in Nummer zehn.

Senator Smith: Ja. Ich verstehe, aber Nummer zwölf war Ihr eigentliches Boot?

Evans: Ja, es war mein eigentliches Boot. Das war mein Einsatzort.

Senator Smith: Was waren die Nummern der anderen Boote?

Evans: Ich war in Nummer zehn, und wir hatten an Nummer zwölf festgemacht. Wir gaben dem Mann unsere Leine, machten fest und stoppten dort.

Senator Smith: Wie lange lagen Sie dort?

Evans: Wir lagen dort ungefähr eine Stunde lang, glaube ich, bis Boot Nummer 14 mit unserem Offizier kam.

Senator Smith: Welchem Offizier?

Evans: Der Fünfte Offizier, glaube ich, war es.

Senator Smith: Herr Lowe, Boot Nummer 14?

Evans: Boot Nummer 14. Er kam in Boot Nummer 14 und er sagte: „Gibt es dort Matrosen?" Wir sagten: „Ja, Sir." Er sagte: „In Ordnung, Ihr müßt diese Passagiere auf die Boote verteilen. Macht sie fest und kommt in mein Boot, um zum Unglücksort zu rudern, und alle, die noch leben, aufzusammeln." Also gingen wir in sein Boot und ruderten zum Unglücksort. Wir sammelten vier Männer ein, lebend.

Senator Smith: Wieviele Menschen befanden sich in dem Boot, als Sie zum Unglücksort ruderten?

Evans: Acht oder neun.

Senator Smith: Und Sie sammelten wieviele ein?

Evans: Wir sammelten vier lebende Personen auf.

Senator Smith: Irgendwelche Tote?

Evans: Einer starb auf dem Rückweg. Es gab viele tote Körper um uns herum.

Senator Smith: Wieviele? Massen von ihnen?

Evans: Man konnte sie kaum zählen. Ich hatte Angst über die Seitenwände zu gucken, weil meine Nerven es nicht ausgehalten hätten.

Senator Smith: Trugen diese Körper Schwimmwesten?

Evans: Ja, von hier oben (zeigt es) ragten sie aus dem Wasser. Sie waren ungefähr so (zeigt es). Sie waren einfach zugrundegegangen.

Senator Smith: War das Boot, das auf Sie zukam unter Segeln?

Evans: Nachdem wir die Unglücksstelle verlassen hatten, segelten wir zu einem anderen weiter entfernten Boot, das sich in einer Notlage befand.

Senator Smith: Das war Lowes Boot, nicht wahr?

Evans: Ja.

Senator Smith: Mit diesen vier Männern, die Sie aufgesammelt hatten, waren Sie nun 13 Männer im Boot?

Evans: 13, ja.

Senator Smith: Sahen Sie andere Menschen im Wasser oder hörten ihre Schreie?

Evans: Nein, absolut nicht. Außer diesen vier Männern, die wir aufgesammelt hatten.

Senator Smith: Hörten Sie Schreie von anderen, in Not geratenen?

Evans: Nein.

Senator Smith: Nach Hilfe?

Evans: Zuerst, als das Schiff unterging. Ich war da in Boot Nummer zehn.

Senator Smith: Als das Schiff unterging, hörten Sie diese Schreie?

Evans: Wir hörten diese Schreie, hielten sie aber für Boote, die sich von der Steuerbordseite entfernten und sich gegenseitig riefen.

Senator Smith: Um sich zu ermutigen?

Evans: Um sich zu ermutigen.

Senator Smith: Und Sie sammelten vier Menschen ein?

Evans: Vier Leute, ja.

Senator Smith: Einer von ihnen starb?

Evans: Einer starb, ja.

Senator Smith: Auf dem Weg zur Carpathia?

Evans: Er starb im Boot.

Senator Smith: Einer von ihnen starb im Boot?

Evans: Ja.

Senator Smith: War das Herr Hoyt?

Evans: Ich kann das nicht sagen. Er war ein sehr stämmiger Mann.

Senator Smith: Ein großer Mann?

Evans: Ein großer, beleibter Mann.

Senator Smith: Er war ein großer, beleibter Mann, und Sie hatten Probleme, ihn ins Boot zu holen?

Evans: Wir hatten große Probleme, ihn ins Boot zu holen.

Senator Smith: Und Sie lösten seinen Kragen, um ihm die Möglichkeit zum Atmen zu geben?

Evans: Ja.

Senator Smith: Warum kehrten Sie nicht schneller zum Unglücksort zurück?

Evans: Im Boot Nummer 14 oder im Boot Nummer zehn?

Senator Smith: Im Boot Nummer 14.

Evans: Der Offizier hatte dann die Befehlsgewalt über das Boot.

Senator Smith: Und er wollte nicht hinüber rudern?

Evans: Das kann ich nicht sagen.

Senator Smith: Er gab Ihn keinen Befehl hinüberzurudern?

Evans: Er wollte eine möglichst vollständige Mannschaft haben, um so schneller dorthin kommen zu können.

Senator Smith: Er bekam seine Mannschaft, sobald er bei Ihnen festmachte?

Evans: Ja, er machte an diesen Booten fest und wurde seine Passagiere los. Wir hatten ihn vorher nicht gesehen, so daß ich nicht weiß, was er da gemacht hat.

Senator Smith: Wieviele Männer gehörten zu seiner Mannschaft?

Evans: Seine Mannschaft in Boot Nummer 14?

Senator Smith: Ja.

Evans: Acht oder neun. Es waren Stewards und Heizer darunter.

Senator Smith: Er hatte acht oder neun, als Sie zur Unglücksstelle zurückkehrten?

Evans: Ja.

Senator Smith: Aber wieviele gehörten zu seiner Mannschaft, als Sie das Boot Nummer 14 zum ersten Mal sahen?

Evans: Kann ich nicht sagen. Ich kann Ihnen das nicht sagen. Ich habe mir nie die Mühe gemacht nachzuzählen.

Senator Smith: Was taten Sie, nachdem Sie diese vier Männer aus dem Wasser geholt hatten?

Evans: Ich blickte mich überall auf der Unglücksstelle um.

Senator Smith: Um nach Lebenden Ausschau zu halten?

Evans: Um nach Lebenden Ausschau zu halten - irgendwelche lebenden Körper.

Senator Smith: Sahen Sie Überlebende?

Evans: Nein.

Senator Smith: Aber viele Tote?

Evans: Ja.

Senator Smith: Sahen Sie tote Frauen im Wasser?

Evans: Nein, meistens Männer.

Senator Smith: War es bereits Tageslicht?

Evans: Gerade anbrechender Tag.

Senator Smith: Als Sie herausfanden, daß es keine Überlebenden mehr gab, die Sie retten konnten, warum nahmen Sie dann keine Toten an Bord? Sie hatten doch viel Platz.

Evans: Das lag am Offizier.

Senator Smith: Und was sagte er dazu?

Evans: Er sagte darüber überhaupt nichts. Er sagte: „Blickt gut herum, ob Ihr noch einen Lebenden entdeckt."

Senator Smith: Und als Sie keinen finden konnten, was sagte der Offizier dann?

Evans: Der Offizier sagte: „Setzt Segel, vorne." Ich folgte und setzte Segel.

Senator Smith: Setzt das Segel vorne?

Evans: Ja, am Vormast. Wir änderten den Kurs in Richtung auf das überschwemmte Faltboot. Auf dem Weg dahin nahmen wir noch ein anderes Boot in Schlepp, in dem sich Frauen und Kinder befanden und segelten zu dem sinkenden Boot.

Senator Smith: Warum fuhren Sie zu dem sinkenden Boot? War da jemand drauf?

Evans: Das Boot war überschwemmt.

Senator Smith: Ja, aber Sie hatten die Leute doch schon vorher da runtergeholt.

Evans: Nein, wir nahmen dieses andere Boot in Schlepp, bevor wir zu dem überschwemmten Boot segelten. Wir nahmen es auf dem Weg dahin in Schlepp.

Senator Smith: Sie fuhren zu diesem überschwemmten Boot, nachdem Sie an der Unglücksfälle waren?

Evans: Ja, wir gingen von der Unglücksstelle zu dem überschwemmten Boot.

Senator Smith: Dann nahmen Sie diese Leute auf?

Evans: Ja, von dem Boot in unseres.

Senator Smith: Und ließen das Faltboot treiben?

Evans: Ja.

Senator Smith: Wieviele Menschen befanden sich auf dem überschwemmten Boot?

Evans: Ungefähr vier von ihnen und diese eine Frau. Es waren ungefähr zwölf Männer und eine Frau.

Senator Smith: Das ergab also ungefähr 25 Menschen, einschließlich des Einen, der gestorben war?

Evans: Ja.

Senator Smith: Übernahmen Sie tote Körper von dem überschwemmten Faltboot?

Evans: Nein, wir ließen sie dort.

Senator Smith: Sie ließen sie weiter treiben?

Evans: Ja, drei von ihnen waren tot.

Senator Smith: Waren die Toten Passagiere?

Evans: Ich kann es nicht sagen. Sie lagen so auf der Ducht (zeigt es).

Senator Smith: Waren sie Ihnen bekannt?

Evans: Nein.

Senator Smith: Haben Sie sie betrachtet?

Evans: Nein, ich habe sie mir nicht angesehen. Ich half den anderen Passagieren herunter.

Senator Smith: Offensichtlich sehen Sie sich nicht gerne tote Körper an?

Evans: Nein.

Senator Smith: Ist das einer der Gründe, warum Sie nicht mehr Tote aufgesammelt haben, die herumtrieben?

Evans: Wenn der Offizier den Befehl gegeben hätte, sie einzusammeln, hätten wir es getan.

Senator Smith: Aber er gab keinen Befehl?

Evans: Nein.

Senator Smith: War es Tag, nachdem Sie die es Leute von dem überschwemmten Boot geholt hatten?

Evans: Ja.

Senator Smith: Und Sie sichteten die sich nähernde Carpathia?

Evans: Ja.

Senator Smith: Ruderten Sie in ihre Richtung?

Evans: Wir ruderten nicht, wir segelten.

Senator Smith: Sie ließen Ihre Ruder ruhen?

Evans: Wir legten unsere Ruder ab und setzten Segel, um schneller zu sein, um die Passagiere loszuwerden, sie so schnell wie möglich an Bord zu bekommen.

Senator Smith: Sie segelten also?

Evans: Ja.

Senator Smith: Zur Carpathia?

Evans: Ja, wir segelten zur Carpathia mit dem Faltboot im Schlepp. Eine der Damen ließ eine Taschenflasche mit Whisky unter den Leuten, die alle naß waren, kreisen. Sie fragte, ob jemand den Schnaps benötigte, und diese Leute waren alle klatschnaß und wären beinahe untergegangen und sie ließen die Flasche unter diesen Männern und Frauen kreisen.

SIEBTER TAG

Freitag, 26. April

Washington D. C.

Ein ziemlicher Skandal hatte sich um das geheimnisvolle Schiff zusammengebraut, an das sich viele Überlebende erinnern konnten und das sie von der Titanic aus und aus den Rettungsboote gesehen hatten. Die Zeugenaussagen dieses Tages machten klar, daß man von der Californian aus die Titanic gesehen und ihre Notsignale gehört und nichts unternommen hatte. Der Frachter gehörte zur Leyland Line, die von der Muttergesellschaft der Titanic kontrolliert wurde.

Zeuge: Ernest Gill, 29

Ingenieurassistent („zweiter Donkeyman") auf der Californian aus Liverpool, England.

Kern der Aussage: Er bestätigte die Wahrheit seiner unter Eid gemachten Aussage, die einen Tag zuvor im Boston American abgedruckt worden war, in der er seinem Kapitän Stanley Lord widersprach, der gegenüber der Presse dementiert hatte, daß sich die Californian in Sichtweite der Titanic befunden hatte.

Senator Smith: Ich möchte Ihnen das folgende Statement vorlesen und frage Sie, ob es wahr ist:

Ich, der Unterzeichner, Ernest Gill, zweiter Donkeyman an Bord des Dampfers Californian, Kapitän Lord, gebe folgendes Statement über die Ereignisse in der Nacht von Sonntag, 14. April ab:

Ich bin 29 Jahre alt und stamme aus Yorkshire. Ledig. Ich machte meine erste Reise auf der Californian.

In der Nacht des 14. April tat ich zwischen acht P.M. und zwölf Uhr Dienst im Maschinenraum. Gegen 11:45 Uhr kam ich an Deck. Die Sterne schienen hell. Es war sehr klar, und ich konnte weit blicken. Die Schiffsmaschinen standen seit 10:30 Uhr still und es trieb zwischen Treibeis. Ich sah über die Reling auf der Steuerbordseite und sah ungefähr zehn Meilen entfernt die Lichter eines sehr großen Schiffs. Ich konnte die Lichter an seiner Seite sehen. Ich beobachtete es eine volle Minute lang. Von der Brücke aus muß man es ebenfalls gesehen haben.

Es war nun gegen zwölf Uhr, und ich ging in meine Kabine. Ich weckte meinen Kumpel William Thomas. Er hörte das Eis an der Schiffswand knirschen und fragte: „Sind wir im Eis?" Ich antwortete: „Ja, es muß aber auf der Steuerbordseite klar sein, denn ich sah ein großes Schiff mit voller Geschwindigkeit. Es sah aus wie ein großer Deutscher."

Ich legte mich hin, konnte aber nicht schlafen. Nach einer halben Stunde stand ich wieder auf, um eine Zigarette zu rauchen. Wegen der Ladung konnte ich nicht zwischen den Decks rauchen und ging wieder an Bord.

Ich war ungefähr zehn Minuten an Deck, als ich ungefähr in zehn Meilen Entfernung auf der Steuerbordseite eine weiße Rakete sah. Ich dachte es sei eine Sternschnuppe. Nach sieben oder acht Minuten sah ich deutlich eine zweite Rakete an derselben Stelle und ich sagte zu mir: „Das muß ein Schiff in Not sein."

Es war nicht meine Aufgabe, die Brücke oder die Männer im Ausguck zu informieren, aber sie müssen sie auch gesehen haben.

Ich ging sofort danach wieder schlafen und dachte, daß das Schiff den Raketen Aufmerksamkeit schenken würde.

Ich wußte nichts, bis ich um 6:40 vom Chef geweckt wurde, der sagte: „Steh auf und helf' uns. Die Titanic ist untergegangen."

Ich rief aus und sprang von meinem Bett. Ich ging an Deck und bemerkte, daß das Schiff mit Volldampf unterwegs war. Sie war außerhalb des Treibeises, aber es gab sehr viele Eisberge.

Ich ging runter zu meiner Wache und hörte, wie sich der zweite und vierte Ingenieur unterhielten. Herr J. O. Evans ist der Zweite und Herr Wooten der Vierte. Der Zweite sagte dem Vierten, daß der Dritte Offizier von Raketen, die während seiner Wache hochgegangen waren, berichtet hatte. Ich wußte, daß es die Titanic gewesen sein mußte, die ich gesehen hatte.

Der Zweite Ingenieur fügte noch hinzu, daß der Kapitän von einem Offizier in Ausbildung über die Raketen informiert worden sei. Sein Name ist, glaube ich, Gibson. Der Skipper habe ihm gesagt, daß sich in Not befindende Boot anzumorsen. Herr Stone, der zweite navigierende Offizier befand sich zu dieser Zeit auf der Brücke, sagte Herr Evans.

Ich hörte, wie Herr Evans sagte, daß noch mehr Lichter gezeigt worden seien und noch mehr Raketen abgeschossen wurden. Dann, so Herr Evans, sei Herr Gibson zum Kapitän gegangen und habe über die weiteren Raketen berichtet. Der Skipper habe ihm gesagt, weiter zu morsen, bis er eine Antwort bekäme. Keine Antwort kam.

Die nächste Bemerkung, die ich mitbekam war: „Warum zur Hölle haben sie denn nicht den Funker geweckt?" Die ganze Mannschaft des Schiffs redete untereinander über die Nichtbeachtung der Raketen. Ich selbst bat einige, mich beim Protest gegen das Benehmen des Kapitäns zu unterstützen, aber sie lehnten aus Angst um ihre Arbeitsstellen ab.

Der Kapitän rief einen oder zwei Tage bevor das Schiff den Hafen erreichte, den Quartermeister, der Dienst tat, als die Raketen abgeschossen wurden, in seine Kabine. Sie unterhielten sich dort ungefähr eine Dreiviertelstunde lang. Der Quartermeister erklärte, er habe keine Raketen gesehen.

Ich bin mir ziemlich sicher, daß sich die Californian weniger als 20 Meilen von der Titanic entfernt befand, wie es die Offiziere berichteten. Ich hätte sie nicht sehen können, wenn sie mehr als zehn Meilen entfernt gewesen wäre, und ich sah sie genau.

Ich hege keine Abneigung gegen den Kapitän oder irgendeinen Offizier des Schiffs, und ich verliere eine lukrative Heuer, indem ich dieses Statement abgebe. Ich bin getrieben von dem Wunsch, daß kein Kapitän, der es ablehnt oder versäumt, einem Schiff in Not Hilfe zu geben, die Männer zum Schweigen bringen darf.

Ernest Gill

Beschworen und unterschrieben vor mir am 24. Tag des April 1912

Samuel Putnam, öffentlicher Notar.

Ich frage den Zeugen. Ob dieses Statement wahr ist?

Gill: Ja. Das ist korrekt.

Senator Fletcher: In welcher Richtung fuhr die Californian?

Gill: Wir waren nach Boston unterwegs.

Senator Fletcher: In welcher Richtung waren die Raketen von der Californian aus zu sehen, als Sie sie zum ersten Mal sahen?

Gill: Steuerbords vorne.

Senator Fletcher: Wurde die Californian von der Titanic auf dem ursprünglich gleichen Kurs passiert?

Gill: Ich glaube, sie muß die Titanic passiert haben. Die Titanic muß uns zuerst passiert haben, weil wir trieben und das brachte uns gewaltig vom Kurs. Wir waren ein langsameres Schiff.

Senator Fletcher: Nachdem die Titanic den Eisberg gerammt hatte, passierte die Californian dann die Titanic?

Gill: Die einzige Erklärung, die ich dafür habe, ist daß wir im Ozean gestoppt hatten und ein Schiff den Bug nicht ständig in eine Richtung ausrichtet. Sie muß getrieben sein.

Senator Fletcher: Wie lange nachdem die Raketen abgeschossen wurden, wurde die Californian unter Dampf gesetzt?

Gill: Ich kenne nicht die Uhrzeit, wann sie wieder fuhr. Es muß um fünf Uhr oder gegen fünf Uhr gewesen sein.

Senator Fletcher: Ungefähr bei Tagesanbruch?

Gill: Ja.

Senator Fletcher: Und bis zu dieser Zeit trieb die Californian?

Gill: Ja, mit abgestellten Maschinen.

Senator Fletcher: Und Sie sahen die Raketen gegen zwei Uhr oder vor zwei Uhr?

Gill: Gegen 12:30, ein Glasen.

Senator Fletcher: Gegen 12:30 sahen Sie die Raketen zuerst?

Gill: Ja, als ich sie zuerst sah, war es noch nicht sehr deutlich.

Senator Fletcher: Am Steuerbord-Bug?

Gill: Ja.

Senator Fletcher: Was für Raketen waren das? Wie sahen sie aus?

Gill: Sie sahen mir hellblau oder weiß aus.

Senator Fletcher: Wie, hellblau oder weiß?

Gill: Es sah wie ein helles Blau aus. Ich konnte die genaue Färbung nicht erkennen, aber ich glaube, es war weiß.

Senator Fletcher: Sah es aus, als ob die Raketen abgeschossen wurden, dann die Explosion stattfand und die Sterne herausregneten?

Gill: Ja, die Sterne regneten heraus. Ich konnte über die Sterne nichts sagen. Ich erwischte das

Endstück der Rakete.

Senator Fletcher: Sahen Sie irgendwelche Lichter des Schiffs, von dem die Raketen in die Luft geschossen wurden?

Gill: Nein, kein Zeichen vom Schiff zu jener Zeit.

Senator Fletcher: Sie konnten keine Lichter sehen?

Gill: Nein.

Senator Fletcher: Sie sahen keine Morsezeichen von diesem Schiff?

Gill: Nein.

Senator Fletcher: Hörten Sie irgendeinen Lärm, entweichenden Dampf oder sowas ähnliches?

Gill: Nein.

Senator Fletcher: Auf der Californian gab es zu jener Zeit nicht viel Lärm?

Gill: Nein, nicht sehr viel Lärm auf dem Schiff.

Senator Fletcher: Was für eine Nacht war es?

Gill: Es war eine schöne Nacht.

Senator Fletcher: Kein Nebel?

Gill: Nein, eine klare Nacht, eine sehr klare Nacht.

Senator Fletcher: Sie glauben nicht, daß die Raketen mehr als 20 Meilen von der Californian abgeschossen wurden?

Gill: Es konnte nicht 20 Meilen entfernt sein. Ich könnte nicht 20 Meilen weit sehen. Ich habe das Schiff gesehen, und es hatte keine Zeit 20 Meilen weit zu fahren, bis ich wieder an Deck kam.

Senator Fletcher: So wie ich das verstehe, haben Sie das Schiff nie gesehen, nicht wahr?

Gill: Nein, nicht ohne das Eine, das ich gesehen hatte, das große Schiff, von dem ich meinem Kumpel sagte, es sei ein deutsches gewesen. Nein, ohne Zweifel das war die Titanic.

Senator Fletcher: Sie glauben, es hätte die Titanic sein können?

Gill: Ja, ich bin wie die Mannschaft der allgemeinen Meinung, daß es die Titanic gewesen ist.

Senator Fletcher: Wann sahen Sie sie zum ersten Mal?

Gill: Vier Minuten nach zwölf genau.

Senator Fletcher: Wie wissen Sie das?

Gill: Weil ich um fünf Minuten vor zwölf mit dem Vierten Ingenieur an einer Pumpe arbeitete, die nicht mehr funktionierte. Wir waren so in unsere Arbeit vertieft, daß wir die Zeit vergaßen. Ich sah auf und sagte: „Es ist fünf Minuten vor zwölf. Ich habe meinen Kollegen Herrn

Wooten nicht gerufen. Ich gehe rauf und hole ihn." Ich ging auf die Leiter und kletterte aus dem Maschinenraum. Das hat eine Minute gedauert, da hoch zu kommen.

Senator Fletcher: Bewegte sich das Schiff zu jenem Zeitpunkt?

Gill: Ich nahm es nicht zur Kenntnis, weil ich mich beeilte, meinen Kollegen zu holen. Ich ging über Deck. Es hatte ungefähr eine Minute gedauert, über das Deck zu gehen, um zur Luke zu kommen, die ich heruntergehen mußte, und ich konnte sie sehen, als ich über Deck ging. Nehmen wir an, ich ging jetzt nach vorne, dann könnte ich sie da sehen (zeigt es), ein großes Schiff und ein paar Reihen von Lichtern, so daß ich merkte, daß es kein kleines Schiff war. Es war kein Frachter. Ich nahm nicht an, daß es sich um ein „Star-Schiff" handelte. Ich dachte, es müsse ein deutsches Schiff sein. Daher sprang ich in die Luke und als ich mich umdrehte, konnte ich es nicht mehr sehen. So kann man den Breitengrad ermessen. Als ich auf der Luke stand, konnte ich das Schiff nicht sehen. Ich ging und holte meinen Kollegen, und das war das Letzte, was ich davon gesehen habe.

Senator Fletcher: Wie lange danach haben Sie die Raketen gesehen?

Gill: Ungefähr 35 Minuten, etwas mehr als eine halbe Stunde.

Senator Fletcher: Beobachteten Sie die Raketen aus der Position, die Sie einnahmen, als Sie es zum ersten Mal sahen?

Gill: Es war mehr querab. Mehr an der Breitseite des Schiffs.

Senator Fletcher: In der Zwischenzeit, verstehe ich das richtig, trieb die Californian?

Gill: Ja.

Senator Fletcher: Sie stand absolut nicht unter Dampf?

Gill: Nein.

Senator Fletcher: War das Schiff, als Sie die Raketen sahen, zu weit entfernt, um seine Lichter zu sehen?

Gill: Ja, kein Zeichen vom Schiff.

Senator Fletcher: Zu welcher Zeit hörten Sie die Unterhaltung der Offiziere, die Sie in Ihrer Aussage erwähnen?

Gill: 20 Minuten nach acht am Montagmorgen.

Senator Fletcher: Wurden Sie von der Californian entlassen?

Gill: Nein, ich gehöre zur Mannschaft.

Senator Smith: Herr Gill, haben Sie jemals das Schiff des Norddeutschen Lloyds, Frankfurt, gesehen?

Gill: Nein.

Senator Smith: Sie sahen es weder am Tag noch in der Nacht?

Gill: Nein.

Senator Smith: Warum dachten Sie, daß es sich bei dem Schiff, das Sie gesehen hatten, um ein deutsches Schiff handelte?

Gill: Weil das deutsche Schiff ungefähr zu dieser Zeit nach New York unterwegs war.

Senator Smith: Nach New York?

Gill: Oder aus New York. In dieser Gegend treffen wir diese Schiffe.

Senator Smith: Ich glaube, das ist alles.

Zeuge: Stanley Lord, 35
Kapitän der Californian

Kern der Aussage: Im Rückblick erscheint Lords Zusammentreffen mit den Senatoren bizarr. Mittels einer Vorladung zur Aussage gebracht, blieb Lord dabei, daß die Californian 19 1/4 bis 20 Meilen außerhalb der Sichtweite von der Titanic entfernt gewesen war. Aber er berichtete davon, ein nicht identifiziertes Schiff - nicht die Titanic - gesehen und versucht zu haben, ihm Zeichen zu geben. Lord bestand darauf, daß dieses Schiff Signale abgegeben habe, die nicht Notsignale gewesen seien. Dann, so der Kapitän, ging er zu Bett. Die Senatoren setzten Lord in dieser Angelegenheit nicht unter Druck oder konfrontierten ihn mit den Aussagen des Ingenieurassistenten Gill. Gill war sehr großzügig für seine Geschichte bezahlt worden, und zu dieser Zeit war Senator Smith noch sehr skeptisch. Später sollte das Gremium Lord wegen „verwerflicher" Gleichgültigkeit gegenüber der Titanic erwähnen.

Senator Smith: Versuchten Sie am Sonntag mit dem Schiff Titanic in Verbindung zu treten?

Lord: Ja.

Senator Smith: Zu welcher Uhrzeit?

Lord: Zehn Minuten vor elf.

Senator Smith: A. M.?

Lord: P. M.

Senator Smith: Das ist die Schiffszeit?

Lord: Schiffszeit bei 47° 25' Länge.

Senator Burton: Das war die Länge 47° 25' West?

Lord: Ja.

Senator Smith: Was war das für eine Verbindung?

Lord: Wir teilten ihnen mit, daß wir die Maschinen abgestellt hatten und von Eis umgeben waren.

Senator Smith: Bestätigte die Titanic diese Mitteilung?

Lord: Ja, ich glaube, er sagte dem Funker, er habe es gelesen und solle still sein oder sich bereithalten oder sowas, daß er beschäftigt war.

Senator Bourne: Das war die Antwort der Titanic?

Lord: Ja.

Senator Smith: Hatten Sie weitere Verbindungen mit der Titanic?

Lord: Nein, keine.

Senator Smith: Hatte die Titanic weitere Verbindungen mit Ihnen?

Lord: Nein.

Senator Smith: Kennen Sie die Position der Titanic, als sie sank?

Lord: Ich kenne die Position, die ich von der Virginian erhielt, die Position, bei der sie den Eisberg rammte. 41° 56' und 50° 14'.

Senator Smith: Wenn man die Position der Titanic bei ihrem Untergang berücksichtigt und Ihre Position, als Sie diese Mitteilung funkten - wie weit waren die beiden Schiffe auseinander?

Lord: Von der Position, an der wir stoppten, zu der Position, an der sie den Eisberg gerammt haben soll, waren es ungefähr 19 1/2 bis 19 3/4 Meilen, südlich; 16 West. Das war der Kurs.

Senator Smith: Wissen Sie, wann die Titanic ihr C. Q. D. absetzte?

Lord: Nein, weiß ich nicht.

Senator Smith: Hat die Californian den Ruf empfangen?

Lord: Nein.

Senator Smith: Weder von der Titanic noch von einem anderen Schiff?

Lord: Wir bekamen ihn von der Virginian?

Senator Smith: Zu welcher Zeit, empfingen Sie ihn?

Lord: Sechs Uhr.

Senator Smith: A. M.?

Lord: A. M. am 15..

Senator Smith: Als Sie bemerkten, daß die Titanic

im Eis festsaß, in wieviel Eis waren sie da?

Lord: Nun, wir waren von viel losem Eis umgeben, und wir befanden uns eine Viertelmeile an der Seite eines Eisfeldes.

Senator Smith: Waren Eisberge in Sichtweite?

Lord: Nein, ich konnte keinen sehen. Dann nicht.

Senator Smith: Handelte es sich bei dem Eis, in dem Sie festsaßen, um ein Eisfeld?

Lord: Eisfeld.

Senator Smith: Und was für ein Gebiet, Ihrer Meinung nach, bedeckte es?

Lord: Nun, mein Urteil basiert darauf, was ich am nächsten Tag sah, und nicht darauf, was ich in der Nacht sah.

Senator Smith: Genau, aber wie groß war das Gebiet am nächsten Morgen?

Lord: Ich schätze 25 Meilen in der Länge, ein bis zwei Meilen in der Breite.

Senator Smith: Wie sehr waren Sie von dem Eis Sonntagabend behindert?

Lord: Wie wir behindert waren?

Senator Smith: Ja.

Lord: Wir stoppten vollständig.

Senator Smith: Aus welchem Grund stoppten Sie?

Lord: Damit wir nichts rammten.

Senator Smith: Sie hielten Ihr Schiff an, damit Sie das Eis vermeiden konnten?

Lord: Um das Eis zu vermeiden.

Senator Smith: Und vermieden Sie es?

Lord: Ich tat es.

Senator Smith: Wann benachrichtigten Sie die Titanic über Ihre Situation? Was war Ihr Antrieb?

Lord: Es war ein Ding der Höflichkeit. Ich dachte, er wäre weit von unserem Standort entfernt. Ich dachte nicht, er wäre in der Nähe von Eis gewesen. Er hätte eigentlich 18 oder 19 Meilen südlich von meinem Standort sein sollen. Ich hätte niemals gedacht, daß sich das Eis soweit nach unten erstreckte.

Senator Smith: Haben Sie eigene Kenntnisse von dem Titanic-Desaster. Sahen Sie das Schiff am Sonntag?

Lord: Nein.

Senator Smith: Oder irgendwelche Signale von ihr?

Lord: Nicht von der Titanic.

Senator Smith: Befand sich die Titanic außerhalb Ihrer Sichtweite?

Lord: Ich denke schon. 19 1/2 oder 20 Meilen entfernt.

Senator Smith: Wie lange brauchten Sie am Montagmorgen, um den Unglücksort zu erreichen?

Lord: Nachdem wir die Nachricht über die Position der Titanic enthalten hatten?

Senator Smith: Ja.

Lord (lesend): Sechs Uhr, langsame Fahrt durch dickes Eis.

Ich werde Ihnen das aus dem Logbuch vorlesen.

Sechs Uhr, langsame Fahrt durch dickes Eis. 6:30 hinter dem dicksten Eis. Volle Fahrt, Eis beiseite drückend. 8:30 Stopp neben Carpathia.

Senator Smith: Befand sich die Carpathia zu der Zeit an der Untergangsstelle?

Lord: Ja, sie übernahm gerade die letzten Passagier aus den Booten.

Senator Smith: Ich möchte Sie bitten, Kapitän Lord, dem Komitee zu erzählen, wie Ihre Wache aussah, nachdem Sie die Maschinen gestoppt hatten. War ein zusätzlicher Ausguck im Dienst?

Lord: Nein, nicht nachdem die Maschinen gestoppt waren.

Senator Smith: Er war aber im Dienst, bis Sie die Maschinen stoppten?

Lord: Ja.

Senator Smith: Berichten Sie dem Komitee, woraus er bestand.

Lord: Wir verdoppelten den Ausguck, positionierten einen Mann auf dem Vordeck - direkt vorne am Bug des Schiffs - und ich war selbst mit einem Offizier auf der Brücke, was ich unter normalen Umständen nicht gewesen wäre.

Senator Smith: Zu welchem Zeitpunkt verstärkten Sie die Wache?

Lord: Als es dunkel wurde.

Senator Smith: Sobald es dunkel wurde?

Lord: Gegen acht Uhr. Ich ging um acht Uhr auf die Brücke.

Senator Smith: Und wie lange blieben Sie auf der Brücke?

Lord: Bis halb elf.

Senator Smith: Und die verstärkte Wache wurde während der ganzen Zeit beibehalten?

Lord: Bis halb elf.

Senator Smith: Sie hielten das damals in Ihrer Situation für notwendig?

Lord: Wir hatten schon drei oder vier Tage einen

Eisbericht bekommen, so daß wir zusätzliche Vorsichtsmaßnahmen ergriffen.

Senator Smith: Woher kamen Sie?

Lord: Aus London.

Senator Smith: Mit dem Ziel Boston?

Lord: Boston, ja.

Senator Smith: Wenn Sie ein C. Q. D. von der Titanic am Sonntagabend nach Ihrer Verbindung mit der Titanic erhalten hätten - wie lange hätten Sie unter den herrschenden Bedingungen gebracht, um die Unglücksstelle zu erreichen?

Lord: Mindestens zwei Stunden.

Senator Smith: Zwei Stunden?

Lord: Ja, mindestens, bei Nacht und dem Eis, in dem wir lagen.

Senator Smith: Wissen Sie, wieviel Zeit die Carpathia benötigte, um die Unglücksstelle zu erreichen, nachdem Kapitän Rostron das C. Q. D. empfangen hatte?

Lord: Nur von dem, was ich in den Zeitungen gelesen habe.

Senator Smith: Sie haben keine eigenen Kenntnisse darüber?

Lord: Nein.

Senator Smith: Kapitän Rostron hat Ihnen nichts gesagt?

Lord: Oh nein. Ich fragte ihn nur nach den Einzelheiten des Unglücks. Das war alles.

Senator Smith: Die Carpathia benötigte nach der Nachricht vier Stunden, um die Unglücksstelle zu erreichen.

Lord: Ich verstehe.

Senator Smith: Sie waren ungefähr 20 Meilen entfernt?

Lord: Neunzehneinhalb bis zwanzig Meilen von der Position, die mir die Titanic gegeben hatte.

Senator Smith: Zum Zeitpunkt des Untergangs?

Lord: Wir waren 19 1/2 bis 20 Meilen entfernt.

Senator Smith: Und die Carpathia war 53 Meilen entfernt?

Lord: Ja.

Senator Smith: Wie lange nachdem die Carpathia an die Untergangsstelle eintraf, kamen Sie dort an?

Lord: Nun, ich weiß nicht zu welcher Zeit wir dort eintrafen.

Senator Smith: Befanden sich die Rettungsboote mit ihren Passagieren bereits an Bord der Carpathia?

Lord: Ich glaube, das letzte Boot ging gerade an Bord, als ich eintraf.

Senator Smith: Sahen Sie irgendwelche Wrackteile, als Sie dort ankamen?

Lord: Ja.

Senator Smith: Erzählen Sie dem Komitee, was Sie sahen.

Lord: Ich sah einige leere Boote, einige treibende Planken, ein paar Deckstühle und Kissen. Aber wenn man die Ausmaße des Desasters bedenkt, gab es sehr wenige Wrackteile. Es sah eher aus, als ob ein kleines Fischerboot untergegangen wäre.

Senator Smith: Sahen Sie Schwimmwesten?

Lord: Einige Schwimmwesten trieben herum.

Senator Smith: Sahen Sie Personen - tot oder lebendig?

Lord: Nein.

Senator Smith: Kapitän, gaben Sie ihrem Funker irgendwelche besonderen Anweisungen, als Sie sich am Sonntag in der Nähe des Eisfeldes befanden?

Lord: Nein.

Senator Smith: Sie hatten nur einen Funker?

Lord: Ja, das ist alles.

Senator Smith: Und wie ist sein Name?

Lord: Herr Evans.

Senator Smith: Ist er hier mit Ihnen?

Lord: Ja, das ist er (zeigt auf ihn).

Senator Smith: Wissen Sie, ob sich ihr Funker im Dienst befand, nachdem Sie die Warnung an die Titanic geschickt hatten?

Lord: Ich denke nicht, daß er es war.

Senator Smith: Sie glauben nicht, daß er im Dienst war?

Lord: Nein.

Senator Smith: Dann sind Sie nicht in der Lage zu sagen, ob es einen Versuch gab, mit der Californian in Verbindung zu treten?

Lord: Nein, ich weiß darüber nichts. Ich ging an seinem Raum ungefähr viertel vor zwölf vorbei, und es brannte dort kein Licht.

Senator Smith: Hatte er besondere Dienststunden, die ihm von Ihnen oder sonst jemanden aufgegeben wurden, nachdem Sie sich über die Nähe von Eis im Klaren waren?

Lord: Nein.

Senator Smith: Am Sonntag?

Lord: Nein.

Senator Smith: Nehmen wir mal an, Ihr Funker wäre an seinem Posten gewesen, als das C. Q. D. der Titanic eintraf, das ja von der Carpathia und anderen Schiffen empfangen wurde. Hätte Ihr Schiff von der Notlage der Titanic erfahren? Ich meine, haben Sie eine derartige Funkanlage, die in aller Regel die Meldung empfangen hätte?

Lord: Wenn der Funker im Dienst gewesen wäre?

Senator Smith: Ja.

Lord: Sicherlich.

Senator Smith: Wie wurde der Funkdienst auf Ihrem Schiff gehandhabt? Ist Ihr Funker im allgemeinen am Tag oder in der Nacht im Dienst?

Lord: Ich habe mich da nie eingemischt.

Senator Smith: In keinster Weise?

Lord: So wie ich ihn kenne, ist er meistens bis zehn Uhr morgens auf und berichtet mir häufig am nächsten Tag, was nach Mitternacht geschehen ist.

Senator Smith: Wenn Sie den Funker zu einer Zeit einsetzten würden, zu der er am meisten benötigt wird, wäre das tags oder nachts?

Lord: Es ist ja so, daß die meisten Schiff mit einem Funker unterwegs sind, und nachts schlafen die meisten Kerle. Er wäre also tagsüber nützlicher. Wir würden tagsüber wesentlich mehr Informationen bekommen als es jetzt geschieht.

Senator Smith: Aber nachts schlafen Ihre Passagiere doch auch?

Lord: Ja.

Senator Smith: Wäre es nicht gut, den Funker nachts im Dienst zu haben, wenn die anderen Augen geschlossen sind, damit kein mögliches Notsignal seiner Aufmerksamkeit entgehen kann?

Lord: Wir haben den Offizier auf der Brücke, der nachts genauso weit sehen kann wie tagsüber.

Senator Smith: Aber der Offizier auf der Brücke konnte die Titanic, wie Sie sagten, in jener Nacht auch mit einem Fernglas nicht sehen.

Lord: Nein.

Senator Smith: Der Funker hätte den Ruf der Titanic hören können, wenn er auf seinem Posten gewesen wäre?

Lord: Ja, er hätte gehört, daß. . .

Senator Bourne: Ich möchte Sie einfach nur fragen, Kapitän, ob der Funker feste Arbeitszeiten

hatte oder nicht. Falls so, wie waren sie?

Lord: Nein, ich glaube nicht, daß es feste Stunden sind. Ich meine, sie wären im allgemeinen von sieben am Morgen bis halb drei im Dienst und legen sich dann hin. Ich bekommen nämlich nie irgendwelche Meldungen zwischen zwei und vier. Ich nehme an, sie schlafen dann.

Senator Bourne: Glauben Sie, es wäre besser zwei Funker auf jedem Schiff zu haben, um so einen ununterbrochenen Dienst zu haben?

Lord: Es wäre viel besser. Man würde dann niemals eine Meldung verpassen.

Senator Smith: Kapitän, sahen Sie Sonntagnacht irgendwelche Notsignale wie Raketen oder Morsesignale?

Lord: Nein, tat ich nicht. Der Wachoffizier sah einige Signale, sagte aber, es habe sich nicht um Notsignale gehandelt.

Senator Smith: Aber er berichtete davon?

Lord: An mich. Ich glaube, es ist besser, wenn Sie mich diese Geschichte erzählen lassen.

Senator Smith: Ich wünschte, Sie täten es.

Lord: Als ich um halb elf die Brücke verließ, erklärte ich dem Offizier, daß ich gedacht hatte, ein Schiff gesehen zu haben. Es war ein seltsames Licht gewesen, und wir hatten bereits Fehler gemacht, indem wir Sterne für Signale gehalten hatten. Wir konnten nicht unterscheiden, wo der Himmel endete und das Wasser begann. Sie verstehen, es war vollkommen flach. Er sagte, er dächte, es sei ein Stern, und ich sagte nichts mehr. Ich ging nach unten. Ich redete mit dem Ingenieur, damit der Dampf bereitgehalten wurde, und wir sahen diese Signale vorbeikommen. Ich sagte, „da kommt ein Dampfer vorbei." Wir sollten zum Funkraum gehen, um festzustellen, was es Neues gibt. Aber auf unserem Weg nach unten trafen wir den Funker und ich sagte: „Wissen Sie etwas?" Er sagte, „die Titanic". Ich sagte: „Das ist nicht die Titanic, das gibt es keinen Zweifel dran." Sie kam und lag neben uns von halb zwölf bis ungefähr Viertel nach eins, ungefähr vier Meilen von uns. Wir konnten alles an Bord ziemlich genau erkennen. Wir sahen ihre Lichter. Wir signalisierten in ihre Richtung mit der Morselampe um halb zwölf . Sie nahm nicht die leiseste Notiz davon. Das war zwischen halb und 20 Minuten vor Zwölf. Wir signalisierten ihr wieder um zehn Minuten nach zwölf, halb eins, viertel vor eins und ein Uhr. Wir haben eine sehr starke Morselampe, die man, wie ich annehme, ungefähr zehn Meilen weit sehen kann. Sie war ungefähr vier Meilen entfernt und nahm nicht die leiseste Notiz davon. Als der Zweite Offizier um zwölf oder zehn Minuten nach zwölf auf die Brücke kam, sagte ich ihm, er solle auf den gestoppten Dampfer achten, ich machte ihn auf das Eis aufmerksam, in dem wir lagen. Er solle auf den Dampfer achten, so daß er ihr nicht näher komme. Um 20 vor eins fragte ich ihn durch das Sprachrohr, ob sie näher käme. Er sagte: „Nein, sie nimmt keine Notiz von uns." Daher sagte ich: „Ich gehe jetzt und lege mich ein bißchen hin." Um viertel nach eins sagte er: „Ich glaube, sie hat eine Rakete abgeschossen." Er sagte: „Sie hat auf die Morselampe nicht geantwortet, und sie hat damit begonnen, sich von uns zu entfernen." Ich sagte: „Ruf sie an und lassen Sie mich wissen, wie sie heißt." Er legte das Rohr beiseite und begann zu morsen. Ich konnte ihn über meinem Kopf tickern hören. Dann legte ich mich schlafen.

Senator Smith: Sie hörten nichts weiteres?

Lord: Nichts mehr bis halb fünf, als, wie ich mich schwach erinnere, der Offiziersschüler die Tür zu meinem Raum öffnete. öffnete und schloß. Ich sagte: „Was ist los?" Er antwortete nicht, und ich schlief weiter. Ich glaube der Junge kam runter, um mir zu sagen, daß dieser Dampfer weitergefahren war in Richtung Südwesten und einige weiße Raketen abgeschossen hatte. Richtung Südwesten weitergedampft war.

Zeuge: Cyril Evans, 20

Marconi-Funker auf der Californian aus Liverpool, England

Kern der Aussage: Evans, der die beiden Marconi-Funker der Titanic persönlich kannte, sagte, er hätte die Titanic gegen elf Uhr nachts vor Eis gewarnt. Man habe ihm gesagt er solle den „Mund halten". Evans sagte, der Offiziersschüler an Bord der Californian habe Kapitän Lord in jener Nacht dreimal über Raketen berichtet. Zweifel an Lords Wahrheitsliebe begannen zu wachsen.

Senator Smith: Wann hatten Sie mit der Titanic Verbindung?

Evans: Am Nachmittag. Ich schickte der Antillan, die zu unserer Linie gehört, einen Funkspruch. Ich schickte einen Eisreport, den der Skipper mir gegeben hatte. Ich schickte ihn der Antillan und die Titanic rief mich, und wir tauschten Signale aus, tauschten das offizielle TR aus. Wir nennen es TR, wenn ein Schiff mit dem anderen in Verbindung tritt. Ich sagte: „Hier ist eine Mitteilung, ein Eisreport." Er sagte: „In Ordnung, Alter. Ich habe gehört, wie Du ihn der Antillan geschickt hast." Er sagte noch „Bi". Das ist ein unter uns gebräuchlicher Begriff.

Senator Smith: Was bedeutet das?

Evans: Es ist ein Ausdruck. Es bedeutet „genug" oder „beendet".

Senator Smith: Wann hatten Sie das nächste Mal eine Verbindung mit der Titanic und war es eine Meldung, die Sie gesendet oder empfangen haben?

Evans: 9:05, New-York-Zeit.

Senator Smith: An welchem Tag?

Evans: Am 14. derselbe Abend, New-York-Zeit. Ich verließ kurz zuvor, ungefähr fünf Minuten vorher, meinen Raum. Wir hatten gestoppt. Ich ging also zum Kapitän und fragte, was los sei. Der Kapitän sagte mir, er habe die Maschinen wegen des Eises gestoppt, und der Kapitän fragte mich, ob ich irgendwelche Schiffe hätte, und ich sagte, die Titanic. Er sagte: „Teilen Sie ihm besser mit, daß wir von Eis umgeben sind und gestoppt haben." Ich ging also in meine Kabine und funkte: „Alter, wir sind von Eis umgeben und haben gestoppt." Er antwortete: „Sei still, sei still, ich bin beschäftigt, ich arbeite an Cape Race." Zu jenem Zeitpunkt habe ich ihn geklemmt."

Senator Smith: Was meinen Sie damit?

Evans: Mit klemmen meinen wir folgendes: Wenn jemand gerade einen Funkspruch an jemanden anderen sendet und man zur gleichen Zeit zu senden beginnt, dann klemmt man ihn. Er bekommt nicht seine Mitteilung durch. Ich war stärker als Cape Race. Daher hauten meine Signale voll rein, und er konnte mich lesen, aber er konnte Cape Race nicht lesen.

Senator Smith: Zu welcher Zeit zogen Sie sich in

jener Nacht zurück?

Evans: Gegen 11:25 Uhr trug ich noch die Kopfhörer und hörte ihn noch mit Cape Race arbeitet. Ungefähr eine oder der Minuten vor der halben Stunde Schiffszeit. Um 11:35 nahm ich den Kopfhörer ab, zog mich aus und haute mich hin.

Senator Smith: Wann wurden Sie geweckt?

Evans: Gegen 3:30 Uhr, New-York-Zeit.

Senator Smith: Und wer weckte Sie?

Evans: Der leitende Offizier.

Senator Smith: Was sagt er Ihnen?

Evans: Er sagte: „Da ist ein Schiff, das in der Nacht Raketen abgeschossen hat. Sehen Sie bitte mal, was da los ist."

Senator Smith: Welcher Offizier war das?

Evans: Der leitende Offizier, Herr Stewart.

Senator Smith: Er sagte, Raketen seien in der Nacht abgefeuert worden?

Evans: Ja.

Senator Smith: Und er wollte, daß Sie nachsehen, was es damit auf sich habe?

Evans: Ja.

Senator Smith: Was taten Sie?

Evans: Ich sprang aus meinem Bett, schlüpfte in meine Hosen und Schuhe, holte meinen Schlüssel, startete meinen Motor und funkte „C. Q". Ungefähr eine Sekunde später hatte ich die Antwort der Frankfurt, „D. K. D. Dft". Dft ist die Kennung der Frankfurt. Er sagte mir, daß die Titanic gesunken sei.

Senator Smith: Er sagte Ihnen, die Titanic sei gesunken?

Evans: Ja.

Senator Fletcher: Kennen Sie Gill, der ein Besatzungsmitglied auf der Californian war - Ernest Gill?

Evans: Ich glaube, ich habe ihn gesehen, ja.

Senator Fletcher: Kennen Sie ihn, wenn Sie ihn sehen? Sahen Sie ihn auf dem Schiff?

Evans: Ja, ich habe ihn gesehen.

Senator Fletcher: Hatten Sie jemals mit ihm eine Unterhaltung über das Schiff, das in der Nacht gesehen wurde und das Raketen abfeuerte?

Evans: Ich glaube. Fast jeder an Bord. Es war Tagesgespräch auf dem Schiff.

Senator Fletcher: Erfuhren Sie aus diesen Gesprächen, wann die Raketen in jener Nacht gesehen wurden? Aus welcher Richtung?

Evans: Nein, ich war im Bett.

Senator Fletcher: Kennen Sie die Unterhaltung oder das gegenüber Gill gemachte Statement, über das er eben hier ausgesagt hat?

Evans: Nein, kenne ich nicht. Fast jeder an Bord hat darüber gesprochen.

Senator Fletcher: Hat er jemals zu Ihnen in Bezug auf sein Statement oder Aussage in dieser Angelegenheit gesagt?

Evans: Sie meinen ein spezielles Statement mir gegenüber?

Senator Fletcher: Ja. Hat er Ihnen gegenüber jemals etwas sein Statement in dieser Angelegenheit betreffend gesagt?

Evans: Nein, ich glaube nicht.

Senator Fletcher: Nichts über die Umstände, unter denen er das Statement gemacht hat oder wie er dazukam, es abzugeben?

Evans: Nein.

Senator Fletcher: Als Ihr Kollege Sie weckte und über das Schiff redete, das Raketen abfeuerte, machte er da irgendeine Feststellung, wann das Schiff die Raketen abfeuerte und über die Art der Raketen?

Evans: Nein, Ich schlüpfte in meine Hosen und saß innerhalb von zwei Minuten an meinen Kopfhörern.

Senator Fletcher: Das war um vier Uhr am Montagmorgen?

Evans: Das war um 3:40 A. M. New-York-Zeit.

Senator Fletcher: Und zu welcher Schiffszeit?

Evans: Das weiß ich nicht. Ich hatte die Schiffszeit nicht ermittelt. Ich weiß nicht, ob die Uhr in der Nacht neu gestellt worden war.

Senator Fletcher: Hat Gill, der Bedienungsmann, Ihnen jemals über die Geschichte mit den von einem Schiff abgefeuerten Raketen erzählt?

Evans: Ich denke, er hat das mal mir gegenüber erwähnt.

Senator Fletcher: Wann?

Evans: Jeder an Bord hat darüber gesprochen.

Senator Fletcher: Der Kapitän auch?

Evans: Nein. Ich habe mit dem Kapitän nie über die Angelegenheit der Raketen gesprochen.

Senator Fletcher: Diese Gespräche, die Sie gehört haben, fanden nicht in Gegenwart des Kapitäns statt?

Evans: Nein.

Senator Fletcher: Im allgemeinen, was waren das

für Gespräche, die Sie über diese Angelegenheit an Bord hörten?

Evans: Nun, das kann ich nicht sagen. Es war einfach das normale Gerede über die Raketen.

Senator Fletcher: Wurden die Raketen beschrieben?

Evans: Meines Wissens nicht. Ich hörte nie, wie sie beschrieben wurden.

Senator Fletcher: Wissen Sie, ob es sich um Notraketen oder um eine andere Art von Raketen handelte?

Evans: Nein. Tue ich nicht. Ich sah sie nicht selbst.

Senator Fletcher: Wie sie in den Gesprächen an Bord erwähnt wurden?

Evans: Nein. Ich weiß nicht.

Senator Burton: Sie sagten, jedermann an Bord redete über diese Raketen?

Evans: Ja.

Senator Burton: Sie meinen damit, daß sie erzählten, wie sie die Raketen gesehen hatten, oder daß man nur darüber an Bord sprach?

Evans: Man redete darüber, und einige erzählten, sie hätten sie gesehen und andere sagten sie hätten nicht. . .

Senator Smith: Wissen Sie, warum man Sie nicht gerufen hat, als die Raketen zum ersten Mal gesehen wurden?

Evans: Nein.

Senator Smith: Was sagte Ihnen der erste Maat oder irgendein anderer Offizier oder Besatzungsmitglied darüber, daß Kapitän Lord dreimal darüber informiert wurde, daß ein Schiff Raketen abfeuerte?

Evans: Nun, wir haben darüber geredet, aber. . .

Senator Smith: Eine Minute. Ich möchte keinen überflüssigen Klatsch. Wenn Sie sich daran erinnern, was von einem Schiffsoffizier über diese Angelegenheit geredet worden ist, dann sagen Sie es bitte. Wenn Sie es nicht können, dann sagen Sie es bitte.

Evans: Ich weiß, daß der Maat nichts zu mir sagte, nein.

Senator Smith: Der Maat sagte nichts?

Evans: Der Maat sagte nichts darüber, daß der Kapitän informiert worden war. . .

Senator Smith: Und der Maat war derjenige, der Sie geweckt hat.

Evans: Ja. Der Maat war derjenige, der mich geweckt hat.

Senator Smith: Hat irgendein anderer Offizier Ihnen irgend etwas darüber gesagt, daß der Kapitän dreimal darüber informiert worden sei, daß ein Schiff Raketen abfeuert?

Evans: Ich glaube der Offiziersschüler tat es.

Senator Smith: Wie heißt er?

Evans: Gibson.

Senator Smith: Ist er jetzt auf der Californian?

Evans: Ja.

Senator Smith: Was sagte er Ihnen?

Evans: Ich weiß nicht genau. Ich kenne den Inhalt.

Senator Smith: Ich hätte gerne den Wortlaut, wenn Sie Ihn wiedergeben können.

Evans: Ich kenne seine exakten Wörter nicht.

Senator Smith: Dann so nahe wie möglich.

Evans: Nun, ich glaube, er sagte, der Skipper sei dreimal geweckt worden. Dreimal geweckt. Ich glaube, das ist alles, was er sagte.

Senator Smith: Nun, sagen Sie mir bitte, ob Sie noch jemanden anderen gehört haben, der gesagt hat, der Kapitän sei dreimal geweckt und darüber informiert worden, daß Raketen abgefeuert wurden - in der Nacht, in der die Titanic unterging.

Evans: Nun, ich erinnere mich an kein spezielles Individuum, aber ich weiß, daß darüber viel gesprochen wurde.

Senator Smith: Zusammen?

Evans: Ja.

Senator Smith: Es wurde viel darüber geredet, aber Sie können sich nicht an ein Individuum erinnern, der zu Ihnen darüber sprach?

Evans: Nein, mit Ausnahme des Offiziersschülers. Ich glaube, er erzählte mir, daß er dreimal den Kapitän aufsuchte. . .

Senator Smith: Wurde darüber noch geredet, nachdem Sie die Untergangsstelle der Titanic verließen?

Evans: Ja, darüber wird seitdem geredet.

Senator Smith: Man redet darüber seitdem?

Evans: Ja.

Senator Smith: Über ein ungewöhnliches und außerordentliches Ereignis?

Evans: Ja.

Senator Smith: Hat irgend jemand während dieser Gespräche, die Sie hörten, erwähnt, daß Morsesignale benutzt worden waren?

Evans: Oh nein. Ich erinnere mich, daß der Offiziersschüler mir erzählte, man habe die Morselampe herausgeholt und gefunkt. Aber ihm wurde nicht geantwortet.

Senator Smith: Er begann damit, die Titanic anzufunken?

Evans: Ich weiß nicht, ob es die Titanic war. . .

Senator Smith: Aber das Schiff, von dem die Raketen abgefeuert wurden - er versuchte es, mit der Morselampe zu erreichen?

Evans: Mit seiner Morselampe, ja.

Senator Smith: Und bekam keine Morseantwort?

Evans: Das ist korrekt. . .

Senator Smith: In diesen Gespräche, wurde da gesagt, die Raketen seien von dem Boot gekommen, das der Kapitän erwähnte, oder von der Titanic?

Evans: Sie wußten nicht von welchem.

Senator Burton: Wurde davon gesprochen, daß es die Raketen der Titanic waren? War das der Inhalt der Gespräche?

Evans: Einige von ihnen schienen das zu denken, einige nicht.

Senator Burton: Hat Ihnen jemand erzählt, daß er 500 Dollar für eine Geschichte über die Raketen kassieren würde - irgend jemand auf Ihrem Schiff?

Evans: Ich glaube der Donkeyman erwähnte es.

Senator Burton: Was sagte er?

Evans: „Ich glaube, ich werde damit 500 Dollar machen."

Senator Burton: Sagte er das zu Ihnen?

Evans: Ja.

Senator Burton: Das ist der Mann, der hier heute morgen im Zeugenstand war?

Evans: Gill, der zweite Donkeyman. . .

Senator Smith: Hörten Sie wie der Kapitän sagte, er habe die Raketen gesehen?

Evans: Ich hörte es am nächsten Tag. Ich hörte nichts darüber am selben Tag.

Senator Smith: Sie hörten, wie er es hier vor einigen Augenblicken beschworen hat?

Evans: Ja.

Senator Smith: Weiße Raketen, sagte er, nicht wahr?

Evans: Ich glaube.

Senator Smith: Hat Ihnen irgend jemand ein Angebot gemacht, oder haben Sie von irgend jemand Geld für Informationen über den Untergang der Titanic bekommen?

Evans: Nein.

ACHTER TAG
Samstag, 27. April
Washington, D. C.

Zeuge: James Henry Moore
Kapitän des kanadischen Passagierschiffs
Mount Temple
Kern der Aussage: Moore berichtete, daß sein
Schiff 49 Meilen von der Titanic entfernt war,
als der Notruf einging. Er konnte sie jedoch
wegen Eisgangs nicht erreichen. Sein Schiff lag
mit gestoppten Maschinen in der Umgebung
der Untergangsstelle, während die Carpathia
unterwegs war. Moore sah einen Schoner und
ein Trampschiff, während er die Position der
Titanic ansteuerte.   Er und Senator Smith
untersuchten die Tatsache, warum so wenige
Leichen gefunden worden waren. Waren einige
unter Eis geraten? Der Kapitän hatte eine frühe
und plausible Erklärung, warum der Eisberg
die Titanic versenkt hatte.

Senator Smith: Würden Sie uns bitte in Ihrer Art
erzählen, ob sich etwas besonderes während
Ihrer Reise am Sonntag und Montag zugetragen hat. Erzählen Sie uns einfach, was Sie taten,
was Sie sahen und wo sie es sahen.

Moore: Um 12:30 A. M. am 15. wurde ich von
einem Steward mit einer Mitteilung des Mar-
coni-Funkers geweckt.

Senator Smith: Auf Ihrem Schiff?

Moore: Auf meinem Schiff, ja. Ich schaltete sofort
das Licht ein und nahm die Mitteilung, die der
Funker nach oben geschickt hatte, und die besagte, daß die Titanic C. Q. D. gefunkt hatte entgegen. In der Meldung hieß es noch „Eisberg".

Senator Smith: Haben Sie den Funkspruch?

Moore: Ja.

Senator Smith: Lesen Sie ihn bitte.

Moore: Titanic funkt. . . .

Senator Smith (unterbrechend): Geben Sie bitte
die Datumszeile, falls vorhanden, die Uhrzeit,
falls vorhanden und den Adressat des Funkspruchs an.

Moore: Es war ein allgemeiner Funkspruch.

Titanic funkt C. Q. D. Benötigt Hilfe. Position
41° 44' Nord, Länge 50° 24' West. Kommt
sofort. Eisberg."

Senator Smith: Wer hatte das unterzeichnet, falls
überhaupt jemand?

Moore: Es war ein Funkspruch, den er aufgefangen hatte. Er hörte ihn zufällig. Er schickte ihn
sofort zu mir nach oben.

Senator Smith: Was taten Sie, nachdem Sie den
Funkspruch erhalten hatten?

Moore: Ich blies sofort die Flöte, ich habe ein
Rohr, daß von der Brücke aus nach unten führt,
und ich blies sofort und befahl dem Zweiten
Offizier den Kurs auf 45° Nord zu richten und
sofort nach unten zu kommen. Ich informierte
ihn darüber, was geschehen war und bat ihn die
Karte zu holen. Nachdem ich ausreichend
bekleidet war, ging ich in meinen Kartenraum,
wo wir berechneten, wo sich das Schiff befand
und steuerten danach mit dem Kompaß Richtung Osten.

Senator Smith: Machten Sie Fortschritte in Ihren
Bewegungen?

Moore: Wir drehten das Schiff sofort herum, und
als er nach unten kam, holte wir die Karten hervor, fanden heraus, wo sich die Titanic befand
und steuerten mit Kompaß Kurs 65° Ost.

Senator Smith: In Richtung Titanic?

Moore: in Richtung Titanic, ja. Nachdem ich
bekleidet war, ging ich runter zum Chefingenieur und sagte ihm, daß die Titanic um Hilfe
bat. Ich sagte zu ihm: „Gehen Sie herunter und
versuchen Sie, den Heizer zu wecken. Wenn
nötig geben Sie ihm einen Schuß Rum, wenn er
Ihrer Meinung nach damit mehr schafft." Ich
glaube das wurde ausgeführt. Ich bat ihn auch,
den Heizer davon zu informieren, daß wir so
schnell wie möglich zurückkehren wollten. . .

Senator Smith: Nachdem Sie ihre Position herausgefunden hatten - wie weit war Ihr Schiff von
der Titanic entfernt?

Moore: Ungefähr 49 Meilen. . .

Senator Smith: Sie sagten, Sie verdoppelten den
Ausguck?

Moore: Ja.

Senator Smith: Lassen Sie uns nun fürs Protokoll
klären, was Sie damit meinen.

Moore: Bis dahin hatten wir nur einen Mann im
Ausguck.

Senator Smith: Einen Mann im Krähennest?

Moore: Einen Mann im Krähennest, und wir setzten einen weiteren Mann in die vordere Brücke

und den vierten Offizier vorne ans Vordeck, so daß er flaches Eis in größerer Entfernung erkennen konnte, als wir auf der Brücke.

Senator Smith: Trafen Sie noch andere Maßnahmen, um Gefahren oder ein Unglück zu vermeiden?

Moore: Nicht zu diesem Zeitpunkt. Wir hatten die Ausguck und die Maschinen waren „in Bereitschaft".

Senator Smith: Sie schützten sich also einfach gegen das Eis?

Moore: So ist es.

Senator Smith: Und Sie hatten Ihr Schiff gestoppt?

Moore: Oh nein. Unsere Maschinen standen „in Bereitschaft".

Senator Smith: Sie lagen gestoppt zu jenem Zeitpunkt?

Moore: Wir hatten gestoppt, ja.

Senator Smith: So habe ich Sie verstanden.

Moore: Um 3:25 unserer Zeit hatten wir gestoppt.

Senator Smith: Wo waren Sie da? In welcher Position lag Ihr Schiff?

Moore: Ich würde sagen, wir lagen dann ungefähr 14 Meilen von der Position der Titanic entfernt.

Senator Smith: Können Sie mir sagen, wie Ihre Position lautete? Haben Sie sie errechnet?

Moore: Kann ich nicht. Ich konnte keine Position nehmen. Da war nichts - ich konnte nicht sehen. . .

Senator Smith: Sie nahmen an, Sie seien 14 Meilen von der Titanic entfernt gewesen?

Moore: Das ist meine Schätzung.

Senator Fletcher: Zu welcher Zeit?

Moore: Um 3:25 Uhr.

Senator Smith: War es dunkel oder brach der Tag an?

Moore: Es war dunkel.

Senator Smith: Was taten Sie dann?

Moore: Ich stoppte das Schiff. Ich möchte noch sagen, daß ich zuvor einen Schoner oder ein kleines Schiff sah und daß ich diesem Schiff ausweichen mußte. Sein Licht schien zu verlöschen.

Senator Smith: Das Licht des Schoners schien zu verlöschen?

Moore: Das Licht des Schoners, ja. Als dieses Licht, ein grünes, auf der Höhe meines Bugs war, hielt ich auf Steuerbord.

Senator Smith: Der Schoner befand sich zwischen Ihnen und der Position der Titanic?

Moore: Ja. . .

Senator Smith: Kam er ganz offensichtlich aus der Richtung, in der sich die Titanic befand?

Moore: Irgendwo aus dieser Gegend. Wenn er direkt auf mich zugekommen wäre, hätte ich beide Lichter gesehen.

Senator Smith: Ich bin darüber informiert worden, daß sich in jener Nacht in dieser Gegend ein aufgegebener Schoner ohne Mannschaft befunden haben soll. Können Sie sagen, ob sich jemand auf diesem Schoner befunden hat?

Moore: Das kann ich nicht sagen. Alles, was ich sehen konnte, waren die Lichter. Es war dunkel.

Senator Smith: Sie sahen ein Licht auf dem Schoner?

Moore: Ein Licht auf dem Schoner. Ja. . .

Senator Smith: Ich möchte sicher darüber sein, daß sich der Schoner so nahe bei der Titanic befand, wie ich Sie verstanden habe.

Moore: Ich würde sagen, daß sich der Schoner von der Position der Titanic vielleicht 12 1/2 bis 13 Meilen . . .

Senator Smith: Was ich herausbekommen möchte, ist folgendes: Ein oder zwei Offiziere der Titanic sagen, daß sie nach der Kollision Morsezeichen und Raketen benutzten, um Hilfe zu bekommen. Während sie diese Raketen abfeuerten und die Morsignale sendeten, sahen sie Lichter voraus oder sahen Lichter, die nicht mehr als fünf Meilen von der Titanic entfernt gewesen sein können. Was ich versuche zu fragen, ist was für Lichter das waren, die sie da sahen.

Moore. Also, es können die Lichter eines Trampschiffs gewesen sein, der vor uns war. Als ich drehte, befand sich ein Trampschiff vor meinem Backbordbug.

Senator Smith: In dieselbe Richtung fahrend?

Moore: Fast in dieselbe Richtung. Als er vorne war, kreuzte er langsam unseren Bug, bis er auf der Steuerbordseite war - auf unserer Steuerbordseite.

Senator Smith: Sahen Sie selbst dieses Schiff?

Moore: Ich sah es selbst. Ich war die ganze Zeit auf der Brücke.

Senator Smith: Traten Sie mit ihm in Funkverbindung?

Moore: Ich glaube nicht, daß er Funk hatte. Ich bin sicher, daß er keinen Funk hatte, denn am Morgen war ich nahe bei ihm. . .

Senator Smith: Als Sie diesen Punkt erreicht hatten, was taten Sie und was sahen Sie?

Moore: Ich sah ein riesiges Packeisfeld im Osten, genau auf meinem Kurs.

Senator Smith: Wie groß?

Moore: Ich beriet mich mit meinen Offizieren und einer meinte, es sei fünf Meilen und ein andere meinte, es sei sechs Meilen.

Senator Smith: Wie breit war es?

Moore: Das war die Breite.

Senator Smith: Wie lang war es?

Moore: Es erstreckte sich so weit, wie das Auge blicken konnte, im Norden und im Süden.

Senator Smith: 20 Meilen oder mehr?

Moore: Ich würde sagen 20 Meilen, vielleicht noch etwas mehr. Eisfeld und Berge.

Senator Smith: Berge auch?

Moore: Ja, Berge im Packeis.

Senator Smith: Wieviele Berge?

Moore: Ich würde sagen, alle zusammen, habe ich an diesem Morgen so um die 40 bis 50 gezählt.

Senator Smith: Wie hoch war der Höchste, der Größte?

Moore: Ich würde sagen gute 200 Fuß.

Senator Smith: Kennen Sie die Höhe der Titanic von der Wasseroberfläche?

Moore: Bei meinem Boot, wenn es leicht ist, liegen ungefähr 50 Fuß zwischen Wasser und meiner Brücke.

Senator Smith: Nach den Zeugenaussagen ragte die Titanic 70 Fuß über die Wasseroberfläche, und Sie sagen der höchste Berg, den Sie sahen, ragte 200 Fuß über die Wasseroberfläche?

Moore: Also darüber muß ich noch mal nachdenken, Sir. . .

Senator Smith: In der Nacht, als Sie Ihren Ausguck verdoppelten, benutzten Sie da Ferngläser im Krähennest oder eine Suchscheinwerfer oder so was ähnliches?

Moore: Nein.

Senator Smith: Benutzten Sie überhaupt jemals Ferngläser im Krähennest?

Moore: Niemals.

Senator Smith: Benutzen Sie sie auf der Brücke?

Moore: Ja, jeder Offizier hat sein eigenes Glas, und auch das Schiff stellt Gläser zur Verfügung.

Senator Smith: Sind Sie jemals über den Nordatlantik mit einem Schiff gefahren, das über Suchscheinwerfer verfügte?

Moore: Nein.

Senator Smith: Ich würde gerne Ihre Meinung darüber kennenlernen, ob in Dunkelheit oder Nebel Suchscheinwerfer einen Vorteil beim Suchen und Entdecken von Eisbergen sein können?

Moore: Bei Nebel sind sie vollkommen nutzlos.

Senator Smith: Und bei klarem Wetter?

Moore: Wenn man einen sehr starken Pojektor hätte, könnte es von einigem Nutzen sein. Aber im Nebel wäre es, als ob man das Licht auf eine weiße Wand wirft.

Senator Smith: Ich möchte noch einmal auf den Ort der Kollision der Titanic zurückkommen. Als Sie an der Position der Titanic eintrafen, war es bereits nach vier am Morgen?

Moore: Halb fünf. Ich schätze, wir waren um halb fünf an dieser Position.

Senator Smith: Montagmorgen?

Moore: Ja.

Senator Smith: Nach dem Untergang?

Moore: Ja.

Senator Smith: Was sahen Sie, falls überhaupt etwas?

Moore: Ich sah überhaupt nichts.

Senator Smith: Irgendwelche Wrackteile von der Titanic?

Moore: Ich sah nichts, aber ich sah dieses Trampschiff.

Senator Smith: Keine Wrackteile?

Moore: Überhaupt nichts, keine Wrackteile.

Senator Smith: Treibende Leichen?

Moore: Überhaupt nichts.

Senator Smith: Verlassene Rettungsboote?

Moore: Nichts, überhaupt nichts.

Senator Smith: Wie lange blieben Sie dort?

Moore: Wir suchten nach einer Stelle, durch die wir fahren konnten, weil ich Angst hatte, das Eis könnte zu stark sein, um sich so durchzudrücken. Natürlich schätzte ich, in der Nähe der Titanic-Position zu sein, die er uns gegeben hatte, und die sich später als korrekt herausstellen sollte. Ich suchte nach einer Passage, um durch das Packeis zu kommen, weil ich realisierte, daß die Titanic nicht durch dieses Eis gefahren sein konnte. Ich steuerte Südsüdost, weil mir das Eis dort dünner schien. Als ich dort hinkam, war ich ungefähr eine Meile oder so von dem anderen Schiff, das bereits gestoppt hatte, weil das Eis ihm wohl zu stark erschien.

Senator Smith: Was taten Sie, nachdem Sie entdeckten, daß es dort keine Wrackteile gab und daß Sie auch keine weitere Hilfe leisten konnten?

Moore: Als ich herausfand, daß das Eis zu mächtig war, stoppte ich und drehte, wurde langsam und stoppte und suchte nach einer Passage, durch die ich fahren könnte. Ich konnte keine finden, überhaupt keine. Ich hatte einen Mann am Masttopp, direkt am Vordermast, und den leitenden Offizier auf dem Hauptmast, und er konnte keinen Durchschlupf finden, durch den ich hätte fahren können.

Senator Smith: Einige Ihrer Passagiere behaupten, sie hätten gegen Mitternacht am Sonntag diese Raketen von der Titanic gesehen. Haben Sie da irgendwas von gehört?

Moore: Ich habe davon in der Zeitung gelesen. Aber tatsächlich glaube ich nicht, daß sich ein Passagier in jener Nacht um zwölf Uhr an Deck befand. Ich bin da ganz sicher, denn sie wußten überhaupt nichts darüber und man kann sicher sein, daß sie in ihren Betten waren. Ich weiß, daß mir der Steward gesagt hat, daß niemand an Deck war. Nur der Wachmann am hinteren Ende des Decks. Am vorderen Teil befand sich niemand an Deck. Der Mann aus dem permanenten Zwischendeck, das sich unter dem Brückendeck befindet - dort haben wir unser permanentes Zwischendeck - sah keinen Passagier an Deck.

Senator Smith: Sie wollen also damit sagen, daß Sie weder Sonntagnacht noch Montagmorgen irgendein Signal von der Titanic sahen.

Moore: Ich schwöre feierlich, daß weder ich noch meine Offiziere Signallichter sahen.

Senator Smith: Über was für eine Funkanlage verfügt die Mount Temple?

Moore: Marconi.

Senator Smith: Wieviele Funker?

Moore: Nur einen.

Senator Smith: Wie sind seine Dienststunden?

Moore: Er hat keine festen Dienststunden.

Senator Smith: War er zufällig Sonntagnacht um 12:30 - Mitternacht - im Dienst?

Moore: Ich weiß nicht. Ich glaube, es war die Zeit, zu der er ins Bett ging. Er hatte das Gerät nur in der Hand, um sich zu vergewissern, ob irgendeine Nachricht kam. Es war der reine Zufall, daß er den Funkspruch des Schiffs empfing. . .

Senator Smith: Bestätigt die Tatsache, daß Sie kein Zeugnis des Wracks an der von der Titanic angegebenen Position fanden, daß sich ihre Position acht Meilen weiter südlich befand?

Moore: Nein, nach Osten.

Senator Smith: Nach Osten?

Moore: Ja.

Senator Smith: Soweit ich mich erinnere, hat auch der Kapitän der Californian, der gestern vereidigt wurde, und der zu der von der Titanic im C. Q. D. angegebenen Position gefahren war, ausgesagt, daß er dort nichts vorgefunden hatte.

Moore: Ich selbst sah die Californian in der Gegend.

Senator Smith: Sie war zur gleichen Zeit wie Sie dort?

Moore: Sie traf dort kurze Zeit nach mir ein. Als ich zu diesem Packeis kam, und, wie ich bereits bemerkte, nach Südsüdost drehte, um vorbeizufahren, muß er irgendwo östlich von mir gewesen sein. Natürlich hatte ich keine Idee, daß die Titanic gesunken war. Ich hatte nicht die leiseste Idee.

Senator Smith: Zu jener Zeit?

Moore: Nein. Erst als ich von der Carpathia erfuhr, daß sie die Boote aufgenommen hatte, erfuhr ich, daß die Titanic gesunken war.

Senator Smith: Und dann gaben Sie auf?

Moore: Ich blieb bis neun Uhr.

Senator Smith: Erst zu jener Zeit gaben Sie die Suche nach dem Schiff auf?

Moore: Dann gab ich die Hoffnung auf, es zu sehen, weil ich zu dieser Zeit herumkreuzte.

Senator Smith: Wie nahe kamen Sie an jenem Morgen der Carpathia?

Moore: Das Packeis zwischen uns und der Carpathia erstreckte sich schätzungsweise über fünf bis sechs Meilen. Sie trat mit uns nicht in Verbindung. Als wir sie sahen, muß sie uns gesehen haben. . .

Senator Smith: Der Kapitän der Carpathia sagte vor dem Komitee in New York aus, daß er nur einen Körper im Wasser gesehen habe.

Moore: Ja.

Senator Smith: Als die Rettungsboote ankamen.

Moore: Ja.

Senator Smith: Und daß er ungefähr eine Stunde herumkreuzte, nachdem er die Menschen aus den Booten an Bord genommen hatte und niemanden entdeckte. Der Kapitän der Californian sagte gestern, er habe keinen gesehen. Sie sagen heute morgen, daß sie niemanden gesehen haben?

Moore: Ich sah keinen, überhaupt keinen.

Senator Smith: Könnte das bedeuten, daß die Titanic an einer anderen Position gesunken war?

Moore: Ich glaube nicht, daß es irgendwas beweist, was mich betrifft, weil ich mich mindestens fünf Meilen westlich vom Untergangsort der Titanic befand.

Senator Smith: Wäre es möglich - ich zögere, Ihnen diese Frage zu stellen - daß, von dem was Sie sahen, daß dieses Eisfeld nachdem die Titanic gesunken war, sich über diese Stelle geschoben hatte?

Moore: Es ist gerade möglich, nichts mehr. Natürlich lag dieses Eis im Golfstrom und trieb mit ihm. Der Golfstrom, das wissen wir, fließt immer in östlich-nordöstliche Richtung, und es ist möglich, daß sich das Schiff darin befand, als es das Eis rammte. Ich weiß aber nicht, ob er sich da befand oder nicht. Sagten die Offiziere, daß sie in ein Eisfeld geraten waren?

Senator Smith: Sie sagten, sie sahen ein Eisfeld um sie herum. Meinen Sie die Offiziere der Titanic?

Moore: Ja.

Senator Smith: Sie sahen beachtliches Eis - Eisfeld?

Moore: Sahen Sie Eisfeld oder Eisberge?

Senator Smith: Beides.

Moore: Von der Zeit, die ich brauchte - von 12:30, als ich den Funkspruch empfing bis halb fünf, hätte das Eis mit einem halben Knoten pro Stunde treiben können.

Senator Smith: Unter Schiffsleuten, und ich glaube dieser Eindruck hat sich auch bei der amerikanischen Marine durchgesetzt, besteht die Meinung, daß ein sinkendes Schiff einen Sog erzeugt, in dessen Strudel so ziemlich alles von der Oberfläche angesaugt wird. Diese Theorie scheint von der Titanic zerstört worden zu sein, denn bisher hat jeder Offizier ausgesagt, daß es einen solchen Sog nicht gegeben hat. Der Funker, der die Titanic als Letzter verlassen hat, ungefähr eine Minute vor dem Untergang, geriet zwar unter Wasser, sagt aber, daß es keinen Sog gegeben hat, als er sich auf der Steuerbordseite unter einem Faltboot befand, daß auf ihn gefallen war.

Moore: Ich kann mir kaum vorstellen, daß so etwas möglich ist. Jedes derartige Boot, das so untergeht muß eigentlich eine Sogwirkung erzielen. Als ich hörte, daß so viele Menschen an Bord geblieben waren sagte ich: „Dann ist es durchaus möglich, daß ihre Körper nie gefunden werden." Weil, es gab so viele Decks und beim Untergang des Schiffs entsteht ein derartiger Druck, daß sie unter diese Decks gedrückt werden. Daher würden sie nicht mehr an die Oberfläche kommen. Die Körper können einem derartigen Druck nichts entgegensetzen.

Senator Smith: Die Theorie der Sogwirkung ist eine Theorie unter Seeleuten, nicht wahr?

Moore: Ja.

Senator Smith: Es scheint in diesem Fall aber nicht so gewesen zu sein. Ich bitte schon jetzt um Verzeihung, daß ich nach den Aussagen des Kapitäns der Carpathia, der keine Körper sah und derjenigen in den Rettungsbooten, die hunderte im Wasser sahen, zu dem Schluß gekommen bin, daß sie entweder vom sinkenden Schiff nach unten gesogen wurden, oder daß sie irgendwo im Schiff eingeschlossen gewesen sein müssen.

Einige humorige Ausdrücke - ziemlich ungewöhnlich - wurden im Rahmen einer Untersuchung gestellt, in der ich die Frage stellte, ob die wasserdichten Abteile in einem Schiff auch im Wasser funktionieren würden. Ich habe viele Telegramme und Briefe von Leuten bekommen, die Verwandte bei diesem Unglück verloren haben, und die die Regierung anflehten, Taucher zum Schiff zu schicken. Sie wissen natürlich nicht, in welcher Tiefe es liegt. Es scheint mir, daß die Abwesenheit der Körper auf dem Wasser, die sie nicht sahen und die auch die anderen Kapitäne nicht sahen, also daß diese Körper sich noch irgendwo im Innern des

Schiffs befanden.

Natürlich weiß ich seit vielen Jahren, daß ein wasserdichtes Abteil nicht als Zufluchtsort für Passagiere gedacht ist. Der Kapitän, der jetzt mit der Titanic unterging, zeigte mir einmal auf einer meiner Reisen sein Schiff und daher sind mir die Nutzen der wasserdichten Abteile ziemlich vertraut. Aber weil diese trauernden Menschen eine offizielle Antwort erhalten müssen, ob dies möglich ist oder nicht, ging ich das Risiko ein, den Humor einiger, ansonsten nicht sonderlich humoriger Menschen anzuregen, indem ich diese Frage stellte. Ich übernehme dafür die volle Verantwortung. Nachdem, was Sie gesagt haben und was die beiden anderen Kapitäne sagen, hat es vielleicht einige Bedeutung.

Moore: Es könnte sein, daß die Schotts unter dem einströmenden Wasser zusammengebrochen sind. Es könnte sein, daß der Luftdruck etwas angestiegen war und diesen Körpern erlaubt hatte zu entweichen. Zusammen mit dem ausströmenden Wasser könnten diese Körper von den Decks nach oben gekommen sein. Natürlich hatte sie eine schwere Schlagseite, glaube ich. Sie war an einer Seite gerammt worden. Diese Schotts füllten sich. Ich wage zu sagen, daß einige Schotts kollabierten, aber als sie mit ihrer Schlagseite sank, gab sie einigen eine Chance, von den Decks freizukommen.

Ich bin mir ziemlich sicher, daß wenn ein derartiges Schiff untergeht, daß die Menschen unter diesen Decks auch dort gehalten wurden, weil das sinkende Schiff den von mir erwähnten starken Druck erzeugt.

Senator Smith: Würden Sie eine permanente Boje, die mit einem unzerstörbaren Tau oder einer Kette als eine erstrebenswerte Ausrüstung ansehen, so daß im Falle des Untergangs die Boje den exakten Untergangsort auf See kennzeichnen würde?

Moore: Es ist durchaus möglich, etwas derartiges zu tun, falls die Kette - Sie meinen die Kette, am Schiff zu befestigen?

Senator Smith: Ja.

Moore: Wissen Sie, da herrscht eine derartige Tiefe. . .

Senator Smith (unterbrechend): Soviel ich weiß, liegt sie in zwei Meilen Tiefe?

Moore: Ja, mehr als 2000 Faden Wasser. . .

Senator Smith: Gibt es noch etwas, das noch Licht in diese traurige Angelegenheit bringt, das Sie bisher noch nicht erwähnt haben?

Moore: Die Art betreffend, wie das Schiff den Berg oder was auch immer gerammt hat?

Senator Smith: Ja, alle Informationen, die uns helfen könnten.

Moore: Meine Theorie ist, daß sie einen dieser Sporen dieses Eisbergs getroffen hat. Es gibt da Sporen unter der Wasseroberfläche, die scharf und sehr spitz sind. Sie sind wie ein gezackter Felsen. Ich meine, sie hat wohl einen davon an der Bilge getroffen, was die Platten aufriß und das Wasser hineinströmen ließ. Und wahrscheinlich kam soviel Wasser hinein, daß die Schotts es nicht halten konnten. Sie muß sich bei der Geschwindigkeit aufgerissen haben, denn, soviel ich weiß, hat sich ihre Geschwindigkeit im Wasser nicht sonderlich verringert. Sie muß sich entlang der Bilge bis zum Maschinenraum aufgerissen haben.

Senator Smith: Haben Sie den Plan der Titanic studiert?

Moore: Nein.

Senator Smith: Diese Meinung ist das Ergebnis Ihrer eigenen Diagnose?

Moore: Ja, das würde ich so sagen. Natürlich hatte ich bisher Glück und nie einen Schaden durch Eis erlitten, obwohl ich in diesem Metier seit langem unterwegs bin. . .

Senator Smith: Und in der Eisregion?

Moore: In den Eisregionen, ja.

Zeuge: Andrew Cunningham, 38

Kabinensteward aus Southampton, England

Kern der Aussage: Er sprang vom Schiff, nachdem er Passagieren in die Rettungsboote geholfen hatte. Er gehörte offensichtlich zu den wenigen, die längere Zeit im Wasser überlebten.

Senator Smith: Zogen Sie nachdem die Passagiere aus Ihrer Kabine nach oben gegangen waren, Ihre Schwimmweste an?

Cunningham: Ja.

Senator Smith: Und wohin gingen Sie?

Cunningham: Ich wartete auf dem Schiff bis alle Boote weg waren und wagte mich dann ins Wasser.

Senator Smith: Sie warteten auf dem Schiff, bis

alle Boote weg waren, und warfen sich dann ins Wasser?

Cunningham: Ja, ins Wasser.

Senator Smith: Wie lange bevor das Schiff sank, war das?

Cunningham: Ich ging, würde ich sagen, gegen zwei Uhr ins Wasser.

Senator Smith: Wie lange, bevor das Schiff sank, waren Sie im Wasser?

Cunningham: Ich würde sagen, ungefähr eine halbe Stunde.

Senator Smith: Nachdem Sie ins Wasser gesprungen waren, was taten Sie dann?

Cunningham: Ich schwamm vom Schiff weg. Ich würde sagen eine Dreiviertelmeile. Ich hatte Angst vor dem Sog.

Senator Smith: Sie schwammen weg, weil Sie annahmen, daß dem Untergang ein Sog folgen würde?

Cunningham: Ja.

Senator Smith: Was taten Sie dann?

Cunningham: Ich hatte einen Kumpel bei mir. Wir hatten das Schiff zusammen verlassen.

Senator Smith: Trug er eine Schwimmweste?

Cunningham: Ja.

Senator Smith: Was taten Sie?

Cunningham: Wir sahen das Schiff untergehen. Dann machten wir uns auf, ein Boot zu suchen.

Senator Smith: Sie schwammen im Wasser, bis Sie das Schiff untergehen sahen?

Cunningham: Bis wir sahen, wie das Schiff unterging.

Senator Smith: Und dann suchten Sie ein Rettungsboot?

Cunningham: Dann begann ich mit der Suche nach einem Rettungsboot, ja.

Senator Smith: Sahen Sie eins?

Cunningham: Nein, ich hörte eins, und ich machte mich dorthin auf.

Senator Smith: Kam das Retttungsboot zu Ihnen, oder schwammen Sie ihm entgegen?

Cunningham: Ich schwamm dorthin.

Senator Smith: Es kam nicht zu Ihnen?

Cunningham: Ich glaube nicht.

Senator Smith: Als Sie hineinkletterten, was fanden Sie da vor?

Cunningham: Dort war ein Quartermeister verantwortlich - Perkins oder Perkis. Es war das Boot Nummer vier. Sie nahmen uns auf. Es gab dort auch einen Stauer namens Hemmings und einen anderen Matrosen mit Namen Foley und einen Heizer. Der Rest waren Damen. Zwei meiner Passagiere waren zufälligerweise dort.

Senator Smith: Zwei Ihrer Passagiere und Hemmings und Foley und Perkis und Sie selbst?

Cunningham: Und ich, ja.

Senator Smith: Das ergibt sechs männliche Passagiere?

Cunningham: Und es gab noch einen Heizer dort.

Senator Smith: Wie hieß er?

Cunningham: Ein Kerl namens Smith - F. Smith.

Senator Smith: Sahen Sie einen anderen Mann in dem Boot?

Cunningham: Ja, ich glaube, eine der Küchenhilfen. Ich bin aber nicht sicher.

Senator Smith: Wie hieß er?

Cunningham: Ich weiß nicht. Der Grund, daß ich einige Namen kenne, liegt darin, daß mich Frau Cummings, einer meiner Passagiere herumschickte, um herauszufinden, wer im Boot war. Sonst würde ich ihre Namen nicht kennen.

Senator Smith: Neben dem Heizer, gab es da noch andere männliche Passagiere in dem Boot?

Cunningham: Ja, ich glaube auf dem Boden war noch ein Heizer, und dann war da noch mein Kumpel, der kurz nachdem er hineingezogen worden war, starb. . .

Zeuge: Frederick D. Ray, 33

Steward in der Ersten Klasse, der im Speisesaal bediente

Kern der Aussage: Er brachte Licht in die letzten Stunden der hochmögenden und berühmten Passagiere einschließlich des ertrunkenen Major Archibald Butt, dem engen Berater von Präsident William Howard Taft. Senator Smith stellte wie im Rest der Untersuchung Fragen, um zu erfahren, ob Kapitän E. J. Smith am Tag des Untergangs getrunken habe. Es gab keine Anzeichen, daß er es getan hätte.

Senator Smith: Beschreiben Sie, wo sich der Salon auf dem Schiff befand.

Ray: So nahe mittschiffs, wie es nur sein kann, würde ich mir vorstellen. Ungefähr fünf Decks unten und zwischen vorne und hinten, eben mittschiffs.

Senator Smith: Im Hauptsalon?

Ray: Ja.

Senator Smith: Kannten Sie den Kapitän der Titanic vom Sehen?

Ray: Sehr gut.

Senator Smith: War er in jener Nacht im Salon?

Ray: Ich habe ihn nicht bemerkt.

Senator Smith: Hätten Sie ihn bemerkt, wenn er da gewesen wäre?

Ray: Das ist zweifelhaft. Ich bediente auf der Steuerbordseite, ziemlich in seiner Nähe, aber ich kann mich nicht erinnern, ob er in jener Nacht beim Dinner war oder nicht. Ich kann mich nicht erinnern.

Senator Smith: Kam er gewöhnlich dorthin?

Ray: Ja.

Senator Smith: Oft?

Ray: Zu den meisten Mahlzeiten.

Senator Smith: Aß er an jenem Abend dort?

Ray: Das kann ich nicht sagen.

Senator Smith: Wo befand sich sein Tisch?

Ray: Im Zentrum des Salons. Der sechste Tisch am vorderen Ende des Salons. Nach hinten zum Bug des Schiffs.

Senator Smith: Hatte er einen persönlichen Kellner oder Steward?

Ray: Ja.

Senator Smith: Wer war das?

Ray: Ein Man namens Phainten, glaube ich war es. Ich bin mir fast sicher.

Senator Smith: Hat er überlebt?

Ray: Nein, er wurde zuletzt auf der Brücke neben dem Kapitän gesehen.

Senator Smith: Sahen Sie Herrn Ismay in jener Nacht im Salon?

Ray: Ich habe ihn nicht bemerkt. Er war auf der anderen Seite. Ich glaube, er hatte einen Tisch auf der Backbordseite des Salons, und ich bediente auf der Steuerbordseite. Nachdem es sich um einen großen Saal handelte und sich dort eine große Menge von Menschen befand, hätte ich ihn nicht bemerkt, weil ich nicht auf die andere Seite des Saals ging. Ich ging direkt auf die Steuerbordseite.

Senator Smith: Kannten Sie ihn vom Sehen?

Ray: Ja, sehr gut.

Senator Smith: Sie wußten, daß er sich an Bord befand?

Ray: Ja, ich habe ihn bei zahlreichen Gelegenheiten gesehen.

Senator Smith: Ich glaube, ich habe Sie richtig verstanden, daß Sie gesagt haben, daß Sie nicht wußten, ob der Kapitän an seinem üblichen Platz am Sonntagabend gegessen hat, oder nicht?

Ray: Ganz korrekt.

Senator Smith: Falls Sie sich erinnern können: Bei wem haben Sie auf dieser Reise zwischen Southampton bis zum Unfallsort gekellnert. Kennen Sie die Namen?

Ray: Wen ich bedient habe?

Senator Smith: Ja.

Ray: Ich bediente Major Butt, Herrn Moore, Herrn Millet, Herrn und Frau Clark.

Senator Smith: Noch weitere?

Ray: Das sind alle.

Senator Smith: Wann dinierten sie Sonntagnacht?

Ray: Herr Moore und Herr Millet dinierten gegen 7:30 zusammen und beendeten ihr Abendessen gegen 8:15. Major Butt war nicht anwesend, weil er im Restaurant dinierte.

Senator Smith: Wußten Sie, mit wem er aß?

Ray: Nein.

Senator Smith: Haben Sie seitdem von irgend jemand erfahren, ob er mit dem Kapitän dinierte?

Ray: Nein. Ich habe seitdem erfahren, daß er mit den Wideners aß. Ich weiß aber nicht, ob das zutrifft, oder nicht. Ich habe es nur gehört.

Senator Smith: Von wem haben Sie das gehört? Lassen Sie mich fragen, nur um Ihre Gedächtnis aufzufrischen, ob Sie von jemand erfahren haben, daß Frau Widener in jener Nacht ein Dinner zu Ehren des Kapitäns, Herrn und Frau Carter, Herrn und Frau John B. Thayer, Harry Widener jr. und Major Butt gegeben hat? Haben Sie das gehört?

Ray: Ja. Ich glaube, es war Frau Moore. Ich sah Frau Moore nachdem ich hier eingetroffen war. Ich glaube das war's. Ich hörte, daß Major Butt mit den Wideners aß. Ich hörte es nicht auf dem Schiff. . .

Senator Smith: Wann sahen Sie Major Butt und die anderen Leute, die Sie bedienten zum letzten Mal?

Ray: Ich sah Major Butt das letzte Mal beim Mittagessen am Sonntag. Die Herren Moore und Millet sah ich beim Abendessen. Herrn Moore sah ich danach mit anderen Leuten aus dem

Raucherzimmer kommen, kurz bevor ich mich zum Dienst meldete. Herrn Clark habe ich nicht gesehen.

Senator Smith: Bevor Sie sich zum Dienst meldeten?

Ray: Ja.

Senator Smith: Sie meinen damit Ihr Rettungsboot?

Ray: Ja.

Senator Smith: Fahren Sie fort.

Ray: Herrn und Frau Clark habe ich nach dem Mittagessen an jenem Tag nicht mehr gesehen.

Senator Smith: Kannten Sie Herrn Andrews von der Werft Harland & Wolff, die das Schiff gebaut hat?

Ray: Ja, ich war in Belfast und bediente ihn auf der Olympic und der Titanic.

Senator Smith: Wissen Sie auf welchem Deck sich seine Kabine befand?

Ray: Nein, das weiß ich nicht.

Senator Smith: Wissen Sie, wo er im allgemeinen im Hauptsalon saß?

Ray: Ich bin mir nicht sicher, aber ich glaube, es war auf der Backbordseite.

Senator Smith: Dort, wo Herr Ismay seinen Tisch hatte?

Ray: Nein, ich weiß nicht, wo Herr Ismay saß.

Senator Smith: Nicht am Tisch des Kapitäns?

Ray: Nein.

Senator Smith: Haben Sie Herrn Andrews nach der Kollision gesehen?

Ray: Nein, habe ich nicht. . .

Senator Smith: Als Sie Rettungsboot Nummer neun erreichten. . . was geschah dann?

Ray: Ich ging an die Reling und sah hinüber. Ich sah, wie das erste Boot an der Steuerbordseite vom Schiff ablegte. Zu dieser Zeit war mir ziemlich kalt und daher ging ich nach unten in meinen Raum - auf die gleiche Weise, wie ich nach oben kam.

Senator Smith: Was taten Sie dann?

Ray: Ich zog meinen Mantel an. Ich ging aufs E-Deck. Es gab niemanden in Nummer drei als ich wegging.

Senator Smith: Raum Nummer drei?

Ray: Raum Nummer drei, in dem ich geschlafen habe. Ich ging auf dem E-Deck nach vorne und der vordere Teil des E-Decks war bereits unter Wasser. Ich schaffte es gerade noch durch die

Tür auf die große Freitreppe zu gelangen. Ich ging auf die andere Seite des Schiffs, wo sich die Passagierkabinen befanden. Ich sah dort niemanden. Ich sah nach, wo sich das Wasser befand, und es stand genauso hoch wie auf der Backbordseite. Ich ging gemächlich zur Haupttreppe, passierte dabei ein oder zwei Leute, sah die beiden Purser im Büro des Pursers und die Angestellten, wie sie Dinge aus dem Safe holten und sie in Beutel packten. Und genau in diesem Moment verließ Herr Rothschild seine Kabine, und ich wartete auf ihn. . .

Senator Smith: Kannten Sie ihn?

Ray: Ja, ich hatte ihn auf der Olympic bedient.

Senator Smith: Lassen Sie uns den Ort fixieren. Sie waren noch immer auf dem E-Deck?

Ray: Ja.

Senator Smith: Und seine Kabine?

Ray: Ich sagte nicht, daß ich mich in irgendeiner Kabine befand.

Senator Smith: Ich dachte, Sie hätten Herrn Rothschild gesehen?

Ray: Ich war über das D- und dann über das C-Deck gekommen, und dann sah ich Herrn Rothschild.

Senator Smith: In Ordnung; fahren Sie fort.

Ray: Ich sprach ihn an und fragte, wo seine Frau sei. Er sagte, sie sei in einem Rettungsboot. Ich sagte: „Das sieht ziemlich ernst aus." Er sagte: „Ich glaube nicht, daß es dafür einen Anlaß gibt." Wir gingen also gemächlich die Treppen nach oben, bis ich das A-Deck erreichte und durch die Tür ging. Ich ging auf das offene Deck zum Boot Nummer neun. Es wurde gerade mit Frauen und Kindern gefüllt. Ich half. Ich ließ es mit herunter. Dann ging ich zum Boot Nummer zehn und half es mit Frauen und Kindern zu beladen, bis es heruntergelassen wurde. Dann ging ich zu Boot Nummer 13, das zur Hälfte mit Frauen und Kindern gefüllt war. Sie sagten: „Einige von euch Männern kommen hier hinein." Es gab dort ungefähr neun bis zu einem Dutzend Männer - Passagiere und Mannschaft. Ich sah dort Herrn Washington Dodge, den ich fragte, wo sich seine Frau und sein Kind befanden. Er sagte, sie hätten das Schiff mit einem der Boote verlassen. Er stand neben dem Boot und ich sagte ihm, „Sie steigen jetzt hier besser ein." Ich stellte mich hinter ihn, drückte ihn hinein und folgte. Nachdem ich im Boot war, kam eine ziemlich dicke Frau, der wir ins Boot halfen. Sie weinte die ganze Zeit. „Steckt mich nicht in das Boot. Ich will nicht in das Boot. Ich bin noch nie in meinem Leben in einem offenen Boot gewesen. Lassen Sie mich nicht hier." Ich sagte: „Sie müssen gehen und Sie sollten still sein."

Danach wurde ein in eine Decke gewickeltes Kind in das Boot geworfen, das ich auffing. Die Frau, die es getragen hatte, kam später ins Boot. Wir ließen vielleicht drei oder vier Männer an Deck, an der Reling, zurück. Sie kamen in das Boot Nummer 15.

Das Boot wurde heruntergelassen, bis wir uns kurz vor der Wasseroberfläche befanden. Zwei oder drei von uns bemerkten einen großen Wasserstrahl, der aus der Seite des Schiffs kam. Ich dachte er stammte von den Pumpen. Das Loch war ungefähr zwei Fuß breit und ein Fuß tief. Ein solider Strahl schoß daraus. Ich erkannte, daß das Boot, sollte es weiter heruntergelassen werden, überschwemmt worden wäre und wir alle ins Wasser fallen würden. Wir brüllten, damit man aufhörte, das Boot herunterzulassen, worauf auch direkt reagiert wurde.

Wir holten die Ruder und drückten es von der Bordwand. Es schien unmöglich, das Boot herunterzulassen, ohne überschwemmt zu werden. Wir drückten es von der Bordwand, und als nächstes waren wir im Wasser, befreit von diesem Wasserstrahl. Ich glaube nicht, daß es Matrosen oder Quartermeister in diesem Boot gegeben hat, weil offensichtlich niemand wußte, wie man sich vom Tauwerk lösen konnte. Man rief nach Messern, um das Boot loszuschneiden. Irgend jemand hatte ein Messer und man schnitt das Tau durch. In der Zwischenzeit waren wir etwas abgetrieben. Boot Nummer 15 wurde genau über uns zu Wasser gelassen. Ungefähr zwei Fuß über unseren Köpfen. Wieder riefen wir, und wieder wurde prompt geantwortet und das Boot Nummer 15 vorübergehend gestoppt.

Wir legten von der Bordwand ab. Niemand schien das Kommando über das Boot zu haben, und daher wählten wir einen Heizer zum Verantwortlichen. Er befahl uns an die Ruder zu

gehen und vom Schiff wegzurudern. Wir ruderten, unterbrochen von kurzen Ruhepausen die ganze Nacht. Ich fragte, ob es den Damen warm war, worauf sie sagten, daß es ihnen ziemlich warm war und daß sie noch eine Decke hatten. Im Boot gab es scheinbar kaum Aufregung. Sie waren alle ruhig und gesammelt.

Senator Smith: Kehrten Sie zur Unglücksstelle zurück, nachdem Sie abgelegt hatten?

Ray: Nein, ich war für das Boot nicht verantwortlich. Ich ruderte nur. Ich war dagegen, vom Schiff wegzurudern.

Senator Smith: Sie waren dagegen?

Ray: Ja, ich wollte in Bereitschaft bleiben, aber meine Stimme vermochte nicht viel gegen die anderen. Wir hatten sechs Ruder im Boot und mehrere Male weigerte ich mich zu rudern, doch dann gab ich auf und ruderte mit den anderen. . .

Zeuge: Henry Samuel Etches, 40
Schlafraum-Steward aus Southampton, England

Kern der Aussage: Er sagte über den Eifer von Thomas Andrews aus, der die Titanic erbaut hatte und der beim Untergang ertrank. Ein besorgter Andrews, so seine Aussage, veranlaßte die Passagier der Ersten Klasse, die Schwimmwesten anzulegen.

Senator Smith: Sahen Sie Herrn Andrews während dieser Reise häufig?

Etches: Jeden Morgen um sieben Uhr. Ich ging dann zu seiner Kabine.

Senator Smith: Aus welchem Grund?

Etches: Ich brachte ihm dann üblicherweise etwas Obst und Tee.

Senator Smith: Wann sahen Sie ihn als nächstes?

Etches: Ich sah ihn dann wieder, wenn er sich für den Abend umgezogen hatte. Das war im allgemeinen gegen 20 vor sieben. Er war immer sehr spät dran mit dem Umziehen.

Senator Smith: Haben Sie ihn vor der Reise bereits gekannt?

Etches: Ich hatte ihn einige Male in Belfast getroffen, weil ich auf der Olympic gearbeitet hatte.

Senator Smith: Hat er die Olympic gebaut?

Etches: Oh, ja.

Senator Smith: Wie alt war Herr Andrews?

Etches: Er bezeichnete sich auf einem Papier, das ich ihm gegeben hatte, selbst mit 38.

Senator Smith: Erfreute er sich während der Reise guter Gesundheit?

Etches: In perfekter Gesundheit.

Senator Smith: Machte er einen beschäftigten Eindruck?

Etches: Er war die ganze Zeit beschäftigt.

Senator Smith: Hatte er Karten und Zeichnungen in seiner Kabine?

Etches: Er hatte zusammengerollte Karten neben seinem Bett, und er hatte alle möglichen Papiere während des Tages auf seinem Tisch.

Senator Smith: Er arbeitete offensichtlich?

Etches: Er arbeitete die ganze Zeit. Er machte sich Notizen für Verbesserungen, alle Verbesserungen, die man machen konnte.

Senator Smith: Am Schiff?

Etches: Und in allen Kabinen. Alles, auf das man ihn aufmerksam machte, wurde notiert.

Senator Smith: Von dem was Sie sahen, zogen Sie da den Schluß, daß seine ungeteilte Aufmerksamkeit auf dieser Reise dem Schiff galt?

Etches: Ich sah ihn nie woanders, aber während des Tages traf ich ihn an allen Stellen mit Handwerkern. Ich erwähnte ihm gegenüber einige Dinge, und er kümmerte sich mit den Handwerkern darum. Den ganzen Tag lang arbeitete er von einem Ende des Schiffs zum anderen.

Senator Smith: Sahen Sie ihn nachts arbeiten?

Etches: Er ging sehr spät zu Bett. Ich sah ihn nie im Rauchersalon oder einer anderen dieser Räumlichkeiten. Ich traf ihn mehr auf den verschiedenen Teilen des E-Decks als sonstwo im Schiff.

Senator Smith: Sahen Sie ihn im Kesselraum?

Etches: Er hatte einen Anzug, und ich sah den Anzug auf dem Bett, nachdem er ihn ausgezogen hatte. Ich habe ihm im Zimmer des Cheftechnikers gesehen.

Senator Smith: Sie meinen damit, daß er einen speziellen Anzug hatte, wenn er in den Kesselraum ging?

Etches: Er war für diesen Zweck. Ich wußte genau, was es war. Es war der Anzug, den die Vermesser tragen.

Senator Smith: Was für einen Anzug trug er, wenn er die technische Abteilung besuchte?

Etches: Er trug dann einen Ingenieurs-Anzug, einen gewöhnlichen blauen Anzug.

Senator Smith: Wann haben Sie Herrn Andrews zum letzten Mal gesehen?

Etches: Es muß ungefähr 20 Minuten nach zwölf gewesen sein. Er hielt mich an. Ich war auf dem B-Deck unterwegs, und er fragte mich, ob ich alle meine Passagiere geweckt hatte. Ich sagte: „Nein, ich gehe gerade, um nachzusehen, ob die Familie Carter aufgestanden ist." Ich öffnete gerade die Tür, als Herr Harrison sagte: „Ich kann Ihnen sagen, daß sie auf sind. Ich bin gerade aus meiner Kabine gekommen." Seine Kabine lag daneben. Herr Andrews sagte mir dann, ich solle mit auf das C-Deck kommen. Wir gingen gemeinsam die Pantry-Treppe herunter. Beim Heruntergehen sagte er mir, ich solle die Passagiere veranlassen, ihre Türen zu öffnen und ihnen sagen, daß sich die Schwimmwesten auf den Garderoben befänden. Außerdem solle ich ihnen auf jeden Fall beim Anziehen der Schwimmwesten helfen, was ich dann auch tat.

Senator Smith: Das war das letzte Mal, daß Sie ihn sahen?

Etches: Nein. Wir gingen zusammen über das C-Deck. Der Purser stand, umgeben von einer Gruppe Damen, vor seinem Büro. Der Purser bat sie zu tun, worum er sie bereits gebeten hatte, nämlich in die Räume zurückzugehen und als vorläufige Vorsichtsmaßnahme, die Schwimmwesten anzulegen. Die Stewards würden dabei alle nur erdenkliche Hilfe leisten. Herr Andrews sagte: „Das ist genau, was ich versuche, sie tun zu lassen." Mit diesen Worten ging er die Treppe hinunter zum D-Deck. Das ist das letzte Mal, daß ich Herrn Andrews gesehen habe.

Senator Smith: Er hat sie nie gebeten, ihm eine Schwimmweste anzuziehen, nicht wahr?

Etches: Nein. Ich habe ihn niemals mit einer gesehen.

Senator Smith: War er der einzige Passagier oder der einzige Kabinenpassagier in einem Apartment auf dem A-Deck?

Etches: Oh nein. Herr und Frau Carter und die beiden Kinder reisten in 98 und 96. Herr Harrison reiste in der Kabine daneben, in Nummer

94 und Herr Guggenheim bewohnte die 84 mit seinem Sekretär.

Senator Smith: Alle auf dem A-Deck?

Etches: Nicht alle auf dem A-Deck. Es gab nur zwei Kabinen am hinteren Ende des A-Decks. Eine war leer, die andere besetzt.

Senator Smith: Für welche Kabinen waren Sie auf dem unteren Deck verantwortlich?

Etches: 98, 96, 94, und dann kam die Tür. Die anderen Räume waren leer, bis ich bei Nummer 84 ankam, die von Herrn Guggenheim, und seinem Sekretär belegt war. Der Diener von Herrn Carter war in Nummer 96, der Innenkabine.

Senator Smith: Wo waren Sie, als sich die Kollision ereignete?

Etches: Ich schlief. . .

Senator Smith: Wie wurden Sie geweckt?

Etches: Ich wurde von etwas geweckt, von dem ich nicht wußte, was es war. Ich rief meinen Kumpel und fragte ihn: „Wie spät ist es, daß sie uns jetzt rufen." Es war dann zwischen 25 und 20 Minuten vor zwölf. Er sagte: „Ich weiß es nicht." Ich drehte mich um und wollte weiterschlafen. In diesem Moment hörte ich einen lauten Ruf: „Schließt die wasserdichten Schotts." Ich erkannte die Stimme unseres Bootsmanns. Es war besonders laut. Ich sah nach draußen und sah, wie er von vorne nach hinten lief.

Senator Smith: Was sagte er?

Etches: Den einen Ruf: „Schließt die wasserdichten Schotts."

Senator Smith: Wie lange war das nach dem Aufprall?

Etches: Wahrscheinlich weniger als zehn Minuten danach. Sieben Minuten würde ich sagen, so nahe wie möglich. . .

Senator Smith: Weckten Sie Ihre Passagiere in ihren Kabinen?

Etches: Ich weckte die Passagiere in meiner Kabine, ja. Ich brachte sie alle nach draußen, außer der Familie Carter. Herr Harrison sagte mir, sie seien bereits aufgestanden.

Senator Smith: Halfen Sie ihnen beim Anlegen der Schwimmwesten?

Etches: Ja, aber mehr auf dem C-Deck. Ich warf die Schwimmwesten nach unten und dann noch einige in den Korridor. Herr Andrews meinte,

ich sollte sicher gehen, daß keine Schwimmwesten übrig blieben. Die erste Kabine, in die ich hineinging, befand sich am Fuß der Pantry-Treppe. Ich zog die untere Schublade heraus, stellte mich darauf, holte die Schwimmwesten heraus und gab eine einem vorbeigehenden Herrn weiter.

Senator Smith: Wissen Sie wer es war?

Etches: Nein, ich gab ihm eine. Er war ein stämmiger Herr, scheinbar ein Engländer. Er sagte zu mir: „Zeigen Sie mir, wie man das anzieht." Ich zeigte ihm, wie es ging. Dann sagte er zu mir: „Ziehen Sie es für mich fest." Ich sagte ihm: „Ziehen Sie das Band um die Front und machen Sie es fest." Während er das tat, rannte ich nach draußen und öffnete andere Türen, und dann waren die meisten Türen auf dem C-Deck geöffnet. . .

Senator Smith: Was war mit Herrn Guggenheim und seinem Sekretär und den anderen?

Etches: Sie befanden sich in ihrem Raum. Ich nahm die Schwimmwesten heraus. Die Schwimmwesten in ihren Kabinen befanden sich in einem kleinen Regal in der Garderobe. Die Kabine wurden von den beiden bewohnt. Es befanden sich dort drei Schwimmwesten, die ich herausnahm und von denen ich eine an Herrn Guggenheim gab. Er war offensichtlich gerade in seinen Raum gegangen, denn er antwortete auf mein erstes Klopfen. Er sagte: „Das wird schmerzen." Ich sagte: „Sie haben viel Zeit. Ziehen Sie sich an. Ich werde in wenigen Minuten zurückkehren."

Senator Smith: Kamen Sie zurück?

Etches: Ja.

Senator Smith: War er da?

Etches: Ja, er folgte mir. Die Tür zur Kabine Nummer 78 fand ich verschlossen vor, und daher klopfte ich mit beiden Händen laut an die Tür. Eine Stimme antwortete: „Was ist los?" Dann sagte eine weibliche Stimme: „Sagen Sie mir, was es für Ärger gibt?" Ich sagte: „Es ist notwendig, daß Sie die Tür öffnen, damit ich alles erklären kann. Aber ziehen Sie bitte die Schwimmwesten an, oder bringen Sie sie in den Korridor." Sie sagten: „Ich möchte wissen, was los ist." Ich sagte: „öffnen Sie bitte die Tür." Und dabei fuhr ich fort an die Tür zu klopfen. Ich ging weiter, fand eine leere Kabine und kam dann zu einer anderen Kabine, an deren Tür sich eine Dame und ein Herr befanden. Sie ließen eine Schwimmweste hin- und herpendeln.

Senator Smith: Wenn Sie wissen um wen es sich handelt, lassen sie uns bitte die Namen wissen.

Etches: Ich kenne niemanden außerhalb meiner Sektion.

Etches: öffnete diese Frau die Tür, an die sie so hart schlugen?

Etches: Ich habe nicht gesehen, wie die Tür geöffnet wurde.

Senator Smith: Wissen Sie, wer sich in dem Raum befand?

Etches: Nun, ich kenne den Namen nicht. Es war ein kurzer Name und ich glaube, er begann mit einem „S". Er war ein steif gebauter Herr, sie eine kleine, dünne Dame. Sie waren zweifellos Amerikaner. . .

Senator Smith: Was tat Herr Ismay (auf dem Bootsdeck)?

Etches: Herr Ismay bat vor allem die Männer zurückzutreten, weil die Damen den Vortritt in diesem Boot hatten. Und sie wollten das Boot zuerst freimachen.

Senator Smith: Fahren Sie fort.

Etches: Nachdem wir das Boot heruntergelassen hatten. . .

Senator Smith: Einen Moment. Das Boot wurde vom Bootsdeck aus gefüllt?

Etches: Ja.

Senator Smith: War es schwierig, vom Deck aus einzusteigen?

Etches: Es gab nicht die kleinste Schwierigkeit. Ein Kind hätte hinübersteigen können.

Senator Smith: War es ein vollwertiges Rettungsboot?

Etches: Ja.

Senator Smith: Wurden die Frauen zuerst hineingebeten?

Etches: Ja. Die Herren, die helfen wollten, formten eine Reihe, und Herr Ismay sagte: „Machen Sie hier bitte eine Reihe und lassen Sie die Damen durch." Ich glaube es war die Stimme von Herrn Murdoch, der laut rief: „Diesen Weg, meine Damen. Gibt es noch Damen, bevor das Boot ablegt?" Das Boot war meines Wissens zu drei Teilen mit Damen besetzt.

Senator Smith: Gab es noch weitere, die einstiegen?

Stiegen noch andere hinein?

Etches: Ja gab es, weil in das Boot Nummer fünf, zu dem ich als nächstes ging, 36 Damen übernahm. . .

Senator Smith: Wer war der Quartermeister?

Etches: Herr Olliver.

Senator Smith: Hat er überlebt?

Etches: Ja.

Senator Smith: Und zwei weitere?

Etches: Zwei andere Stewards. Ich habe sie seitdem nicht mehr gesehen.

Senator Smith: Wurde bei dem Boot genauso vorgegangen?

Etches: Genauso. Nachdem alle Frauen, die da waren, ins Boot gestiegen waren, rief man dreimal - Herr Ismay, das weiß ich, rief zweimal mit lauter Stimme: „Gibt es noch Frauen hier, bevor das Boot ablegt?" es gab keine Antwort. Herr Murdoch rief. In diesem Moment tauchte ein weibliches Wesen auf, das ich nicht kannte. Herr Ismay sagte: „Kommen Sie her, springen Sie hinein." Sie sagte: „Ich bin nur eine Stewardeß." Er sagte: „Das macht nichts, Sie sind eine Frau nehmen Sie Platz." Das war die letzte Frau, die in das Boot Nummer fünf kam, die ich gesehen habe. . .

Senator Smith: Kam das Boot sicher aufs Wasser?

Etches: Perfekt.

Senator Smith: Was wurde getan, nachdem Sie das Wasser erreicht hatten?

Etches: Als wir ungefähr 20 Fuß geschafft hatten, rief eine Stimme: „Seht zu, daß der Stöpsel im Boot ist." Ich gab die Anweisung weiter - Olliver kletterte auf den Boden des Bootes, und ich nehme an, er hat den Stöpsel hineingetan, denn als wir auf dem Wasser waren, kletterte ich nach unten und fand kein Wasser. So nahm ich also an, daß der Stöpsel sicher saß.

Senator Smith: Legte das Boot von der Bordwand der Titanic ab?

Etches: Er gab den Auslöser frei, womit die Taue freigegeben wurden, und dann kam der Befehl abzulegen und vom Schiff wegzurudern. Wir entfernten uns ungefähr 100 Yards und warteten. Das Schiff begann zu sinken, schien vorne zu sinken, und Herr Pitman befahl uns, weiter vom Schiff wegzurudern und wir ruderten dann, würde ich sagen, eine Viertelmeile und lagen dann auf unseren Riemen.

Senator Smith: Wie lange?

Etches: Wir blieben da, bis die Titanic sank.

Senator Smith: Sahen Sie, wie sie unterging?

Etches: Ich sah, wie sie unterging.

Senator Smith: Aus der Entfernung konnten Sie nicht sehen, wer sich auf Deck befand?

Etches: Als sich das Schiff erhob - das Heck stieg nach oben - sah ich eine schwarze Masse Menschen auf dem hinteren Ende. Ich konnte natürlich keine Gesichter unterscheiden.

Senator Smith: Ging das Schiff Bug voraus unter?

Etches: Es schien sich zu erheben, als wolle sie einen furchtbaren Sprung wagen, doch dann hielt sie irgendwie inne, als ob es das Wasser aufgenommen hätte und das Gleichgewicht gewonnen hätte. Dann schien es sehr ruhig zu sein, bis zum Schluß, als es sich erhob, 20 Sekunden zu stehen schien, das Heck in dieser Position (zeigte sie), um dann mit einem furchtbaren Kratzen unterzugehen. Es klang so, als wenn ein kleines Boot über einen Kiesstrand gezogen wird.

Senator Smith: Wie lange lagen sie da sozusagen rum?

Etches: Bevor die Titanic unterging?

Senator Smith: Nein, danach.

Etches: Wir warteten einige Minuten, nachdem sie untergegangen war. Es gab keinen Sog oder sonstwas. Herr Pitman meinte dann, wir sollten zur Untergangsstelle zurückrudern. Die Damen schrien auf. Zwei Damen, die vorne saßen, wo ich ruderte, meinten: „Appellieren Sie an den Offizier, nicht zurückzufahren. Warum sollten wir unsere Leben bei dem nutzlosen Versuch, Leben zu retten, verlieren?" Ich sagte ihnen, daß ich keine Macht hatte. Das ein Offizier für das Boot verantwortlich war und nach seinem Ermessen vorgehen würde.

Senator Smith: Ruderten Sie nun zurück, oder nicht?

Etches: Wir ruderten nicht zurück . . .

Senator Smith: Sahen Sie Lichter als Sie im Wasser lagen vor oder nach dem Untergang des Schiffs?

Etches: Nachdem die Titanic gesunken war, ruderten wir noch ein gutes Stück weiter, nachdem die Schreie aufgehört hatten. Und als wir uns entfernten, sahen wir ein Licht von dem wir annahmen, daß es ein Mastlicht war. Es war ungefähr an der Stelle, wo eigentlich der Backbordbug der Titanic hätte sein sollen. Als die Titanic noch da war, sah ich kein Licht. Ich sah die ganze Zeit zur Titanic.

Senator Smith: Konnten Sie die Brücke sehen, als das Schiff unterging?

Etches: Man konnte sie sehr deutlich sehen.

Senator Smith: Sahen Sie jemanden auf der Brücke?

Etches: Keine Seele.

Senator Smith: Man konnte vermutlich keine Dinge unterscheiden?

Etches: Sie können dort gewesen sein. Sie können sich in der Nähe des Ruderhauses befunden haben, aber nicht an der Ecke der Brücke. Ich konnte dort niemanden ausmachen.

Senator Smith: Nachdem Sie in See gestochen waren, weg von der Untergangsstelle, sahen Sie da ein Licht eines anderen Schiffs?

Etches: Ja, wir sahen ein Licht, über das es einen ziemlichen Streit gab. Einige sagten, es sein ein Stern, andere sagten, es sei ein Schiff. Aber wir ruderten in die Richtung und schienen uns nicht einen inch nähern zu können. Es hatte Ähnlichkeit mit dem Masttopplicht eines Schiffs, aber einem ziemlich schwachen. . .

NEUNTER TAG
Montag, 29. April
Washington, D. C.

Zeuge: Frederick M. Sammis, 35
Chefingenieur der Marconi Wireless Telegraph
  Co. of America
  Kern der Aussage: Sammis übernahm die Verantwortung für die Funksprüche, in denen die
  Funker der Titanic und der Carpathia angewiesen wurden, zu schweigen, damit sie ihre
  Geschichten exklusiv an die Presse verkaufen
  konnten. In einer strittigen Befragung pranger-
  te Senator Smith die Rolle Marconis in diesem
  Fall von Scheckbuch-Journalismus an. Obwohl
  Smith die beiden Funker und Marconi am gleichen Tag noch einmal vorlud, verzichtete er
  darauf einen Vertreter der New York Times
  vorzuladen.

Senator Smith: Ich will gleich auf den Punkt kommen, und Sie fragen, ob Ihnen die folgende Meldung bekannt vorkommt, die von J. R. Simpson, dem Cheffunker und verantwortlichen
  Elektriker der US-Navy abgefangen wurde:
  8:30 P. M.
  An Marconi-Funker, Carpathia und Titanic:
  Habe für Sie Exklusivgeschichten in vierstelli-
  ger Höhe arrangiert. Herr Marconi ist einverstanden. Sagen Sie nichts, bis Sie mich sehen.
  Wo sind Sie jetzt?
  J. M. Sammis, Opr. C.
Sammis: Ich weiß von diesem Funkspruch, nur
  daß, was ich in den Zeitungen gelesen habe.
  Wenn Sie gestatten, möchte ich dieses unange-
  nehme Geschäft beschreiben, das deshalb so
  unangenehm ist, weil es mich in der ganzen
  Nation bekannt gemacht hat, worauf ich ver-
  zichten kann wie auch darauf, daß meine Nach-
  barn mit dem Finger auf mich zeigen. Und nur,
  weil das Datum und die Zeitangabe dieser
  Funksprüche mit Absicht oder versehentlich
  bei der ersten Veröffentlichung nicht angegeben wurden. Außerdem wurde auch nicht vermerkt, daß sich das Schiff um 8:30 Uhr bereits
  an der oder kurz vor der Pier befand.
  Ich saß in jener Nacht um 8:10 in meinem
  Büro, als mir von meiner technischen Abtei-

lung mitgeteilt wurde, daß das Schiff die Narrows passiert hatte. Seagate Station befindet sich bei den Narrows, New York Harbour.

Es entspricht nicht meinem Wunsch, die Verantwortung für den Sinn dieses Funkspruchs an jemand anders weiterzureichen. Herr Marconi war damit einverstanden, daß die Jungs, wenn sie an Land kamen, ihre persönlichen Berichte verkaufen zu dürfen, was zahlreiche Leute an Bord des Schiffs auch taten. In diesen Tagen, da Unternehmen vorgeworfen wird, daß sie sich nicht um ihre Angestellten kümmerten, erschien es mir, daß die Männer, die im wesentlichen dafür verantwortlich waren, 700 Menschen gerettet zu haben, eine substantielle Anerkennung bekommen wollten.

Ich war es nicht, der dieses System oder Arrangement entworfen hatte. Die Vereinbarung war jedoch getroffen worden, und die Informationen wurden an die Station Seagate telefoniert, die sich, wie ich bereits sagte, bei den Narrows, New York, befindet. Ich erinnere mich daran, daß ich am Telefon sagte, „Ich weiß, daß die Jungs erschöpft sind, aber diese Nachrichten werden sie aufmuntern."

Senator Smith: Mit wem redeten Sie zu dieser Zeit?

Sammis: Mit Herrn Davidson, der zu dieser Zeit in Seagate Dienst tat. Er ist nicht ständig von uns angestellt, er wurde dort eingesetzt, weil er Experte und einer der besten Männer ist, die wir jemals hatten. Aber er ist nicht ständig in unseren Diensten. Er wurde dorthin geschickt, und wir nutzten seine Dienste. Er war vollkommen für die Station verantwortlich. Ich habe ein Statement und eine Aussage von ihm, nachdem die Funksprüche, um die so viel Wirbel gemacht wurde, alleine von ihm entworfen wurden. Er begreift wie wir alle, daß es sich nicht um Juwelen englischer Literatur handelt, weil sie aus dem Geist der Stunde entstanden sind. Es waren Instruktionen an die Männer und erklärten zugleich die getroffenen Vereinbarungen.

Senator Smith: Wir reden hier nicht über den literarischen Charakter dieser Produktionen. . . Cottam der ständige Funker der Carpathia verließ das Schiff direkt nachdem es angelegt hatte, nicht wahr?

Sammis: Ich glaube, ja.

Senator Smith: Tat er das als Antwort auf Ihre Bitte, ihn im Strand Hotel zu treffen?

Sammis: Er tat es wahrscheinlich, ja.

Senator Smith: Warum wollten Sie, daß er mit Ihnen zusammenkam?

Sammis: Einfach deshalb, damit er mit dem Reporter der New York Times Kontakt aufnehmen könne, mit dem die Abmachungen getroffen worden waren, und ihm den Bericht überreichen konnte.

Senator Smith: Dann dürfen wir annehmen, daß die mit der Times getroffenen Vereinbarungen mit Ihrer Zustimmung abgeschlossen worden waren?

Sammis: Mit dem Einverständnis des Unternehmens, Herrn Marconi und Herr Bottomley. Ich gab die Abmachung nur weiter.

Senator Smith: Aber mir Ihrem Einverständnis?

Sammis: Ja. Ich hatte aber nicht viel zu sagen. Er benötigte nicht meine Zustimmung.

Senator Smith: Mit Ihrer Mitwirkung?

Sammis: Mit meiner Zustimmung, ja. Meine inoffizielle Zustimmung.

Senator Smith: Trafen Sie ihn im Strand Hotel, oder sollte er sie treffen?

Sammis: Nein.

Senator Smith: Waren Sie dort?

Sammis: Ich war im Strand Hotel, ja. Das war das Hauptquartier der New York Times.

Senator Smith: 500 und zwei West, 14. Straße?

Sammis: Ja.

Senator Smith: Wen sollten Sie dort treffen? Herrn Cottam?

Sammis: Ich ging dorthin, um die Funker zu treffen, ja.

Senator Smith: Um Herrn Cottam zu treffen?

Sammis: Nicht nur Herrn Cottam, auch und vor allem Herrn Bride, eben, um beide zu treffen.

Senator Smith: Gingen Sie überhaupt zur Carpathia, nachdem sie angelegt hatte?

Sammis: Ja.

Senator Smith: Zu welcher Zeit?

Sammis: Ich habe nicht die leiseste Idee. Ich brauchte 45 Minuten, um über die Straße zu kommen. Als ich bei der Carpathia eingetroffen war, hatte ich jedes Zeitgefühl verloren. Ich würde grob sagen, es war wohl einige Stunden, nachdem sie angelegt hatte.

Senator Smith: Fanden Sie dort Herrn Bride?

Sammis: Ja.

Senator Smith: Aber in der Zwischenzeit hatten Sie Herrn Cottam gesehen?

Sammis: Nein.

Senator Smith: Gingen Sie mit Herrn Marconi zum Cunard-Dock?

Sammis: Ja.

Senator Smith: War dies das erste Mal an jenem Abend, daß er dort gewesen war?

Sammis: Das nehme ich an.

Senator Smith: War er mit Ihnen im Strand Hotel?

Sammis: Nein.

Senator Smith: War irgend jemand mit Ihnen dort?

Sammis: Man konnte in jener Nacht nicht im Strand Hotel sein, ohne daß jemand bei einem war. Dort waren die Männer der Times und der anderen Blätter.

Senator Smith: Ja, aber wer begleitete Sie ins Strand Hotel?

Sammis: Einer der Times-Männer. Ich habe seinen Namen vergessen. (Nach einem Bericht war es der Reporter Jim Spears.)

Senator Smith: Wieviel sollte Herr Cottam, der Funker auf der Carpathia, für seinen Bericht bekommen?

Sammis: Die Times wollte 1000 Dollar für die beiden Geschichten zahlen. Ich weiß nicht, wie sie das teilen wollten. Ich hatte kein Interesse daran.

Senator Smith: Für seine und Cottams Geschichte über den Untergang der Titanic?

Sammis: Ja.

Senator Smith: Mit wem war die Vereinbarung getroffen worden?

Sammis: Mit der New York Times.

Senator Smith: Ich weiß, aber wer traf sie für die beiden Jungs?

Sammis: Sie meinen, welcher Vertreter der Times?

Senator Smith: Nein, wer traf die Vereinbarung für das Unternehmen?

Sammis: Nun, jeder hatte etwas damit zu tun. Ich hatte was damit zu tun; Herr Bottomley hatte was damit zu tun. Es war eine allgemeine Unterredung in dem Räumen der New York Times, in unserem Büro und im Haus von Herrn Bottomley.

Senator Smith: Wurde der Vertrag von den Fun-

kern erfüllt? Gaben sie ihre Geschichten weiter?

Sammis: Ich glaube, sie taten es.

Senator Smith: Beide an dieselbe Zeitung?

Sammis: Ich denke so.

Senator Smith: Bekamen sie ihr Geld?

Sammis: Ich glaube, sie bekamen noch etwas mehr.

Senator Smith: Wieviel mehr?

Sammis: Ich glaube, sie bekamen 250 mehr als man ihnen versprochen hatte.

Senator Smith: Sie bekamen also jeder 750 Dollar?

Sammis: Das ist meine grobe Erinnerung. Ich sah das Geld nicht, noch wollte ich etwas damit zu tun haben. Das ist Hörensagen. (Bride sagte später aus, daß er 1000 Dollar kassiert habe und Cottam sagte, er habe 750 Dollar bekommen.)

Senator Smith: Um das aufzuklären: Haben Sie einen Anteil daran gehabt?

Sammis: Absolut keinen.

Senator Smith: Hatte Herr Bottomley einen Anteil daran?

Sammis: Absolut keinen.

Senator Smith: Und Sie haben keinen Anteil daran?

Sammis: Nein.

Senator Smith: Herr Cottam sagt, er habe sein Geld noch nicht bekommen.

Sammis: Vielleicht ist das der Fehler von Herrn Cottam. Vielleicht konnte man ihn nicht erreichen.

Senator Smith: Wird Ihres Wissens sein Geld irgendwo festgehalten?

Sammis: Ich nehme an, daß wenn es irgend jemand festhält, daß es sich um die Times handeln dürfte.

Senator Smith: Niemand sonst?

Sammis: Ich meine, Herr Cottam hätte sein Geld bekommen.

Senator Smith: Er hatte es nicht, als er vor einem oder zwei Tagen im Zeugenstand war.

Sammis: Ich meine, er hat es seitdem bekommen.

Senator Smith: Liefen diese Zahlungen über Sie oder einen anderen Angestellten der Marconi Co.?

Sammis: Ich habe doch schon gesagt, daß ich das Geld nicht gesehen habe und es auch nicht wünschte.

Senator Smith: Sie meinen damit, daß Sie keinen Scheck oder einen Umschlag mit dem Geld gesehen haben?

Sammis: Ich war mit keinem Jota an der Transaktion beteiligt. Weder in die eine, noch in die andere Richtung.

Senator Smith: Lassen Sie uns die Angelegenheit aufklären. Ich glaube, es handelt sich um einer äußerst geschmacklose Angelegenheit für Sie, für das Komitee und die Öffentlichkeit.

Sammis: Ich habe nichts getan, dessen ich mich schämen müßte, und wenn ich hier meinen Ruf säubern kann, den die Zeitungen beschmutzt haben, dann will ich das hier tun, und ich bin mir sicher, daß Sie mir dabei helfen wollen.

Senator Smith: Haben Sie in dieser Angelegenheit, über die wir gerade reden, etwas unternommen, auf das Sie sehr stolz sind?

Sammis: Ich habe nichts getan, dessen ich mich schämen müßte.

Senator Smith: Ich habe Sie das nicht gefragt. Ich will wissen, ob Sie darauf stolz sind.

Sammis: Ja, ich bin stolz auf die Tatsache, daß ich als Arbeitgeber und Vorgesetzter schlecht oder mittelmäßig bezahlter Männer, die nicht viel von den schönen Seiten der Welt sehen, einen Vorteil verschafft habe. Ich kenne kein Gesetz, daß es einem Mann verbietet, seine persönlichen Erlebnisse zu verkaufen, nachdem er an Land gegangen ist. Wir haben keine Regel, die ihn daran hindern könnte.

Senator Smith: Aus dem, was Sie sagen, darf ich schließen, daß diese Praxis Ihrer Meinung nach fortgesetzt wird?

Sammis: Ich würde es in der Tat für sehr gefährlich halten - und darauf will ich Sie aufmerksam machen -, es ihnen mittels einer festen und harten Regel, die Sie andeuteten, zu verbieten. Das Ergebnis wären genau die Verhältnisse, die Sie jetzt haben. Es wäre durchaus vernünftig anzunehmen, daß wenn es keine Anerkennung, finanziell oder beruflich für die Männer geben würde, die diese Nachrichten von den Schiffen bringen, daß sie sich dann nicht sehr rühren würden, es zu tun. Ich glaube, es könnte geregelt werden. Es ist wohl auch ein Fehler begangen worden. Ich glaube, man hätte die Nachrichten besser an die Associated Press geben sollen. Sie hätten sich mit den Jungs einigen

können. Die Nachrichten wären dann weiter verbreitet worden, und man wäre niemanden auf die Zehen getreten.

Senator Smith: Ich habe keine verletzten Zehen gesehen, und ich kenne auch niemanden, der sich darüber beklagt. Aber glauben Sie nicht, daß es besser gewesen wäre, die Nachrichten in Ihr Büro zu senden, um die zahlreichen Fragen von Herrn Marconi zu beantworten und sie dann an die Öffentlichkeit weiterzugeben, um dort die Angst etwas zu nehmen?

Sammis: Mit aller angemessenen Achtung vor Ihrer Frage, aber meinem Urteil nach wäre das nicht der beste Weg gewesen. Und zwar aus dem Grund, daß die internationale Funkvereinbarung festgelegt hat, daß Nachrichtensendungen an letzter Stelle stehen. Die Schiffsservice-Telegramme stehen an erster, bezahlte Passagiertelegramm an zweiter Stelle, und dann erst folgen Pressemeldungen.

Senator Smith: Wie weit ist es üblich, Geld für exklusive Geschichten über Schiffsunglücke zu bekommen?

Sammis: Ich würde sagen, es ist sehr weit verbreitet. Ich habe die Kopien der Funksprüche von den Küstenstationen durchgelesen. Ich sah Mitteilungen von fast allen Zeitungen in New York City, in denen praktisch jeder vom Kapitän abwärts bis zu den Überlebenden um Exklusivberichte gebeten wurde. Ob man sie bekommen hat oder nicht, kann ich nicht sagen, außer der Tatsache, daß die New York World einen Tag, nachdem die Carpathia eingetroffen war, eine Exklusivgeschichte zweieinhalb Stunden vor dem Erscheinen der New York Times gedruckt hatte.

Senator Smith: Das Komitee interessiert das nicht. Ich frage Sie, ob diese Sitte oder Gewohnheit, die Sie ja nicht vollständig abzulehnen scheinen, Erfahrungen von Funkern in Seeunglücken zu verkaufen, etwas mit damit zu tun hat, daß hier Informationen pünktlich eintrafen?

Sammis: Absolut nicht. Ich sollte sagen, daß die Jungs ihre Vorschriften eingehalten haben, die Vorschriften des Gewissens und die Vorschriften der internationalen Funkkonvention, wozu sie gezwungen sind. Sie folgten ihnen blind. Ich glaube, ich hätte dasselbe wie sie getan.

Senator Smith: Ich will diese persönliche Lobrede für sich stehen lassen und Sie fragen, wie Sie mit dem Vertreter der New York Times in jener Nacht ins Strand Hotel gekommen sind?

Sammis: Einfach, um ihn mit den beiden Männern vom Schiff in Kontakt zu bringen.

Senator Smith: Und zu sehen, daß diese Nachrichten von der New York Times erworben wurden?

Sammis: Ja.

Senator Smith: Sie haben davon gesprochen, die Arbeit der Funker zu belohnen. Herr Bride ist hier, und selbst, wenn ich etwas Falsches sagen sollte, möchte ich feststellen, daß Herr Bride der Titanic gegenüber loyal war und seinem Kommandanten gegenüber so viel Gehorsam und Mut zeigte, daß er sich weigerte, die Titanic in einem Rettungsboot zu verlassen und bis eine Minute vor dem Untergang an Bord blieb, weil sein Kapitän ihm noch keine Genehmigung zum Verlassen gegeben hatte. Er blieb an seinem Gerät und funkte das Schicksal des Schiffs. Ich möchte wissen, ob es nicht glaubhafter wäre, wenn Sie und Ihr Unternehmen, diese Art von Mut, Treue und Heldenhaftigkeit ermutigen würden, die Frage der Belohnung der Öffentlichkeit überlassen und nicht seine Lippen im Interesse der Geheimhaltung versiegeln sollten, um so eine Entschädigung aus einer privaten Quelle zu erhalten?

Sammis: Wir haben seine Lippen nicht versiegelt. Wir sorgten für die Mittel, um sie zu öffnen.

Senator Smith: Haben Sie ihm gesagt, er solle seinen Mund halten?

Sammis: Habe ich nicht.

Senator Smith: Teilten Sie ihm mit, sich auf nichts einzulassen, bis er Sie sah?

Sammis: Nicht in diesen Worten. Ich sagte Ihnen, ich. . .

Senator Smith (unterbrechend): Antworten Sie mir jetzt. Haben Sie ihm gesagt, nichts zu sagen, bis er Sie sah?

Sammis: Ich teilte ihm die Informationen mit, die ich bereits gegeben habe. Daß die Times seine persönliche Geschichte haben wollte, nachdem er an Land gegangen war.

Senator Smith: Teilten Sie ihm in irgendeinem Funkspruch mit, daß die Times seine Geschichte haben wollte?

Sammis: Nein.

Senator Smith: Teilten Sie ihm mit „sagen Sie nichts, bis Sie mich sehen"?

Sammis: Ich gab diese Information weiter, die offensichtlich für diesen Funkspruch verantwortlich war. Ja.

Senator Smith: Mit anderen Worten - legten Sie ihm eine Verfügung auf?

Sammis: Habe ich nicht getan.

Senator Smith: Sie erwarteten, daß er es nicht beachtete?

Sammis: Er tat genau daß, was ich ihm sagte. Es gab keine Verfügung oder sonstwas. Er hätte, wenn ich oder sonst jemand das gewünscht hätte, in der Zeit, bis er das Dock erreicht hatte, gar keinen Funkspruch absetzen können. Es war absurd anzunehmen, daß so etwas möglich gewesen wäre. . .

Zeuge: Hugh Woolner

Geschäftsmann und Passagier der Ersten Klasse aus London

Kern der Aussage: Er erlebte, wie sich Ida Straus weigerte, ihren Mann zu verlassen. Er und ein skandinavischer Bekannter sprangen in ein Rettungsboot, als es an ihnen vorbei heruntergelassen wurde.

Senator Smith: Sagen Sie uns auf Ihre Art und Weise, ob sie während der Überfahrt bis zum Unglück besondere Aufmerksamkeit den Schiffsbewegungen, dem Wetter, der Ausrüstung oder anderen Umständen, die Licht in die Sache bringen könnten, entgegengebracht haben.

Woolner: Ich hatte das ganz normale Interesse eines Passagiers an der Zahl der Meilen, die wir täglich zurücklegten. Ansonsten hatte ich kein großes Interessen an der Geschwindigkeit des Schiffs.

Senator Smith: Was waren Ihre Beobachtungen?

Woolner: Ich bemerkt, wenn ich mich recht erinnere, daß die Zahl der Meilen, die wir täglich zurücklegten, mehr wurden. Wenn ich mich korrekt erinnere, dann waren es an einem Tag 314, am nächsten dann 356, und das war die letzte Zahl, an die ich mich erinnere. Ich glaube, das war die letzte Zahl, die am Schwarzen Brett, oder wie immer das heißt, ausgehangen wurde. . .

Senator Smith: Könnten Sie bitte, wenn Sie dazu in der Lage sind, dem Komitee sagen, wo Sie sich am Sonntag vor dem Unglück befanden?

Woolner: Ich war im Rauchersalon zum Zeitpunkt des Aufpralls. . .

Senator Smith: Wann erfuhren Sie zuerst von dem Aufprall?

Woolner: Wir fühlten ihn unter dem Rauchersalon. Wir fühlten eine Art Stoppen, keinen richtigen Stoß, aber eine Art Verlangsamung. Und dann fühlten wir eine Art Riß, der dem ganzen Raum einen gewissen Dreh gab. Jeder, soweit ich das sehen konnte, stand auf, und ein paar Männer gingen schnell durch die Pendeltüren an der Backbordseite und rannten zur Reling, die sich hinter dem Mast - da war, glaube ich, ein Mast - befand.

Senator Smith: Was taten Sie?

Woolner: Ich stand herum und hörte mir die Vermutungen an. Die Leute überlegten, um was es sich handeln könnte, und ein Mann rief aus: „Ein Eisberg hat den Bug passiert." Ich weiß aber nicht, wer es war. Ich habe ihn seitdem nicht mehr gesehen.

Senator Smith: Was taten Sie dann?

Woolner: Ich ging, um nach Frau Candee zu sehen, weil sie die Dame war, an der ich interessiert war. Ich traf sie vor ihrer Kabine.

Senator Smith: Was geschah dann? Erzählen Sie, was Sie dann taten.

Woolner: Ich sagte: „Irgendein Unfall ist geschehen, aber ich glaube nicht, daß es sich um etwas Ernsthaftes handelt. Wir sollten etwas laufen." Wir gingen für eine beachtliche Zeit an Deck. Als wir . . .

Senator Smith (unterbrechend): Wie lange?

Woolner: Ich würde sagen zehn Minuten oder mehr. Als wir die Eingänge zu den Korridoren passierten, sah ich Menschen, die mit Schwimmwesten heraufkamen. Ich ging also nach innen und fragte einen Steward: „Ist das die Anordnung?"

Senator Smith: Sie fragten also, ob die Schwimmwesten angeordnet worden waren?

Woolner: Ja, ich rief jemanden zu, der vorbeiging.

Senator Smith: Ein Angestellter mit Schwimmweste?

Woolner: Nein, er stand am Eingang, und er sagte, „Anordnung". Ich ging zu Frau Candee und brachte sie in ihre Kabine, wo wir die Schwimmweste vom Schrank holten und sie ihr anzogen. Sie nahm noch ein oder zwei Dinge aus dem Gepäck. Kleine Dinge, die man in die Tasche stecken konnte. Ich sagte: „Wir sollten an Deck gehen, um zu sehen, was wirklich passiert ist."

Senator Smith: Zogen Sie selbst eine Schwimmweste an?

Woolner: Ja, ich habe das vergessen zu erzählen. Ich ging zurück in meine Kabine, zog eine an und nahm die andere mit. In der Kabine waren zwei. Ich traf jemanden im Gang, der sagte: „Brauchen Sie die?" Ich sagte „nein" und gab sie ihm.

Senator Smith: Gab es Probleme, die Menschen in die Rettungsboote zu bekommen?

Woolner: Ja, es gab bei den Frauen viel Zurückhaltung, und dann sagte ein Offizier: „Es ist eine Vorsichtsmaßnahme", und dann kamen sie etwas freiwilliger. . .

Senator Smith: Erinnern Sie sich, wieviele Männer in dieses Boot gesetzt wurden?

Woolner: Nein, kann ich nicht. Ich denke, es waren sehr wenige.

Senator Smith: Oder wieviele Frauen?

Woolner: Oh, ich habe sie nicht gezählt, aber mir fiel auf, daß es nicht sehr voll war. Aber es war ziemlich schwer, es voll zu bekommen.

Senator Smith: Frau Candee ging in das Boot?

Woolner: Ja.

Senator Smith: Nachdem Sie sie ins Boot gesetzt hatten, was taten Sie dann?

Woolner: Ich sah herum, um zu sehen, was ich sonst tun könnte.

Senator Smith: Fanden Sie eine Beschäftigung?

Woolner: Ich tat, was ein Mann konnte. Es war eine sehr bedrückende Szenerie, wie sich die Männer von ihren Frauen verabschiedeten.

Senator Smith: Halfen Sie beim Beladen der Boote?

Woolner: Ja.

Senator Smith: Wieviele Boote?

Woolner: Ich glaube bei fast allen, außer bei einem an der Backbordseite. Herr Steffanson war die ganze Zeit bei mir.

Senator Smith: Die schwedische Bekanntschaft, die Sie an Bord gemacht hatten?

Woolner: Ja.

Senator Smith: Welche Anordnung, wenn überhaupt, wurde von den Offizieren gegeben, oder was hörten Sie beim Füllen der Rettungsboote?

Woolner: Ich erinnere mich nicht an Anordnungen: Ich glaube nicht, daß Anordnungen notwendig waren.

Senator Smith: Sie meinen, die Männer standen zurück und reichten die Frauen und Kinder nach vorne?

Woolner: Ja.

Senator Smith: Gab es kein Gedränge?

Woolner: Keines.

Senator Smith: Kein Rempeleien?

Woolner: Keine.

Senator Smith: Wurden diese Boote alle in Ihrer Gegenwart gefüllt?

Woolner: Auf der Backbordseite?

Senator Smith: Auf der Backbordseite.

Woolner: Nicht alle. Ich glaube, wir verpaßten eins, weil ich zu Steffanson sagte: „Wir sollten auf das untere Deck gehen und sehen, ob wir da einige wartende Menschen finden können." Wir gingen also nach unten auf das A-Deck, und fanden dort drei Frauen, die sich scheinbar nicht auskannten. Wir brachten sie nach oben.

Senator Smith: Können Sie nach Ihren Beobachtungen sagen, daß so weit Sie wissen, alle Frauen und Kinder in diese Rettungsboote kamen?

Woolner: Alle, soweit ich sehen konnte, mit der Ausnahme von Frau Straus.

Senator Smith: Sahen Sie, wie sie in ein Rettungsboot stieg?

Woolner: Sie ging nicht hinein. Ich versuchte, Sie hinein zu bekommen, doch sie weigerte sich, Herrn Straus zu verlassen. Beim zweiten Mal ging ich zu Herrn Straus und sagte ihm: „Ich glaube, daß niemand etwas dagegen hätte, wenn ein älterer Herr wie Sie einsteigen würde. Es scheint Platz in diesem Boot zu geben." Er sagte: „Ich werde nicht vor den anderen Männern einsteigen."

Senator Smith: Was geschah dann?

Woolner: Dann wurden die hölzernen Rettungsboote auf der Backbordseite heruntergelassen und ein Faltboot hervorgeholt. Es wurde an den am weitesten vorne gelegenen Davits befestigt. Es wurde mit Frauen und Kindern aus dem Zwischendeck sowie einem Matrosen und einem Mann, glaube ich, gefüllt. Als das Boot ziemlich voll war und bereit war, herausgeschwenkt zu werden, sagte ich zu Steffanson: „Für uns gibt es nichts mehr zu tun." Oh nein;

noch etwas passierte, als das Boot beladen wurde. Es gab ein Gedränge oder so auf der Steuerbordseite, und als ich herumsah, sah ich zwei Mündungsfeuer einer Pistole.

Senator Smith: Zwei Mündungsfeuer?

Woolner: Ja.

Senator Smith: Pistolenschüsse?

Woolner: Ja, aber sie zielten in die Luft. Ungefähr in diesem Winkel (zeigt ihn). Ich hörte, wie Herr Murdoch einigen Männern zurief, die ein Boot auf dieser Seite stürmen wollten: „Hauen Sie ab, kommen Sie heraus", oder sowas ähnliches.

Senator Smith: Das Boot stürmen?

Woolner: Ja.

Senator Smith: Handelte es sich um das Faltboot?

Woolner: Es war ein Faltboot.

Senator Smith: Das war das erste Faltboot, das auf der Backbordseite heruntergelassen wurde?

Woolner: Auf der Steuerbordseite. Das war die andere Seite.

Senator Smith: Sie waren überall auf dem Schiff?

Woolner: Ja.

Senator Smith: Sie befanden sich nun auf der Steuerbordseite?

Woolner: Ja. Wir gingen hinüber, weil wir dort Gebrüll hörten, und als wir um die Ecke kamen, sah ich die beiden Mündungsfeuer. Steffanson und ich gingen hinüber, um dabei zu helfen, die Männer daran zu hindern, in das Boot zu klettern, weil es da noch einige Frauen gab - ich glaube Italienerinnen und Ausländerinnen -, die am Rand der Menge standen und nicht in der Lage waren, in das Boot zu kommen.

Senator Smith: Weil sich diese Männer um dieses Faltboot scharten?

Woolner: Ja. Wir halfen also dem Offizier, diese Männer an den Beinen und was wir sonst noch packen, aus dem Boot zu ziehen.

Senator Smith: Sie zogen Sie aus dem Boot?

Woolner: Ja, einige zogen wir heraus.

Senator Smith: Wieviele?

Woolner: Ich würde sagen, fünf oder sechs. Aber sie flohen in Wahrheit vor Herrn Murdoch.

Senator Smith: Handelte es sich um Besatzungsmitglieder?

Woolner: Könnte ich nicht sagen. Nein, ich glaube nicht. Ich glaube, es waren wahrscheinlich Passagiere der Dritten Klasse. Es war sehr schwierig, alles genau festzustellen. Ich bekam sie an Füßen und Beinen zu fassen. Dann waren sie draußen, praktisch alle, und wir hoben diese italienischen Frauen hinein. Sie waren sehr schlapp, hatten überhaupt keine Sprungkraft mehr. Dann, als das Boot schließlich gefüllt war und nach draußen geschwenkt war, sagte ich zu Steffanson: „Es gibt nichts mehr für uns zu tun. Wir sollten wieder hinunter auf das A-Deck gehen." Und wir gingen wieder hinunter. Es war absolut niemand mehr dort. Es war vollkommen leer. Es war vollkommen verlassen, und die elektrischen Lampen an der Decke des A-Decks nahmen eine rötliche Farbe an. Daher sagte ich zu Steffanson: „Das wird hier verflixt eng. Ich möchte nicht zwischen diesen geschlossenen Fenstern bleiben. Wir sollten durch die Tür am Ende nach draußen gehen." Und als wir durch die Tür nach draußen gingen, kam die See an unsere Füße.

Senator Smith: Sie waren da auf dem A-Deck?

Woolner: Ja.

Senator Smith: Und Sie sahen auf beiden Seiten nach Leuten?

Woolner: Ja.

Senator Smith: Und Sie sahen, daß da niemand war?

Woolner: Keiner, auf der ganzen Länge.

Senator Smith: Auf der ganzen Länge des A-Decks sahen Sie keine Menschen?

Woolner: Keine Seele.

Senator Smith: Wie lange war das, nachdem das Faltboot, von dem Sie gerade berichteten, heruntergelassen wurde.

Woolner: Oh, nur ein paar Minuten, einige wenige Minuten.

Senator Smith: Sie blieben da unten mit Ihrem Freund bis die See kam - auf dem A-Deck?

Woolner: Auf dem A-Deck. Dann sprangen wir auf das Dollbord, um ins Meer zu springen. Weil, hätten wir eine Minute länger gewartet, wären wir gegen die Decke gestoßen. Und als wir uns umschauten, sahen wir, wie dieses Faltboot, das letzte auf der Backbordseite, genau vor unseren Augen heruntergelassen wurde.

Senator Smith: Wie weit entfernt?

Woolner: Vielleicht neun Fuß?

Senator Smith: Neun Fuß von der Seite des A-Decks?

Woolner: Ja.

Senator Smith: Sie sahen, wie das Faltboot heruntergelassen wurde?

Woolner: Heruntergelassen, ja.

Senator Smith: War es mit Menschen gefüllt?

Woolner: Es war bis auf den Bug voll, und ich sagte zu Steffanson: „Da ist niemand im Bug. Wir sollten dahin springen. Sie als Erster." Und er sprang und landete kopfüber im Bug. Ich sprang auch, traf das Dollbord mit meiner Brust, auf der sich natürlich die Schwimmweste befand. Ich sprang von dem Dollbord zurück, konnte mich am Dollbord festhalten und rutschte rückwärts hinein.

Senator Smith: Ins Wasser?

Woolner: Als meine Füße nach unten fielen, fühlte ich, daß sie im Wasser waren.

Senator Smith: Sie sind sich sicher, daß Sie neun Fuß weit sprangen, um in das Boot zu kommen?

Woolner: Das ist meine Schätzung. Zu diesem Zeitpunkt sprangen wir etwas nach unten.

Senator Smith: Sprangen Sie weit und nach unten?

Woolner: Beides.

Senator Smith: Beides - nach unten und weit?

Woolner: Etwas nach unten und weit.

Senator Smith: Es kann nicht sehr weit nach unten gewesen sein, wenn sich das Wasser bereits auf dem A-Deck befand.

Woolner: Aber es war tief genug, um gerade über das Dollbord des Boots zu sehen.

Senator Smith: Sie zogen sich aus dem Wasser nach oben?

Woolner: Ja, und dann hakte ich meine rechte Hacke über das Dollbord. Zu diesem Zeitpunkt stand Steffanson auf, um mich zu packen und reinzuholen. Dann sahen wir einen Mann, der in der See unter uns schwamm und holten in rein.

Senator Smith: Wer war er?

Woolner: Ich weiß nicht.

Senator Smith: Zogen Sie noch jemanden herein?

Woolner: Nein, zu dieser Zeit waren wir auf dem Wasser.

Senator Smith: Verließ jemand Ihr Rettungsboot?

Woolner: Es verlassen?

Senator Smith: Ja, nachdem Sie hineingekommen waren.

Woolner: Nein.

Senator Smith: Oder versuchte jemand, es zu verlassen?

Woolner: Nein, zu dieser Zeit stießen wir gegen die Bordwand des Schiffs.

Senator Smith: Gegen die Bordwand der Titanic?

Woolner: Sie ging ziemlich schnell unter, Bug voraus. . .

Senator Smith: Wer hatte die Verantwortung im Boot?

Woolner: Es gab einen Matrosen im Heck, der das Boot mit einem Ruder steuerte. Aber als wir die anderen Boote erreichten, folgten wir den Anordnungen eines Offiziers, der den Haufen Boote anführte.

Senator Smith: Wer war das, falls Sie es wissen?

Woolner: Ich glaube, es war Herr Lowe, der Mann der das Segel setzte.

Senator Smith: Er setzte Segel?

Woolner: Später, nicht jetzt. Ich glaube, sein Name war Lowe.

Senator Smith: Wie weit entfernten Sie sich von der Bordwand der Titanic, bevor Sie stoppten.

Woolner: Wir holten zunächst unsere Riemen heraus und stießen uns von der Bordwand ab. Dann stellten wir es gerade und ruderten so gut wir konnten, bis wir, wie ich glaube, 150 Yards entfernt waren, als die Titanic unterging.

Senator Smith: Sahen Sie, wie sie unterging?

Woolner: Ja.

Senator Smith: Waren Sie nahe genug, um Menschen an Deck zu erkennen?

Woolner: Nein.

Senator Smith: Als sie unterging, sahen oder fühlten Sie eine Sogwirkung?

Woolner: Ich stellte keine fest. Es erschien mir, als würde sie ungefähr 30 Sekunden vor dem endgültigen Abtauchen an einer Stelle verharren. Ich hatte nämlich ein ganz bestimmtes Bullauge beobachtet, und dort stieg das Wasser eine halbe Minute lang nicht. Dann plötzlich glitt sie mit ihren Schrauben unter Wasser nach unten.

Senator Smith: Sie ging mit dem Bug zuerst unter.

Woolner: Ja.

Senator Smith: Hörten Sie irgendwelche Explosionen?

Woolner: Nein, eine Art von grummelndem Röhren. So hörte es sich für mich an, als sie unterging.

Senator Smith: Was, wenn überhaupt etwas, kön-

nen Sie dem Komitee über die Disziplin der Offiziere oder den Mangel daran nach dem Zusammenstoß sagen?

Woolner: Ich sah keinen Mangel an Disziplin.

Senator Smith: Gab es nach dem Zusammenstoß irgendwelche Warnungen oder Signale für die Passagiere in ihren Räumen?

Woolner: Ich kann dazu nichts sagen, weil ich einfach in meine Kabine ging, meine Schwimmweste holte und rausging. . .

Senator Smith: Wer gab diese Schüsse ab, wissen Sie das?

Woolner: Herr Murdoch, so weit ich das sagen kann. . .

Senator Smith: Nachdem Sie 15 Minuten oder so gerudert hatten, was geschah dann?

Woolner: Dann erschien irgendein Offizier und sagte: „Ich möchte, daß alle Boote an Bug und Heck vertäut werden, damit ein auffälliges Zeichen entsteht." Wir taten das. Danach gab es nicht mehr viel zu rudern, weil wir einfach herumtrieben.

Senator Smith: Kehrten Sie, nachdem Sie die 150 bis 200 Yards gerudert waren, zur Untergangsstelle zurück?

Woolner: Nein.

Senator Smith: Gab es, soweit Sie es wissen, einen Versuch, von Ihrem Boot dorthin zurückzukehren?

Woolner: Nein. Nicht von unserem Boot.

Senator Smith: Regten die Frauen an, mit dem Boot dorthin zu fahren?

Woolner: Nein.

Senator Smith: Hörten Sie, daß ein Offizier sagte, das Boot solle zur Untergangsstelle zurückkehren?

Woolner: Nein, tat ich nicht.

Senator Smith: Nachdem Sie vertäut waren, was taten Sie da?

Woolner: Wir trieben ziemlich lange herum.

Senator Smith: Trieben?

Woolner: Ja, trieben einfach herum. Es gab nichts zu tun.

Senator Smith: Und warteten auf das Tageslicht?

Woolner: Ja, der Tag begann sehr langsam, und wir konnten mehr sehen. . .

Zeuge: Joseph Groves Boxhall
Vierter Offizier der Titanic
Kern der Aussage: Nachdem der Kapitän der
Mount Temple ausgesagt hatte, daß die ange-
gebene Position der Titanic um acht Meilen
falsch war, wurde Boxhall aufgerufen, um seine
Navigationsberechnungen zu verteidigen. Box-
hall bestätigte auch detailliert, daß er in der
Ferne ein Schiff gesehen habe, das abdrehte.

Senator Burton: Der Kapitän der Mount Temple
behauptet, daß der Kurs, der in der Notfall-
meldung angegeben worden war, falsch war.
Daß sich die Titanic tatsächlich acht Meilen
von diesem Platz entfernt befand. Was sagen
Sie dazu?

Boxhall: Ich weiß nicht, was ich sagen soll. Ich
kenne unsere Position, weil ich sie ausgearbeitet habe, und ich weiß, daß sie korrekt ist.
Eines der ersten Dinge, die mir Kapitän
Rostron sagte, war: „Was für eine hervorragende Position, die Sie uns gegeben haben."

Senator Burton: Sie gaben ihnen welche Position?
Boxhall: 41° 46' und 50° 14'.
Senator Burton: Und Sie sind zuversichtlich, daß
sie zutrifft?
Boxhall: Vollkommen.
Senator Burton: Sie berechneten Sie selbst, nicht
wahr?
Boxhall: Ich berechnete sie selbst auf Basis der
Sternbeobachtungen, die Herr Lightoller am
selben Abend vorgenommen hatte. Es waren
hervorragende Beobachtungen.
Senator Burton: Wer machte die Berechnungen?
Boxhall: Ich tat es. Sie fragten mich, ob der Offi-
zier, der die Beobachtungen machte und derje-
nige, der die Berechnungen vornahm, ihre
Ergebnisse verglichen?
Senator Burton: Ja.
Boxhall: Ich wüßte nicht, was es da zu vergleichen
gäbe. Der Offizier, der die Beobachtungen vor-
nimmt, ist immer der ältere Offizier.
Senator Burton: Er schreibt sie nieder, nicht wahr?
Boxhall: Er macht die Beobachtungen mit seinem
Sextanten. Der jüngere Offizier nimmt die Zeit
mit seinem Chronometer und muß sie dann aus-
arbeiten.
Senator Burton: Eine andere Person arbeitet sie
also aus.

Boxhall: Ja, und wenn er meint, die Dinge seien
nicht korrekt, dann ordnet er an, sie noch einmal zu überarbeiten, und das geschieht dann.
Senator Burton: Besteht nicht die Gefahr, daß Sie
eine Zahl oder sowas verwechseln, die von einer
anderen Person aufgeschrieben wird?
Boxhall: Wenn man die Sterne beobachtet,
bemüht man sich immer, wie es an diesem
Abend geschah, einen Satz von Sternen zu nehmen. Eine Position überprüft dann die andere.
Man nimmt zwei Sterne für die Breite und zwei
für die Länge, einen Stern im Norden und einen
Stern im Süden, einen Stern im Osten und
einen Stern im Westen. Wenn man eine große
Differenz zwischen den östlichen und westlichen Sternen herausfindet, wissen Sie, daß es
dort irgendwo einen Fehler geben muß. Aber,
ich glaube, ich habe drei Sterne für die Breite
und drei Sterne für die Breite genommen.
Senator Burton: Und sie paßten alle zusammen?
Boxhall: Sie paßten alle zusammen. . .
Senator Burton: Ich finde ja.
Senator Burton: Wieviel Tiefgang hatte die Tita-
nic zu jener Zeit?
Boxhall: Ich könnte nicht sagen, wie der Tiefgang
war, als wir Southampton verließen. Vermut-
lich 33 Fuß.
Senator Burton: Sie sind sich sicher, daß Sie dieses
Schiff backbord voraus sahen, nicht wahr?
Boxhall: Ja, ziemlich sicher.
Senator Burton: Sahen Sie ein grünes oder ein
rotes Licht?
Boxhall: Ja. Ich sah die Seitenlichter mit meinen
bloßen Augen.
Senator Burton: Wann sahen Sie sie?
Boxhall: Von unserem Schiff aus, bevor ich das
Schiff verließ. Ich sah die Heckleuchten von
diesem Dampfer, bevor ich in mein Boot ging.
Das Schiff muß also gedreht haben. Ich sah ein
weißes Licht, und ich konnte keines der Mast-
topplichter sehen, die ich zuvor gesehen hatte.
Ich hielt es für ein Hecklicht.
Senator Burton: Welches Licht sahen Sie zuerst?
Boxhall: Ich sah zuerst das Masttopplicht, und als
es näher kam, sah ich durch mein Fernglas die
Seitenlichter. Später sah ich dann das rote
Licht. Ich hatte das grüne gesehen, aber ich sah
die meiste Zeit das rote Licht. Ich sah das rote
Licht mit meinem bloßen Auge.

Senator Burton: Entfernte es sich von Ihnen?

Boxhall: Ich weiß nicht, wann es gedreht hatte. Ich kann nicht sagen, wann ich die Lichter vermißte, weil ich die Brücke verließ und weiter Notraketen abschoß und mich anderen Pflichten zuwandte.

Senator Burton: Dann kam das Schiff Ihres Erachtens backbords auf Sie zu?

Boxhall: Ja.

Senator Burton: Weil Sie das rote und das Masttopplicht sahen?

Boxhall: Ja.

Senator Burton: Danach sahen Sie das grüne Licht, was Ihnen zeigte, daß es gedreht hatte.

Boxhall: Ich glaube, ich sah das grüne Licht, bevor ich das rote Licht sah. Aber das Schiff kam auf uns zu. Ich würde einfach sagen, das Schiff kam auf uns zu.

Senator Burton: Ihrem Eindruck nach drehte es weg oder schlug einen anderen Kurs ein?

Boxhall: Das ist mein Eindruck. . .

Boxhall: Das ist meine Idee.

Senator Burton: Es hielt einen Kurs Richtung Osten und drehte dann ab von Ihnen oder was?

Boxhall: Ich glaube nicht, daß es sehr unter Dampf stand. Weil, als ich es zuerst sah, stand es unter Dampf, doch als ich das rote Licht mit meinem bloßen Auge sah, stand es kaum unter Dampf. Es war vielleicht in Eis geraten und hatte beigedreht.

Senator Burton: Was, glauben Sie, geschah, nachdem es beigedreht hatte? Glauben Sie, es drehte, um das Eis zu vermeiden?

Boxhall: Ich weiß nicht, ob es dort die ganze Nacht lang blieb, oder was es tat. Ich verlor das Licht. Ich habe es nicht mehr gesehen, bis wir auf die Steuerbordseite der Titanic fuhren.

Senator Burton: Sie verloren es aus den Augen?

Boxhall: Ja.

Senator Burton: Und sahen es nicht mehr danach?

Boxhall: Nein. Also Kapitän Smith stand neben mir auf der Brücke, und wir kamen beide zu dem Schluß, daß es nahe genug war, um mit der Morselampe angesprochen zu werden. Ich signalisierte also und bekam keine Antwort. Der Kapitän sagte: „Teilen Sie ihm mit, er soll sofort kommen, wir sinken." Ich signalisierte also: „Kommen Sie sofort, wir sinken."

Senator Burton: Und sie schossen weiterhin die Raketen ab?

Boxhall: Ja, Raketen abfeuern. Viele Stewards und Männer standen auf dem Bootsdeck herum. Natürlich gab es auch dort Interesse an diesem Schiff, und einige sagten, es hätte ein Licht gezeigt, aber ich habe es nie gesehen. Ich ließ sogar den Quartiermeister, der mit mir zusammenarbeitete - ich weiß nicht, wer er war - Raketen abfeuern und mit der Morselampe arbeiten - es ist nur eine Serie von Punkten mit kurzen Unterbrechungen - und beobachtete mit einem Fernglas, ob der Mann antworten würde, wie es einige Leute gesagt hatten.

Senator Burton: Sie sahen nicht die Schiffshülle?

Boxhall: Oh nein, dazu war es zu dunkel.

Ich habe bereits auf eine Frage geantwortet, wie weit das Schiff entfernt war. Ich denke, es waren ungefähr fünf Meilen, und ich kam zu diesem Schluß aus diesem Grund. Die Masttopplichter eines Dampfer müssen, das ist die Vorschrift der Aufsichtsbehörde, fünf Meilen und die Signale zwei Meilen weit zu sehen sein.

Senator Burton: Konnten Sie in jener Nacht so weit sehen?

Boxhall: Ich konnte sehr klar sehen.

Senator Burton: Sie sind sich ganz sicher, daß sie in Sachen dieser Lichter sich nicht getäuscht haben?

Boxhall: Kein bißchen . . .

ZEHNTER TAG
Dienstag, 30. April
Washington D. C.

Zeuge: J. Bruce Ismay
Vorstandsvorsitzender der White Star Line und Passagier der Ersten Klasse.
Kern der Aussage: Ein weiteres Mal vorgeladen, um in die Mangel genommen zu werden, dementierte Ismay hartnäckig, den Kapitän zu größerer Geschwindigkeit angespornt zu haben. Er dementierte Berichte, in denen eine Passagierin, Emily Ryerson, aus einer prominenten Stahlfamilie Pennsylvanias, zitiert wurde, Ismay habe ihr ein Telegramm mit einer Eiswarnung gezeigt und gesagt, das Schiff würde da hindurch beschleunigen. Ismay erklärte aufs neue, wie er in das Rettungsboot gestiegen sei. Er erklärte die Details der Konzeption und den Bau des Schiffs. Und obwohl er vor Wut kochte, von den Senatoren wieder vorgeladen worden zu sein, biß er sich auf die Zunge.

Senator Smith: Ich möchte Ihnen gerne einige zusätzliche Fragen stellen nach denen, die ich Ihnen bereits vor einigen Tagen gestellt habe. Was für Postverträge haben Sie mit der britischen oder irgendeiner anderen Regierung?

Ismay: Wir haben einen Postvertrag für den Transport der Post von Southampton nach New York, für den wir 70.000 Pfund im Jahr bekommen. Das sind 350.000 Dollar.

Senator Smith: 70.000 Pfund?

Ismay: Das ist die maximale Summe, die wir erhalten können.

Senator Smith: Und was sollen Sie für diese Summe machen?

Ismay: Wir transportieren die Post von Southampton aus. Wir laden die Post in Southampton und fahren nach Queenstown, nehmen die dortige Post auf und landen sie in New York an.

Senator Smith: Gibt es in diesem Vertrag einen Passus, daß Sie zwischen Southampton und New York eine bestimmte Geschwindigkeit einhalten müssen?

Ismay: Wir sind gehalten, die schnellsten Schiffe in unserer Flotte für den Posttransport einzu-setzen, aber es ist absolut keine Strafe vorgesehen, wenn wir eine bestimmte Geschwindigkeit nicht erreichen.

Senator Smith: Gibt es ein Minimum?

Ismay: Ich glaube, das gibt es. Ich glaube, es gibt ein Minimum oder es ist uns nicht gestattet, die Post in Schiffen zu transportieren, die weniger als 16 Knoten erreichen, oder sowas ähnliches...

Senator Smith: Haben Sie einen Vertrag mit der amerikanischen Post für den Transport zwischen New York oder Boston und anderen Häfen als Southampton?

Ismay: Nein.

Senator Smith: Gibt es in dem Vertrag mit der amerikanischen Regierung eine vorgeschriebene Geschwindigkeit?

Ismay: Ich bin mit diesem Vertrag nicht vertraut...

Senator Smith: Wer aus Ihrem Unternehmen beauftragte Harland & Wolff Co. mit dem Bau der Titanic?

Ismay: Ich war es.

Senator Smith: Was sagten Sie ihnen?

Ismay: Es ist für mich sehr schwer zu sagen, was ich sagte. Es muß in einer Unterredung mit Lord (W. J.) Pirrie (Vorstandsvorsitzender von Harland & Wolff) gewesen sein, als wir uns entschlossen, die Olympic und die Titanic zu bauen.

Senator Smith: Wurden beide Schiffe zur gleichen Zeit bestellt.

Ismay: Ja.

Senator Smith: Was sagten Sie ihnen? Sagten Sie, „wir wollen das größte und beste Schiff, das Sie sicher bauen können?"

Ismay: Wir wollten natürlich das beste Schiff bekommen, das möglich war. Wir wollten das beste Schiff für die Atlantiküberfahrten haben, als wir sie bauten.

Senator Smith: Und als Sie den Auftrag erteilten, war das Ihre Anweisung?

Ismay: Ja.

Senator Smith: Und Sie setzten keine Begrenzungen bei den Kosten?

Ismay: Absolut keine.

Senator Smith: Sie waren zufrieden, daß sie das Schiff zu was welche Kosten auch immer bauen sollten.

Ismay: Ja, was wir wollten, war das beste Schiff,

das man bauen konnten.

Senator Smith: Ich nehme an, Sie untersuchten das Schiff während der Überfahrt von Liverpool bis zum Ort des Untergangs hin und wieder?

Ismay: Ich habe an Bord nie die Unterkünfte der Ersten Klasse verlassen. Ich betrat nie einen anderen Teil des Schiffes als den, in dem sich ein Passagier der Ersten Klasse aufhalten durfte. Ich hatte absolut keine Inspektion des Schiffs vorgenommen.

Senator Smith: Aus dem, was Sie sagen, darf man schließen, daß Sie sich nicht offiziell an Bord des Schiffes befanden, um es zu inspizieren?

Ismay: Nein. Ich war schon dort, um das Schiff zu inspizieren, um zu sehen, ob es Defekte gab, die wir bei dem anderen Schiff, das wir jetzt in Belfast bauen, nicht wiederholen wollten.

Senator Smith: Sie bauen jetzt ein anderes Schiff des gleichen Typs?

Ismay: Wir bauen ein Schwesterschiff der Olympic.

Senator Smith: Machten Sie diese Beobachtungen?

Ismay: Nein, ich hatte mich nicht auf dem Schiff umgesehen.

Senator Smith: Hatten Sie vor, dieses zu tun?

Ismay: Ja, ich wollte einen Rundgang vor unserem Eintreffen in New York machen.

Senator Smith: Nahm Herr Andrews das Schiff unter die Lupe?

Ismay: Er war die ganze Zeit überall im Schiff unterwegs, glaube ich.

Senator Smith: Inspizieren und untersuchen?

Ismay: Ich glaube es. Natürlich gibt es bei einem Schiff dieser Größe viele kleinere Defekte, die er abstellte. Ich glaube mit ihm waren drei oder vier Lehrlinge von Harland & Wolff, die jedes kleine Detail reparierten.

Senator Smith: Auf der Stelle?

Ismay: Ja, eine Tür klemmt vielleicht, ein Rohr kann brechen oder irgend etwas ähnliches, und sie waren da, um es sofort zu reparieren.

Senator Smith: Brachte Herr (Thomas) Andrews (der Konstrukteur des Schiffs) diese Männer deshalb an Bord?

Ismay: Ja.

Senator Smith: Hatten Sie Gelegenheit, mit Herrn Andrews während der Überfahrt von Southampton bis zur Untergangsstelle zu sprechen?

Ismay: Nein. Tat ich nicht. Herr Andrews aß mit mir einmal zu Abend. Wir hatten aber keine richtige Unterredung über das Schiff. Tatsächlich zeigte er mir als einzigen den Plan, sein Vorhaben, das Schreib- und Lesezimmer zu verkleinern und im vorderen Ende eine Kabine unterzubringen. Er hielt beide Räumlichkeiten für zu groß. Das war eine Angelegenheit, die wir nach der Rückkehr in England ernsthaft besprochen hätten.

Senator Smith: Konferierten Sie mit dem Kapitän während der Fahrt von Southampton aus?

Ismay: Ich war während der gesamten Überfahrt nicht im Kapitänszimmer, und der Kapitän, war nie in meinem Raum. Ich hatte niemals eine Unterredung mit dem Kapitän abgesehen von beiläufigen Gesprächen an Deck.

Senator Smith: Waren Sie irgendwann einmal auf der Brücke?

Ismay: Ich war nicht auf der Brücke - erst nach dem Unglück.

Senator Smith: Wie lange nach dem Unglück?

Ismay: Ich würde sagen, es könnten zehn Minuten gewesen sein.

Senator Smith: War der Kapitän dort zu jener Zeit?

Ismay: Der Kapitän war da, ja.

Senator Smith: War dies das erste Mal, daß Sie den Kapitän auf der Brücke sahen?

Ismay: Ich sah ihn später, als ich zum zweiten Mal auf die Brücke ging.

Senator Smith: Wie lange danach?

Ismay: Ich würde sagen, 35 Minuten. Es ist sehr schwer, die Zeit zu bestimmen.

Senator Smith: Nach dem Zusammenstoß?

Ismay: Ja.

Senator Smith: Was, wenn überhaupt, sagte er über die Kollision?

Ismay: Die einzige Unterredung, die ich mit Kapitän Smith hatte, fand auf der Brücke statt. Ich fragte ihn, was passiert sei, und er sagte mir, wir hätten Eis gerammt.

Senator Smith: Ich glaube, Sie sagten, daß Sie am Sonntagabend mit dem Arzt der Titanic gespeist hätten?

Ismay: Ja, ich war alleine, und daher bat ich Dr. O'Loughlin, mir Gesellschaft zu leisten. Wir aßen im Restaurant um halb acht.

Senator Smith: Und an diesem Tisch saßen nur Sie und er?

Ismay: Niemand anders war anwesend, außer dem

Doktor und mir.

Senator Smith: Überlebte der Doktor?

Ismay: Nein.

Senator Smith: Wissen Sie, wo der Kapitän am Sonntagabend aß?

Ismay: Er aß im Restaurant.

Senator Smith: Demselben Ort, an dem Sie aßen?

Ismay: Im selben Raum, ja.

Senator Smith: Zur selben Zeit?

Ismay: Ich weiß nicht, zu welcher Zeit er aß. Ich sah, wie er in dem Raum aß.

Senator Smith: Mit wem?

Ismay: Ich glaube, er aß mit Herrn und Frau (George) Widener. . .

Senator Smith: Aßen Sie überhaupt mit dem Kapitän während der Überfahrt von Southampton bis zu dem Ort des Unglücks?

Ismay: Ich glaube, er aß mit mir Freitagnacht.

Senator Smith: Ist dies das einzige Mal?

Ismay: Das einzige Mal. Er verließ uns sofort nach dem Essen. Ich ging zusammen mit den Menschen, mit denen ich gegessen hatte, in meinen Raum und spielte dort Bridge. Aber ich sah den Kapitän nicht mehr, nachdem wir das Restaurant verlassen hatten. Er kam nie in die Nähe meines Raums.

Senator Smith: Kannten Sie den Kapitän des Schiffs schon seit einiger Zeit?

Ismay: Ja, ich kannte ihn seit vielen Jahren.

Senator Smith: Auf was für Schiffen Ihrer Reederei war er Kapitän?

Ismay: Ich glaube, er kommandierte ziemlich viele. Das erste Mal, daß ich mich an Kapitän Smith als Kapitän eines unserer Schiffe erinnere, war, als er Kapitän eines unserer Frachtschiffe, der Cufic, war. Er kommandierte die Olympic, er war auf der Adriatic, der Baltic und der alten Brittanic. Ich kann mich nicht an alle erinnern. Wir haben Aufzeichnungen im Büro über jedes Schiff, das er geführt hat.

Senator Smith: Befand er sich während der Überfahrt von Southampton bis zum Untergangsort in guter Gesundheit?

Ismay: So wie ich ihn sah. Wenigstens so weit ich das beurteilen konnte.

Senator Smith: Kennen Sie sein Alter?

Ismay: Ich bin mir nicht absolut sicher, aber ich glaube, er war 62. . .

Senator Smith: Gaben Sie bei der Bestellung des Schiffs spezielle Weisungen in Sachen Sicherheit?

Ismay: Wir waren in der Tat sehr darauf bedacht, ein Schiff zu bekommen, daß noch schwimmen konnte, wenn die beiden größten wasserdichten Abteile mit Wasser vollgelaufen waren. Was wir wollten, war ein Schutz gegen eine Kollision, bei der ein Schott getroffen wurde. Dadurch würden zwei große Abteile geöffnet, und wir waren besorgt, einen Schutz gegen einen solchen Vorgang zu bekommen. Olympic und Titanic waren so konstruiert, daß sie mit zwei mit Wasser gefüllten Abteilen schwimmen konnten.

Senator Smith: Sie erinnern sich wahrscheinlich daran, daß der Steuermann Hitchens ausgesagt hat, daß er als letztes, bevor der Eisberg getroffen wurde, am Steuerrad drehte, um einen direkten Kontakt mit dem Bug zu vermieden.

Ismay: Ja.

Senator Smith: Erinnern Sie sich?

Ismay: Ich glaube, er sagte, er habe den Befehl „hart Backbord" bekommen und dann „hart Steuerbord", wenn ich mich richtig entsinne..

Senator Smith: Und das warf das Schiff. . .

Ismay (unterbrechend): Er wollte ein Viertel umwerfen.

Senator Smith: Nehmen wir an, das wäre nicht getan worden, Herr Ismay, und das Schiff hätte den Eisberg Bug voraus getroffen, was wären die Auswirkungen gewesen?

Senator Smith: Das ist unmöglich zu sagen. Es ist eine reine Meinungssache. Ich glaube, das Schiff hätte seinen Bug zerstört, und wäre vielleicht nicht gesunken.

Senator Smith: Es wäre nicht gesunken?

Ismay: Es wäre vielleicht nicht gesunken. Ich glaube, es hätte einen äußerst mutigen Mann verlangt, das Schiff gerade in einen Eisberg zu steuern. Ich glaube, er hätte sich bemüht, das zu vermeiden.

Senator Smith: Worauf ich hinaus will, ist, ob bei der Konstruktion dieses Schiffs, das für den Nordatlantik bestimmt war, und bei dem die Entwickler und Bauer solche Beanspruchungen vor den Grand Banks bei Neufundland einplanen mußten, an Verstärkungen im Bug gedacht worden war?

Ismay: Nein.

Senator Smith: Wegen dieses Zwecks?

Ismay: Nein. Ich glaube, die einzigen Schiffe, bei denen so verfahren wird, sind die Schiffe auf dem Sankt Lorenz. So viel ich weiß, haben sie doppelte Platten, weil sie durch Eisfelder fahren müssen. . .

Senator Smith: Es gibt einige Verwirrung über die Kosten der Titanic. Ich nehme mir die Freiheit, Sie danach zu befragen.

Ismay: Sie kostete 7.500.000 Dollar.

Senator Smith: Und wie hoch war sie versichert?

Ismay: Für fünf Millionen, soviel ich weiß.

Senator Smith: Waren Sie in die Versicherung verwickelt?

Ismay: Sehr wenig. Das wurde in New York gemacht. Das wird in New York ausgehandelt.

Senator Smith: Ich will Sie fragen, ob Sie von irgendeinem Versuch wissen, das Schiff oder Teile nach Montag, 14. April aufs neue zu versichern?

Ismay: Absolut nichts, und ich kann mir nicht vorstellen, daß irgend jemand, der mit der International Mercantile Marine Co. verbunden ist, so etwas Schändliches tun würde.

Senator Smith: Ich will von Ihnen nicht so verstanden werden, daß es versucht wurde.

Ismay: Ich weiß, aber es ist eine so furchtbare Beschuldigung.

Senator Smith: Sie betrachten es als schändliches Ding?

Ismay: Es würde bedeuten, aus privaten Informationen, über die ich verfügte, einen Vorteil zu ziehen. Ja. Ich würde es so sehen.

Senator Smith: Teilten Sie das Wissen über den Untergang der Titanic, über welches sie verfügten, Ihrem Unternehmen in Liverpool oder Ihrem Büro in New York während der Fahrt vom Untergangsort nach New York mit?

Ismay: Ja. Ich schickte die Meldung am Montagmorgen, kurz nachdem ich an Bord der Carpathia gegangen bin. Der Kapitän kam zu mir und sagte: „Meinen Sie nicht, man sollte eine Meldung nach New York schicken und von dem Untergang berichten?" Ich antwortete „ja", schrieb es auf ein Stück Papier und gab es dem Kapitän. Ich fragte: „Kapitän, glauben Sie, daß das alles ist, was ich ihnen sagen kann?" Er sagte „ja" und verließ den Raum. . .

Senator Smith: Es herrscht etwas Verwirrung über

Ihr Statement in Ihrer Aussage über die Anzahl der Umdrehungen, die die Titanic machte. Ich meine Sie so verstanden zu haben, daß sie zu bestimmten Zeiten 70 Umdrehungen und dann 75 und schließlich 80 Umdrehungen machte. Bin ich da falsch?

Ismay: Ja. Ich denke nicht, daß ich das gesagt habe. Wenn ich es getan haben sollte, hatte ich es nicht vor.

Senator Smith: Wie möchten Sie denn in dieser Angelegenheit verstanden werden?

Ismay: Nach meiner Erinnerung liefen wir zwischen Southampton und Cherbourg mit 60 Umdrehungen, von Cherbourg nach Queenstown mit 70 Umdrehungen und nach Queenstown mit 72 Umdrehungen. Ich glaube das Schiff wurde bis auf 75 Umdrehungen gebracht, aber darüber besitze ich keine genauen Kenntnisse.

Senator Smith: Wieviele Knoten Höchstgeschwindigkeit würde das bedeuten?

Ismay: Das kann ich Ihnen nicht sagen.

Senator Smith: Wieviele Knoten pro Stunde?

Ismay: Das Ganze ist vollkommen ausgearbeitet worden.

Senator Smith: Aber sie selbst sind nicht in der Lage, das zu beantworten?

Ismay: Ja. Es ist alles ausgearbeitet worden, die Geschwindigkeit bei einer bestimmten Anzahl von Umdrehungen, das ist ausgearbeitet worden. Ihre Geschwindigkeit hing vollkommen vom Schlupf ab.

Senator Smith: Lief sie bei 75 Umdrehungen mit Höchstgeschwindigkeit?

Ismay: Nein. Mein Verständnis geht dahin, so ist es mir erzählt worden - ich habe nämlich kein technisches Verständnis -, daß die Maschinen am besten mit 78 Umdrehungen laufen würden. Sie waren für 78 Umdrehungen gebaut worden.

Senator Smith: Wieviele Knoten pro Stunde würde das als Geschwindigkeit ergeben?

Ismay: Ich habe einen Herrn gehört, der ausgesagt hat, er habe von dem Schiff eine Geschwindigkeit von 25 Knoten erwartet. Alles, was wir von der Titanic erwarteten, war die gleiche Geschwindigkeit wie bei der Olympic.

Senator Smith: Sie verlangten keine höhere Geschwindigkeit?

Ismay: Wir erwarteten nicht, daß das Schiff schneller sein würde als die Olympic. . .

Senator Smith: Haben Sie mit dem Kapitän über die Geschwindigkeit des Schiffs gesprochen?

Ismay: Niemals.

Senator Smith: Setzten Sie ihn zu irgendeinem Zeitpunkt wegen einer höheren Geschwindigkeit unter Druck?

Ismay: Nein.

Senator Smith: Wissen Sie von irgend jemand, der ihn zu einer höheren Geschwindigkeit veranlassen wollte, als das Schiff 70 Umdrehungen machte?

Ismay: Es ist in der Tat unmöglich, sich so etwas an Bord des Schiffes vorzustellen.

Senator Smith: Unternahmen Sie als Vorstandschef des Unternehmens während der Fahrt von Southampton bis zum Untergang irgendeinen Versuch, die Leitung des Schiffs zu beeinflussen?

Ismay: Nein, tat ich nicht. Die Angelegenheit wäre vollkommen außerhalb meines Bereichs.

Senator Smith: Wie konnte es geschehen, daß die Titanic nur 20 Rettungsboote, einschließlich der Not- und Faltboote hatte?

Ismay: Das war eine Angelegenheit der Erbauer, und ich glaube, man erfüllte alle Vorschriften der Aufsichtsbehörde.

Senator Smith: Wissen Sie, ob sie eingehalten wurden?

Ismay: Ich habe kein Wissen darüber, aber ich bin davon überzeugt, daß es so gewesen sein muß, denn sonst hätten wir keine Freigabe bekommen.

Senator Smith: Wie wird die Zahl der Rettungsboote berechnet, wissen Sie das?

Ismay: Nein.

Senator Smith: Ist die Tonnage entscheidend?

Ismay: Die Tonnage ist entscheidend.

Senator Smith: Ganz alleine nach der Tonnage?

Ismay: Ganz alleine nach der Tonnage, glaube ich.

Senator Smith: Das würde die Passagierkapazität einbeziehen?

Ismay: Nein, die Tonnage des Schiffs. Ich glaube die Schiffsfracht wird vom Register des Schiffes - dem Tonnenregister des Schiffes bestimmt.

Senator Smith: Ich möchte Sie fragen, Herr Ismay, ob es nach den Erfahrungen, die Sie gerade durchlebt haben, nicht erstrebenswert wäre, die Zahl der Rettungsboote an die Passagierkapazität zu koppeln und nicht an die Tonnage?

Ismay: Ich glaube, ein Ergebnis dieses furchtbaren Unglücks ist, daß die Frage der lebensrettenden Gerätschaften an Bord der Schiffe mit besonders großer Aufmerksamkeit betrachtet werden wird, um herauszufinden, was am besten unternommen werden kann.

Senator Smith: Kennen Sie ein Papier, das beim Frühjahrstreffen der 53. Sitzung der Institution of Naval Architects am 19. März 1912 verlesen wurde und folgenden Titel trägt: The Arrangement of Boat Installations on Modern Ships von Axel Welin?

Ismay: Nein. Ich kenne Herrn Welin.

Senator Smith: Sie kennen Herrn Welin?

Ismay: Er ist dieser Davits-Mann, der Mann, der diese Patente besitzt, nicht wahr?

Senator Smith: Ich denke, es ist derselbe Mann.

Ismay: Ich glaube, man nennt sie Welin-Davits.

Senator Smith: Ja. Sie kennen ihn?

Ismay: Ich habe ihn einmal getroffen, glaube ich.

Senator Smith: Ich möchte für das Protokoll ein kurzes Zitat vorlesen:

Auf dem Bootsdeck der White-Star-Liner Olympic und Titanic sind im Hinblick auf kommende Änderungen der offiziellen Vorschriften durchgehend diese doppelaktiven Davits montiert worden. Es wurde vernünftigerweise von den Eignern angenommen, daß diese Änderungen vorweggenommen werden sollten, um so eine doppelte oder vielleicht sogar dreifache Zahl von Booten ohne strukturelle Veränderungen einzusetzen, sollte eine derartige Zunahme sich einmal als notwendig erweisen.

Würden Sie uns bitte erklären, falls Sie dazu in der Lage sind, was sich die White Star Line bei einer derartigen Auslegung der Davits gedacht hat?

Ismay: Nichts, das ich wüßte.

Senator Smith: Glauben Sie, daß, wenn die Titanic die doppelte oder dreifache Zahl von Rettungsbooten transportiert hätte, die Zahl der geretteten Passagiere und Besatzungsmitglieder angestiegen wäre?

Ismay: Ich halte das für sehr wahrscheinlich.

Senator Smith: Ich will Sie nicht zu irgendeinem bestimmten Kurs in Ihrem Unternehmen verpflichten, und ich glaube, ich werde es auch mit dieser Untersuchung nicht tun, aber sind

Sie bereit zu sagen, daß der Anteil der Boote solchen Notlagen, wie Sie sie gerade erlebt haben, angepaßt wird?

Ismay: Nach unseren Erfahrungen ist es gar keine Frage, daß dies geschehen muß. Aber ich glaube, es ist auch möglich, die Konstruktion der Schiffe zu verbessern.

Senator Smith: Auch?

Ismay: Ja.

Senator Smith: Haben Sie Anweisungen gegeben, die Zahl der Rettungsboote auf den anderen Schiffen der White Star Line zu vergrößern?

Ismay: Wir haben die Anweisung gegeben, daß kein Schiff der I. M. M. Co. den Hafen verlassen darf, ohne daß sich genügend Rettungsboote für alle Passagiere und Besatzungsmitglieder an Bord befinden.

Senator Smith: Wer hat diese Anweisungen gegeben?

Ismay: Ich.

Senator Smith: Wann?

Ismay: Einen Tag nachdem ich die Carpathia verlassen hatte. . .

Senator Smith: Ich meine, in meiner ersten Befragung in New York sagten Sie, sie seien vom A-Deck aus in das Rettungsboot gestiegen?

Ismay: Vom Bootsdeck.

Senator Smith: Und zu jenem Zeitpunkt befanden sich dort keine anderen Menschen, vor allem keine Frauen?

Ismay: Absolut niemand.

Senator Smith: Handelte es sich um das letzte Rettungsboot oder das letzte Faltboot?

Ismay: Es war das letzte Faltboot, welches das Schiff steuerbords verließ.

Senator Smith: War es bis zur Kapazitätsgrenze gefüllt?

Ismay: Nein, war es nicht.

Senator Smith: Warum?

Ismay: Ich glaube, die Kapazität dieser Boote liegt bei 60 bis 65 Mann.

Senator Smith: Der Faltboote?

Ismay: Ich weiß nicht, ob die Kapazität der Faltboote so groß ist wie die der Rettungsboote.

Senator Smith: Es war nicht vollständig gefüllt?

Ismay: Nein.

Senator Smith: Wissen Sie, wieviele Menschen sich in ihm befanden?

Ismay: Ich glaube, es waren ungefähr 40 Frauen und einige Kinder. Ich glaube, sie waren alle Passagiere der Dritten Klasse, so wie ich das überblicken konnte.

Senator Smith: Und dieses Boot stammte von der Steuerbordseite des Bootsdecks, in der Nähe der Brücke?

Ismay: Ja.

Senator Smith: Als Sie einstiegen, sagten Sie da irgend etwas zum Kapitän?

Ismay: Nein, tat ich nicht. Ich habe den Kapitän gar nicht gesehen.

Senator Smith: Sagte er etwas zu Ihrem Einsteigen?

Ismay: Nein.

Senator Smith: Wer, wenn überhaupt jemand, bat Sie einzusteigen?

Ismay: Niemand.

Senator Smith: Warum stiegen Sie ein?

Ismay: Weil es Platz in dem Boot gab. Es wurde heruntergelassen. Ich fühlte, wie das Schiff unterging, und ich stieg in das Boot. . .

Senator Smith: Ich will nicht impertinent erscheinen, aber um zu vermeiden, nicht meine Pflicht erfüllt zu haben, möchte ich wissen, wohin Sie gingen, nachdem Sie an Bord der Carpathia waren und wie Sie dorthin gelangten?

Ismay: Herr Vorsitzender, ich verstehe, daß mein Auftreten an Bord der Titanic und später auf der Carpathia sehr stark kritisiert worden ist. Ich will mich bemühen, die vollständige Untersuchung zu ermöglichen und begebe mich vollkommen in Ihre und die Hände Ihrer Kollegen. Sie können mir alle Fragen nach meinem Auftreten stellen. Zögern Sie nicht, es zu tun, Ich werde sie so gut ich kann beantworten. Was die Carpathia betrifft, so stand ich, nachdem ich an Deck gelangt war, mit dem Rücken zu einer Schutzwand, als jemand zu mir kam und sagte: „Wollen Sie nicht in den Salon gehen und dort eine Suppe zu sich nehmen oder etwas trinken?" Ich antwortete, „Nein, ich will überhaupt nichts." Er sagte: „Nun gehen Sie und nehmen etwas zu sich." Ich antwortete: „Nein. Wenn Sie mich alleine lassen könnten, wäre ich hier wesentlich glücklicher. Wenn Sie mir einen Raum verschaffen könnten, wo ich meine Ruhe haben könnte." Er sagte: „Gehen Sie bitte in den Salon und nehmen Sie etwas Warmes zu sich." Ich sagte: „Ich möchte lieber nicht." Dann nahm er mich und brachte mich ein Zimmer. Ich wußte absolut nicht, in wessen Raum ich mich befand. Dieser Mann stellte sich als der Arzt der Carpathia heraus. Ich blieb in diesem Raum, bis ich das Schiff verließ. Ich war nie hinter der Tür dieses Raums. Und während der ganzen Zeit, die ich mich in diesem Raum befand, nahm ich nie etwas Festes zu mir. Ich lebte von Suppe. Ich wollte nicht viel von irgend etwas. Das Zimmer wurde ständig von Menschen bevölkert, die nach dem Doktor fragten. Der Arzt schlief in der ersten Nacht nicht in dem Zimmer. Der Arzt schlief während der anderen Nächte in diesem Raum. Herr Jack Thayer wurde am Morgen, als wir an Bord gegangen waren, in dieses Zimmer gebracht. Er blieb eine ganze Weile, und der Arzt kam zu ihm, nachdem er bereits, wie ich meine, eine Viertelstunde dort war. Er sagte zu dem Jungen: „Sollten Sie nicht etwas essen?" Er sagte: „Ich hätte gerne etwas Speck mit Eiern." Das bekam er auch. Der Arzt hatte keine Suite auf diesem Schiff. Er hatte nur diesen kleinen Raum, den er selbst bewohnte und in dem er sich jeden Morgen und Abend umzog. . .

Senator Smith: In Anbetracht Ihrer Aussage möchte ich sagen, daß ich keinen dieser Kommentare, auf die Sie sich beziehen, gesehen habe. In der Tat habe ich keine Zeitung gelesen, seitdem ich nach New York gefahren bin. Ich habe sie bewußt gemieden. Daher habe ich die Berichte nicht gesehen, und Sie glauben nicht, daß ich in irgendeiner Weise Ihr Auftreten an Bord der Carpathia kritisiert habe?

Ismay: Nein. Im Gegenteil, ich sage nicht, daß das irgend jemand gemacht hat. Aber ich bin hier, um alle Fragen darüber zu beantworten.

Senator Smith: Was können Sie zu der Behandlung Ihrer Person durch dieses Komitee sagen?

Ismay: Ich kann keinen Fehler finden. Natürlich war ich enttäuscht, nicht nach Hause zurückkehren zu können, aber ich habe einiges Verständnis dafür, daß Sie gute Gründe haben, mich hier zu lassen.

Senator Smith: Sie sehen ein, daß es das Vernünftigste war?

Ismay: Unter den Umständen, glaube ich, ja.

Senator Smith: Und in meiner Weigerung, Sie gehen zu lassen, sahen Sie keine Unhöflichkeit?

Ismay: Sicherlich nicht.

Senator Smith: Wissen Sie von irgendeiner unfairen oder unhöflichen Behandlung durch das Komitee während der Untersuchung einem Ihrer Offiziere gegenüber?

Ismay: Nein.

Senator Fletcher: Herr Ismay, ich glaube, einige Passagiere berichten, daß Kapitän Smith Ihnen ein Telegramm mit einem Bericht über Eis gegeben hat.

Ismay: Ja.

Senator Fletcher: Am Sonntagnachmittag?

Ismay: Sonntagnachmittag, glaube ich.

Senator Fletcher: Trifft das zu?

Ismay: Ja.

Senator Fletcher: Was geschah mit diesem Telegramm?

Ismay: Ich gab es Kapitän Smith zurück. Ich glaube, es war zehn Minuten nach sieben am Sonntagabend. Ich saß im Rauchersalon, als Kapitän Smith zufällig aus einem mir unbekannten Grund vorbeikam, und mich auf seinem Rückweg dort sitzen sah und sagte: „Übrigens, haben Sie noch das Telegramm, das ich Ihnen heute nachmittag gegeben habe?" Ich sagte „ja", griff in meine Tasche und sagte: „Hier ist es." Er sagte: „Ich möchte es im Kartenraum der Offiziere aushängen." Das ist die einzige Unterhaltung, die ich mit Kapitän Smith über dieses Telegramm gehabt habe. Als er es mir gab, machte er keine Bemerkung.

Senator Fletcher: Können Sie sagen, wann er es Ihnen gab, und welchen Inhalt es hatte?

Ismay: Die Zeit ist sehr schwer zu bestimmen. Ich weiß nicht, ob es Nachmittag oder kurz vor dem Mittagessen war. Ich bin nicht sicher. Ich schenkte der Marconi-Meldung keine besondere Aufmerksamkeit. Sie stammte von der Baltic, die die Position von einigem Eis weitergab. Dann war da noch die Rede von einem Dampfer, der zuwenig Kohlen hatte und nach New York geschleppt werden wollte, und zum Schluß wurde der Titanic viel Glück gewünscht. Sie stammte vom Kapitän der Baltic. . .

Senator Smith: Würden Sie es nicht als eine Übung von Vorsicht ansehen, dafür zu sorgen, die Geschwindigkeit eines Schiffs, das den Atlantik überquert, zu verringern, wenn man vor Eis gewarnt wird.

Ismay: Ich kann dazu leider keine Meinung sagen. Wir haben die besten Männer im Kommando dieser Schiffe, und diese Angelegenheiten liegen alleine in ihren Händen. . .

Senator Burton: Haben Sie sich irgendwann mit einem Passagier der Titanic über eine Verringerung oder einen Anstieg der Geschwindigkeit unterhalten, als Sie von dem Eis erfuhren?

Ismay: Nein, nicht, daß ich mich erinnern könnte. Ich nehme an, Sie beziehen sich darauf, was Frau Ryerson sagte. Ich sagte in New York am Tag nachdem wir eingetroffen waren aus, daß wir vorhatten, am Montag oder Dienstag bei passenden Wetterbedingungen und funktionierender Technik das Schiff vier oder sechs Stunden lang mit Höchstgeschwindigkeit laufen zu lassen, um zu sehen, wie es sich dabei verhielt.

Senator Perkins: Sie unterhielten sich an diesem Sonntag nicht über eine gesteigerte Geschwindigkeit, oder?

Ismay: Nicht in bezug auf Geschwindigkeit im Eis.

Senator Burton: Das ist alles.

Senator Smith: Haben Sie sich mit Kapitän Rostron, nachdem Sie an Bord der Carpathia waren darüber unterhalten, den Untergang der Titanic New York oder Liverpool oder anderen Schiffen mitzuteilen?

Ismay: Nein. Die einzige Unterhaltung, die ich mit dem Kapitän der Carpathia hatte, war, als er zu mir kam und mir sagte, daß er eine Meldung von Kapitän Haddock hatte, die besagte, daß er zu ihm fahren wollte. Zu dieser Zeit hatte die Carpathia Kurs auf New York genommen. Der Kapitän der Carpathia kam zu dem Schluß, daß es keinen Zweck hatte, daß die Olympic zur Carpathia kam, weil sie keine Hilfe leisten konnte. Er hielt es auch für nicht wünschenswert, daß die unglücklichen Passagiere der Titanic das Schwesterschiff nach so kurzer Zeit sehen sollten. Das ist die einzige Unterhaltung, die ich mit dem Kapitän hatte, abgesehen davon, als er mich bat, eine Mitteilung nach New York zu schicken, um Schlepper und Matrosen der White Star zur Verfügung zu haben, um die Boote von seinem Deck zu entfernen.

Senator Burton: Aber Sie versuchten nicht, ein Nachrichtenembargo zu verhängen, als Sie sich

an Bord der Carpathia befanden?

Ismay: Absolut nicht. Ich bat auch nicht um eine Vorzugsbehandlung meiner Mitteilungen. Ich weiß nicht, ob sie eine bekamen. . .

Zeuge: C. E. Stengel

Lederproduzent und Passagier der Ersten Klasse aus Newark, N. J.

Kern der Aussage: Er berichtete von Schüssen, um Männer davon abzuhalten, in Rettungsboote zu springen. Der Mechnik-Fan wettete auf die Geschwindigkeit des Schiffs, die seines Erachtens sehr hoch gewesen sein muß. Er berichtete, daß er von der Tischnachbarin von Kapitän Smith, Frau G. Thorne, gehört habe, der Kapitän „hat keinen Tropfen getrunken".

Senator Smith: Waren Sie Passagier auf der Titanic während der unglücklichen Überfahrt von Southampton bis zum Ort des Unglücks?

Stengel: Ja.

Senator Smith: Machten Sie sich während der Überfahrt mit der Geschwindigkeit der Titanic vertraut?

Stengel: Tat ich, vor allem am letzten Tag.

Senator Smith: Vor allem am Tag des Unfalls?

Stengel: Der Tag des Unfalls. Von Samstagmittag bis Sonntagmittag.

Senator Smith: Würden Sie dem Komitee bitte erzählen, wie Sie sich mit der Geschwindigkeit vertraut machten, und wie hoch die Geschwindigkeit war, als Sie sich zuletzt darüber informierten?

Stengel: Wie es bei solchen Reisen üblich ist, gab es Wettgemeinschaften, die Geschwindigkeit des Schiffs betreffend. Um zwölf Uhr mittags gingen die Leute, die gewettet hatten, in den Rauchersalon und kamen mit der Mitteilung heraus, daß es 546 Knoten geschafft hatte. Ich berechnete dann bei 24 Stunden, daß dies eine Geschwindigkeit von 22 3/4 Knoten ergab. Doch dann wurde mir gesagt, daß ich einen Fehler gemacht hatte, daß ich mit 25 Stunden hätte rechnen sollen.

Senator Smith: 25 Stunden für einen Tag?

Stengel: Ja, in Bezug zur abgelaufenen Zeit, glaube ich, ergab das dann knapp 22 Knoten die Stunde. Zur gleichen Zeit kam ein Bericht aus dem Maschinenraum, daß die Maschinen drei

Umdrehungen schneller waren, als zu irgendeinem Punkt der Reise.

Senator Smith: Zu welcher Zeit am Sonntag war das?

Stengel: Ich würde sagen zwischen ein und zwei Uhr Sonntagnachmittag.

Senator Smith: Hatten Sie Gelegenheit, sich mit jemanden zu beraten, oder machten Sie sich selbst mit der Schiffsgeschwindigkeit vertraut?

Stengel: Nein, nicht danach. Ich machte aber meine Frau darauf aufmerksam, daß die Maschinen schnell arbeiteten. Das war, als ich mich zurückzog, gegen zehn Uhr. Ich konnte die Maschinen hören, als ich zu Bett ging, und ich bemerkte, daß die Maschinen schnell liefen. Ich sagte, ich bemerkte, daß die Maschinen schneller als zu irgendeinem anderen Zeitpunkt der Reise liefen.

Senator Smith: Wie konnten Sie das sagen?

Stengel: Weil ich mit Maschinen aus dem Produktionsbereich vertraut bin. Innerhalb von 28 oder 29 Jahren haben wir viele Maschinen gekauft, und im allgemeinen überprüfen wir die Geschwindigkeit der Maschinen. Wir wollen eine Maschine kaufen, die ein bestimmte Geschwindigkeit erreichen kann, um eine bestimmte Aufgabe zu erfüllen. Es handelte sich um einen natürlichen Instinkt, das war alles.

Senator Smith: Wo waren Sie, als das Unglück geschah?

Stengel: Ich war zu Bett gegangen. Meine Frau rief mich. Ich stöhnte im Schlaf. Meine Frau rief mich und sagte: „Wach auf, Du träumst." Ich träumte tatsächlich. Als ich aufwachte, hörte ich einen leichten Aufprall. Ich gab ihm keine Bedeutung, bis ich hörte, wie die Maschinen aufhörten zu arbeiten. Als die Maschinen stoppten, sagte ich: „Irgend etwas Ernsthaftes ist geschehen. Irgend etwas stimmt nicht. Wir sollten an Deck gehen." Ich zog die Kleidungsstücke an, die ich greifen konnte, und meine Frau trug einen Kimono. Wir gingen auf das Top-Deck und spazierten dort herum. Dort waren nicht viele Menschen. Das war dort, wo sich die Rettungsboote befanden. Wir gingen zum nächsten Deck nach unten, und dorthin kam auch der Kapitän. Ich nehme an, der hatte gerade den Schaden untersucht. Er hatte ein sehr ernstes und grimmiges Gesicht, und ich sagte zu meiner Frau: „Es handelt sich, glaube ich, um eine sehr ernste Angelegenheit."

Kurz danach erging die Anordnung, daß alle Passagiere Schwimmwesten anlegen sollten. Ich ging zurück in meine Kabine, zog zuerst meiner Frau eine Schwimmweste an und danach mir selbst. Wir gingen zurück aufs Top-Deck. Dann hörte ich die Anweisung, daß alle Frauen und Kinder in die Boote steigen und 200 Yards vom Schiff entfernt gerudert werden sollten.

Senator Smith: Wer gab diese Anordnung?

Stengel: Es schien mir ein Offizier gewesen zu sein. Natürlich war ich ein bißchen aufgeregt. Ich hörte ihn, aber ich blickte mich nicht um, um herauszufinde, was das war. Während sie die Rettungsboote beluden, sagten die Männer, die dafür verantwortlich waren: „Es gibt keine Gefahr, das ist nur eine Vorsichtsmaßnahme." Nachdem meine Frau in einem Boot saß, bat sie darum, daß ich mitkommen sollte, doch man sagte: „Nein, nur Frauen und Kinder." Nachdem die fünf Boote, oder so ähnlich, auf jeden Fall die Boote auf der Steuerbordseite, beladen waren, wandte ich mich in Richtung Bug. Ich weiß nicht, was mich dorthin trieb, doch dort gab es ein schmales Boot, das man Notboot nannte, in dem sich drei Menschen befanden: Sir Duff Gordon und seine Frau und Fräulein Francatelli. Ich fragte den Offizier - ich konnte sie nicht sehen, es war so dunkel und ich war auch etwas aufgeregt -, ich fragte ihn, ob ich nicht in dieses Boot steigen dürfte. Es gab sonst niemanden, keinen Menschen außer denjenigen, die an den Booten arbeiteten, und er sagte: „Springen Sie hinein." Die Reling war ziemlich hoch - es war ein Notboot und hing immer über dem Wasser - ich sprang also auf die Reling und rollte hinein. Der Offizier sagte danach: „Das ist das Lustigste, das ich diese Nacht gesehen habe." Er lachte ziemlich herzhaft. Das gab mir einige Ermutigung. Ich dachte, es sei vielleicht doch nicht so gefährlich, wie ich es mir vorstellte. Nachdem wir einen Teil der Strecke zurückgelegt hatten, gab es da eine Fangleine an Bord, und wir begannen zu kippen. Jemand rief, das Absenken einzustellen. Jemand schnitt die Leine durch und wir kamen nach unten.

Senator Smith: Beschreiben Sie diese Reling, wenn Sie können. War es ein Gitter?

Stengel: Ich weiß nicht, wie man es nennt. Wie ein Zaun, an der Seite. Die anderen Rettungsboote wurden alle vom Boden aus beladen. Man konnte direkt vom Boden aus in das Boot steigen.

Senator Smith: Das war auf dem Oberdeck?

Stengel: Das war auf dem Bootsdeck, ja, in der Nähe des Bugs.

Senator Smith: Und diese Reling befand sich außerhalb des Bootsdecks?

Stengel: Es war an der Seite des Decks, damit die Leute nicht darüberfallen konnten.

Senator Smith: Wie hoch war sie?

Stengel: Ich würde schätzen dreieinhalb Fuß oder so.

Senator Smith: Gab es eine Öffnung?

Stengel: Nein.

Senator Smith: Personen, die das Boot besteigen wollten, mußten darüber klettern?

Stengel: Ja.

Senator Smith: Kletterte Ihre Frau über die Reling?

Stengel: Nein, meine Frau wurde drei oder vier Boote früher eingeladen. Wir waren ziemlich früh da oben. Das heißt, wir waren so ziemlich die Ersten auf dem Deck.

Senator Smith: Nachdem Sie auf dem Wasser waren, was geschah dann?

Stengel: Gerade als ich in das Boot sprang, erschien noch ein anderer Mann. Er hieß A. L. Salomon. Ich weiß nicht, wo er herkam, aber er bat darum, mitzukommen und sprang in das Boot. Es gab dort nun fünf Passagiere und, so viel ich weiß, drei Heizer und zwei Matrosen, also fünf Männer der Besatzung.

Senator Smith: Wieviele Frauen?

Stengel: Zwei Damen. Die Gattin von Sir Duff Gordon und Fräulein Francatelli. Es war niemand sonst in Sichtweite zu jener Zeit. . .

Senator Smith: Ihre fünf Passagiere schlossen die beiden Frauen ein?

Stengel: Ja. Bei den fünf Passagieren waren die beiden Frauen dabei.

Senator Smith: Kamen noch andere Passagiere oder Besatzungsmitglieder in das Boot?

Stengel: Neben den zehn, die bereits drin waren?

Senator Smith: Ja.

Stengel: Nein.

Senator Smith: Wer hatte die Verantwortung für das Boot?

Stengel: Ich weiß nicht. Wie ich sagte, waren da zwei Matrosen, einer am Bug und einer am Ruder am Heck. Die anderen drei ruderten wie ich auch. Ich ruderte mit einem der Heizer.

Senator Smith: Wissen Sie, wer die Anordnungen gab?

Stengel: Ich glaube Sir Duff Gordon und ich entschieden, wohin wir uns wenden sollten. Wir folgten einem Licht, das in der Nähe des Bugs war, das wie im Winter wirkte, wenn die Fenster beschlagen sind. Es war im Dunst. Die meisten Boote ruderten zu diesem Licht, und nachdem die grünen Lichter zu leuchten begannen, schlug ich vor, daß es besser sei umzudrehen und die grünen Lichter anzusteuern, weil ich annahm, daß sich dort ein Offizier befinden würde, der sich in seinem Metier auskannte.

Senator Smith: Das kam offensichtlich von einem anderen Rettungsboot?

Stengel: Ja, von einem anderen Rettungsboot.

Senator Smith: Ruderten Sie dorthin?

Stengel: Ja, taten wir.

Senator Smith: Erreichten Sie seine Seite?

Stengel: Nein, wir erreichten nicht seine Seite. Es war gegen Morgen, als wir drehten, und zu jener Zeit dachten ein anderer Mann und ich, wir hätten Raketen gesehen - also eine Rakete, und ich sagte: „Ich denke, ich habe eine Rakete gesehen." Und ein anderer sagte: „Ich denke, ich sah eine Rakete." Einer der Heizer, glaube ich, sagte: „Ich sehe zwei Lichter. Ich glaube, das ist ein Schiff." Dann, nachdem ein anderes grünes Licht leuchtete, gab es ein Blitzlicht von einem Schiff, und ich sagte: „Nun bin ich sicher, daß es ein Schiff ist, weil das eine Antwort auf das grüne Signal ist." Einer der Heizer sagte: „Das grüne Licht ist die Farbe des Unternehmens." So habe ich ihn wenigstens verstanden. Ob er Recht hatte oder nicht, weiß ich nicht. Als wir das Blinklicht sahen, war es, als ob neue Kräfte freigesetzt wurden. Ich sagte: „Nun laßt uns zwischen das grüne Licht und das Schiff steuern." Und nachdem es sich um ein sehr leichtes Boot handelte, ließen wir die anderen Boote ein ganz schönes Stück hinter uns. Ich fühlte mich angestachelt, als ich das Schiff sah und ich begann kräftig zu rudern. Ich sagte: „Rudert weiter." Wir ruderten weiter, und wir waren, wie ich dachte, das erste Boot, das an Bord ging. Aber ich fand dann heraus, daß das Boot mit den grünen Lichtern vor uns war. Wir waren das zweite Boot, das an Bord ging.

Senator Smith: Wie lautete die Nummer dieses Notbootes?

Stengel: Ich weiß nicht, ich habe da nicht drauf geachtet.

Senator Smith: Wie weit von der Bordwand entfernt hing das Boot, als Sie hineinkamen?

Stengel: Es war direkt an der Bordwand. Wenn es das nicht gewesen wäre, wäre ich ins Wasser gefallen, als ich mich hereinrollte. Ich stieg nicht ein, ich rollte hinein.

Senator Smith: Es gab keine Probleme hineinzukommen, nachdem man die Reling überwunden hatte?

Stengel: Nein. Es gab da einen Schutz aus Segeltuch oder etwas ähnlichem als Schutz für die Bordwand.

Senator Smith: Sahen Sie Eisberge am nächsten Morgen?

Stengel: Und ob! Sie waren überall. Man konnte sie sehen. Sobald wir im Wasser waren, konnte man überall Eisberge sehen. Wir dachten zuerst, es wären Schiffe und begannen, in diese Richtung zu rudern, doch dann drehten wir bei und fuhren in die andere Richtung. Sie waren bis zum Horizont in Sicht.

Senator Smith: Wurden Sie in ihrem Notboot im Wasser durch Eis in Gefahr gebracht?

Stengel: Nein.

Senator Smith: Wie weit von Ihnen entfernt war es?

Stengel: Ziemlich weit, aber man konnte die Ausmaße in der Dämmerung sehen.

Senator Smith: Beschreiben Sie die Eisberge. Wie groß waren sie?

Stengel: Es gab da einen, einen ganz besonders großen, der mir aufgefallen ist, der in etwa wie der Fels von Gibraltar aussah. Er war an einer Stelle hoch und eine andere Stelle kam an einem anderen Punkt nach oben, ungefähr die Form wie der Felsen von Gibraltar.

Senator Smith: Wie war er im Vergleich zur Größe der Titanic?

Stengel: Ich war ziemlich weit entfernt. Er war nicht ganz so groß wie die Titanic, aber es war ein riesiger Eisberg.

Senator Smith: Können Sie die Höhe von der Wasseroberfläche aus schätzen?

Stengel: Natürlich könnte ich das. Von solch einer Entfernung aus würde ich sagen, 250 Fuß an der höchsten Stelle.

Senator Smith: War das Treibeis hinter diesen Eisbergen oder östlich davon?

Stengel: Das Treibeis sah ich erst, nachdem wir an Bord der Carpathia waren. Da gab es eine Eisscholle, die, würde ich sagen, ungefähr fünf Meilen lang war. Die Carpathia brauchte ungefähr 20 Minuten, um daran vorbeizufahren. Sie war vollständig mit Schnee bedeckt.

Senator Smith: Wie weit über dem Wasser?

Stengel: Nicht sehr weit über dem Wasser.

Senator Smith: Fünf oder zehn Fuß, oder in etwa soviel?

Stengel: Ich würde nicht mehr als zwei Fuß sagen. Zwei oder drei Fuß.

Senator Smith: Können Sie noch an etwas denken, das Sie gerne aussagen möchten, um noch etwas mehr Licht in diese Untersuchung zu bringen?

Stengel: Nein. Es gibt nur eine Sache, die ich gerne sagen möchte. Nachdem sie den Eisberg gerammt hatte, fiel Eis aufs Deck, und ein Passagiere kam mit einer Handvoll Eis und zeigte es herum. Ein anderer Passagier sagte, das Eis sei durch sein Bullauge gekommen. Sein Bullauge war geöffnet gewesen.

Senator Smith: Wie lange nach dem Aufprall wurden die Maschinen gestoppt?

Stengel: Einige wenige Minuten.

Senator Smith: Sagen Sie uns die Zahl der Minuten, wenn Sie können. Sie sind ja mit Maschinen und ähnlichem vertraut.

Stengel: Ich würde sagen, es waren zwei oder drei Minuten, und dann wurden sie langsam wieder angeworfen. Wir begannen uns wieder zu bewegen. Ich weiß nicht warum, ob sie rückwärts fuhren oder nicht. Ich dachte kaum, daß man rückwärts fuhr, weil es nicht viele Vibrationen gab.

Senator Smith: Sahen Sie jemanden, der die Passagiere in ihren Kabinen nach dem Zusammenstoß weckte?

Stengel: Ich hörte, wie die Stewards angewiesen wurden, die Passagiere zu wecken. Später hörte ich, wie jemand bemerkte: „Hast Du schon mal so eine Aktion gesehen?" Oder eine ähnliche Bemerkung. „Hast Du schon mal so viel Aktion gesehen, wie sie die Stewards zeigen?" Es scheint mir, daß sie die Leute nicht weckten.

Senator Smith: Sie taten es nicht, sagen Sie?

Stengel: Ja. Da wurde die Bemerkung gemacht: „Hast Du schon mal die Aktionen gesehen, die die Stewards machen?" Das bedeutete, daß sie nicht ihre Pflicht erfüllten.

Senator Smith: Wie ist Ihr Urteil?

Stengel: Mein Urteil über die Offiziere ist, daß sie beim Beladen einen kühlen Kopf behielten. Ich glaube, daß sie beim Beladen der Boote nach dem Unglück ein sehr gutes Urteilsvermögen an den Tag legten. Ich glaube, sie behielten einen sehr kühlen Kopf. Sie beruhigten die Passagiere, indem sie sie glauben ließen, daß es sich nicht um ein sehr ernstes Unglück handelte. In der Tat glaubten sie, wie sie an Bord der Carpathia sagten, daß man am nächsten Tag wieder an Bord der Titanic zurückkehren würde. Ich hörte das später von einem Schiffsoffizier, der sagte: „Stellen Sie sich vor, wir hätten über die Beschädigungen am Schiff berichtet, dann wäre keiner von Ihnen an Bord. „Die Stewards" - nicht die Stewards - „die Heizer wären an Deck gekommen und hätten jedes Boot besetzt, und niemand hätte eine Chance gehabt, in diese Rettungsboote zu kommen."

Senator Smith: Sahen Sie einen Mann, der kein Recht dazu hatte, in diese Rettungsboote einsteigen?

Stengel: Ich sah zwei, einen gewissen Arzt aus New York und seinen Bruder, die in das Boot sprangen, in dem sich meine Frau befand. Dann sagte der Offizier oder der Mann, der für das Beladen verantwortlich war: „Ich werde das unterbinden. Ich gehe jetzt nach unten und hole meine Pistole." Er verließ das Deck auf der Stelle und kam direkt wieder zurück. Danach, als wir im Wasser waren, hörte ich ungefähr fünf Schüsse. Vier von ihnen kann ich zuordnen. Sie wurden abgegeben, als die grünen Lichter auf dem Boot angingen, auf dem sich meine Frau befand. Sie wurden auch in diese Richtung abgegeben. Der Mann schoß viermal mit seinem Revolver, weil er dachte, daß es sich um ein Schiff handelte. Der verantwortliche Mann sagte: „Sie sollten ich Ihre Revolver-

schüsse aufsparen. Sie sollten Ihre Streichhölzer aufsparen und alles sparen. Es könnten die Mittel sein, die Ihr Leben retten." Danach hörte ich einen anderen Schuß, der scheinbar von der Titanic stammte. Später wurde mir erklärt, daß es sich um einen Mann handelte, der mit seinem Revolver geschossen hatte. Ein Maat oder wer auch immer für das Boot verantwortlich war, schoß mit seinem Revolver, um den Männern zu zeigen, daß sein Revolver geladen war und er bereit war zu tun, was er gesagt hatte. Daß er jeden Mann, der es wagte, in sein Boot zu klettern, erschießen würde.

Senator Smith: Aber Sie sahen keinen Versuch eines Mannes - außer denen von Ihnen beschriebenen - in ein Rettungsboot zu klettern?

Stengel: Nein. Ich sah niemanden, außer diese beiden Herren, die in ein Rettungsboot kletterte.

Senator Bourne: Das Notboot, in dem Sie sich befanden, hatte ein Kapazität für wieviele Menschen?

Stengel: Ich glaube nicht daß viel mehr Menschen hineinpaßten als sich in ihm befanden. Es war ein kleines Boot. Als wir an der Carpathia festmachten, wurde es nicht an Bord genommen. Es war zu leicht und zu klein, und sie ließen es treiben. Die anderen, größeren Rettungsboote wurden an Bord genommen. . .

Senator Fletcher: Wie weit waren Sie von der Titanic entfernt, als sie unterging?

Stengel: Ich kann die Entfernung nicht genau sagen. Ich sah alle Bewegungen. Ich sah die erste Reihe Bullaugen unter Wasser verschwinden und schließlich war der Bug ganz dunkel. Als die letzten Lichter des Bugs verschwanden, sagte ich: „Hier wird es gefährlich. Wir sollten ein Stück von hier weg rudern. Das ist ein leichtes Boot, und es kann eine Sogwirkung entstehen, wenn das Schiff untergeht. Laßt uns wegrudern." Die anderen Passagiere stimmten zu, und wir ruderten ein Stück weg von der Titanic, danach hörten wir für eine Weile auf zu rudern. Sie ging unter mit dem Bug zuerst. Plötzlich gab es vier Explosionen ungefähr in diesen Abständen (Der Zeuge schnippt mit den Fingern viermal), und dann tauchte sie ab. Das Heck stand nach oben, und dann begannen die Schreie nach Hilfe. Ich würde denken, die auf dem Schiff zurückgelassenen Menschen begannen, ins Wasser zu springen. Es war ein furchtbares Gejammer.

Senator Fletcher: Konnten Sie die Menschen sehen?

Stengel: Nein. Ich konnte die Menschen nicht sehen, aber ich konnte sie hören.

Senator Fletcher: Was waren das für Explosionen?

Stengel: Ich weiß nicht, aber ich würde sagen, es war eine Batterie von Kesseln, die in die Luft gingen.

Senator Fletcher: Können es einstürzende Schotts gewesen sein?

Stengel: Ich wüßte es nicht. Ich bin mit zusammenbrechenden Schotts nicht vertraut. Es waren aber ziemlich harte Explosionen. Sie tauchte dann nach vorne, und alles, was man sehen konnte, war das nach oben ragende Heck. Als ich die Schreie hörte, drehte ich mich um und sagte: „Ich kann nicht länger zusehen."

Senator Fletcher: Sie versuchten nicht zurückzurudern und einige der Menschen aufzunehmen?

Stengel: Wir konnten nicht. Wir waren weit entfernt. Der Vorschlag wurde nicht gemacht, und wir taten es nicht. Das ist alles, was man dazu sagen kann. Ich weiß nicht, warum wir es nicht taten, aber wir taten es nicht.

Senator Smith: Gab es irgendwelche Anzeichen von Alkoholgenuß der Offiziere oder der Mannschaft in jener Nacht?

Stengel: Nein, ich kann mich genau daran erinnern, daß eine Frau Thorne im Gespräch über den Kapitän, mit dem sie zu Abend gegessen hatte, sagte: „Ich befand mich in dieser Gesellschaft, und der Kapitän hat nicht einen Tropfen getrunken." Er rauchte zwei Zigarren und verließ den Speisesaal gegen zehn Uhr.

Senator Smith: Sie haben über die Wettgemeinschaft geredet. War da irgendein Offizier oder ein Besatzungsmitglied beteiligt?

Stengel: Nein, nicht daß ich wüßte. Ich war nur zufällig in der Gesellschaft. Ich hatte während der meisten Zeit der Überfahrt ein Kartenspiel beobachtet, und Herr Harris, einer der ertrunkenen Passagiere hatte diesen Wettpool gewonnen.

Senator Smith: Das war ein Zeitvertreib der Passagiere?

Stengel: Ja.

Senator Smith: Und Sie sind sich sicher, daß kein Offizier oder Direktor daran beteiligt war?

Stengel: Ich sah keinen von ihnen und ich habe auch keinen Namen auf der Liste nachgesehen.

Senator Smith: Sie sahen Herrn Ismay nicht dort?

Stengel: Nein. Ich kenne Herrn Ismay nicht.

Senator Smith: Oder den Kapitän?

Stengel: Nein.

Senator Smith: Herr Ismay sitzt dort drüben an der Wand (zeigt).

Stengel (nachdem er Herrn Ismay betrachtet hat): Ich glaube, ich habe Herrn Ismay einmal an einem Abend gesehen. Ich glaube, als die Band nach dem Dinner aufspielte. . .

Zeuge: Oberst Archibald Gracie
Historiker und Passagier der Ersten Klasse
aus Washington D. C.

Kern der Aussage: Er berichtete lebhaft über die Szene in der Ersten Klasse - und von Passagieren, die von unten auf die hinteren Decks schwärmten. Er sprang ins Wasser und rettete sich, indem er auf das in der Zwischenzeit berühmt gewordene umgekippte Faltboot kletterte. Er war einer der zahlreichen Überlebenden, die später ihre Erinnerungen über das Desaster schrieben.

Senator Smith: Oberst, Sie waren einer der Passagiere der unglücklichen Titanic. Würden Sie bitte kurz und bündig in Ihren Worten die wichtigsten Ereignisse erzählen, die zu dem Untergang des Schiffs in der Nacht von Sonntag, dem 14. April, führten?

Gracie: Ich wurde in meiner Kabine um zwölf Uhr geweckt. Die Zeit zwölf Uhr las ich von meiner Uhr ab, die auf meiner Ankleide lag. Zur gleichen Zeit, fast gleichzeitig, hörte ich, wie der Dampf abgeblasen wurde und die Maschinen des Schiffs scheinbar stoppten. Es war so wenig merklich, daß ich mir darüber nicht sicher sein kann. Während der gesamten Überfahrt waren die Maschinen in meiner Kabine kaum zu bemerken. So perfekt war das Schiff gebaut. Ich sah aus der Tür meiner Kabine, blickte den Gang herauf und herunter, um zu sehen, ob es irgendeine Bewegung gab. Weder sah ich jemanden, noch hörte ich, wie sich jemand bewegte. Ich mochte aber das Geräusch nicht, und daher dachte ich, ich sollte mich teilweise anziehen, was ich auch tat.

Dann ging ich an Deck.

Ich ging auf das, wie man es nennt, A-Deck. Dort befanden sich einige Passagiere. Wir sahen über die Bordwand des Schiffs, um herauszufinden, ob es ein Anzeichen für die Ursache des Lärms gab. Ich erfuhr bald von Freunden, daß uns ein Eisberg gerammt hatte.

Bald darauf erschien der Herr, den Herr Stengel bereits beschrieben hat, mit Eis in seinen Händen. Etwas Eis wurde an uns verteilt, verbunden mit der Aussage, wir sollten es als Souvenir mit nach Hause nehmen. Niemand hatte zu diesem Zeitpunkt Angst. Ich sah nach draußen, um Anzeichen für eine Schlagseite zu erforschen. Ich konnte keine feststellen. Zu jenem Zeitpunkt hatte ich meinen Freund, Herrn Clint Smith, getroffen. Er und ich bemerkten in der Kabine eine Schlagseite, hielten es aber für besser, nichts darüber zu sagen, aus Angst, Unruhe auszulösen. Dann beschlossen wir, durch dick und dünn zusammenzubleiben, und falls etwas geschehen sollte, uns später zu treffen. Er ging in seine und ich in meine Kabine. In meiner packte ich meine drei Koffer sehr eilig, weil ich dachte, wir würden zu einem anderen Schiff gebracht werden. So hätte es der Steward leichter, mein Gepäck zu bringen.

Als ich wieder an Deck ging, sah ich Herrn Ismay mit einem der Offiziere. Er sah sehr beherrscht aus, als ob er vor nichts Angst hätte. Das ermutigte mich in dem Gedanken, daß das Desaster nicht sonderlich ernst sein könnte.

Bald darauf bemerkte ich, daß Frauen und Männer Schwimmwesten trugen, und gegen meinen Protest zog mir ein Steward eine Schwimmweste an. Ich hielt es für ziemlich voreilig. Ich ging an Deck, auf das A-Deck. Hier sah ich einige Menschen, darunter auch einige Damen, denen ich in Southampton versprochen hatte, alles mögliche für sie während der Überfahrt zu tun. Diese Damen waren Frau E. D. Appleton, Frau Cornell und Frau Browne, die Gattin des Verlegers aus Boston, sowie Fräulein Evans. Sie waren natürlich etwas verstört. Ich ermutigte sie und zeigte ihnen die Lichter eines Dampfers in der Distanz.

Herr Astor kam und lehnte sich über Deck. Das Deck war abgeschlossen, es gab aber Fenster, die man öffnen konnte. Ich zeigte auf den Bug, und dort konnte man diese Lichter oder das Licht genau sehen. Eigentlich war es ein einzelnes Licht. Es war scheinbar kein Stern, und wir alle dachten, es wäre das Licht eines Dampfers.

Senator Smith: Wie weit entfernt?

Gracie: Ich kann nicht schätzen, nur von dem, was man mir sagte. Ich würde sagen, es war nicht mehr als sechs Meilen entfernt.

Senator Smith: War es voraus?

Gracie: Voraus beim Bug, weil ich mich nach vorne lehnen mußte, und da dieses Rettungsboot gerade heruntergelassen wurde. Ich zeigte es Herrn Astor, damit er es sehen konnte. Er mußte sich auch weit nach vorne lehnen.

Einige Zeit verging, ich würde sagen zwischen einer dreiviertel und einer vollen Stunde, bevor wir zu den Booten bestellt wurden. Dann kam ein junger Offizier des Schiffs, ein großer, schlanker Kerl, dessen Name Murphy war - ich glaube es war Offizier Murphy. . .

Senator Fletcher: Murdoch?

Gracie: Nein, nicht Murdoch. Ich glaube, es war Murphy. Er war der Sechste Offizier oder sowas.

Senator Smith: Vielleicht Moody?

Gracie: Moody war sein Name. Er sagte: „Kein Mann hinter dieser Linie." Dann gingen die Frauen hinter diese Linie. Ich sah, daß diese vier Damen, für deren Sicherheit ich mich verantwortlich fühlte, über diese Linie traten, um mittschiffs auf dieses Deck zu kommen, welches das A-Deck war. Dann sah ich Herrn und Frau Straus, die ich während der Überfahrt häufig gesehen hatte. Ich hörte, wie sie darüber redeten, daß sie, falls sie sterben sollten, gemeinsam sterben wollten. Wir versuchten, Frau Straus davon zu überzeugen, alleine, ohne ihren Ehemann, zu gehen, aber sie sagte nein. Dann wollten wir für ihren Ehemann eine Ausnahme machen, weil er ein älterer Mann war, doch er sagte auch nein, er wollte das Schicksal der anderen Männer teilen und nicht hinüber gehen. Daher ließ ich sie dort. . .

Ungefähr zu der Zeit, als angeordnet wurde, in die Boote zu gehen, ging ich über das A-Deck vom Heck zum Bug. . .

Dann fand ich meinen Freund Smith, und auf Deck A an der Bugseite arbeiteten wir unter der Leitung des zweiten Offiziers beim Beladen der Boote und halfen den Frauen und Babys und Kindern in die einzelnen Boote. Ich glaube, wir beluden dort ungefähr zwei Boote. Das war auf dem geschlossenen Deck.

Senator Smith: Auf welcher Seite sagten Sie, Oberst?

Gracie: Das war die Backbordseite.

Das einzige besondere Ereignis, an das ich mich dort erinnere, war, als Frau Astor in das Boot gesetzt wurde. Sie wurde durch das Fenster gehoben, und ihr Mann half ihr auf der anderen Seite. Als sie im Boot war, befand sich ihr Ehemann auf der einen Seite des Fensters und ich auf der anderen. Ich hörte, wie Herr Astor den Zweiten Offizier fragte, ob er nicht mit an Bord dürfte, um seine Frau zu beschützen. Er sagte: „Nein, mein Herr, kein Mann darf auf das Boot oder ein anderes, bis die Damen fort sind." Herr Astor sagte darauf: „Nun, dann sagen Sie mir die Nummer des Boots, damit ich sie später finden kann." Oder so was ähnliches.

Die Antwort war „Nummer vier."

Die nächste Szene spielte sich ein Deck höher ab.

Senator Smith: Gab es einen speziellen Grund, warum Herr Astor bat, mit seiner Frau in das Boot zu kommen?

Gracie: Ja. Ich glaube, es war wegen des Zustands seiner Frau. Wenn das dem Zweiten Offizier erklärt worden wäre, hätte er möglicherweise in das Boot klettern dürfen.

Senator Smith: Welchen Grund gab er denn an?

Gracie: Der Zweite Offizier wußte überhaupt nicht, daß es sich um Frau Astor handelte. Er hatte keine Ahnung. Ich glaube, er sagte mir, daß er vor diesem Gremium ausgesagt hat, daß er Herrn Astor nicht kannte. Als ich ihn an die Umstände und die Unterredung zwischen den beiden erinnerte, meinte er, „Oh, ist das der Mann?" Er sagte: „Das war Herr Astor." Das war die Unterhaltung.

Dann gingen wir zum Bootsdeck, das ein Deck höher lag. Es durften keine Männer in die Boote, die unten beladen wurden. Nicht einer, mit Ausnahme der notwendigen Besatzung, um die Ruder zu bedienen. Auf dem Deck beluden wir ungefähr zwei Boote, mindestens zwei Boote. Das Deck befand sich über dem A-Deck am Bug auf der Backbordseite. Als wir das letzte Boot beluden, begann das Schiff eine deutliche Schlagseite Richtung Backbord zu bekommen,

kurz bevor das Rettungsboot vollständig beladen war. Der Offizier rief: „Alle Passagiere auf die Steuerbordseite." Smith und ich gingen zur Steuerbordseite, noch immer am Bug des Schiffs. Bevor wir zur Steuerbordseite gingen, waren wir in der Nähe des Bugs rauf und runter gerannt. Dabei riefen wir: „Noch Damen? Noch Damen?" Dann gingen wir an die Steuerbordseite. Zu meiner Überraschung fand ich steuerbords noch Damen, vor allem Frau Browne und Fräulein Evans, von denen ich angenommen hatte, daß sie schon vor einer Dreiviertelstunde vom A-Deck aus in ein Boot gestiegen waren. Dort sah ich die Herren George Widener und John B. Thayer. Ich spreche deshalb von ihnen, weil ich sie kannte. Natürlich war noch Herr Clint Smith bei mir.

Über die Ereignisse auf der anderen Seite wurde ich vom Zweiten Offizier informiert. Offensichtlich hatten einige Passagiere aus dem Zwischendeck versucht, das Boot zu stürmen, und er hatte eine Pistole abgefeuert, um sie abzudrängen.

Senator Smith: Wer feuerte die Pistole ab?

Gracie: Lightoller. Das hat er mir gesagt. Er ist der Zweite Offizier.

Senator Smith: Sind Sie sicher, daß es sich nicht um Herrn Murdoch handelte?

Gracie: Ich bin sicher, daß es nicht Herr Murdoch war.

Senator Smith: Oder Lowe?

Gracie: Ich bin sicher, daß er es nicht war. Herr Lightoller hat es mir selbst erzählt. Ich hörte die Pistole nicht. Das hat mir Herr Lightoller selbst erzählt. Das ist alles Hörensagen.

Ich möchte sagen, daß sich die Männer und Frauen, da wo ich war - backbords am Bug, absolut heldenhaft benahmen. Es gab keinen Mann, der darum bat, in ein Boot zu kommen - mit der bereits erwähnten Ausnahme. Keine Frau schluchzte oder rang verzweifelt die Hände. Alles erschien absolut ordentlich. Lightoller war hervorragend in seiner Führung der Mannschaft, und die Mannschaft tat ihre Pflicht. Ich hatte den Eindruck, daß es etwas schwieriger als notwendig war, die Boote an der Bordwand entlang zu Wasser zu lassen. Ich kenne den Grund dafür nicht. Ich weiß nicht, ob es daran lag, daß alles so neu war. Ich weiß, daß ich meine Muskeln so gut ich konnte einsetzen mußte, um diese Boote über das Dollbord zu bekommen.

Senator Smith: Sie beziehen sich jetzt auf das neue Tauwerk?

Gracie: Ich beziehe mich auf den Bug, backbords.

Senator Smith: Beziehen Sie sich auf das Tauwerk, die Davits oder irgendeinen anderen Teil der Mechanik?

Gracie: Nein. Ich beziehe mich auf alles im allgemeinen, auf die Schwierigkeiten, die es gab, sie anzuheben und über das Dollbord zu drücken.

Die Mannschaft schien zunächst meine Arbeit abzulehnen, war später aber sehr zufrieden, daß ich mitarbeitete. Bei jeder Gelegenheit, die ich hatte, half ich mit.

Wie ich sagte, als ich auf der anderen Seite ankam, waren da diese Frauen, und plötzlich hörte ich den Schrei, daß es noch Platz für Frauen auf der Backbordseite gab. Ich nahm die beiden Damen, Frau Browne und Fräulein Evans, also bei den Armen und führte sie zur Backbordseite. Ich schaffte aber nur den halben Weg. Direkt am Bug stellten sich Mannschaftsmitglieder in den Weg. „Keine Männer hinter dieser Linie", hieß es. So ließ ich die Damen also alleine weitergehen, sechs weitere Damen folgten noch.

Von Frau Browne erfuhr ich dann, was danach geschah. Sie war hinter Fräulein Evans, und Fräulein Evans hätte als Erste ins Boot gezogen werden können, aber sie opferte ihr Leben, damit Frau Browne als Erste einsteigen konnte. Frau Browne schaffte es ins Boot, aber die junge Frau muß zusammengebrochen sein und ihre Nerven verloren haben, konnte nicht über das Dollbord klettern, um hineinzuklettern. Hätte es dort einen Mann gegeben, der ihr geholfen hätte, wäre sie möglicherweise gerettet worden.

Senator Smith: Beschreiben Sie dieses Dollbord bitte.

Gracie: Das Dollbord befindet sich an der Seite des Decks und verhindert, das Menschen ins Meer fallen.

Senator Smith: Eine Reling?

Gracie: Die Reling, ja.

Senator Smith: Wie hoch vom Deck?

Gracie: Ich würde sagen, drei bis dreieinhalb Fuß.

Senator Smith: Aus Holz?

Gracie: Es war aus Holz.

Senator Smith: Gab es mehr als eine Reling auf ihm?

Gracie: Es gab diese eine Reling, und die war oben (zeigt es) ungefähr so dick.

Senator Smith: Gab es eine Möglichkeit, unter der Reling durchzukriechen?

Gracie: Oh nein, absolut keine. Es gab keine Öffnung darunter. Es war fest.

In der Zwischenzeit versuchte die Mannschaft ein Boot, ein Faltboot aus Segeltuch, zu Wasser zu lassen, das sich auf dem Hurrikan-Deck oder Brückendeck befand. Es wurde vom Brückendeck heruntergelassen und wir versuchten, es über die Riemen, die für diesen Zweck angelegt worden waren, zu schieben. Es gab zu diesem Zeitpunkt kein anderes Boot mehr, das von den Davits heruntergelassen wurde.

Schließlich kam das Boot herunter aufs Deck. Ich weiß nicht, ob es bei dem Fall beschädigt wurde oder nicht, aber wir befürchteten, daß es der Fall sein könnte.

Ich möchte noch sagen, daß bevor dies geschah, einer der Männer an Deck rief: „Gibt es hier einen Passagier, der ein Messer hat?" Ich sagte, daß ich mein Taschenmesser bei mir hatte, ob es reichen würde und gab es weiter. Für welchen Zweck es benutzt wurde, weiß ich nicht. Es erschien mir etwas seltsam, daß so ein Werkzeug fehlte.

Senator Smith: Wie lange danach ging das Schiff unter?

Gracie: Ziemlich bald reichte das Wasser bis zum Bootsdeck. Wir sahen es und hörten es. Ich hatte nicht bemerkt, daß wir allmählich sanken. Ich war die ganze Zeit damit beschäftigt, an den Davits zu arbeiten, an den Leinen, um dieses Boot zu Wasser zu lassen. Herr Smith und ich selbst dachten dann, daß es für uns dort keine Chance mehr gäbe, weil sich dort so viele Menschen befanden. Wir entschlossen uns, zum Heck zu gehen, noch immer auf der Steuerbordseite. Als wir dorthin gingen, kam auf einmal zu unserer Überraschung und Verblüffung von den Decks unter uns eine Masse Menschen nach oben. Männer und Frauen - und wir hatten gedacht, daß alle Frauen bereits in den Rettungsbooten waren. Das Wasser hatte uns eingeholt und wir versuchten zu springen, Herr Smith und ich. Wir waren in einer Art Sackgasse, die aus der Kabine und der Brücke gebildet wurde, die Struktur, die sich auf der rechten Seite des Decks befindet. Wir waren genau in dieser Sackgasse. Ich habe hier ein Diagramm, das die Situation besser erklären dürfte. Der obere Teil der Seite ist der Bug (zeigt es auf dem Diagramm) und auf der rechten Seite oder steuerbords befand sich dieses letzte Boot, von dem ich spreche. Dort arbeitete der erste Offizier Murdoch daran, das Boot zu Wasser zu lassen. Ich würde Ihnen gerne meine und die Position von Herrn Smith zeigen. Ich werde hier einen Stern auf dem Diagramm markieren, damit Sie es besser erkennen können (markiert das Diagramm). Es war hier, wo dieser Stern ist, wo ich das Kreuz gemacht habe. Das ist die Backbordseite, und das ist die Steuerbordseite und das ist der Aufbau, der sich auf dem Bootsdeck befand, und das ist die Spitze des Hurrikan- oder Brückendecks, wo die Schornsteine runter kamen. Und wo ich war, ist da, wo sich das Kreuz befindet (zeigt es auf dem Diagramm).

Senator Smith: Was geschah dort?

Gracie: Herr Smith sprang und versuchte, das Deck zu erreichen. Ich sprang auch. Wir hatten keinen Erfolg. Dann kam eine Welle und traf uns und dann wurde ich angehoben, so als ob ich in der Brandung baden würde und ich sprang mit dem Wasser und erreichte das Hurrikandeck, wo sich diese Eisenreling befand, an der ich mich festhielt. Ich sah mich um und merkte, daß die Welle, die mich gerettet hatte, alle anderen verschlungen hatte. Ich sah nach rechts und nach links. Herr Smith war nicht da, und ich konnte auch die Menschenmasse nicht mehr sehen. Sie waren alle verschwunden. Offizier Lightoller erzählt mir, daß er zur gleichen Zeit auf dem Brückendeck war, wo ich ein L markiert habe, und daß sich der Erste Offizier ungefähr 15 Fuß entfernt befunden hatte, wo Sie das Boot in den Davits sehen. Das Boot wurde, meine ich, über Bord gespült.

Senator Burton: Was, sagen Sie, wurde aus dem Boot?

Gracie: Es wurde über Bord gespült.

Senator Fletcher: Es wurde nie zu Wasser gelassen?

Gracie: Es wurde nie zu Wasser gelassen. Nein.

Senator Smith: Das ist nicht das Boot, das vom Dach der Offiziersunterkünfte genommen wurde, das Faltboot?

Gracie: Es gab zwei. Eines Backbord und ein anderes Steuerbord. Das Messer, nach dem gerufen wurde, könnte für das Boot auf der anderen Seite, auf dem Brückendeck, bestimmt gewesen sein. Ich hörte, daß man nach zwei Messern rief. Das ist möglicherweise dort, wo sich die Offiziersunterkünfte befanden.

Senator Smith: So weit Sie wissen, wurde dieses Boot in jener Nacht eingesetzt?

Gracie: Ja.

Senator Smith: Beschreiben Sie es.

Gracie: Es handelt sich um das Boot, zu dem ich kam, als ich wieder nach oben kam. Ich hing an dieser Reling, ließ aber bald los. Ich wurde umher gewirbelt, schwamm unter Wasser und hatte Angst, daß mich das heiße Wasser aus den Kesseln verbrühen könnte. Der Zweite Offizier sagte mir später, er habe das gleiche Gefühl gehabt. Ich schwamm mit für mich ungewöhnlicher Stärke und erreichte schließlich die Wasseroberfläche und konnte mich vom Schiff entfernen.

Senator Smith: Wie weit entfernt?

Gracie: Das kann ich nicht sagen, weil ich das Schiff nicht sehen konnte. Als ich die Wasseroberfläche erreichte, gab es dort kein Schiff. Das Schiff hätte hinter mir sein müssen. Um mich herum waren überall Wrackteile. Ich sah, was mir als Körper erschien, um mich herum. Soll ich Ihnen die furchtbaren Details erzählen?

Senator Smith: Nein, ich bin da nicht besonders dran interessiert. Ich würde besonders gerne wissen, ob Sie, der Sie sich ja in unmittelbarer Nähe des Schiffs befanden, eine Sogwirkung bemerkten?

Gracie: Nein, ich bemerkte keine Sogwirkung, und ich war nicht so tief im Wasser, daß es meine Nase oder meine Ohren beeinträchtigt hätte. Meine größte Sorge bestand darin, den Atem anzuhalten, was ich schaffte und was mir das Leben rettete.

Senator Smith: War das Wasser kalt?

Gracie: Zu diesem Zeitpunkt hatte ich die Kälte des Wassers nicht bemerkt. Ich war zu sehr damit beschäftigt, mich in Sicherheit zu bringen.

Senator Smith: Hatte es irgendwelche Auswirkungen auf Sie?

Gracie: Nein, dann nicht. Aber später auf dem Floß. Ich war die ganze Nacht auf dem Floß, von dem ich noch sprechen werde. Ich bemerkte erst auf dem Floß, wie kalt das Wasser war. Es gab ein Geräusch, als ob jemand hinter mir einen großen Schluck genommen hätte. Ich nehme an, das war, als das Wasser sich wieder auffüllte, nachdem das Schiff untergegangen war. Die Wasseroberfläche war aber vollkommen still. Es gab, wie ich schon sagte, diese Wrackteile und diese Körper und die furchtbaren Geräusche von ertrinkenden Menschen und Menschen, die nach Luft japsten.

Ich sammelte Wrackteile und kam dabei zu einer Art hölzerner Kiste. Dann sah ich das umgekippte Boot und machte mich in diese Richtung auf. Und dann sah ich, wie ich vermutete, Mannschaftsmitglieder auf diesem umgekippten Boot. Ich griff den Arm von einem und zog mich selbst an Bord.

Senator Smith: Gab es Widerstand gegen Sie?

Gracie: Was ist das?

Senator Smith: Wurde irgendein Widerstand geleistet?

Gracie: Oh nein, absolut keiner. Ich gehörte zu den Ersten. Ich glaube, das Boot war erst halb gefüllt.

Senator Smith: Wieviele befanden sich darauf?

Gracie: Ich glaube, es müssen zwischen 15 und 20 gewesen sein.

Senator Smith: War Offizier Lightoller darauf?

Gracie: Ja. Offizier Lightoller war auf demselben Boot.

Senator Smith: Zu jener Zeit?

Gracie: Zur selben Zeit. Ich kam dann auf die Oberfläche, und Lightoller erzählte mir, was geschehen war. Einer der Schornsteine fiel vom Dampfer in seine Richtung. Doch als es ihn erwischen sollte, so sagte es der junge Herr Thayer, der sich auf demselben Boot befand, fiel er 15 Yards entfernt vom Floß in die See. Wir kletterten auf dieses Floß. Es gab einen Mann mit einem Ruder vorne und einen anderen am Heck mit einem Stück Brett, wie ich glaube, der das Boot lenkte. Dann beluden wir das Floß, wie ich es von nun an nenne, mit so vielen Menschen wie möglich, bis es unter

Wasser geriet. Wir konnten dann niemanden mehr aufnehmen, weil wir bis zur Taille im Wasser standen.

Senator Smith: Einen Moment. Das war während Sie auf dem Boden des umgekippten Bootes standen?

Gracie: Auf dem umgekippten Boot, ja.

Senator Smith: War das ein Faltboot?

Gracie: Das war ein Faltboot aus Segeltuch.

Senator Smith: War der Boden gewölbt oder flach?

Gracie: die Oberfläche war unregelmäßig und ungefähr dreieinhalb Fuß breit, würde ich sagen. Es war wie ein Kanu und unterschied sich daher von den Rettungsbooten. Es war ungefähr zwischen 25 und 30 Fuß lang.

Senator Smith: Standen Sie auf dem Boden dieses umgekippten Bootes?

Gracie: Nicht zuerst. Wir standen erst, nachdem die Sonne aufgegangen war. Unser Anliegen war, zuerst aus den Wrackteilen herauszukommen und uns von dem Schwimmern im Wasser zu entfernen, bevor sie versuchen konnten, auf unser Boot zu steigen und uns damit dann umzubringen. Sie wollen wohl keine Details darüber und den ganzen Schrecken! Das geht Sie nichts an.

Senator Smith: Nein, das geht uns nichts an. Ich werde das Thema wechseln. Das wird uns in unserer Untersuchung nicht weiterhelfen.

Gracie: Wir schafften es durch die Wrackteile und entfernten uns von den schreienden Menschen und hielten nach allen Richtungen Ausschau nach Lichtern und Schiffen, die uns retten könnten. Wir riefen die ganze Zeit „Boot Ahoi" oder „Schiff Ahoi". Dabei waren wir stets guten Mutes, weil wir die Lichter eines Dampfers sahen, dachten wir wenigstens. Ich glaube aber, daß die meisten dieser Lichter, die Lichter der Rettungsboote der Titanic waren, vor allem von dem, daß sich direkt vor uns befand das grüne Lichter hatte und Raketen abfeuerte oder Lichter anmachte, keine Raketen. Ich weiß nicht, was für ein Licht sie hatten, aber es war ein grünes Licht, das eine Weile sehr auffällig war.

Senator Smith: Es gab keine Explosionen irgendeiner Art auf diesem Rettungsboot?

Gracie: Welches Rettungsboot? Das Rettungsboot, das wir vor uns sahen?

Senator Smith: Das mit dem grünen Licht. War

das grüne Licht das einzige Licht, das Sie sahen?

Gracie: Nein, das einzige Licht war direkt voraus. Dann sahen wir backbords endlich die Lichter eines Schiffs, und das war endlich die Carpathia. Der Marconi-Mann, der mit uns auf dem Floß war, sagte, er nehme an, daß es sich um die Carpathia handele, weil er mit dem Funker der Carpathia geredet hatte, und es das zu jener Zeit uns am nächsten gelegene Schiff gewesen war. Wir hatten die ganze Nacht das Gleichgewicht auf dem Boot halten müssen, von halb drei, ich könnte auch 2:22 Uhr sagen, weil meine Uhr, von der ich bereits gesprochen habe, als ich auf der Carpathia nachsah, um 2:22 stehen geblieben war. Die angegebene Zeit war 2:22 Uhr. Das gab also die Zeit zwischen der Kollision und meinem Sprung vom Schiff. Wir standen auf diesem Faltboot am frühen Morgen, kurz vor der Dämmerung, um besser gesehen zu werden, und es war auch nicht so kalt, obwohl unsere Füße im Wasser standen. Als die Sonne dann aufging, war der Anblick von vier Rettungsbooten der Titanic auf unserer Steuerbordseite ein willkommener Anblick. Lightoller blies seine Pfeife und befahl Ihnen, zu uns zu kommen, um uns von unserem Boot zu holen. Sie antworteten „Aye, Aye, Sir" und drehten sofort zu uns. Zwei Boote kamen an unsere Seite und begannen mit der schwierigen Aufgabe der Übernahme, und einige wurden eingeladen. Wir gingen in das nächstgelegene Rettungsboot, in den Bug, und einige gingen in das andere. Das Rettungsboot, in dem ich mich befand, faßte schließlich 65 Menschen.

In der Ferne, backbords, in der Richtung, aus der wir in der Nacht gekommen waren, sahen wir diese Eisberge. Wir schafften erfolgreich den Transfer vom Floß. Der Zweite Offizier blieb dort, bis der letzte es geschafft hatte und hob den Körper eines Mannschaftsmitglied an, legte ihn mir zu Füßen. Ich rieb seine Schläfe und sein Handgelenk, um festzustellen, ob noch Leben in ihm war. Dann setzte rigor mortis ein, und ich dachte der Mann sei tot und es machte keinen Sinn mehr, ihn wiederzubeleben. Dann erschien es endlos lange, bis wir die Carpathia erreichten. Die Frauen wurden in diese Sitze gesetzt und ans Deck gehievt. Ich erwischte eine dieser Leitern, die von der Bordwand herunterhingen und rannte die Leiter hoch.

Senator Smith: Kannten Sie irgendeine der Frauen in Ihrem Rettungsboot mit Namen?

Gracie: Nein, tat ich nicht. Es gab dort eine phantastische Französin, die sehr nett zu uns war. Sie lieh uns eine ihrer Decken, die wir über unsere Köpfe taten. Das betraf vier von uns. Ein armer Engländer mit Glatze, der einzige Passagier, der neben Herrn Thayer und mir auf dem Floß gerettet wurde, war für diesen Schutz besonders dankbar. Ich war ebenfalls sehr dankbar. Die Leute auf der Carpathia empfingen uns mit offenen Armen, hielten Trost bereit und handelten wie Engel.

Senator Smith: Ist das alles?

Gracie: Ich habe hier noch einige Fotos, die von einem meiner Cousins auf der Carpathia gemacht wurden. Er hatte eine sehr gute Kamera. Sie zeigen die Rettungsboote oder einige davon, wie sie bei der Carpathia eintreffen. Ich gebe sie Ihnen unter der Voraussetzung, daß sie sofort an mich zurückgegeben werden, wenn Sie damit einverstanden sind.

Senator Smith: Wir stehen sehr in Ihrer Schuld für Ihre Bereitschaft, auf die Wünsche des Komitees zu antworten.

Zeugin: Helen W. Bishop

Passagierin der Ersten Klasse aus Dowagiac, Michigan

Kern der Aussage: „Das Verhalten der Mannschaft. . . war absolut außerhalb jeder Kritik."

Senator Smith: Würden Sie bitte dem Komitee erzählen, was Sie taten, nachdem Sie von dem Unglück erfahren hatten?

Frau Bishop: Mein Mann weckte mich gegen Viertel vor zwölf und sagte mir, daß das Schiff irgend etwas gerammt hätte. Wir zogen uns an und gingen an Deck, sahen uns um und konnten nichts finden. Wir bemerkten diese immense Kälte. In der Tat hatten wir das bereits gegen elf Uhr in dieser Nacht bemerkt. Es war ungemütlich kalt in der Lounge gewesen. Wir blickten über das ganze Deck, gingen ein paarmal auf und ab, als einer der Stewards kam und uns anlachte. Er sagte: „Sie können wieder nach unten gehen. Es gibt nichts, worüber man besorgt sein müßte. Wir haben nur ein kleines Stück Eis gerammt und sind vorbeigefahren." Wir gingen also wieder zurück in unsere Kabinen und ins Bett. 15 Minuten später wurden wir von einem Mann geweckt, der die Kabine neben uns hatte. Wir waren auf dem B-Deck, Nummer 47. Er sagte, wir sollten nach oben kommen. Wir zogen uns vollständig an, betrachteten unsere Dinge im Raum und gingen nach oben. Nachdem wir ungefähr fünf oder zehn Minuten dort waren, lief einer der Männer, mit deen wir dort waren, zum Kapitän, der gerade die Treppe herunter kam, und redete mit ihm.

Senator Smith: Wer war dieser Mann?

Frau Bishop: Herr Astor.

Senator Smith: Oberst Astor?

Frau Bishop: Ja. Der Kapitän sagte ihm etwas mit gedämpfter Stimme. Er kam zurück und sagte uns sechs, die dort mit seiner Frau herumstanden, wir sollten die Schwimmwesten anlegen. Ich ging die zwei Treppen nach unten, um meinem Mann, der für einen Moment in unsere Kabine zurückgegangen war, dies zu sagen, als der Kapitän das Anlegen der Schwimmwesten anordnete. Das war ungefähr drei oder vier Minuten später. Wir kamen wieder nach oben und fanden dort nur wenige Menschen vor.

Senator Smith: Wenn Sie oben sagen, welches Deck meinen Sie dann?

Frau Bishop: Wir waren auf dem B-Deck und wir kamen wieder hoch auf das A-Deck. Dort gab es wenig Unruhe. Nur die älteren Damen waren etwas ängstlich. Sie waren oben, aber nur teilweise bekleidet. Ich schickte also einige von ihnen wieder nach unten und sorgte dafür, daß sie vollständig angezogen waren, bevor sie wieder nach oben kamen. Dann gingen wir zum Bootsdeck auf die Steuerbordseite. Wir blickten uns um, doch es waren so wenige Menschen dort, daß mein Mann und ich auf die Backbordseite gingen, um zu sehen, ob sich dort jemand befand. Dort fanden wir nur zwei Menschen vor. ein junges französisches Brautpaar, das uns sofort auf die Steuerbordseite folgte. Zu jener Zeit war ein alter Mann an Deck gekommen und fand Herrn und Frau (George) Harder aus New York. Er brachte uns alle zusammen und riet uns zusammenzubleiben. Er würde in

einem Moment zurückkommen. Wir sahen ihn niemals wieder. Ungefähr fünf Minuten später wurden die Boote heruntergelassen und wir hineingestoßen. Als unser Rettungsboot heruntergelassen wurde, hatte ich keine Idee, daß es Zeit war, das Schiff zu verlassen.

Senator Smith: Sagen Sie mir, auf welches Boot Sie sich beziehen.

Frau Bishop: Das erste Rettungsboot, das die Titanic auf der Steuerbordseite verließ. Ich denke, es war die Nummer sieben. Offizier Lowe sagte uns das.

Senator Smith: In Ordnung. Fahren Sie fort.

Frau Bishop: Wir hatten keine Idee, daß es an der Zeit war, das Schiff zu verlassen. Doch der Offizier nahm meine Hand und sagte mir, ruhig zu bleiben und sofort einzusteigen. Sie luden Familien in die ersten beiden Boote. Mein Mann wurde zusammen mit mir hineingestoßen, und als wir heruntergelassen wurden, waren wir 28 Menschen im Boot.

Senator Smith: Handelte es sich um ein großes Rettungsboot?

Frau Bishop: Ja, ein hölzernes Rettungsboot.

Senator Smith: Und in ihm befanden sich 28 Leute?

Frau Bishop: Ja, wir machten eine Zählung, nachdem wir das Wasser erreicht hatten.

Senator Smith: Wieviele Frauen waren dort?

Frau Bishop: Es waren nur ungefähr zwölf Frauen.

Senator Smith: Und der Rest waren. . .

Frau Bishop (unterbrechend): ...waren Männer.

Senator Smith: Ja, ich möchte den Rest gerne in zwei Klassen unterteilen, in Passagiere und Besatzungsmitglieder.

Frau Bishop: Es gab drei von der Besatzung. Der Rest waren Passagiere. Wir hatten keinen Offizier in unserem Boot.

Senator Smith: Drei von der Besatzung?

Frau Bishop: Drei von der Besatzung.

Senator Smith: Und 13 Passagiere?

Frau Bishop: 13 Passagiere, ja. Darunter befanden sich, wie ich bemerkte, einige unverheiratete Männer und drei oder vier Ausländer in unserem Boot. Nachdem wir ungefähr 15 Minuten lang auf dem Wasser - die Titanic war noch nicht gesunken - waren, banden wir fünf Boote zusammen und fünf Leute wurden in unser Boot umgeladen, so daß wir nun 33 Menschen waren.

Senator Smith: Wissen Sie, aus welchem Boot diese Menschen in ihr Boot umgeladen wurden?

Frau Bishop: Nein, das kann ich nicht sagen. Der verantwortliche Mann war ein Offizier mit Schnauzbart. Ich habe ihn seitdem nicht mehr gesehen.

Senator Smith: War das Boot, aus dem diese Leute kamen, mit mehr Menschen besetzt als das Ihrige?

Frau Bishop: Ja. Sie hatten 38 oder 37 oder sowas ähnliches.

Senator Smith: Erinnern Sie sich an die Nummer des Bootes?

Frau Bishop: Nein, tue ich nicht.

Senator Smith: Fahren Sie fort.

Frau Bishop: Wir ruderten schon eine ganze Zeitlang, als diese Menschen in unser Boot kamen. Dann ruderten wir noch ein Stück weiter, weil die Frauen wegen der Sogwirkung nervös waren. Wir warteten ungefähr eine Dreiviertelstunde, nachdem wir gerudert hatten, als wir sahen, wie die Titanic unterging. Eine Zeitlang danach waren wir mit der Ausnahme von einem von den anderen Booten getrennt. Das eine war mit uns verbunden und blieb bei uns. Wir fanden dann heraus, daß wir keinen Kompaß und kein Licht an Bord hatten. Von den Keksen und dem Wasser weiß ich nichts. Wir hatten auf jeden Fall weder Kompaß noch Licht. Wir lagen dort bis zum Tagesanbruch, als wir die Lichter der Carpathia sahen. Wir ruderten so hart wie wir konnten und gegen fünf oder zehn Minuten nach fünf Uhr morgens trafen wir auf der Carpathia ein.

Senator Smith: Ich nehme an, Sie machten die gleichen Erfahrungen wie die anderen mit der Nähe von Eis und Eisbergen?

Frau Bishop: Ja, wir sahen einige Eisberge.

Senator Smith: Gibt es noch sonst irgend etwas, das Sie sagen möchten, daß Licht in diese Ermittlungen bringen könnte, was die Ursachen der Katastrophe oder das Auftreten der Offiziere und der Besatzung betrifft?

Frau Bishop: dDas Auftreten der Mannschaft, so weit ich das sehen konnte, war absolut über jede Kritik erhaben. Es war perfekt. Die Männer in unserem Boot waren wunderbar. Ein Mann verlor seinen Bruder. Als die Titanic unterging, so meine Erinnerung, legte er die Hand auf sein Gesicht. Und direkt nachdem sie gesunken war, tat er alles, um die Frauen für den Rest der Zeit aufzumuntern. Wir alle hielten sehr viel von diesem Mann.

Senator Smith: Wie war sein Name?

Frau Bishop: Ich weiß nicht. . .

ELFTER TAG

Donnerstag, 2. Mai
Waldorf-Astoria Hotel, New York
Senator Smith kehrte nach New York zurück, um
die Aussagen von zwei Zeugen aufzunehmen.

Zeugin: Frau Stuart White

Passagierin der Ersten Klasse aus New York
Kern der Aussage: Frau White, wegen einer
Fußverletzung humpelnd, sagte, daß die Frau-
en ruderten - Gräfin Rothes stand an der Pinne
-, während ungehobelte Männer rauchten.

Senator Smith: Leben Sie ständig im Waldorf-
Astoria, Frau White?

Frau White: Mein Haus ist eigentlich Briarcliffe
Lodge; Briarcliffe Manor N. Y. Das ist mein
Sommerhaus. Wenn ich mich in New York auf-
halte, bin ich immer hier im Waldorf-Astoria.

Senator Smith: Wo gingen Sie an Bord?

Frau White: In Cherbourg.

Senator Smith: Wo befand sich Ihr Apartment an
Bord der Titanic? Auf welchem Deck waren Sie?

Frau White: Wir waren auf dem C-Deck.

Senator Smith: Erinnern Sie sich an die Nummer
Ihrer Kabine?

Frau White: Ich glaube nicht, daß ich es Ihnen
mit einem gewissen Grad der Sicherheit sagen
kann. Fräulein (Marie) Young (Passagierin der
Ersten Klasse aus New York) und mein
Mädchen könnten es sagen.

Senator Smith: Fräulein Young oder Ihr Mädchen
könnten die Nummer Ihrer Kabine wissen?

Frau White: Ja, ich verließ meine Kabine nicht
mehr von dem Zeitpunkt an, als ich an Bord
gegangen war. Ich trat nicht vor meine Tür bis
zur Nacht der Kollision.

Senator Smith: Dafür war, glaube ich, ein kleines
Unglück verantwortlich, das Sie beim Einsteigen hatten?

Frau White: Ja.

Senator Smith: Sie gingen direkt in Ihr Apartment
und blieben dort?

Frau White: Ja, ich blieb in meinem Raum, bis ich
in jener Nacht wieder hinauskam. Ich tat keinen
Schritt aus meinem Bett bis zu dieser Nacht.

Senator Smith: Wurden Sie von dem Aufprall
geweckt?

Frau White: Nein, absolut nicht. Ich saß in meinem Bett und wollte gerade das Licht ausmachen. Es erschien mir nicht als besonderer Aufprall. Es war eher so als führen wir über Tau-
sende Glaskugeln. Es hatte absolut nichts
Erschreckendes.

Senator Smith: Wurden Sie von einem Offizier
oder Besatzungsmitglied geweckt?

Frau White: Nein.

Senator Smith: Wissen Sie, ob es einen Alarm für
die Passagiere gegeben hat?

Frau White: Wir hörten keinen Alarm. Wir gingen direkt an Deck.

Senator Smith: Sie gingen an Deck?

Frau White: Wir gingen selbst an Deck.

Senator Smith: Auf das Oberdeck?

Frau White: Ja.

Senator Smith: Und Fräulein Young und Ihr
Mädchen waren bei Ihnen?

Frau White: Ja, und mein Diener.

Senator Smith: Was tat man dann?

Frau White: Wir standen einfach nur herum.

Senator Smith: Wurde irgend etwas mit den Rettungsbooten gemacht?

Frau White: Nein. Wir standen alle im Inneren
herum und wollten wissen, wie es weiterging.

Senator Smith: Die Rettungsboote waren noch
nicht freigemacht?

Frau White: Nichts war über die Rettungsboote
gesagt worden, als plötzlich Kapitän Smith die
Treppe herunterkam und uns befahl, die
Schwimmwesten anzulegen, was wir taten. Wir
standen noch mal 20 Minuten herum, glaube ich.

Senator Smith: Noch immer auf diesem Deck?

Frau White: Nein, auf dem B-Deck.

Senator Smith: Sie gingen hinunter auf das B-
Deck?

Frau White: Ja, er sagte dann, wir sollten zum
A-Deck zurückgehen, was wir auch taten, um
dort in die Boote zu steigen.

Senator Smith: Wo stiegen sie in die Rettungsboote?

Frau White: Ich stieg vom Topdeck aus in das
Rettungsboot, wo die Boote waren. Wir mußten dort in das Boot steigen. Es gab kein anderes Deck auf dem Dampfer mit Ausnahme des
Topdecks. Es war eine echte Rattenfalle. Es gab
kein anderes Deck, das offen war.

Senator Smith: Erinnern Sie sich daran, in welches

Boot Sie stiegen?

Frau White: Boot Nummer acht, das Zweite, welches das Schiff verließ.

Senator Smith: Auf welcher Seite des Schiffs?

Frau White: Das kann ich Ihnen nicht sagen. Es war diese Seite - die linke Seite, als wir da lang gingen.

Senator Smith: Das wäre dann die Backbordseite?

Frau White: Ja, ich stieg in das zweite Boot, das heruntergelassen wurde.

Senator Smith: Welcher Offizier stand dort?

Frau White: Das kann ich Ihnen nicht sagen. Ich habe keine Idee.

Senator Smith: Welcher Offizier überwachte die Arbeiten?

Frau White: Ich habe keine Ahnung. Ich könnte Ihnen nicht mal sagen, ob es ein Offizier oder der Kapitän war. Ich weiß, daß man uns sagte, in das Boot zu steigen.

Senator Smith: Hatten Sie irgendwelche Schwierigkeiten, ins Boot zu klettern?

Frau White: Keine, überhaupt keine. Sie behandelten mich sehr vorsichtig, weil ich kaum gehen konnte. Sie hoben mich sehr vorsichtig und sehr nett hinein.

Senator Smith: Wie weit vom Schiff entfernt hing das Boot? Waren Sie in der Lage hineinzusteigen?

Frau White: Oh ja.

Senator Smith: Oder wurden Sie hineingehoben?

Frau White: Nein, wir stiegen hinein. Es hing nicht zu weit draußen.

Senator Smith: Sahen Sie, wie weit draußen es war?

Frau White: Nein, ich habe keine Ahnung. Wir stiegen sehr leicht hinein. Wir hatten keine Mühe, in das Rettungsboot zu steigen. Wie ich schon sagte, war mein Zustand so, daß ich sehr vorsichtig behandelt werden mußte, und es gab überhaupt keine Unannehmlichkeit.

Senator Smith: Sahen Sie nach dem Unfall etwas in Sachen Disziplin und Auftreten der Offiziere und Mannschaft, über das Sie reden wollen?

Frau White: Ja, sehr viel davon.

Senator Smith: Erzählen Sie mir davon.

Frau White: Bevor wir vom Schiff ablegten, holten zwei Matrosen - Männer sollte sich sagen, sie waren keine Matrosen, sondern, ich glaube, Stewards aus dem Speisesaal - also vor unserem Ablegen Zigaretten aus den Taschen und steckten sie an. Bei so einer Situation! Das ist das eine, was wir sahen. Alle diese Männer entkamen unter dem Vorwand, sie wären Ruderer. Der Mann, der mich ruderte, nahm sein Ruder und ruderte in alle Richtungen herum. Ich fragte ihn: „Warum stecken sie das Ruder nicht in die Ruderdolle?" Er sagte: „Steckt man es in das Loch?" Ich sagte: „Sicherlich." Er sagte: „Ich hatte noch nie in meinem Leben ein Ruder in der Hand." Ich sprach mit einem anderen Mann und er sagte: „Ich hatte zwar noch nie in meinem Leben ein Ruder in der Hand, aber ich glaube, ich kann rudern." Das waren die Männer, mit denen wir nachts auf See gelassen wurden - und alle diese hervorragenden Männer, die uns so einen ausgezeichneten Schutz hätten bieten können, blieben an Bord. Das waren die Männer, mit denen wir auf die See gelassen wurden.

Senator Smith: Wieviele waren in Ihrem Boot?

Frau White: 22 Frauen und vier Männer.

Senator Smith: Niemand der Männer schien Ahnung von dem Boot zu haben?

Frau White: Ja, es gab einen, der angeblich ein Matrose gewesen sein soll, der vom Ende des Boots aus seine Befehle gab.

Senator Smith: Wissen Sie, wer er war?

Frau White: Nein, weiß ich nicht. Ich kenne die Namen dieser Männer nicht. Aber er schien sich etwas auszukennen.

Senator Smith: Ich möchte, daß Sie, so gut Sie es können, beschreiben, was geschah, nachdem Ihr Rettungsboot von der Titanic abgelegt hatte.

Frau White: Was zwischen den Passagieren und den Matrosen geschah?

Senator Smith: Ja.

Frau White: Wir ruderten einfach fort. Wir hatten die Anordnung, uns vom Schiff zu entfernen. Der Offizier, der uns in das Boot setzte - ich weiß nicht, wer es war - gab den Matrosen, oder den Männern, den Befehl auf das Licht auf der anderen Seite zuzuhalten, dort die Passagiere abzusetzen und so schnell wie möglich zurückzukehren. Es war das Licht, das jeder in der Entfernung sah.

Senator Smith: Sahen Sie es?

Frau White: Ja, ich sah es genau.

Senator Smith: Was war es?

Frau White: Es war irgendein Boot.

Senator Smith: Wie weit entfernt?

Frau White: Oh, es war zehn Meilen entfernt, aber wir konnten es genau sehen. Es gab keinen Zweifel, daß es sich um ein Boot handelte. Aber wir ruderten und ruderten, und dann sahen wir alle ein, daß es einfach unmöglich für uns war, es zu erreichen. Daß wir es niemals erreichen würden, und daß wir zurückkehren sollten, um zu sehen, was wir für die anderen tun könnten. Wir waren nur 22 in unserem Boot.

Wir wendeten und kehrten um. Wir blieben dort längere Zeit und versuchten, die anderen Boote auszumachen, konnten sie aber nicht entdecken, hörten sie nur. Die einzige Art, uns zu lokalisieren, verdankten wir meinem elektrischen Licht. Die Lampe auf dem Boot war absolut nichts wert. Sie bastelten an ihr herum, erreichten aber nichts. Ich hatte einen elektrischen Stock, einen Stock mit einem elektrischen Licht. Das war das einzige Licht, das wir hatten. Wir saßen da eine Zeitlang und sahen genau, wie das Schiff unterging.

Senator Smith: Was war Ihr Eindruck, als es unterging?

Frau White: Es war etwas Fürchterliches.

Niemand hatte jemals daran gedacht, daß das Schiff untergehen könnte. Ich glaube nicht, daß es eine Person in jener Nacht gab, die daran dachte, daß das Schiff untergehen könnte. Man redet von dem Mut der Männer. Ich denke nicht, daß es besonderer Mut war, weil niemand der Männer dachte, das Schiff würde untergehen. Hätten sie gedacht, das Schiff würde untergehen, dann hätten sie nicht so darüber gewitzelt, wie sie es taten. Einige von ihnen sagten: „Wenn Sie zurückkommen, benötigen Sie einen Passierschein." Und: „Sie kommen morgen nicht ohne Passierschein an Bord." Sie hätten solche Dinge nicht gesagt, wenn jemand daran gedacht hätte, das Schiff könnte untergehen.

Meiner Meinung nach zerbrach das Schiff, als es unterging, in zwei Teile. Ich glaube, daß es sehr wahrscheinlich in zwei Teile zerbrach.

Ich hörte vier unterschiedliche Explosionen, von denen wir dachten, daß es die Kessel waren. Natürlich wußten wir nichts darüber.

Senator Smith: Wie laut waren die Explosionen?

Frau White: Sie waren gewaltig.

Wir taten, was man uns befohlen hatte zu tun.

Wir ruderten in Richtung dieses Lichts. Das schien der allgemeine Beschluß an Bord zu sein. Wir hatten den strengen Befehl des Offiziers oder von wem auch immer, der uns ins Boot gesetzt hatte, so schnell wie möglich zu diesem Boot zu rudern, die Passagiere abzusetzen und wieder zurückzukehren, um die anderen aufzunehmen. Wir dachten alle, das Boot würde auf uns zukommen, weil wir so viele Raketen abgefeuert hatten.

Senator Smith: Drängten Sie den für Ihr Boot verantwortlichen Mann zurückzukehren?

Frau White: Einer von uns tat es.

Senator Smith: Drängten Sie ihn, zurückzukehren, um mehr Menschen aufzunehmen?

Frau White: Erst nachdem wir eine halbe Stunde gerudert hatten und es ziemlich nutzlos fanden zu versuchen, dieses Boot oder Licht zu erreichen. Dann schlugen alle vor zurückzurudern, was wir auch taten. Aber wir schafften es nicht, dorthin zu kommen.

Senator Smith: Sie kehrten zurück?

Frau White: Ja. Der Matrose änderte unseren Kurs und versuchte zurückzukehren. Das war, nachdem wir eine Dreiviertelstunde lang versucht hatten, das Licht zu erreichen. Es war offensichtlich unmöglich, es zu erreichen. Es erschien am Anfang in die gleiche Richtung wie wir zu fahren, und wir machten keine Fortschritte in seine Richtung. Dann drehten wir und versuchten zurückzufahren.

Senator Smith: Versuchte jemand, in Ihr Boot zu steigen?

Frau White: Nein.

Senator Smith: Legten Sie bei der Carpathia mit der Gesellschaft an, mit der Sie auch die Titanic verlassen hatten?

Frau White: Genau.

Senator Smith: Sie kamen alle sicher an?

Frau White: Wir kamen alle sicher an. Wir hatten viel Ärger, aber wir trafen alle sicher ein.

Senator Smith: Wieviele gehörten zu Ihrer Gesellschaft?

Frau White: Drei; Fräulein Young, ich und mein Mädchen. Mein Diener ertrank.

Senator Smith: Unternahmen Sie irgendwelche Versuche, nachdem Sie auf der Carpathia waren, um mit Ihren Freunden über Funk in Verbindung zu treten?

Frau White: Das war das Erste, was ich tat.

Senator Smith: Hatten Sie Erfolg?

Frau White: Nein, wir hatten keinen Erfolg. Sie erhielten das Telegramm erst am letzten Montag in diesem Hotel. Sie nahmen unser Telegramm als Erstes an, als wir am Montagmorgen auf die Carpathia kamen. Sie nahmen unser Marconigramm. Ich glaube, die Leute an Land hatten eine viel härtere Leidenszeit als wir.

Senator Smith: Würden Sie bitte beschreiben, was Sie in bezug auf Eisberge nach Tagesanbruch sahen?

Frau White: Wir sahen einen Eisberg vor uns. Natürlich konnte ich ihn nicht sehen, weil ich so stand (zeigt es). Ich sah noch nicht mal die Carpathia, bis man mich auf sie aufmerksam machte. Ich stand die ganze Nacht, weil ich wegen meines verbundenen Fußes nicht auf die Sitze kam, die sehr hoch waren. Ich hatte keine Kraft in meinem Fuß und stand die ganze Nacht.

Nachdem wir auf der Carpathia waren, konnten wir 13 Eisberge und 45 Meilen Treibeis sehen. Überall um uns herum.

Jedermann wußte, daß wir uns in der Nähe von Eisbergen befanden. Selbst in unseren Kabinen war es so kalt, daß wir kein Bullauge offen lassen konnten. Es war furchtbar kalt. Ich sagte noch am Sonntagmorgen zu Fräulein Young: „Wir müssen uns in der Nähe von Eisbergen befinden, bei dieser Kälte." Es war ungewöhnlich kalt.

Es war ein unvorsichtiges, rücksichtsloses Ding. Es erscheint fast zwecklos, darüber zu sprechen.

Niemand hatte Angst auf dem Schiff. Es gab keine Panik. Ich bestand darauf, daß Fräulein Young etwas Warmes anzog, ich selbst zog etwas Warmes an, dann verschlossen wir unsere Koffer und gingen an Deck.

Es gab überhaupt keine Aufregung. Niemand erschien ängstlich. Niemand geriet in Panik. Es gab viel Pathos, wenn sich die Eheleute voneinander verabschiedeten.

Wir waren das zweite Boot, das vom Schiff ablegte, und wir sahen nichts von dem, was danach passierte. Wir waren nicht nahe genug. Wir hörten die Schreie der Zwischendeckpassagiere, als sie untergingen, aber wir sahen nicht den furchtbaren Teil davon.

Wie ich bereits erwähnt habe, waren die Männer in unserem Boot alles andere als Matrosen, mit der Ausnahme von einem Mann. Die Frauen, jede einzelne, ruderten. Fräulein Young ruderte jede Minute. Die Männer konnten nicht rudern. Sie wußten nicht die kleinste Kleinigkeit davon. Fräulein Swift aus Brooklyn ruderte jede Minute vom Dampfer bis zur Carpathia. Fräulein Young jede Minute, wenn sie sich nicht übergab, was sie sechs oder sieben Mal tat. Gräfin Rothes (Lucy-Noel Martha, Countess of Rothes) stand an der Pinne. Wo wären wir, hätten wir nicht diese Frauen gehabt, mit diesen Männern im Boot? Unser Chefmatrose gab einen Befehl, und diese Männer, die keine Ahnung von der Führung eines solchen Bootes hatten, sagten: „Wenn Du nicht aufhörst durch die Öffnung in Deinem Gesicht zu sprechen, wird es hier einen weniger im Boot geben." Wir waren in den Händen von solchen Männern. Ich legte zwei oder drei Auseinandersetzungen zwischen ihnen bei und beruhigte sie. Stellen Sie sich vor, da draußen zu sein, sich eine Pfeife anzuzünden und die Frauen rudern zu lassen. Was auch sehr gefährlich war wegen der Wolldecken um uns herum. Eine andere Sache ist sehr unerfreulich. Als sie in unser Boot stiegen, wurden die Männer gefragt, ob sie rudern könnten. Man stelle sich vor - Männer, die ein Rettungsboot führen sollen - man stelle sich vor, sie zu fragen, ob sie rudern können.

Da ist noch ein anderer Punkt, der im Zusammenhang mit dem Unglück nie aufgebracht worden ist. Der Dampfer hatte kein offenes Deck außer dem Topdeck. Wie konnte man die Rettungsboote vernünftig füllen. Sie konnten kein Boot mehr als 70 Fuß mit über 20 Menschen sicher herunterlassen. Wo konnten sie andere auf dem Weg nach unten hineinlassen? Es gab keine anderen offenen Decks.

Wenn man nur daran denkt, daß so ein Unglück in einer so sternenklaren Nacht - man konnte sehen, wie sich die Sterne im Wasser spiegelten - mit allen Marconi-Warnungen geschehen konnte mit einem derart furchtbaren Verlust an Menschenleben und Besitz.

Es ist schlicht unerträglich, denke ich.

Senator Smith: Es gab keine männlichen Passagiere in Ihrem Boot?
Frau White: Nicht einen. . .

Zeuge: John Bottomley, 63
Geschäftsführer der Marconi Wireless Telegraph Co. of America
Kern der Aussage: Er verteidigte Marconis Rolle bei der Verbreitung von Nachrichten über Schiffsunfälle gegen die spitzen Fragen von Senator Smith. Weitere Details über die Abmachung der Marconi-Funker über den Verkauf ihrer Geschichten an die New York Times kamen an den Tag.

Senator Smith: Wo waren Sie Sonntagnacht, den 14. April, und Montag, Dienstag, Mittwoch und Donnerstag?
Bottomley: An verschiedenen Orten in New York.
Senator Smith: Waren Sie im Büro der Marconi Co.?
Bottomley: Nicht am Sonntag, an den anderen Tagen.
Senator Smith: Waren Sie am Senden oder dem Empfang von Mitteilungen, die den Verlust der Titanic betrafen, beteiligt?
Bottomley: Nein.
Senator Smith: Versuchten Sie, mit dem Funker der Carpthia in Verbindung zu treten?
Bottomley: Tat ich im Rahmen meiner Möglichkeiten.
Senator Smith: Erzählen Sie uns darüber.
Bottomley: Ich schickte Montagnacht ein Memorandum, wie wir es nennen, über unser Büro an den Funker der Carpathia und bat ihn, uns mindestens 500 Wörter Nachrichten zu funken.
Senator Smith: Unternahmen Sie sonst noch etwas in dieser Angelegenheit?
Bottomley: Am Dienstag rief ich den Leitungsmanager von Western Union und der Postal Telegraph Co. an und bat sie, ihre Leitungen so frei wie möglich zu halten, damit Verbindungen leicht hergestellt werden konnten, weil ich eine große Menge von geschäftlichen und privaten, aber auch Mitteilungen für die Presse erwartete. Sie waren einverstanden.
Ich schickte auch Memoranden an die Stationen in Cape Race, Sable Island und Halifax und bat sie, uns mit allen Informationen zu versorgen.

Senator Smith: Waren Sie irgendwie am Empfang oder Senden von Mitteilungen über die drahtlose Telegraphie beteiligt?
Bottomley: Nein. Sie meinen das tatsächliche Senden?
Senator Smith: Oder Instruktionen, die dazu gehören?
Bottomley: Ich schickte keine andere Mitteilung, an die ich mich erinnern kann.
Senator Smith: Haben Sie Kenntnisse über irgendwelche, die gefunkt wurden?
Bottomley: Ja.
Senator Smith: Versuchten Sie in irgendeiner Weise die Art von Cottam, dem Funker der Carpathia, oder Bride, dem überlebenden Funker auf der Titanic, zu beeinflussen, wie sie mit der Verbreitung von Nachrichten über die Katastrophe verfahren sollten?
Bottomley: In keiner Weise tat ich das, bis das Schiff die Quarantäne passiert hatte und ich von der New York Times gehört hatte, daß man bereit sei, dem Funker oder den Funkern, deren Namen ich zu dieser Zeit noch nicht kannte, eine Geldsumme für ihre Geschichte zu zahlen. Ich sagte, daß wenn Herr Marconi, den ich bei einer Abendgesellschaft treffen sollte, zustimmen würde, ich das genehmigen würde . Gegen Viertel vor acht war Herr Marconi in meinem Haus und sagte, daß ihm das Geschäft ziemlich gleichgültig sei, er aber keinen Grund sehe, es abzulehnen, wenn der Funker seine Geschichte an die New York Times geben würde. Es gab aber keine lange Unterhaltung, weil es sich um eine Dinnerparty handelte und alle Menschen warteten. Ich rief jedoch sofort in meinem Büro an und sagte ihnen, daß Herr Marconi nichts dagegen hatte und ich auch nicht.
Senator Smith: Halten Sie es für angebracht, die Funker in dieser Weise zu ermutigen?
Bottomley: Ich halte es für ratsamer, daß die Funker ihre Geschichte an eine Zeitung geben, als daß sie stückweise von einigen Journalisten verschiedener Zeitungen berichtet wird.
Senator Smith: Könnte diese Sitte oder Gewohnheit nicht zu einem allgemeinen Verständnis unter den Funkern führen und sie in ihrer Haltung solchen Unglücksfällen gegenüber beeinflussen?
Bottomley: Nein, das glaube ich nicht.

Senator Smith: Wenn man sich darauf einigt, daß sie das Recht haben, ihre Geschichten exklusiv zu verkaufen, könnte es nicht das Vertrauen der Öffentlichkeit in die Genauigkeit und Vollständigkeit der veröffentlichten Informationen schwächen?

Bottomley: Wenn man davon ausgeht, daß Funker geeignete Leute für die Weitergabe von Informationen sind, dann könnte es so sein. Aber Funker sind nicht in der Lage, vollständige Informationen weiterzugeben. Das haben wir in den vergangenen zehn oder zwölf Jahren festgestellt. Es gibt kaum einen Funker, der den Ozean überquert, der Informationen auf vernünftige Weise zur Veröffentlichung herausgeben kann. Außerdem dürfen Funker nichts aus eigenem Antrieb das Schiff betreffend funken. Dazu gehören natürlich auch Unfälle.

Senator Smith: Würde nicht die Tatsache, daß dies so ist, ihren eigenen Beobachtungen bei Ereignissen wie dem Titanic-Desaster zusätzlichen Wert geben, und wenn sie zu ihrem persönlichen Eigentum werden würden, der Öffentlichkeit zum Nachteil dienen.

Bottomley: Meiner Meinung nach nicht.

Senator Smith: Halten Sie die Löhne der Funker für sehr niedrig?

Bottomley: Ich glaube, sie bekommen ein anständiges Gehalt, wenn man bedenkt, daß sie gut wie keine Ausgaben haben. Einige unserer Funker sind verheiratete Männer und leben gut von ihrem Einkommen.

Senator Smith: Wenn sie ein angemessenes Gehalt bekommen, warum sollen sie derartige Belohnungen für einen zweifelhaften Besitz als Anreiz für ihre Dienste bekommen?

Bottomley: Solche Belohnungen werden nicht verteilt, und sind auch nie einem Funker als Anreiz für eine Anstellung angeboten worden.

Senator Smith: Hat (Jack) Binns beim Republic-Desaster (einige Jahre früher vor Nantucket) eine sehr großzügige Belohnung für seine persönlichen Beobachtungen und Erfahrungen bekommen?

Bottomley: Ich weiß nicht, was Binns bekam. Ich glaube, er bekam damals eine ziemlich kleine Summe. Ich glaube später kassierte er eine große Summe aus mehreren Quellen, wie Vorlesungen, Theateraufführungen und Magazinen. . .

Senator Smith: Kennen Sie Bride, den Funker der Titanic?

Bottomley: Herr (Carr) Van Ander, geschäftsführender Redakteur der New York Times, sagte mir, er würde 1000 Dollar geben, die zwischen den beiden Jungs gleich verteilt werden sollten, und daß eine Londoner Zeitung Bride 250 Dollar gegeben haben soll. Und angeblich soll Bride, ich weiß das aber nicht persönlich, weitere 250 Dollar erhalten haben. Ich glaube, er hat zugegeben, daß er 1000 Dollar erhalten habe. Cottam gab im Zeugenstand zu, 1250 Dollar erhalten zu haben.

Senator Smith: In seiner Zeugenaussage gab Herr Marconi zu, daß diese Praxis durchaus zweifelhaft sei und daß er sie in der Zukunft mißbilligen würde. Was sagen Sie dazu?

Bottomley: Alles, was Herr Marconi von der amerikanischen Gesellschaft verlangt, wird ohne Murren oder Zögern ausgeführt.

Senator Smith: Waren Sie in irgendeiner Weise an dem Arrangement der Exklusivgeschichte für die New York Times beteiligt?

Bottomley: Nein, nicht weiter, als das, was ich gesagt habe.

Senator Smith: Herr Bottomley, trifft das zu, was der Londoner Daily Telegraph berichtet: Die Marconi Co. gibt Schiffen, die nicht mit dem Marconi-Funksystem ausgerüstet sind keine Informationen und berücksichtigt auch nicht deren Funksprüche.

Bottomley: Das ist absolut unwahr, soweit es die amerikanische Gesellschaft betrifft.

Senator Smith: Ein Passagier auf dem russischen Schiff Birma, das mit einem anderen Funksystem ausgerüstet ist, berichtete bei seiner Ankunft in London, daß die Angebote des Schiff den Überlebenden an Bord der Carpathia zu helfen, mit wiederholten Signalen „Shut up" beantwortet wurden. Standen diese Antworten in Übereinstimmung mit den allgemeinen Anordnungen der Marconi Co.?

Bottomley: Sicherlich nicht. Absoluter Befehl ist, daß bei Gefahr oder Notfällen mit allen Schiffen oder Stationen kommuniziert werden muß. Das ist einer der ersten Punkte unserer allgemeinen Vorschriften.

Senator Smith: Jener Passagier der Birma gab gegenüber dem London Daily Telegraph ein

Statement ab, daß von den Offizieren und den Funkern bestätigt wurde, daß an dem Tag des Desasters und an den folgenden Tagen jede Information über die Überlebenden des Untergangs vorenthalten wurde. Stand dies in Übereinstimmung mit den Vorschriften der Marconi Co.?

Bottomley: Sicherlich nicht.

Senator Smith: Glauben Sie, daß es eine Rechtfertigung gibt für das Unterdrücken von Informationen mit derart weltweiter Bedeutung?

Bottomley: Dafür gibt es keine.

Senator Smith: Ist es nicht wahr, daß wenn der Funker der Carpathia den Funker der Birma mit einigen Details über das Desaster vertraut gemacht hätte, die Welt nicht einige Tage lang in Spannung gewesen wäre?

Bottomley: Ich kann diese Frage nicht beantworten. Ich weiß nichts über die Birma, oder wo sie war.

Senator Smith: Gab es irgend etwas, daß den Funker der Carpathia davon abhalten konnte, der Birma einige Details zu geben?

Bottomley: Wie ich bereits sagte, kann der Funker nur solche Nachrichten senden, die vom Kapitän genehmigt sind.

Senator Smith: Stehen die Marconi-Funker unter der absoluten Kontrolle des Kapitäns auf den Schiffen, auf denen sie Dienst tun?

Bottomley: Soviel ich weiß, sind sie das, solange sie sich an Bord befinden. Der Kapitän ist der absolute Herrscher auf dem Schiff.

Senator Smith: Trifft es nicht zu, daß Ihre Funker ständig miteinander in Kontakt sind und fast ununterbrochen plaudern, wenn sie Kontakt haben?

Bottomley: Es gibt eine absolute Regel gegen solche Plaudereien oder den Austausch von Dingen, die nichts mit dem eigentlichen Funkgeschäft zu tun haben. Aber es ist unmöglich, jeden Funker zu verfolgen, um herauszufinden, daß er nicht mit einem anderen plaudert. Im allgemeinen tun sie es nicht. Keiner unser besten Leute folgt dieser Praxis. Würde es entdeckt, würde der Funker aufs schärfste bestraft werden. Viele Küstenstationen haben diese Plaudereien schon aufgefangen, was in einigen Fällen zur Entlassung und in anderen zu scharfen Strafen geführt hat. Es ist eine der Regeln, die am genauesten von den Funkern beachtet

werden muß. Sie sind nicht für sich alleine da.

Senator Smith: Sie müssen zugeben, Herr Bottomley, daß kein Kapitän von diesen privaten Mitteilungen zwischen Funkern wissen kann.

Bottomley: Nein, natürlich nicht.

Senator Smith (fortfahrend): Es sei denn, er wird von dem Funker selbst informiert.

Bottomley: Nein, er würde nichts davon erfahren.

Senator Smith: Die Aussagen in diesem Fall zeigen deutlich, daß es mehr oder weniger persönliche Mitteilungen zwischen den Funkern und den Küstenstationen gibt.

Bottomley: Wenn das so ist, ist es zu bedauern, und jeder Fall, der uns zur Kenntnis gebracht wird, wird ernsthaft verfolgt werden. Ich spreche in diesem Fall für die gesamte Marconi-Organisation.

Senator Smith: Meinen Sie nicht, daß diese Praxis von einem Gesetz geregelt werden sollte, daß es zu einem Teil der Ermittlungen der Berlinkonvention werden sollte, um saubere Transaktionen von öffentlichen Geschäften zu gewährleisten?

Bottomley: Ich meine die Angelegenheit könnte bei der Berlinkonvention oder -Konferenz zur Sprache gebracht werden. Ich nehme an, daß dies geschehen wird.

Senator Smith: Herr Bottomley. Herr Marconi hat ausgesagt, daß er dem Funker der Carpathia zwei Nächte vor der Ankunft in New York eine persönliche Mitteilung geschickt habe, er möge der Associated Press eine Beschreibung von dem übermitteln, was auf der Titanic geschah. Können Sie mir einen Grund nennen, warum das nicht geschah?

Bottomley: Keinen, außer, daß der Funker das Geschäft, das er in Händen hatte, nicht bewältigen konnte.

Senator Smith: Darüber sind Sie nicht vollständig informiert?

Bottomley: Darüber bin ich nicht vollständig informiert.

Senator Smith: Können die Anweisungen des Präsidenten Ihres Unternehmens oder eines anderen Vorgesetzten ungestraft mißachtet werden?

Bottomley: Die Umstände sind so außergewöhnlich, daß ich nicht in der Lage bin, die Frage korrekt zu beantworten. Ich glaube, ein Funker sollte, wie ich es tun würde, den Wünschen von Herrn Marconi jede mögliche Aufmerksamkeit widmen. Aber ein Verantwortlicher dieses Unternehmens ist von keiner größeren Bedeutung als die kleinste Person an Bord eines Bootes, daß Freunde aauf dem Festland hat.

Senator Smith: So weit ich in der Lage bin, das während der Anhörungen vor diesem Komitee zu beurteilen, muß ich erst noch eine Mitteilung finden, die von der Carpathia für einen Passagier empfangen oder gefunkt wurde. Wie können Sie das erklären?

Bottomley: Ich bin unfähig, darüber Rechenschaft abzulegen. Wir kontrollieren den Funker der Carpathia in keinster Weise. Er untersteht der Marconi International Marine Communication Co.

Senator Smith: Wissen Sie, ob er von dieser Gesellschaft eine Verpflichtung zum Stillschweigen auferlegt bekommen hatte?

Bottomley: Ich weiß, daß er kein Schweigegebot auferlegt bekommen hat, so weit ich das wissen kann. Ich bin zuversichtlich, daß die Gesellschaft kein derartiges Schweigegebot ausgesprochen hat.

Senator Smith: Glauben Sie, ihr Funker auf der Carpathia hätte wichtige Mitteilungen beiseite legen sollen, damit er persönliche Mitteilungen der Passagiere hätte funken können?

Bottomley: Das wäre meine Meinung. Ich denke, die Menschen auf diesem Schiff litten ungeheuer, und die Nachrichten hatten keine Wichtigkeit, außer den Informationshunger der Öffentlichkeit zu befriedigen. Das ist meine ehrliche Meinung.

Senator Smith: Glauben Sie, daß es nur am Funker lag, daß auf diese Bitte nicht geantwortet wurde?

Bottomley: ich glaube schon.

Senator Smith: Welchen Einfluß hatte Ihrer Meinung nach der Plan von Bride und Cottam, die Nachrichten zu vermarkten, in diesem Fall?

Bottomley: Absolut keine meiner Meinung nach. Weil sie nichts von einem Plan wußten, die Nachrichten zu vermarkten, bis es zu spät war, irgend etwas an die Presse oder sonstwohin zu funken.

Senator Smith: Glauben Sie nicht, daß sie von der, Erfolg wußten, den Funker Binns beim Verkauf seiner Informationen über das Republic-Desaster hatte?

Bottomley: Sie mögen es gewußt haben, Ich weiß nicht, ob das zutraf. Es war allgemeiner Gesprächsstoff. Es gibt nicht viel, was die Funker nicht voneinander wissen. Dennoch glaube ich nicht, daß sie dadurch beeinflußt wurden.

Senator Smith: Glauben Sie nicht, daß solche Dinge unter der Kontrolle Ihres Unternehmens oder der Schiffseigner sein sollten?

Bottomley: Wenn man einen Weg der besseren Kontrolle findet, dann würde ich zustimmen. Ich bezweifele aber, daß es möglich ist.

Senator Smith: Würden Sie ein internationales Abkommen für die Kontrolle von Informationen über Schiffsunglücke begrüßen?

Bottomley: Ja.

Senator Smith: Sind Sie willens, alle Funksprüche, die von den Funkern Ihres Unternehmens abgesetzt worden sind, zur Verfügung zu stellen - vom ersten Funkspruch der Titanic bis zur Ankunft der Carpathia in New York?

Bottomley: So weit das Gesetz es zuläßt, werden wir alle Aufzeichnungen in unserem Büro weitergeben. Wir werden vor Senator Smith oder jedem anderen Mitglied des Komitees unsere Aufzeichnungen unter der Voraussetzung offenlegen, daß zunächst die Vertraulichkeit versprochen wird. . .

ZWÖLFTER TAG

Freitag, 3. Mai
New York

Zeuge: Daniel Buckley, 21

Irischer Einwanderer und Passagier im Zwischendeck

Kern der Aussage: Die Katastrophe war auch eine Art Gleichmacher zwischen der Aristokratie und der breiten Masse. Buckley beschrieb die Szenen im Zwischendeck, als Passagiere für kurze Zeit aufgehalten wurden. Später in einem Rettungsboot saß er offensichtlich neben der jungen Madeleine Astor, der schwangeren Frau von Oberst John Astor aus New York, der ums Leben kam. Buckley sagte, die Frau habe ihn unter einem Schal versteckt.

Senator Smith: Wie kamen Sie darauf, in die USA zu kommen?

Buckley: Ich wollte hierhin kommen, um etwas Geld zu machen. Ich kam mit der Titanic, weil sie ein neuer Dampfer war.

In der Nacht des Untergangs schlief ich in meiner Kabine im Zwischendeck der Titanic. Es gab noch drei andere Jungs aus demselben Ort wie ich, die in der gleichen Kabine schliefen.

Ich hörte einen furchtbaren Lärm und sprang auf den Boden und bekam sofort nasse Füße. Das Wasser kam ganz langsam hinein. Ich sagte den anderen, sie sollten aufstehen, irgendetwas würde nicht stimmen und daß das Wasser hineinkam. Sie lachten mich aus. Einer sagte: „Geh zurück ins Bett. Du bist jetzt nicht in Irland."

Ich zog meine Kleider so schnell wie möglich an. Die drei anderen Kerle stiegen aus. Der Raum war sehr klein, so daß ich nach draußen mußte, damit sie sich anziehen konnten.

Zwei Matrosen kamen und riefen: „Alle an Deck, wenn ihr nicht ertrinken wollt."

Als ich das hörte, ging ich so schnell wie möglich an Deck. Als ich an Deck kam, sah ich, wie alle diese Schwimmwesten trugen. Als ich das sah, beschloß ich zurückzugehen und mir eine dieser Schwimmwesten zu holen, denn es gab ja eine pro Person.

Ich ging also zurück, und als ich beim letzten Stück der Treppe war, stand da das Wasser schon vier Stufen hoch und spritzte weiter nach oben. Ich ging nicht in den Raum zurück, weil ich nicht mehr konnte. Als ich zum Zimmer ging, war das Wasser drei Stufen oder vier Stufen an der Treppe hoch. Ich ging nicht weiter.

Ich ging wieder an Deck, und als ich mich umblickte, ob ich irgendeine dieser Schwimmwesten kriegen konnte, traf ich einen Passagier aus der Ersten Klasse, der zwei hatte. Er gab mir eine und macht sie an mir fest.

Dann wurden die Rettungsboote vorbereitet. Es gab fünf Boote, die weggeschickt wurden. Ich saß im Sechsten. Ich hatte die Taue die ganze Zeit gehalten, so gut ich konnte, und geholfen, die ersten Boote nach unten zu lassen, die als erste runtergingen.

Als das sechste Boot vorbereitet wurde, gab es eine große Menge von Männern, die an Deck standen. Und sie sprangen alle hinein. Also wagte ich mein Glück mit ihnen.

Senator Smith: Wer waren sie?

Buckley: Passagiere, Matrosen und Heizer, alles durcheinander. Es gab da keine Damen zu jener Zeit.

Als sie hineinsprangen, sagte ich mir, daß ich auch gehen wollte und ging in das Boot. Dann kamen zwei Offizieren und sagten, daß alle Männer wieder raus müßten. Sie brachten eine Menge von Zwischendeckpassagieren mit. Sie waren ganz durcheinander - Frauen und Männer. Sie sagten, die Männer müßten raus und die Damen hinein. Sechs Männer blieben aber im Boot. Ich glaube, es waren Matrosen und Heizer.

Ich weinte. Es gab da eine Frau im Boot, die einen Schal über mich warf und mir sagte, ich solle dort bleiben. Ich glaube, sie war Frau Astor. Sie sahen mich nicht, und das Boot wurde aufs Wasser heruntergelassen, und wir ruderten vom Dampfer weg.

Die Männer in dem Boot kämpften am Anfang und wollten nicht rauskommen, aber die Offiziere zogen ihre Revolver und schossen über unsere Köpfe und kamen die Männer raus. Als das Boot fertig war, kamen wir aufs Wasser und ruderten weg vom Dampfer. Wir waren gerade 15 Minuten weg, als er unterging.

Senator Smith: Was passierte sonst noch?

Buckley: Einer der Heizer der Titanic erzählte mir auf der Carpathia, daß er nicht daran glaubte, daß es ein Eisberg gewesen war. „Sie wollten einen Rekord aufstellen und machten zuviel Dampf und die Kessel explodierten." Das sagte er.

Wir sahen die Lichter eines großen Dampfers, der Carpathia. Alle Frauen waren ganz aufgeregt und sprangen herum. Sie winkten, und die Matrosen versuchten, daß sie sitzen blieben, doch sie taten es nicht.

Als wir auf der Carpathia waren, wurden wir sehr gut behandelt. Wir bekamen alle möglichen Erfrischungen.

Senator Smith: Fühlten Sie einen Stoß von der Kollision?

Buckley: Ja, tat ich.

Senator Smith: Und wurden Sie davon geweckt?

Buckley: Wurde ich. Ich fühlte keinen Stoß im Dampfer. Ich hörte dieses Lärm, ein kratzendes Geräusch.

Senator Smith: Stiegen Sie direkt aus dem Bett?

Buckley: Ja, tat ich.

Senator Smith: Und als Sie aufstanden, standen Sie direkt im Wasser? Gab es Wasser in Ihrer Kabine im Zwischendeck?

Buckley: Ja, das Wasser kam langsam hinein. Es war nicht viel.

Senator Smith: Wieviel?

Buckley: Der Boden wurde gerademal naß. Es kam langsam unter der Tür her.

Senator Smith: Es waren noch zwei oder drei andere Jungs mit Ihnen?

Buckley: Ja, drei Jungs, die aus dem gleichen Ort in Irland stammten wie ich.

Senator Smith: Was wurde aus diesen anderen drei Jungs?

Buckley: Das kann ich nicht sagen. Ich habe sie, seitdem ich den Raum verlassen habe, seitdem wir uns trennten, nicht mehr gesehen.

Senator Smith: Sie sind ertrunken?

Buckley: Ja, sie ertranken.

Senator Smith: Gab es irgendwelche Versuche der Offiziere oder Mannschaft, die Zwischendeckpassagiere im Zwischendeck zu lassen?

Buckley: Ich denke nicht.

Senator Smith: Wurde Ihnen ohne Behinderung gestattet, auf das Topdeck zu gehen?

Buckley: Ja. Sie versuchten zuerst, uns im Zwischendeck zu halten. Sie wollten absolut nicht, daß wir in die Erste-Klasse-Gegend gingen.

Senator Smith: Wer versuchte das?

Buckley: Ich kann nicht sagen, wer sie waren. Ich glaube, es waren Matrosen.

Senator Smith: Was geschah dann? Kamen die Zwischendeckpassagiere heraus?

Buckley: Ja, sie schafften es. Es gab da einen Zwischendeckpassagier, der auf den Stufen nach oben wollte, und als er das tat, kam da ein kleiner Kerl aus einer Tür und stieß ihn nach unten, warf ihn aufs Zwischendeck. Der Kerl wurde richtig aufgeregt und rannte ihm hinterher, konnte ihn aber nicht finden. Er stieg über das kleine Tor. Er konnte ihn nicht finden.

Senator Smith: Was meinen Sie?

Buckley: Ein kleines Tor oben an der Treppe, die in die Erste Klasse führte.

Senator Smith: Es gab ein Tor zwischen Erster Klasse und Zwischendeck?

Buckley: Ja. Das Deck der Ersten Klasse war höher als das Zwischendeck, und es gab einige Stufen, die dahin führten. Neun oder zehn Stufen und ein Tor am Ende der Stufen.

Senator Smith: War das Tor abgeschlossen?

Buckley: Als wir versuchten durchzukommen, war es nicht abgeschlossen. Aber der Matrose, oder wer er auch immer war, schloß es ab. Also dieser Kerl, der ihn verfolgte, brach es auf und jagte dem Kerl, der ihn zu Boden geworfen hatte, hinterher. Er sagte, wenn er ihn kriegen würde, würde er ihn ins Wasser werfen.

Senator Smith: Hatten diese Zwischendeckpassagiere alle die Gelegenheit davonzukommen?

Buckley: Ja, hatten sie.

Senator Smith: Was für eine Möglichkeit hatten?

Buckley: Ich glaube, genauso viele Möglichkeiten wie die Passagiere der Ersten und Zweiten Klasse.

Senator Smith: Nachdem dieses Tor aufgebrochen war?

Buckley: Ja, weil alles durcheinander war. Alle Zwischendeckpassagiere gingen auf das Deck der Ersten Klasse, nachdem das Tor aufgebrochen war. Sie kamen alle nach oben. Sie konnten sie nicht unten halten.

Senator Smith: Wieviel Wasser befand sich im Zwischendeck, als sie aus dem Zwischendeck kamen?

Buckley: Nur ein bißchen. So als ob man einen

Eimer Wasser umgestoßen hätte. Ganz wenig.

Senator Smith: Aber es kam hinein, nicht wahr?

Buckley: Ja, es begann gerade, hineinzulaufen. Als ich das zweite Mal herunterkam, um die Schwimmweste zu holen, war da innerhalb kurzer Zeit schon verdammt viel Wasser.

Senator Smith: Wieviel?

Buckley: Drei Stufen hoch, auf der letzten Treppe beim Runtergehen.

Senator Smith: Fanden Sie da irgendwelche Menschen im Zwischendeck, als Sie das zweite Mal da unten waren?

Buckley: Es gab da einige, aber ich kann nicht sagen, wie viele. All die Jungs und Mädchen kamen auf mich zu. Sie gingen alle aufs Deck.

Senator Smith: Waren sie aufgeregt?

Buckley: Ja, waren sie. Die Mädchen waren sehr aufgeregt und weinten. Alle Jungs versuchten, sie zu trösten und sagten, daß es nichts Ernstes sei.

Senator Smith: Weinten Sie zu diesem Zeitpunkt?

Buckley: Da noch nicht. Es gab da ein Mädchen aus meinem Ort, und als sie im Rettungsboot war, dachte sie, das Boot würde im Wasser versinken. Ihr Name war Bridget Bradley. Sie kletterte so weit sie es schaffte an den Tauen zur Titanic zurück. Sie dachte, sie wäre da sicherer als in dem Rettungsboot. Sie kam gerade nach oben, als sie von einem Matrosen wieder nach unten geholt wurde.

Senator Smith: Wieviele Menschen befanden sich im Zwischendeck, als Sie aus dem Bett stiegen?

Buckley: Kann ich nicht sagen.

Senator Smith: Konnten Sie viele Menschen sehen?

Buckley: Ja, da war eine große Menge von Menschen. Sie waren alle furchtbar aufgeregt. Sie gingen alle so schnell wie möglich an Deck. Die Leute hatten keine Probleme, in das Rettungsboote zu steigen. Es hing nahe am Schiff.

Senator Smith: Nachdem, was Sie in jener Nacht gesehen haben, möchte ich Sie fragen, ob Sie glauben, daß die Zwischendeckpassagiere die gleiche Chance hatten, wie die anderen Passagiere und die Mannschaft in die Rettungsboote zu kommen?

Buckley: Ja, ich glaube, sie hatten dieselbe Chance wie die Passagiere der Ersten und Zweiten Klasse.

Senator Smith: Sie glauben, daß sie die hatten?

Buckley: Ja, aber am Anfang versuchte man, sie auf dem eigenen Deck zu halten.

Senator Smith: Aber sie brachen dieses von Ihnen erwähnte Tor auf?

Buckley: Ja.

Senator Smith: Und dann gingen sie nach oben, wie es auch die anderen taten und vermischten sich mit ihnen?

Buckley: Ja, und sie waren alle durcheinander.

Senator Smith: Haben Sie alles erzählt, was Sie darüber wissen?

Buckley: Ja.

Senator Smith: Wo waren Sie, daß Sie sehen konnten, wie das Schiff unterging?

Buckley: Ja, ich sah, wie die Lichter untergingen, als sie sank. Es machte einen furchtbaren Lärm. Wie Donner. . .

Zeuge: George A. Harder, 25
Fabrikant aus Brooklyn und Passagier der Ersten Klasse

Kern der Aussage: Auf ihrer Hochzeitsreise fanden sich die Harders mit der bedrückenden Frage konfrontiert, ob sie hätten zurückrudern sollen, um vielleicht einige Leben zu retten.

Senator Smith: Was geschah Sonntagnacht zwischen elf und zwölf Uhr?

Harder: Gegen viertel vor elf ging ich zusammen mit Frau Harder in meine Kabine, um uns für die Nacht zurückzuziehen. Gegen 20 vor zwölf schliefen wir noch nicht, als ich diesen Bums hörte. Es war nicht lauter als ein Bums, ein gedämpfter Bums. Dann konnte ich spüren, wie das Boot zitterte und fühlte eine Art Rumpeln und ein kratzendes Geräusch an der Seite des Boots.
Als ich zum Bullauge ging, sah ich diesen Eisberg vorbeitreiben. Das Bullauge war geschlossen. Der Eisberg war, würde ich sagen, 50 bis 100 Fuß entfernt. Ich würde sagen, er war ungefähr so hoch wie das Topdeck des Bootes. Ich habe ihn nur kurz gesehen, und es ist schwierig zu sagen, wie hoch er war.

Senator Smith: Was taten Sie dann?

Harder: Ich dachte, wir sollten an Deck gehen, um nachzusehen, was passiert war. Was für ein Schaden entstanden war. Also zogen wir uns vollständig an und gingen nach oben. Dort sahen wir eine ziemliche Menge von Leuten, die sich unterhielten. Niemand schien zu denken, daß etwas Ernstes geschehen war. Es gab Bemerkungen wie: „Oh, in ein paar Stunden werden wir wieder unterwegs sein."

Ich ging zwei- oder dreimal über das Deck, als ich eine ziemliche Schlagseite nach Steuerbord des Bootes bemerkte. Frau Harder und ich dachten, wir sollten hineingehen, um zu sehen, ob es irgendwelche Neuheiten gab. Wir gingen hinein und redeten mit einigen Menschen, die alle der Meinung schienen, daß es sich um nichts Ernsthaftes handele.

Senator Smith: Wer waren diese Menschen, mit denen Sie redeten? Wissen Sie es?

Harder: Ich weiß nicht. Ich kenne die Namen nicht.

Senator Smith: Befanden sich Herr und Frau Bishop dort?

Harder: Ja, ich sah Herrn und Frau Bishop, und ich sah dort den Oberst und Frau Astor. Sie alle schienen der Meinung zu sein, daß es keine Gefahr gäbe.

Ein bißchen später erschien ein Offizier am Fuße der Treppe und erklärte, daß sich jeder in die Kabinen begeben solle, um dort die Schwimmwesten anzulegen.

Senator Smith: Wie lange nach der Kollision war das?

Harder: Das war, ich denke, etwas nach zwölf, ungefähr gegen zwölf Uhr.

Wir gingen sofort in unsere Kabine und zogen die Schwimmwesten und unsere Mäntel an und gingen über die Treppe wieder aufs Topdeck. Dort sahen wir, wie die Mannschaft die Rettungsboote bemannte, sie vorbereitete, nach draußen schwenkte. Wir warteten dort also, und schließlich sagte man uns: „Gehen Sie hier herüber. Gehen Sie hier herüber." Wir taten das und gingen zum ersten Rettungsboot, wo sich Herr und Frau Bishop befanden. Das Boot war voll, und sie sagten uns, wir sollten uns zum nächsten bewegen.

Senator Smith: Auf welcher Seite?

Harder: Die Steuerbordseite.

Senator Smith: Das erste Boot war also voll?

Harder: Ja. Jemand sagte uns, wir sollten uns nach unten zum Zweiten bewegen. Wir gingen zum Zweiten, und man sagte uns, wir sollten einsteigen. Man hat mir gesagt, daß Herr

Ismay den Arm meiner Frau - ich kenne ihn nicht, aber man hat mir gesagt, daß er es war - nahm und sie hineindrückte. Dann folgte ich.

Senator Smith: Wie weit mußten Sie von der Bordwand in das Boot klettern?

Harder: Ich würde sagen, es waren ungefähr anderthalb Fuß. Auf jeden Fall mußte man springen. Als ich hineinsprang geriet mein Fuß zwischen die Ruder, und ich war drinnen, konnte mich aber nicht bewegen, bis mich jemand rüberzog...

Senator Smith: Fahren Sie fort, über das Rettungsboot zu berichten.

Harder: Wir waren im Rettungsboot Nummer sieben oder fünf. Ich weiß nicht, in welchem.

Senator Smith: Wer war verantwortlich?

Harder: Herr Pitman. Es war das zweite Boot, das von der Steuerbordseite ablegte, so viel ich weiß.

Als wir zu Wasser gelassen wurden, ließen sie es auf der einen Seite schneller herunter als auf der anderen, aber schließlich erreichten wir nach einigen Angstmomenten sicher das Wasser. Als wir auf dem Wasser waren, meinte jemand, der Stöpsel sei nicht vorhanden. Sie angelten also nach dem Stöpsel, um zu sehen, ob das der Fall war, aber ich glaube, er war an seinem Platz. Dann bekamen sie das Boot nicht vom Tau gelöst. Sie fummelten da eine Weile herum, und schließlich fragten sie, ob jemand ein Messer hatte. Endlich hatte ein Passagier ein Messer, und sie schnitten irgendein Tau durch. Was es genau war, weiß ich nicht.

Senator Smith: Wissen Sie, welcher Passagier das war?

Harder: Nein, tue ich nicht. Ich kann mich nicht an seinen Namen erinnern.

Senator Smith: Wollen Sie in die Richtung verstanden werden, daß das Tauwerk oder die Gerätschaften, mit dem das Boot heruntergelassen wurde, nicht richtig funktionierte?

Harder: Sie meinen beim Herunterlassen? Nein, das lag an der Decksmannschaft. Sie hatten zwei oder drei Mann an jeder Seite, die das Tau herunterlaufen ließen, und sie ließen es auf der einen Seite schneller herunter als auf der anderen. Das erzeugte beim Boot so eine Lage (zeigt sie), und wir dachten eine Weile, wir würden herausfallen. Schließlich erreichten wir das

Wasser ohne Probleme.

Die nächste Aufgabe war, die Taue an jedem Ende, am Bug und am Heck des Bootes loszumachen. So wie ich das verstanden habe, gab es da einen neuen patentierten Hebel, so ein Gerät, an dem man zieht, und das ganze Ding freigeben würde. Ob sie nicht wußten, daß er da war oder nicht, weiß ich nicht. Ich nehme an, sie wußten es nicht, denn scheinbar bekamen sie es nicht in Gang und mußten dann auf das Messer zurückgreifen.

Senator Smith: Sie konnten von der Bordwand ablegen?

Harder: Ja, und wir begannen vom Schiff wegzurudern. Wir hatten, wie ich später erfuhr, 42 Menschen im Boot.

Senator Smith: Wieviele Frauen waren im Boot?

Harder: Ich würde sagen, ungefähr 30 Frauen. Das ist aber nur geraten.

Senator Smith: Und wer waren die restlichen Menschen?

Hader: Es gab diesen Offizier und einen Matrosen, und dann gab es noch ungefähr drei Männer im Boot. So weit ich das erkennen konnte irgendwelche Seeleute. Ich weiß nicht, ob sie Stewards waren oder Matrosen, sie waren nicht wie Seeleute angezogen. Es gab nur einen Mann mit einer Matrosenmütze und - bluse.

Senator Smith: Kannten sie sich mit dem Boot aus?

Harder: Ja, sie schienen in der Lage zu sein, so gut wie möglich rudern zu können. Natürlich sind diese Boote ziemlich unhandlich und haben große, lange Riemen.

Senator Smith: Ich möchte Ihre Aufmerksamkeit auf eine Bemerkung von Herrn Pitman, dem für Ihr Boot verantwortlichen Offizier, lenken. Er sagte, daß man eine gewisse Entfernung vom Schiff gerudert sei. Ist das korrekt?

Harder: Ja.

Senator Smith: Und daß es Hilfeschreie gab, und seine Passagiere ihm nicht gestatteten, dorthin zu rudern, um zu helfen.

Harder: So war es, Senator: Wir ruderten heraus, eine gewisse Entfernung vom Schiff. Wie weit, weiß ich nicht. Es könnte eine Viertelmeile oder eine Achtelmeile gewesen sein. Auf jeden Fall hatten wir Angst vor der Sogwirkung. Daher sagten die Passagiere: „Laßt uns noch ein bißchen weiter rudern." Sie ruderten weiter, vielleicht eine halbe Meile, es kann aber auch eine Dreiviertelmeile gewesen sein. Dort warteten wir. Nachdem wir eine Weile gewartet hatten, kam ein anderes Boot längsseits, das Pitman herbeigerufen hatte. Und das war entweder Boot Nummer sieben oder fünf, ich weiß nicht welches, in dem sich Herr und Frau Bishop befanden. Wir vertäuten unser Boot an dem anderen, und sie hatten 29 Menschen an Bord. Wir zählten die Anzahl der Menschen in unserem Boot, und zu jenem Zeitpunkt kamen wir, glaube ich, auf 36. Wir gaben ihnen also vier oder fünf von unseren, um die Zahl auszugleichen.

Senator Smith: Sie waren in einem großen Rettungsboot?

Harder: Ja, in einem der Rettungsboote normaler Größe.

Man sagt, diese Boote bieten Platz für 60 Menschen, aber wir hatten nur die Anzahl Menschen, die ich erwähnte. Und glauben Sie mir, wir hatten keinen überflüssigen Platz.

Dann warteten wir, bis das Schiff unterging. Wir waren da draußen, als das Schiff unterging. Nachdem es untergegangen war, hörten wir diese Rufe und Schreie. Man hörte keine Hilferufe oder sowas. Es war eine Art ständiges Rufen und Stöhnen. Man konnte keine Töne unterscheiden. Es war mehr - so empfand ich es- das Zwischendeck auf Flößen, und sie waren alle hysterisch. So klang es in der Entfernung.

Dann blieben wir dort bis zum Tagesanbruch, als wir die Carpathia erblickten. Wir ruderten die Entfernung. Ich weiß nicht, wie weit, wahrscheinlich zwei Meilen, es kann aber auch weniger gewesen sein. . .

Senator Smith: Gibt es noch etwas, das Sie sagen können, das diesem Komitee bei seinem Bemühungen helfen kann, die Tatsachen und Umstände, die zu diesem Unglück führten, aufzuklären?

Harder: Nein, da gibt es nichts mehr, an das ich denken kann. Unser Boot wurde sehr gut geführt. Zwar wollte dieser Offizier zum Schiff zurückkehren, aber die Passagiere sagten alle: „Tun Sie es nicht. Tun Sie es nicht. Es wäre verrückt, wenn wir dahin zurückkehrten. Es gibt da so viele, sie würden das Boot überschwemmen." Und zu jener Zeit, schätzten die Leute, daß es nicht genügend Rettungsboote gab. Ich hatte nie darauf geachtet, wieviele Rettungsboote es gab. Ich wußte es nicht.

Zeuge: John R. (Jack) Binns
Reporter für den New York American und ehemaliger Marconi-Funker
Kern der Aussage: Binns war 1909 ein Held in der Presse geworden, nachdem er seine Geschichte darüber verkauft hatte, wie er beim Untergang der Republic (ein Schiff der White Star Line) half, alle Passagiere zu retten. Nun arbeitete er als Journalist und mußte sich den scharfen Fragen von Senator Smith über die drahtlose Kommunikation von Schiffen und dem Scheckbuchjournalismus stellen. Außerdem bot er auch noch eine sachkundige Kritik an der Konstruktion der Titanic.

Senator Smith: Waren Sie zum Zeitpunkt des Unglücks der Funker auf der Republic?

Binns: Das war ich, ja.

Senator Smith: Würden Sie dem Komitee bitte erklären, ob direkt nach dem Unglück Nachrichten eben dieses Unglück betreffend von der Republic gefunkt worden sind?

Binns: Ja, die Nachrichten wurden direkt gefunkt.

Senator Smith: In allen Details?

Binns: Nicht genau im Detail, aber die genauen Einzelheiten des Unglücks, soweit sie die Republic im allgemeinen betrafen.

Senator Smith: Ich bin darüber informiert worden, daß Sie Ihre persönlichen Erlebnisse an eine Zeitung nach Ihrer Ankunft in New York weitergegeben haben.

Binns: Ja.

Senator Smith: Würden Sie bitte die Umstände erklären, unter denen dies geschehen ist?

Binns: Nach dem Untergang der Republic wurden wir auf den US-Zollkutter Gresham gebracht und von dort auf den Zollkutter Seneca. Als wir uns der Küste näherten, bekam ich über Funk Anfragen von verschiedenen Zeitungen, die mich um meine persönliche Geschichte baten. Das legte ich Kapitän Sealby vor und fragte ihn nach seiner Meinung in dieser Angelegenheit. Er sagte, daß er keine Bedenken habe, wenn die White Star Line ebenfalls keine hätte.

Während der Fahrt erhielt ich auch eine Mitteilung der Marconi Co., die mich bat, falls möglich die Geschichte für die New York Times zu reservieren - im Interesse der freundlichen Beziehungen zur Marconi Co., wo ich zu jener Zeit angestellt war.

Ich traf in New York ein und verfaßte einen Bericht für die White Star Line und fragte Herrn Franklin, ob er Einwände dagegen hätte, wenn ich meine persönliche Geschichte für die New York Times niederschreiben würde, worauf er mit „nein" antwortete.

Ich hatte die Geschichte bereits geschrieben und Kapitän Sealby und Herrn Franklin vorgelegt. Die Geschichte ging dann anderthalb Tage, nachdem die Passagiere in New York gelandet waren, an die New York Times.

Senator Smith: Gibt es da noch irgend etwas, das dem Komitee nutzen könnte?

Binns: Ich gab die Geschichte am 26. Januar, einem Dienstagabend, an die New York Times und ging dann direkt in Herrn Bottomleys Haus, wo ich damals wohnte.

Am folgenden Morgen gab es einigen Streit mit der New York Times darüber, wieviel für die Geschichte gezahlt werden sollte. So wie ich es verstanden hatte, sollten es 500 Dollar sein. Sie boten mir 100 Dollar an, was ich ablehnte. Ich erwähnte die Angelegenheit Herrn Bottomley gegenüber, der Vizepräsident der Marconi Co. war, und die Angelegenheit mit dem Chefredakteur der New York Times besprach. Daraufhin bekam ich einen Scheck über 250 Dollar. Als Erklärung sagte man mir, daß wenn die Geschichte am Montag statt am Dienstag eingegangen wäre, sie den ursprünglich erwähnten Wert gehabt hätte.

Senator Smith: Können Sie mit Ihren Erfahrungen als Funker den Mißerfolg bei der prompten Information der Öffentlichkeit erklären?

Binns: Die einzige Erklärung, die ich geben könnte, ist die allgemeine Unzulänglichkeit der Anlage auf der Carpathia, die notwendigen Entfernungen zu den Stationen an Land zu überbrücken. Die Anlage auf der Carpathia ist eine sogenannte Spulenanlage, und die Kombination wird auch Einfachantenne genannt. In dieser Kombination ist die Antenne zwischen den Masten an einer Seite der Funkenstrecke verbunden und auf der anderen Seite geerdet. Bei feuchtem oder regnerischem Wetter werden die Isolatoren, die die Antenne zwischen den beiden Masten halten, feucht, und dadurch verringert sich die von der Spule erzeugte Energie, was wiederum die Reichweite beeinträchtigt.

Zur Zeit der Titanic-Katastrophe war die Atmosphäre in der Umgebung ziemlich feucht und daher hat die Carpathia wahrscheinlich nicht mehr als einen Radius von 75 Meilen erreicht. . .

Senator Smith: Herr Binns, denken Sie nicht, daß es angebracht wäre, daß die Schiffe, wo es keine zwei Funker an Bord gibt, die Wache des einzelnen Funkers von sechs Uhr nachts bis sechs Uhr morgens laufen zu lassen, damit er ständig Mitteilungen von anderen Schiffe empfangen kann, wenn andere Beobachtungsmethoden äußerst schwierig sind?

Binns: In Fällen, wo es unmöglich oder nicht praktikabel ist, zwei Funker zu haben, sollte, denke ich, der Funker während der Nachtwache im Dienst sein, und ein Kadett oder ein Funklehrling sollte die Tageswache einnehmen. . . Ich denke aber, und das habe ich schon immer gedacht, daß jedes Schiff mit zwei Funkern ausgestattet sein sollte.

Senator Smith: Ich möchte Ihre Aufmerksamkeit auf die Tatsache lenken, daß die Californian nur 14 Meilen von der Titanic entfernt lag, als sie sank. Wenn dort ein Funker Dienst getan hätte, dann hätten vermutlich alle Passagiere und Besatzungsmitglieder der Titanic gerettet werden können.

Binns: Ja, das ist so.

Senator Smith: Haben Sie irgendwelche Konstruktionsdetails der Olympic, auf der Sie Dienst taten, und deren Konstruktion vom Schwesterschiff Titanic geteilt wurde, beobachtet, die das Komitee interessieren könnten?

Binns: Die Olympic hatte etwas, was als Ausdehnungsgelenk bekannt geworden ist. Diese Gelenke werden folgendermaßen zusammengesetzt: Das Schiff wird vollkommen bis zu einem Punkt oberhalb der Wasserlinie auseinandergeschnitten. Dieser Spalt wird dann mit einem gebogenen Stück Stahl, das an beiden Seiten der Schnittstelle genietet wird, verbunden. Die Idee hinter diesem Gelenk besteht darin, die übermäßigen Vibrationen, die bei hoher Geschwindigkeit entstehen, zu verringern. Meiner Meinung nach ist das eine Schwachstelle in der Kostruktionsstruktur. Das habe ich bei der Olympic beobachtet, und die Titanic ist in derselben Weise gebaut worden. Das gleiche Detail gibt es auch bei Titanic, die ich vor ihrem Stapellauf in Belfast gesehen habe.

Ich habe die Konstruktion von Dampfern beobachtet und bin mit den Plänen der Olympic und Titanic sowie jenen der Mauretania und Lusitania der Cunard Line vertraut.

Nach den Plänen der Olympic und Titanic sind die Schiffe so gebaut worden, daß sie jeden nur denkbaren Unfall haben konnten mit Ausnahme eines streifenden Schlags, wie ihn die Titanic erlitt. Das Schiff hat eine bestimmte Anzahl von wasserdichten Abteilen und auch einen doppelten Boden, aber nach den Plänen sind die Seitenwände unter der Wasserlinie einfach ausgeführt und bei einem streifenden Schlag, der sich von einem Ende zu anderen erstreckte, wären die wasserdichten Abteile vollkommen zwecklos, weil es keinen seitlichen Schutz gab.

In den Plänen der Lusitania und Mauretania der Cunard Line haben die Schiffe doppelte Zellenwände außen und einen ebenso ausgeführten Boden. Und im Innern der doppelten Wände befinden sich die Kohlenbunker, die bei einem seitlichen Aufprall, der die Seite aufreißen würde, in wasserdichte Abteile verwandelt werden können. Die Schiffe würden dann immer noch schwimmen, wegen der zellenförmigen inneren Hülle. . .

Zeuge: Olaus Abelseth, 26

Norwegischer Einwanderer und Passagier im Zwischendeck

Kern der Aussage: Er lieferte eine qualvolle Geschichte, wie er in letzter Minute von dem versinkenden Heck der Titanic sprang.

Senator Smith: Ich möchte, daß Sie dem Protokollführer erzählen, wann Sie zum ersten Mal von der Kollision erfuhren, und was Sie taten, als Sie im Schiff waren. Ich glaube Sie waren ein Zwischendeckpassagier?

Abelseth: Ja.

Senator Smith: Im vorderen Teil des Schiffs?

Abelseth: Ja, ich war in Abteil G des Schiffs.

Senator Smith: Dann fangen Sie an und erzählen Sie uns, was geschah.

Abelseth: Ich ging Sonntagnacht gegen zehn Uhr zu Bett, und ich glaube, es war ungefähr viertel vor zwölf, als ich aufwachte. Es gab da noch einen anderen Mann im Raum - wir beide in einem Raum - und er sagte zu mir: „Was ist das?" Ich sagte: „Ich weiß nicht, aber wir sollten besser aufstehen." Wir standen also auf, zogen uns an, und wir beide gingen an Deck im vorderen Teil des Schiffs.

Dann gab es dort eine ganze Menge Eis an der Steuerbordseite des Schiffs. Man wollte, daß wir wieder nach unten gingen. Ich sah einen Offizier und fragte ihn: „Gibt es irgendeine Gefahr." Er sagte, „nein". Ich war damit jedoch nicht zufrieden und berichtete meinem Schwager und meinem Cousin, die sich dort im selben Abteil befanden. Sie waren nicht im selben Raum wie ich, aber nur ein wenig von mir entfernt. Ich erzählte ihnen, was passiert war und riet ihnen, besser aufzustehen. Beide standen auf, zogen sich an, und dann nahmen wir unsere Mäntel und zogen sie an. Wir nahmen keine Schwimmwesten mit. Zu diesem Zeitpunkt gab es noch kein Wasser auf dem Deck.

Wir gingen in den hinteren Teil des Schiffs, und weckten zwei norwegische Mädchen auf. Für eines war ich verantwortlich, um die andere kümmerte sich der Mann, der sich in meinem Raum mit mir befand. Er war aus derselben Stadt, aus der ich stammte. Die andere war gerade 16 Jahre alt, und ihr Vater hatte mir gesagt, auf sie aufzupassen, bis wir in Minneapolis waren. Die beiden Mädchen waren im hinteren Teil des Schiffs im Zwischendeck. Wir gingen alle an Deck und blieben dort. Wir gingen auf die Backbordseite des Schiffs, und dort standen fünf von uns, und wir dachten, wir würden ein Licht sehen.

Senator Smith: Auf welchem Deck standen Sie?

Abelseth: Nicht auf dem Topdeck, aber ich weiß nicht, wie man es nennt, aber es ist der hintere Teil, da, wo sich der Aufenthaltsraum befindet. Und dann ist dort eine Art kleiner Platz dazwischen, wo man an Deck geht. Es war auf dem Bootsdeck, der Platz der Zwischendeckspassa-

giere an Deck. Wir befanden uns da auf der Backbordseite, und wir sahen zu diesem Licht. Ich sagte zu meinem Schwager: „Ich kann es jetzt genau sehen. Es muß ein Licht sein."

Senator Smith: Wie weit entfernt war es?

Abelseth: Das kann ich nicht sagen, aber es schien nicht sehr weit entfernt zu sein. Ich dachte ich könnte dieses Mastlicht, das vordere Mastlicht, sehen. Ich dachte, ich könnte es sehen.

Etwas später kam einer der Offiziere und sagte, wir sollten ruhig sein, ein Schiff würde kommen. Das war alles, was er sagte. Er sagte keine Zeit oder sonstwas. Das ist alles, was er sagte.

Ich sagte ihnen, es wäre wohl besser, die Schwimmwesten zu holen, weil wir sie nicht mitgenommen hatten. Mein Cousin und ich gingen nach unten, um die Schwimmwesten für alle zu holen. Als wir wieder nach oben kamen, hielten wir die Schwimmwesten eine Zeitlang in den Händen.

Es gab eine Menge von Zwischendeckpassagieren, die auf die Kräne kletterten, die sie an Deck hatten, mit denen sie Dinge hoben. Man kann damit zweieinhalb Tonnen anheben, glaube ich. Diese Zwischendeckpassagiere krochen darüber, über die Reling und dann aufs Bootsdeck. Eine Menge taten das.

Senator Smith: Konnten sie nicht auf andere Weise dorthin gelangen?

Abelseth: Dieses Tor war geschlossen.

Senator Smith: War es verschlossen?

Abelseth: Ich weiß nicht, ob es verschlossen war, aber es war geschlossen, so daß wir da nicht weiterkamen.

Etwas später standen die Mädchen da, und einer der Offiziere kam und rief, daß alle Damen auf das Bootsdeck kommen sollten. Das Tor wurde geöffnet und diese beiden Mädchen gingen nach oben.

Wir blieben noch ein bißchen länger und sie sagten: „Jeder". Ich weiß nicht, wer es war, aber ich glaube, es war einer der Offiziere, der es sagte. Ich könnte nicht sagen, aber es war jemand, der sagte „jeder". Wir gingen nach oben. Wir gingen auf die Backbordseite des Schiffs, und dort gab es nur ein oder zwei Boote auf der Backbordseite, die verloren waren. Auf jeden Fall, eins war da. Wir standen da und beobachteten, wie sie das Boot herunterließen.

Wir konnten sehen, wie einige der Mannschaft den Damen ins Boot halfen, indem sie sie in die Arme nahmen und in die Rettungsboote warfen. Wir sahen, wie sie das Boot zu Wasser ließen, und dann gab es keine Boote mehr an der Backbordseite.

Daher gingen wir hinüber auf die Steuerbordseite des Schiffs und als wir dort standen, kam einer der Offiziere vorbei und fragte: „Gibt es hier irgendwelche Seeleute?"

Ich sagte nichts. Ich war sechs Jahre lang Fischer gewesen, und dann ging der Offizier direkt an mir vorbei und fragte: „Gibt es hier irgendwelche Seeleute?" Ich wäre gegangen, doch dann sagten mein Schwager und mein Cousin auf norwegisch: „Laßt uns zusammenbleiben." Ich weiß nicht, aber ich glaube, der Offizier brauchte Hilfe beim Aufstellen eines der Faltboote. Alles, was er sagte war: „Gibt es hier irgendwelche Seeleute?" Ich sagte nichts, aber ich bin seit langer Zeit ans Meer gewöhnt. Ich begann als Zehnjähriger auf dem Ozean zu arbeiten, als ich mit meinem Vater fischen ging. Ich behielt dies bei, bis ich in dieses Land kam.

Dann blieben wir dort, und wir standen einfach still herum. Wir redeten nicht viel. Nicht weit von uns entfernt sah ich ein altes Paar auf dem Deck und hörte, wie dieser Mann zu seiner Frau sagte: „Geh in das Rettungsboot und rette Dich." Er legte seine Hand auf ihre Schulter, und ich glaube, sie antwortete: „Nein, laß mich bei Dir bleiben." Ich könnte nicht sagen, wer es war, aber ich sah, daß er ein alter Mann war. Ich beachtete ihn nicht weiter, weil ich ihn nicht kannte.

Ich stand da und fragte meinen Schwager, ob er schwimmen könne, und er sagte nein. Ich fragte meinen Cousin, ob er schwimmen könnte, und er sagte nein. Wir konnten also sehen, wie das Wasser näher kam und der Bug des Schiffs ging nach unten, und dann gab es eine Art Explosion. Wir konnten das Krachen hören. Das Deck wurde nun so steil, daß die Menschen nicht mehr auf ihren Füßen stehen konnten. Daher fielen sie nach unten und schlitterten vom Deck direkt ins Wasser. Wir hingen an einem Tau der Davits. Wir waren ziemlich weit hinten auf dem Topdeck.

Mein Schwager sagte zu mir: „Wir sollten jetzt besser springen, oder der Sog wird uns nach unten ziehen." Ich sagte: „Nein, wir springen jetzt noch nicht. Wir haben sowieso keine große Chance, also können wir hier solange bleiben wie wir können." Dann, als das Wasser nur noch fünf Fuß entfernt war, sprangen wir. Es war kein großartiger Sprung. Davor konnten wir sehen, wie die Leute sprangen. Das Wasser kam an Deck und sie sprangen einfach ins Wasser.

Mein Schwager nahm meine Hand, als wir sprangen, und mein Cousin sprang zur gleichen Zeit. Als wir ins Wasser kamen, vielleicht war es der Sog, auf jeden Fall tauchten wir unter, und ich schluckte etwas Wasser. Ich verfing mich in einem Tau und ließ die Hand meines Schwagers los, um mich aus dem Tau zu befreien. Aber als ich dann wieder nach oben kam und versuchte zu schwimmen, war da ein Mann - viele trieben herum -, der mich so am Hals (zeigt es) zu fassen bekam, mich nach unten drückte, und versuchte auf mich zu steigen. Ich sagte zu ihm, „laß los", was er natürlich nicht beachtete, aber ich wurde ihn los. Dann gab es da noch einen anderen Mann, der eine Zeitlang an mir festhing, aber er ließ los. Dann schwamm ich. Ich kann nicht sagen, aber es müssen 15 oder 20 Minuten gewesen sein. Ich hätte es nicht mehr schaffen können. Dann sah ich etwas Schwarzes vor mir. Ich wußte nicht, was es war, aber ich schwamm in diese Richtung, und es war eines der Faltboote.

Als ich vom Schiff sprang, trugen wir Schwimmwesten. Es gab keinen Sog vom Schiff. Ich lag still und sagte zu mir: „Ich werde versuchen, ob ich mit der Schwimmweste treiben kann, ohne selbst zu schwimmen." Ich trieb leicht mit der Schwimmweste.

Als ich auf dieses Floß oder Faltboot kam, versuchte man nicht, mich herunterzustoßen, man half mir aber auch nicht hinaufzuklettern. Alles, was sie sagten, als ich es geschafft hatte, war: „Bringen Sie das Boot nicht zum Kentern." Bevor ich hineinkletterte, klammerte ich mich an das Boot.

Einige von ihnen versuchten, auf die Füße zu kommen. Sie saßen oder lagen auf dem Floß. Einige fielen wieder ins Wasser. Einige waren erfroren, und es gab zwei Tote, die sie über Bord warfen.

Ich stieg auf das Floß oder Faltboot und stellte mich auf und bewegte dann ständig meine Arme, um mich warm zu halten. Auf dem Floß gab es eine Dame, die auch gerettet wurde. Ich weiß nicht, wie sie heißt. Ich sah sie an Bord der Carpathia, aber ich vergaß, sie nach ihrem Namen zu fragen. Es gab auch zwei Schweden und einen Passagier der Ersten Klasse - ich glaube, daß er das sagte, der nur seine Unterwäsche trug. Ich fragte ihn, ob er verheiratet sei, und er sagte, er habe eine Frau und ein Kind. Es gab auch einen Heizer namens Thompson auf demselben Floß. Er hatte sich eine seiner Hände verbrannt. Und dann war da noch ein junger Bursche, mit einem Namen, der wie Volunteer klang. Er war später im St. Vincent's Hospital. Thompson war da auch.

Am nächsten Morgen konnten wir einige der Rettungsboote sehen. Eines der Boote hatte ein Segel, und es kam sehr nahe. Wir sagten: „Eins, zwei, drei." Wir sagten das ziemlich oft. Wir redeten nicht viel außer „eins, zwei, drei" und riefen zusammen nach Hilfe.

Senator Smith: Füllte sich das Faltboot, in dem Sie sich befanden mit Wasser?

Abelseth: Es war Wasser auf der Oberfläche.

Senator Smith: Waren Sie auf der Oberfläche des umgekippten Bootes?

Abelseth: Nein, das Boot war nicht gekentert. Wir standen auf dem Deck. In dem kleinen Boot war die Segeltuchbahn nicht aufgestellt worden. Wir versuchten die Segeltuchbahn aufzustellen, aber wir schafften es nicht. Wir standen die ganze Nacht in zwölf oder 14 inch hohem Wasser, und unsere Füße waren die ganze Zeit naß. Ich kann nicht genau sagen, wie lange, aber wir ich weiß, wir waren mehr als vier Stunden auf diesem Floß.

Dasselbe Boot, über das ich erzählt habe. . .

Senator Smith: Das Segelboot?

Abelseth: Ja. Als die Carpathia kam, wurde es aufgenommen. Es gab dann einige Boote. Es war heller Tag, und man konnte die Carpathia sehen. Dann segelte dieses Boot zu uns und nahm uns an Bord und brachte uns zur Carpathia. Ich half beim Rudern.

Senator Smith: Sahen Sie an jenem Morgen Eisberge?

Abelseth: Wir sahen drei große. Sie waren ziemlich weit entfernt.

Senator Smith: Ich möchte Ihre Aufmerksamkeit auf das Zwischendeck lenken. Glauben Sie, daß die Passagiere im Zwischendeck und im Bug die Möglichkeit hatten, auf die Decks zu kommen, oder wurden sie zurückgehalten?

Abelseth: Ja, ich glaube, sie hatten die Möglichkeit, nach oben zu kommen.

Senator Smith: Es gab keine verschlossenen Tore oder Türen oder sonstwas, um sie unten zu halten?

Abelseth: Nein, nichts, das ich sehen konnte.

Senator Smith: Sie sagten, daß einige auf die Kräne kletterten?

Abelseth: Das war oben auf dem Deck, nachdem sie an Deck gekommen waren. Das war, um aufs Bootsdeck zu kommen.

Senator Smith: Auf das Topdeck?

Abelseth: Auf das Topdeck, ja. Aber unten, wo wir waren, in den Räumen, ich glaube nicht, daß da jemand einen anderen zurückgehalten hat.

Senator Smith: Es gab keine Einschränkungen. Sie wurden genauso in die Rettungsboote gelassen wie die anderen Passagiere?

Abelseth: Ja.

Senator Smith: Glauben Sie, daß die Zwischendeckpassagiere in Ihrem Bereich alle herauskamen?

Abelseth: Ich kann das nicht mit Sicherheit sagen, aber ich glaube die meisten kamen heraus.

Senator Smith: Füllte sich das Schiff schnell mit Wasser?

Abelseth: Oh ja. Ich glaube das füllte sich, ja. Es gab da einen Freund von mir, der mir erzählte, daß er noch mal wegen irgend etwas zurückging, und so viel Wasser fand, daß er nicht in seinen Raum konnte.

Senator Smith: Ertranken Ihre drei Verwandte aus Norwegen?

Abelseth: Ja, sie sind ertrunken. . . . .

DREIZEHNTER TAG

Samstag, 4. Mai

Waldorf-Astoria Hotel, New York

Am 13. Tag rief Senator Smith einige Zeugen aus eigenem Antrieb auf, vor allen Dingen, um Einzelheiten über die verworrene Geschichte der drahtlosen Telegraphie ans Tageslicht zu bringen. Diese Aussagen sind hier ausgelassen.

Zeuge: Berk Pickard, 32

Passagier im Zwischendeck und Einwanderer, in New York lebend.

Kern der Aussage: Er rettete sich dank eines Aufstiegs in der Klasse.

Senator Smith: Sagen Sie Ihren Namen, Alter, Adresse und Beruf.

Pickard: Bert Pickard; N. 229, Hebrew Immigrant Society. Als ich die Passage auf der Titanic buchte, war ich in London. Ich bin 32 Jahre alt und Lederarbeiter, ein Taschenmacher. Ich kam in Rußland, in Warschau, zur Welt. Mein Name war Berk Trembisky. Ich lebte lange in Frankreich und nahm dort den französischen Namen an. Was meine privaten Angelegenheiten angeht, bin ich Pickard.

Ich war einer der Passagiere der Dritten Klasse auf der Titanic. Meine Kabine war Nummer zehn im Zwischendeck, im Heck. Ich merkte die Kollision sofort, als sie sich ereignete, ungefähr zehn Minuten vor zwölf. Wir schliefen alle und plötzlich bekamen wir alle diesen Stoß. Wir hörten keinen furchtbaren Stoß, aber wir wußten, daß etwas falsch war, und wir sprangen aus dem Bett, zogen uns an, und gingen raus. Wir konnten nicht mehr zurückkehren. Ich wollte nochmal zurück, aber die Stewards erlaubten uns nicht zurückzugehen. Sie ließen uns alle nach vorne aufs Deck gehen. Es gab da keine verschlossenen Türen, die uns gehindert hätten. Ich nahm davon nicht viel Notiz und ging an Deck. Die anderen Passagiere begannen sich zu streiten. Einer sagte, es sei gefährlich, und andere sagten, es sei nicht. Einer sagte weiß, der andere sagte schwarz. Anstatt mit diesen Leuten zu streiten, ging ich auf den höchsten Punkt.

Ich sagte zu mir selbst, daß wenn das Schiff sinken würde, wäre ich einer der Letzten. Das war meine erste Idee, die die beste war. Ich ging und fand die Tür. Es gibt da immer eine Treppe von der Dritten Klasse, und es gibt da einen Hinweis, daß Passagiere der Zweiten Klasse dort nicht hingehen dürfen. Ich fand diese Tür offen vor, so daß ich in die Zweite Klasse gehen konnte, wo ich nicht viele Menschen vorfand. Nur ein paar kletterten über die Leiter in die Erste Klasse, was ich auch tat. Ich fand dort nur ein paar Männer und ungefähr zwei Damen. Sie hatten sie in die Rettungsboote gesetzt, und nachdem keine Frauen mehr da waren, sprangen wir Männer in das Boot. Wir hatten nur eine Frau und ein anderes junges Mädchen an Bord. Es gab zwei Frauen. Sie standen genau vor mir. Wir wurden heruntergelassen, und als wir unten waren, sah ich das ganze Schiff, so groß wie es war, auf der rechten Seite etwas sinkend, und ich war weit davon, mir vorzustellen, daß dies der Anfang vom Ende war. Als ich vom Schiff ablegte, war ich ziemlich ängstlich. Ich war traurig, nicht auf dem Schiff zu sein und sagte zu dem Matrosen: „Ich wäre lieber auf dem Schiff." Er lachte mich aus und sagte: „Siehst Du nicht, daß wir sinken?" Ich war ziemlich aufgeregt und sagte: „Glücklicherweise ist die See schön, aber in vielleicht fünf Minuten kippen wir um." Ich war in dem Boot bis fünf Uhr morgens.

Was das Schiff anging - ich sah das Schiff ziemlich schnell untergehen. Eine Reling nach der anderen ging unter, und nach einer halben Stunde aus meiner Perspektive sank das ganze Schiff.

Die Zwischendeckpassagiere, so weit ich sehen konnte, wurden nicht von irgend jemand oder verschlossenen Türen oder sonstwas davon abgehalten, auf die höheren Decks zu gehen. Solange ich auf dem Schiff war, erkannte niemand die reale Gefahr, nicht mal die Stewards. Wenn die Stewards es wußten, dann blieben sie ruhig. Es war ihre Pflicht, uns glauben zu machen, daß es sich um nichts Ernst handelte. Niemand hielt uns davon ab, nach oben zu gehen. Sie versuchten, uns ruhig zu halten. Sie sagten: „Es gibt nichts Ernsthaftes." Vielleicht wußten sie es selbst nicht. Ich realisierte es die ganze Zeit nicht, bis zur letzten Minute.

Natürlich hätte ich nie geglaubt, daß so etwas passieren könnte.

Das Rettungsboot, in dem ich war, war ein normales Rettungsboot. Ich weiß nicht, welche Nummer es hatte. Es tut mir leid, daß ich nicht nachgesehen habe. Irgendein Matrose, der zum Schiff gehörte, war verantwortlich. Was für ein Anstellungsverhältnis die Matrosen hatten, weiß ich nicht, aber sie gehörten zum Schiff.

Die einzige Warnung, die die Passagiere im Zwischendeck nach der Kollision bekamen, war die Anordnung, Schwimmwesten anzuziehen und an Deck zu kommen. Es gab kein Wasser im Zwischendeck, als ich ging.

Das ist alles, was ich darüber weiß. Ich war einer der Ersten, der ablegte. Wenn ich etwas länger geblieben wäre, hätte ich mehr gesehen. Ich war einer der Glücklichsten, denke ich.

VIERZEHNTER TAG

Donnerstag, 9. Mai
Washington, D. C.

Zeuge: Maurice L. Farrell, 35
Geschäftsführender Redakteur von Dow, Jones &
Co.
Kern der Aussage: Es ist eine Untertreibung,
wenn man sagt, daß das Desaster nicht gerade
die beste Stunde des Journalismus gewesen sei.
Auf Geheiß von Senator Smith listete Farrell
die peinlichen Ungenauigkeiten auf, die am
Tag nach der Jahrhundertkatastrophe über den
Dow-Jones-Ticker gelaufen waren. Das State-
ment im Anhang zu Farrells Aussage ist eine
bemerkenswerte Studie in redaktioneller
Beengtheit und Stottereien, ohne tatsächliche
Irrtümer einzugestehen.

Senator Smith: Ich möchte Ihre Aufmerksamkeit
besonders auf zwei Dinge lenken.
In Ihrem Bulletin, oder dem Ticker-Original -
ist das der richtige Ausdruck?
Farrell: Ja. . .
Senator Smith: Aus Ihrem Bulletin Local „A"-3,
überschrieben „Bulletin" lese ich das Folgende:
„New York, 15. April
Aus einem Bericht, der hier heute morgen aus
Halifax, N. S. einging, geht hervor, daß alle
Passagiere der Titanic das Dampfschiff nach
3:30 Uhr diesen Morgen verlassen haben.
9:33 P. M."
In Ihrem eigenen Memorandum erscheint das
Folgende:
„Titanic - nach einem Bericht aus Halifax
haben alle Passagiere die Titanic in Booten
nach 3:30 Uhr am Morgen verlassen."
Haben Sie das?
Farrell: Wir veröffentlichten diesen Bericht über
unseren Ticker um 8:58 am Morgen des 15.
April. Wir erhielten ihn vom Boston News
Bureau, unserem Korrespondenten in Boston.
Senator Smith: Haben Sie einen Versuch unter-
nommen, dieses Statement im Büro der White
Star Line oder von Herrn Franklin persönlich
bestätigt zu bekommen?
Farrell: Taten wir.
Senator Smith: Mit welchen Ergebnissen?

Farrell: Vorher hatten wir von White Star ein Statement mit ähnlichem Inhalt bekommen.
Senator Smith: Haben Sie es hier?
Farrell: Ich habe es, und mit Ihrer Erlaubnis werde ich es lesen.
Senator Smith: Tun Sie das bitte.
Farrell: Dies lief gegen 8:35 oder so ähnlich über
unseren Ticker. Es war von Herrn Gingold
beschafft worden, einem unserer Reporter, der
sich zur Zeit in London aufhält. Er ging kurz
darauf nach London in Urlaub. Ich lese das Statement, wie es mit der Überschrift „Titanic"
über unsere Ticker ging:
Verantwortliche der White Star Line erklärten
um acht Uhr heute morgen, daß sich Passagiere der Titanic in Booten befänden und daß es
keine Gefahr für den Verlust von Leben gäbe.
Die Baltic und Virginian, erklärten sie, standen
bereit, um bei den Rettungsarbeiten zu helfen."
Senator Smith: Ist dies das Ende davon?
Farrell: Dann gibt es noch zwei weitere Dinge in
derselben Geschichte:
„Auf der Titanic befanden sich 300 Passagiere der
Ersten, 320 der Zweiten und 800 der Dritten
Klasse, sowie eine Besatzung von 900 Mann.
Es ist noch nicht bekannt, ob das Schiff geret-
tet werden kann. Die Leute bei White Star
befinden sich in Verlegenheit, wenn sie gerettet
werden sollte, weil es auf dieser Seite des Atlan-
tiks kein Dock für sie gibt."
Senator Smith: Von wem kam diese Information?
Farrell: Dies stammte aus dem Büro der White
Star, von einigen der Nachwuchskräfte. Herr (P.
A. S.) Franklin (amerikanischer Vizepräsident
der International Mercantile Marine) war noch
nicht im Büro eingetroffen.
Senator Smith: Können Sie mir den Namen Ihres
Informanten geben?
Farrell: Nein, das kann ich nicht. Lassen Sie mich
noch einmal die Verhältnisse erklären. Es war
am frühen Morgen. Die ersten Zeitungsberich-
te waren veröffentlicht. Es gab da viele Menschen, und in den Büros der White Star herrschte große Aufregung. Dutzende von Zei-
tungsleuten und Verwandte der Passagiere der
Titanic forderten Informationen. Als Antwort
auf die Fragen kamen diese Informationen von
einem der Repräsentanten der White Star Line.
Diese spezielle Auskunft kam nicht von Herrn

Franklin.

Senator Smith: Machten Sie einen Versuch, sie zu verifizieren?

Farrell: Ja, wir machten jeden Versuch, an den wir denken konnten.

Senator Smith: Was taten Sie?

Farrell: Danach kam dann dieser Bericht aus Boston, den Sie erwähnten:

Nach einem Bericht aus Halifax haben alle Passagiere die Titanic nach 3:30 am Morgen verlassen.

Senator Smith: Und das betrachteten Sie als Bestätigung?

Farrell: Das taten wir.

Senator Smith: Redeten Sie mit Herrn Franklin im Verlauf des Tages über die Auskünfte, die Sie von seinem Büro zu der von Ihnen gerade erwähnten Zeit bekommen hatten?

Farrell: Wir hatten den ganzen Tag über Reporter im Büro der White Star, die bei Herrn Franklin und anderen Verantwortlichen Informationen suchten, und die meisten Informationen, die wir veröffentlichten, stammten aus den Büros der White Star.

Senator Smith: Stammte es von Herrn Franklin?

Farrell: Das meiste von Herrn Franklin, etwas von seinen Untergebenen.

Senator Smith: Ich richte Ihre Aufmerksamkeit auf ein Bulletin, das wir Nummer 3, 9:43 A. M. 15. April nennen wollen.

„Montreal, 15. April

Der Montreal Star berichtet heute Morgen, daß die Titanic nach einem inoffiziellen Bericht aus Halifax noch schwimmt und sich langsam in Richtung Halifax bewegt."

Wissen Sie irgend etwas darüber?

Farrell: Nein, ich finde einen solchen Bericht nicht in unseren Unterlagen über unseren Ticker. Wenn der Stenograph es bitte vermerkt, werde ich noch mal durch den Tagesbericht gehen.

Senator Smith: Ich zitiere aus dem Tagesbericht.

Farrell: Aus dem Tagesbericht?

Senator Smith: Ja, das war aus dem Tagesbericht. Sind sie numeriert?

Farrell: Ja.

Senator Smith: Worauf gucken Sie gerade?

Farrell: Das ist Nummer 20. Ist Ihr Memorandum numeriert?

Senator Smith: Mein Memorandum beginnt mit Nummer 1. Was ich gerade vorgelesen habe, stammt aus Nummer 3.

Farrell: Wir druckten nichts über die Titanic in Nummer 1. Wir druckten nichts in Bulletin Nummer 3. . .

Senator Smith: Vielleicht finden Sie den Bericht, den ich gerade vorgelesen habe, unter der Datumszeile Montreal.

Farrell: Nein, ich kann es nicht finden.

Senator Smith: Finden Sie um 9:53 A. M. ein optimistisches Statement von Herrn Franklin, in dem er sagt, wie es auf Seite 2 erscheint, die ich gerade zitiert habe:

Über die Olympic wird gerade berichtet, daß sie in direktem Funkkontakt mit der Titanic gewesen sei.

Farrell: Nein, ich kann das auch nicht finden, Senator. Sind Sie sicher, daß Sie unsere Tagesberichte nicht mit anderen durcheinandergebracht haben?

Senator Smith: Nein, ich wollte etwas über diese beiden Dinge erfahren. Ich habe hier Ihr Originalmemorandum, aus dem ich vorlesen werde:

„Titanic - Ein von den Verantwortlichen der White Star empfangener Bericht aus Montreal besagt, daß die Titanic um 8:30 A. M. schwamm, und daß Frauen und Kinder noch nicht von Bord gegangen sind, obwohl die Rettungsboote für den Notfall bereitstanden.

Der Dampfer ist unterwegs in Richtung Halifax, von wo sich die Virginian nähert. Es wird angenommen, daß die Schotts verhindern, daß das Schiff sinkt. Titanic läuft mit eigener Kraft."

Dies trägt das Datum Montag, 15. April, 11:03 A. M.

Farrell: Ich glaube, ich kann mich an diesen Bericht erinnern.

Senator Smith: Das ist Ihre Originalfassung, denke ich.

Farrell: Das ist unsere, das ist unser Tape.

Senator Smith: Ich würde Sie gerne fragen, woher Sie diese Information bekommen haben?

Farrell: Ich werde es Ihnen in einer Minute sagen. (Nachdem er die Papiere durchgesehen hat.) Der davor, den Sie verlesen haben, hat folgenden Wortlaut:

„Verantwortliche von White Star berichten, daß Olympic um 8:24 Uhr Verbindung zur Titanic hatte, und daß Titanic noch schwamm."

Ich finde das hier in den Aufzeichnungen. Ich

bekam das vom Boston News Service.

Senator Smith: Was den Bericht aus Montreal angeht, woher bekamen Sie diese Information?

Farrell (vorlesend):
„Von Verantwortlichen bei White Star empfangener Bericht aus Montreal besagt, daß Titanic um 8:30 schwamm, und daß Frauen und Kinder das Schiff noch nicht verlassen haben, obwohl Rettungsboote für den Notfall bereitstanden.
Der Dampfer läuft in Richtung Halifax, von wo aus sich die Virginian nähert. Es wird angenommen, daß die Schotts ein Sinken des Schiffs verhindern. Titanic läuft mit eigener Kraft."
Wir bekamen das von Herrn Franklin. Herr Byrne, einer unserer Reporter, bekam das von Herrn Franklin.

Senator Smith: Zur angegebenen Zeit?

Farrell: Annähernd ja. Natürlich war das alles eiliges Zeugs. Es wurde in unser Büro telefoniert und dann so schnell wie möglich auf den Ticker gehauen. Wir veröffentlichten es gegen 10:45 Uhr.

Senator Smith: Montagmorgen?

Farrell: Ja.

Senator Smith: 15. April?

Farrell: Ja.

Senator Smith: Ich möchte jetzt Ihre Aufmerksamkeit auf ein Bulletin von Montag, 15. April, richten. Ich lese jetzt aus Ihrem Original. Es liest sich wie folgt:
„10:49 A.M. - Titanic - Montreal - Gegen zehn Uhr an diesem Morgen empfangene Funksprüche besagten, daß zwei Schiffe bei der Titanic bereitstanden, und daß die Passagiere des großen Schiffs heruntergenommen worden waren."

Farrell: Dies lief über unseren Ticker. Die Zeit war 10:49 Uhr. Wir bekamen es vom Laffan News Bureau, New York.

Senator Smith: Haben Sie in Ihrem Tagesbericht vom 15. April um 12:07 P. M. die folgende Meldung:
Das hiesige Büro von Horton Davis, einem der Titanic-Passagiere hat den folgenden Funkspruch empfangen:
„Alle Passagiere sind sicher, und die Titanic wird von der Virginian geschleppt."

Farrell: Zu welcher Zeit war das, Senator Smith?

Senator Smith: 12:07 P. M.

Farrell: Nein, wir haben eine derartige Meldung nicht auf unserem Ticker. Um 12:12 veröffentlichten wir folgendes:
„Funkspruch besagt, daß sich Titanic auf dem Weg nach New York befindet."

Senator Smith: Von wem bekamen Sie diese Meldung?

Farrell: Von Laffan News Bureau, New York.

Senator Smith: Haben Sie einen vollständigen Aufschrieb oder eine Kopie der Nachrichten in der Hand, die Ihre Gesellschaft anläßlich des Titanic-Desasters veröffentlicht hat.

Farrell: Nicht vollständig. Ich habe das Ticker-Tape in der Hand.

Senator Smith: Und Sie haben die Tagesberichte?

Farrell: Die Tagesberichte, die wir veröffentlichen, enthielten einige unwichtige Statements, die nicht über den Ticker liefen. Alle wichtigen Dinge gingen über den Ticker.

Senator Smith: Ich möchte gerne, daß Sie für das Protokoll dieses Statement verlesen und bei jedem Nachrichtenstück die Informationsquelle zitieren.

Farrell: Das erste Stück veröffentlichten wir gegen 8:10 A. M. am 15. April:
„Gegen 10:25 Uhr Sonntagnacht funkte das neue Linienschiff der White Star Line, Titanic, C. Q. D. (der Vorläufer des S. O. S.) und berichtete, von einem Eisberg gerammt worden zu sein. Die empfangenen Funksprüche besagen, daß der Dampfer sofortige Hilfe benötigte, weil er mit dem Bug zuerst sank."
Eine weitere Mitteilung, die eine halbe Stunde später empfangen wurde, besagte, daß die Frauen in die Rettungsboote gingen. Die Marconi-Station von Cape Race informierte den Dampfer der Allan Line Virginian, der sofort zu Titanic lief. Um Mitternacht war die Virginian ungefähr 170 Meilen von der Titanic entfernt und vermutete, daß sie die Titanic heute gegen zehn Uhr morgens erreichen würde. Der Dampfer Baltic, 200 Meilen entfernt, ist ebenfalls in Richtung Desaster unterwegs.
Das letzte Wort über den Untergang der Titanic war ein Funkspruch, den der Funker der Virginian gegen 12:27 Uhr empfing. Der Funker an Bord der Virginian sagte, die Signale wären verschwommen gewesen und endeten

abrupt.

Unter denjenigen, die sich an Bord befanden, sind J. J. Astor, J. Bruce Ismay, Benjamin Guggenheim, George B. Widener und Isidor Straus. Sie verstehen, daß wir mit unserer Arbeit um acht Uhr morgens beginnen. Dies war eine kurze Zusammenfassung von dem, was in der Morgenpresse erschienen war, hauptsächlich dem Herald entnommen.

Senator Smith: Einige dieser Informationen jedoch erhielten Sie aus dem Büro der White Star - die, auf die ich ihre Aufmerksamkeit gelenkt habe.

Farrell: Ich glaube, daß unsere Männer gegen 7:30 Uhr an diesem Morgen zum Büro der White Star gingen und dort einige Informationen bekamen. Aber soweit ich mich erinnere, war es nicht wesentlich mehr als das, was bereits in den Morgenzeitungen veröffentlicht worden war. Der Herald, die Times und einige der anderen Blätter hatten zu dieser Zeit bereits ziemlich vollständige Berichte.

Gegen 8:25 oder in der Nähe, in dem, was wir unsere Zusammenstellung der wichtigen Ereignisse der Nacht . . .

Senator Smith: Das war am 15. April?

Farrell: Ja, wir druckten diese Zeile:

„Das Linienschiff der White Star ‚Titanic' ist auf seiner Jungfernfahrt Richtung Westen von einem Eisberg gerammt worden und, so wird berichtet, sinkt. Passagiere gehen von Bord."

Das wurde den allgemeinen Nachrichten, wie sie in den Morgenblättern berichtet wurden, entnommen.

Um 8:35 oder in der Nähe, am 15. April, veröffentlichten wir folgendes:

„Verantwortliche der White Star Line bestätigen heute morgen um acht Uhr, daß die Passagiere der Titanic in die Boote gebracht wurden, und daß es keine Gefahr für Verlust an Leben gibt. Die Baltic und die Virginian, so wurde bestätigt, stehen in Bereitschaft für Rettungsarbeiten.

Auf der Titanic waren 300 Passagiere der Ersten, 320 der Zweiten und 800 der Dritten Klasse, sowie eine Besatzung von 900 Mann.

Es ist noch nicht bekannt, ob das Schiff gerettet werden kann, weil es auf dieser Seite des Atlantiks kein Trockendock gibt, um an ihm

zu arbeiten."

Das erfuhr Herr Gingold im Büro der White Star.

Senator Smith: Von Herrn Franklin?

Farrell: Nein, das war nicht von Herrn Franklin.

Senator Smith: Von einem anderen Untergebenen?

Farrell: Von einem der Nachwuchskräfte. Herr Franklin war noch nicht im Büro eingetroffen.

Um 8:58 Uhr oder so veröffentlichten wir folgendes:

„Nach einem Bericht aus Halifax haben alle Passagier kurz nach 3:30 heute morgen die Titanic verlassen."

Das wurde vom Boston News Bureau, unserem Korrespondenten in Boston, empfangen.

Um 9:20 A. M. am 15. April veröffentlichten wir folgendes:

„Ein Verantwortlicher der White Star Line sagte: ‚Es besteht keine Gefahr, daß die Titanic untergeht. Das Schiff ist unsinkbar, und die Passagiere werden nur einige Unbequemlichkeit zu erleiden haben.' "

Die letzte Information, die im Büro der White Star eingetroffen ist, besagt, daß die Virginian um zehn Uhr an der Seite der Titanic liegen soll, die Olympic um 3 P.M. und die Baltic um 4 P.M.

Das erfuhren zwei unserer Reporter, Herr Smallwood und Herr Byrne, von Herrn Franklin.

Um 9:22 A. M. oder so am 15. April veröffentlichten wir folgendes: „Vizepräsident Franklin der International Mercantile Marine sagte über das Unglück der Titanic: „Es ist unglaublich, daß die Titanic einen Unfall haben sollte, ohne daß wir informiert worden sind. Wir haben am späten Sonntag einen Funkspruch mit ihrer Position empfangen und sind uns sicher, daß, wenn es eine Kollision mit einem Eisberg gegeben haben sollte, wir sofort von ihr gehört hätten. Auf jeden Fall ist das Schiff unsinkbar, und für die Passagiere besteht absolut keine Gefahr.'"

Das erfuhr einer unserer Reporter, Herr Trebell, von Herrn Franklin.

Um 9:25 A. M. am 15. April veröffentlichten wir folgendes:

„CAPE RACE

Funksprüche vom Dampfer Virginian besagen, daß die letzte Funkverbindung zur Titanic um 3:05 Uhr heute morgen bestand. In dem Funk-

spruch wurde gesagt, daß Frauen und Kinder auf einer ruhigen See in die Boote gingen. Es wird vermutet, daß die Funkanlage der Titanic einen Defekt hat."
Das erfuhren wir vom Laffan News Bureau, New York.
Um 9:27 veröffentlichten wir folgendes: „LONDON
Lloyd's . . . versicherte heute aufs Neue die Ladung der Titanic, verlangt aber einen Aufschlag von 50 Prozent."
Das erfuhren wir vom Laffan News Bureau.
Senator Smith: Zu welcher Uhrzeit?
Farrell: Wir veröffentlichten es um 9:47. Es muß also einige Minuten zuvor eingegangen sein.
Senator Smith: Machten Sie einen Versuch, die Nachricht der neuen Versicherung der Ladung durch Lloyd's vom Laffan News Bureau zu verifizieren?
Farrell: Nein.
Senator Smith: Schickten Sie, nachdem Sie diese Nachricht erhalten hatten, einen Ihrer Reporter zu Lloyd's, um dort ein Interview mit einem der Repräsentanten der Firma zu führen?
Farrell: Ich bin nicht sicher, ob ein Reporter dorthin gegangen ist. Ich selbst habe keinen geschickt, aber natürlich könnte ein Reporter auf eigene Faust hingegangen sein.
Senator Smith: Wissen Sie, was er über die Fakten in Erfahrung brachte?
Farrell: Nein, weiß ich nicht.
Senator Smith: Hat er jemals Ihnen gegenüber berichtet?
Farrell: Nicht, daß ich mich erinnere.
Senator Smith: Ich möchte, daß Sie sehr sorgfältig darüber nachdenken, weil ich darüber keinen Fehler haben möchte.
Farrell: Ich entsinne mich nicht, daß mir irgendwelche Berichte über irgendwelche Nachforschungen vorgelegt worden sind.
Senator Smith: Oder irgend jemand sonst in Ihrem Unternehmen oder einem Verantwortlichen in Ihrem Unternehmen?
Farrell: Das mag geschehen sein, aber ich kann dazu mit Bestimmtheit nichts sagen.
Senator Smith: Es war doch das Objekt einiger Spekulationen und Gespräche in Ihrem Büro, nicht wahr?
Farrell: Ja, das war es.

Senator Smith: Und wurde als ziemlich ungewöhnliche Randerscheinung betrachtet. . .
Farrell: Zu dieser Zeit wurde es nicht als so ungewöhnlich angesehen, weil das Boot als unsinkbar galt, und wir glaubten, es würde nicht untergehen.
Senator Smith: Danach wurde es aber doch ziemlich wichtig?
Farrell: Danach wurde es sehr wichtig.
Senator Smith: Haben Sie sich bemüht, den Wahrheitsgehalt dieser Veröffentlichung in Erfahrung zu bringen?
Farrell: Ich kann mich an keine speziellen Nachforschungen in dieser Sache erinnern.
Senator Smith: Machten Sie Nachforschungen über diese Angelegenheit bei Repräsentanten von Lloyd's oder der White Star Line?
Farrell: Wir machten, wie ich mich entsinne, Nachforschungen bei der White Star Line.
Senator Smith: Wann?
Farrell: Ich kann mich nicht entsinnen, ob wir darüber etwas veröffentlichten oder nicht, aber andere Zeitungen hatten, wie ich mich erinnere, emphatische Statements von der White Star Line, daß es keinen Versuche gegeben habe, irgend etwas aufs Neue zu versichern. Natürlich war es unsere Gewohnheit, daß wenn die anderen Blätter etwas hatten, es dabei zu belassen.
Senator Smith: In der Wall-Street, wo Ihr Blatt veröffentlicht wird, und die Meinung der Finanziers widerspiegelt, hat dieses Stück eine ziemliche Kontroverse ausgelöst, nicht wahr?
Farrell: Daraus entstand später eine große Kontroverse.
Senator Smith: Wurden Sie wegen der Geschichte über die Wiederversicherung kritisiert oder bedroht?
Farrell: Meines Wissens nach nicht. Ich hätte von jeder ernsthaften Kritik erfahren. Ich wäre der einzige, an den man sie richten sollte.
Senator Smith: Sind Sie deswegen kritisiert worden?
Farrell: Nicht direkt. Wir haben keine direkte Kritik erfahren. Es gab viel Gerede, aber keine direkte Kritik meines Wissens.
Senator Smith: Wo befindet sich das Büro von Lloyd's in New York?
Farrell: Ich weiß nicht, wo sich ihr Agent in New York befindet.

Senator Smith: Es befindet sich in der Wall Street, nicht wahr?

Farrell: Irgendwo in dieser Nachbarschaft. Ich weiß nicht, so sich ihr Büro in New York befindet.

Senator Smith: Wo befindet sich Ihr Büro in New York?

Farrell: In 44 Broad Street.

Senator Smith: Im Zentrum des Finanzviertels?

Farrell: Ja, ungefähr.

Senator Smith: Es wäre also ein Leichtes gewesen, jemanden an diesem Morgen zu Lloyd's zu schicken, um mehr über diese wichtige Tatsache in Erfahrung zu bringen?

Farrell: Es wäre. Aber an diesem Morgen arbeiteten wir unter einem starken Druck, und jeder Mann, den wir hatten, war hinter Nachrichten über die Titanic her. Und zu jener Zeit betrachteten wir die Frage der Wiederversicherung als eine ziemlich unwichtige Angelegenheit.

Senator Smith: Sie dachten also zu jener Zeit, daß es ein eher wünschenswertes Wagnis war?

Farrell: Ja, wir dachten Lloyd's wäre bereit, damit zu spielen. Sie forderten eine hohe Prämie, waren aber trotzdem bereit zu spielen.

Senator Smith: Ist Ihnen aus Ihrem eigenen Wissen oder von Informationen Ihrer Mitarbeiter im Wall Street Journal bekannt, ob dies angeboten oder vollzogen wurde oder nicht?

Farrell: Ich weiß es nicht.

Senator Smith: Gibt es einen Verantwortlichen oder Teilhaber Ihres Unternehmens, der auch Anteile an der White Star Line hält?

Farrell: Nein.

Senator Smith: Oder an Lloyd's?

Farrell: Nein.

Senator Smith: Oder an Western Union Co., Postal Telegraph Co. oder Marconi-Unternehmen oder Funkfirmen?

Farrell: Ich kann dazu nicht mehr sagen. Ich weiß, daß niemand von ihnen dort leitende Posten innehat oder als Direktor fungiert. Einige von ihnen halten vielleicht zehn oder 100 Anteile dieser Unternehmen, aber nicht genug, um Einfluß nehmen zu können. Im allgemeinen mag ein Mann fast alles besitzen, aber sie haben keine offiziellen Verbindungen.

Senator Smith: Können Sie den Namen jedes Anteilseigners. . .

Farrell: Nein, ich kann mit keinen Namen dienen. Wir haben ungefähr 70, 80 oder 100 Mann - ich meine sogar mehr als das - bei uns beschäftigt, und einige von ihnen halten vielleicht als Geldanlage einige Aktien von Western Union oder Postal Telegraph oder Marconi. Das geht uns nichts an. Das sind private Anlagen.

Senator Smith: Fahren Sie mit dem Verlesen der Meldungen fort.

Farrell: Um 9:28 oder so veröffentlichten wir dieses Stück.

Senator Smith: Ich nehme an, Herr Farrell, daß wenn Sie die Zeit von 9:28 oder irgendeine andere Zeit nennen, daß Sie dann vom 15. April reden?

Farrell: Oh ja, vom 15. April.

Senator Smith: Und wenn Sie über den 15. hinausgehen, werden Sie das anmerken.

Farrell: Ja. Um 9:28 am 15. April veröffentlichten wir folgendes:
„Weitere Passagiere der Titanic sind Washington Dodge, Henry H. Harris, Oberst Washington Roebling, T. Stead, Alfred G. Vanderbilt, J. Stuart White, John B. Thayer, Vizepräsident der Pennsylvania Railroad, und Henry Harper."
Das hatten wir aus der Passagierliste entnommen. Um 10:29 oder so am 15. April veröffentlichten wir folgendes:
„STASCONSET, MASS.
Die hiesige Funkstation hat eine Mitteilung der Olympic erhalten, wonach der Schaden an der Titanic groß ist."
Das bekamen wir vom Boston News Bureau.
Direkt danach veröffentlichten wir folgendes:
„Verantwortliche der White Star berichten, daß die Olympic um 4:24 Uhr diesen Morgen mit der Titanic in Verbindung stand, als die Titanic noch schwamm."
Das kam auch vom Boston News Bureau.
Um 10:45 oder so am 15. April veröffentlichten wir folgendes:
„Nach einem Bericht aus Montreal, der von Verantwortlichen der White Star empfangen wurde, schwamm die Titanic noch um 8:39. Frauen und Kinder hatten das Schiff noch nicht verlassen. Die Rettungsboote standen für den Notfall bereit."
Der Dampfer ist unterwegs in Richtung Halifax, von wo aus sich die Virginian nähert. Es

wird angenommen, daß die Schotts ein Sinken verhindern. Die Titanic läuft mit eigener Kraft. Um 10:49 oder so am 15. April veröffentlichten wir folgendes:

„MONTREAL

Funksprüche, die um zehn Uhr aus Montreal eingingen, besagen, daß zwei Schiffe bei der Titanic bereitstehen, und daß die Passagiere das große Schiff verlassen haben."

Das stammte vom Laffan News Bureau.

Gegen 10:53 Uhr, glaube ich, veröffentlichten wir folgendes:

„Die Möglichkeit des Verlustes der Titanic ist ein schwerer Schlag für die International Mercantile Marine. Wie ihr Schwesterschiff, die Olympic, begann die Titanic mit einigen Rückschlägen. Dennoch wird sich der Verlust nicht in der im Juni zu veröffentlichen Bilanz niederschlagen, weil das Geschäftsjahr des Unternehmens mit dem 31. Dezember endete. Es wird angenommen, daß die Mercantile Marine in dem am 31. Dezember endenden Jahr ungefähr 38 Millionen Dollar eingenommen haben wird, was einem Nettogewinn von ungefähr 8,5 Millionen Dollar und einem Überschuß von 4,5 Millionen Dollar ergibt. Allerdings wird das Unternehmen Abschreibungen in Höhe von 3,5 Millionen vornehmen, so daß am Ende ungefähr eine Million übrig bleiben wird.

Die Titanic und die Olympic sind mit einer Kombination aus Unternehmens- und außerhäusigen Versicherungen abgesichert."

Das stand natürlich nicht in einem direkten Zusammenhang mit der Titanic.

Senator Smith: Von wem hatten Sie diese Informationen?

Farrell: Das war, wie ich glaube, von Herrn Trebell geschrieben worden. Ich weiß nicht, wo er seine Informationen bekommen hatte. Natürlich hatte das nichts mit dem Desaster zu tun.

Senator Smith: Ich hätte gerne, wenn Sie sie auftreiben könnten, die Quelle dieser Informationen. War es offiziell oder stammte es von einer Nachrichtenagentur?

Farrell: Wir bekamen es nicht von einer anderen Nachrichtenagentur. Es können Schätzungen gewesen sein, wissen Sie. Natürlich sind unsere Reporter angewiesen, die Einnahmen der einzelnen Unternehmen zu verfolgen, und oftmals sind sie dank ihres Wissens in der Lage, Schätzungen ohne offizielle Informationen abzugeben.

Senator Smith: Dann nehmen Sie an, daß diese Informationen in Ihrem Büro zusammengestellt worden sind?

Farrell: Ja, ich weiß, daß sie in unserem Büro zusammengestellt worden sind.

Senator Smith: In dem Stück, das sie gerade vorgelesen haben, hörte ich den Ausdruck „Frauen und Kinder sind noch nicht von Bord genommen wurden. Rettungsboote stehen für den Notfall in Bereitschaft". War das da drin?

Farrell: Das war bei dieser Mitteilung nicht auf dem Tickerband.

Senator Smith: Es ist in Ihrem ursprünglichen Memorandum.

Farrell: Es mag im Tagesbericht auftauchen.

Senator Smith: Es ist in Ihrem ursprünglichen Memorandum.

Farrell: Ich habe beim falschen nachgesehen, wie ich sehe. Ja, es ist hier (zeigt).

Um 10:55 oder so am 15. April veröffentlichten wir das folgende:

„Ein Funkspruch an die White Star besagt, daß sich die Virginian an der Seite der Titanic befindet."

Das hatten wir vom Laffan News Bureau.

Um 11:12 oder so am 15. April veröffentlichten wir folgendes:

„P. A. S. Franklin von der International Mercantile Marine sagt:

‚Wir können gar nicht deutlich genug unserem Glauben Ausdruck geben, daß das Schiff unsinkbar ist und die Passagiere absolut sicher sind. Das Schiff ist angeblich einige Fuß mit dem Bug ins Wasser getaucht. Das mag daran liegen, daß die vorderen Schotts sich mit Wasser füllen, es aber für eine unbekannte Zeit über Wasser halten.'

Die Unterbrechung des Funkverkehrs mit dem Schiff bedeutet nach Ansicht von Verantwortlichen des Unternehmens keine Gefahr."

Das erfuhren die Herren Byrne und Smallwood, zwei unserer Reporter, von Herrn Franklin.

Um 11:15 oder so am 15. April veröffentlichten wir folgendes:

„LONDON

Nach hier bekannt gewordenen Informationen

transportierte die Titanic Wertpapiere und Diamanten im Wert von fünf Millionen Dollar."

Das hatten wir vom Laffan News Service.

Um 11:25 oder so am 15. April veröffentlichten wir folgendes:

„Nach einem im Büro der White Star eingegangenen Bericht vom Kapitän der Olympic, Haddock, stehen sowohl die Parisian und die Carpathia der Titanic bei. Carpathia hat 20 Bootsladungen Passagiere aufgenommen. Die Baltic wird in Kürze erwartet."

Das erfuhr Herr Byrne, einer unserer Reporter, von Herrn Franklin, und praktisch dieselbe Mitteilung bekam Herr Smallwood, einer unserer Reporter, von Herrn Bottomley, einem Verantwortlichen bei Marconi Co.

Um 12:12 oder so am 15. April veröffentlichten wir folgendes:

„Der Marinefunker von Sandy Hook empfing mit seiner Maschine heute morgen um 11:22 den folgenden Funkspruch:

‚Funkspruch besagt, Titanic ist unterwegs und steuert New York an.'

Das stammte vom Laffan News Bureau.

Um 3:01 P. M. am 15. April veröffentlichten wir folgendes:

„P. A. S. Franklin, Vizepräsident der International Mercantile Marine sagt, daß Vereinbarungen mit New Haven Road getroffen wurden, um einen Sonderzug nach Halifax zu schicken und die Passagiere der Titanic aufzunehmen. Der Zug wird aus 23 Schlafabteilen, zwei Speisewagen und Platz für 710 Menschen bestehen."

Das hatte Herr Byrne, einer unserer Reporter, von Herrn Franklin erfahren.

Senator Smith: Das war zu welcher Uhrzeit?

Farrell: Eine Minute nach acht Uhr abends.

Senator Smith: Am Montag?

Farrell: 15. April, ja.

Senator Smith: Sie sagen, diese Information stammte von Herrn Franklin?

Farrell: Ja.

Senator Smith: Direkt an einen Ihrer Reporter?

Farrell: Ja.

Senator Smith: Das würde scheinbar andeuten, daß er zu diesem Zeitpunkt Informationen über den Verlust der Titanic und die ungefähr 700 überlebenden Passagiere und Besatzungsmit-

glieder hatte.

Farrell: Wenn man es so betrachtet, dann deutet dieses Statement das an, aber ich werde Ihnen später erklären, was mir die Leute von White Star am folgenden Tag erklärten.

Senator Smith: Lassen Sie uns das korrekt machen. Das ist ein direktes Statement von Herrn Franklin am Montagnachmittag nach dem Unglück über Vorbereitungen für die Überlebenden und deutet an, daß er Informationen hatte. . .

Farrell: Ich möchte nicht, daß Sie mir das in den Mund legen, Senator, weil. . .

Senator Smith: Nein, ich deute das nur an, indem ich Ihnen eine Frage stelle.

Das würde bedeuten, daß er über Informationen verfügte, auf denen er die Notwendigkeit der Sorge für 700 Menschen basierte. Was veröffentlichten Sie danach?

Farrell: Gegen 3:15 P.M. oder so, am 15. April veröffentlichten wir folgendes:

„CARSO; NOVA SCOTIA

Um zwei Uhr wurde die Titanic, nachdem die Passagiere auf die Parisian und Carpathia umgestiegen waren, von der Virginian nach Halifax geschleppt."

Das bekamen wir vom Laffan News Bureau.

Senator Smith: Herr Farrell, Sie bemerken natürlich den Widerspruch zwischen dieser Meldung und dem Stück, das Sie vorher vorgelesen haben.

Farrell: Ja.

Senator Smith: Wenn die Passagiere, so wie es das letzte Stück scheinbar vorschlägt, umgestiegen wären, dann würde das 2000 Passagiere bedeuten, während aber im anderen Stück nur die Rede von Vorsorge für 700 Passagiere war. Gab es Gespräche mit Herrn Franklin zwischen dem Zeitpunkt der Veröffentlichung dieser Information von Herrn Franklin und der letzten Meldung?

Farrell: Ich tat es nicht.

Senator Smith: Was war die Zeit auf diesem Stück?

Farrell: 3:15 Uhr.

Senator Smith: Und das stammte vom Laffan News Bureau?

Farrell: Ja, das ist alles, was wir am 15. April über unseren Nachrichtenticker in Zusammenhang mit diesem Unfall veröffentlichten.

Senator Smith: Enthalten Ihre Tagesberichte für

diesen Zag und die folgenden Tage bis zum Eintreffen der Carpathia im Prinzip dieselben Informationen?

Farrell: Die Tagesberichte enthalten im Prinzip dieselben Informationen.

Senator Smith: Und all das ging über das Tickerband?

Farrell: All das ging über das Tickerband, ja.

Senator Smith: Vom Montag?

Farrell: Ja.

Senator Smith: Das nennen Sie das Tickerband?

Farrell: Ja.

Senator Smith: Das ist das Montag-Tickerband?

Farrell: Ja.

Senator Smith: Und dasselbe würde die Tagesberichte der folgenden Tage widerspiegeln.

Farrell: Nur die Geschichte veränderte sich in den folgenden Tagen vollkommen, als. . .

Senator Smith: Lassen Sie uns mal sehen, was Sie für Dienstag und Mittwoch haben. Sollten wir lieber durch die Tagesberichte gehen, oder haben Sie sie verglichen?

Farrell: Es ist im Prinzip dasselbe Zeug. All das wichtige Zeug erscheint auch auf dem Ticker.

Senator Smith: Würden Sie mich die Tagesberichte von Montag sehen lassen?

Farrell: Ja. Natürlich haben wir eine vollständige Liste, und ich habe das spezielle Zeug über die Titanic herausgeholt.

Senator Smith: Lassen Sie mich fragen, welche Auswirkungen die Veröffentlichungen im Wall Street Journal auf den Kurs der International Mercantile Marine Co. hatten?

Farrell: So weit ich mich erinnere, ging der Kurs um zwei Punkte zurück. Ich denke, wir haben Aufzeichnungen darüber im Tagesbericht. Ich bin mir ziemlich sicher, daß wir sie haben.

Senator Smith: Wenn Sie das genau wiedergeben können, hätte ich es gerne.

Farrell: Ich weiß es von Zeit zu Zeit, während des Tages, als wir es veröffentlichten. Hier ist es: International Mercantile Marine; 2100 Stammaktien wurden gehandelt. Eröffnungskurs war sechs Dollar. Das höchste waren sechs, das niedrigste 5,50 Dollar. Der Schlußkurs lag bei sechs Dollar.

Senator Smith: Das war am Montag?

Farrell: Ja, es gab keine Nettoveränderung. Die Vorzugsaktien eröffneten bei 20, stiegen auf 23

Dollar und schlossen bei 23 1/8. Das war ein Rückgang von sieben Achteln für den Tag, netto.

Senator Smith: Zu welcher Zeit öffnet die Börse?

Farrell: Zehn Uhr. Die Bewegungen gingen zwischen zehn und drei Uhr nachmittags vor sich, so daß sich der Marktwert nur geringfügig veränderte.

Senator Smith: Ich nehme an, daß Sie sich, wenn man bedenkt, bei welchem Blatt Sie arbeiten, mit Kursbewegungen auskennen?

Farrell: Ja.

Senator Smith: Wie waren Ihrer Meinung nach die Auswirkungen Ihrer Veröffentlichungen über die Sicherheit der Titanic im Wall Street Journal auf den Marktwert der Aktien der International Mercantile Marine Co. - Stammaktien und Vorzugspapiere?

Farrell: Es gab, könnte man sagen, praktisch keinen Einfluß, weil der Handel sehr leicht war, und wie ich gerade ausführte, lag der Rückgang bei den Vorzugspapieren nur bei sieben Achteln. Bei den Stammaktien gab es überhaupt keine Veränderung. Zu einem Zeitpunkt hatten die Vorzugspapiere einen Rückgang von drei Punkten. Es war ungefähr drei Punkte niedriger als der Schlußkurs am vorangegangenen Tag, erholte sich dann aber wieder. Die Transaktionen waren sehr leicht, und es schien ein sehr kleiner Markt zu sein.

Senator Smith: Nehmen wir mal an, Sie hätten an jenem Tag die Nachrichten gedruckt, die Herr Franklin um 2.30 Uhr am Montagmorgen von Montreal aus bekommen hatte, nämlich daß die Titanic gerade unterging, und nicht die unangenehmen Nachrichten mit den optimistischen Reports aufgeblasen, wie Ihr Ticker und Tagesbericht vermuten lassen. Was hätte das Ihrer Meinung nach für eine Auswirkung gehabt?

Farrell: Wahrscheinlich dieselbe, weil nachdem das volle Ausmaß bekannt wurde, sich der Kurswert von Mercantile Marine wenig veränderte.

Senator Smith: Natürlich wurden die Nachrichten so langsam herausgefiltert, daß der Verlust der Titanic der Öffentlichkeit erst zwei Tage später bekannt wurde. . .

Farrell: Es war am nächsten Tag, Dienstag, bekannt.

Senator Smith (fortfahrend): Nachdem das Unglück geschehen war?

Farrell: Ja.

Senator Smith: Das hätte dann doch den Wert etwas gestärkt, oder nicht?

Farrell: Hätte sein können. Ein plötzlicher und unerwarteter Schock hat manchmal größere Auswirkungen auf den Markt als derselbe Schock, auf den der Markt vorbereitet ist.

Senator Smith: Aber trotz der verspäteten Nachrichten sank der Kurs der Vorzugsaktien der International Mercantile Co. am Montag um sieben Punkte.

Farrell: Nein.

Senator Smith: Wieviel?

Farrell: Ich glaube der höchste Rückgang betrug ungefähr drei Punkte, und das wurde, wie ich mich entsinne, bis auf sieben Achtel vor dem Börsenschluß aufgeholt. Vielleicht kann ich es hier exakt geben.

Senator Smith: Was ich versuchen will zu zeigen, was man natürlich gut sehen kann, ist die Auswirkung dieser falschen Berichte, die ständig von Ihrem Blatt und Ihrem Ticker verbreitet wurden, und nicht alleine von Ihnen. . .

Farrell: Und von anderen.

Senator Smith (fortfahrend): Aber auch von anderen - auf den Markt der Aktien dieses Unternehmens. Ich möchte, daß Sie mir dabei so weit wie möglich mit den Informationen, über die Sie verfügen, helfen.

Farrell: Ich würde sagen, daß die geringe Zahl von gehandelten Papieren zeigt, daß es keine Unterdrückung von Nachrichten aus Marktgründen gab.

Senator Smith: Obwohl es am Markt so hätte funktionieren können? Das hätte jedoch die Auswirkung eines bewußt oder unbewußt verfolgten Kurses sein können, oder?

Farrell: Das hätte die Wirkung bei einem aktiveren und weiter verbreiteten Papier als die International Mercantile Marine sein können. Aber, Sie müssen verstehen, daß Mercantile Marine ein sehr passives Papier ist.

Senator Smith: Es wird sehr eng gehalten?

Farrell: Es wird sehr eng gehalten, und ist, soviel ich weiß, nie weit verbreitet gewesen.

Senator Smith: Ich nehme an, Sie wollen sagen, daß der Verlust eines einzelnen, vollversicherten Schiffs nicht unbedingt den Kurs des Papiers zerstören würde?

Farrell: Genau. Sehen wir mal. Das Schiff kostete, glaube ich, acht Millionen Dollar und war für fünf oder sechs Millionen versichert. Der Nettoverlust könnte zwischen zwei und drei Millionen liegen, was ein Unternehmen wie die International Mercantile Marine Co. nicht zerstören sollte. . .

Senator Smith: Herr Farrell, die Tagesberichte, die Sie mir übergeben haben, enthalten alle Nachrichtenstücke über die Titanic und die Stücke, die über den Ticker gingen?

Farrell: Ich glaube, Senator, es gibt eine Zusammenfassung, die wir verloren haben. Das Stück, das über den Ticker ging, und was bereits im Protokoll ist, war auf einem Tagesbericht, der irgendwie verloren ging:

Verantwortliche der White Star Line erklärten um acht Uhr heute morgen, daß die Passagiere der Titanic in Boote gebracht wurden und daß es keine Gefahr für den Verlust von Leben gibt. Die Baltic und Virginian standen, so sagten sie, in Bereitschaft, um bei der Rettung zu helfen. Derselbe Inhalt wurde im Tagesbericht veröffentlicht.

Senator Smith: Auf jeden Fall enthalten diese Tagesberichte, die Sie dem Komitee übergeben haben, alle Informationen, die über Ihren Ticker gingen, und die im Wall Street Journal veröffentlicht wurden?

Farrell: Ja.

Senator Smith: Über die Titanic?

Farrell: Sie enthalten mehr als wir im Wall Street Journal veröffentlichten, weil wir bei der Herstellung des Wall Street Journal das Statement umschrieben, um es lesbarer zu machen.

Die von Herrn Farrell vorgelegte Erklärung

Maurice J. Farrell, geschäftsführender Redakteur der Nachrichtenagentur Dow, Jones & Co., New York gab dem Subkomitee des Senats über das Titanic-Desaster gegenüber folgende Erklärung ab:

Die von Dow, Jones & Co. am Montag, 15. April, veröffentlichten Berichte kamen hauptsächlich aus drei Quellen. Dem Büro der White Star Line, dem Laffan News Bureau und dem Boston News Bureau. Um acht Uhr morgens an jenem Tag erhielt ein Reporter bei Interviews mit Repräsentanten der White Star Line Informa-

tionen, die wie folgt über den Nachrichten-
ticker von Dow, Jones & Co. gingen:
„Verantwortliche der White Star Line erklärten
um acht diesen Morgen, daß Passagiere der
Titanic in die Boote gingen, und daß keine
Gefahr für den Verlust von Leben bestand. Die
Baltic und Virginian standen in Bereitschaft,
um bei der Rettung zu helfen."
Wegen des fehlerhaften Verständnisses des
Wortes „in Bereitschaft" („standing by") kam es
zu möglicherweise zu fehlerhaften Berichten.
Für den Laien hat „in Bereitschaft" die Bedeu-
tung, daß sich die Schiffe in unmittelbarer
Nähe befanden, bereit, Hilfe zu leisten. Sein
Gebrauch scheint jedoch im technischen Sinn
zu bedeuten, daß die Schiffe das C. Q. D. erhalten und darauf geantwortet hatten und ihren
Kurs in Richtung Titanic geändert hatten. Der
Ausdruck bedeutet im nautischen Sinne, den
Kurs in Richtung Titanic zu setzten und nicht,
in der unmittelbaren Nachbarschaft der Titanic
zu sein.
Die Erklärung wurde nach London gefunkt,
und im späteren Verlauf des Tages wurden
mindestens zwei Berichte mit ähnlichem Inhalt
aber unterschiedlicher Wortwahl aus verschiedenen Quellen empfangen, die möglicherweise
nur eine Wiederholung desselben Berichts aus
anderen Teilen der Welt waren. In New York
wurden sie zu jener Zeit als Bestätigung des
früheren von White Star gemachten Statements
aufgefaßt. Niemand war in der Tat willens oder
in der Lage zu glauben, daß die Titanic untergegangen war. Jedes Stück Nachrichten, mit
dem die Sicherheit der Passagiere unterstrichen
wurde, wurde gierig aufgenommen und am
Telefon, über Telegraph oder Funk in alle Teile
Amerikas oder Europa weitergegeben. Dieser
Vorgang hatte zweifellos eine Verdoppelung
von Meldungen zur Folge, was irrtümlicherwei-
se als bestätigender Beweis aufgefaßt wurde.
Als Beispiel der entstehenden Mißverständnisse bin ich darüber informiert, daß das Büro der
White Star in Boston die Allan Line in Montreal über Telefon anrief, um eine Bestätigung
dafür zu bekommen, daß alle Titanic-Passagiere in die Virginian gewechselt seien und die
Titanic mit eigener Kraft nach Halifax unterwegs war. Die Allan Line antwortete, daß man

so eine Erklärung hatte, meinte aber, daß man
so einen Bericht gehört habe. Das Büro der
White Star faßte dies als Bestätigung für das
Gerücht auf und rief also im New Yorker Büro
der White Star an und bestätigte Vizepräsident
Franklin gegenüber die Meldung. Zweifellos
entstanden auf diese Wiese viele andere unbe-
absichtigte Irrtümer. Die Zahl der Irrtümer
nahm natürlich noch zu, weil die Berichte
durch verschiedene Kanäle gingen. . .

Eidliche Erklärung: A. H. Weikman
Friseur auf der Titanic
Kern der Aussage: Er rettet sich, indem er zu
   Deckstühlen schwamm. In seiner eidlichen
   Aussage wurden die von den Ermittelt gestell-
   ten Fragen in den Wortlaut seiner Aussage
   eingearbeitet und als eine Erklärung abgesetzt.

Senator Smith: Ich. . . bekam die folgende eidliche Aussage, die von A. H. Weikman gemacht
   wurde, der als Friseur auf der Titanic arbeitete.
   Seine Beobachtungen:
24. April 1912
Herr A. H. Weikman:
   Ich bestätige, daß meine Beschäftigung an
   Bord der Titanic die eines Salonfriseurs war. In
   der Nacht vom 14. April 1912 saß ich gegen
   11:40 P.M. in meinem Friseurladen, als sich
   die Kollision ereignete. Ich ging im Zwischendeck auf dem G-Deck nach vorne und
   sah einen der Gepäckmeister, und er sagte mir,
   daß Wasser in den Gepäckraum ein Deck tiefer eindringe. Ich glaube der Name des
   Gepäckmeisters war Bessant. Ich ging dann
   nach oben und traf Herrn Andrews, den
   „Erbauer", und er gab den Zwischendeckpassagieren Anweisungen, „an Deck" zu kommen.
   Ich ging vom E-Deck zu meinem Raum im C-
   Deck. Ich ging auf das Hauptdeck und sah dort
   einiges Eis. Anordnungen wurden erteilt: „Alle
   Hände, um die Rettungsboote zu bemannen,
   und legt die Schwimmwesten an." Wer die
   Befehle gab? Herr Dodd, der zweite Steward.
   Ich half, die Boote zu Wasser zu lassen, und es
   schien zu wenig Frauen zu geben. Als ich auf
   dem E-Deck war, traf ich den Kapitän, der vom
   G-Deck zurückkam, wo er mit Herrn Andrews
   gewesen war, und der Kapitän war zu jener Zeit

auf der Brücke. Ich dachte nicht, daß es irgendeine Gefahr gab. Was passierte, nachdem die
Befehle erteilt worden waren? Instruktionen
wurden erteilt, um die Passagiere in die
Schwimmwesten und sie aus den Kabinen an
Deck zu bekommen. Sahen Sie Herrn Ismay?
Ja, ich sah Herrn Ismay, wie er half, die Boote
zu beladen. Sahen Sie ihn, wie er in das Boot
kletterte? Ja, er stieg zusammen mit Herrn
Carter ein, weil es keine Frauen in der Nähe des
Bootes gab. Dieses Boot war meines Wissens
das letzte, das ablegte. Er wurde von dem verantwortlichen Offizier in das Boot befohlen. Ich
glaube, daß Herr Ismay das Recht hatte, das
Schiff zu jener Zeit zu verlassen.
Ich war dabei, das nächste Boot zu Wasser zu
lassen, als das Schiff plötzlich mit dem Bug
voraus sank, und ich von einer Welle über Bord
gespült wurde. Daher wurde das Boot auch
nicht von menschlichen Händen zu Wasser
gelassen. Die Männer versuchten gerade, die
Seitenwände aufzurichten, als die Welle kam.
Das war der letzte Moment, wo es möglich war,
noch weitere Boote zu Wasser zu lassen, weil
das Schiff nun einen derartigen Winkel einnahm, daß es für jeden unmöglich war, sich an
Deck zu halten. Erklären Sie weiter, was Sie
über den Fall wissen. Nachdem ich von Bord
gespült worden war, begann ich zu schwimmen, als ein Haufen Taue auf mich fiel. Ich
schaffte es, mich davon zu lösen und schwamm
in die Richtung eines dunklen Objektes im
Wasser. Es war dunkel. Das war gegen 1:50 A.
M. am Heck. Wie wußten Sie, daß es 1:50
A.M. war? Weil meine Uhr zu jener Zeit im
Wasser stehen blieb. Hörten Sie Geräusche? Ja,
ich war ungefähr 15 Fuß vom Schiff entfernt,
als ich eine zweite Explosion hörte. Was verursachte die Explosion? Ich glaube die Kessel in
der Mitte des Schiffs explodierten. Die Explosion warf mich zusammen mit einer Wand von
Wasser in Richtung des dunklen Objekts, in
dessen Richtung ich schwamm und das sich als
ein Bündel Deckstühle herausstellte, auf die ich
es schaffte zu klettern. Während ich mich auf
den Stühlen befand, hörte ich furchtbares Stöhnen und Schreie, was von den Leuten im Wasser stammte. War es möglich, ihnen zu helfen?
Nein, war es nicht. Die Rettungsboote waren

zu weit entfernt. Glauben Sie, daß wenn die
Rettungsboote näher gewesen wären, man Hilfe hätte leisten können? Ja, wären die Rettungsboote näher bei der Titanic geblieben,
hätte jedes Boot 10 oder 15 oder vielleicht 20
Passagiere aufnehmen können. Viele Menschen
sind von der Explosion getötet worden, und es
gab auch viele, die weit genug entfernt waren,
so daß die Explosion sie nicht verletzte, und
diese Leute, glaube ich, hätten gerettet werden
können, wenn die Rettungsboote näher gewesen wären. Sahen Sie, wie das Schiff unterging?
Ich meine die Titanic. Ja, ich trieb auf einigen
Stühlen ungefähr 100 Fuß entfernt und blickte
zum Schiff. Ich sah es sinken. Fühlten Sie einen
Sog? Nein, aber es gab einige Wellen, die in
meine Richtung kamen, die vom untergehen-
den Schiff verursacht wurden, die aber nicht
ausreichten, mich von meinen Stühlen zu
spülen. Wieviele Rettungsboote gab es auf der
Titanic? Zwischen 18 und 20 und vier Faltboote und die beste Ausrüstung, die man auf ein
Schiff bringen kann. Glauben Sie, daß es genügend Rettungsboote waren? Nein. Wissen Sie
etwas über die wasserdichten Türen? Ja, sie hatte wasserdichte Türen des neuesten Typs und
wie ich weiß funktionierten sie alle. Wie
schnell war sie unterwegs, als sie den Eisberg
traf? Ich denke 20 Knoten in der Stunde. Herr
Ismay hatte mir erzählt, daß man sie einige
Tage zuvor auf 75 Umdrehungen beschränkt
hatte.

A. H. WEIKMAN

Eidliche Aussage: Harold Godfrey Lowe
Fünfter Offizier
Kern der Aussage: Unter italienischem Druck
    widerruft er eine frühere, herabsetzende Aussa-
    ge über Italiener.

Senator Smith: Ich habe hier auch eine Erklärung
    von Offizier Lowe der Titanic, welche ich gebe-
    ten habe, ins Protokoll aufzunehmen. Sie
    erreicht mich über den italienischen Botschaf-
    ter und enthält eine Erklärung von Herrn Lowe
    über die Aussage, er habe seine Pistole abgefeuert,
    als sein Boot ins Wasser gelassen wurde,
    weil italienische Einwanderer so funkelnde
    Blicke hatten, und ihn um die Sicherheit seines

Bootes fürchten ließen. Herr Lowe möchte sein Statement im Protokoll wissen und der italienische Botschafter auch.

Die Erklärung hat folgenden Wortlaut:

Hiermit bestätige ich, Harold Godfrey Lowe. Fünfter Offizier auf dem gesunkenen Dampfschiff Titanic, daß ich in meiner Aussage vor dem amerikanischen Senat gesagt habe, ich hätte Schüsse abgegeben, um italienische Einwanderer davon abzuhalten, in das Rettungsboot zu springen.

Ich streiche hiermit das Wort „italienisch" und ersetze es mit den Worten „Einwanderer, die lateinischen Rassen angehören". Tatsächlich wollte ich nicht den Eindruck erwecken, es habe sich speziell um Italiener gehandelt, weil ich nur aus ihrem Aussehen den Schluß ziehen konnte, und daher meinte ich damit nur zu sagen, daß es Typen der lateinischen Rassen waren. Auf jeden Fall wollte ich keine abfällige Bemerkung über die italienische Nation machen.

Das ist die ganze Wahrheit, und daher fühle ich mich geehrt, diese Aussage machen zu dürfen.

H. G. LOWE

Fünfter Offizier der untergegangenen Titanic
Washington D. C. 30. April 1912
(Auf der Rückseite)

Die Erklärung auf der anderen Seite wurde an diesem Tag von Harold Godfrey Lowe, dem fünften Offizier der untergegangenen Titanic in meiner Gegenwart und vor Guido Di Vincenzo, dem Sekretär der juristischen Abteilung der königlichen italienischen Botschaft gemacht und bestätigt.

Washington, 30. April 1912.
Der königliche italienische Botschafter
Cusani
(Siegel)

Der Sekretär der juristischen Abteilung der königlichen italienischen Botschaft, G. Di. Vincenzo.

Eidliche Aussage: Mahala D. Douglas

Passagier der Ersten Klasse aus Minneapolis
Kern der Aussage: Sie zitiert Emily Ryerson aus Philadelphia, die an Bord der Carpathia gesagt haben soll (so wurde sie auch später in den Zei-

tungen zitiert), daß Ismay eine Eiswarnung mit einem Bekenntnis, das Schiff zu beschleunigen, beiseite geschoben habe. Seltsamerweise erwähnt Frau Ryerson in ihrer eidlichen Aussage, die am 15. Tag der Hearings gemacht wurde, dieses Treffen mit Ismay nicht.

Senator Smith: Ich habe hier auch noch eine eidliche Aussage, die auf meine Bitte abgefaßt wurde von Frau Mahala D. Douglas aus Minneapolis. Ich befragte Frau Douglas in New York nach dem Eintreffen der Carpathia. Ihre Trauer über den Verlust ihres Gatten war so groß, daß ich nicht den Versuch unternahm, sie zu jener Zeit in den Zeugenstand zu rufen. Auf meine Bitte machte sie am 2. Mai eine eidliche Aussage, die ich dem Protokoll beifüge. Der Name ihres Gatten war Walter D. Douglas, sie hat aber die Aussage mit Mahala Douglas unterschrieben.

„Wir verließen Cherbourg wegen der Probleme in Southampton verspätet, doch einmal auf See, schien alles perfekt zu verlaufen. Das Boot war so luxuriös und zuverlässig, so immens und ein derartiges mechanisches Juwel, daß man nicht glauben wollte, daß es sich um ein Schiff handelte - und darin lag die Gefahr. Wir hatten glatte See, sternklare Nächte, frische Winde, nichts konnte unser Vergnügen stören.

Am Samstag, als Herr Douglas und ich im vorderen Teil spazierten, sahen wir einen Matrosen, der die Temperatur des Wassers ermittelte. Das Deck erschien so hoch über dem Wasser, daß ich neugierig war, ob der kleine Eimer es erreichen würde. Es gab eine ganz schöne Brise, und obwohl der Eimer mit Gewichten beschwert war, schaffte er es nicht. Das beobachtete ich aus dem geöffneten Fenster des abgeschlossenen Decks. Nachdem er den Eimer nach oben geholt hatte, füllte der Matrose ihn mit Wasser aus dem Standrohr, plazierte das Thermometer darin und ging damit zum verantwortlichen Offizier.

Am Sonntag verbrachten wir einen entzückenden Tag. Jeder war bester Laune. Die Zeit, die das Boot erreichte, wurde als sehr gut angesehen, und alle waren daran interessiert, früh nach New York zu kommen. Wir aßen im Restaurant zu Abend, trafen dort gegen acht Uhr ein. So viel ich weiß, ertranken alle Männer in diesem Raum, von denen die unter der Leitung von Herrn Gattie servierten, bis zu jenen, die Musik spielten, mit Ausnahme der Herren Sir Cosmo Gordon Duff, (William) Cater und Ismay. Alle Geschichten über exzessive Ausgelassenheit sind meines Erachtens absolut unbegründet. Wir verließen erst unseren Tisch, nachdem die meisten anderen, einschließlich Herrn Ismay, Herr und Frau Widener und ihre Gäste gegangen waren. Der Abend verlief sehr ruhig. Als wir in unsere Kabine gingen. . . bemerkten wir, daß das Schiff schneller fuhr als jemals zuvor. Die Vibrationen waren bemerkbar, als wir über die Treppe gingen. Der Schock der Kollision war nicht groß für uns. Die Maschinen stoppten, liefen dann wieder für einen Moment und stoppten dann wieder. Wir warteten eine kleine Weile. Herr Douglas versicherte mir, daß keine Gefahr bestand, bevor er die Kabine verließ. Aber später ging Herr Douglas nach draußen, um zu sehen, was passiert war, und ich zog meine schweren Schuhe und meinen Pelzmantel an, um später an Deck zu gehen. Ich wartete auf dem Korridor darauf, etwas zu sehen oder zu hören. Wir erhielten keine Befehle, niemand klopfte an unsere Tür. Wir sahen weder Offiziere noch Stewards, niemand gab Anordnungen oder beantwortete unsere Fragen. Während ich darauf wartete, daß Herr Douglas zurückkam, ging ich zurück zu meinem Mädchen, das in derselben Kabine wie das Mädchen von Frau Carter war, um mit ihm zu sprechen. Jetzt begannen Menschen mit Schwimmwesten aufzutauchen, und ich hörte von jemandem, daß die Anordnung ergangen war, sie anzulegen. Ich nahm drei aus unserer Kabine, gab eine an unser Mädchen und sagte ihr, in das kleine Boot zu steigen, wenn sie an der Reihe war. Herr Douglas traf mich, als ich ihn suchte und fragte scherzend, was ich mit der Schwimmweste vorhatte. Er dachte noch nicht mal daran, daß es sich um einen ernsten Unfall handelte. Wir legten sie jedoch an und gingen aufs Bootsdeck. Herr Douglas sagte mir, daß wir vielleicht zusammengehen könnten, wenn wir etwas warteten. Daher standen wir herum und warteten. Wir hörten, daß das Schiff mit drei anderen Booten in unserer Nähe in Funkkontakt stand. Wir sahen, wie die Not-

raketen abgeschossen wurden. Sie stiegen hoch in die Luft und zerbarsten.

Niemand erschien aufgeregt. Schließlich, als wir bei einem Faltboot standen, das auf dem Deck lag und eines Notboots in den Davits hing, fiel die Entscheidung, daß ich gehen sollte. Herr Boxhall versuchte, das Boot herunterzulassen und rief den Kapitän auf der Brücke. „Da kommt ein Boot dort." Der Kapitän sagte: „Ich brauche ein Megaphon." Kurz bevor wir in das Boot kletterten, rief der Kapitän: „Wieviele von der Besatzung sind in diesem Boot? Haut ab, alle!" Eine solide Reihe von Männern kletterte an Deck. Dann kletterten wir Frauen hinein. Ich bat Herrn Douglas, mit mir zu kommen, aber er antwortete: „Nein. Ich muß ein Herr sein." Dann drehte er sich weg. Ich sagte: „Versuch es mit Herrn Moore und Major (Archibald) Butt (der Berater von Präsident Taft). Sie werden es sicher schaffen." Major Butt und Clarence Moore standen wie Herr Meyer zusammen in unserer Nähe, und ich erinnere mich, das Gesicht von Herrn Ryerson in der Masse gesehen zu haben. Es gab da viele Menschen. Ich kam in das Boot und saß unter den Sitzen im Heck unter der Pinne. Herr Boxhall hatte Schwierigkeiten, das Boot zu lösen und verlangte nach einem Messer. Dann legten wir endlich ab. . . Das Rudern war sehr schwer, weil es niemand beherrschte. Ich versuchte unter Herrn Boxhalls Kommando zu steuern. Er steckte eine Laterne, ein sehr altes wenig Licht gebendes Exemplar, auf einen Pfosten, den ich eine Zeitlang hielt. Mehrere Male hörten wir auf zu rudern und hörten, wie das Wasser gegen die Eisberge schwappte. Innerhalb von sehr wenig Zeit, so schien es mir, sank das Schiff. Ich hörte keine Explosion. Ich sah, wie das Schiff unterging, und das letzte Bild in meinem Kopf ist die immense schwarze Masse gegen den sternklaren Himmel, und dann - nichts. Frau Appleton und einige der anderen Frauen ruderten, ruderten die ganze Zeit. Herr Boxhall hatte die Verantwortung für die Signalleuchten auf der Titanic und er hatte auf das Notboot eine Dose mit grünen Lichtern, wie Raketen, an Bord gebracht. Die begann er, in bestimmten Abständen in die Luft zu schießen, und sehr schnell sahen wir die Lichter der Carpathia, dessen Kapitän später sagte, daß er unsere grünen Lichter in zehn Meilen Entfernung gesehen habe und direkt auf uns zuhielt. Wir waren daher das erste Boot auf der Carpathia.

Als wir ablegten, rief Herr Boxhall: „Stoppen Sie Ihre Maschinen und nehmen Sie uns an Bord." Zu diesem Zeitpunkt rief ich aus: „Die Titanic ist mit allen an Bord untergegangen." Herr Boxhall sagte mir, ich solle den Mund halten. Dies erzähle ich nicht mit Kritik. Ich glaube, er lag absolut richtig. Ich bat den Chefsteward, diese Nachricht direkt an den Kapitän weiterzugeben. Er sagte, der Offizier sei bereits dort.

Die Geschichte unserer wunderbaren Behandlung auf der Carpathia ist der Welt bereits bekannt. Sie ist unterschätzt worden.

Wir erreichten die Carpathia gegen 4:10 Uhr, und ich glaube gegen zehn Uhr waren alle Boote erfaßt. Wir fuhren weiter und ließen die Californian an der Unglücksstelle zurück. Wir kreisten über dem Punkt, an dem die Titanic untergegangen war, und ich sah nichts als jede Menge Korken, Korken, die wie in der Strömung trieben. Nichts sonst.

Am Nachmittag schickte ich ein Marconigramm mit der Nachricht, daß sich Herr Douglas unter den Vermißten befand. Ich ging selbst jeden Tag mehrmals zum Purser, und auch andere fragten für mich nach, doch es wurde nie abgeschickt.

Wir hörten viele Geschichten über die Rettung aus mehreren Quellen. Diese versuchte ich zu behalten, weil sie mir wichtig erschienen. Unter anderem werde ich Frau Ryerson aus Philadelphia erwähnen. Sie erzählte ihre Geschichte in Gegenwart von Frau Meyers aus New York und anderen.

(Frau Ryerson sprechend) „Sonntagnachmittag traf ich Herrn Ismay, den ich flüchtig kannte, an Deck. Er zeigte mir in seiner brüsken Art ein Marconigramm, das besagte: ‚Wir haben gerade die Nachricht erhalten, daß wir uns in der Nähe von Eisbergen befinden.' ‚Natürlich werden sie langsamer fahren', sagte ich. „Oh nein", antwortete er, ‚wir werden mehr Kessel unter Dampf bringen und da raus kommen.'

Eine englische Frau, die zu ihren Söhnen in Nord-Dakota unterwegs war, erzählte mir: „Ich war in einem Boot mit fünf Frauen und 50 Männern. Sie waren alle Arbeitslose aus London und hatten die Besatzung vervollständigt. Sie weigerten sich zu rudern und erzählten schlimme Geschichten, um die Frauen einzuschüchtern, und als die Carpathia in Sicht kam, sagten sie: ‚Man haben wir ein Glück. Keine Arbeit heute nacht, nichts zu tun, nur rauchen und quatschen. Nächste Woche zurück in London sind wir wieder arbeitslos.'

Die Geschichte des Quartiermeisters wurde von vielen Frauen erzählt. Seine Brutalität ist bekannt. Seine Unfähigkeit wurde bekannt, als er fragte ‚Ist das eine Boje?', als man sich mitten auf dem Meer befand.

Alle Frauen erzählten von unzulänglichen Matrosen in den Booten. Alle Frauen ruderten. Einige mußten Wasser aus den Booten schöpfen. Frau Smith mußte einen Korken in ihrem Boot beobachten, und sollte er herauskommen, sollte sie ihren Finger statt dessen benutzen.

Als man in New York eintraf, wurde der Besatzung der Titanic befohlen, die Corpathia in Rettungsbooten zu verlassen, bevor wir anlegen konnten.

Ich saß auf einem Deckstuhl, hörte und blickte mich um. Die unseemännische Weise, wie sie ohne Aufregung die einfachen Aufgaben angingen, zeigte mir mehr als alles, was ich gesehen oder gehört hatte, wie ineffektiv die Besatzung war. Das sieht man auch an der Zahl der geretteten Besatzungsmitglieder und den ungefüllten Rettungsbooten. Ein Passagier der Carpathia redete mit mir darüber.

Herr Lightoller und Herr Boxhall waren äußerst höflich und freundlich an Bord der Carpathia. Ich halte sie beide für fähige Seeleute und Herren.

FÜNFZEHNTER TAG
Freitag, 10. Mai
Washington, D. C.

Eidliche Aussage: Emily B. Ryerson
Passagierin der Ersten Klasse aus Philadelphia
Kern der Aussage: Sie unterließ es, Ismays Abtun der Eiswarnungen zu beschwören. Sie erwähnt, daß die Band der Titanic nach der Kollision spielte und berichtet über die „Schreie nach Hilfe der ertrinkenden Menschen um uns herum, die ewig anzudauern schienen."

Senator Smith: Ich möchte darum bitten, auch eine eidliche Aussage von Frau E. B. Ryerson aus Chicago, Ill., die bei mir eingegangen ist, ins Protokoll zu drucken.
Die eidliche Aussage hat folgenden Wortlau:
STATE OF NEW YORK, County of Otsego:
Ich bin Emily Bosie Ryerson und gebe unter Eid folgende Aussage ab: Ich lebe in Chicago, Ill. Ich war am 14. April 1912 Passagierin auf dem Dampfschiff Titanic. Zum Zeitpunkt der Kollision war ich wach und hörte, wie die Maschinen stoppten, fühlte aber keinen Stoß. Mein Gatte schlief, und daher klingelte ich nach dem Steward Bishop, um zu erfahren, was los war. Er sagte: „Man redet von einem Eisberg, gnädige Frau, und daß man gestoppt hat, um nicht mit ihm zu kollidieren." Ich bat ihn, mich weiter zu informieren, falls es irgendweche Anordnungen geben sollte. Es war bitterkalt, daher zog ich einen warmen Morgenrock an und sah aus dem Fenster (wir hatten die großen Kabinen auf dem B-Deck ganz weit hinten) und sah die Sterne und eine ruhige See. Ich hörte kein Geräusch. Es war zwölf Uhr. Nach ungefähr zehn Minuten ging ich auf den Korridor und sah, wie einige Passagiere an Deck eilten. Ein Passagier rannte an mir vorbei und rief mir zu: „Ziehen Sie Ihre Schwimmweste an und kommen Sie an Deck." Ich sagte: „Woher kommen diese Anordnungen?" Er sagte: „Vom Kapitän." Ich ging zurück und sagte zu Fräulein Bowen und meiner Tochter, die im nächsten Raum waren, sich sofort anzuziehen, weckte meinen Gatten und die beiden jüngeren Kinder, die sich im Raum auf der anderen Sei-

te befanden und erinnerte mich dann an mein Mädchen, die einen Raum in unserer Nähe hatte. Ihre Tür war verschlossen, und ich hatte einige Schwierigkeiten, sie zu wecken. Zu diesem Zeitpunkt war mein Gatte vollständig angekleidet, und wir konnten hören, wie über uns Füße über das Deck liefen. Er war sehr ruhig und gut gelaunt und half mir, den Kindern und dem Mädchen die Schwimmwesten anzuziehen. Ich war gelähmt vor der Angst, nicht alle zusammen an Deck zu bekommen, weil wir immerhin zu siebt waren. Meine jüngere Tochter sollte sich nicht mehr anziehen, sie trug nur einen Pelzmantel, den ich über ihr Nachthemd warf. Mein Gatte ermahnte uns alle zusammenzubleiben, und so gingen wir auf das A-Deck, wo wir ziemlich viele Leute vorfanden, die wir kannten. Jeder trug eine Schwimmweste und war ruhig und beherrscht. Wir standen da ziemlich lange herum - eine volle halbe Stunde, würde ich sagen. Ich weiß, mein Mädchen rannte nach unten in die Kabine und holte einige meiner Kleider. Dann wurden wir auf das Bootsdeck befohlen. Ich erinnere mich nur an den zweiten Steward am Kopf der Treppe, der uns sagte, wohin wir gehen sollten. Mein Hauptgedanke und der von allen anderen war, kein Aufsehen zu erregen, und das zu tun, was man uns sagte. Mein Gatte scherzte mit einigen der Frauen, die er kannte und ich hörte ihn sagen: „Hören Sie nicht, wie die Kapelle spielt?" Ich bat ihn, bei ihm bleiben zu können, aber er sagte: „Du mußt die Befehle befolgen. Wenn Sie sagen Kinder und Frauen zuerst, mußt Du gehen, wenn Du an der Reihe bist. Ich bleibe bei John Thayer. Wir werden es schon schaffen. Du nimmst ein Boot nach New York." Damit meinte er den Glauben an einen Kreis von Schiffen, die auf uns warteten. Die Olympic, die Baltic waren einige Namen, die ich hörte. Während der ganzen Zeit konnten wir Raketen hören, die abgeschossen wurden - Notsignale. Wir wurden wieder aufs A-Deck befohlen, welches teilweise verkleidet war. Wir sahen, wie Leute in Boote stiegen, bis wir an die Reihe kamen. Es gab da grob zusammengehauene Stufen, um zum Fenster zu steigen. Mein Junge Jack war bei mir. Ein Offizier am Fenster meinte: „Der Junge kann nicht mitgehen." Mein Gatte kam nach vorne und sagte: „Natürlich geht der Junge zusammen mit seiner Mutter. Er ist erst 13." Da ließen sie ihn passieren. Sie sagten auch: „Keine Jungs mehr." Ich drehte mich um, küßte meinen Gatten, und als wir gingen, standen er und die anderen Männer, die ich kannte - Herr Thayer, Herr Widener und die anderen - nun, sie standen ruhig zusammen. Die Decks waren beleuchtet, und beim Heraustreten aus dem Fenster war es, als würde man ins Dunkle treten. Wir wurden in die Boote geworfen. Es gab zwei Männer - ein Offizier im Innern und ein Matrose draußen -, die uns halfen. Ich fiel auf eine Frau, die sich bereits im Boot befand und krabbelte mit meiner älteren Tochter in den Bug. Fräulein Bowen und mein Junge waren im Heck und meine zweite Tochter in der Mitte des Bootes mit meinem Mädchen. Frau Thayer, Frau Widener, Frau Astor und Fräulein Eustis waren die einzigen anderen, die ich in unserem Boot kannte.

Dann rief ein Offizier vom oberen Deck: „Wieviele Frauen sind in jenem Boot?" Jemand antwortete „24" „Das ist genug, herunterlassen." Die Taue schienen sich an einem Ende des Bootes zu verhaken und daher neigte sich das Boot, worauf einige nach einem Messer riefen, aber es wurde nicht gebraucht, bis wir das Wasser erreicht hatten, weil es nur eine kurze Distanz war. Da begriff ich das erste Mal, wie weit das Schiff gesunken war. Das Deck, welches wir verlassen hatten war nur noch 20 Fuß über dem Wasser. Ich konnte alle offenen Bullaugen sehen, durch die das Wasser hineinströmte. Die Decks waren noch erleuchtet. Dann riefen sie: „Wieviele Matrosen haben Sie?" Man antwortete, einen. „Das ist nicht genug", sagte der Offizier. „Ich schicke Ihnen einen weiteren." Und er schickte einen Matrosen das Tau herab. Einige Minuten danach kamen andere Männer, keine Seeleute, über die Taue in unser Boot. Dann erging der Befehl abzulegen und man ruderte, alle Matrosen, die Frauen, jeder ruderte, machte aber keinen Fortschritt. Es gab Verwirrung über die Anordnungen. Wir ruderten Richtung Heck, jemand rief irgendetwas über eine Gangway, und niemand wußte, was zu tun war. Fässer und Stühle wurden über Bord geworfen.

Dann plötzlich, als wir noch sehr nahe waren, sahen wir, wie das Schiff schnell unterging. Ich war im Bug des Bootes mit meiner Tochter und sah, wie das großartige Schiff mit dem Bug abtauchte, die beiden vorderen Schornsteine schienen sich zu neigen und dann schien es in zwei Teile zu zerbrechen, als ob man mit einem Messer durchgeschnitten hätte. Als der Bug unterging, erloschen auch die Lichter. Das Heck stand aufwärts für einige Minuten, dunkel gegen die Sterne, und ging dann auch unter. Es gab dann keinen Ton mehr - scheinbar für Stunden. Doch dann begannen die Hilferufe der Menschen, die um uns herum ertranken, was ewig anzudauern schien. Jemand brüllte: „Rudert um euer Leben, oder ihr werdet nach unten gezogen." Jeder, der konnte, ruderte wie verrückt. Ich konnte meine jüngere Tochter und Frau Thayer und Frau Astor am Ruder sehen, aber es schien keine Sogwirkung zu geben. Dann drehten wir bei und nahmen einige aus dem Wasser auf. Einige der Frauen protestierten, aber andere bestanden darauf. Wir holten sechs oder sieben Männer in das Boot. Die geretteten Männer waren hauptsächlich Heizer, Stewards, Matrosen usw., und sie waren so verfroren, daß sie sich kaum bewegen konnten. Zwei von ihnen starben später im Heck, und viele stöhnten und phantasierten in ihrem Delirium. Wir hatten keine Lichter oder einen Kompaß. Es gab mehrere Babys im Boot, aber es gab keine Milch oder Wasser. (Ich glaube, das war irgendwo verstaut, aber niemand wußte wo, und nachdem der Boden des Bootes voller Wasser war und das Boot voll mit Menschen, war es schwierig, irgendetwas zu finden.)

Nachdem die Titanic gesunken war, sahen wir keine Lichter, und niemand schien zu wissen, welche Richtung wir einschlagen sollten. Lowe, der für das Boot verantwortliche Offizier, hatte früher bereits gerufen, um alles zu vertäuen und nun hörten wir wieder seine Pfeife. Sobald wir die Boote im Dunkeln ausmachen konnten, waren wir auch schon vertäut. Wir trieben in der ruhigen See, ohne zu rudern und warteten auf die Morgendämmerung. Es war sehr kalt, und bald kam eine Brise auf, und es war schwer, unser Boot zu halten. Nachdem die Schreie aufgehört hatten, konnten wir ein Floß mit 20

Männern ausmachen. Es war das umgekippte Boot. Und nachdem die Matrosen in unserem Boot meinten, wir könnten nur noch acht bis zehn Mann aufnehmen, riefen wir nach einem anderen Boot, um sie zu retten. Wir machten uns also los und nahmen die Männer auf. Sie hätten es nicht mehr viel länger geschafft. Dann, als die Sonne aufging, sahen wir die Carpathia ungefähr fünf Meilen entfernt, und zum ersten Mal sahen wir Eisberge um uns herum. Die Carpathia dampfte in unsere Richtung, bis helles Tageslicht herrschte. Dann stoppte sie und begann, die Boote aufzunehmen. Gegen acht Uhr gingen wir an Bord. Schon bald nachdem wir an Bord waren, gab es die Liste der Überlebenden. Die Freundlichkeit und die alle Arrangements an Bord der Carpathia für unseren Komfort können gar nicht genug gelobt werden.

Diese vorangegangene Aussage wurde auf Bitten von William Alden Smith, dem Vorsitzenden des ermittelnden Komitees des Senats über das Titanic-Desaster erstellt.

EMILY BOSIE RYERSON

Eidliche Aussage Daisy Minahan

Passagierin der Ersten Klasse aus Wisconsin

Kern der Aussage: Der fünfte Offizier Lowe weigerte sich zunächst zurückzukehren, um Überlebende aus dem Wasser zu holen, tat es dann aber doch. Gegenüber den Frauen im Rettungsboot, so zitiert sie ihn, sagte er: „Sie sollten verdammt froh sein, hier zu sein und Ihr Leben behalten zu haben."

Senator Smith: Ich bitte auch, eine eidliche Aussage von Daisy Minahan und einen an mich gerichteten Brief ins Protokoll zu drucken. Die Aussage und der Brief haben folgenden Wortlaut:

Eidliche Aussage auf Wunsch von Senator Smith.

STATE OF WISCONSIN, Wood County:

Daisy Minahan gibt unter Eid folgende Aussage ab: Ich schlief in meiner Kabine C-78. Ich wurde von einer im Gang schreienden Frau geweckt. Ich weckte meinen Bruder und seine Frau, und wir begannen sofort, uns anzuziehen. Niemand kam und warnte uns. Wir brauchten fünf Minuten, um uns anzuziehen und gingen

backbords an Deck. Die furchterregende Schräge des Schiffs in Richtung Bug gab uns den ersten Gedanken an Gefahr.

Ein Offizier kam und befahl allen Frauen, ihm zu folgen, und er führte uns steuerbords auf das Bootsdeck. Er sagte uns, es bestehe keine Gefahr, wir sollten aber als Vorsichtsmaßnahme in die Rettungsboote steigen. Nachdem wir drei Versuche gemacht hatten, schafften wir es, in das Rettungsboot Nummer 14 zu klettern. Die Menschenmasse um die Boote begann unruhig zu werden.

Offiziere brüllten und fluchten, daß die Männer zurückweichen sollten, um die Frauen in die Boote zu lassen. Beim Gang von einem Boot zum anderen stolperten wir über große Stapel von Brot, die an Deck herumlagen.

Nachdem das Rettungsboot gefüllt war, gab es keine Seeleute, um es zu bemannen. Der Boot Nummer 14 kommandierende Offizier rief nach Freiwilligen aus der Masse, die rudern konnten. Sechs Männer boten sich an, mitzukommen. Beim Herunterlassen nahm unser Boot zeitweise einen Winkel von 45 Grad ein und wir fürchteten, ins Meer zu fallen. Immer wenn wir ein Deck erreichten, sprangen Männer in das Boot, bis der Offizier damit drohte, den nächsten Mann, der springen würde, zu erschießen. Wir erreichten das Meer und ruderten in eine sichere Entfernung vom sinkenden Schiff. Der Offizier zählte uns und fand heraus, daß wir 48 waren. Der Offizier befahl jedem, auf dem Boden nach einem Licht zu sehen. Wir fanden keins. Es gab auch weder Brot noch Wasser an Bord. Der Offizier, dessen Name, wie ich später herausfand, Lowe war, machte ständig Bemerkungen wie: „Ein gutes Lied wäre jetzt 'Throw out the Life Line'" und „Ich glaube, am besten wäre es für euch Frauen, ein Nickerchen zu machen."

Die Titanic sank schnell. Nach dem Untergang waren die Schreie furchtbar. Das war um 2:20 A.M., das zeigte die Uhr eines Mannes neben mir. Zu jenem Zeitpunkt waren drei Boote und unseres miteinander vertäut. Die Schreie kamen weiter über das Wasser. Einige der Frauen flehten Offizier Lowe aus der Nummer 14 an, seine Passagiere unter den anderen Booten aufzuteilen und zurückzukehren, um andere zu retten.

Seine erste Antwort auf diese Bitten war: „Sie sollten verdammt glücklich sein, daß Sie hier sind und leben." Als ich zu ihm kam, um in ein anderes Boot zu wechseln, sagte er: „Spring verdammt noch mal, spring." Ich hätte nicht gezögert und wartete nur, daß ich an der Reihe war. Er war während der zwei Stunden, die wir in seinem Boot verbrachten, so gotteslästerlich, daß die Frauen in meinem Teil des Bootes dachten, er stünde unter dem Einfluß von Alkohol. Dann nahm er alle Männer aus Nummer 14, die gerudert hatten, mit den Männern aus den anderen Booten zusammen und kehrte zur Stelle des Untergangs zurück. Wir blieben mit einem Heizer und einem Steward zurück, die unser sehr volles Boot rudern sollten. Der Steward tat sein Bestes, doch der Heizer lehnte anfangs ab, half dann aber zwei Frauen, die als einzige an dieser Seite ruderten. Es war gegen vier Uhr, als wir die Carpathia erblickten, und wir waren drei Stunden von ihr entfernt. Auf der Carpathia wurden wir mit aller nur erdenklicher Freundlichkeit behandelt und erhielten jeden nur denkbaren Trost.

Eine Stewardeß, die gerettet wurde, erzählte mir, daß Zimmerleute auf der Tiatnic, nachdem das Schiff Southampton verlassen hatte, damit beschäftigt waren, die Türen der luftdichten Abteile funktionsfähig zu machen. Sie hatten große Schwierigkeiten damit, und einer bemerkte, daß sie im Falle eines Unglücks zwecklos seien, weil es so lange dauerte, sie funktionsfähig zu machen.

DAISY MINAHAN

11. Mai 1912
HON. WM. ALDEN SMITH
Washington, D. C.

Sehr geehrter Herr: Ich habe Ihnen meine Beobachtungen und Erfahrungen nach dem Desaster geschildert, aber ich möchte Ihnen auch noch erzählen, was Sonntagnacht, 14. April geschah.

Mein Bruder, seine Gattin und ich begaben uns gegen 7:15 P.M. (Schiffszeit) zum Abendessen ins Café. Als wir eintraten, fanden wir dort eine Dinner-Gesellschaft vor, die bereits dinierte. Sie bestand aus einem Dutzend Männer und drei Frauen. Kapitän Smith gehörte zu den Gästen wie Herr und Frau Widener, Herr und Frau Blair und Major Butt. Kapitän Smith war ununterbrochen bei dieser Gesellschaft, von dem Zeitpunkt unseres Betretens bis zwischen 9:25 und 9:45, als er den Damen eine gute Nacht wünschte und ging. Ich weiß das genau, weil mein Bruder um 9:25 Uhr vorschlug, ich solle zu Bett gehen. Wir warteten noch ein Stück des Orchesters ab, und es war zwischen 9:25 und 9:45 (als wir gingen), daß Kapitän Smith ging.

Einige Fuß von dieser Gesellschaft entfernt saßen auch Sir Cosmo und Lady Duff-Gordon, eine Frau Meyers aus New York und Frau Smith aus Virginia. Herr und Frau Harris dinierten zur gleichen Zeit im Café.

Ich habe eine Aussage vor Ihrem Komitee gelesen, die besagt, daß Kapitän Smith mit einem Offizier von 8:45 bis 9:25 Uhr auf der Brücke gesprochen habe. Dies ist absolut unwahr, weil er während dieser Zeit mit diesen Leuten Kaffee trank. Ich saß so nahe bei ihnen, daß ich Teile ihrer Unterhaltung hören konnte.

Mit freundlichen Grüßen
DAISY MINAHAN

SECHZEHNTER TAG
Samstag, 18. Mai

Zeuge: Kapitän John J. Knapp
Hydrograph bei der United States Navy
Kern der Aussage: Indem er auf Kartenmaterial und die reichlich vorhandenen Eiswarnungen anderer Schiffe verwies, die der Titanic zur Verfügung standen, darunter eine, in der das Eis im Nordatlantik als „so weit das Auge reicht" beschrieben wurde, beschrieb Knapp den vorhersehbaren Kurs der Titanic in den Untergang. Er präsentierte auch einen detaillierten Beweis - verurteilend für den Kapitän der Californian, Lord -, daß sich die Californian und Titanic in Sichtweite befanden. Die Californian hätte die Titanic vor dem Untergang erreichen und, so Knapp, alle retten können.

Senator Smith: Würden Sie bitte dem Komitee erklären, in welcher speziellen Abteilung des öffentlichen Dienstes Sie tätig sind?

Knapp: Ich bin verantwortlich für das Hydrographische Amt unter dem Bureau of Navigation des Marineministeriums. . .
Seit mehr als einem Vierteljahrhundert veröffentlicht das Hydrographische Amt jeden Monat eine Serie von Karten, die als Pilotkarten für den Nordatlantik bekannt sind. Darin vermerkt sind die physikalischen Verhältnisse des Ozeans, die atmosphärischen Werte für den laufenden Monat und die lokalisierten Hindernisse für die Navigation, die uns von ankommenden Schiffen berichtet werden. Eine Zusammenfassung dieser Gefahren und eine detailliertere Beschreibung als es der Platz auf der Karte zuläßt, wird Woche für Woche auf einem Papier mit Namen Hydrographisches Bulletin veröffentlicht. Diese Veröffentlichungen werden kostenlos unter den Schiffsführern und Seeleuten als Gegenleistung für ihre Nachrichten verteilt. Die Kontaktpunkte zwischen dem Amt in Washington und der Marine ist eine Serie von hydrographischen Außenämtern in den wichtigsten Seehäfen.
Praktisch alle Kapitäne im transatlantischen Verkehr arbeiten zusammen, indem sie ihre Informationen an die hydrographischen Außenämter in den Häfen weitergeben. In den letzten Jahren ist die Sammlung von Daten entscheidend durch den Einsatz der Radiotelegraphie beschleunigt worden. Das Hydrographische Amt ist daher in der Lage, ein tägliches sogenanntes Tagesmemorandum mit allen Berichten über wichtige Gefahren zu veröffentlichen. Dieses Blatt wird jeden Nachmittag erstellt und dann an die einzelnen hydrographischen Außenämter geschickt und dort für alle Betroffenen öffentlich ausgehangen. . . Im Falle des kürzlichen Verlustes der Titanic besaßen die Reedereien und die Schiffsführer die Erfahrung und die Beurteilungen der ausgebildeten Mannschaft des Hydrographischen Amtes, die in einem im April 1909 gedruckten Band mit dem Titel „North Atlantic Ice Movements" (Eisbewegungen im Nordatlantik) zusammengefaßt waren. Diese Studie zeigt mit Diagrammen die gewöhnlichen Grenzen des Eisverlaufs für einen Zeitraum von zehn Jahren. Die Schiffahrtsgemeinschaft wird noch spezieller Monat für Monat mit der Pilotkarte über den Zustand des Eises bis zur Drucklegung und dem wöchentlichen hydrographischen Bulletin mit allen wichtigen Details über das Eis und treibende Wracks informiert. Und die täglichen Memoranden fassen die jeden Tag eingehenden Berichte zusammen. . .

Senator Smith: Kapitän, sind Sie in der Lage zu wissen, wie sich die Eisverhältnisse am 14. April in der Nähe der Grand Banks vor Neufundland und in den Tagen davor darstellten?

Knapp: Vor dem 14. April bekam das Hydrographische Amt ständig Berichte über Eis im Nordatlantik. Diese Berichte begannen zu Anfang des Winters, als sich das Eis in Richtung Osten von Neufundland zu bewegen begann. Wie bereits erwähnt, gibt das Amt diese eingehenden Eisberichte täglich an die Marine weiter. Vor dem 14. April wurde in den vom Amt herausgegebenen täglichen Memoranden Eis in der Nähe des Titanic-Desasters bestätigt.
Die Pilotkarte für den April, die am 28. März 1912 veröffentlicht wurde, zeigt, daß das Eis im März so weit südlich bis zum 44. Grad nördlicher Breite gekommen war. Das tägliche Memorandum vor dem 13. zeigte, daß der Trend des Eises in Richtung Süden ging. Eisberge waren unterhalb des 43. Breitengrad am

7., 8., 9. und 11. April gesichtet worden. Es hatte den 42. Breitengrad erreicht und am 11. war es südlich des 42. Grad nördlicher Breite gesichtet worden.

Das tägliche Memorandum des 15. April enthält eine Meldung des Dampfers Amerika via Titanic und Cape Race, Neufundland, vom 14. April 1912 an das Hydrographische Amt, Washington, D. C.:

Amerika hat zwei große Eisberge in 41° 27' N., 50° 8' W am 14. April passiert.

KNUTH

Am Morgen des 15. April, dem Tag nach dem Unglück, ging beim Amt ein Radiogramm des Dampfschiffs Amerika via Titanic und Cape Race ein und wurde von dort nach Washington übermittelt. In ihm wurde Eis in 42° 27' N nördlicher Breite und 50° 8' W Länge berichtet. Das Eis befand sich nach diesem Bericht 19 Meilen südlich von der Stelle, wo die Titanic versank.

Senator Smith: Haben Sie die Mitteilung der Amerika über die Titanic, auf die Sie sich beziehen, bei sich?

Knapp: Ja. Sie hat den folgenden Wortlaut:

S.S. Amerika via S.S. Titanic und Cape Race, N.F. 14. April 1912

Hydrographisches Amt, Washington, D. C.:
Amerika hat zwei große Eisberge in 41° 27' N., 50° 8' W. am 14. April passiert.

KNUTH.

Auf unsere Bitte hat die Hamburg-Amerika Linie, zu der das Dampfschiff Amerika gehört, die Kopie dem Hydrographischen Amt zur Verfügung gestellt (im Anhang). Wie man ersehen kann, ist der Funkspruch von der Amerika um 11:45 A. M. (New-York-Zeit) an die Titanic übermittelt worden:

Hydrographisches Amt, Washington, D. C.:
Amerika hat zwei große Eisberge in 41° 27' N., 50° 8' W. am 14. April passiert.

KNUTH

Senator Smith: Kapitän, könnten Sie bitte dem Komitee erklären, wie ausgedehnt dieses Eisfeld war, auf das Sie sich beziehen?

Knapp: Ich lege dem Komitee. . . die folgenden Kopien von Eisberichten der angegebenen Dampfer vor.

Die Eisberichte, um die es hier geht, sind im folgenden Protokoll aufgeführt:

Marine Data for the United States Hydrographic Office.

Reports on Wrecks, Derelicts, Ice, and other Obstruction to Navigation.

(Marine-Daten für das Hydrographische Amt der Vereinigten Staaten)

(Berichte über Wracks, treibende Hindernisse, Eis und andere Hindernisse für die Navigation)

Californian, Britisch, Schiffsführer Lord. Eingegangen im hydrographischen Außenamt in Boston, Mass. am 22. April, im Hydrographischen Amt, am 23. April eingegangen:

14. April, 6:30 P.M. Breite 42.05 N., Länge 49.10 W. Sichtung von zwei großen Eisbergen fünf Meilen südlich der obigen Position. Um 7:15 P.M. Breite 42.05 N., Länge 49.20 W. zwei Berge und 7:30 P.M. zwei Berge. Um 10:20 P.M. Breite 42.05 N. Länge 50.07 W. schweres Packeisfeld, ungefähr fünf Meilen breit, erstreckt sich nach Norden und Süden soweit das Auge sehen kann. Ebenfalls viele Eisberge gesichtet. Von der obigen Position bis zum 15. April 2:30 P.M. Breite 41.33 N. Länge 50.42 W. fast ununterbrochenes Eisfeld. Bei der letzten Position Sichtung von zwei Bergen und vollendete Umfahrung des Eisfeldes.

Von der griechischen Athinai, Schiffsführer John Coulonlound. Empfangen im hydrographischen Außenamt in New York am 25. April. Weitergegeben und empfangen im Hydrographischen Amt am 26. April:

14. April, 11:45 A.M., 41° 50' 48" N., 49° 34' 15" W. mehrere Eisberge (ungefähr sechs) mit einer Höhe von 50 bis 60 Fuß passiert; sowie großes Eisfeld.

Von der britischen Persian, Schiffsführer William Hains. Empfangen im hydrographischen Außenamt in Boston, Mass., am 24. April. Weitergegeben und empfangen im Hydrographischen Amt am 25. April:

14. April, 4:30 P.M., Breite 41° 55' N. Länge 49° 02' W., ersten Eisberg passiert. 8 P.M. Breite 41° 42' N., Länge 49° 55' W., letzten Eisberg passiert. Zwischen beiden Positionen 14 mittlere und große Eisberge passiert sowie mehrere kleine Berge.

Von der deutschen Paula, Schiffsführer H. Rieke. Empfangen im hydrographischen Außen-

amt Norfolk, Va., am 20. April. Weitergegeben und empfangen im Hydrographischen Amt am 22. April:
14. April. 11:40 A.M. Breite 41° 54' N. Länge 40° 32' W. ein großer Eisberg. 14. April 11:40 A.M. Breite 41° 50' N., Länge 49° 33' W. ein großer Eisberg. 14. April Mittag, Breite 41° 53' N., Länge 49° 36' W., ein großer Eisberg. 14. April Vormittag, von Breite 41° 58', Länge 49° 30' W., bis 41° 56', 49° 52' schweres Packeis (ein Feld). 14. April 5:30 P.M. von Breite 41° 55', Länge 50° 13', bis Breite 41° 40', Länge 50° 30' schweres Packeis und 30 große Eisberge in einem Feld.

Von der deutschen Trautenfels, Schiffsführer Hupers. Empfangen im hydrographischen Außenamt in Boston, Mass., am 18. April. Weitergegeben und empfangen im Hydrographischen Amt am 19. April:
14. April, 5:05 A.M. Breite 42° 01' N., Länge 49° 53' W. zwei große Eisberge passiert, ungefähr 200 Fuß lang und 40 Fuß hoch.
14. April, 5:40 A.M. Breite 42° 01' N., Länge 50° 06' W., bis 8 A.M. Breite 41° 40' N., Länge 50° 22' W. passieren ein Feld von schwerem Packeis ohne öffnungen im Feld. Eisfeld erstreckt sich weit nach Norden. Während dieser Zeit Sichtung von ungefähr 30 Eisbergen.

Kopie eines Telegramms, das vom hydrographischen Außenamt in New York am 17. April empfangen wurde:
Dampfer la Bretagne aus Le Havre berichtet am 14. April, Breite 41° 39', Länge 49° 21' und 50° 21' von der vierstündigen Durchfahrt durch ein Eisfeld mit zahlreichen Eisbergen - 7:30 bis 11:38 A.M.
Dampfer Hellig Olav aus Kopenhagen berichtet am 13. April, Breite 41° 43', Länge 49° 51': drei große Eisberge passiert. Am selben Datum, Breite 41° 39', Länge 50° 81': mittelgroßer Berg und Eisfeld.

Von der Mesaba, Schiffsführer O. P. Clarke. Im Hydrographischen Amt am 19. April 1912 aus dem hydrographischen Außenamt New York eingegangen:
14. April, 11 A.M., Breite 41° 50' Nord, Länge 49° 15' West: zahlreiche Berge passiert, einige sehr groß; auch ein Packeisfeld, ungefähr fünf Meilen lang. 14. April 2 P.M., 42° Nord,

Länge 50°: noch ein Packeisfeld passiert mit zahlreichen Bergen, daß sich vier Punkte auf dem Steuerbordbug bis querab auf der Backbordseite erstreckte. Mußte ungefähr 20 Minuten südlich fahren, um vorbeizukommen. Das Eis erschien eine solide Eiswand zu bilden. Mindestens 16 Fuß hoch, soweit man sehen konnte. In Breite 41° 35' Nord, Länge 50° 30 West erreichten wir das Ende und um 4 P.M. waren wir wieder in der Lage, westwärts zu steuern. Sahen danach kein Eis mehr. Wetter klar und hell.

Telegramm von der Amerika vom 14. April, via Titanic und Cape Race, Neufundland, das vom Hydrographischen Amt am 15. April empfangen wurde:
Amerika hat zwei große Eisberge in 41° 27' Nord, 50° 8' West am 14. April passiert. Knuth, 10:51 p.

Kopie eines Telegramms von der Pisa via Halifax, das vom hydrographischen Amt am 15. April empfangen wurde:
Auf Breite 42° 6' Nord und Länge 49° 43' West Auftreffen auf massives Eisfeld und Sichtung von sieben Bergen beachtlicher Größe auf beiden Seiten des Kurses.

In diesem Zusammenhang möchte ich die Aufmerksamkeit des Komitees vor allem auf den Bericht des Schiffsführers der Mesaba richten, der berichtet, daß er am 14. April um 2 P.M. in Breite 42° Nord, Breite 50° West „ein weiteres Packeisfeld passierte mit zahlreichen Bergen, das sich vier Punkte vom Steuerbordbug bis querab auf der Backbordseite erstreckte. Mußte 20 Meilen nach Süden steuern, um ihm auszuweichen. Eis erschien als eine solide Eiswand. Mindestens 16 Fuß hoch, soweit man sehen konnte. In Breite 41° 35' Nord, Länge 50° 30' West erreichten wir das Ende und konnten um 4 P.M. am 14. April wieder nach Westen steuern."

Das vom Schiffsführer der Mesaba berichtete Eis befand sich direkt auf dem Kurs, auf dem sich die Titanic befunden haben soll, als sie in Richtung Unglück dampfte.

Die Karte Nummer 2, die dem Komitee vorgelegt wurde, zeigt die Eisbarriere, wie sie sich am 14. April darstellte - nach den verschiedenen Berichten, die im Amt eingingen und der

Aussage, die der Kapitän der Mount Temple, Moore, vor Ihrem Ausschuß gemacht hat.

Ich möchte die Aufmerksamkeit des Komitees außerdem auf den Bericht des Dampfers Athinai richten. Dies ist derselbe Dampfer, dessen Funkbericht über Eisberge und Eisfelder vom Dampfer Baltic empfangen wurde, wie der vor Ihrem Komitee vernommene Funker Balfour bestätigt hat, und den er an die Titanic am 14. April 1912 gegen 11:50 A.M. weitergegeben hat. Der Empfang wurde um 12:05 P.M. von Titanic-Kapitän Smith bestätigt. Dieses Eis, das zeigt unsere Karte, lag auf dem oder in der Nähe des Kurses der Titanic.

Senator Smith: Haben Sie ein Mittel, aus der Beschreibung des Eises und der Geschwindigkeit der Titanic, die zu jener Zeit 75 Schraubenumdrehungen in der Minute machte, Rückschlüsse auf die Kraft des Aufpralls zu machen?

Knapp: Es ist bei den gemachten Aussagen unmöglich, festzustellen, wie direkt die Titanic auf das Eis traf. Aber eine Idee über den Schlag läßt sich mittels einer akzeptierten Formel entwickeln. Dabei wird das Gewicht mit dem Quadrat der Geschwindigkeit multipliziert, und dann durch die zweifache Gravitation dividiert. Indem man das Gewicht des Schiffs mit dem Quadrat seiner Geschwindigkeit in Fuß per Sekunde multipliziert und durch die zweifache Gravitation dividiert, ergibt den Schlag, den es gegeben hätte, wenn es geradeaus diese offensichtliche feste Masse Eis gerammt hätte. Bei einer Geschwindigkeit von 21 Knoten wäre dies eine Energie von 1.173.200 Fußtonnen oder genügend Energie, um 14 Denkmäler von der Größe des Washington Monuments innerhalb einer Sekunde anzuheben. Ich glaube, daß die Beweislage ergeben hat, daß das Schiff den Eisberg getroffen hat, bevor es an Geschwindigkeit verloren hatte, was entweder an der Ruderänderung oder dem Stoppen oder der Umkehrung der Maschinen gelegen hat. Auf jeden Fall wäre ihre Aufprallenergie so wie oben beschrieben gewesen.

Senator Smith: Kapitän, in Anbetracht der offensichtlichen Stärke dieses Aufpralls, können Sie dann die Abwesenheit eines Stoßes erklären? Dieser Stoß scheint von den Passagieren oder der Besatzung kaum wahrgenommen worden

zu sein.

Knapp: Man könnte es damit vergleichen, wenn man mit einem Messer in einem streifenden Bogen in die Hand schneidet. Es gäbe dann auch keinen offensichtlichen Stoß. Dieser Teil des Eises, der in die äußere Haut des Schiffes schnitt, war wie die Klinge eines Messers, das die Hand schneidet. Hätte das Schiff die Masse Eis frontal getroffen, dann hätte es den Aufprall gegeben, der stattfindet, wenn eine bewegliche Sache auf eine unbewegliche Sache trifft. . .

Senator Smith: Kapitän, können Sie an noch etwas anderes denken, das Sie sagen wollen, das Licht in die von diesem Komitee gemachten Ermittlungen in die Ursachen für den Untergang der Titanic und die Dinge, die danach geschahen, bringen könnte? Vor allem, was die Position des Dampfschiffs Californian in der Nacht des Unglücks betrifft?

Knapp: Ich möchte das folgende Memorandum mit dem Titel „Memorandum on chart - Titanic - Ice barrier - Near by ships", vorlegen, welches Chart Nummer 2, das ich bereits vorgelegt habe, erklärt.

Das Memorandum hat folgenden Wortlaut:
Hydrographisches Amt,
Washington, D. C. 14. Mai 1912
Memorandum on chart
„Titanic" - Ice Barrier - Near-by-ships
Die Karte mit obigem Titel zeigt die Eisbarriere, in welche die Titanic zweifellos gedampft ist. Das Eis, wie es auf dieser Karte erscheint, ist in einer Barriere gruppiert und wird nicht zerstreut liegend wie auf der Karte „Ice as reported near Titanic" dargestellt. Nach allen Beweisen, die dem Hydrographischen Amt vorliegen aus der Anhörung des Senatskomitees und den verschiedenen Berichten der Dampfer über Eis in der Gegend, hat das Hydrographische Amt keinen Zweifel daran, daß sich die Eisbarriere so darstellte wie auf dieser Karte. Kopien der obengenannten Berichte werden hiermit überreicht. Es mag dort wahrscheinlich auch noch andere Barrieren und Berge gegeben haben. Sie tauchen nicht auf der Karte auf, weil man ohne verwirrende Details die Barriere zeigen wollte, in die die Titanic dampfte.

Eine Untersuchung der Karte zeigt, daß die Mount Temple um 12:55 A.M. (New-York-

Zeit) des 15. April das südwestliche Ende dieses Eisfelds erreichte. Um die Titanic später erreichen zu können, hätte die Mount Temple um das südliche Ende dieser Eisbarriere und weiter nördwärts und östlich 30 Meilen lang dampfen müssen. Nachdem ihre Höchstgeschwindigkeit bei 13 Knoten (Lloyd's Register) liegt, hätte sie den Ort des Titanic-Desasters frühestens um 3:15 A.M. (New-York-Zeit) erreichen können. Das wäre zwei Stunden und 18 Minuten nach dem Untergang (12:57 A.M. New-York-Zeit) gewesen.

Eine weitere Untersuchung zeigt die Position der Californian, entsprechend den Angaben ihres Schiffsführers.

Eine weitere Untersuchung der Karte zeigt bestimmte Bögen von Kreisen in gepunkteten Linien, die von den folgenden Punkten ausgehen: die Position der Californian, die Position der Titanic und die hypothetische Position der Californian. Diese Bögen wurden gezogen, um folgendes zu zeigen: Die Durchmesser der Bögen mit der Titanic im Zentrum und der Californian im Zentrum sind identisch. Der größerer Durchmesser beträgt 16 Meilen und der kleinere sieben Meilen. 16 Meilen repräsentiert die Entfernung, aus der Seitenlichter der Titanic von jemanden, der auf der Californian auf der Höhe der Seitenlichter steht, gesehen werden können. Auf der anderen Seite repräsentieren die sieben Meilen die Entfernung, bei der die Seitenlichter der Californian nicht mehr gesehen werden würden. Ein weiterer Blick auf die Karte zeigt zwischen den Positionen der Titanic und der Californian eine hypothetische Position der Californian. Unter der Hypothese, daß sich die Californian in dieser Position befand, ist eine gepunktete Linie nach Angaben des Schiffsführers der Californian auf Kurs Südsüdost gezogen, auf dem er den großen Dampfer gesehen hat. Diese gepunktete Linie ist bis zum Kreuzpunkt mit dem Kurs der Titanic gezogen worden. Dazu ist eine parallel laufende Linie gezogen worden, um den Kurs der Titanic zu kreuzen und zwar zu jenem Punkt, an dem sich die Titanic am 14. April um 10:06 P.M. (New-York-Zeit) - 11:56 P.M. Californian-Zeit befunden haben muß. Zu diesem Zeitpunkt ist der Dampfer nach der Aussage von Ernest Gill auf der Californian gesichtet worden. Es hat den Anschein, daß nach dem Kurs des Dampfers, wie ihn der Schiffsführer der Californian angegeben hat, und der Zeugenaussage von Ernest Gill, sich die Position der Californian in die Nähe der hypothetischen Position verlegt. Vorausgesetzt die vom Schiff aus gesehenen Lichter waren die der Titanic.

Eine weitere Untersuchung der Karte ergibt, daß die Californian von der Position, die ihr Schiffsführer angegeben hat, den Ort des Desasters innerhalb von zwei Stunden hätte erreichen können. Von der hypothetischen Position aus hätte die Californian innerhalb einer Stunde nach dem Zusammenprall den Unfallort erreichen können. Die Beweise der Anhörungen haben ergeben, daß die Titanic noch zwei Stunden nach dem Aufprall schwamm.

John J. Knapp.

Ich habe die besondere Aufmerksamkeit auf den Teil des Memorandums gelenkt, in dem die hypothetische Position der Californian wie in dieser Karte gezeigt wird. Im Zusammenhang damit ist es wünschenswert zu erklären, daß die Kreisbögen um die Positionen der Titanic und der Californian gezogen wurden, um die Aussagen bestimmter Zeugen vor Ihrem Komitee zu illustrieren.

Senator Smith: Was zeigen diese Bögen an?

Knapp: Der äußere Bogen um jedes Schiff zeigt einen Radius von 16 Meilen, was ungefähr der weitesten Entfernung entspricht, die die Krümmung der Erdkugel zuläßt, um die Seitenlichter der Titanic auf der Höhe der Seitenlichter der Californian sehen zu können. Oder die Seitenlichter der Californian auf der Höhe der Seitenlichter der Titanic. Der innere Kreis stellt einen Radius von sieben Meilen dar. Das ist ungefähr die von der Erdkrümmung vorgegebene Entfernung, aus der man, im Rettungsboot sitzend, die Seitenlichter der Californian hätte sehen können. Es erscheint daher, wenn die Position der Titanic beim Unglück so wie hier ausgesagt war, und wenn die vom Bootsdeck aus gesehenen Lichter von der Californian stammten, daß sich die Californian innerhalb des 16-Meilen-Radius um die Titanic befunden haben muß. Es ist weiter möglich, daß wenn die oben gemachte Hypothese zutrifft, und die

Seitenlichter des Dampfers, wie ausgesagt, nicht mehr gesehen werden konnten, nachdem die Rettungsboote der Titanic auf dem Wasser waren, sich die Californian außerhalb des um die Titanic geschlagenen Radius von sieben Meilen befand.

Im Falle der Californian muß sich das Schiff innerhalb des um ihn geschlagenen 16-Meilen-Radius befunden haben, wenn der in den Aussagen der Besatzungsmitglieder, einschließlich des Kapitäns und des Maschinisten vorbeifahrende Dampfer die Titanic gewesen ist. Wenn das der Fall war, dann muß sich die Titanic außerhalb des um die Californian geschlagenen sieben-Meilen-Radius befunden haben, weil die Seitenlichter der Californian von der Erdkrümmung verdeckt worden waren und nicht von den Rettungsbooten aus gesehen werden konnten.

Die Karte zeigt auch eine hypothetische Position der Californian. Von der Hypothese ausgehend, daß sich die Californian in dieser Position befand, ist eine gestrichelte Linie gezogen worden entlang des Kurses, auf dem der Dampfer nach Angaben des Kapitäns der Californian gesichtet worden ist. Dieser Kurs ist in die Karte eingetragen worden, um den Kurs der Titanic zu kreuzen, wo sie sich offensichtlich am 14. April um 10:06 P.M. New-York-Zeit befand. Das entspricht 11:56 P.M. desselben Tages der Californian-Zeit, als Ernest Gill, ein Besatzungsmitglied der Californian, wie er vor Ihrem Komitee aussagte, einen großen Dampfer gesehen hat. Wenn sich die Californian an dieser hypothetischen Position befunden haben sollte, hätten die Offiziere und die Besatzung der Californian die Titanic sehen können.

Senator Smith: Kapitän, sind Sie in der Lage, dem Komitee zu erklären, ob sich zwischen der Titanic kurz vor und nach dem Unfall und der Californian ein weiteres Schiff befunden haben könnte?

Knapp: Nachdem ich bei den Anhörungen vor Ihrem Komitee anwesend gewesen bin, und nachdem ich die Aussagen der Zeugen vor dem Komitee gelesen habe, bin ich zu der Auffassung gekommen, daß wenn sich ein Schiff zwischen der Titanic und der Californian befunden haben sollte, es anscheinend von keinem anderen Schiff am folgenden Morgen in der Nähe gesehen worden ist. Es gibt auch keine Berichte an das Hydrographische Amt, daß dort ein Dampfer gesichtet worden ist. Die Beweislage gestattet nicht anzunehmen, daß sich in jenen Gewässern ein dritter Dampfer aufgehalten hat, vor allen Dingen angesichts der Tatsache, daß ein solches Schiff weder von anderen Schiffen noch von den Insassen der Rettungsboote am nächsten Tag gesichtet wurde. Nach allen Berichten war die Eisbarriere zwischen der angegebenen Position der Californian und der Titanic für ein nach Westen fahrendes Schiff unpassierbar. Es gibt keine Aussagen, daß wenn sich ein solches Schiff zwischen der Titanic und der Californian befand, es Richtung Osten unterwegs war. Der Kapitän der Californian hat ausgesagt, daß er zuletzt einen Dampfer Richtung Westen sah auf einem westlichen Kurs zur Californian. Nichts erscheint in den Aussagen, das zeigen würde, daß der gesehene Dampfer seinen Kurs gewechselt hat und Richtung Osten unterwegs gewesen wäre.

Zeuge: George Otis Smith
Director, United States Geological Survey
Kern der Aussage: Die Hülle der Titanic könnte von Felsstücken im Eisberg aufgerissen worden sein.

Senator Smith: Ich unterbreite einen Brief, den das Komitee vom Direktor des United States Geological Survey empfangen hat. Er trägt das Datum des 16. Mai 1912 und beschäftigt sich mit der speziellen Zusammensetzung von Eisbergen.

Der Brief, der im Protokoll abgedruckt wird, hat folgenden Wortlaut:

Departement of the Interior
United States Geological Survey
Washington 16. Mai 1912
Hon. William Alden Smith,
Chairman Subcommittee United States Senate,
Washington, D. C.

Mein sehr geehrter Herr: Ich antworte auf Ihren Brief vom 8. Mai, in dem Sie um Informationen bitten, ob es möglich ist, daß die Hülle der Titanic von Felsstücken im getauchten Teil des Eisbergs aufgerissen worden sein könnte:

Wie Professor E. H. Williams jr. in seiner Karte, die Sie beigelegt haben, vorschlägt, könnte dies durchaus der Fall gewesen sein. Es erscheint möglich, daß eine derartige Masse Eis mit eingeschlossenen Felsstücken wesentlich besser in der Lage wäre, die Platten einer Schiffshülle aufzureißen als eine klare Eismasse. Es ist eine weitverbreitete Tatsache, und wird von zahlreichen Arktis-Forschern berichtet, daß wenigstens die Grönland-Eisberge Felsstücke transportieren. In einer seiner Reden, die er im vergangenen Jahr in Washington entweder vor der Geological Society of Washington oder vor der National Academy of Sciences hielt, berichtete Sir John Murray über die zahlreichen Findlinge, die von den Schleppnetzen der Challenger-Expedition am Boden des Nordatlantiks gefunden wurden. Er bezeichnete sie als so zahlreich an bestimmten Plätzen, das sollte sich das Meer mal zurückziehen, Geologen diese Hinterlassenschaften als das Ergebnis einer Eiszeit bezeichnen würden.

Dr. Elisha Kent Kane beschreibt in seinem Werk über die „U.S. Grinnell Expedition" 1854 auf Seite 113 Berge, die mit Geröll oder Felsfragmenten bedeckt sind, die in Größe vom Kiesel bis zu großen Blöcken variieren. Er beschreibt sie wie folgt:

„Der Berg hatte offensichtlich sein Gleichgewicht verändert, und es schien, als ob diese Felsen in seiner ehemaligen Basis zementiert waren und während der Drehungen in der See dem Verschleiß ausgeliefert worden waren."

Auf Seite 455 beschreibt er das Umkippen von Bergen wegen eines Wechsels im Gleichgewicht und erklärt über das mit Felsen gespickte Eis (Seite 456):

„In solchen Fällen belegt die tief eingebettete Position der Fragmente, daß sie offensichtlich von Anfang an in der Struktur des Berges waren."

Weiter (Seite 457):

„Von fast 5000 Bergen, die ich gesehen habe, war wahrscheinlich nicht einer, der nicht Fragmente von Felsen enthielt."

In seinem Werk „Arctic Expeditions: The Second Grinnell Expedition" (Vol. 2, 1856, Seiten 156, 157) beschreibt Dr. Kane Eis in der Marshall Bay, das mit Millionen von Tonnen von Felsgeröll bedeckt war. Darüber schreibt er:

„Ich habe Massen gefunden, die auf diese Weise viele Meilen weit aufs Meer trieben - lange symmetrische Tische 200 Fuß lang und 80 Fuß breit, die mit großen und eckigen Felsen und Findlingen bedeckt waren. Sie waren offensichtlich mit Geröllmaterial imprägniert. Diese Flöße in der Marshall Bay waren so zahlreich, daß, wären sie geschmolzen, der Meeresboden für den Geologen wahrscheinlich interessanter wäre als Findlingreihen unserer mittlere Breiten."

Es sollte allerdings bemerkt werden, daß diese Eisflöße ihre Ladungen nicht in die niedrigen Breiten transportieren, die von den massiveren Berge erreicht werden.

Dr. I. I. Hayes berichtet in seinem Werk „The Open Polar Sea" über eine Entdeckungsreise in Richtung Nordpol (1867, Seiten 403, 404 403, 404), wie Felsstücke von den Klippen entlang der Küsten auf das Eis fallen, das dann wegtreibt. Er schreibt:

„Die Masse an Felsen, die so in den Ozean transportiert wird, ist immens, und dennoch ist es viel weniger als die Menge, die von den Eisbergen transportiert wird. Das in ihnen gelagerte Gestein und der Sand aus dem Gletscher wiegt mitunter soviel, daß der größte Teil unter Wasser gedrückt wird und nur der kleinste Teil über Wasser reicht. Wenn der Berg schmilzt, fallen das Gestein und der Sand auf den Meeresboden, und sollte diese Stelle irgendwann mal über die Wasserlinie steigen, dann werden zukünftige Geologiestudenten über ihre Herkunft mindestens so rätseln wie jene der heutigen Generation über die Findlinge in Connecticut Valley."

Der Anteil von Felsen in jedem Eisberg ist allerdings gering, so daß er im allgemeinen in den Bergen, die die niedrigeren Breiten erreichen, kaum feststellbar ist. Wenigstens in den Teilen, die über der Wasseroberfläche liegen. Holland (1877), zitiert von James D. Dana (Manual of Geology, Vierte Ausgabe, 1895, Seite 252 erklärt, daß die meisten Grönland-Berge sauber sind, aber „hin und wieder einer mit Findlingen gesehen wird, und daß es kleine Berge gibt, die ziemlich mit Steinen und Kies bedeckt sind.". . .

Die Grönland-Gletscher, die von der großen

Eiskappe bis in die Täler des Inneren reichen, transportieren nach der Beschreibung von anderen Beobachtern nicht viel Felsgestein. Das meiste ist zudem im unteren Teil der Berge eingeschlossen. Wenn diese Gletscher das Wasser erreichen, und die Eisberge losbrechen, befindet sich das meiste Gestein an der Eisbasis. Nachdem sich nur ein Neuntel des Berges über Wasser befindet, wäre das Gestein bei einem Berg, der 50 bis 100 Fuß über die Wasseroberfläche herausragt, weit unterhalb der Tiefe, die eine Schiffshülle erreicht. Wenn das Eis beim Treiben in südliche Richtung schmilzt, lösen sich die Felsfragmente und fallen auf den Meeresboden. Die größte Entfernung dieser Ablagerung findet an den Banks von Neufundland statt, also zwischen dem 4. und 52. Meridian und nördlich von 40° 30'. Etwas von dem Felsgestein wird vermutlich noch weiter nach Süden transportiert, vor allen Dingen in einem Jahr wie 1912, in dem die Eisberge viel weiter südlich als sonst üblich gesichtet wurden. Es ist daher durchaus möglich, daß Felsgestein in dem Berg eingeschlossen war, mit dem die Titanic kollidierte. Auch wenn das meiste Gestein in der Basis des Bergs eingeschlossen ist, so könnte es, wenn der aus dem Wasser ragende Teil langsam schmilzt, weiter nach oben kommen. Außerdem ist das Kippen eines Berges aus seiner ursprünglichen Position das Ergebnis eines Wechsels des Schwerpunkts, was durch das ungleiche Schmelzen hervorgerufen wird. Solche Berge können auch umkippen, wobei der felsige Teil nach oben kommt und nun auf einer Höhe schwimmt, wo er eine Schiffshülle treffen könnte. Felsmassen mit einem Umfang von mehr als 50 Fuß sind von kontinentalen Gletschern bereits transportiert worden, und es ist sehr gut möglich, daß große Felsmassen von einigen Eisbergen transportiert worden sind, obwohl die meisten Steine relativ klein sind. Allerdings könnte ein großer, im Eisberg verankerter Fels bei einem Kontakt eine Schiffshülle aufreißen. Eis in einer so großen Masse wie bei dem angetroffenen Berg ist jedoch wahrscheinlich sehr gut in der Lage, furchtbare Ergebnisse zu zeigen, ohne daß dafür eine zusätzliche Masse Felsgestein notwendig wäre.

Hochachtungsvoll
GFO. Otis Smith, Direktor.

LETZTER TAG

Samstag, 25. Mai

New York

Senator Smith besichtigte die Olympic, das Schwesterschiff der Titanic, im Hafen von New York, um den Kapitän, den Funker und den neuen Heizer der Olympic zu befragen. Als die Titanic sank, befand sich die Olympic ungefähr 500 Meilen in südwestlicher Richtung entfernt.

Zeuge: E. J. Moore

Funker auf der Olympic

Moore legte sein Log vor und illustrierte damit die frühe und lang anhaltende Verwirrung über das Schicksal der Titanic und der Menschen an Bord. Weil das Rettungsschiff Carpathia nur eine Funkanlage mit geringer Reichweite hatte, mußte es andere Schiffe wie die Olympic als Vermittler benutzen, um Informationen über Überlebende an Land zu funken. (Sogar Präsident William Howard Taft hatte keinen Erfolg bei dem Versuch, von der Carpathia etwas über das Schicksal seines Beraters Archie Butt, der ums Leben gekommen war, zu erfahren.) Das Log spiegelt sowohl die Erschöpfung der Funker auf der Carpathia wieder (Cottam und Bride von der Titanic teilten sich die Arbeit) als auch die Bereitschaft der New Yorker Presse, für die Berichte zu bezahlen. Auf der Carpathia befand sich Ismay angeblich „unter Opiaten". Der Kapitän der Carpathia, Henry Rostron, und der Kapitän der Olympic waren sich einig, daß es keine gute Idee wäre, die Überlebenden der Titanic auf die Olympic, das praktisch identische Schiff, zu bringen.

Log, erstellt von Funker Moore auf S.S. Olympic Sonntag, 14. April 1912 - New-York-Zeit

10:15 A.M.: In Bereitschaft für Cape Cod.

10:45 P.M.: Vier Mitteilungen von Cape Cod empfangen.

10:50 P.M.: Höre, wie die Titanic einem anderen Schiff mitteilt, sie habe einen Eisberg gerammt. Bin nicht sicher, ob es sich um die Titanic handelt, die einen Eisberg gerammt hat. Werde durch Atmosphärisches und andere Stationen gestört.

11 P.M.: . . .Titanic sendet Notrufsignale. Ich beantwortete ihre Rufe sofort.

11:...P.M.: Titanic antwortet und gibt mir seine Position. . . und sagt: „Wir haben einen Eisberg gerammt." Berichte diese Information sofort an die Brücke. Unsere Entfernung von der Titanic . . . Meilen.

11:...P.M.: Funkverkehr mit der Titanic. Er sagt: „Sag Deinem Kapitän, er soll die Boote fertig machen, und was ist Eure Position?"

11:...P.M.: Mitteilung an die Titanic: „Kommandeur, Titanic, 4:24 A.M. G.M.T. 40.52 N., 61.1. . . W. „Steuern Sie südlich, um uns zu treffen? (Kapitän der Olympic Herbert) Haddock"

11:00 P.M.: Titanic sagt: „Berichte Kapitän, wir setzen die Passagier in kleine Boote."

11:45 P.M.: Fragte Titanic, welches Wetter er gehabt hat. Er sagt: „Klar und ruhig."

11:50 P.M.: Mitteilung an die Titanic: „Kommandeur Titanic. Mache Feuer unter allen möglichen Kesseln so schnell ich kann. Haddock."

11:56 P.M.: Sable Island (Vermittlungsstation) ruft mich mit Funkverkehr. Sage ihm, sich eine Zeitlang bereitzuhalten, weil ich dringende Verbindung mit der Titanic habe.

Montag, 15. April 1912, New-York-Zeit

12:30 P.M.: Funkverkehr mit S.S. Hellig Olav. Sein Signal ist stark. Fragte ihn, ob er etwas über die Titanic weiß. Er sagt „nein". Passe genau auf, höre aber nichts mehr von der Titanic. Rufe Sable Island in Intervallen. Keine Antwort von ihm.

4:15 A.M. bis 5:20 A.M.: Rufe die Titanic. Jetzt Tageslicht: keine Antwort. Sable Island ruft mit Funkverkehr. Empfange folgendes:

New York

Kapitän, Haddock, Olympic

Versuchen Sie, mit Titanic in Verbindung zu treten und ermitteln Sie Zeit und Position. Antworten Sie so schnell wie möglich an Ismay, New York (White Star Büros).

F. W. Redway.

Sende folgendes über Sable Island:

Funker, Cape Reid:

Wissen Sie irgend etwas über die Titanic?

Kommandeur

5:30 A.M.: Verbindung mit westlich fahrender La Bretagne. Frage ihn nach Neuheiten über die

Titanic, aber er weiß nichts.

5:40 A.M.: Funkverkehr mit S.S. Asian, die deutschen Öltanker Richtung Halifax im Schlepp hat. Sagt: „Wir schaffen nur fünf Knoten." Frage ihn nach Neuheiten über die Titanic. Sagt: „Ich glaube, die Baltic war um einiges vor uns, ungefähr 200 Meilen. Er hätte von Titanic passiert worden sein können, würde ich denken, aber unser Schiff Antillan (Leyland) sollte die Titanic, wenn er Wache hatte, empfangen haben. Er war nur 60 Meilen achtern, hat der Kapitän berechnet. Wer ist M.G.Y.?" Ich informierte ihn, daß M.G.Y. die Titanic ist. „Ich hörte ihn um 11:52, wie er S.O.S funkte. Hörte ihn bereits früher sehr schwach, als er mit Cape Race (Neufundland) arbeitete. (Das wurde später noch einmal offiziell gesendet.)

Rufe die Titanic in Intervallen, bis. . .

7 A.M.: Funkverkehr mit Sable Island. Entfernung 205 SSM (Seemeilen).

7:10 A.M.: Funkverkehr mit Asian.

7:35 A.M.: Empfang der folgenden Dienstmeldung von Sable Island:

New York

Kommandeur Olympic:

Halten Sie uns in Sachen Titanic auf dem laufenden.

Franklin (P.A.S. Franklin, der oberste Verantwortliche der International Mercantile Marine) in den USA.

7:40 A.M.: Dienst von Cape Race über Sable, wie folgt empfangen:

Ihre Signale kommen hier gut an. Passen Sie auf und stellen Sie uns ein.

Cape Race

7:45 A.M.: Folgende Meldung an Sable Island gefunkt:

Ismay, New York:

Seit Mitternacht, als ihre Position 41,46 Nord 50.14 West war, sind wir nicht in der Lage, in Verbindung zu treten. Wir befinden uns jetzt 310 Meilen von ihr entfernt. 9 A.M. unter Volldampf. Werden Sie sofort informieren, wenn wir etwas hören.

Kommandeur.

Rief mehrere Male Cape Race, aber unfähig, ihn zu hören.

7:50 A.M.: Folgende Meldung gefunkt:

Kapitän Asian:

Können Sie mir irgendwelche Informationen über Titanic geben, und falls ja, ob irgendwelche Schiffe bei ihr sind?

Kommandeur.

8:05 A.M.: Verbindung mit S.S. Atkenei. Er weiß nichts über die Titanic.

8:06 A.M.: Verbindung mit S.S. Scandinavian, in östliche Richtung unterwegs. Er kann mir auch keine Informationen geben.

8:15 A.M.: Rief wieder Cape Race, kann ihn nicht hören.

8:30 A.M.: Empfang folgender Dienstmeldung der Asian, die frühere Informationen bestätigt:

Kapitän Olympic:

Asian hörte, wie die Titanic am Sonntag zwischen 8 und 10 P.M. Ortszeit hin und wieder Cape Race rief. Funksprüche zu schwach, um lesen zu können. Beendete S.O.S.-Rufe um Mitternacht. Position wurde mit 41.40 (Breite) und 50.14 (Länge) angegeben. Keine weiteren Informationen. Asian zum Zeitpunkt 500 Meilen westlich von Titanic mit Öltanker im Schlepp.

Wood (Kapitän der Asian)

13. April: Bericht über Eisberg in 41.50 (Breite), 50.30 (Länge).

Wood.

Halte genaue Wache, bis. . .

9:25 A.M.: Verbindung mit S.S. Parisian. Er sagt: „Ich schickte der Titanic um 8:50 letzte Nacht Funksprüche, und ich hörte sie, bevor ich um 11:15 Uhr Schiffszeit zu Bett ging, mit Cape Race sprechen. Die Californian war ungefähr 50 Meilen achtern. Ich hörte das folgende heute Morgen um sechs Uhr:

„Könnten Sie eine Dienstmeldung an Ihren Kommandeur schicken? Nach den aufgefangenen Informationen hat die Carpathia ungefähr 20 Boote mit Passagieren aufgenommen. Die Baltic kehrt um, um zu helfen. Was die Titanic angeht, habe ich nichts gehört. Weiß nicht, ob sie gesunken ist."

(Diese Information wurde dem Kommandeur sofort mündlich weitergegeben.)

10:10 A.M.: Funkte zwei Mitteilungen an die S.S Berlin.

10:12 A.M.: Funkverkehr mit der S.S. Mesaba. Kann keine Informationen über die Titanic geben. Schickt folgendes:

Kapitän Olympic:

In Breite 42 bis Breite 41.25 N. bis Länge 50.35 W. schweres Packeis und eine große Anzahl von Eisbergen gesichtet. Auch Eisfeld. Wetter sehr schön und klar.

Clark (Kapitän der Mesaba).

10:17 A.M.: Empfing folgenden Funkspruch von Cape Race über Sable Island:

„Keine weiteren Nachrichten von der Titanic. Wir haben einen Stapel von Verkehr für Sie. Hier gut zu lesen."

10:25 A.M.: Sendete folgende Dienstmeldung über Sable Island:

Ismay, New York

Parisian berichtet, Carpathia nahm 20 Boote auf, und Baltic kehrt um um zu helfen. Position nicht gegeben."

Haddock

10:35 A.M. Empfing die folgende Meldung von der Parisian:

Kapitän Olympic:

Eisfeld erstreckt sich bis Breite 41.22. Berge sind sehr zahlreich in allen Größen. Hatte schönes, klares Wetter.

Hains (Kapitän der Parisian).

10:55 A.M.: Verbindung mit Cape Race. Entfernung 350 Meilen. Er ist gerade noch hörbar und weiß nichts von der Titanic. Arbeite mit Cape Race für die nächste Stunde. Schickte drei und empfing fünf Meldungen mit Unterstützung der Scandinavian, die Cape Race empfangen kann. Die S.S. Berlin arbeitet mit anderen Schiffen und unterbricht ständig.

Mittag: Scandinavian gibt „B1" für Mittagessen. Cape Race hat keinen bedeutenden Funkverkehr.

12:35 P.M.: Zwei an die Parisian gefunkte Meldungen:

Kapitän Parisian:

Vielen Dank für Mitteilung. Können wir 41.22 Nord, 50.14 West vom Westen und dann Nord frei von Eis zur Titanic laufen? Wir sollten dort um Mitternacht eintreffen. Würde es schätzen, wenn Sie mir die aktuelle Position der Titanic geben könnten.

Haddock.

12:50 P.M. Empfang der folgenden Dienstmeldung von der Parisian:

Kapitän Olympic:

Sicher vor Eisfeld von 41.22, 30.14. Nachdem sich das Eis dort gestern befand, müßten Sie von dieser Position aus Nord bis Breite 41.42 und 50 steuern und dann diese Position westlich erreichen, Kurs ungefähr West, Nordwest. Meine Kenntnis der Position der Titanic habe ich aus Ihrer Meldung nach New York um Mitternacht, als man 41.47, 50.20 angab. Wenn sie korrekt ist, läge sie in einem dichten Eisfeld, umgeben von zahlreichen Bergen. Hoffnung und Vertrauen darauf, daß die Dinge nicht so schlimm sind, wie sie erscheinen.

Hains.

1:25 P.M.: Versuche, Cape Race zu empfangen. Sein Zeichen ist schwach, und die Berlin stört stark. Sagte der Berlin, daß es eine ernste Sache für ihn werden würde, wenn er weiter stört. Scandinavian hilft beim Empfang von Cape Race.

1:40 P.M.: Erfolg. Empfing die folgende Meldung von Cape Race:

New York

Funker, Olympic:

Wir werden Sie großzügig für Geschichte in jeder Länge über Rettung von Passagieren der Titanic entlohnen. Funken Sie so schnell wie möglich. Erwähnen Sie prominente Personen.

The World.

Ich informierte daraufhin Cape Race, daß es keinen Zweck hätte, mir Meldungen von Zeitungen zu schicken, die um Nachrichten baten, weil wir keine Nachrichten hatten. Wenn er keinen wichtigen Funkverkehr hatte, sollte er in Bereitschaft bleiben, weil es von größter Wichtigkeit war, daß ich ein Schiff mit Neuigkeiten von der Titanic auftrieb. Cape Race sagt: „Wir müssen den Verkehr säubern, damit alle Meldungen bezahlt werden."

Rief C.Q. in Bereitschaft.

2 P.M.: Stelle Verbindung zur S.S. Carpathia her. Frage ihn, ob er Nachrichten von der Titanic hat. Er sagt: „Ich kann nicht alles auf einmal machen. Bitte Geduld." Fährt dann fort: „Um 11:20 empfing ich Notruf von der Titanic, und wir steuerten den angegebenen Punkt an. Beim Eintreffen im Morgengrauen sahen wir ein Eisfeld von 25 Meilen, eine Menge Wrackteile und eine Anzahl von Booten mit Menschen an Bord. Wir nahmen ungefähr 670

Seelen auf. Die Titanic ist untergegangen. Sie sank innerhalb von zwei Stunden. Kapitän und alle Ingenieure verloren. Unser Kapitän schickte Anweisung, daß sich Baltic nicht mehr zu nähern braucht. Damit kehrte sie auf ihren Kurs Richtung Liverpool zurück. Nehmen Sie nach dieser Information Ihren Kurs ein? Wir haben zwei oder drei Offiziere an Bord und den zweiten Marconi-Funker, der durch 30° Grad warmes Wasser (null Grad Celsius) gekrochen ist. Herr Ismay ist an Bord." Diese Information wurde dem Kommandeur sofort mitgeteilt. Ich informierte die Carpathia, daß, sollte er wichtige Mitteilungen haben, ich sie für ihn übernehmen würde, weil ich mit Cape Race in Verbindung stand.

Carpathia. . . Funker informiert mich, daß er seit 5:30 P.M. gestern nichts mehr gegessen hat.

2:35 P.M. Funke folgendes an die Carpathia:

Kapitän Carpathia:

7:35 P.M.: G.M.T. Unsere Position 41.17 N. 53.53 W. Kurs Osten. Soll ich Sie treffen und wo.

Haddock.

2:40 P.M.: Verbindung mit der S.S. Virginian (Allan). Er sagt, bitte sagen Sie Carpathia, daß wir in Bereitschaft für ihn standen, bis er uns um 9 A.M. sagte, wir sollten unseren Kurs wieder aufnehmen, als wir uns 25 Meilen von ihm entfernt befanden. Habe Meldung für ihn. Ich sagte der Virginian, der Carpathia eine Chance zu geben, weil er so beschäftigt war.

3:15 P.M.: Empfing folgendes von der Carpathia:

Carpathia

Kapitän Olympic:

7:30: G.M.T. Breite 41.15 Nord, Länge 51.45 West. Steuere Süd 87 West echt. Kehre nach New York zurück mit Passagieren der Titanic.

Rostron.

Carpathia

Kapitän Olympic:

Bruce Ismay ist unter Opiaten.

Rostron.

Carpathia

Kapitän Olympic:

Halten Sie es für ratsam, daß die Passagiere der Titanic die Olympic sehen? Ich persönlich sage nein.

Rostron.

Carpathia

Kapitän Olympic:

Sir Ismay ordnet an, daß Olympic von der Carpathia nicht gesehen werden soll. Kein Transfer soll stattfinden.

Rostron.

Folgende Meldung gefunkt:

Kapitän Carpathia:

Informieren Sie mich bitte freundlichst, ob es die kleinste Hoffnung gibt, die Position der Titanic bei Tagesanbruch abzusuchen. Bin einverstanden damit, sich nicht zu treffen. Werde auf dem augenblicklichen Kurs bleiben, bis Sie vorbei sind und werde mich dann weiter südlich halten. Läuft 42.17 N. am Eis vorbei? Haben Sie unsere Leute in New York oder Liverpool informiert, oder soll ich es tun, und welche Dinge können Sie mir zum Senden geben?

Herzlichen Dank dafür, was Sie getan haben.

Haddock.

4 P.M.: Folgendes von der Carpathia:

Carpathia

Kapitän Haddock, Olympic:

Südpunkt Packeis 41.16 Nord. Versuchen Sie nicht, Nord zu fahren bis 49.30 West. Viele Berge, groß und klein, im Packeis. Auch für viele Meilen ostwärts. Befürchte, keine Hoffnung beim Suchen an der Titanic-Position. Ließ Leyland S.S. Californian zum Suchen zurück. Alle Boote vorhanden. Ungefähr 675 Seelen gerettet, Besatzung und Passagiere, die letztgenannten fast alles Frauen und Kinder. Titanic sank gegen 2:20 A.M., 5.47 G.M.T. 1n 14.16 Nord, 50.14 West. Nicht sicher, ob durchgekommen. Bitte an White Star und Cunard, Liverpool und New York, weitergeben, daß ich nach New York zurückkehre. Halte dies aus vielen Gründen für äußerst ratsam.

Rostron.

4:15 P.M.: Meldete Carpathia, daß wir die Informationen an White Star und Cunard berichten.

4:25 P.M.: Folgende Servicemeldungen an Cape Race:

Olympic

Ismay, New York und Liverpool:

Carpathia erreichte Position der Titanic bei Tagesanbruch. Fand nur noch Boote und

Wrackteile. Titanic war gegen 2:20 A.M. an 41.16 N., 50.14 W. untergegangen. Alle ihre Boote vorhanden. Ungefähr 675 Seelen gerettet, Besatzung und Passagiere. Von den letztgenannten sind die meisten Frauen und Kinder. Leyland Line S.S. Californian bleibt und sucht an Untergangsstelle. Carpathia kehrt mit Überlebenden nach New York zurück. Bitte Cunard informieren.
Haddock.
Olympic.
Franklin, Ismay, New York:
Unausdrücklich traurig. Fahre weiter auf meinem Kurs fort. Carpathia informiert mich, daß es keine Hoffnung bei Suche gibt. Sende Namen der Überlebenden sobald vorhanden. Yamsi (Ismay) auf Carpathia.
Haddock.
4:50 P.M. Folgende Dienstmeldung an Carpathia:
Kapitän Carpathia:
Können Sie die Namen Überlebenden weitergeben?
Haddock.
P.M.: Funkverkehr mit Californian, die sagt: „Wir waren das zweite Boot an der Stelle des Untergangs. Alles, was wir sehen konnten, waren einige Kisten und Mäntel sowie einige wenige leere Boote und etwas, das wie Öl auf dem Wasser aussah. Als wir in der Nähe der Carpathia waren, wollte er nicht antworten, obwohl ich ihn die ganze Zeit rief, weil ich die Position wollte. Wir redeten mit der Baltic. Die sagt mir, daß sie mich für Störungen anzeigen wollte Wir waren das nähere Boot an der Carpathia. Ein Boot, die Birma, suchte uns noch."
Informierte die Californian, daß Schiffe in Notfällen (Sinken) Vorrang haben sollten.
...:30 P.M.: Californian funkte folgenden Eisreport: Eisberge und . . . Eis in 42. . . Nord 4. . . West; 41. . . Nord, 50.00 West. Er sagte uns, daß er 200 Meilen von seinem Kurs abgekommen ist.
5:4. . P.M.: Empfing folgendes von der Carpathia: (Privat an Kapitän Haddock, Olympic)
Kapitän: Chief, Erster und Sechster Offizier und alle Ingenieure ums Leben gekommen. Auch der Arzt, alle Personen, ein Marconi-Funker und Chefsteward ums Leben gekommen. Wir haben den Zweiten, Dritten, Vierten und

Fünften Offizier sowie einen Marconi-Funker an Bord.
Rostron.
Kapitän Olympic:
Werde Namen sofort schicken, wenn ich kann. Sie können sich vorstellen, daß wir unter beachtlichen Schwierigkeiten arbeiten. Alles nur erdenkliche wird für den Komfort der Überlebenden getan. . .
Rostron.
Carpathia beginnt dann damit, die Namen der Überlebenden zu funken. Er sagt: „Entschuldige bitte die Sendung, aber ich bin im Halbschlaf.
7:35 P.M.: Erhielt 333 Namen von Passagieren der Ersten und Zweiten Klasse von ihm. Während der Übermittlung war es offensichtlich, daß der Funker der Carpathia übermüdet war.
7:40 P.M.: Funkte fünf private Meldungen an die Carpathia. Er sagt, die Namen der Passagiere der Dritten Klasse und die Liste der Besatzung kommen später.
7:50 P.M.: Versuche, Cape Race zu erreichen, die eine Menge VFunkverkehr für uns hat. Signale sind sehr schwach und werden von atmosphärischen Störungen beeinflußt. Wir versuchen es einige Zeit lang, aber ihre Signale sind so schwach, unmöglich, die zu hören.
8:35 P.M.: Empfing die folgende Meldung von der Carpathia für die Weitergabe über Cape Race:
Carpathia.
Cunard, New York und Liverpool.
Titanic rammte Eisberg am Montag um 3 A.M. 41.46 Nord, 50.14 West. Carpathia nahm viele Passagiere in Booten auf. Werde weitere Informationen später funken. Kehren nach New York zurück.
Rostron.
Carpathia, Associated Press, New York (Text wie bei letzter Meldung.)
Fragte Carpathia, ob er die Liste der Passagiere der Dritten Klasse und der überlebenden Besatzungsmitglieder hat. Er sagt: „Nein, werde sie bald senden."
8:35 P.M.: Funkte eine private Mitteilung an die Californian und frage, ob er Überlebende der Titanic an Bord hat.

8:45 P.M.: Private Mitteilung der Californian. Sagt, keine Überlebenden der Titanic an Bord. Bleibt in Bereitschaft bei der Carpathia und ruft ihn häufig. Hört nichts von ihm. Ich informierte den Kommandeur, daß ich nicht in der Lage sei, mehr von der Carpathia zu hören und fragte: „Sollte ich beginnen, die Liste der Namen an Cape Race zu funken?" Er wies mich an, sie zu funken.

10 P.M.: Rufe Cape Race mit der Liste der Überlebenden, kann ihn aber nicht hören.

10:30 P.M.: Sable Island antwortet mir und bietet Verkehr an. Sagte ihm, daß ich Liste der Überlebenden habe und bitte ihn, sie anzunehmen. Sable Island gibt „O.K." Ich beginne mit dem Senden.

Dienstag, 16. April 1912

12:30 A.M.: Cape Race bricht ein. Seine Signale sind stark. Sagt, er kann mich gut empfangen und daß er bereits die Namen empfängt, die ich an Cape Race gefunkt habe. Nachdem Cape Race stark ist und Sable Island wegen atmosphärischer Störungen schwer zu verstehen ist, funke ich die restlichen Namen an Cape Race.

2:50 A.M.: Schließe das Funken der Namen der Überlebenden an Cape Race ab. Beginne mit dem Funken der Dienstmeldungen von Carpathia, nachdem ich folgendes von ihm empfange:

New York.

Kapitän Haddock, Olympic:

Es ist lebenswichtig, daß wir sofort den Namen von jedem Überlebenden auf der Carpathia haben. Wenn Sie das in Bereitschaft bei der Carpathia schicken können, dann tun sie es. Franklin.

2:55 A.M.:

New York.

Kapitän Olympic:

Funke Namen von jedem Passagier, Offizier, Besatzungsmitglied der Carpathia. Es ist äußerst wichtig. Bleiben Sie in Verbindung mit der Carpathia, um dies zu erreichen. Weisen Sie die Californian an, an der Untergangsstelle in Bereitschaft zu bleiben, bis sie von uns hört, oder ihre Kohlenvorräte zur Neige gehen. Ermitteln Sie die Kohlenvorräte der Californian und wie lange sie in Bereitschaft bleiben kann. Ist das Rettungsfloß vorhanden? Sind Sie

absolut überzeugt, daß die Carpathia alle Überlebenden hat, weil wir von einem Gerücht erfahren haben, daß Virginian und Parisian Überlebende haben? Wo ist die Baltic? Franklin.

New York

Kapitän Olympic:

Betrübt, aus Ihrer Mitteilung zu erfahren, daß Carpathia das einzige Schiff mit Überlebenden ist. Wir meinen, daß Virginian und Parisian auch Überlebende haben. Stehen Sie mit ihnen in Verbindung und können Sie die Informationen beschaffen? Franklin.

3:10 A.M.: Jetzt Tagesanbruch. Die Signale von Cape Race sterben ab.

3:35 A.M.: Funkverkehr mit der Virginian. Er sagt: „Wir wurden von der Carpathia gebeten, unseren Kurs zur gleichen Zeit wieder aufzunehmen wie die Baltic. Wir kamen 25 Meilen an die Titanic ran. Ich hörte ihre Notsignale, und wir fuhren sofort zu ihr. Wir mußten 200 Meilen schaffen."

Empfing folgende Dienstmeldung:

8:45 A.M.:

Virginian.

Kapitän Olympic:

Höre Gerüchte, daß sich bei uns Überlebende der Titanic an Bord befinden. Dies ist nicht so. Ich habe keinen. Gestern um 10 A.M., als wir uns 30 Meilen von der Untergangsstelle befanden, erhielt ich Marconi mit folgendem Inhalt: „Drehen Sie jetzt um. Alles O.K. Wir haben 800 an Bord. Kehren Sie auf Ihren nördlichen Kurs zurück. Ich kehrte also auf meinen Kurs nach Liverpool zurück. ähnliche Anweisungen ergingen von der Carpathia an die Baltic. Ich passierte ein großes, dichtes Eisfeld und Berge. Grüße. Gambell.

Zeuge: Frederick Barrett
Kohlenheizer

Kern der Aussage: Barrett, der jetzt als Heizer auf der fast identischen Olympic angestellt ist und dort auch befragt wird, beschrieb den plötzlichen Wassereinbruch in den Kesselräumen der Titanic, und wie er, kurz bevor sich die wasserdichten Türen schlossen, herauskam.

Frage: Sie waren Heizer auf der Titanic?

Antwort: Ich war leitender Heizer.

Frage: Hatten Sie Dienst in der Nacht des Unfalls?

Antwort: Ja.

Frage: Wo?

Antwort: In Sektion 6.

Frage: Wo waren Sie, als sich das Unglück ereignete?

Antwort: Ich sprach gerade mit dem zweiten Ingenieur. Die Glocke läutete, das rote Licht leuchtete auf. Wir befahlen, die Türen zu schließen (meint damit die Aschentüren der Kessel), und dann gab es dieses Geräusch, als wir uns entfernten. Das Wasser kam durch die Bordwand. Der Ingenieur und ich sprangen in die nächste Sektion. Die Sektion im vorderen Teil ist Nummer 5.

Frage: Wo kam das Wasser durch?

Antwort: Ungefähr zwei Fuß über den Bodenplatten, steuerbords.

Frage: Wieviel Wasser?

Antwort: Das war schon jede Menge Wasser.

Frage: Wie groß war das Loch in der Bordwand?

Antwort: Ungefähr zwei Fuß über der Bodenplatte.

Frage: Glauben Sie, daß es ein großer Riß war?

Antwort: Ja, tue ich.

Frage: Über die ganze Seite von Nummer 6?

Antwort: Ja.

Frage: Wie lang?

Antwort: Hinter dem Schott zwischen den Sektionen 5 und 6 und zwei Fuß in die Kohlenbunker. Der Riß ging durch Nummer 6 und auch zwei Fuß hinter den Schott im Kohlenbunker im vorderen Teil von Nummer 5. Wir kamen durch, bevor die Türen schlossen. Sie schließen automatisch von der Brücke aus. Ich ging zurück in den Heizraum Nummer 6, und dort befanden sich bereits acht Fuß Wasser. Ich ging in Heizraum Nummer 5, als die Lichter erloschen. Ich wurde dann geschickt, um Lampen zu holen, weil die Lichter erloschen waren, und als wir die Lampen hatten, sahen wir die Boiler, und da war kein Wasser drin. Ich rannte zum Ingenieur und er sagte mir, ich solle einige Heizer nach unten holen, um die Feuer herauszuziehen. Ich bekam 15 Männer.

Frage: Hatten Sie Feuer in Nummer 6?

Antwort: Ja, die Feuer brannten, als das Wasser kam.

Frage: Ich würde gerne wissen, wieviele Kessel unter Dampf standen in dieser Nacht.

Antwort: Fünf Kessel standen nicht unter Dampf.

Frage: Wieviel Kessel standen unter Dampf?

Antwort: 24 Kessel standen unter Dampf und fünf nicht. In drei Kesseln brannte am Sonntag zum ersten Mal Feuer, aber ich weiß nicht, ob sie angeschlossen waren oder nicht.

Frage: Dieser Riß reichte einige Fuß hinter den Schott in Nummer 5. Wie waren Sie in der Lage, das Wasser vom Erreichen . . .

Antwort: Es kam nie über diese Platten, bis alles auf einmal kam. Ich sah, wie sich eine Welle von grünem Schaum zwischen den Kesseln ergoß, und sprang auf die Fluchttreppe.

Frage: Gab es Anzeichen für die Explosion eines Kessels?

Antwort: Es gab dieses klopfende Geräusch, aber keine Explosion. Erst als das Schiff unterging, kam eine Rauchwolke nach oben. . .

Eidliche Aussage: Imanita Shelley
Passagierin der Zweiten Klasse aus Montana
Kern der Aussage: Nicht nur, daß die Titanic unterging - auch die Unterkunft und der Service waren schlecht.

State of Montana, County of Powell, ss.

Frau Imanita Shelley, volljährig, berichtet unter Eid über das Titanic-Desaster:

Ihre Mutter, Frau Lutle Davis Parrish aus Woodford County, Kentucky, und sie selbst gingen am 10. April 1912 in Southampton, England, an Bord des Dampfschiffs der White Star Line, Titanic. Zuvor hatten sie die besten von der besagten Gesellschaft angebotenen Unterkünfte der Zweiten Klasse gebucht.

Doch anstatt die gekaufte Unterkunft zugewiesen zu bekommen, wurden sie in eine kleine Kabine, viele Decks tief im Schiff gebracht. Die Kabine war so klein, daß man sie nur eine Zelle nennen konnte. Es war unmöglich, einen gängigen Schiffskoffer in besagter Kabine zu öffnen. Es war einer dritten Person unmöglich, diese Kabine zu betreten, ohne daß die beiden Insassen zuerst in ihre Kojen kletterten.

Die Stewardeß wurde mit dem Verlangen, in die gebuchte Unterkunft umziehen zu wollen, zum Chefpurser geschickt. Er antwortete, er könne nichts tun, bis das Schiff Queenstown, Irland, verlassen habe, wo er alle Tickets überprüfen wolle, um herauszufinden, ob ein Fehler gemacht worden sei.

Nach dem Verlassen von Queenstown ging Frau L. D. Parrish elfmal zum Purser und bat um einen Umzug. Sie wurde mit Versprechungen vertröstet. Um neun Uhr abends, als niemand gekommen war, um sie in eine bessere Unterkunft zu bringen, schrieb Frau Shelley einen Brief an den Purser, in dem sie ihm mitteilte, daß sie die beste Unterkunft der Zweiten Klasse bezahlt habe und entsprechende Quittungen besitze und daß sie sehr krank sei, und sich wegen der eisigen Kälte in ihrer Kabine in großer Gefahr befände. Sollte er, der Purser, sich weigern zu handeln, werde sie sich an den Kapitän wenden. Sollte keiner von beiden handeln, würde sie aber auf Schedensersatz sicherlich klagen, sollte sie ihr Heimatland erreichen. Das Ergebnis dieses Briefes war die Ankunft von vier Stewards, die ihr Gepäck in den bezahlten Raum transportierten und die sich immer wieder entschuldigten.

Die nach der Reaktion des Pursers befragte Stewardeß meinte: „Er fragte zuerst, ob sie wirklich so krank wäre, worauf ich antwortete, daß daran kein Zweifel bestünde. Dann fragte der Purser, ob es an Bord der Titanic wirklich eine Kabine gäbe, in der ein Schiffskoffer nicht geöffnet werden könnte, worauf ich bejahend antwortete. Ich sagte ihm auch, daß die Kabine viel zu klein für zwei Frauen sei und daß zwei Männer kaum hinein passen würden und daß es für mich unmöglich war, dort zu bedienen, wenn die beiden Bewohner nicht vorher in ihre Kojen geklettert waren. Der Purser sagte mir, er müsse sofort handeln oder das Unternehmen würde Probleme bekommen.“

Nachdem wir in die neue Kabine umgezogen waren, kam der Arzt der Zweiten Klasse drei- bis viermal, weil er Angst hatte, daß sich aus der von der Kälte verursachten Mandelentzündung eine Diphtherie entwickeln könnte. Frau Shelley bekam Bettruhe verordnet.

Die neue Kabine, obwohl groß und geräumig, war nicht so komfortabel möbliert wie bei Cunard und anderen Reedereien. Es sah halbfertig aus. Dieser Raum war genauso kalt wie die Zelle, aus der wir gerade herausgekommen waren.

Als wir den Steward baten, die Heizung anzudrehen, erklärte er, daß dies unmöglich sei, weil die Heizung für die Zweite Klasse nicht funktioniere. Von allen Kabinen der Zweiten Klasse wurden nur drei - die drei ersten - von der Wärme erreicht. Dort war die Hitze so groß, daß sich die Bewohner beim Purser beklagt hatten. Der entschied dann, die Wärmezufuhr vollständig abzustellen. Daher waren die Kabinen während der gesamten Überfahrt wie Kühlhäuser. Wenn Frau L. D. Parrish sich nicht um ihre kranke Tochter kümmerte, war sie gezwungen, im Bett zu bleiben, damit sie warm blieb.

Später, an Bord der Carpathia, bemühte sich Frau Shelley zu ermitteln, ob die Passagiere im Zwischendeck dieselben Probleme mit der Wärme gehabt hatten. Sie bekam als Antwort, daß es dort dieselben Probleme mit der Heizung gegeben hatte.

Obwohl die Diener an Bord sehr willig waren, hatten sie Probleme, ihre Arbeit zu verrichten. Die Stewardeß bekam nicht einmal ein Tablett, um Frau Shelleys Mahlzeiten zu servieren. Sie mußte die Teller und das Geschirr einzeln in ihrer Hand tragen, was den Service sehr in die Länge zog und ärgerlich machte. Das eigentlich gute und reichhaltige Essen wurde durch diese Probleme verdorben. Obwohl sich Stewardessen und Stewards immer wieder an die Chefs ihrer Abteilung wandten, gab es keine Änderung. Es schien absolut keine Organisation mehr zu geben.

In den Damentoiletten waren nur Teile der sanitären Einrichtungen montiert. Einige der besagten Einrichtungen befanden sich noch in Kisten.

Am frühen Abend der Unglücksnacht waren die Temperaturen beachtlich gefallen, so daß alle an Bord begriffen, daß man sich im Eisgürtel befand. Es gab Gerüchte über Funkberichte von anderen Schiffen, die vor Eisbergen in der Nähe warnten. Es wurde auch berichtet, daß einige Passagiere der Ersten Klasse darum gebeten hatten, daß das Schiff bei der Durchquerung des Eisgürtels verlangsamt werden sollte. Der Kapitän habe darauf gesagt, daß das Schiff im Gegenteil durchbeschleunigen werde.

Im Moment der Kollision wurden wir vom Stoß und vor allem durch das Stoppen der Maschinen geweckt. Im Gang konnte man aufgeregte Stimmen hören, die sagten, daß man einen Eisberg gerammt habe. Nach längerem Läuten der Steward-Glocke kam ein Steward, nicht der sonst anwesende, und erklärte, daß alles in Ordnung sei und die Passagiere ins Bett gehen sollten. Später an Bord der Carpathia erzählte eine Passagierin der Ersten Klasse, eine Frau Baxter aus Montreal, Kanada, sie habe ihren Sohn zum Kapitän geschickt, um herauszufinden, was los sei. Ihr Sohn habe den Kapitän beim Kartenspielen gefunden. Er versicherte ihm, daß keine Gefahr bestünde, und daß seine Mutter wieder ins Bett gehen solle. Ungefähr eine Dreiviertelstunde, nachdem sie in ihre Kojen zurückgekehrt waren, rannte ein Steward den Gang entlang, riß die Türen auf und brüllte: „Alle an Deck und Schwimmwesten anziehen." Dieser Steward brachte Frau Parrish und Frau Shelley jeweils eine Schwimmweste und zeigte ihnen, wie man sie festmacht. Ihnen wurde gesagt, sie sollten aufs oberste Deck, dem Bootsdeck, gehen. Frau Shelley war sehr schwach und brauchte einige Minuten, bis sie das oberste Deck erreicht hatte. Auf dem Weg trafen sie Herrn und Frau Isidor Straus, die wußten, daß Frau Shelley so krank war. Die beiden halfen ihr aufs obere Deck. Dort fanden sie einen Stuhl für sie und ließen sie sich hinsetzen.

Wegen der vielen Menschen an Deck war Frau Shelley nicht in der Lage, zu sehen, wie die Boote beladen wurden, mit Ausnahme des Bootes, in das sie gesetzt wurde. Es gab zu dieser Zeit praktisch keine Aufregung, die Mehrheit dachte wohl, daß das große Schiff nicht sinken könne, und daß es besser sei, auf dem Dampfer zu bleiben als sich den kleinen Booten anzuvertrauen. Nachdem sie fünf Minuten lang in dem Stuhl gesessen hatte, kam ein Matrose auf Frau Shelley zugerannt und flehte sie an, in ein Rettungsboot zu steigen, das heruntergelassen werden sollte. Er informierte Frau Shelley, daß es sich um das letzte Boot handelte. Wenn sie nicht einsteigen würde, müßte sie ihr Glück auf dem Dampfer suchen und daß sie, weil sie so krank sei, auf Nummer sicher gehen und das

Boot nehmen solle. Frau Straus riet ihr auch, in das Boote zu gehen, und indem sie ihre Mutter zu dem Matrosen drückte, ging Frau Shelley zu den Davits, in denen das Boot hing. Es war unmöglich, die Davits nach innen zu holen, was einen Zwischenraum von vier bis fünf Fuß zwischen dem Rand des Decks und dem Boot offen ließ. Der Matrose packte Frau Parrish und warf sie ins Boot. Frau Shelley sprang und landete sicher. Zwei Männer aus der Schiffsbesatzung stiegen ins Boot, als es zu Wasser gelassen wurde. Einer war ein Heizer, der andere der Schiffsbäcker. Sie waren die einzigen Männer im Boot, als es zu Wasser gelassen wurde. Das Boot schien bis auf den letzten Platz gefüllt zu sein, aber wegen der Aufregung machte sich Frau Shelley keinen Gedanken über die Anzahl. Das Boot schien so weit wie möglich gefüllt zu sein, ohne zu viele Menschen an Bord zu haben. Mit Ausnahme der beiden oben erwähnten befanden sich nur Frauen und Kinder an Bord. Beim Versuch, das Boot zu Wasser zu lassen, verweigerte ein Tauwerk den Dienst, und man brauchte beachtliche Zeit, ungefähr 15 Minuten, um das Wasser zu erreichen. Als das Boot das Wasser erreicht hatte, löste sich das Tau nicht und mußte durchgeschnitten werden.

Gerade als man das Wasser erreicht hatte, sprang ein verrückter Italiener vom Deck in das Boot, landete auf Frau Parrish und verletzte sie an der rechten Seite und am Fuß. So hatte man einen zusätzlichen Mann.

Nachdem man vom Schiff abgelegt hatte, erging die Anordnung, zu den anderen Booten zu rudern und sich so weit wie möglich von der wahrscheinlichen Sogwirkung zu entfernen, die entstehen würde, sollte der Dampfer sinken. Es ergingen auch Anordnungen, in der Nähe des Bootes mit dem grünen Licht zu bleiben, das vorab geschickt wurde, um Hilfe zu holen. Nachdem man eine Entfernung von 100 Yards von der Titanic erreicht hatte, konnte man eine laute Explosion hören, der eine zweite folgte. Das Sinken des großen Schiffs begann.

Während der gesamten Zeit nach der Kollision mit dem Eisberg bis zum Besteigen der Boote benahm sich die Mannschaft des Schiffs in idealer Weise. Nicht ein Mann versuchte, in ein Boot zu klettern, es sei denn, man hatte es ihm befohlen. Man konnte viele sehen, die Teile ihre Kleidung auszogen, um sie Kindern oder Frauen umzuhängen, die nur halbwegs angezogen an Deck kamen. Frau Shelley ist sich bewußt, die Wahrheit auszusprechen, wenn sie sagt, daß mit Ausname der wenigen Männer, die in die Boote befohlen wurden, die anderen mit dem Schiff versanken und auf wunderbare Weise später gerettet wurden. Frau Shelley sagt, daß sich keine Mannschaft in einer besseren Weise hätte benehmen können und daß sie sich buchstäblich selbst übertrafen. Nachdem das Schiff untergegangen war, nahm ihr Boot noch einige im Wasser Kämpfende auf und rettete später noch 30 Seeleute, die mit dem Schiff untergegangen waren und dann glücklicherweise nach einer der Explosionen aus dem Wasser geschossen wurden und sich auf ein umgekipptes Faltboot retten konnten. Nachdem man diese Männer an Bord genommen hatte, war das Boot so voll, daß viele vorschlugen, die anderen Boote sollten einige der Geretteten aufnehmen, die aber lehnten ab, weil sie Angst hatten zu sinken. . .

Eidliche Aussage: Eleanor Widener
Passagierin der Ersten Klasse aus Philadelphia
Kern der Aussage: Der Kapitän hat nicht getrunken.

State of Pennsylvania, County of Philadelphia, ss:
Frau George D. Widener sagt unter Eid folgendes aus:
Zusammen mit meinen Gatten, George D. Widener, und meinem Sohn befand ich mich an Bord des Dampfers der White Star Line, Titanic, während der Jungfernfahrt von Southampton vom 10. April 1912 an. In der Nacht von Sonntag, 14. April 1912 gaben mein Gatte und ich ein Abendessen, bei dem Kapitän Smith anwesend war. Kapitän Smith trank absolut keinen Wein oder berauschenden Alkohol während des Abendessens.
Eleanor Elkins Widener

Brief: H. C. Wolfe
Korrespondent der New York World
Kern der Aussage: Viele starben offensichtlich an der Kälte und nicht an Ertrinken. Strömungen trieben die Körper von der Untergangsstelle weg.

Halifax, Nova Scotia, 26. Mai
Senator William Alden Smith
Washington, D. C.
Daß viele der Opfer des Titanic-Desasters an der Kälte starben, und nicht durch Ertrinken wurde bei einer Untersuchung der Körper offensichtlich, die von Schiffen aus der See in der Nähe der Untergangsstelle gefunden wurden. Die Tatsache kam zuerst ans Tageslicht, als der Dampfer Minia am 6. Mai mit 15 Körpern nach Halifax zurückkehrte. Zwei Leichen waren auf See beigesetzt worden. Eine genaue Untersuchung der 17 Körper durch Dr. Mosher, dem Arzt der Minia, daß sich nur bei einem Körper Wasser in der Lunge befand. Die anderen Unglücklichen waren an der Kälte gestorben.
Ich war leider nicht in der Lage, selbst mit Herrn Dr. Mosher Kontakt aufzunehmen. Obige Erklärung stammt vom Reverend H. W. Cunningham, dem Kaplan der Minia, die er nach seiner Rückkehr nach Halifax abgab. Er wiederholte sie heute Nacht und bezog sich dabei auf Dr. Mosher, Schiffsarzt. Ich weiß allerdings genau, daß Kapitän Decarterett der Minia praktisch dieselbe Sprache in seinem Bericht an die White Star Line und die Anglo American Cable Co., Eignerin des Minia, über den Zustand der Körper wählte.
H. C. Wolfe,
Korrespondent, New York World

Auszüge aus dem Abschlußbericht des Unterausschusses über den Untergang der Titanic, veröffentlicht am 28. Mai 1912:

Ermittlungen über den Verlust von S. S. Titanic. Herr Smith aus Michigan, Mitglied im Handelsausschuß, legt folgendes vor.

Bericht

(Entsprechend S. Res. 283)

Der Handelsausschuß, autorisiert und beauftragt, den Verlust des britischen Dampfschiffs Titanic zu untersuchen, berichtet mit allem Respekt, daß die Pflicht erfüllt wurde, und daß der Ausschuß seine Schlüsse gezogen hat. . .

Vernommene Zeugen

Wir vernahmen 82 Zeugen über die verschiedenen Phasen dieser Katastrophe einschließlich der Einvernahme von 53 britischen Bürgern oder Residenten von Großbritannien und 29 Bürgern der Vereinigten Staaten oder Residenten.

Wir befragten zwei Vorstandsmitglieder der International Mercantile Marine Co., Eignerin des Dampfschiffs Titanic: J. Bruce Ismay aus Liverpool, England, Präsident, und Passagier auf dem Schiff, und P. A. S. Franklin aus New York, Vizepräsident in den Vereinigten Staaten der International Mercantile Marine Co., alle überlebenden Offiziere, insgesamt vier - Charles Herbert Lightoller, Zweiter Offizier aus Netley Abbey, Hampshire, England Dritter Offizier Herbert John Pitman aus Somerset, England, Vierter Offizier Joseph Groles Boxhall aus Hull, England und Fünfter Offizier Harold Godfrey Lowe aus Nord Wales sowie 34 Besatzungsmitglieder . . .

Wir hörten die Aussage von 21 Passagieren aller Klassen (einschließlich Präsident Ismay) und von 23 anderen Zeugen über Dinge, die mit der Untersuchung verbunden waren (einschließlich Vizepräsident Franklin).

Wir führten unsere Sitzungen in New York und Washington durch und erhielten Aussagen in schriftlicher Form aus anderen Teilen des Landes und dem Dominion Kanada.

Die Ergebnisse können wie folgt zusammengefaßt werden:

Besitzverhältnisse des Dampfschiffs Titanic.

Wir fanden heraus, daß sich die Titanic der White Star im Besitz der Oceanic Steam Navigation Co., England, befand, die wiederum zur International Navigation (Ltd.), England, gehört. Die Aktien dieses Unternehmens werden wiederum von der International Mercantile Marine Co., einem nach den Gesetzen des Staates New Jersey eingetragenen Unternehmen, gehalten.

International Mercantile Marine Co.

Herr J. Bruce Ismay aus Liverpool, England, ist Präsident der International Mercantile Marine Co. Herr P. A. S. Franklin aus New York City ist Vizepräsident dieses Unternehmens in den Vereinigten Staaten.

Der Verwaltungsrat der International Mercantile Marine Co. besteht aus den folgenden Personen:

C. A. Griscom, Vorsitzender.

E. C. Grenfell

John F. Archbold

John I. Waterbury

The Right Hon. Lord Pirrie

George W. Perkins

Charles Steele

J. Bruce Ismay, Präsident

Percy Chubb

E. J. Berwind

Harold A. Sanderson

P. A. B. Widener.

Charles F. Torrey.

J. P. Morgan, jr.

Über ihre verschiedenen internationalen Gesellschaften besitzt die International Mercantile Marine Co. Die White Star Line, die American Line, die Red Star Line, die Atlantic Transport Line, die National Line und die Aktienmehrheit an der Leyland Line. . .

Allgemeine Besonderheiten des Dampfschiffs Titanic

Die Titanic wurde bei Harland & Wolff in Belfast, Irland, gebaut. Beim Bau brauchten die Erbauer keine Rücksicht auf Kosten zu nehmen. Sie lief am 31. Mai 1911 vom Stapel. Sie war ein Schiff mit 46 328 Registertonnen. Ihre Länge betrug 882,6 Fuß und ihre Breite war 92,6 Fuß. Ihr Bootsdeck und die Brücke lagen 70 Fuß über der Wasserlinie. Sie war nach den Worten von Präsident Ismay so „gebaut worden, daß sie auch dann noch schwamm, wenn die beiden

größten Schotts voll Wasser gelaufen waren."
Das vollkommen ausgerüstete Schiff kostete
1 500 000 Pfund Sterling oder 7 500 000 Dollar.
Zur Zeit des Unfalls war das Schiff mit 1 000
000 Pfund oder 5 000 000 Dollar versichert.
Das restliche Risiko trug ein Versicherungs-
fonds des Unternehmens.

Die Titanic war eine Kopie der Olympic, die
demselben Unternehmen gehört. Die einzige
Ausnahme bilden die Unterkünfte der Passagiere. Sie konnte 2599 Passagiere aufnehmen
und verfügte über zusätzliche Unterkünfte für
Offiziere und Besatzungsmitglieder, insgesamt
903 Personen.

Versuchsfahrten des Dampfschiffs Titanic

Das Komitee ermittelte in der Beweisaufnah-
me, daß die Testfahrten mit dem Schiff am 1.
April zwischen sechs und sieben Stunden auf
dem Belfast Lough dauerten. Es wurden einige
Kreise gefahren, die Kompasse eingestellt, und
es fuhr auch für eine kurze Zeit unter annähern-
dem Volldampf, das Schiff erreichte aber nicht
die Höchstgeschwindigkeit. Ein Verantwortlicher der Reederei war während der Testfahrten
an Bord. Die Erbauer wurden durch Herrn
Thomas Andrews, der den Bau des Schiffs über-
wacht hatte, repräsentiert. Er war auch bei der
ersten Fahrt von Southampton als Vertreter der
Werft an Bord.

Mit einer Teilbesatzung fuhr das Schiff von Belfast direkt nach den Versuchsfahrten nach Southampton, wo es am Mittwoch, 3. April, gegen
Mitternacht eintraf. Es machte backbords im
Hafen fest, wo es bis zum 10. April gegen 12
Uhr mittags blieb, um von dort nach Cherbourg, Queenstown und New York zu fahren.
Nur zwei Rettungsboote wurden heruntergelassen

Viele Besatzungsmitglieder betraten das
Schiff zum ersten Mal einige Stunden vor dem
Ablegen. Die einzige Übung, die in Southampton stattfand, bestand im Herunterlassen von zwei Rettungsbooten auf der Steuerbordseite. Die Boote wurden innerhalb einer
halben Stunde wieder aufs Bootsdeck zurückgeholt. Erst einige Tage nach dem Ablegen
von Southampton wurde eine Liste mit der Verteilung der Posten erstellt. Die Bootsmänner

waren bis Freitagmorgen im Unwissen darüber,
welche Position sie einnehmen mußten.

Genehmigung der britischen Aufsichtsbehörde

Am Mittwochmorgen, am Tag des Ablegens
von Southampton, kam Kapitän Clark, ein
Vertreter der britischen Aufsichtsbehörde, an
Bord und stellte nach einem kurzen Aufent-
halt die notwendige Genehmigung aus.

Davits und Rettungsboote an Bord der Titanic

Die Titanic war mit 16 Sätzen von doppelt
arbeitenden Davits des modernen Typs ausgerüstet, die in der Lage waren, zwei bis drei
Boote aufzunehmen. Die Davits waren also in
der Lage, bis zu 48 Boote aufzunehmen. Das
Schiff verfügte jedoch nur über 16 Boote und
vier Faltboote, womit die Vorschriften der britischen Aufsichtsbehörde erfüllt waren. Die
Titanic verfügte über 14 Rettungsboote mit
einer Kapazität von jeweils 65 Personen oder
910 Personen insgesamt, zwei Notboote mit
einer Kapazität von jeweils 35 Personen oder
70 Personen insgesamt; vier Faltboote mit einer
Kapazität von jeweils 49 Personen oder 196
Personen insgesamt. Insgesamt verfügten die
Rettungsboote über eine Kapazität von 1176
Plätzen. Es gab ausreichend Schwimmwesten
für alle.

Ablegen des Dampfschiffs Titanic

Das Schiff verließ Southampton am 10. April
um 12:15 P.M. mit einer Besatzung von 899
Personen (Offiziere und Mannschaft). Beim
Verlassen des Hafenbeckens riß sich die New
York durch den Sog der Titanic los, was eine
Verspätung von einer Stunde verursachte.

Die Titanic traf mit Verspätung am späten
Nachmittag des gleichen Tages in Cherbourg
ein. Die Titanic verließ Cherbourg und fuhr
weiter nach Queenstown, Irland, wo sie gegen
Donnerstagmittag eintraf. Direkt nach dem
Einladen der Post und dem Einsteigen der Passagiere fuhr sie nach New York weiter. . .

Zusammenfassung der Passagiere und Über-
lebenden

Einschließlich der Mannschaft befanden sich
2223 Menschen an Bord der Titanic. 1517

Menschen kamen ums Leben, 706 wurden gerettet. In diesem Zusammenhang muß bemerkt werden, daß 60 Prozent der Passagiere der Ersten Klasse, 42 Prozent der Zweiten Klasse, 25 Prozent der Dritten Klasse und 24 Prozent der Besatzung gerettet wurden.

Wetterbedingungen während der Überfahrt

Während der gesamten Reise war das Wetter klar mit der einzigen Ausnahme von einem zehnminütigen Nebel. Die See war während der gesamten Überfahrt ruhig. Die Sonne schien jeden Tag, die Nächte waren sternenklar. Kein unerwartetes Ereignis störte die Reise. Mit vorbeifahrenden Schiffen wurden häufig Grüße ausgetauscht.

Eiswarnungen

Am dritten Tag auf See wurden die ersten Eiswarnungen von den Funkern der Titanic empfangen. Die Aussagen machen deutlich, daß mindestens drei Warnungen den Kommandeur der Titanic am Tag des Untergangs erreichten. Die erste gegen Mittag von der Baltic der White Star Line. Es muß erklärt werden, daß diese Mitteilungen die Berge innerhalb von fünf Meilen des Kurses der Titanic und in der Nähe der Untergangsstelle angaben. Die Mitteilung des Kommandeurs der Baltic ist wie folgt:
Dampfschiff Baltic, 14. April 1912.
Kapitän Smith, Titanic
Habe mittlere variable Winde und klares, schönes Wetter seit Ablegen. Der griechische Dampfer Athinai berichtet, Eisberge und ein großes Eisfeld heute in Breite 41.51 Nord, Länge 49.52 West passiert zu haben. Letzte Nacht sprachen wir mit dem deutschen ÷ltanker Deutschland, Stettin nach Philadelphia, außer Kontrolle, zu wenig Kohle; Breite 40.42 Nord, Länge 55.11. Wünscht Bericht nach New York und anderen Dampfern. Wünsche Ihnen und der Titanic allen Erfolg.

Kommandeur.

Die zweite Mitteilung wurde auf der Titanic von der Californian der Leyland Line gegen 5:35 P.M., Sonntagnachmittag, New-York-Zeit empfangen. Der Bericht lokalisiert das Eis ungefähr 19 Meilen nördlich der Route der

Titanic. Die Mitteilung hat folgenden Inhalt:
Breite 42.3 Nord, Länge 49.9 West. Drei große Eisberge fünf Meilen südlich von uns. Grüße. (Sig.) Lord.
Die dritte von der Amerika gefunkte Mitteilung über die Titanic und Cape Race an das Hydrographische Amt in Washington, D.C. berichtet von Eis ungefähr 19 Meilen südlich der Route der Titanic und hat folgenden Wortlaut:
Dampfschiff Amerika über Titanic und Cape Race, N.F.
14. April 1912
Hydrographisches Amt, Washington, D.C.:
Amerika hat zwei große Eisberge in 41.27 N., 50.8 W. am 14. April passiert.
K.N.U.T.
Diese Mitteilung wurde vom Hydrographischen Amt in Washington am 14. April um 10.51 P.M. empfangen.
Die vierte Mitteilung wurde am Sonntag um 9:05 P.M. New-York-Zeit an die Titanic ungefähr eine Stunde vor dem Unglück gefunkt. Die Mitteilung hat folgenden Wortlaut:
Wir haben gestoppt und sind von Eis umgeben.
Darauf antwortete der Funker der Titanic:
Halt den Mund. Ich bin beschäftigt. Ich arbeite mit Cape Race (die Funkstation in Neufundland).
Obwohl dies die letzte Mitteilung der Californian an die Titanic war, behielt der Funker der Californian die Kopfhörer noch auf und hörte bis einige Minuten vor dem Unglück, wie die Titanic mit Cape Race sprach. Dann nahm er „die Kopfhörer ab, zog seine Kleidung aus und legte sich ins Bett."
Der Funker der Baltic hörte an jenem Sonntag, wie Eisberichte von der Prinz Friedrich Wilhelm und der Amerika an die Titanic gefunkt wurden, während die Carpathia zur gleichen Zeit die Parisian hörte, wie sie mit anderen Schiffen über Eis redete.
Eis im Norden und im Süden der Titanic-Route Dadurch ist das Komitee in der Lage zu sagen, daß sich die kurz vor dem Unglück angegebenen Eispositionen auf beiden Seiten der Route, der die Titanic folgte, in ihrer unmittelbaren Nähe befanden. Unter den Offizieren gab es keine allgemeine Besprechung; keine Konferenz wurde einberufen, um diese Warnungen

zu beachten. Ihnen wurde keine Beachtung geschenkt. Die Geschwindigkeit wurde nicht zurückgenommen. Der Ausguck wurde nicht verstärkt, die einzige Aufmerksamkeit, die der wachhabende Offizier zeigte, war die Anordnung an den Ausguck „ein wachsames Auge auf Eis zu haben." Es sollte aber auch gesagt werden, daß Kapitän Smith Offizier Lightoller, der bis zehn Uhr als Offizier auf der Brücke war, um 8:27 Uhr New-York-Zeit gegenüber bemerkte, daß „wir zweifellos sehr langsam fahren würden, wenn es einen leisesten Dunst geben würde." Und: „Beim kleinsten Zweifel lassen Sie es mich wissen." Die Beweislage ergab, daß es absolut klar war. Es gab keinen Dunst, und die Geschwindigkeit des Schiffs wurde nicht verringert.

Geschwindigkeit

Die Geschwindigkeit der Titanic wurde nach dem Verlassen von Queenstown langsam gesteigert. Am ersten Tag wurden 464 Meilen, am zweiten Tag 519 Meilen und am dritten Tag 546 Meilen zurückgelegt. Kurz vor der Kollision erreichte das Schiff seine höchste Geschwindigkeit - nicht weniger als 21 Knoten oder 24 1/4 Meilen pro Stunde.

Die Kollision

Gegen 11:46 P.M. (Schiffszeit) oder 10:13 P.M. (New-York-Zeit) am Sonntagabend des 14. April signalisierte der Ausguck und telefonierte an den wachhabenden Offizier auf der Brücke: „Eisberg voraus." Der wachhabende Offizier Murdoch befahl dem Quartermeister am Steuerrad, sofort das Ruder auf „hart Steuerbord" zu ändern und stellte die Maschinen auf volle Kraft zurück. Aber während der Sechste Offizier, der hinter dem Quartermeister stand, dem wachhabenden Offizier Murdoch berichtete: „Das Ruder steht hart Steuerbord", rammte die Titanic das Eis. Der Aufprall war zwar nicht stark genug, um die Passagiere oder die Mannschaft zu stören oder den Vorwärtsdrang des Schiffs zu behindern, ließ das Schiff aber leicht rollen und schnitt in die Stahlplatten oberhalb des Kielraums.

Erste Berichte über Schäden

Die Aussagen zeigen, daß zusammen mit der Kollision ein pfeifendes Geräusch aus dem Überdruckrohr des vorderen Tanks gehört werden konnte, was anzeigte, daß die Luft vom einströmenden Wasser verdrängt wurde. Praktisch sofort füllten sich der Vordertank, Schotts Nummer 1, 2, 3 und der vordere Kesselraum mit Wasser, dessen Eindringen sofort aus dem Postraum berichtet wurde. Außerdem füllte sich auch der Squashplatz und der Gepäckraum in Nummer 3 und die Räume der Heizer in Nummer 1. Der leitende Heizer Barrett sah, wie das Wasser in den vorderen Kesselraum durch einen Riß, zwei Fuß über dem Boden und 20 Fuß unterhalb der Wasserlinie eindrang. Dieser Riß erstreckte sich zwei Fuß in den Kohlenbunker am vorderen Ende des zweiten Kesselraums

Die ernste Natur der Schäden wird erkannt

Die Berichte, die beim Kapitän nach den verschiedenen Inspektionen eingingen, müssen ihn schnel mit dem ernsten Zustand vertraut gemacht haben. Als er von Präsident Ismay befragt wurde, drückte er sich auch so aus. Es wird auch angenommen, daß der ernste Zustand auch vom Chefingenieur und dem Repräsentanten der Werft, Herrn Andrews, erkannt wurde. Beide kamen ums Leben.

Das Schiff läuft voll

Unter dem zusätzlichen Gewicht des Wassers versank der Bug immer tiefer ins Wasser. Durch die offene Luke, die in den Postraum führte und durch andere Öffnungen wurde das E-Deck unter dem das dritte, vierte, fünfte, sechste, siebte und achte transversale Schott endete, überflutet. So wurden die Abteile achtern von Schott drei geflutet.

Wasserdichte Abteile

Die Titanic war mit 15 transversalen wasserdichten Schotts ausgestattet, von denen nur eins, das erste Schott vorne, bis zum obersten durchgängigen Deck C gebaut war. Die Schotts Nummer 2, 10, 11, 12, 13, 14 und 15 reichten bis zum zweiten durchgängigen Deck D. Und Schotts Nummer 3, 4, 5, 6, 7, 8, und 9 die reichten nur bis zum dritten durchgängigen Deck E und waren auch nicht für ein wasserdichtes Schließen ausgelegt, was dadurch bewiesen wird, daß das Überfluten über das E-Deck zum großen Teil zum Sinken des Schiffs beitrug. Die oben beschriebenen Schotts unterteilten das Schiff in 16 wasserdichte Hauptabteile. Das Schiff war so konstruiert, daß zwei Hauptabteile ohne die Sicherheit des Schiffs zu beeinträchtigen, geflutet werden konnten. Wie bereits erwähnt, zeigen die Aussagen, daß die fünf weit vorne liegenden Abteile praktisch sofort volliefen. Unter solchen Umständen, auch wegen der nicht wasserdichten Auslegung des Decks, an den neuen die transversalen Schotts endeten, waren die angeblich wasserdichten Abteile NICHT wasserdicht und das Schiff sank in der Folge.

Notsignale

Es gab keinen allgemeinen Alarm, keine Pfeife wurde geblasen und die Passagiere wurden nicht systematisch alarmiert. Innerhalb von 15 bis 20 Minuten kam der Kapitän in den Funkraum und beauftragte den Funker, Hilfe zu holen, indem er das Notsignal C. Q. D. funkte.

Empfang der Notsignale

Dieses Notsignal zusammen mit dem Bericht, daß man einen Eisberg gerammt hatte, wurde an jenem Abend von der Funkstation Cape Race um 10:25 P.M. New-York-Zeit empfangen. Zur gleichen Zeit hörte die Mount Temple zufällig den Funkspruch. Das Schiff kehrte sofort um in Richtung Titanic. Innerhalb von zwei oder drei Minuten meldete sich auch die Frankfurt. Innerhalb von zehn Minuten hörte der Funker auf der Carpathia glücklicher- und zufälligerweise den C.Q.D.-Ruf der Titanic, den er sofort auf die Brücke und zum Kapitän brachte. Die Carpathia drehte sofort um und gab ihre Position zusammen mit der Ankündigung, daß man mit Volldampf zum verunglückten Schiff unterwegs sei . Die Frankfurt jedoch gab ihre Position nicht an und fragte nach einer Wartezeit von 20 Minuten, „was denn los ist". Darauf antwortete der Funker der Titanic, daß er ein Narr sei. In Anbetracht der Tatsache, daß die Position

der Frankfurt und die Entfernung zur Titanic nicht bekannt war, kann man die Antwort des Titanic-Funkers kaum als klug bezeichnen. Unabhängig davon wurde die Frankfurt mit dem Satz von der Mount Temple überhört, daß „unser Kapitän zu Ihnen kommen wird." Verbindungen zur Olympic und Baltic wurden aufgebaut, und die 800 Meilen östlich fahrende Caronia hörte den Notruf der Titanic. Die Funksprüche der Titanic wurden unter anderem von der Station Cape Race und der Mount Temple sowie der Baltic empfangen. Die Mount Temple hörte die Titanic zuletzt um 11:47 P.M. New Yorker Zeit. Die Baltic und die Carpathia verloren ungefähr zur gleichen Zeit den Kontakt. Den letzten Funkspruch, den sie empfingen, war „Maschinenraum unter Wasser." Die Virginian hörte die Titanic zuletzt um 12:27 New Yorker Zeit und beschrieb sie als verschwommen und plötzlich aufhörend.

Erster Bericht in der Presse

Diese Information ist in einem Bericht enthalten, den die Associated Press aus Cape Race empfing und an die ÷Öffentlichkeit wie an Vizepräsident Franklin von der White Star Line weitergab, der später von seinem Büro in Montreal verifiziert wurde.

Cape Race, New Brunswick,
Sonntagnacht, 14. April.

Um 10:25 diese Nacht funkte das Dampfschiff Titanic der White Star Line „C.Q.D." an die hiesige Marconi-Staion und berichtete, einen Eisberg gerammt zu haben. Der Dampfer sagte, daß sofortige Unterstützung notwendig war. Eine halbe Stunde später ging eine zweite Meldung ein, die davon berichtete, daß man mit dem Bug voraus sinke, und daß Frauen und Kinder in die Boote gingen.

Das Wetter war ruhig und klar. Der Titanic-Funker gab die Position mit 41.46 nördlicher Breite und 50.14 westlicher Länge an.

Die Marconi-Station in Cape Race verständigte den Allan-Liner Virginian, dessen Kapitän sofort antwortete, daß er Kurs auf die Unglücksstelle nehmen würde.

Die Virginian war um Mitternacht gut 170 Meilen von der Titanic entfernt und wurde am Montag gegen 10 A.M. dort erwartet.

2 A.M. Montag

Die Olympic befand sich zur frühen Stunde an diesem Montagmorgen 40.32 nördlicher Breite und 61.18 westlicher Länge. Sie befand sich in Verbindung mit der Titanic und eilt nun mit Höchstgeschwindigkeit zu ihr.

Das Dampfschiff Baltic befand sich nach eigenen Angaben ungefähr 200 Meilen östlich von der Titanic und war mit aller nur erdenklicher Geschwindigkeit in ihre Richtung unterwegs.

Das letzte Signal von der Titanic wurde von der Virginian um 12:27 A.M. gehört.

Der Funker der Virginian sagte, diese Signale seien verschwommen gewesen und hätten plötzlich aufgehört.

Schiffe in der Nähe der Titanic

Zu diesem Zeitpunkt hält es das Komitee für ratsam, die Aufmerksamkeit auf die angegebenen Positionen der Schiffe in der Nähe der Titanic zu lenken, als die Notrufe gefunkt wurden.

Die in Richtung Westen fahrende Californian der Leyland Line befand sich in 42° 05 nördlicher Breite und 50° 07' westlicher Länge und befand sich nach den Zahlen des Kapitäns 19Ω Meilen nördlich.

Die Richtung Westen fahrende Mount Temple der Canadian Pacific Railroad Line befand sich in 41° 25' nördlicher Breite und 51° 14' westlicher Länge und befand sich ungefähr 49 Meilen westlich von der Titanic. Auf dem Weg zur Titanic passierte sie einen unbekannten Schoner.

Die Richtung Osten fahrende Carpathia der Cunard Line befand sich in einer Entfernung von 58 Meilen und steuerte einen Kurs von 52° West, um die Titanic zu erreichen.

Die Birma, ein russisches Schiff, war am Montag, den 15. April, um 12:25 A.M. 70 Meilen entfernt.

Die Richtung Osten fahrende Frankfurt vom Norddeutschen Lloyd befand sich in 39° 47' nördlicher Breite und 52° 10' westlicher Länge und war 153 Meilen in südwestlicher Richtung entfernt.

Die Virginian war um Mitternacht 170 Meilen von der Titanic entfernt.

Die Richtung Osten fahrende Baltic der White Star Line befand sich gegen elf Uhr Sonntagabend New Yorker Zeit ungefähr 243 Meilen in südwestlicher Richtung von der Titanic entfernt.

Die in Richtung Osten fahrende Olympic der White Star Line befand sich um 12:14 Uhr New Yorker Zeit ungefähr 512 Meilen in westlicher Richtung entfernt. Ihre Position war 40° 22' nördlicher Breite und 61° 18' westlicher Länge.

Der von der Titanic aus gesehene Dampfer

16 Zeugen von der Titanic, einschließlich Offiziere und erfahrenen Seeleuten sowie Passagieren mit vernünftigem Urteilsvermögen sagten aus, daß sie das Licht eines Schiffs in der Entfernung sahen. Einige der Rettungsboote wurden angewiesen zu diesem Licht zu rudern, um dort die Passagiere auszuladen und an die Bordwand der Titanic zurückzukehren. Die Titanic schoß Notraketen ab und versuchte über die Morselampe, mit dem Schiff Kontakt aufzunehmen. Zu ungefähr der gleichen Zeit gaben die Offiziere der Californian zu, Raketen in der allgemeinen Richtung der Titanic gesehen zu haben. Sie sagten, sie hätten sofort ihre starke Morselampe eingesetzt, die leicht über eine Distanz von zehn Meilen erkannt werden kann. Einige der Besatzungsmitglieder der Californian sagten aus, man habe um 11:30 P.M. (Schiffszeit kurz vor dem Unglück die Seitenlichter eines großen mit voller Geschwindigkeit fahrenden Schiffs vom unteren Deck der Californian gesehen. Es gibt keine Beweise dafür, daß Raketen von einem Schiff, das zwischen der Titanic und der Californian lag, abgeschossen wurden, obwohl jedes Auge an der Titanic den Horizont nach möglicher Unterstützung absuchte.

Die Verantwortung des Dampfschiffs Californian

Das Komitee wird zu dem unausweichlichen Schluß gezwungen, daß sich die von demselben Unternehmen kontrollierte Californian näher bei der Titanic befand als die angegebenen 19 Meilen, von denen ihr Kapitän berichtete, und daß ihre Offiziere und Besatzungsmitglieder die Notzeichen der Titanic sahen und es versäumten, so zu antworten, wie es die Menschlichkeit, internationale Gepflogenheiten und die gesetzlichen Anforderungen verlangten. Die einzige Antwort auf die Notzeichen war das Gegensignal eines großen weißen Lichts, das zwei Stunden lang vom Mast der Californian blinkte. Unserer Meinung nach ist ein solches Verhalten ob aus Gleichgültigkeit oder grober Fahrlässigkeit äußerst verwerflich und lädt die volle Verantwortung auf den Kommandeur der Californian. Der Funker der Californian wurde erst gegen 3:30 A.M. New Yorker Zeit am Morgen des 15. geweckt, nachdem unter den Offizieren und Mannschaftsmitgliedern über diese Notraketen oder Raketen geredet wurde. Der Chief-Offizier wies den Funker an herauszufinden, was los sei, weil ein Schiff in der Nacht Raketen abgeschossen habe. Die Ermittlung ergab sofort, daß die Titanic gesunken war. Hätte man sofort Hilfe angeboten, oder wäre der Funker nur einige Minuten länger an seinem Posten am Sonntagabend geblieben, dann hätte dieses Schiff sich die stolze Auszeichnung verdient, die Leben der Passagiere und der Besatzung der Titanic gerettet zu haben. . .

Die Rettungsboote der Titanic werden vorbereitet

Nachdem Kapitän Smith die Berichte über die Wassereinbrüche bekommen hatte, gab er sofort den Befehl, die Rettungsboote freizumachen. Später ergingen Anordnungen, Frauen und Kinder in die Boote zu laden. Während dieser Zeit wurden Notraketen in kurzen Abständen abgefeuert.

Die fehlende Vorbereitung machte sich in diesem Moment bemerkbar. Es gab kein System für das Beladen der Boote. Es herrschte Unentschlossenheit, von welchem Deck aus die Boote beladen werden sollten. Es herrschten große Meinungsunterschiede darüber, wieviele Männer der Besatzung in jedem Boot notwendig waren. Es gab keine Anweisungen darüber, wieviele Menschen in jedem Boot transportiert werden durften. Und auch keine einhellige Meinung, wie sie beladen werden sollten. Auf einer Seite kamen nur Frauen und Kinder in die Boote, während es auf der anderen Seite ein fast ausgeglichenes Verhältnis von Frauen und Männern in den Boote gab, wobei Frauen und Kindern stets Vorrang eingeräumt wurde. Das Versagen, alle Boote mit der anerkannten Kapazität auszulasten, verursachte einen nutzlosen Verlust von einigen hundert Leben, die sonst hätten gerettet werden könnte.

Rettungsboote nicht ausgelastet

Das Schiff war, wie oben angegeben, mit Rettungsbooten für 1176 Personen ausgerüstet. Dennoch wurden nur 706 gerettet. Nur einige der Rettungsboote waren komplett beladen, während andere nur teilweise gefüllt waren. Einige wurden vom Bootsdeck, andere vom A-Deck aus beladen. Sie wurden dann erfolgreich aufs Wasser gelassen. Das 20. Boot wurde über Bord gespült, als der vordere Teil des Schiffs untertauchte. In seiner umgekippten Position diente es als Floß für ungefähr 30 Leute, einschließlich dem Zweiten Offizier Lightoller, den Funkern Bride und Phillipps (der letztgenannte starb vor der Rettung) und den Passagieren Oberst (Archibald) Gracie und Herrn Jack Thayer, sowie anderen Besatzungsmitgliedern, die aus dem Wasser hinaufkletterten, als das Schiff unterging.

Rettungsboot-Ausrüstungen

Wäre die See rauh gewesen, so ist es fraglich, ob die Rettungsboote der Titanic ohne Beschädigungen oder Zerstörungen das Wasser erreicht hätten. Die Boote hingen in ungefähr 70 Fuß Höhe über der Wasserlinie. Hätte das Schiff kräftig hin und her gerollt, so wären die Rettungsboote hin-und hergeschwungen und wären auf die Bordwand geprallt. Es ist offensichtlich aus den Aussagen, daß die Schräglage der Titanic dadurch bemerkbar wurde, daß die Rettungsboote beim Herunterlassen an der Bordwand entlang kratzten. Jeder Versuch sollte unternommen werden, die Ausrüstung der Boote und die Kontrolle beim Herunterlassen zü verbessern.

Widersprüchliche Berichte aus den Rettungsbooten

In den Berichten der Überlebenden gibt es beachtliche Unterschiede in den Angaben über die Anzahl der Insassen in den Rettungsbooten. In Rettungsboot Nummer 1 zum Beispiel berichtete ein Überlebender von insgesamt zehn. Der verantwortliche Matrose berichtete von sieben Besatzungsmitgliedern und 14 bis 20 Passagieren. Der Offizier, der das Boot belud, schätzte, daß sich zwischen drei und fünf Frauen sowie 22 Männer an Bord befanden. Wenn man die minimalen Zahlen berücksichtigt, die jeder Überlebende in jedem Boot angab, so übersteigt das die tatsächliche Menge, die von der Carpathia aufgenommen wurde.

Kein Unterschied bei den Passagieren

Die Aussagen ergeben, daß es mit Ausnahme von isolierten Fällen keine Panik gab. Beim Beladen der Boote gab es keine Unterschiede zwischen Passagieren der Ersten, Zweiten und Dritten Klasse, obwohl der Anteil der Umgekommenen in der Dritten Klasse größer ist als bei den anderen Klassen. Frauen und Kinder hatten ohne Unterschied den Vortritt.

Das Komitee glaubt, daß bei entsprechender Disziplin die Überlebenden in weniger Booten hätten konzentriert werden könne nachdem das Wasser erreicht war, und wir glauben, daß es möglich gewesen wäre, wesentlich mehr Leben zu retten, wenn die für die Boote Verantwortlichen sofort zur Unglücksstelle zurückgekehrt wären.

Haltung auf den Rettungsbooten

Nachdem sie zu Wasser gelassen waren, ruderten einige Boote viele Stunden lang in Richtung des Lichts, daß vermutlich von der Californian stammte. Andere Boote lagen tatenlos in der Nähe des sinkenden Schiffs. Wenige Überlebende wurden aus dem Wasser gerettet. Nachdem er seine Passagiere auf die vier anderen Boote, die er zusammengetrieben hatte, verteilt hatte und nachdem die Schreie abgeklungen waren, kehrte der Fünfte Offizier Lowe in Boot Nummer 14 an die Untergangsstelle zurück und rettete vier lebende Passagiere aus dem Wasser. Einer starb später im Rettungsboot, wurde aber identifiziert. Offizier Lowe setzte dann Segel in Boot Nummer 14 und nahm ein Faltboot in Schlepp und rettete die Passagiere von einem anderen Faltboot. Die Männer, die sich auf das umgekippte Faltboot gerettet hatten, unter ihnen der Zweite Offizier Lightoller und die Passagiere Gracie und Thayer sowie die Funker Philipps und Bride, wurden von den Rettungsbooten Nummer 4 und Nummer 12 vor dem Eintreffen der Carpathia gerettet. Das vierte Faltboot wurde an die Seite der Carpathia gerudert und hatte 28 Frauen und Kinder, zumeist aus der Dritten Klasse,

drei Heizer, einen Steward, vier Filipinos, Präsident Ismay und Herrn Carter an Bord. Verantwortlich war der Quartiermeister Rowe.

Das sinkende Schiff

Das Schiff versank allmählich mit dem Bug voraus und nahm vor dem Untergang um 12:47 A.M. New Yorker Zeit eine fast senkrechte Position ein. Es gab viele gegensätzliche Erklärungen, ob das Schiff auseinanderbrach, aber die überwiegende Beweislage geht dahin, daß sie eine fast senkrechte Position einnahm und intakt versank. (Diese Schlußfolgerung wurde durch den Fund des Schiffs 1985 widerlegt.)

Kein Sog

Das Komitee hält es für wichtig, die Aufmerksamkeit auf die Tatsache zu lenken, daß es beim Untergang des Schiffs offensichtlich keinen Sog oder eine unerwartete Störung auf der Wasseroberfläche gab. Es gibt übermäßig viele Aussagen von den Zeugen im Wasser, auf dem umgekippten Faltboot oder den Insassen der Rettungsboote, daß in der Nähe des Schiffs beim Untergang keine Sogwirkung festgestellt wurde. Auch diejenigen, die sich im Wasser befanden, konnten sich unabhängig davon, ob sie eine Schwimmweste trugen oder nicht, leicht schwimmend vom Schiff entfernen.

Kapitän Rostron

Das Komitee bittet, die besondere Aufmerksamkeit auf Kapitän Rostron zu richten, der die Carpathia kommandierte. Direkt nach dem Notruf gab Kapitän Rostron den Befehl, das Schiff zu wenden und den Kurs Richtung Titanic einzuschlagen. Er befahl dem Chief, eine zusätzliche Wache von Heizern zu rufen, um eine so hohe Geschwindigkeit wie möglich zu erreichen.

Weil er die Möglichkeit von Eis kannte, verdoppelte Kapitän Rostron die Ausgucke und übte besondere Sorgfalt, indem er einen zusätzlichen Ausguck nach vorne und einen weiteren Offizier auf die Brücke beorderte. Der Kapitän befahl dem Ersten Offizier, sofort „alle unsere Rettungsboote vorzubereiten und sie bereitzuhalten, um sie nach außen zu schwenken."

Das Komitee hält den von Kapitän Rostron

eingeschlagenen Kurs für würdig, das höchste Lob und eine besondere Anerkennung gezollt zu bekommen. . .

An der Unglücksstelle

Das erste Boot war am Montag um 4:10 A.M. und das letzte mit Überlebenden um 8:30 A.M. an Bord der Carpathia gebracht worden. Danach ließ Kapitän Rostron einen Gottesdienst abhalten „aus Dankbarkeit für die Geretteten und eine kurze Begräbniszeremonie für jene, die ums Leben kamen."

Nach dem Eintreffen der Californian gegen acht Uhr am Morgen nahm der Kapitän der Carpathia Kontakt mit ihrem Kapitän auf und erklärte, daß alle Passagiere aus den Booten gerettet worden waren, daß er aber dachte, daß noch ein Boot fehlte. Mit der Californian wurde daher vereinbart, daß sie eine aufwendige Suche nach dem fehlenden Boot einleiten sollte. Kapitän Rostron erklärte, daß 15 Rettungsboote und zwei Faltboote von der Carpathia aufgefischt wurden. Vor dem Komitee sagte jeweils mindestens ein Insasse aus jedem Boot aus, so daß das Komitee zufriedengestellt wurde, daß alle 16 Rettungsboote, mit denen die Titanic ausgerüstet war, im Dienst waren. 13 dieser Boote wurden auf das Deck der Carpathia geholt und nach New York transportiert.

Nachdem eine gründliche Suche der Gegend durch die Californian gesichert war, nahm Kapitän Rostron den Kurs Richtung New York auf. Vorher informierte er die Verantwortlichen seines Unternehmens wie folgt:

New York, Breite 41.45; Länge 50.20 West. Bin mit ungefähr 800 unterwegs nach New York, wenn nicht anders befohlen, nachdem ich mich mit Herrn Ismay beraten habe und die Umstände berücksichtigt habe. Mit soviel Eis in der Gegend halte ich New York für das beste. Große Anzahl von Eisbergen und 20 Meilen Eisfeld mit Bergen.

Keine Sichtung von Leichen.

Das Komitee richtet die Aufmerksamkeit auf die Tatsache, daß Kapitän Rostron von der Carpathia, der sich vier Stunden in der Gegend um die Unglücksstelle aufhielt, nur einen Leiche sah und daß Kapitän Lord von der Californian,

der dort drei Stunden lang kreuzte, ebenfalls keine sah. Das Nichtvorhandensein von im Wasser treibenden Körpern am Morgen nach dem Untergang, das auch der Kapitän der Mount Temple bemerkte, kann mit der Theorie erklärt werden, daß diejenigen, die mit dem Schiff untergegangen waren, nicht an die Oberfläche gekommen waren oder aber von der großen Eisfläche versteckt wurden, die sich über Nacht über die Untergangsstelle geschoben hatte. Die Leichen, die an weiter entfernten Stellen gefunden wurden, wurden vermutlich durch die Strömung oder die Eisbewegung dorthin getrieben.

Funkdienste

Zahlreiche Mitteilungen offiziellen Inhalts wurden dem Funker auf der Carpathia am Montagmorgen (15. April) mit der genauen Anordnung vom Kapitän übergeben, sie sofort und falls notwendig über andere Schiffe zu funken. . .

Trotz der genauen Anweisungen des Kapitäns an den Funker am Morgen des 15. Aprils, die Übermittlung von Herrn Ismays Mitteilung an Herrn Franklin in New York betreffend, zeigt die Beweislage, daß die fragliche Mitteilung erst am Mittwochmorgen des 17. April gegen neun Uhr bei Herrn Franklin einging. Die Originalmitteilung, die sich im Besitz des Komitees befindet, zeigt, daß die Mitteilung am 17. April von der Carpathia über Halifax gefunkt wurde. Unsere Ermittlungen enthüllen die Tatsache, daß die Mitteilung sofort nach ihrem Eingang bei der Postal Telegraph & Co. zugestellt wurde.

Die fragliche Mitteilung hat folgenden Inhalt:

Dampfschiff Carpathia, 17. April 1912 (via Halifax).

Islefrank, N.Y.C.

Tief erschüttert teile ich Ihnen mit, daß Titanic diesen Morgen nach Kollision mit Eisberg gesunken ist, was erheblichen Verlust an Leben zur Folge hat. Weitere Einzelheiten später.

Bruce Ismay.

Diese Mitteilung wurde von Herrn Franklin in New York am 17. April gegen 9 A.M. empfangen.

Information der Öffentlichkeit

Die Aufzeichnungen offenbaren, daß die ersten offiziellen Informationen der Öffentlichkeit

über das Unglück durch die Verantwortlichen der White Star Line am 15. April um 6:16 P.M. vom Kapitän der Olympic, Haddock, eingingen. Folgender Wortlaut:
Carpathia erreichte die Position der Titanic bei Tagesanbruch. Fand nur Boote und Wrackteile vor. Titanic ist gegen 2:20 A.M. in 41.16 Nord, 50.14 West untergegangen. Alle ihre Boote angetroffen. Ungefähr 675 Seelen gerettet, Besatzung und Passagiere. Die letztgenannten sind fast alle Frauen und Kinder. Dampfer der Leyland Line, Californian, bleibt und sucht die Unglücksstelle ab. Carpathia kehrt mit Überlebenden nach New York zurück. Bitte Cunard informieren. Haddock.
Obwohl die Verantwortlichen des Unternehmens diese Informationen besaßen, wurde an das Mitglied des Repräsentantenhauses, J. A. Hughes, Huntington, W. Va., ein Telegramm mit dem Datum 15. April 1912, New York, mit folgendem Wortlaut geschickt:
Titanic unterwegs nach Halifax. Passagiere werden dort vermutlich am Mittwoch eintreffen. Alle in Sicherheit.
White Star Line
8:27 P.M.
Das Komitee war nicht in der Lage, die Identität des Verfassers dieses Telegramms zu ermitteln. Wir fanden allerdings heraus, daß diese Mitteilung um 7:51 P.M. an jenem Tag in die Filiale der Western Union gebracht wurde, die sich im gleichen Gebäude wie die White Star Line in 11 Broadway befindet. Wir sind aber vollkommen im Unklaren über die Person, die es abgeschickt hat oder über die Motive, die der Autor hatte, als er es abschickte. Wer immer es aufgab ist schuldig des äußerst verwerflichen Benehmens.

Unterdrückte Informationen

Das Komitee glaubt nicht, daß der Funker der Carpathia die angebrachte Sorgfalt bei der Behandlung der wichtigen ihm anvertrauten Arbeit nach dem Unglück zeigte. Informationen über ein Seeunglück waren zuvor von einem Funker zu dessen Vorteil benutzt worden. Daß derartiges Vorgehen von der Marconi Co. genehmigt wurde, kann eine Auswirkung in diesem Fall gehabt haben. Die Bereitschaft der Verantwortlichen der Marconi Co., diese Praxis zu genehmigen, und die Tatsache, daß Repräsentanten des Unternehmens den Verkauf der Erfahrungen der Funker der Titanic und Carpathia arrangierten, setzte die Verantwortlichen der Kritik aus. Diese Praxis sollte verboten werden. Das Komitee ist erfreut festzustellen, daß Herr Marconi ein solches Verbot befürwortet.

Empfehlungen

Das Komitee findet, daß dieses Unglück die Notwendigkeit verdeutlicht, neue Gesetze für die Sicherheit auf See zu erlassen.
Per Gesetz akzeptieren die Vereinigten Staaten auf Gegenseitigkeit die Inspektionszertifikate ausländischer Staateen, deren Inspektionsgesetze denen der Vereinigten Staaten entsprechen. Falls die Inspektionsgesetze der ausländischen Staaten nicht den im folgenden vorgeschlagenen Linien angepaßt werden, hält es das Komitee für angebracht, daß die Abmachungen auf Gegenseitigkeit beendet werden sollten, und daß es keinem Schiff erlaubt werden sollte, Passagiere in einem amerikanischen Hafen aufzunehmen, bis diese Vorschriften und Voraussetzungen den amerikanischen Gesetzen entsprechend erfüllt sind.
Das Komitee empfiehlt, daß die Sektionen 4481 und 4488 Revised Statutes so ergänzt werden, daß ausreichend Rettungsboote für alle Passagier und Besatzungsmitglieder zur Verfügung stehen. Daß die Wichtigkeit dieser Eigenschaft von den Reedereien anerkannt wird, verdeutlicht die Tatsache, daß von vielen Reedereien Schritte unternommen werden, die Kapazität für alle an Bord, einschließlich Besatzung auszudehnen und daß mit dieser Tatsache viel geworben wird. Der Präsident der International Mercantile Marine Co., Herr Ismay, sagte diesem Komitee:
Wir haben Anweisungen veröffentlicht, daß keines unserer Schiffe irgendeinen Hafen mit mehr Passagieren oder Besatzungsmitgliedern als Plätze in den Rettungsbooten vorhanden sind, verlassen darf.
Nicht weniger als vier Besatzungsmitglieder, die mit der Handhabung der Boote vertraut sind, sollten jedem Boot zugeteilt werden. Alle

für die Rettungsboote vorgesehenen Besatzungsmitglieder sollten das Herunterlassen und das Rudern der Boote mindestens zweimal im Monat üben, und dieses üben sollte im Logbuch vermerkt sein.

Das Komitee empfiehlt, die Aufteilung der Besatzung und der Passagiere in ganz bestimmte Rettungsboote bereits vor dem Ablegen vorzunehmen. Die Insassen bestimmter Kabinengruppen und die Stewards dieser Gruppen sollten Booten zugeteilt werde die am besten von den in Frage kommenden Räumlichkeiten erreicht werden können. Die Zuteilung zu den Booten und der kürzeste Weg zu ihnen sollten in jeder Kabine angezeigt sein.

Das Komitee empfiehlt, daß jeder Ozeandampfer, der mehr als 100 Passagiere transportiert, mit zwei elektrischen Suchscheinwerfern ausgerüstet wird.

Das Komitee meint, daß diese Katastrophe auf eklatante Weise deutlich macht, daß die Radiotelegraphie reguliert werden muß.

Es muß zu allen Zeiten, Tag und Nacht, ein Funker im Dienst sein, um den sofortigen Empfang aller eingehenden Notrufe oder anderer wichtiger Mitteilungen sicherzustellen. Es muß eine direkte Verbindung entweder über Telefon, Schallrohr oder Bote zwischen Funkraum und Brücke hergestellt werden, damit der Funker seine Station nicht verlassen muß. Es muß eine Gesetzgebung geben, um die Einmischung von Amateuren zu verhindern und die Geheimhaltung von Radiogrammen oder Funkmitteilungen zu vermeiden. Es muß eine Quelle zusätzlicher Energie geben, entweder aus einer Batterie oder einer Ölmaschine (Motor) geben, damit bis zur Überflutung des Funkraums gefunkt werden kann.

Das Komitee empfiehlt die baldige Verabschiedung von S. 6412, das bereits den Senat passiert hat und freundlich vom Haus aufgenommen worden ist.

Das Komitee empfiehlt, das Abschießen von Raketen oder Notkerzen auf See aus anderen als Notfallgründen zu einem Vergehen zu machen.

Das Komitee empfiehlt die folgenden strukturellen Verbesserungen für Passagierschiffe, die den Ozean überqueren und deren Bau nach diesem Datum begonnen wird:

Alle aus Stahl gebauten Ozeandampfer oder Küstenschiffe, die 100 oder mehr Passagiere transportieren, müssen eine wasserdichte innere Hülle haben, die sich bis mindestens zehn Prozent über die Wasserlinie bei voller Beladung erstreckt. Dies kann entweder als innerer Boden oder aber durch längliche wasserdichte Schotts geschehen. Diese Konstruktion sollte sich von vorne über mindestens zwei Drittel des Schiffs erstrecken.

Alle aus Stahl gebauten Ozeanschiffe oder Küstenschiffe, die 100 oder mehr Passagiere transportieren, müssen so aufgeteilte Schotts besitzen, daß zwei benachbarte Abteile des Schiffs geflutet sein können, ohne daß dadurch die Stabilität oder Schwimmfähigkeit des Schiffs leidet. Wasserdichte transversale Schotts müssen von einer Seite des Schiffs zur anderen reichen und mit der äußeren Hülle verbunden sein. Die transversalen Schotts vor und hinter den Maschinenräumen müssen wasserdicht vertikal bis zum obersten Deck führen. Das oberste Deck muß wasserdicht ausgeführt sein. Schotts innerhalb der Maschinenräume dürfen nicht weniger als 25 Prozent des Tiefgangs über der Wasserlinie bei Beladung herausragen und einem müssen in einem wasserdichten Deck enden. Alle wasserdichten Schotts und Decks sollten so ausgelegt sein, daß sie ohne permanente Ausdehnungen einen Wasserdruck, der fünf Fuß über der vollen Höhe des Schotts entspricht, aushalten. Schotts der neuen Dimension oder Dicke sollten getestet werden, indem sie dem tatsächlichen Wasserdruck ausgesetzt werden.

Ein Zitat aus der Rede von William Alden Smith vor dem Senat, mit der er am 28. Mai 1912 den Abschlußbericht der Untersuchungskommission vorgetragen hat:

In unserer Vorstellung können wir wieder das stolze Schiff sehen mit Leben und Energie, mit aktiven Figuren, die über sein Deck schwärmen. Musiker, Lehrer, Künstler und Autoren; Soldaten und Männer mit großen Geschäften, tapfere Männer und edle Frauen aus jedem Land. Wir können die einfachen und die niedrigen sehen, Nachkommen der großartigen und starken, die ihren Rücken der alten Welt zugewendet haben, wo ihnen die Entbehrung nicht

mehr eine Tugend erscheint und die nun hoff-
nungsvoll in eine neue Welt blicken. Im
Moment ihrer größten Freude dreht sich plötzlich das Schiff, verletzt und stöhnend. Mit
außerordentlichem Mut füllen die Musiker die
letzten Momente mit angenehmen Melodien.
Das geschundene Schiff gibt den ungleichen
Kampf auf. Nur ein Überbleibsel bleibt von
den Männern und Frauen, die nur einen
Moment zuvor in ihren großzügigen Apart-
ments waren - mit menschlichen Hoffnungen
und Leidenschaften, Sorgen und Freuden. Über
dieser gebrochenen Hülle wurden neue Gelüb-
de abgelegt, neue Treueschwüre ausgedrückt,
alte Lieben erneuert und all jene, die sich als
Gefährten in Freundschaft zugetan waren, gingen stolz und aufrecht in die letzte Pilgerfahrt
ihres Lebens. Mit einer solchen Erbschaft müssen wir uns noch enger der See verwandt fühlen
als jemals zuvor und fortan wird sie uns bei
steigender Flut die lächelnden Grüße jener
schicken, die wir verloren haben. . .

Zusammenfassung der Passagiere und Überlebenden aus dem Abschlußbericht des Senat-Komitees.
Einschließlich Besatzung war die Titanic mit 2223 Menschen an Bord unterwegs. 1517 kamen ums
Leben - 706 wurden gerettet. In diesem Zusammenhang wird erklärt, daß 60 Prozent der Passagiere
der Ersten, 42 Prozent der Passagiere in der Zweiten und 25 Prozent der Passagiere der Dritten Klasse gerettet wurden. Von der Besatzung wurden 24 Prozent gerettet.

	An Bord			Gerettet			Ums Leben gekommen			
	Frauen und Kinder	Männer	Insge- samt	Frauen und Kinder	Männer	Insge- samt	Frauen und Kinder	Männer	Insge- samt	Prozent gerettet
Passagiere:										
Erste Klasse	156	137	329	145	54	199	11	119	130	60
Zweite Klasse	128	157	285	104	15	119	24	142	166	42
Dritte Klasse	224	486	710	105	69	174	119	417	536	25
Insgesamt	508	816	1.324	354	138	492	154	678	832	...
Besatzung	23	876	899	20	194	214	3	682	685	24
Insgesamt	531	1.692	2.223	374	332	706	157	1.360	1.517	32

LISTE DER ZEUGEN
(* bedeutet Aussage in diesem Buch)

*Abelseth, Olaus, Zwischendeck-Passagier
  Adams, C. C. (Brief)
  Andrews, C. E. Hilfssteward
  Archer, Ernest, Vollmatrose
  Balfour, Gilbert William, Inspekteur, Marconi
  Company
*Barrett, Frederick, Kohlenheizer
*Binns, John R., Reporter, New York American
  Bishop, Dickinson H., Passagier der Ersten
  Klasse
*Bishop, Helen W. Passagierin der Ersten Klasse
*Bottomley, John, Geschäftsführer, Marconi
  Wireless Telegraph Co. of America
*'Boxhall, Joseph G., Vierter Offizier Brice,
  W.,Vollmatrose
*'Bride, Harold S., Funker
  Bright, Arthur John, Quartiermeister
  Brooks, B. (Brief)
*Buckley, Daniel, Zwischendeckpassagier
*Buley, Edward John, Vollmatrose
  Burke, William, Salonsteward
  Campbell, Benjamin, Vizepräsident, New
  York, New Haven & Hartford Rail Road Com-
  pany
  Chambers, Norman Campbell, Passagier der
  Ersten Klasse
*Clench, Frederick, Vollmatrose
*'Collins, John, Hilfskoch, Galley der Ersten
  Klasse
  Cone, Admiral H.I., Chefingenieur der United
  States Navy (Memorandum)
*Cottam, Harold Thomas, Funker auf der Carpa-
  thia
*Crawford, Alfred, Steward in der Ersten Klasse
  Crosby, Catherine E. (eidliche Aussage)
*Crowe, George Frederick, Steward
*'Cunningham, Andrew, Kabinensteward
  Dauler, Frederick, Schalterbeamter, Western
  Union Telegraph Campany
*Douglas, Mahala D. (eidliche Aussage) Passa-
  gierin der Ersten Klasse
  Dunn, Edward J. Vertreter
*Etches, Henry Samuel, Steward
*Evans, Cyril Firmstone, Funker auf der Califor-
  nian

*Evans, Frank Oliver, Vollmatrose
*Farrell, Maurice L., geschäftsführender Redak-
  teur, Wall Street Journal
  Erklärung
  Aussage
*Fleet, Frederick, Vollmatrose und Ausguck
*Franklin, Philip A. S., amerikanischer Vizeprä-
  sident der International Mercantile Marine Co.
  (Muttergesesllschaft der White Star Line)
*Gill, Ernest, Hilfstechniker (zweiter Donkey-
  man) auf der Californian
*'Gracie, Oberst Archibald, Passagier der Ersten
  Klasse
  Haddock, Herbert James, Kapitän der Olympic
  Haines, Albert, Bootsmannsmaat
*Harder, George A., Passagier der Ersten Klasse
  Hardy, John, Chefsteward der Zweiten Klasse
*Hemming, Samuel S., Vollmatrose
*Hitchens, Robert, Steuermann
*'Hogg, G. A., Ausguck
  Hosey, James (eidliche Aussage)
*Ismay, J. Bruce, geschäftsführender Direktor
  der White Star Line, Präsident International
  Mercantile Marine Co.
  Jones, Thomas, Vollmatrose
*Knapp, John J. Kapitän der United States
  Navy; Hydrograph, Bureau of Navigation
*Lightoller, Charles Herbert, Zweiter Offizier
*Lord, Stanley (Erklärung), Kapitän der Califor-
  nian
*Lowe, H. G., Fünfter Offizier
  eidliche Aussage
  Aussage
  McGough, James R. Vollmatrose
  (eidliche Aussage)
*Marconi Guiglielmo, Funk-Pionier
*Minahan, Daisy, Passagierin der Ersten Klasse
  (eidliche Aussage)
*'Moore, Ernest James, Funker auf der Olympic
  Moore, George, Vollmatrose
*'Moore, James Henry, Kapitän der Mount Tem-
  ple
  Morgan, Charles H., Deputy U.S. Marshall
  Olliver, Alfred, Quartiermeister
*Osman, Frank, Vollmatrose
  Perkis, Walter John, Quartiermeister
*Peuchen, Major Arthur C., Passagier der Ersten
  Klasse

*Pickard, Berk, Zwischendeckpassagier
*Pitman, Herbert John, Dritter Offizier
Quitsrau, Dr. F.C. (eidliche Aussage), Passagier
  der Zweiten Klasse
*Ray, Frederick D., Steward in der Ersten Klasse
*Rostron, Arthur Henry, Kapitän der Carpathia
*Ryerson, E. B. (eidliche Aussage), Passagierin
  der Ersten Klasse
*Sammis, Frederick, Verantwortlicher Ingenieur,
  Marconi Wireless Telegraph Co. of America
Shelley, William (Brief)
*Shelley, Imanita, (eidliche Aussage), Passagierin
  der Zweiten Klasse
*Smith, George Otis, (Brief), Direktor United
  States Geological Survey
  Smith, Lucian P. (eidliche Aussage)
*Stengel, C. E. Henry, Passagier der Ersten
  Klasse
  Stone, Melville E., Steward
  Symons, G., Vollmatrose
  Taylor, W.H., Heizer
  Ward, William, Salon-Steward
*Weikman, A. H. (eidliche Aussage), Friseur
  Wheelton, Edward, Salon-Steward
*White, J. Stuart, Passagierin der Ersten Klasse
*Widener, Eleanor Elkins (eidliche Aussage),
  Passagierin der Ersten Klasse
  Widgery, James, Badesteward
*Wolfe, H. C. (Brief), Korrespondent, New York
  World
*Woolner, Hugh, Passagier der Ersten Klasse

John P. Eaton /
Charles A. Haas
**Titanic – Legende und
Wahrheit**
178 Seiten, 140 s/w- und
18 Farbfotos,
Format 160 x 216 mm,
Softback
DM 24,80 / SFR 24,80 /
öS 181,–
ISBN 3-89365-595-6

John P. Eaton · Charles A. Haas

TITANIC
Legende und Wahrheit

HEEL

Auch acht Jahrzehnte nach dem Untergang der Titanic hat die Öffentlichkeit das Interesse an dieser Tragödie nicht verloren. Die beiden wohl bekanntesten Experten auf diesem Gebiet, John P. Eaton und Charles A. Haas, präsentieren die faszinierende Geschichte des Untergangs und der Zeit danach, angereichert mit historischem Bildmaterial, technischen Daten und einem ausführlichen Einblick in das Leben an Bord des Luxusschiffes.

Beide Experten sind die einzigen Historiker, die den langen Tauchgang zum Wrack der Titanic gewagt haben. Sie haben die Geschichte des legendären Schiffes auf den heutigen Stand gebracht und beschäftigen sich in einem neuen Kapitel mit den internationalen Bemühungen um die Bergungsrechte, der kontroversen Hebung, Aufbewahrung und Ausstellung der geborgenen Gegenstände und den neuen Beweisen im „Californian"-Rätsel.

Diesen Titel erhalten Sie unter:
Bestell-Hotline: (0531) 799079 · Bestell-Faxline: (0531) 795939
oder bei Ihrem Buchhändler